AF731368

SAP® Document and Reporting Compliance

SAP PRESS

SAP PRESS ist eine gemeinschaftliche Initiative von SAP SE und der Rheinwerk Verlag GmbH. Unser Ziel ist es, Ihnen als Anwendern qualifiziertes SAP-Wissen zur Verfügung zu stellen. SAP PRESS vereint das Know-how der SAP und die verlegerische Kompetenz von Rheinwerk. Die Bücher bieten Ihnen Expertenwissen zu technischen wie auch zu betriebswirtschaftlichen SAP-Themen.

Damit Sie nach weiteren Titeln Ihres Interessengebiets nicht lange suchen müssen, haben wir eine kleine Auswahl zusammengestellt.

Isabella Löw, Lena Sophie Lampe
Finanzwesen in SAP S/4HANA – Das Praxishandbuch
600 Seiten, 2025, 3., aktualisierte und erweiterte Auflage 2025, gebunden
ISBN 978-3-367-11020-9
www.sap-press.de/6167

Torsten Graf, Benjamin Lösken, Daniel E. Merdan
ESG-Reporting mit SAP
596 Seiten, 2025, gebunden
ISBN 978-3-367-10314-0
www.sap-press.de/5952

Thomas Kunze, Christian Kurzke, Kathrin Schmalzing
SAP S/4HANA Finance – Customizing
1068 Seiten, 4., aktualisierte und erweiterte Auflage 2025, gebunden
ISBN 978-3-367-10687-5
www.sap-press.de/6067

René Kessler, Marcel Kuchler
AI Business Cases mit SAP – Szenarien, Tools und Best Practices
461 Seiten, 2025, gebunden
ISBN 978-3-367-10958-6
www.sap-press.de/6149

Timo Beddig, Stephanie Henseler, Eik Sunke,
Alexander Zanft

SAP® Document and Reporting Compliance

Projektplanung, Implementierung, Anwendung

Rheinwerk
Publishing

Liebe Leserin, lieber Leser,

SAP-Landschaften sind komplex, und wir alle wissen, wie schnell sich Technologien und Anforderungen in der IT-Welt ändern. Genau da setzt SAP PRESS an: mit Büchern, die nicht nur Theorie vermitteln, sondern konkret im Alltag helfen.

In diesem Buch finden Sie direkt umsetzbare Ratschläge, praktische Beispiele und Lösungen für drängende Herausforderungen. Unsere Autor*innen sind Profis, die wissen, wo der Schuh drückt – und wie man Probleme effizient löst. Mit ihrer Erfahrung an Ihrer Seite können Sie Ihre SAP-Projekte gezielter angehen, fundiertere Entscheidungen treffen und die vielen Facetten von SAP besser meistern.

Ob Sie gerade erst beginnen oder schon lange im SAP-Umfeld tätig sind: Wir sind davon überzeugt, dass dieses Buch Ihnen hilfreiche Anleitungen und Tipps an die Hand gibt, um Ihre täglichen Aufgaben und Projekte erfolgreich zu meistern.

Wir freuen uns stets über Lob, aber auch über kritische Anmerkungen, die uns helfen, unsere Bücher zu verbessern. Zögern Sie also nicht, sich bei mir zu melden; Ihr Feedback ist jederzeit willkommen.

Wir wünschen Ihnen viele Aha-Momente und eine erfolgreiche Umsetzung mit diesem Buch!

Ihre Eva Wigger
Lektorat SAP PRESS

eva.wigger@rheinwerk-verlag.de
www.rheinwerk-verlag.de
Rheinwerk Verlag • Rheinwerkallee 4 • 53227 Bonn

Auf einen Blick

Wir hoffen, dass Sie Freude an diesem Buch haben und sich Ihre Erwartungen erfüllen. Falls Sie Anregungen, Wünsche und Kommentare haben, lassen Sie es uns wissen: **service@rheinwerk-verlag.de**.

Informationen zu unserem Verlag und Kontaktmöglichkeiten finden Sie auf unserer Verlagswebsite **www.rheinwerk-verlag.de**. Dort können Sie sich auch umfassend über unser aktuelles Programm informieren und unsere Bücher und E-Books bestellen.

Autor*innen Timo Beddig, Stephanie Henseler, Eik Sunke, Alexander Zanft
Lektorat Eva Wigger
Copy-Editing Annika Holtmannspötter, Münster
Typografie & Layout Vera Brauner
Satz SatzPro, Krefeld
Herstellung Stefanie Häb, Norbert Englert
Covergestaltung Silke Braun
Coverbild iStock: 2177934503 © akinbostanci
Druck Beltz Grafische Betriebe, Bad Langensalza

FSC
www.fsc.org
MIX
Papier | Fördert gute Waldnutzung
FSC® C089473

Dieses Buch wurde mit mineralölfreien Farben auf FSC-zertifiziertem Papier aus nachhaltiger Waldwirtschaft gedruckt. Hergestellt in Deutschland.

Das vorliegende Werk ist in all seinen Teilen urheberrechtlich geschützt. Alle Rechte vorbehalten, insbesondere das Recht der Übersetzung, des Vortrags, der Reproduktion, der Vervielfältigung auf fotomechanischen oder anderen Wegen und der Speicherung in elektronischen Medien.

Ungeachtet der Sorgfalt, die auf die Erstellung von Text, Abbildungen und Programmen verwendet wurde, können weder Verlag noch Autor*innen, Herausgeber*innen oder Übersetzer*innen für mögliche Fehler und deren Folgen eine juristische Verantwortung oder irgendeine Haftung übernehmen.

Die in diesem Werk wiedergegebenen Gebrauchsnamen, Handelsnamen, Warenbezeichnungen usw. können auch ohne besondere Kennzeichnung Marken sein und als solche den gesetzlichen Bestimmungen unterliegen.

Sämtliche in diesem Werk abgedruckten Bildschirmabzüge unterliegen dem Urheberrecht © der SAP SE, Dietmar-Hopp-Allee 16, 69190 Walldorf.

SAP, ABAP, ASAP, Concur Hipmunk, Duet, Duet Enterprise, ExpenseIt, SAP ActiveAttention, SAP Adaptive Server Enterprise, SAP Advantage Database Server, SAP ArchiveLink, SAP Ariba, SAP Business ByDesign, SAP Business Explorer (SAP BEx), SAP BusinessObjects, SAP BusinessObjects Explorer, SAP BusinessObjects Web Intelligence, SAP Business One, SAP Business Workflow, SAP BW/4HANA, SAP C/4HANA, SAP Concur, SAP Crystal Reports, SAP EarlyWatch, SAP Fieldglass, SAP Fiori, SAP Global Trade Services (SAP GTS), SAP Going-Live, SAP HANA, SAP Jam, SAP Leonardo, SAP Lumira, SAP MaxDB, SAP NetWeaver, SAP PartnerEdge, SAPPHIRE NOW, SAP PowerBuilder, SAP PowerDesigner, SAP R/2, SAP R/3, SAP Replication Server, SAP Roambi, SAP S/4HANA, SAP S/4HANA Cloud, SAP SQL Anywhere, SAP Strategic Enterprise Management (SAP SEM), SAP SuccessFactors, SAP Vora, TripIt, Qualtrics sind Marken oder einge-tragene Marken der SAP SE, Walldorf.

Die automatisierte Analyse des Werkes, um daraus Informationen insbesondere über Muster, Trends und Korrelationen gemäß § 44b UrhG (»Text und Data Mining«) zu gewinnen, ist untersagt.

Bibliografische Information der Deutschen Nationalbibliothek:
Die Deutsche Nationalbibliothek verzeichnet diese Publikation in der Deutschen Nationalbibliografie; detaillierte bibliografische Daten sind im Internet über *http://dnb.dnb.de* abrufbar.

ISBN 978-3-367-11005-6

1. Auflage 2026
© Rheinwerk Verlag, Bonn 2026

Rheinwerk Verlag GmbH • Rheinwerkallee 4 • 53227 Bonn
service@rheinwerk-verlag.de

Inhalt

TEIL III Invoicing und gesetzliches Meldewesen

7 E-Invoicing einsetzen 317

8 Gesetzliches Meldewesen implementieren 365

Einleitung

Die weltweiten Anforderungen an Unternehmen im Bereich der steuerlichen Compliance befinden sich in einem tiefgreifenden Wandel. Nationale Steuerverwaltungen setzen zunehmend auf Digitalisierung, Echtzeitmeldungen und die verpflichtende Einführung elektronischer Rechnungsformate. Dieser Wandel betrifft nahezu alle Bereiche der Unternehmenspraxis, von der Rechnungsstellung über das Buchungswesen bis hin zur Datenaufbereitung und -übermittlung an staatliche Plattformen. Für international tätige Unternehmen bedeutet das, dass sie sich mit einer Vielzahl unterschiedlicher Vorschriften auseinandersetzen müssen. Diese reichen von länderspezifischen E-Invoicing-Pflichten über digitale Meldesysteme bis hin zu komplexen Reporting-Anforderungen wie beispielsweise SAF-T (Standard Audit File for Tax).

Gleichzeitig beschleunigt sich die Regulierungsdynamik: Fast monatlich veröffentlichen Steuerbehörden neue Vorgaben, Formate oder Meldeverfahren. Was gestern noch eine nationale Besonderheit war, wird morgen zum internationalen Standard. Vor diesem Hintergrund gewinnen integrierte, skalierbare und revisionssichere Lösungen wie SAP Document and Reporting Compliance (SAP DRC) zunehmend an Bedeutung. SAP DRC vereint die Bereiche elektronische Rechnungsstellung (E-Invoicing) und gesetzliches Meldewesen (Statutory Reporting) in einer einzigen Lösung und schafft damit einen globalen Standard für digitale Steuer-Compliance.

Zielsetzung des Buches

Dieses Buch verfolgt das Ziel, die Funktionsweise, die Einsatzmöglichkeiten und die strategische Bedeutung von SAP DRC umfassend und praxisnah darzustellen. Es geht nicht nur darum, technische Details zu erläutern, sondern auch darum, die Lösung in den Gesamtkontext der Steuer- und IT-Organisation einzuordnen. Sie sollen nach der Lektüre in der Lage sein, SAP DRC sowohl in seiner Systemarchitektur als auch in seinen fachlichen Anwendungsfällen zu verstehen und in Ihren jeweiligen Unternehmenskontext zu übertragen. Dabei soll das Buch zugleich Leitfaden und Nachschlagewerk sein: ein Leitfaden für Projektteams, die eine Einführung planen oder umsetzen, und ein Nachschlagewerk für Fachanwender und Fachanwenderinnen, die konkrete Fragestellungen im Tagesgeschäft bearbeiten.

Aufbau des Buches

Kapitel 1

Das Buch beginnt in Kapitel 1 mit einer Management Summary, die die regulatorischen Entwicklungen, insbesondere die europäische Initiative *VAT in the Digital Age* (ViDA), einordnet und die strategische Bedeutung von E-Invoicing und E-Reporting für Unternehmen herausarbeitet.

Kapitel 2

Kapitel 2, »Implementierung vorbereiten«, gibt Ihnen einen Überblick zu den organisatorischen und systemseitigen Rahmenbedingungen für eine erfolgreiche Einführung von SAP DRC.

Kapitel 3

Die erforderlichen Planungsschritte für eine erfolgreiche Einführung von SAP DRC in Ihrem Unternehmen werden in Kapitel 3, »Projekt planen und umsetzen«, erläutert. Es knüpft an die strategischen und technischen Grundlagen der vorherigen Kapitel an und zeigt, wie ein SAP-DRC-Projekt konkret geplant, strukturiert und durchgeführt wird.

Kapitel 4

In Kapitel 4, »Einführung in SAP Document and Reporting Compliance«, erklären wir Ihnen, wie SAP DRC Sie dabei unterstützen kann, regulatorische Anforderungen in den Bereichen E-Invoicing und gesetzliches Meldewesen zu erfüllen.

Kapitel 5

Die technischen Komponenten sowie die Systemarchitektur von SAP DRC stellen wir Ihnen in Kapitel 5, »Architektur und technische Grundlagen«, vor.

Kapitel 6 und 7

Den Kern des Buches bilden die beiden Hauptfunktionen von SAP DRC: die elektronische Belegverarbeitung (E-Invoicing) und das gesetzliche Meldewesen (Statutory Reporting). Kapitel 6 und Kapitel 7 betreffen die Implementierung und den Einsatz der elektronischen Belegverarbeitung und zeigen praxisnah, wie Ausgangs- und Eingangsrechnungen mit SAP DRC verarbeitet, validiert und über Netzwerke wie Peppol ausgetauscht werden können.

Kapitel 8 und 9

In Kapitel 8 und Kapitel 9 erfahren Sie, wie Sie das gesetzliche Meldewesen in SAP DRC implementieren und einsetzen und wie Sie länderspezifische Meldungen, z. B. die Umsatzsteuer-Voranmeldung oder die Zusammenfassende Meldung, systemgestützt erstellen können.

Kapitel 10

Kapitel 10 befasst sich mit dem operativen Betrieb und der kontinuierlichen Optimierung von SAP DRC. Hier geht es u. a. um die Automatisierung von Prozessen, die Archivierung großer Berichtsdaten sowie die Anbindung von Erweiterungen.

Durch diese Struktur können Sie den für sich relevanten Teil gezielt vertiefen. Sei es die Management-Perspektive, die technische Implementierung oder die operative Nutzung. Gleichzeitig folgt das Buch einem durchgängigen roten Faden, der von der strategischen Einordnung bis zum täglichen Betrieb reicht.

Zielgruppe

An wen sich dieses Buch richtet

Das Buch richtet sich an ein breites, aber klar umrissenes Fachpublikum:

- Steuerabteilungen und Tax-Manager, die sich mit der zunehmenden Digitalisierung der Steuerprozesse auseinandersetzen und verstehen wollen, wie SAP DRC zur Sicherstellung der Compliance eingesetzt werden kann. Sie profitieren besonders von den fachlichen Einordnungen, den länderspezifischen Beispielen und den Hinweisen zur organisatorischen Verankerung.

  Für die Leserinnen und Leser dieser Zielgruppe sind insbesondere Kapitel 4, »Einführung in SAP Document and Reporting Compliance«, Kapitel 7, »E-Invoicing einsetzen«, Kapitel 9, »Gesetzliches Meldewesen einsetzen«, und Kapitel 10, »Den operativen Betrieb optimieren«, relevant.

- IT- und SAP-Verantwortliche, die für die technische Implementierung und den Betrieb zuständig sind. Für Sie bietet das Buch detaillierte Informationen zur Systemarchitektur, zu Customizing-Schritten und zu Integrationsfragen, etwa im Zusammenhang mit Cloud Services oder PEPPOL-Anbindungen.

  Das Kapitel 5, »Architektur und technische Grundlagen«, ist für diese Zielgruppe der geeignete Einstieg in die Thematik SAP DRC. Anschließend können die Kapitel 2, »Implementierung vorbereiten«, Kapitel 6, »E-Invoicing implementieren«, und Kapitel 8, »Gesetzliches Meldewesen implementieren«, je nach Anwendungsfall hinzugezogen werden.

- Projektleiter und -leiterinnen sowie Beratende, die SAP DRC in Unternehmen einführen. Sie finden hier praxisnahe Projektmethodik, Best Practices und typische Stolpersteine aus realen Einführungsprojekten.

  Als Einstiegspunkt in das Buch eignet sich für diese Zielgruppe insbesondere das Kapitel 3, »Projekt planen und umsetzen«. Darauf aufbauend, können Sie, je nach konkretem Projektbedarf, die folgenden Kapitel lesen.

- Führungskräfte und Entscheider, die auf strategischer Ebene über Technologieeinsatz und Digitalisierungsinitiativen entscheiden. Für Sie liefert das Buch eine fundierte Grundlage, um Investitionen in SAP DRC zu bewerten, Chancen und Risiken einzuschätzen und eine Roadmap für die Umsetzung in Ihrem Unternehmen zu entwickeln.

Wir empfehlen dieser Zielgruppe insbesondere das Kapitel 1, »Management Summary«, um ein grundsätzliches Verständnis von SAP DRC zu entwickeln.

Das Buch schlägt eine Brücke zwischen steuerlicher Fachlichkeit und IT-technischer Umsetzung. Es ist bewusst so aufgebaut, dass sowohl ein Head of Tax als auch ein SAP-Entwickler oder eine SAP-Entwicklerin die relevanten Inhalte in der jeweils passenden Tiefe finden.

Hinweise zur Lektüre

Die Codebeispiele, die Sie in diesem Buch finden, können Sie hier herunterladen: *www.sap-press.de/6164*.

Infokästen Wir verwenden mehrere Orientierungshilfen, die Ihnen die Arbeit mit diesem Buch erleichtern sollen. In den Informationskästen sind Inhalte zu finden, die wissenswert und hilfreich sind, aber etwas abseits der eigentlichen Erläuterung stehen. Damit Sie diese Informationen besser einordnen können, haben wir die Kästen mit Symbolen gekennzeichnet:

[!] Mit diesem Symbol warnen wir Sie vor häufig gemachten Fehlern oder Problemen, die auftreten können.

[»] In Kästen, die mit diesem Symbol gekennzeichnet sind, finden Sie Informationen zu weiterführenden Themen oder wichtigen Inhalten, die Sie sich merken sollten.

[zB] Anhand von Beispielen aus unserer Beratungspraxis erläutern und vertiefen wir das besprochene Thema.

[+] Mit diesem Symbol sind Tipps und Hinweise aus der Berufspraxis markiert, die praktische Empfehlungen geben, die Ihnen die Arbeit erleichtern können.

Der Entstehungsprozess dieses Buches war ein Gemeinschaftswerk, das ohne die Unterstützung vieler engagierter Kolleginnen und Kollegen nicht möglich gewesen wäre.

Danksagung

Unser besonderer Dank gilt an dieser Stelle Amelie Beddig, David Dietsch, Lena Höffner, Frank Otte und Fabian Stutz für ihre fachliche Expertise, ihre wertvollen Anregungen und ihren unermüdlichen Einsatz bei der inhaltlichen und konzeptionellen Gestaltung zahlreicher Kapitel. Ihr Beitrag hat wesentlich dazu beigetragen, dass dieses Buch nicht nur ein technisches

Nachschlagewerk, sondern auch ein praxisorientierter Leitfaden für die Arbeit mit SAP DRC geworden ist.

Ebenso möchten wir uns bei allen Kolleginnen und Kollegen von greenfield bedanken, die durch ihre Projekt- und Implementierungserfahrungen, ihre kritischen Rückfragen und ihr konstruktives Feedback das Buch bereichert haben. Ihr praktisches Wissen aus der täglichen Arbeit mit SAP-Systemen und -Prozessen hat den Inhalten Tiefe und Praxisnähe verliehen.

Allen, die im Hintergrund an der Erstellung, Korrektur und finalen Abstimmung mitgewirkt haben, gebührt unser aufrichtiger Dank. Dieses Buch ist das Ergebnis gemeinsamer Leidenschaft für steuerliche Digitalisierung, Prozessqualität und Wissenstransfer und spiegelt den Teamgeist wider, der greenfield, SUCEA und alle Mitwirkenden auszeichnet.

Abschließend möchten wir uns auch bei Ihnen, den Leserinnen und Lesern, herzlich bedanken. Ihr Interesse an SAP DRC und an der Weiterentwicklung einer modernen, digitalen Steuerfunktion ist der eigentliche Antrieb für dieses Buch. Wir hoffen, dass die Inhalte Sie in Ihrer täglichen Arbeit unterstützen, Impulse für eigene Projekte geben und den Dialog zwischen Steuerfunktion, IT und Fachbereichen fördern.

Sollten Sie Fragen, Anregungen oder konkreten Beratungsbedarf zur Einführung oder Optimierung von SAP DRC haben, freuen wir uns über den Austausch mit Ihnen. Sie können sich gerne direkt an uns wenden. Wir begleiten Sie mit unserer Erfahrung aus zahlreichen nationalen und internationalen Projekten auf dem Weg zu einer zukunftssicheren und steuerlich konformen SAP-DRC-Implementierung.

TEIL I

Strategische Grundlagen und Projektplanung

Kapitel 1
Management Summary

»Können Sie mir eine Lösung für E-Invoicing und E-Reporting empfehlen?« – Diese Frage ist vermutlich aktuell die meistgestellte Frage unter europäischen Unternehmen im Dialog zur EU-Initiative »VAT in the Digital Age« (ViDA) vom 8. Dezember 2022.

Die Zahl der Anbieter und Lösungen für das E-Reporting wächst kontinuierlich, sodass viele Unternehmen den Überblick verlieren und unter zunehmendem Entscheidungsdruck stehen. SAP Document and Reporting Compliance als eine zentrale Lösung kann hier Unterstützung bieten.

Das Kapitel bietet einen strukturierten Überblick über zentrale Begrifflichkeiten, regulatorische Entwicklungen und strategische Entscheidungsfelder im Kontext von E-Invoicing und E-Reporting mit besonderem Fokus auf die kommenden ViDA-Vorgaben. Es zeigt, wie sich nationale und europäische Anforderungen systematisch kategorisieren lassen, welche Überlegungen bei der Wahl zwischen lokalen und globalen Lösungsansätzen relevant sind und welche Rolle SAP Document and Reporting Compliance (SAP DRC) in diesem Spannungsfeld einnimmt.

Ziel ist es, Entscheidern in den Abteilungen Steuern, IT und Rechnungswesen eine fundierte Grundlage zu bieten, um E-Invoicing und E-Reporting nicht isoliert, sondern als strategische Gestaltungsaufgabe im internationalen Unternehmenskontext zu verstehen.

1.1 Strategische Ausrichtung der Steuerfunktion

Mit der Implementierung von SAP S/4HANA (Cloud oder On-Premise) stellen sich steuerlich viele Fragen. Neben den Chancen, die Steuerfunktion als Business-Partner in die operativen Geschäftsprozesse zu verankern und so steuerliche Anforderungen entlang der Business-Prozesse innerhalb des SAP-Kernsystems zu definieren, stellt sich zudem die Frage der prozessualen Abbildung der »letzten Meile« – das Reporting für die Steuerfunktion.

Wie können gesetzlich geforderte Meldungen und steuerrelevante Reports effizient, revisionssicher und konsistent in bzw. aus SAP heraus erstellt werden?

Der Status quo in vielen Unternehmen zeigt oft folgende Ist-Situation: Es existiert eine Vielzahl von *Insellösungen*, Excel-basierten Workarounds oder spezialisierten Drittanbieter-Applikationen, die ohne SAP-/ERP-Direktschnittstelle via File-Transport oder Rest-API betrieben werden. Diese fehlende Integration führte in der Vergangenheit nicht nur zu Medienbrüchen (etwa weil kein Belegabsprung bzw. keine Dokumentensicht auf Rechnungen möglich war) und erhöhtem manuellen Aufwand, sondern birgt auch Compliance-Risiken – insbesondere in Zeiten wachsender regulatorischer Anforderungen und zunehmend digitaler Steuerverwaltungen (Meldung transaktionaler Daten in nahezu Echtzeit).

Zu unterscheiden sind im Rahmen der strategischen Entscheidung für eine/mehrere Reporting-Lösungen nicht nur technische Aspekte und Budgets (Kosten), sondern auch die steuerlichen Reporting-Anforderungen des Unternehmens in den jeweiligen Ländern. Hier lassen sich z. B. je nach Lösung Unterschiede in der Abdeckung der Berichte je Steuerart oder auch je Land erkennen. Daher ist die Berichts- bzw. Länderabdeckung auch im Rahmen der Entscheidungsprozesse rund um den Request of Proposal (siehe Abschnitt 1.4, »SAP DRC als strategische Compliance-Lösung«) ein wichtiges Bewertungskriterium.

Dabei unterscheiden sich die verfügbaren Lösungen teils erheblich, je nachdem, welchen Leistungsumfang sie tatsächlich abdecken. Reicht es bei einer E-Invoicing-Lösung aus, strukturierte elektronische Rechnungsformate zu empfangen bzw. zu versenden und sie technisch ins bzw. aus dem Zielsystem zu konvertieren? Oder ist eine grundlegende Neuausrichtung des gesamten Purchase-to-Pay- bzw. Order-to-Cash-Prozesses erforderlich? Diese Prozesse haben selbstverständlich schon heute vor allem aus umsatzsteuerlicher Sicht eine erhöhte Relevanz. Eingehende Rechnungen müssen systemseitig bestenfalls vollautomatisch umsatzsteuerlich verarbeitet und gewürdigt werden. Ebenso müssen komplexe, ausgangsrechnungsrelevante Szenarien aus ggf. unterschiedlichen rechnungsschreibenden Systemen steuerlich korrekt erstellt werden.

Hinzu kommt das Thema E-Reporting, das in vielen Ländern bereits verpflichtend ist bzw. künftig werden wird – mit eigenen Anforderungen an die Datenqualität, die Systemintegration und die Meldeprozesse. Die über E-Reporting-Verpflichtungen übermittelten strukturierten *Transaktionsdaten* dienen den Steuerbehörden vor allem als zusätzliches Kontrollmittel, da sie einen datengetriebenen Abgleich mit aggregierten, periodischen steuerlichen Meldungen, wie der Umsatzsteuererklärung, ermöglichen. E-Invoicing und E-Reporting verändern somit die Kontrollmechanismen der Umsatzsteuerdeklaration grundlegend und erhöhen die Anforderungen an Datenkonsistenz und Systemintegration erheblich.

Wenn ein Unternehmen zudem global tätig ist und deshalb unterschiedliche lokale Vorgaben und Implementierungszeiträume berücksichtigen muss, stellt sich die Frage, ob diese lokal isoliert oder im Rahmen einer konzernweiten, globalen Digitalstrategie umgesetzt werden.

1.2 ViDA: Die digitale Datenstrategie der EU

Mehrwertsteuermodell

Mit der Initiative *VAT in the Digital Age* (ViDA) hat die Europäische Kommission eines der ambitioniertesten Reformpakete seit Einführung der Mehrwertsteuer auf den Weg gebracht. Es verfolgt die Zielsetzung, das bestehende Mehrwertsteuersystem der EU an die Realitäten einer zunehmend digitalisierten Wirtschaft anzupassen und die Betrugssicherheit des Mehrwertsteuersystems zu verbessern. Die Vorschläge gehen weit über technische Anpassungen hinaus – sie markieren einen Paradigmenwechsel hin zu einem einheitlicheren, digitalisierten und transparenten Mehrwertsteuermodell.

Viele der bestehenden Regelungen stammen noch aus einer Zeit, in der eine Vielzahl von Geschäftsprozessen überwiegend analog verliefen. Doch die zunehmende Digitalisierung, grenzüberschreitender E-Commerce, Plattformökonomien und eine zunehmende Forderung nach Transparenz und Compliance haben das System an seine Grenzen gebracht.

Das Maßnahmenpaket wurde am 11. März 2025 final verabschiedet. Zuvor, am 5. November 2024, hatte der ECOFIN-Rat auf politischer Ebene eine Einigung über das Paket *Mehrwertsteuer im digitalen Zeitalter* nach knapp zweijähriger Diskussion erzielt.

ViDA reagiert auf die oben beschriebenen Herausforderungen mit drei miteinander verknüpften Maßnahmenpaketen (siehe Abbildung 1.1):

Maßnahmenpakete

- Die Einführung eines digitalen Reportings von Einzeltransaktionen in Echtzeit auf Basis einer verpflichtenden elektronischen Rechnungsstellung für Unternehmen, die in der EU grenzüberschreitend tätig sind, bei gleichzeitiger stärkerer Harmonisierung des Rechtsrahmens für nationale Transaktionen (*E-Rechnung/digitale Meldesysteme*)

- Die Besteuerung von Online-Plattformen, die die kurzzeitige Vermietung von Übernachtungsmöglichkeiten oder die Erbringung von Personenbeförderungsleistungen unterstützen (*Plattformwirtschaft*)
- die weitere Vermeidung mehrfacher MwSt-Registrierungen von Steuerpflichtigen in den Mitgliedstaaten (*einzige MwSt-Registrierung*)

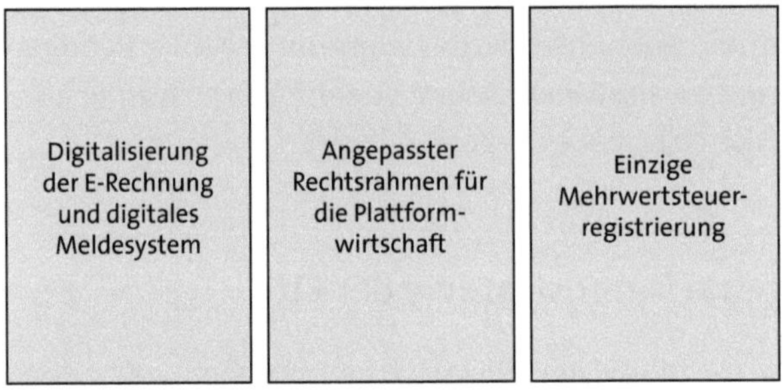

Abbildung 1.1 Abbildung Säulen ViDA

In diesem Buch konzentrieren wir uns auf die erste Säule des ViDA-Maßnahmenpaketes: die digitalen Meldesysteme und die Anforderungen an die E-Rechnung.

1.2.1 Digitale Meldepflichten und elektronisches Reporting

Die erste und weitreichendste Säule von ViDA ist die geplante Einführung der verpflichtenden E-Rechnung und digitaler Meldesysteme, die den *DRR* (Digital Reporting Requirements) gereicht werden müssen. Diese sollen den Austausch umsatzsteuerrechtlich relevanter Daten zwischen EU-Mitgliedstaaten vereinfachen. Die Inhalte dieser Säule lassen sich wiederum in drei Säulen unterteilen (siehe Abbildung 1.2).

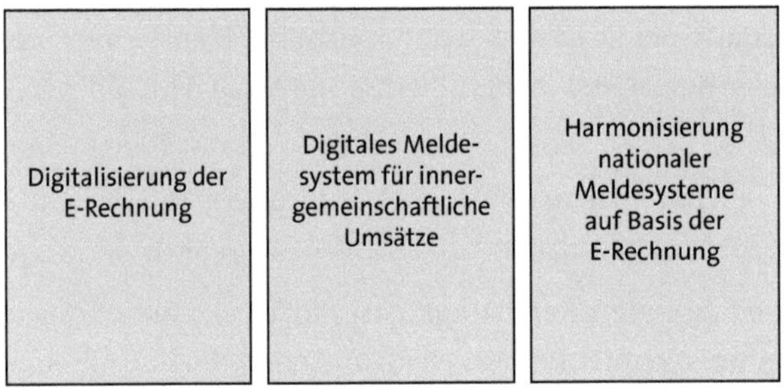

Abbildung 1.2 Inhalte der Säule »E-Rechnung/digitale Meldesysteme«

Hinsichtlich der Umsetzung ergeben sich aus diesen Säulen folgende Vorgaben, die ab dem 1. Juli 2030 unionsweit gelten:

Vorgaben zur Umsetzung

1. E-Rechnungen nach EN 16931 für sogenannte *innergemeinschaftliche B2B-Umsätze* sind zwingend auszustellen.
2. Es gilt eine grundsätzliche E-Rechnungspflicht nach EN 16931 für *andere Umsätze*, sofern die EU-Mitgliedstaaten keine Ausnahmen zulassen.
3. Diese E-Rechnungspflicht nach EN 16931 ist die Basis für ein digitales Meldesystem, das obligatorisch für die Meldung von innergemeinschaftlichen B2B-Umsätzen an die EU-Steuerbehörden ist.
4. Die einzelnen EU-Mitgliedstaaten dürfen die verpflichtenden Anforderungen der E-Rechnungsstellung für inländische Umsätze zwischen Unternehmern (B2B) ohne die vorherige Genehmigung der Europäischen Kommission und auch ohne die Zustimmung der Empfänger einführen.
5. Ab 1. Juli 2030 ist die E-Rechnungsstellung für B2B- und Reverse-Charge-Umsätze verpflichtend. Außerdem wird zu diesem Zeitpunkt die bislang geforderte Zusammenfassende Meldung (ZM) für den innergemeinschaftlichen Warenverkehr und Dienstleistungen im B2B-Bereich entfallen. Hier kommen ab diesem Zeitpunkt dann neue einheitliche Meldepflichten und die E-Rechnungspflicht (nach EN 16931) zur Anwendung.

Geltungsbereich

Der Geltungsbereich dieser Anforderungen erstreckt sich auf alle Unternehmen innerhalb der EU, die am innergemeinschaftlichen Waren- und Dienstleistungsverkehr unter Unternehmern (B2B) teilnehmen.

Zukünftig (ab 1. Juli 2030) müssen diese Unternehmen die EU-grenzüberschreitenden Transaktionen nach Ablauf von zehn Tagen nach Erstellung der E-Rechnung auf digitalem Weg melden. Sammelrechnungen innerhalb von zehn Tagen nach Monatsende für B2B-EU-Lieferungen und Leistungen innerhalb des vorherigen Kalendermonats sind zusätzlich zu melden. Die folgenden Meldepflichten sind von den DRR betroffen:

Betroffene Meldepflichten

- Innergemeinschaftliche Lieferungen, Verbringungen und Erwerbe – B2B
- Innergemeinschaftliche Dienstleistungen – B2B
- EU-Dreiecksgeschäfte – B2B
- Reverse-Charge-Verfahren – B2B in der EU, wenn der Leistende nicht in der EU ansässig ist
- EU-Lieferungen von Energie an steuerpflichtige Händler (Wiederverkäufer)

Diese Neuerungen bedeuten für Unternehmen einen grundlegenden Wandel der Prozesse rund um das Steuer-Reporting innerhalb der Umsatzsteuer. Prozessual ist ein medienbruchfreier Datenfluss aus dem ERP-System heraus erforderlich – automatisiert, standardisiert und auditierbar. Unternehmen, die heute noch mit manuellen Exporten oder separaten Reporting-Tools arbeiten, werden mittelfristig an ihre Grenzen stoßen. Hinzu kommt, dass umsatzsteuerliche Reporting-Aktivitäten heute häufig noch sehr manuell ausgestaltet sind. Mit Blick auf eine deutsche Umsatzsteuer-Voranmeldung (UStVA) inkl. Dauerfristverlängerung sieht es heute häufig so aus, dass die Unternehmen anfangen, zum Zeitpunkt des Buchungsschlusses (z. B. am dritten Arbeitstag im Mai) die Daten des Vormonats (z. B. April) zu exportieren und zu validieren. Diese retrograde Validierung und Verarbeitung steuerlicher Daten führt im Umkehrschluss auch zu einem teilweise nachgelagerten Tax Compliance Management System (Tax CMS) der Unternehmen.

Häufig werden im Rahmen der Validierungen der UStVA-Daten dann Stichprobenvalidierungen, Umbuchungen (die monatlich notwendig sind) bzw. Herein- und Herausnahmen von steuerlichen Sachverhalten vorgenommen. Diese Zeitleiste zwischen Buchungsschluss und Abgabe der Deklaration im Folgemonat wird es in Zukunft nicht mehr geben. Da die steigenden Reporting-Verpflichtungen die Unternehmen in die Situation bringen, dass die Daten in Near-Time/Real-Time an Finanzverwaltungen und Behörden übermittelt werden müssen.

Kategorien von Berichtsaktivitäten

Mit Blick auf die bestehenden Reporting-Anforderungen, z. B. innerhalb der EU, wird klar, dass die Berichtsanforderungen hinsichtlich des Umfangs und der Fristigkeit steigen. Grundsätzlich können wir bei indirekten Steuern (Umsatzsteuer) grob zwischen den nachfolgenden Berichtsaktivitäten unterscheiden:

- **Regelmäßige nationale Meldungen**
  - **Umsatzsteuer-Voranmeldung (UStVA)**
    - Monatlich oder vierteljährlich, je nach Vorjahresumsatz
    - Detaillierte Angabe der steuerpflichtigen Umsätze, innergemeinschaftlichen Lieferungen, Erwerbe, steuerfreie Umsätze etc.
    - Elektronische Abgabe verpflichtend in nahezu allen EU-Staaten
  - **Jahresumsatzsteuererklärung**
    - Zusammenfassung der jährlichen Umsatzsteuerschuld
    - Korrektur oder Ergänzung der Voranmeldungen
    - Muss in der Regel im Folgejahr eingereicht werden
  - **Dauerfristverlängerung**
    - Antrag auf spätere Abgabefrist der UStVA.
    - In einigen Ländern an Bedingungen (z. B. Sondervorauszahlung) geknüpft

- **Sondervorauszahlung**
  - Vorauszahlung der Umsatzsteuer für ein Kalenderjahr (z. B. 1/11 der Vorjahressumme in Deutschland)
  - Gilt als Voraussetzung für die Dauerfristverlängerung
- **EU-weite oder grenzüberschreitende Meldungen**
  - **Zusammenfassende Meldung (ZM, VIES)**
    - Meldung über innergemeinschaftliche Lieferungen und bestimmte Dienstleistungen an Unternehmer in anderen EU-Staaten
    - Erfolgt i. d. R. monatlich oder vierteljährlich
    - Dient dem Datenaustausch zwischen EU-Finanzverwaltungen (VIES)
  - **Intrastat-Meldung**
    - Statistische Meldung über tatsächliche Warenbewegungen zwischen EU-Mitgliedstaaten
    - Abgabegrenze abhängig vom Schwellenwert des jeweiligen Landes
    - Keine steuerliche, sondern statistische Pflicht – aber häufig parallel zur ZM
  - **SAF-T (Standard Audit File for Tax)**
    - Von der Organisation für wirtschaftliche Zusammenarbeit und Entwicklung (OECD) vorgeschlagenes XML-basiertes Format für die strukturierte Übermittlung von Steuerdaten
    - Bisher nur in einigen EU-Staaten verpflichtend eingeführt (z. B. Portugal, Polen, Litauen)
    - Kann die Umsatzsteuerdaten (z. B. Journale, Buchungsdetails) enthalten
    - Besonders relevant für steuerliche Betriebsprüfungen und E-Audits
- **Weitere relevante Berichte und Pflichten (landesspezifisch)**
  - **VAT Ledger (z. B. Polen, Ungarn, Spanien)**
    - Elektronische Übermittlung der Umsatzsteuer-Buchführung auf Transaktionsebene
    - Beinhaltet Rechnungen, Gutschriften, Zahlungsvorgänge – oft in Echtzeit oder nahezu in Echtzeit
  - **Live Reporting/Echtzeitmeldung (z. B. SII in Spanien)**
    - Rechnungsdaten müssen innerhalb kurzer Fristen (z. B. vier Tage) an die Steuerbehörde gemeldet werden
    - Relevanter Bestandteil von E-Reporting-Systemen
    - Vorläufer des ViDA-Modells für einheitliche digitale Meldestrukturen in der EU

- **Vorsteuervergütungsantrag (EU-Richtlinie 2008/9/EG)**
  - Ermöglicht Unternehmern die Rückforderung ausländischer Vorsteuer innerhalb der EU
  - Elektronisch über das Portal des Ansässigkeitsstaates einzureichen

1.2.2 Was ist E-Invoicing, was ist E-Reporting und wie unterscheiden sie sich?

Bevor wir nationale oder EU-Regelungen einordnen können, ist eine präzise begriffliche Trennung zwischen E-Invoicing und E-Reporting erforderlich:

E-Invoicing

E-Invoicing bezeichnet die Erstellung, Übermittlung und den Empfang von Rechnungen in einem standardisierten, strukturierten elektronischen Format. Ziel ist die Automatisierung und Vereinheitlichung des Rechnungsaustausches – sowohl im Business-to-Government-(B2G-) als auch im Business-to-Business-(B2B-)Bereich.

E-Reporting

E-Reporting meint die elektronische Übermittlung steuerlich relevanter Daten an die Finanzverwaltung. Im Gegensatz zum E-Invoicing steht hierbei nicht der Rechnungsaustausch im Fokus, sondern die selektive Weitergabe von steuerlich relevanten Informationen für Kontroll- und Abgleichzwecke an die Finanzverwaltung. Beispiele für E-Reporting-Systeme sind das spanische SII (Suministro Inmediato de Información) und das ungarische RTIR (Real-Time Invoice Reporting), bei denen Unternehmen transaktionale Daten nahezu in Echtzeit an die dortigen Steuerbehörden übermitteln müssen. Unter E-Reporting im weiten Sinne kann man auch das sogenannte *Standard-Audit-File-(SAF-T-)Reporting* fassen, wobei Unternehmen diverse steuerlich relevante Buchhaltungsdaten an die einschlägigen Steuerbehörden periodisch übermitteln müssen. Schließlich stellt Italiens SDI (Sistema di Interscambio) eine besondere Kombination dar: Hier erfolgt der verpflichtende elektronische Rechnungsaustausch über eine zentrale Plattform der Finanzverwaltung. Dadurch erhält die italienische Steuerbehörde automatisch Zugriff auf alle E-Rechnungsdaten, was E-Invoicing und E-Reporting somit integral verknüpft. Die Unternehmen senden ihre Rechnungen an das SDI, das diese sowohl an den Empfänger weiterleitet als auch für steuerliche Kontrollzwecke nutzt.

Continuous Transaction Controls

Im Zusammenhang mit E-Reporting wird auch häufig der Begriff *CTC* (Continuous Transaction Controls) verwendet. Dabei sollen kontinuierliche Kontrollen auf Transaktionsebene etabliert werden. Gerade im umsatzsteuerlichen Bereich existieren mit den gegenwärtigen Meldeverpflichtungen allerdings periodische Meldungen, die meist auf Summen der Bemessungsgrundlagen für bestimmte Umsatzarten basieren (z. B. die deutsche UStVA, bei der die Meldung der steuerpflichtigen Umsätze mit 19 % auf Basis der Summe der Bemessungsgrundlage erfolgt). Abbildung 1.3 gibt Ihnen noch einmal einen Überblick über die beschriebenen Abgrenzungsmerkmale.

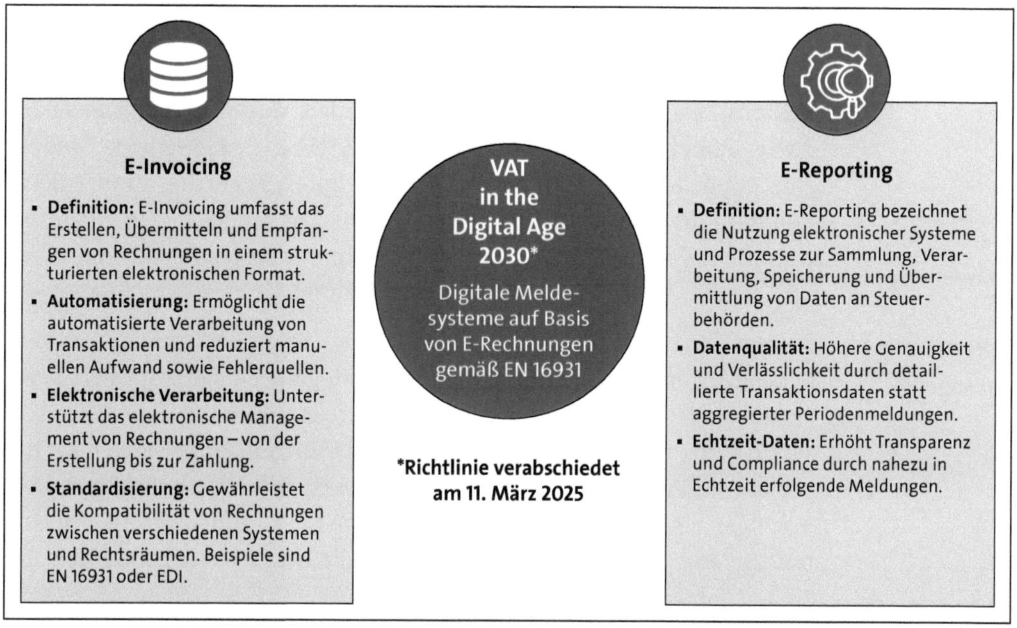

Abbildung 1.3 Abgrenzung E-Invoicing/E-Reporting

Diese begriffliche Abgrenzung zwischen E-Invoicing und E-Reporting ist zentral für das Verständnis der unterschiedlichen regulatorischen Ansätze in den EU-Mitgliedstaaten und bildet die Grundlage für eine strategische Auseinandersetzung mit nationalen und internationalen E-Invoicing- und E-Reporting-Anforderungen.

1.2.3 Was ViDA für die IT-Strategie bedeutet

Die oben aufgeführten Anforderungen innerhalb der EU haben aufgrund der schnelleren Berichtsperioden und Fristen sowie des steigenden Umfangs zur Folge, dass den Unternehmen die nachgelagerte Zeit zur Validierung verloren geht und es umso wichtiger wird, die steuerliche Datenqualität und -granularität für das umsatzsteuerliche Reporting in den ERP-Systemen sicherzustellen. Hierzu ist neben einem korrekt eingerichteten ERP-System natürlich auch zu berücksichtigen, dass die Anwender und Anwenderinnen auch entsprechend umsatzsteuerlich geschult werden. Dies ist insbesondere dann relevant, wenn manuelle Verbuchungen/Anpassungen notwendig sind.

IT-Strategie

Was bedeutet dies nun für die IT-Strategie der Unternehmen? Es ist an der Zeit, Maßnahmen zu ergreifen und die relevanten Anforderungen frühzeitig intern zu identifizieren und auf eine umsatzsteuerliche Projekt-Roadmap zu setzen. Zu berücksichtigen ist dabei ebenfalls, dass die anstehenden Transformationsprojekte im SAP-Bereich dazu führen, dass neben den Fristen der lokalen Gesetzgebungen bzw. ViDA auch die bestehende Transformations-Roadmap in Betracht gezogen werden muss. Denn im Zweifel bedeutet eine späte Umstellung auf SAP S/4HANA in den jeweiligen Ländern eine doppelte Implementierung der relevanten Reporting- und E-Rechnungsanforderungen für die Unternehmen. Das bindet neben einem bereits intensiven SAP-S/4HANA-Projekt nicht nur Ressourcen, sondern natürlich auch zusätzliche Kosten (je nach Lösung).

Lösungsangebote Dritter

Es stellt sich hier nicht nur die Frage nach dem Scope der am Markt vorhandenen Lösungen. Hier spielt auch die IT-Strategie wieder eine größere Rolle. Letztendlich gilt es, zu entscheiden, inwiefern eine globale Lösung zum Einsatz kommen kann bzw. inwieweit lokale Lösungen der jeweiligen Länder geplant sind. Ziel ist es, hier unter Berücksichtigung der zukünftigen Anforderungen eine strategische Entscheidung im Gesamtunternehmen zu treffen, um eine Digitalisierungsstrategie für die Umsatzsteuer innerhalb der Steuerfunktion zu definieren.

1.3 Gesetzliche Berichtsanforderungen an die E-Rechnungen

Einige EU-Mitgliedstaaten haben bestehende B2G-Vorgaben bereits auf den B2B-Bereich ausgeweitet. Die konkrete Ausgestaltung der nationalen E-Rechnungspflichten unterscheidet sich jedoch teils erheblich. Zwar dient die EN 16931 als gemeinsamer Standard für die strukturierte Rechnung, doch bestehen Unterschiede hinsichtlich des Übertragungswegs, der technischen Infrastruktur und der Frage, welche Umsätze konkret erfasst werden. Im Folgenden geben wir Ihnen einen Überblick über ein paar Länderbeispiele. Die Aufzählung ist natürlich nicht vollständig. Aufgrund der speziellen Regelungen gehen wir daher kurz auf Italien, Belgien und Deutschland ein. Dies ermöglicht die Skizzierung der unterschiedlichen Anforderungen.

1.3.1 Länderbeispiele

Die folgenden Beispiele aus Italien, Belgien und Deutschland veranschaulichen die Bandbreite innerhalb der EU.

Italien – Sistema di Interscambio (SdI)

In Italien müssen inländische Unternehmen strukturierte elektronische Rechnungen verpflichtend über die staatliche Plattform *Sistema di Interscambio* (SdI) übermitteln und empfangen. Die E-Rechnungspflicht gilt insbesondere für Umsätze, die in Italien steuerbar sind. Hierfür ist das XML-Format FatturaPA zu verwenden, das mit EN 16931 kompatibel ist.

Darüber hinaus besteht eine Anmeldepflicht für Rechnungen mit innergemeinschaftlichem Bezug, etwa bei Lieferungen an Abnehmer in anderen EU-Mitgliedstaaten. Das italienische Modell gilt als Referenz für ein transaktionsbasiertes, zentrales Plattformkonzept.

Belgien – Peppol

Zum 1. Januar 2026 führt Belgien eine verpflichtende E-Rechnungspflicht im B2B-Bereich ein. Anders als Italien verzichtet Belgien auf den Aufbau einer zentralen staatlichen Plattform – stattdessen wird vollständig auf das Peppol-Netzwerk gesetzt. *Peppol* ist ein interoperables Austauschsystem, bei dem Teilnehmende Rechnungen über standardisierte, sichere Protokolle übermitteln. Belgien hat keinen nationalen Rechnungsstandard entwickelt, sondern nutzt direkt das mit EN 16931 kompatible Format Peppol BIS Billing 3.0.

Die E-Rechnungspflicht betrifft grundsätzlich alle in Belgien umsatzsteuerlich registrierten Unternehmen, die Leistungen an andere in Belgien umsatzsteuerlich registrierte Unternehmen erbringen. In diesen Fällen müssen E-Rechnungen im Format Peppol BIS Billing 3.0 erstellt und über das Peppol-Netzwerk übermittelt werden.

Deutschland – Sonderfall

Deutschland geht im EU-Vergleich einen eigenständigen Weg. Seit dem 1. Januar 2025 gilt eine E-Rechnungspflicht für inländische B2B-Umsätze. Das bedeutet: Unternehmen mit Sitz in Deutschland müssen bei steuerpflichtigen Umsätzen an andere in Deutschland ansässige Unternehmen grundsätzlich eine E-Rechnung nach EN 16931 ausstellen.

In Deutschland gibt es keine zentrale Plattform und keine gesetzlich vorgeschriebene technische Übertragungspflicht für B2B-E-Rechnungen – Unternehmen können das EN-16931-konforme Format frei übermitteln, z. B. per E-Mail oder über Peppol.

Nur im B2G-Bereich gelten gesonderte Anforderungen: Wenn Unternehmen Rechnungen an öffentliche Auftraggeber stellen, müssen diese über definierte Plattformen – wie z. B. das *OZG-RE* – übermittelt werden. Auch hier ist die Nutzung von Peppol grundsätzlich zulässig.

1.3.2 Die elektronische Rechnungsnorm EN 16931

Die Europäische Norm *EN 16931* wurde vom Europäischen Komitee für Normung (CEN) im Auftrag der Europäischen Kommission entwickelt und veröffentlicht. Sie definiert eine elektronische Rechnung als ein Dokument, das in einem strukturierten elektronischen Format ausgestellt, übermittelt und empfangen wird – mit dem Ziel, eine automatisierte und elektronische Verarbeitung zu ermöglichen.

Diese Definition betont die Notwendigkeit eines klaren Datenformats, das maschinell verarbeitet werden kann – und schafft damit die Grundlage für Digitalisierung, Effizienzsteigerung und Automatisierung im Finanz- und Rechnungswesen. Die Rolle der Norm lässt sich mit universellen IT-Kommunikationsstandards wie dem E-Mail-Protokoll vergleichen: Sie soll ein ähnliches Maß an Interoperabilität für Rechnungsprozesse schaffen, sodass verschiedene Systeme nahtlos miteinander kommunizieren können.

Status quo: Warum ein Standard notwendig ist

Die Notwendigkeit eines verbindlichen Standards wird deutlich, wenn man die bestehende Praxis betrachtet. Viele Unternehmen arbeiten noch mit Papier- oder PDF-Rechnungen, deren Inhalte per OCR-Technologie (Optical Character Recognition) extrahiert werden. Diese Methode ist jedoch fehleranfällig: Scanqualität, Layoutkomplexität und Texterkennungsgrenzen führen regelmäßig zu Inkorrektheiten, die manuell nachbearbeitet werden müssen.

Parallel dazu haben sich in der Wirtschaft elektronische Rechnungsaustauschverfahren auf Basis von EDI (Electronic Data Interchange) etabliert – insbesondere UN/EDIFACT als international verbreitetes Format. EDI beschreibt jedoch vor allem den Übertragungsweg und ist nicht normativ im Hinblick auf Dateninhalt und Datenpositionierung. Es fehlt die semantische Tiefe, die für steuerliche Validierung und Datenstandardisierung erforderlich wäre.

Diese Mandate verlangen nicht nur die Einhaltung spezifischer Datenformate, sondern auch die technische Anbindung an definierte Plattformen – teils mit Validierung, teils mit Rückmeldemechanismen vonseiten der Behörden.

Die EN 16931 begegnet diesen Herausforderungen durch ein klar definiertes Datenmodell und durch gesetzlich verpflichtende Vorgaben, etwa im öffentlichen Auftragswesen oder künftig durch ViDA. Die EN 16931 besteht aus mehreren Teilen, von denen Teil 1 das semantische Datenmodell der Kernrechnung (EN 16931-1: 2017) definiert und Teil 2 die beiden kompatiblen Syntaxen benennt, die EN 16931 entsprechen (CEN/TS 16931-2: 2017).

EN 16931

Das *semantische Modell* liefert die Bausteine und Regeln, die eine Kernrechnung formen und definieren, wodurch sichergestellt wird, dass sie universell verständlich und verarbeitbar ist. Der Begriff *Syntax* bezeichnet in maschinenlesbaren Sprachen oder deren Dialekten allgemein die Regeln zur Abbildung von Informationselementen in einem elektronischen Dokument.

Auf beide Bestandteile wird im Folgenden eingegangen.

Das semantische Datenmodell nach EN 16931

Das semantische Datenmodell von EN 16931 definiert sogenannte *Business Terms* (BT), die Rechnungsinhalte wie die Rechnungsnummer, das Rechnungsdatum oder den Rechnungstyp vorgeben. Je nach BT können diese obligatorisch sein oder müssen bestimmten formalen Vorgaben entsprechen. Ob es sich etwa bei dem Rechnungsdokument um eine herkömmliche Rechnung oder um eine kreditorische Gutschrift handelt, richtet sich allein nach einem universellen Code für den Rechnungstyp (z. B. 380 für Commercial Invoice und 381 für Credit Note).

Universeller Code

In Tabelle 1.1 sehen Sie beispielhafte Beschreibungen der potenziellen Datentypen.

ID	Betriebswirtschaftlicher Begriff	Datentyp
BT-1	Rechnungsnummer	Kennung
BT-2	Rechnungsdatum	Datum
BT-3	Code für Rechnungstyp	Code
BT...	...	...

Tabelle 1.1 Beschreibung der Datentypen

Kompatible Syntaxen zu EN 16931

Rechnungsinformationen müssen zudem in einer mit EN 16931 kompatiblen Syntax strukturiert sein. EN 16931 lässt hierbei zwei XML-Syntaxen zu, nämlich *UN/CEFACT XML* für das Cross-Industry-Invoice-(CII-)Datenmodell und *UBL 2.1*. Im Gegensatz dazu sind die Syntaxen *Financial Invoice* (basierend auf ISO 20022) und *UN/EDIFACT* ausdrücklich *nicht* mit EN 16931 kompatibel:

- Kompatibel mit EN 16931
  - UN/CEFACT XML (CII)
  - UBL 2.1
- Nicht kompatibel mit EN 16931
  - UN/EDIFACT
  - Financial Invoice (basierend auf ISO 20022)

In Abbildung 1.4 sehen Sie einen Überblick über die einzelnen Komponenten des Kernrechnungsmodells EN 16931. Hier sind insbesondere auch noch einmal die kompatiblen Syntaxen aufgeführt.

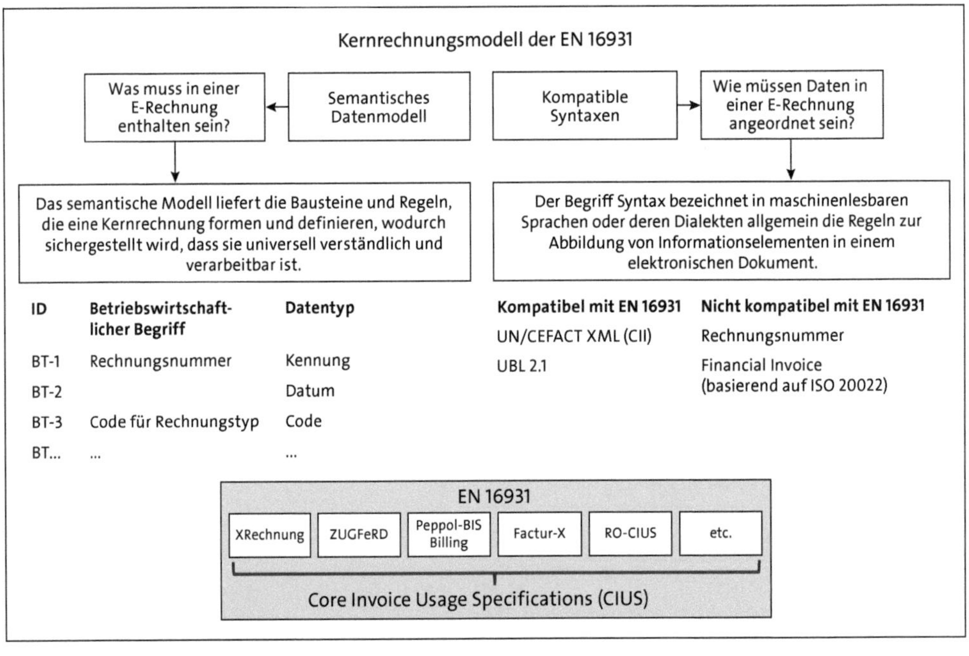

Abbildung 1.4 Anforderungen an EN 16931

Weiternutzung von EDI-Rechnungen

Im Zusammenhang mit sogenannten *EDI-Rechnungen* (Electronic Data Interchange) sind verschiedene Teilbereiche zu unterscheiden, nämlich der Übertragungsweg und das Übertragungsformat. Mittels EDI werden Dokumente (z. B. Rechnungen) in Datenformaten übertragen, die meist auf EDI-

Standards wie *EDIFACT* (Electronic Data Interchange for Administration, Commerce and Transport) beruhen.

EDI-Kompatibilität

Das Datenformat, das mittels EDI übertragen wird, muss grundsätzlich den Anforderungen der EN 16931 entsprechen. Wenn das Rechnungsformat allerdings dem EDI-Standard EDIFACT entspricht, handelt es sich um eine Syntax, die ausdrücklich nicht mit EN 16931 kompatibel ist.

Die deutsche E-Rechnungsregelung erlaubt allerdings die Nutzung eines alternativen strukturierten elektronischen Formats, sofern die Daten in ein mit der EN 16931 interoperables Format extrahiert werden können und alle Beteiligten diesem Format zugestimmt haben (was aufgrund bestehender EDI-Vereinbarungen in der Regel der Fall sein dürfte). Die EN 16931 antizipiert diese Problematik, sodass für EDIFACT-Syntaxen ein entsprechendes Daten-Mapping existiert. Bei der Rechnungserstellung muss entsprechend sichergestellt werden, dass eine Umwandlung der EDI-Rechnung in ein EN-16931-konformes Format ohne Informationsverlust möglich ist.

National kompatible elektronische Rechnungsformate nach EN 16931

Beispiele für zulässige nationale elektronische Rechnungsformate, die die Anforderungen nach EN 16931 erfüllen, sind die *XRechnung* (auch *XStandard* genannt) und das *ZUGFeRD-Format* ab Version 2.0.1, ausgenommen die Profile MINIMUM und BASIC-WL.

Die XRechnung ist ein rein maschinenlesbares Format (XML) und das ZUGFeRD-Format ist ein Hybridformat aus menschenlesbarem PDF und darin eingebetteter XML für die maschinelle Verarbeitung. In Abbildung 1.5 sehen Sie einen Vergleich zwischen dem ZUGFeRD- und einem XML-Format.

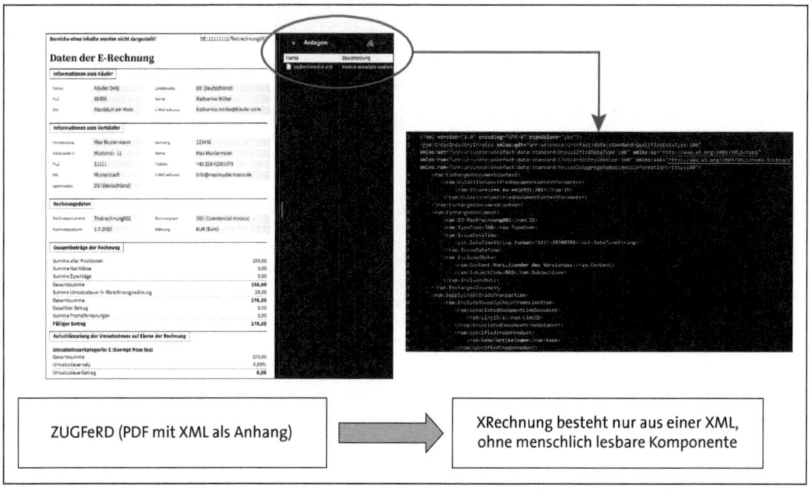

Abbildung 1.5 ZUGFeRD- vs. XML-Format

Eine reine PDF-Rechnung stellt in der Regel keine E-Rechnung nach EN 16931 dar, da ein PDF kein strukturiertes elektronisches Format ist, das die Anforderungen von EN 16931 erfüllt.

ZUGFeRD-Format

Eine Ausnahme ist das ZUGFeRD-Format (in Frankreich auch *Factur-X* genannt). Hierbei handelt es sich um einen besonderen PDF-Typ (PDF A/3). Eine ZUGFeRD-Rechnung sieht auf den ersten Blick aus wie eine PDF. In einer ZUGFeRD-PDF ist allerdings eine XML-Datei eingebettet, die ein strukturiertes elektronisches Format darstellt und die Anforderungen von EN 16931 erfüllen kann. Ob es sich um eine PDF-Rechnung oder eine ZUGFeRD-Rechnung gemäß EN 16931 handelt, kann nur durch einen Validierungsprozess festgestellt werden.

Oft ist aufgrund prozessualer Anforderungen eine Visualisierung der Rechnung notwendig. Eine Visualisierung des maschinenlesbaren Teils (XML) kann bei einer ZUGFeRD-Rechnung unmittelbar Teil der Rechnungsdatei sein. Alternativ ist es grundsätzlich erlaubt, eine Visualisierung des maschinenlesbaren Teils zu erstellen.

Andere europäische, kompatible elektronische Rechnungsformate nach EN 16931

CIUS

In Deutschland erfüllen vor allem die weitverbreiteten Formate XRechnung und ZUGFeRD die Anforderungen an EN 16931. Allerdings müssen Unternehmen, die diese Formate anwenden, auch andere EN-16931-kompatible Formate empfangen, weil die deutschen E-Rechnungsregelungen nicht explizit auf XRechnung und ZUGFeRD abstellen, sondern allgemein auf EN 16931. In diesem Zusammenhang sind somit auch andere sog. *Core Invoice Usage Specifications* (CIUS) von EN 16931 von der Empfangspflicht umfasst. Eine CIUS ist eine Präzisierung der EN 16931 zur Anpassung an länder- oder fachspezifische Rahmenbedingungen. Bekannte Beispiele hierfür sind:

- Peppol-BIS Billing (CIUS für das Peppol-Netzwerk)
- RO_CIUS (rumänisches Format)
- Factur-X (Frankreich)

In Abbildung 1.6 sehen Sie die Bestandteile der Core Invoice Usage Specification.

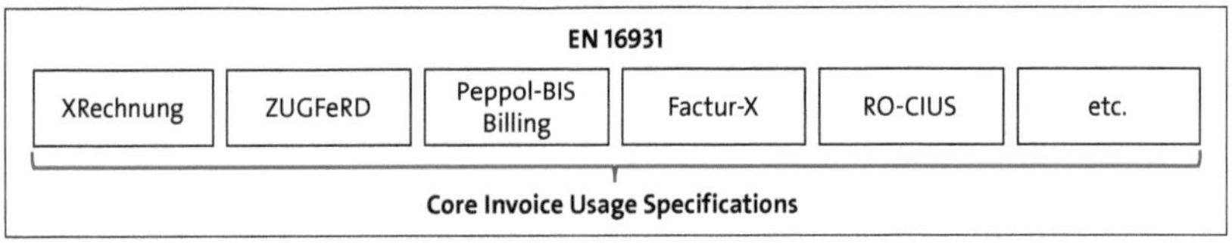

Abbildung 1.6 Core Invoice Usage Specifications (CIUS)

Welche umsatzsteuerlichen Risiken drohen, wenn eine Rechnung keiner E-Rechnung nach EN 16931 entspricht?

Wenn die E-Rechnungspflicht für den Aussteller gilt, muss er folglich eine ordnungsgemäße E-Rechnung nach EN 16931 ausstellen. Eine solche Rechnung liegt nur dann vor, wenn sie einen vorgeschriebenen Validierungsprozess durchlaufen hat, da nur so gewährleistet ist, dass die Regeln nach EN 16931 eingehalten wurden. In Abbildung 1.7 sehen Sie die technischen Validierungsschritte an einer E-Rechnung nach EN 16931.

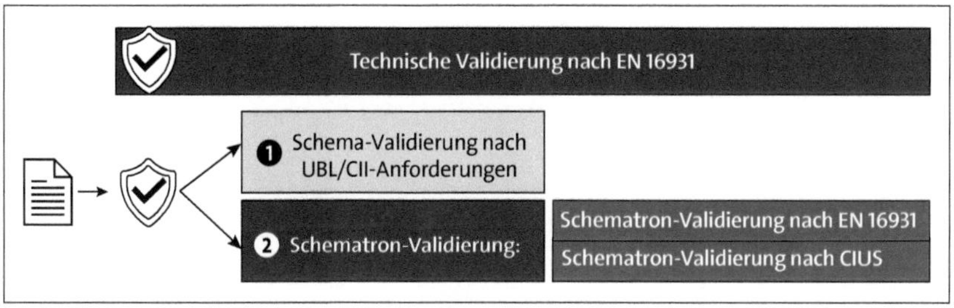

Abbildung 1.7 Technische Validierung nach EN 16391

Eine E-Rechnung, die zu Validierungsfehlern führt, ist abzulehnen.

Validierungsfehler

E-Rechnungen mit Validierungsfehlern sind somit keine ordnungsgemäße E-Rechnung nach EN 16931 und sollten von Unternehmen nicht verarbeitet, verbucht und steuerlich berücksichtigt werden (z. B. ausgewiesene Umsatzsteuer als Vorsteuer geltend machen). Abbildung 1.8 zeigt einen beispielhaften Prüfbericht einer fehlerhaften E-Rechnung.

Extended Versionen von EN 16931

Im Zusammenhang mit EN-16931-konformen E-Rechnungen existieren Core Invoice Usage Specification (CIUS). Eine CIUS ist eine zulässige Einschränkung oder Spezifizierung der EN 16931. Auf diese sind wir bereits zuvor genauer eingegangen.

Extension

Im Gegensatz zu einer CIUS stellt eine Extension eine tatsächliche Erweiterung der EN 16931 dar. Dabei können neue Datenfelder oder Geschäftsregeln hinzugefügt werden, die über das Kernrechnungsmodell hinausgehen. Eine Extension muss immer auf einer bestehenden CIUS (z. B. XRechnung-Extension/ZUGFeRD-Extension) oder einer anderen Extension aufbauen.

Ferner erfordert die Nutzung einer Extension eine zivilrechtliche Vereinbarung zwischen den Vertragsparteien. Ohne eine zivilrechtliche Vereinbarung dieser Art muss das Unternehmen weder solche Extensions erstellen noch empfangen bzw. verarbeiten können.

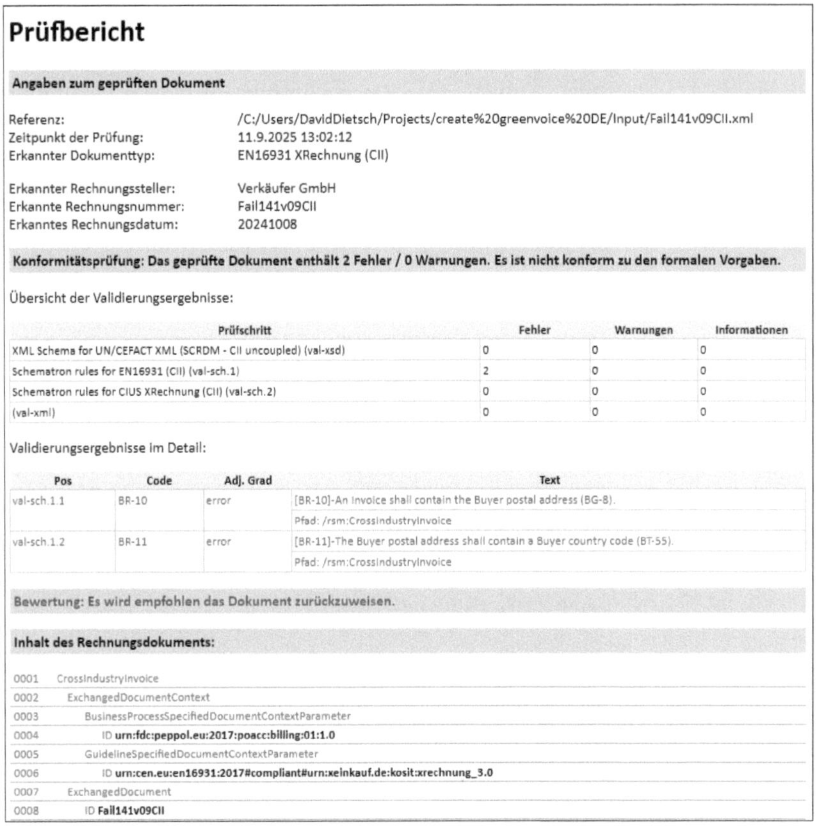

Prüfbericht

Angaben zum geprüften Dokument

Referenz:	/C:/Users/DavidDietsch/Projects/create%20greenvoice%20DE/Input/Fail141v09CII.xml
Zeitpunkt der Prüfung:	11.9.2025 13:02:12
Erkannter Dokumenttyp:	EN16931 XRechnung (CII)
Erkannter Rechnungssteller:	Verkäufer GmbH
Erkannte Rechnungsnummer:	Fail141v09CII
Erkanntes Rechnungsdatum:	20241008

Konformitätsprüfung: Das geprüfte Dokument enthält 2 Fehler / 0 Warnungen. Es ist nicht konform zu den formalen Vorgaben.

Übersicht der Validierungsergebnisse:

Prüfschritt	Fehler	Warnungen	Informationen
XML Schema for UN/CEFACT XML (SCRDM - CII uncoupled) (val-xsd)	0	0	0
Schematron rules for EN16931 (CII) (val-sch.1)	2	0	0
Schematron rules for CIUS XRechnung (CII) (val-sch.2)	0	0	0
(val-xml)	0	0	0

Validierungsergebnisse im Detail:

Pos	Code	Adj. Grad	Text
val-sch.1.1	BR-10	error	[BR-10]-An invoice shall contain the Buyer postal address (BG-8).
			Pfad: /rsm:CrossIndustryInvoice
val-sch.1.2	BR-11	error	[BR-11]-The Buyer postal address shall contain a Buyer country code (BT-55).
			Pfad: /rsm:CrossIndustryInvoice

Bewertung: Es wird empfohlen das Dokument zurückzuweisen.

Inhalt des Rechnungsdokuments:

0001	CrossIndustryInvoice
0002	ExchangedDocumentContext
0003	BusinessProcessSpecifiedDocumentContextParameter
0004	ID **urn:fdc:peppol.eu:2017:poacc:billing:01:1.0**
0005	GuidelineSpecifiedDocumentContextParameter
0006	ID **urn:cen.eu:en16931:2017#compliant#urn:xeinkauf.de:kosit:xrechnung_3.0**
0007	ExchangedDocument
0008	ID **Fail141v09CII**

Abbildung 1.8 Prüfbericht – Beispiel für eine fehlerhafte Rechnung

Update der europäischen E-Rechnungsnorm EN 16931 (EN 16931:09/2025)

Die europäische Norm EN 16931 zur strukturierten elektronischen Rechnung wird derzeit durch das Technische Komitee *CEN/TC 434* überarbeitet. Ziel der Revision ist es, die Norm an neue regulatorische Anforderungen anzupassen, insbesondere im Hinblick auf das EU-Vorhaben ViDA und die zunehmende Einführung von B2B-E-Rechnungspflichten in den Mitgliedstaaten.

Die ursprünglich im Jahr 2017 veröffentlichte Norm fokussierte sich stark auf den B2G-Sektor. Sie wurde für die Anforderungen des öffentlichen Auftragswesens entworfen, ist jedoch nur begrenzt für die neuen Herausforderungen im Bereich Continuous Transaction Controls (CTC) B2B geeignet. Mit Blick auf die verpflichtenden digitalen Meldesysteme ab 2030 wird die EN 16931 daher umfassend überarbeitet, um

- ein vollständigeres semantisches Datenmodell für steuerliche Meldungen bereitzustellen,

- neue Felder und Informationen für B2B-Einsatzszenarien zu integrieren und
- die Interoperabilität und Harmonisierung zwischen den EU-Mitgliedstaaten zu stärken.

Die Schwerpunkte der Revision umfassen dabei insbesondere die folgenden Aspekte:

- **Erweiterung des semantischen Datenmodells**

  Aufnahme zusätzlicher Datenfelder zur Abbildung von ViDA-Anforderungen, darunter IBAN, Angaben zu Lieferzeitpunkten, Zahlungsdetails, Skonto, mehrfache Käufer-IDs, Margenbesteuerung und Art der Leistung (Lieferungen/sonstige Leistung)
- **Ergänzung von Mehrwertsteuer-Informationen**

  Neue Tax Codes, Angabe von Befreiungstatbeständen sowie Verbesserung der B2B-relevanten Felder
- **Überarbeitung der Syntaxbindungen und der Methodik für nationale Erweiterungen**

  Ziel ist es, sektorspezifische oder nationale Sonderregeln kontrolliert und harmonisiert abbilden zu können.

Diese Überarbeitung läuft seit über drei Jahren. Die abschließenden Arbeiten erfolgten bis Juni 2025. Die finale Version wird nach öffentlicher Konsultation und Abstimmung voraussichtlich im September 2025 veröffentlicht.

Die Überarbeitung gestaltet sich komplex, weil alle EU-Mitgliedstaaten zustimmen müssen und sie auch kleine und mittlere Unternehmen (KMU) bei der Umsetzung nicht überfordern darf.

Die neue Version der EN 16931 soll eine zentrale Rolle bei der Umsetzung der ViDA-Vorgaben spielen. Sie wird voraussichtlich viele nationale Erweiterungen überflüssig machen oder ersetzen, die Grundlage für digitale Echtzeitmeldungen an Finanzverwaltungen bilden und die Harmonisierung der Rechnungsdatenmodelle in Europa stärken.

1.4 SAP DRC als strategische Compliance-Lösung

Im Zuge der zunehmenden Digitalisierung steuerlicher Meldeprozesse und der bevorstehenden Reformen im Rahmen von ViDA sehen sich Unternehmen mit der Herausforderung konfrontiert, eine wachsende Anzahl nationaler und internationaler Vorschriften effizient, sicher und automatisiert umzusetzen. SAP hat mit dem Modul *SAP Document and Reporting Compliance* (SAP DRC) eine modulare Lösung entwickelt, die genau diesem Zweck dient: der zentralen und standardisierten Erfüllung von gesetzlichen Anforderungen an die elektronische Rechnungsstellung und steuerliche Berichterstattung in unterschiedlichen Ländern und Regionen.

SAP DRC: Überblick

SAP DRC ist in SAP S/4HANA sowie in bestimmten Fällen auch in SAP ECC integrierbar und fungiert als zentrale Applikation für alle melderelevanten Prozesse im steuerlichen Kontext. Es handelt sich dabei um die Weiterentwicklung verschiedener bisheriger Lösungen aus dem SAP-Portfolio, darunter das *eDocument Framework* und *Advanced Compliance Reporting*. Ziel der Lösung ist es u. a., sämtliche Berichts- und Dokumentationspflichten, die sich aus nationalen E-Invoicing- und E-Reporting-Anforderungen ergeben, innerhalb der SAP-Systemlandschaft digital abzubilden.

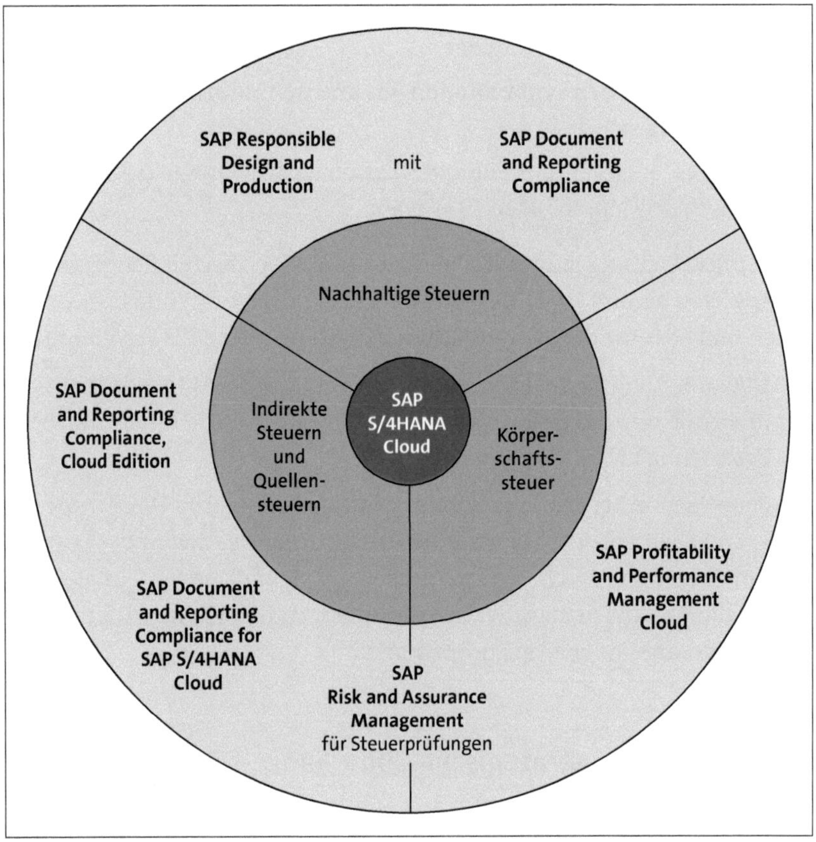

Abbildung 1.9 SAP Global Tax Management Strategie

Abbildung 1.9 bietet einen strukturierten Überblick über das bestehende Portfolio von SAP zur Unterstützung globaler Steuer- und Compliance-Prozesse. Sie visualisiert, wie verschiedene SAP-Komponenten ineinandergreifen, um die Digitalisierungsstrategie der Steuer- und Finanzfunktion zu unterstützen. Der große Vorteil, der sich für die Steuerfunktion der Unternehmen aus der Anwendung der SAP-Produkte ergibt, ist eine vollintegrierbare Digitalisierungsstrategie innerhalb der SAP-Produktlandschaft. Vorweg sollte jedoch erwähnt sein, dass nicht alle steuerlichen Anforderungen durch die SAP optimal und End-to-End unterstützt werden (z. B. Pillar 2, Anforderungen an die Prozesse der direkten Steuern und Compliance etc.).

SAP Global Tax Management

Das SAP-Portfolio im Bereich Global Tax Management umfasst drei zentrale Kernbereiche der steuerlichen Anforderungen:

- Sustainable Taxes (Nachhaltigkeit)
- Indirect Taxes (Umsatzsteuer und ähnliche Verbrauchsteuern) und Withholding Taxes (Quellensteuer)
- Corporate Income Taxes (Körperschaft- und Ertragsteuern)

Für diese drei Kernbereiche stellt SAP zentrale Lösungen bereit. Diese sind im blauen Kreis in Abbildung 1.9 aufgeführt. Ohne inhaltlich ins Detail zu gehen, möchten wir Sie darauf hinweisen, dass SAP insbesondere für den Bereich Indirect Tax und Withholding Tax sowie für Sustainable Tax zentrale Lösungen in SAP DRC vorgesehen hat.

SAP DRC ist in mehreren Varianten verfügbar (Cloud, On-Premise etc.).

SAP-DRC-Paket

Auf eine genauere Beschreibung der unterschiedlichen Versionen und Komponenten gehen wir in Kapitel 4, »Einführung in SAP Document and Reporting Compliance«, ein.

SAP DRC bildet die technische Grundlage für die Umsetzung nationaler und internationaler E-Invoicing- und E-Reporting-Vorgaben. Sie ermöglichen die Erstellung, Validierung, Übermittlung und Archivierung steuerlich relevanter Dokumente – konform mit den gesetzlichen Anforderungen. Die Komponenten sind in unterschiedlichen lizenzierbaren Paketen und auch in freien Features (bereits im SAP-Standard enthalten) verfügbar. Auch hierauf gehen wir in Kapitel 4 näher ein.

Zudem gibt es weitere Komponenten/Applikationen in Ergänzung zu SAP DRC. Hierunter zählt unter anderem das lizenzierbare Modul *SAP Risk and Assurance Management* (siehe Abbildung 1.10). Dieses Modul unterstützt die Einrichtung und Überwachung eines internen Kontrollsystems zur Sicherstellung der steuerlichen Compliance (inkl. Prozessverankerung und Datenvalidierung).

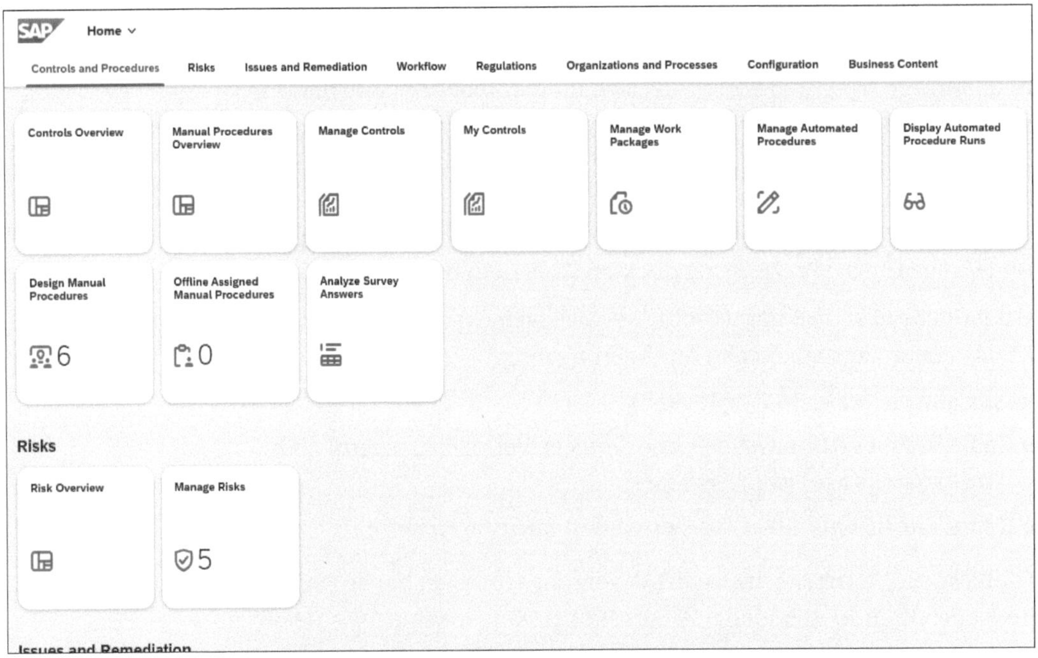

Abbildung 1.10 Startseite von SAP Risk and Assurance Management

Hauptnutzen SAP DRC

Der hauptsächliche Verwendungszweck von SAP DRC ist die strukturierte und automatische Umsetzung länderspezifischer Reporting-Anforderungen – über unterschiedliche Rechtsräume und Länder hinweg. SAP DRC bietet dafür jeweils passende länderspezifische Templates, integrierte Validierungsregeln sowie automatisierte Übertragungsprozesse. Die Lösung kann dabei flexibel an sich verändernde gesetzliche Anforderungen angepasst werden – SAP stellt regelmäßige Updates für neue Formate, Fristen oder technische Spezifikationen bereit. Dabei sollten Sie jedoch die Länderabdeckung von SAP beachten. Diese wird laufend weiterentwickelt. Eine flächendeckende Verfügbarkeit sämtlicher etwa umsatzsteuerlicher Berichtsanforderungen ist zum heutigen Zeitpunkt noch nicht gegeben. Ein Beispiel hierfür ist die deutsche Umsatzsteuer-Jahreserklärung.

Single Point of Truth

SAP verfolgt mit SAP DRC das Ziel, Unternehmen eine globale Compliance-Plattform zur Verfügung zu stellen (Single Point of Truth).

Dadurch lassen sich nicht nur manuelle Aufwände, sondern auch Fehlerquellen und steuerliche Risiken reduzieren. Gleichzeitig trägt die Lösung zur Transparenz und Rückverfolgbarkeit aller Meldungen bei: Sämtliche Transaktionen und Übermittlungen werden systemseitig dokumentiert und sind im Sinne eines Audit-Trails revisionssicher nachvollziehbar. Dies zahlt am Ende auch auf ein operatives Tax Compliance Management System ein, das die Unternehmen nach § 153 AO sicherzustellen haben.

In funktionaler Hinsicht deckt SAP DRC sowohl elektronische Rechnungsprozesse (E-Invoicing) als auch steuerliche Berichtspflichten (E-Reporting) ab. Dazu zählen unter anderem die Generierung, Validierung und Übertragung gesetzlich vorgeschriebener elektronischer Rechnungen, die Meldung von Umsatzsteuerdaten an die zuständigen Behörden sowie die Erstellung länderspezifischer Reports, wie z. B. Umsatzsteuer-Voranmeldungen oder strukturierter Buchhaltungsdaten (SAF-T). Die Übertragung erfolgt – je nach Land – direkt über zertifizierte Kommunikationskanäle, Middleware oder nationale Gateways (z. B. Peppol, Webservice-Anbindung etc.).

Grundlegende Informationen zu SAP DRC finden Sie über das SAP Help Portal (unter: *http://s-prs.de/v11005001*). Hier ist auch eine zentrale Übersicht der Länderabdeckung zu finden. Weitere Informationen zu geplanten Neuerungen finden Sie zudem im *Regulatory Change Manager* von SAP unter: *http://s-prs.de/v11005002*.

Regulationen immer im Blick

Der Regulatory Change Manager (siehe Abbildung 1.11) unterstützt Sie dabei, den Überblick über gesetzliche Änderungen zu behalten, die für SAP-Geschäftssysteme relevant sind. Er ist eines der Standardwerkzeuge für Fachexperten und Fachexpertinnen für E-Rechnung und E-Reporting im operativen Geschäft. Das Tool ist Teil der *SAP Business Technology Plattform* und integriert in *SAP for Me*.

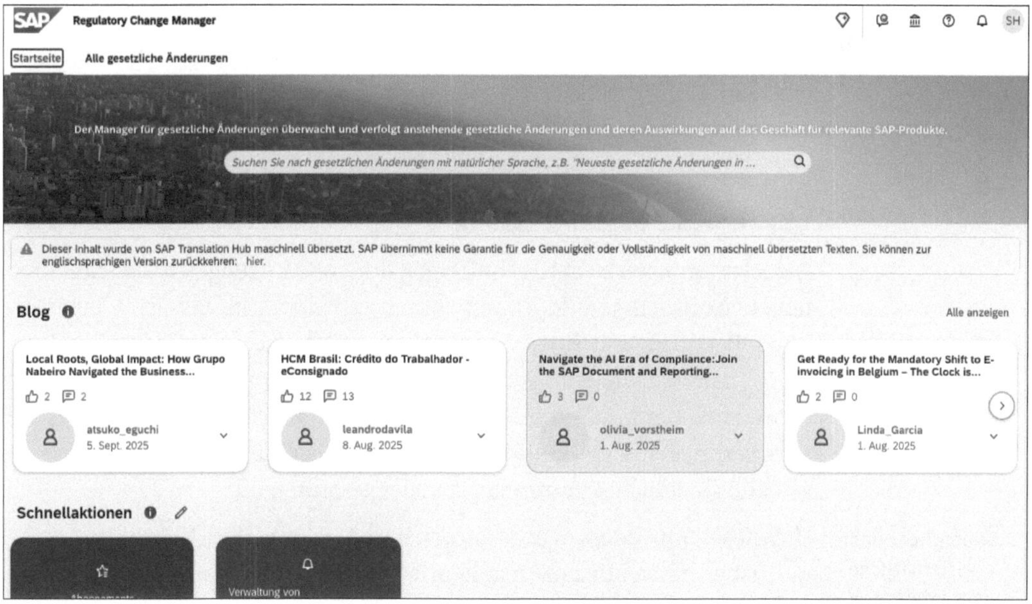

Abbildung 1.11 Startseite des SAP Regulatory Change Manager

[+]

Weitere Informationen zu SAP DRC

Darüber hinaus gibt es auch immer wieder weitere spannende Informationen in den Arbeitsgruppen der *DSAG* (Deutschsprachige SAP-Anwendergruppe e. V.). Die DSAG ist einer der einflussreichsten Anwenderverbände der Welt und setzt sich aus über 4.000 Mitgliedsunternehmen zusammen (vom Mittelstand bis zum DAX-Konzern). Sie umfasst Mitglieder aus Deutschland, Österreich und der Schweiz. Die DSAG ist in unterschiedlichen Arbeitskreisen organisiert – besonders die Arbeitskreise *Globalisierung* und *Steuern* sind zu erwähnen. Immer wieder werden auch hier relevante Inhalte aus den Arbeitskreisen geteilt bzw. Webinare gehalten, die Einblicke in die Roadmap von SAP bzgl. SAP DRC geben und Lösungsszenarien für konkrete Länder- und Berichtsanforderungen abbilden.

1.5 Tools vergleichen

Nun könnte man sich bzgl. der Tool-Auswahl leicht die Frage stellen: Welche Lösung ist die beste und wo stimmt die Kosten-Nutzen-Perspektive? So einfach ist es aber leider nicht. Um die für das Unternehmen beste Lösung bzw. Lösungen zu finden, bedarf es zuvor ein paar strategischer Entscheidungen. Weitere Informationen hierzu finden Sie in Kapitel 2, »Implementierung vorbereiten«. Fakt ist, es gibt mittlerweile eine Vielzahl an Softwarelösungen für die Abbildung der E-Reporting- und E-Invoicing-Anforderungen. Diese sind entweder globale Anbieter mit einer größeren Länderabdeckung oder haben sich auf spezifische Länderanforderungen spezialisiert. Daher beleuchten wir vorab die zentrale Frage, inwieweit ein lokaler bzw. globaler Ansatz hinsichtlich der Softwarelösung verfolgt werden soll.

1.5.1 Globale vs. lokale Lösung

Die Erläuterungen zu den rechtlichen Rahmenbedingungen in den Abschnitten zuvor haben gezeigt: Unternehmen sehen sich im Bereich E-Invoicing und E-Reporting mit einer Vielzahl von regulatorischen Vorgaben konfrontiert – national wie europäisch, bestehend wie künftig. Spätestens mit der Umsetzung der ViDA-Vorgaben ab 1. Juli 2030 entsteht ein komplexes Zusammenspiel aus strukturierter Rechnungserstellung, digitalem Meldewesen und steuerlicher Kontrolllogik in der gesamten EU.

Strategische und systematische Anforderungen

Um diesen Anforderungen strategisch und systematisch begegnen zu können, ist es notwendig, die regulatorischen Vorgaben in den einzelnen Ländern und Anwendungsfällen strukturiert zu erfassen, vergleichbar und operativ nutzbar zu machen. Eine solche Kategorisierung bildet die Grundlage für eine fundierte Architektur- und Softwareentscheidung, priorisierte Implementierungsstrategien (Stichwort: Rollout-Plan) und zahlt am Ende auch auf die Umsetzung eines unternehmensweiten Tax Compliance Management System ein. Daher müssen wir uns bereits zu Beginn die zentrale Frage stellen:

> *Soll eine global einsetzbare Softwarelösung gewählt werden, die in möglichst vielen Ländern genutzt werden kann, oder ist es sinnvoller, kleinere lokale Lösungen zu implementieren?*

Diese Frage ist aktuell zentral bei den strategischen Überlegungen zu einer Reporting-Struktur für E-Reporting und E-Invoicing. Nachfolgend gehen wir daher auf die jeweiligen Vor- und Nachteile von zentralen (globalen) und dezentralen (lokalen) Lösungen ein. Neben der Funktionalität spielen hier natürlich auch Budget und Verantwortlichkeiten sowie Maintenance eine elementare Rolle im Rahmen der Bewertungsparameter.

Ausgangslage

Die Ausgangslage in der EU ist geprägt von einer regulatorischen Fragmentierung: Während einzelne Mitgliedstaaten bereits verpflichtende nationale Systeme umgesetzt haben (z. B. Italien, Frankreich und Polen), stehen andere unmittelbar vor der Einführung entsprechender Anforderungen (z. B. Belgien und Deutschland). Der Großteil der übrigen Länder wird sich spätestens ab dem 1. Juli 2030 mit der Umsetzung eines verpflichtenden E-Invoicing- und E-Reporting-Systems im Rahmen von ViDA befassen müssen.

Einfluss der Regulatorik auf den Roll-out-Plan

Die regulatorischen Zeitpläne (Go-Lives innerhalb der einzelnen Länder) und Anforderungen variieren erheblich. Während einige Länder bereits heute verpflichtende Regelungen für bestimmte Transaktionen oder Steuerpflichtige umsetzen, bleiben andere vorerst freiwillig. Bis zum 1. Juli 2030 gelten zudem je nach Mitgliedstaat unterschiedliche Anforderungen dazu, wann eine E-Rechnung auszustellen ist – insbesondere im B2B-Bereich.

Die technologische Folge basierend auf dieser Situation liegt auf der Hand: fehlende Standardisierung auf Systemebene.

Die unterschiedlichen Anforderungen führen zu erhöhtem Integrationsaufwand in den ERP-Systemen, da länderspezifische Validierungen, Konvertierungen und Übermittlungs- bzw. Kommunikationswege mit der Finanzverwaltung teilweise individuell abgebildet werden müssen. Statt eines einheitlichen, zentral steuerbaren Systems erfordert die aktuelle Situation oftmals länderspezifische Setups mit eigener Logik, was sowohl die Projektkomplexität im Rahmen der Implementierung als auch die späteren Betriebs- und Wartungskosten deutlich erhöht.

Die regulatorische Fragmentierung zwingt international tätige Unternehmen dazu, strategisch zu entscheiden: Wollen sie nationale Anforderungen jeweils lokal umsetzen oder durch eine zentrale, harmonisierte Architektur antizipativ auf ViDA und kommende Pflichten reagieren?

Globale Lösung und ihre Vor- und Nachteile

Die Wahl zwischen lokalen Lösungen und globaler Plattformstrategie ist dabei keine rein technische, sondern berührt steuerliche, prozessuale und wirtschaftliche Grundsatzentscheidungen. Im Folgenden vergleichen wir die zwei grundsätzlichen Lösungsansätze mit ihren Vor- und Nachteilen.

Globaler Ansatz: eine zentrale Softwarelösung

Ein globaler Ansatz verfolgt das Ziel, eine einheitliche Softwarelösung mit entsprechendem Funktionsumfang und möglichst großer Länderabdeckung zu implementieren. In Tabelle 1.2 sehen Sie die einzelnen Kriterien für eine globale Lösung mit ihren Vor- und Nachteilen, um eine Orientierungshilfe für den Entscheidungsprozess zu geben.

Kriterium	Vorteile	Nachteile
Standardisierung	Einheitliche IT-Architektur über mehrere Länder, Reduzierung paralleler Systeme und Schnittstellen, geringerer Administrationsaufwand.	Begrenzte Anpassungsfähigkeit an lokale/kundenspezifische Anforderungen (One-Size-Fits-All).
Skaleneffekte	Erfahrungen und Best Practices aus früheren Implementierungen nutzbar, Effizienzsteigerung bei Folgeprojekten, bessere Lizenzkonditionen.	Hohe Abhängigkeit vom Anbieter (festgelegte Implementierungspartner und Zeitpläne).
Datenverwaltung	Konsolidierte Sicht auf steuerrelevante Daten, bessere Analysemöglichkeiten.	Oft nicht wirklich global – unvollständige Länderabdeckung (besonders außerhalb der EU).
Flexibilität und Rollout	–	Verzögerte einheitliche Nutzung durch stufenweisen Rollout, unterschiedliche Implementierungsstände behindern Synergien.

Tabelle 1.2 Entscheidungskriterien und ihre Bewertung für eine globale Lösung

Kriterium	Vorteile	Nachteile
Funktionsumfang	–	Funktionale Lücken möglich (z. B. fehlende Schnittstellen zu Steuerbehörden).
Kosten	Reduzierte Lizenz- und Betriebskosten inkl. Wartung bei breiter Skalierung möglich.	Hoher initialer Investitionsaufwand für Implementierung und Projektsteuerung.
Wartung	Zentralisierte Wartungsprozesse, einheitliche Update-Strategie.	Updates können lokale Prozesse beeinträchtigen oder nicht synchron zu länderspezifischen Anforderungen erfolgen.

Tabelle 1.2 Entscheidungskriterien und ihre Bewertung für eine globale Lösung

Lokale Lösung und ihre Vor- und Nachteile

Der lokale Ansatz basiert auf dem Einsatz eigenständiger Softwarelösungen pro Land, die jeweils spezifisch auf die regulatorischen Anforderungen vor Ort zugeschnitten sind. Der Fokus liegt auf hoher Flexibilität und unmittelbarer Rechtskonformität mit entsprechendem Länderfokus. Meist handelt es sich hierbei um kleinere und kostengünstigere Produkte bzw. Softwarekomponenten, bei denen im ersten Schritt eine Lizenzierung sinnvoll ist. Hier ist jedoch zu beachten, dass jede einzelne länderindividuelle Komponente dazu führt, dass pro Land/Reporting separate IT-Projekte angestoßen werden müssen, die Projektressourcen bei der Implementierung und für die spätere Wartung/Anpassungen benötigen.

Verzicht auf Single-Point-of-Truth

Diese Kosten inkl. der entsprechenden Lizenzen kumulieren sich am Ende des Tages ebenfalls auf die einer zentralen Lösung. Mit dem großen Nachteil, dass aufgrund der heterogenen Reporting-Landschaft und einer Vielzahl von Softwarelösungen am Ende kein Single Point of Truth gegeben ist. Aus Sicht einer globalen Steuerfunktion ist es ggf. wünschenswert, im Zielbild einen Überblick über die entsprechenden Reporting-Aktivitäten in den jeweiligen Ländern zu haben, insbesondere um ein operatives Tax Compliance Management Systems sicherzustellen.

Nicht destotrotz gibt es aber auch Vorteile, die für die Entscheidung für landesspezifische Lösungen sprechen. Zumal die Unternehmen teilweise auch nicht um lokale Lösungen herumkommen, insbesondere so lange die globalen Softwareanbieter (z. B. SOVOS, SAP DRC) keine vollständige Länderabdeckung anbieten können. Hier wird über kurz oder lang eine lokale Lösung verwendet werden müssen – inwieweit diese dann später ggf. in einem globalen Ansatz aufgeht und bei Verfügbarkeit der entsprechenden Länderabdeckung überführt wird, ist entsprechend individuell zu bewerten. Tabelle 1.3 gibt einen Überblick über die Entscheidungskriterien und ihre Vor- und Nachteile, die für eine lokale Lösung gelten.

Kriterium	Vorteile	Nachteile
Standardisierung	Hohe Anpassung an länderspezifische Anforderungen, passgenaue Ausrichtung auf gesetzliche Vorgaben.	Fragmentierung der IT-Landschaft, erschwerte Konsolidierung von Daten und Prozessen.
Skaleneffekte	–	Geringe Wiederverwendbarkeit von Implementierungserfahrungen; fehlende Effizienzgewinne bei weiteren Rollouts.
Datenverwaltung	Oft besser auf nationale Berichtsanforderungen zugeschnitten.	Erschwerte konsolidierte Sicht auf steuerrelevante Daten über Ländergrenzen hinweg.
Flexibilität und Rollout	Höhere Flexibilität bei der Implementierung, schnellere Projektumsetzung durch lokale Anbieter.	Uneinheitliche Systemlandschaften, länderspezifisch unterschiedliche Reifegrade und Wartungserfordernisse.
Funktionsumfang	Fokussierung auf spezifische gesetzliche Anforderungen ermöglicht präzise Umsetzung.	Eingeschränkte Skalierbarkeit; funktionale Abdeckung häufig nur für einzelne Länder ausgeprägt.
Kosten	Geringere initiale Investitionen bei einzelnen Ländern möglich.	Höhere langfristige Kosten durch parallele Wartung, Lizenzierung und Betrieb mehrerer Systeme.
Wartung	Lokale Anbieter sind oft näher am Gesetzgeber und reagieren schneller auf nationale Änderungen.	Unterschiedliche Update-Zyklen und fehlende zentrale Wartungsstrategie erschweren Koordination und erhöhen den administrativen Aufwand.

Tabelle 1.3 Entscheidungskriterien und ihre Bewertung für eine lokale Lösung

1.5.2 Key Design Decision: SAP DRC oder Drittanbieterlösung?

SAP DRC wird oft als All-in-one-Lösung betrachtet, da es darauf ausgelegt ist, die zwei Kernbereiche E-Invoicing und E-Reporting innerhalb des SAP-Ökosystems abzudecken. Entsprechend vielversprechend ist SAP DRC angesichts der vorgenannten regulatorischen, prozessualen und technischen Anforderungen im Hinblick auf ViDA. Aber so vielversprechend SAP DRC auch erscheint, Unternehmen sollten dennoch die Grenzen von SAP DRC kennen. Diese können womöglich von Drittanbietern besser vollumfänglich bewältigt werden oder nur im Zusammenspiel beider Lösungsoptionen. Hierzu wurde im vorigen Abschnitt bereits erläutert, dass manchmal auch ein Zusammenspiel zwischen einer globalen Lösung (als DRC-first-Strategie) und weiteren lokalen Lösungen (Second Choice) Sinn ergeben kann.

Entscheidungsfindung

Nun müssen sich Unternehmen aber nicht nur zwischen SAP DRC und lokalen Lösungen entscheiden. Neben SAP DRC gibt es ein paar weitere globale Anbieter (z. B. SOVOS, VERTEX), die ebenfalls mit einer globalen Plattform am Markt vertreten sind. Auf eine vollumfängliche Auflistung sämtlicher Reporting-Produkte verzichten wir an dieser Stelle. Daher empfehlen wir, vorab eine konzeptionelle Abwägung der Vor- und Nachteile von SAP DRC gegenüber globalen/lokalen Drittanbieterlösungen im Rahmen einer sogenannten *Key Design Decision* (KDD) durchzuführen.

Key Design Decision

Daran sollten unterschiedliche Stakeholder teilnehmen, und Sie sollten ebenfalls abwägen, ob die Lösung innerhalb des SAP-S/4HANA-Transformationsprojektes oder als spätere weitere Implementierung eingeführt werden soll.

Eine KDD wird im Rahmen des SAP-Transformationsprojektes als zentrale Entscheidung getroffen (etwa durch ein Design Decision Board). Diese Entscheidung wird zuvor mit sämtlichen Stakeholdern abgestimmt und ist somit am Ende ein unumstößlicher Parameter innerhalb der SAP-Transformation. Hierzu zählt im Steuerbereich z. B. häufig auch die KDD über die Abbildung von Betriebsstätten als separate Buchungskreise oder die Aktivierung des Steuer-Ledgers. Zudem hilft die Einbindung aller Beteiligten, kritische Aspekte frühzeitig zu klären, wodurch schon in diesem Stadium potenzielle Risiken identifiziert werden können.

Stakeholder für die KDD DRC

Die Stakeholder für die zentrale Entscheidung zwischen SAP DRC oder einer Alternative liegen meist in einem gemeinsamen Entscheidungsbereich von Purchase-2-Pay, Order-2-Cash, Record-2-Report und Tax. Dies sind typische Streams innerhalb eines SAP-S/4HANA-Projektes und auch darüber hinaus, für die späteren laufenden Wartungs- und Anforderungsthemen.

Implikationen Projektparameter

Grundsätzlich wird innerhalb einer KDD darauf eingegangen, ob die vom Projekt vorgegebenen Parameter für die Gesamtumsetzung durch diese zentrale Entscheidungsvorlage berücksichtigt werden. Hierzu zählen z. B. die Parameter Standardisierung (SAP-Standard), Harmonisierung, Budget, architektonische Grundlagen und der Einfluss auf die notwendigen Daten.

Best Practices aus bekannten KDDs zu DRC

Innerhalb der von uns betreuten Projekte lässt sich eine ähnliche Ausgestaltung der KDDs für SAP DRC erkennen. Hier wird neben dem akuten Bedarf einer globalen, in SAP eingebetteten Reporting-Lösung auch die Notwendigkeit der Integration in die bestehende SAP-S/4HANA-Transformationsstrategie berücksichtigt und argumentativ vorbereitet. Sofern ein Unternehmen beschließt, SAP DRC zu implementieren, gibt es eine Reihe von Wenn-dann-Logiken innerhalb der KDDs. Im ersten Schritt gibt es, wie bereits oben beschrieben, meist die zentrale Entscheidung für eine DRC-first-Strategie. Diese wird allerdings nicht immer im Zusammenhang mit E-Invoicing für den Steuerbereich getroffen. Häufig wird auch eine SAP-DRC-Strategie nur für das Meldewesen verfolgt. Für die SAP-DRC-first-Strategie wird sich meist deshalb entschieden, weil auch heute mit SAP-Standardberichten gearbeitet wird (z. B. für die Umsatzsteuer **RFUMSV00/V10**) und diese in Zukunft durch SAP DRC abgelöst werden. Dabei ist zu beachten, dass es unterschiedliche Lizenzvarianten von SAP DRC gibt: eine Standardversion (Basis), die immer enthalten ist, und eine lizenzierbare Variante. Hierauf und auf die bestehenden Unterschiede gehen wir in Kapitel 4, »Einführung in SAP Document and Reporting Compliance«, mehrfach ein. Außerdem werden häufig die Parameter SAP-Standardlösung und globale Lösung als Entscheidungsparameter für SAP DRC genannt. SAP DRC wird somit häufig von der IT/dem Design Board als SAP-Standard-Funktionalität priorisiert und steht somit im Einklang mit der SAP-Strategie der Unternehmen.

Das Problem der Länderabdeckung

Da jedoch die Länderabdeckung trotz globaler Ausrichtung von SAP DRC nicht flächendeckend gegeben ist, sehen sich die Unternehmen in der Situation, für bestimmte lokale Anforderungen, für die SAP DRC aktuell keine Lösung bereithält, entsprechende Drittanbietersoftware zu implementieren. Diese wird meist mit der Absicht einer vorübergehenden Nutzung in Betrieb genommen, sodass bei späterer Länderabdeckung durch SAP DRC, eine entsprechen Transformation stattfindet. Beachten Sie hier, dass somit natürlich zweimalige Implementierungskosten anfallen (inkl. Ressourcenplanung und -kosten). Positiv zu bewerten ist jedoch, dass auch bei einer Erstimplementierung einer lokalen Software in der Regel eine Vielzahl von Erkenntnissen rund um die relevanten Daten und Reporting-Strukturen gewonnen werden, die für die spätere Migration zu SAP DRC verwertet werden können.

Folglich entscheiden sich die meisten Unternehmen für SAP DRC und nehmen anschließend eine Roll-out-basierte Validierung von SAP DRC für die verschiedenen benötigten Länder vor. Die SAP-DRC-first-Strategie ist also häufig die goldene Regel.

1.5.3 Request for Proposal und funktionale Bewertungsmatrix entwickeln

Nach der strategischen Abwägung möglicher Lösungsansätze und der Identifikation zentraler Parameter für die Entscheidungsfindung (KDD) folgt für die Anbieterauswahl ein methodisch strukturierter Vergleich konkreter Softwarelösungen mittels *Request for Proposal* (RfP). Abbildung 1.12 zeigt den gesamten Prozess des Auswahlverfahrens inklusive der initialen Ausarbeitung des Request for Proposals.

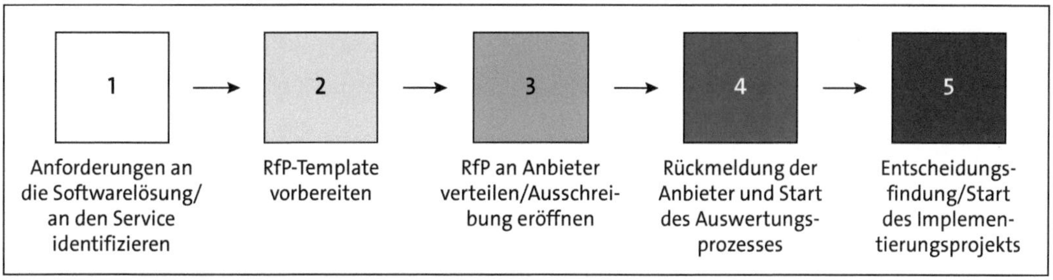

Abbildung 1.12 Beispielhafter RfP-Prozess

Der RfP ist dabei weit mehr als eine Angebotsanfrage nach den Kosten einer Lösung: Ein RfP dient vielmehr als Kontroll- und Entscheidungsinstrument, um die tatsächliche Leistungsfähigkeit und Passgenauigkeit von Lösungen und Anbietern systematisch zu erfassen und letztendlich auch zu bewerten. Ziel ist es, nicht nur funktionale Übereinstimmungen zu prüfen, sondern auch Governance-Aspekte hinsichtlich Datenschutz, Arbeitsbedingungen des Anbieters, Softwarekomponenten, langfristiger Wartbarkeit sowie wirtschaftlicher Implikationen vergleichbar zu machen.

Insofern ist es wichtig, die Anforderungen aus den verschiedenen Unternehmensbereichen einzuholen und für den RfP zentral aufzubereiten. Für die Bereiche E-Invoicing und E-Reporting kommen neben der Steuerabteilung für weitere Anforderungsspezifikationen z. B. die Bereiche Buchhaltung, IT, Einkauf und Vertrieb in Betracht. Diese Fülle an Stakeholdern an einen Tisch zu bringen, ist regelmäßig eine Herausforderung. Insofern empfiehlt es sich, ein projektgesteuertes Vorgehen mit entsprechenden Verantwortlichkeiten zu definieren, um einen RfP-Prozess strukturiert zu begleiten. Ziel ist es, am Ende auf dieser Basis eine für das Unternehmen mehr oder weniger passgenaue Lösung ausfindig zu machen. Im Anschluss an den formellen RfP (meist Excel- und PowerPoint-basiert) folgt eine Präsentation der jeweiligen Anbieter. Auf dieser Basis wird sodann eine finale Entscheidung getroffen.

Bewertungsstruktur des RfP-Verfahrens

Der RfP folgt einer strukturierten Bewertungsmethodik, die folgende zentrale Dimensionen umfasst:

- Funktionale Anforderungsabfrage, die ermittelt, ob und wie die Lösung konkrete Funktionen bereitstellt, z. B.:
  - Unterstützung spezifischer Meldepflichten in den jeweiligen anvisierten Ländern (inkl. Schnittstellenbewertung in Richtung Behörden/Finanzverwaltung)
  - E-Invoicing Validierungsregeln gemäß nationalen Anforderungen
  - Mandatsspezifische Rechnungsannahmeformate (z. B. XRechnung, FatturaPA)
  - Workflow-Anbindung zur Sicherstellung des Tax CMS
  - Anbindung an den SAP-Standard bzw. Einsatzfähigkeit im Zusammenhang mit einer Tax Engine
- Nicht-funktionale Anforderungen: Erfassung von Eigenschaften, die den Betrieb, die Wartung und die Governance betreffen, z. B.:
  - Flexibilität der Systemarchitektur
  - Standort Server/Infrastruktur (insbesondere bei Saas-/Cloud-Systemen)
  - Skalierbarkeit
  - Wartungsmanagement und Update-Frequenz
  - Reaktionszeit bei Änderungen regulatorischer Vorgaben
  - Wartungsaufwand
  - Bereitgestellte Dokumentation, Supportmodell, SLA
- Kostenstruktur: Strukturierter Preisvergleich über definierte Kostenkategorien:
  - Implementierungskosten (Initial Setup, Integration)
  - Lizenzkosten (nach Land, Nutzer, Transaktionen o. Ä.)
  - Wartungs- und Betriebskosten (jährlich, optional: pro Modul)
  - Kosten für länderspezifische Erweiterungen

[«]

Interne Ressourcen einplanen

Hier ist natürlich wichtig zu beachten, dass im Rahmen einer Tool-Implementierung am Ende auch interne Ressourcen eingeplant werden müssen. Diese sollten hier für eine finale Entscheidung natürlich auch bewertet werden. Daher ist es sinnvoll, neben den Kosten auch eine RACI-Matrix (siehe auch Kapitel 2, »Implementierung vorbereiten«) beim Softwareanbieter anzufragen, damit die Implementierung entsprechend geplant und kalkuliert werden kann.

- Anbietereinschätzung und Ownership, Bewertung der Leistungsfähigkeit des Anbieters:
  - Projekterfahrung und Marktfeedback (ggf. Austausch mit anderen Unternehmen auf Veranstaltungen, Arbeitskreisen)
  - Verantwortung für Länderkonformität und regulatorische Pflege – inwieweit übernimmt der Softwareanbieter die Haftung für den lokalen Content
  - Flexibilität bei Rollout-Steuerung und Implementierungspartnern

Das RfP sollte den Lösungsanbietern ein einheitlich strukturiertes Antwortformat diktieren (die meistgewählte Form ist hier ein Excel-Template), um gezielte Antworten auf die gestellten Anforderungen zu erhalten. Andernfalls kann eine Vergleichbarkeit nicht gewährleistet werden. Mittlerweile haben sich solche RfP-Templates auch mehr oder weniger standardisiert – weshalb die meisten Beratungshäuser im steuerlichen Umfeld ihren Mandanten und Mandantinnen standardisierte RfP-Templates bereitstellen.

Um die Vergleichbarkeit noch einfacher zu machen, wird meist eine durch die Anbieter zu bewertende Skala vorgegeben. Diese unterstützt das Unternehmen dabei, den eigenen Einschätzungsgrad des Anbieters auch über eine Skalierung abzulesen. Hier ist insoweit Vorsicht geboten, als die Kategorisierung durch den Anbieter zu validieren ist. Daher hat sich folgende Vorgehensweise etabliert:

- **Angabe des Erfüllungsgrads (A/B/C):**

  A = vollständig erfüllt, B = mit Einschränkungen erfüllt, C = nicht erfüllt

  Der Anbieter gibt in diesem Feld eine eigene Einschätzung an, inwieweit die durch den Kunden angefragten Funktionsumfänge bzw. Anforderungen durch seine Software/sein Unternehmen erfüllt werden.

- **Kommentarfeld mit zusätzlichen Anbieterhinweisen oder Beschreibung der Funktion/Anforderung**

  In diesem Feld kann der Anbieter seine Angabe erläutern, damit das Unternehmen die Umsetzung der Anforderung durch den Anbieter besser verstehen kann. Manchmal werden hier auch Unterlagen/Dokumente vom Anbieter verlinkt, die auf Detailinformationen innerhalb des RfP verweisen.

Strukturelle Vergleichbarkeit schaffen

Diese Struktur gewährleistet eine objektivierbare Vergleichbarkeit und ermöglicht eine Gewichtung der einzelnen Softwareanbieter. Die Gewichtung, also Bedeutung der einzelnen Anforderungen, ist dabei separat vorzunehmen. Sie ist jedoch nicht Teil des RfP-Templates in Richtung Anbieter, sondern Teil der internen Bewertungsmatrix, und wird nicht zuvor öffentlich mit ausgeschrieben. Neben dem RfP-Template wird außerdem noch ein Kostentemplate vorbereitet und mit an den Anbieter versendet. Das Kostentemplate umfasst dabei einen strukturierten Projektablaufplan inkl. der Definition einer RACI-Matrix hinsichtlich der Verantwortlichkeiten im Projekt. Eine RACI-Matrix umfasst eine Übersicht aller relevanten Aktivitäten, Tätigkeiten und Aufgaben mit ihren jeweiligen Zuständigkeiten. RACI steht dabei für *Responsible, Accountable, Consulted, Information* und beschreibt jeweils den Grad der Zuständigkeit für die relevanten Personen bzw. Abteilungen.

Bewertungsmatrix und fundierte Entscheidungsvorlage

Die strukturierten Antworten der Lösungsanbieter können dann in eine Bewertungsmatrix überführt werden, in der

- die Erfüllungssituation je Anforderung sichtbar ist (auf Basis der gewichteten Erfüllungsgrade),
- kritische Lücken oder Inkonsistenzen identifiziert werden und
- erste Handlungsempfehlungen ableitbar sind (z. B. lokale Ergänzung notwendig, Proof of Concept etc.).

So bildet das RfP den Übergang von der strategischen Konzeption zur objektivierten Entscheidungsfindung und zur operativen Projektumsetzung.

Reduzierung von Fehlentscheidungen

Es reduziert das Risiko von Fehlentscheidungen, da bereits vor der Entscheidung für einen konkreten Softwareanbieter gezielt Fragen gestellt werden können, schafft Transparenz im Auswahlprozess und ermöglicht einen dokumentierten und prüfbaren Entscheidungsweg. Am Ende ist eine erfolgreiche Implementierung aber auch abhängig von der Projektstruktur.

Handlungsempfehlungen hierzu finden Sie in Kapitel 3, »Projekt planen und umsetzen«.

1.6 Business Case für SAP DRC

SAP DRC wird in vielen Unternehmen bislang primär als ein Instrument zur Einhaltung regulatorischer Pflichten gesehen. Doch diese Sichtweise greift zu kurz. In einer zunehmend digitalisierten Finanz- und Steuerwelt – geprägt durch Maßnahmen wie die ViDA – entwickelt sich SAP DRC zunehmend zu einem strategischen Werkzeug. Es bietet nicht nur funktionalen Support für die Abwicklung der Compliance, sondern auch damit einhergehende konkrete operative und wirtschaftliche Vorteile. Unternehmen, die diese Potenziale erkennen, können SAP DRC als echten Business Case etablieren.

Outsourcing als Business Case

Ein zentrales Argument für den Business Case liegt in der Möglichkeit, bislang ausgelagerte Prozesse wie das VAT-Reporting wieder zurück ins eigene Unternehmen zu holen. In vielen Organisationen wurde dieser Aufgabenbereich über Jahre hinweg an Steuerberatungskanzleien, Shared-Service-Center oder externe Anbieter abgegeben. Was ursprünglich als Maßnahme zur Kostenreduktion oder Fokussierung auf das Kerngeschäft gedacht war, hat sich in der Praxis oftmals als ineffizient und schwerfällig erwiesen. Häufig werden steuerlich relevante Daten mühsam aus SAP-Systemen extrahiert, manuell konsolidiert, über Excel vorbereitet und dann mit dem Berater oder der Beraterin abgestimmt – ein Prozess, der nicht nur zeitaufwendig ist, sondern auch fehleranfällig, kaum skalierbar und zukünftig nicht mehr umsetzbar.

Unternehmen stehen regelmäßig vor Herausforderungen wie hohem Abstimmungsaufwand, uneinheitlicher Datenqualität, Know-how-Verlust, eingeschränkter Reaktionsfähigkeit bei Rückfragen von Behörden sowie erhöhter Komplexität bei internationalen Vorgaben. Hier sind nicht nur prozessuale Herausforderungen gegeben, denn diese Prozesse kosten die Unternehmen mittlerweile auch viel Geld. Hinzu kommt, dass durch das Outsourcing nicht die notwendige Nähe zu den für die umsatzsteuerlichen Prozesse so wichtigen operativen Fachbereichen wie Purchase-2-Pay oder Order-2-Cash gegeben ist. Denn am Ende wird diese Nähe zu den Geschäftsbereichen benötigt, um sicherzustellen, dass auch die relevanten Aspekte der grundlegenden Steuerfindung (im SAP-S/4HANA-Standard oder über Tax-Add-Ons/-Engines) beachtet werden.

Genau hier setzt SAP DRC an. Die Lösung nutzt die im ERP-System vorhandenen Daten direkt als Grundlage für die Erstellung und Übermittlung gesetzlich vorgeschriebener Meldungen. Dabei werden Formate, Fristen und länderspezifische Anforderungen prozessual berücksichtigt und über Workflows entsprechend unterstützt. Der gesamte Prozess – von der Extraktion über die Validierung bis zur elektronischen Übermittlung – läuft systemgestützt und vollständig integriert ab. Medienbrüche werden vermieden, manuelle Tätigkeiten reduziert und Compliance-Anforderungen zuverlässig erfüllt. Unternehmen, die diesen Weg gehen, können dadurch nicht nur auf einen Großteil der externen Leistungen für reine Compliance-Tätigkeiten verzichten, sondern zugleich die Effizienz ihrer internen Abläufe erhöhen und steuerliches Know-how innerhalb der SAP-Systeme wieder gezielt aufbauen.

ViDA als Insourcing-Grund

ViDA fordert, dass steuerlich relevante Informationen in Echtzeit verfügbar, korrekt strukturiert und sofort übermittlungsfähig sind. Für Unternehmen bedeutet dies: Es reicht nicht mehr, steuerliche Daten nachgelagert manuell aufzubereiten oder durch Dienstleister extern abwickeln zu lassen. Vielmehr ist eine technische Infrastruktur erforderlich, die es erlaubt, Transaktionen unmittelbar beim Entstehen qualitativ korrekt zu erfassen, zu validieren und in das gewünschte Meldeformat zu überführen.

Ein weiterer Vorteil ergibt sich in der zentralen Steuerbarkeit internationaler Anforderungen. Viele global tätige Unternehmen sehen sich mit einem Flickenteppich aus länderspezifischen Reporting-Vorgaben konfrontiert: Italien verlangt FatturaPA, Ungarn ein RTIR-Reporting, Spanien setzt auf das SII-System, Polen führt KSeF ein, Frankreich plant ein landesweites E-Invoicing- und E-Reporting-System. SAP DRC bietet hier einen einheitlichen Rahmen, um diese divergenten Anforderungen zentral aus dem ERP heraus zu bedienen. Neue Länderanforderungen lassen sich mit mehr oder weniger überschaubarem Aufwand implementieren und dabei auf den SAP-Standard aufsetzen. So wird Compliance nicht zu einer isolierten Pflicht, sondern zu einem integrierten Bestandteil der Unternehmenssteuerung. Viele Unternehmen stellen sich zudem gerade die Frage, inwieweit partiell externe Berater und Beraterinnen über SAP DRC in den Workflow zur Erstellung der Deklarationen eingebunden werden könnten – so wird SAP DRC zur Single Point of Truth, der der Steuerfunktion einen zentralen Überblick über alle Reporting-Aktivitäten bietet.

SAP DRC zur Zentralisierung der Prozesse

Zusammenfassend lässt sich sagen: SAP DRC ist weit mehr als ein technisches Pflichtmodul für steuerliche Meldungen. Es ist ein strategischer Hebel zur Effizienzsteigerung, zur Reduktion von Abhängigkeiten, zur Verbesserung der Datenqualität und zur aktiven Vorbereitung auf die digitalen

Anforderungen an die Steuerfunktion von heute und morgen. Die Rückverlagerung bislang ausgelagerter Prozesse wird dadurch nicht nur möglich, sondern wirtschaftlich sinnvoll. In Verbindung mit den anstehenden ViDA-Vorgaben zeigt sich: Wer frühzeitig auf integrierte, digitale Steuerprozesse setzt, verschafft sich nicht nur einen Vorsprung in puncto Compliance, sondern auch in Bezug auf Skalierbarkeit, Agilität und Transparenz. All das macht SAP DRC zu einem Business Case – mit echtem strategischem Mehrwert und Einsparungspotenzialen.

1.7 Zusammenfassung

In diesem Kapitel haben wir uns die grundlegenden Parameter der strategischen Aspekte für die Einführung einer Reporting-Lösung angeschaut. Neben den rechtlichen Aspekten als Treiber für die Digitalisierung sind wir auch auf die technischen Herausforderungen für die Unternehmen eingegangen. ViDA als neue Regulatorik wird hier einige Änderungen für die Unternehmen und die Wirtschaft bereithalten. Um dabei bestmöglich aufgestellt zu sein, sind wir auf die relevanten Schritte hin zu einer Reporting-Strategie eingegangen. Neben der zentralen Entscheidung, welche Art einer Reporting-Lösung das Unternehmen zukünftig einsetzen möchte (globale vs. lokale Lösung), sind wir zudem auf den Prozess eines Request for Proposals eingegangen und haben erläutert, wie dieser vorbereitet und durchgeführt wird. So kann eine fundierte Entscheidungsbasis erstellt werden, die die Interessen aller Stakeholder berücksichtigt (inklusive Accounting und IT etc.). Darüber hinaus haben wir uns die Frage gestellt, wie ein Business Case für die Steuerabteilung gerechnet werden kann, und Hinweise zum Aufbau und Inhalt gegeben. Denn schließlich ist es nicht nur wichtig, eine Reporting-Strategie zu definieren – am Ende muss sie für das Unternehmen auch umsetzbar sein.

Kapitel 2
Implementierung vorbereiten

Um SAP Document and Reporting Compliance (SAP DRC) erfolgreich zu implementieren, sind im Vorhinein einige Besonderheiten zu beachten.

In diesem Kapitel geben wir einen Überblick über die organisatorischen und systemseitigen Rahmenbedingungen für eine erfolgreiche Einführung von SAP DRC. Denn zu den Besonderheiten bei der Implementierung zählen neben organisatorischen Rahmenbedingungen innerhalb des Unternehmens auch die Einstellungen im SAP Core. Letztere wurden im besten Falle durch die Umsetzung der steuerlichen Anforderungen bereits im Transformationsprojekt zu SAP S/4HANA berücksichtigt. Die Migrationsart spielt hier eine große Rolle, da sie der Steuerabteilung den Rahmen für das Neudesign mit Blick auf die Umsetzung von Best Practices in SAP vorgibt.

Um das umsatzsteuerliche, aber auch finanzrechtliche Reporting in Zukunft sicherzustellen, ist es wichtig, dass im Rahmen der SAP-Transformationsprojekte bereits relevante steuerliche Anforderungen identifiziert und umgesetzt werden.

Steuerliche Anforderungen bereits im SAP Core

Unabhängig davon, ob sich ein Unternehmen bereits jetzt oder später für SAP DRC entscheidet oder eine Drittanbieter-Lösung zum Einsatz kommt. Andernfalls kann zukünftig nicht sichergestellt werden, dass die umsatzsteuerlichen Reporting-Verpflichtungen auch umsetzbar sind. Dies ist insbesondere mit Blick auf die relevante Standardisierung und Automatisierung durch die immer schneller frequentierten Reporting-Anforderungen notwendig.

Grundsätzlich gilt in allen Fällen und unabhängig von der SAP-DRC-Implementierung, dass die Steuerfunktion sich zukünftig stärker innerhalb der Geschäftsprozesse verankern muss. Zuvor laufende SAP-S/4HANA-Projekte haben hier im Normalfall die Chance geboten, dass sich die Steuerfunktion als Business Partner innerhalb des Unternehmens platzieren und somit die operativen Teams entlang der Business-Prozesse bei der Umsetzung der steuerlichen Anforderungen unterstützen konnte. So kann sichergestellt werden, dass relevante steuerliche Aspekte entlang der operativen Prozesse identifiziert und umgesetzt wurden (Guided Processes). Dies unterstützt die operativen Teams später bei der Einhaltung steuerlicher Regulatorik und erhöht folglich die Datenqualität und auch -granularität innerhalb der steuerlichen Daten bereits bei der Sachverhaltsentstehung. Die dadurch gesicherte Datenerfassung zahlt im Ergebnis auf die Reporting-Verpflichtungen und deren Qualität ein.

Organisatorische Voraussetzungen

Welche organisatorischen Voraussetzungen an die Unternehmensorganisation für die Implementierung von SAP DRC relevant sind, zeigen wir in Abschnitt 2.1. Hier gehen wir auf die Besonderheiten der Länderabdeckung, Verantwortlichkeiten (RACI), Skill-Level des Projektteams und das häufig vergessene, aber dennoch wichtige Change-Management ein.

Integration in Geschäftsprozesse

In Abschnitt 2.2 geht es um die Integration der Steuerfunktion in die operativen Geschäftsprozesse. Denn es ist wichtig, dass die steuerlichen Anforderungen bereits im SAP Core berücksichtigt werden, um später ein effizientes und qualitätsgesichertes Reporting sicherzustellen. Aufgrund dieser Bedeutung gehen wir in Abschnitt 2.3 auf die Voraussetzungen innerhalb des SAP Cores ein und erläutern, was die absoluten Must-have-Anforderungen der Steuerabteilungen für die Nutzung von SAP DRC sind.

Zeitpunkt der Implementierung

Wie implementiert man am besten SAP DRC? Und welcher Zeitpunkt im Rahmen eines SAP-Transformationsprojektes ist der richtige? Dies hängt unter anderem auch von den Migrationsansätzen ab. Daher gehen wir im Abschnitt 2.4 auf diese Parameter ein. Für die Entscheidung des richtigen Zeitpunkts und die Planung des Implementierungsprojektes für DRC ist ebenfalls die VAT-Roadmap regulatorisch und projektseitig relevant. Hierauf gehen wir in Abschnitt 2.5 ein. Abschließend geben wir noch einen Exkurs über den Einsatz einer Tax Engine in Abschnitt 2.6.

2.1 Organisatorische Voraussetzungen

In diesem Abschnitt gehen wir auf die organisatorischen Voraussetzungen eines SAP-DRC-Implementierungsprojektes ein. Denn ein erfolgreiches Implementierungsprojekt setzt einige organisatorische Parameter voraus, die auch Einfluss auf die Projektlaufzeit und -zuständigkeiten haben. Diese organisatorischen Parameter müssen bereits vor dem Auswahlprozess der Lösung (siehe dazu auch Kapitel 1, »Management Summary«) berücksichtigt werden und in die Beurteilung der zukünftigen Lösung, der Kapazitätenplanung und in die Softwareauswahl mit einfließen. Sie haben zudem Einfluss auf den späteren laufenden Betrieb und das zukünftige Target Operating Model der Steuerfunktion mit Blick auf das Reporting.

Daher müssen wir uns insgesamt die nachfolgenden Fragen für die Projektimplementierung stellen:

Fragen zur Implementierung von SAP DRC

- Was sind die Erfolgsfaktoren für eine erfolgreiche Implementierung von SAP DRC?
- Welche Mitarbeitenden brauche ich für die Implementierung? Mit welchen Skillsets sollte ich das SAP-DRC-Team während der Implementierungsphase besetzen?
- Welche Einstellungen sollten bzw. müssen im SAP-S/4HANA-Standard gegeben sein, um SAP DRC erfolgreich einzusetzen?
- Welche Besonderheiten gibt es beim SAP-Central-Finance-Ansatz zu beachten?
- Können Tax Engines und SAP DRC zusammen angewendet werden?

In diesem Abschnitt gehen wir auf die unterschiedlichen organisatorischen Aspekte ein, die Auswirkung auf die SAP DRC Implementierung haben. Hierzu zählen u. a. die Betrachtung der Länderabdeckung, die Verantwortlichkeiten (unter Einführung des Begriffs der RACI-Matrix), die Erfahrung des Projektteams als Voraussetzung für eine erfolgreiche Implementierung und die Bedeutung von Change-Management.

2.1.1 Länderabdeckung

Im ersten Schritt ist zu definieren, welche Reporting-Verpflichtungen Ihr Unternehmen überhaupt zu erfüllen hat. Hierzu gehört neben der entsprechenden Übersicht der Länderabdeckung auch eine Aufstellung der einzelnen Berichtsarten, die für Ihr Unternehmen und die dazugehörigen Tochtergesellschaften relevant sind. In den Projekten fehlt es meist an dieser ersten Übersicht. Deshalb ist es wichtig, frühzeitig vor Projektstart eine entsprechende Übersicht (Heatmap) für die zu erfüllenden Reporting-Verpflichtungen zu erstellen.

Erstellung einer Heatmap

Grundsätzlich enthält eine solche Übersicht z. B. aus umsatzsteuerlicher Sicht die nachfolgenden Informationen:

- Legale Einheit/Gesellschaft (Name)
- Buchungskreis
- Aktuelles ERP-System vs. zukünftiges
- Übersicht der umsatzsteuerlichen Registrierungen im Ausland
- Umsatzsteuer-Identifikationsnummern im In- und Ausland
- Reporting-Verpflichtungen
- Abgabefristen/Frequenz

- Angabe, wie die aktuelle Deklaration erstellt wird (z. B. manuell vs. Drittanbieterlösungen)
- Zuzüglich weiterer Parameter (individuell nach Unternehmensanforderung)

Abbildung 2.1 zeigt den potenziellen Aufbau einer solchen Übersicht.

VAT Reporting Requirements

Company Code (SAP) (4-digit)	Legal entity name	Country (legal entity)	Legal entity (yes I no)	VAT registration	Country of registration / PE	Address	EU	Third country	VAT ID no.	Part of a VAT group (yes I no)	VAT group "controlling company" (yes I no)	Monthly VAT Return	Quarterly VAT Return	Performed via SAP Standard Report (RFUMSV00, V10) or other?
1000	greenfield GmbH	Germany	yes			xxxx	x		DE12345678	yes	no	x		Standard
1000	greenfield GmbH	Italy	no	X	Italy	xxxx	x		IT12345678	no	no		x	Standard

Abbildung 2.1 VAT-Reporting-Übersicht

Neben diesen Informationen sind später weitere relevante Parameter zu berücksichtigen, wie beispielsweise die Meldewährung und Umrechnungskurse sowie das Steuermeldedatum bzw. steuerliche Erfüllungsdatum. Hierauf gehen wir in Abschnitt 2.2.2, »Tax als Business Partner«, ein.

2.1.2 RACI-Matrix der Reporting-Aktivitäten

Neben der Übersicht der Länderanforderungen ist es organisatorisch zusätzlich notwendig, die aktuellen Aktivitäten rund um das Reporting des Unternehmens in einen geeigneten Zielprozess zu überführen.

Target Operating Model der Steuerfunktion

Das Target Operating Model der Steuerfunktionen zeigt hier unterschiedliche Ansätze hinsichtlich der Zuständigkeiten. Während manche Steuerfunktionen etwa die umsatzsteuerlichen Standardreports (z. B. Umsatzsteuer-Voranmeldung, Umsatzsteuer-Jahreserklärungen und Zusammenfassende Meldungen) selbst erstellen und an die Finanzbehörden übermitteln, gibt es wiederum Unternehmen, bei denen diese Tätigkeiten durch den operativen Finanzbereich übernommen werden. Wiederum werden Reporting-Aktivitäten wie SAF-T bzw. Ledger-Berichte in fast allen Unternehmen vom Finanzbereich verantwortet. Bei der Definition der Verantwortlichkeiten ist nicht nur die Aufteilung der Reporting-Verpflichtungen notwendig, sondern auch die Definition von klaren Zuständigkeiten für das Thema E-Invoicing. Hier ist die Steuerfunktion meist nicht im Lead, sondern unterstützend bei dem Design der Anforderungen und der entsprechenden Umsetzung tätig (insbesondere aus Tax-Compliance-Management-Sicht und § 14 (4) Rechnungsinhalte).

Verantwortlichkeiten strukturieren

Zur klaren Strukturierung der Verantwortlichkeiten empfiehlt sich die Erstellung einer sogenannten *RACI-Matrix*. Eine RACI-Matrix ist ein Projektmanagement-Werkzeug, das Klarheit über Rollen und Verantwortlichkeiten innerhalb eines Projekts oder operativen Prozesses schafft. Der Name RACI ist ein Akronym und steht für:

- **R = Responsible (Verantwortlich)**

  Die Person(en), die die Arbeit tatsächlich erledigen. Für jede Aufgabe gibt es mindestens eine verantwortliche Person.
- **A = Accountable (Rechenschaftspflichtig)**

  Die Person, die letztlich für das Ergebnis verantwortlich ist. Sie genehmigt die Arbeit und trifft finale Entscheidungen. Es sollte pro Aufgabe nur eine Accountable-Person geben.
- **C = Consulted (Konsultiert)**

  Personen, die ihre Expertise einbringen. Sie werden vor Entscheidungen oder während der Arbeit konsultiert. Dies erfolgt in der Regel bidirektional (z. B. Fachexperten und Stakeholder).
- **I = Informed (Informiert)**

  Personen, die über den Fortschritt und die Ergebnisse informiert werden sollen. Der Informationsfluss ist hier meist unidirektional.

Abbildung 2.2 gibt einen Überblick über die Struktur einer potenziellen RACI-Matrix.

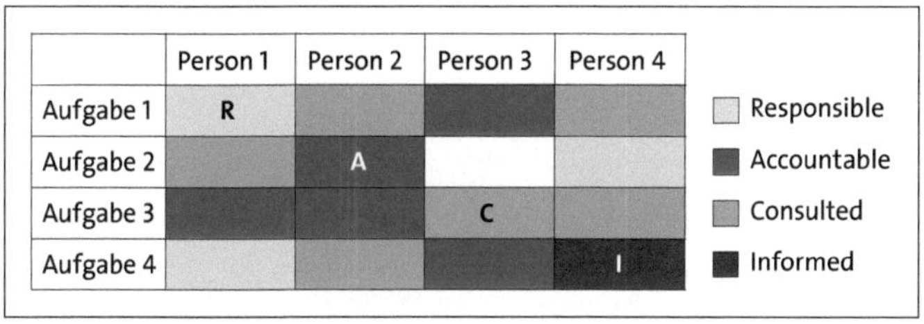

Abbildung 2.2 RACI-Matrix

Die Strukturierung über eine RACI-Matrix ist insbesondere von Vorteil, um Klarheit über die Verantwortlichkeiten der Reporting-Aktivitäten zu schaffen und zugleich sicherzustellen, dass die unterstützenden Bereiche in die Entscheidungen bzw. Prozesse der Umsetzung involviert werden.

RASCI-Methode

Neben der RACI gibt es auch die Methode der *RASCI*. Diese ist eine Erweiterung der klassischen RACI-Matrix. Sie wird durch ein zusätzliches Element ergänzt, um noch mehr Klarheit über die Rollenverteilungen zu schaffen. Das zusätzliche »S« steht für Supportive (unterstützend). Diese Personen oder Gruppen unterstützen die Responsible-Person aktiv bei der Durchführung der Aufgabe. Sie übernehmen zwar nicht die Hauptverantwortung, tragen aber durch konkrete Hilfe zur Erledigung bei (z. B. durch Bereitstellung von Ressourcen, Zuarbeit, operative Unterstützung).

Best Practices

Welche Best Practices haben sich hinsichtlich der Verantwortungsstruktur der Reporting-Verpflichtungen rund um E-Invoicing, transaktionales Reporting und Umsatzsteuer-Reporting innerhalb des Unternehmens etabliert? Abbildung 2.3 zeigt die grundsätzliche Verteilung der Verantwortlichkeiten für Reporting-Aktivitäten. Während die klassischen Deklarationsaktivitäten in der Steuerfunktion oder durch externe Beratende aufgrund von Outsourcing-Verträgen durchgeführt werden, werden E-Invoicing und transaktionales Reporting (z. B. SAF-T) meist über das Accounting (Finanzbereich) sichergestellt.

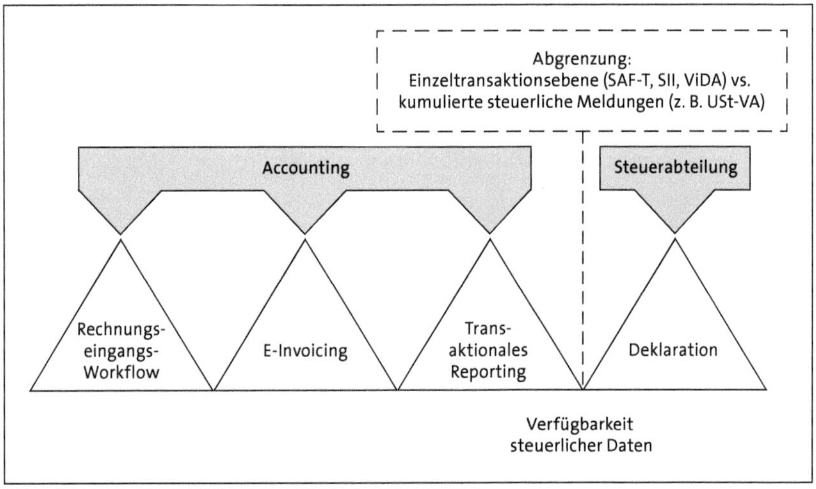

Abbildung 2.3 Verantwortungsbereiche Reporting

Outscouring der VAT Compliance überdenken

In den letzten Jahren gab es einen Trend bei der umsatzsteuerlichen Compliance von Unternehmen. Oftmals wurden in der Vergangenheit sogenannte *Outsourcing-Verträge* mit größeren Beratungshäusern für die Abwicklung der umsatzsteuerlichen Compliance abgeschlossen. Bei Inanspruchnahme entsprechender Beratungsleistungen werden die umsatzsteuerlichen Daten im Rahmen von Exporten/File Uploads oder mittlerweile auch via Schnittstelle in Datenmanagementlösungen an die Beratenden aus den Vorsystemen des Steuerpflichtigen übergeben. Auf dieser Basis werden sodann die umsatzsteuerlichen Reporting-Verpflichtungen monatlich/quartalsweise oder jährlich erfüllt. Mit Blick auf die anstehenden Änderungen durch die Initiative VAT in a digital age (ViDA) der Europäischen Union sind hier strategische Überlegungen zur Neuausrichtung der Umsatzsteuerfunktion innerhalb des Unternehmens notwendig. Die zentrale Frage hier ist insbesondere, inwieweit das Reporting weiterhin durch einen externen Partner bedient werden soll und auch kann. Denn die steigenden und immer schneller werdenden Reporting-Anforderungen führen dazu, dass die Einbindung von Beratungshäusern hier konzeptionell zu überdenken ist. In Zukunft wird es direkte Schnittstellen für Ad-hoc-Reporting in Richtung Finanzverwaltung brauchen, ohne weitere zeitliche Möglichkeiten, die Berichte manuell zu erstellen bzw. vor der Abgabe inhaltlich zu verplausibilisieren.

Zurückführung Deklarationen

Daher wird es umso wichtiger, die Datenqualität und -granularität bereits im Vorsystem des Steuerpflichtigen, und somit der Unternehmen, sicherzustellen. Sofern dies gelingt – zudem hier in der Zukunft keine Alternative besteht – sollte das Outsourcing in eine zentralisierte Daten- und Reporting-Strategie innerhalb der Unternehmen wieder eingesourct und das Engagement der externen Beratenden entsprechend aufgelöst werden. Dies zahlt im Ergebnis auch auf den Business Case der Implementierung einer Reporting-Lösung ein – unabhängig davon, ob SAP DRC oder andere Drittanbieterlösungen verwendet werden. Weitere Details zu ViDA und die sich hieraus ergebenden Anforderungen an die Unternehmen finden Sie in Kapitel 1, »Management Summary«.

2.1.3 Skill-Level des Projektteams

Ein erfolgreiches Implementierungsprojekt erfordert eine enge Zusammenarbeit zwischen Steuerfunktion, IT und externen Beratenden. Teilweise sind auch weitere Projektteilnehmer aus anderen Abteilungen miteinzubeziehen, da diese aufgrund der zuvor definierten RACI für bestimmte steuerliche Reporting-Aktivitäten verantwortlich zeichnen (außerhalb der Steuerabteilung). Zudem sind auch potenziell vorhandene externe Beratende für die outgesourcten Deklarationen miteinzubeziehen, da diese meist Know-how-Träger für die jeweiligen Länderanforderungen der betroffenen Unternehmensteile im Ausland sind. In diesen Fällen ist eine Zusammenarbeit aller Parteien unumgänglich, um sicherzustellen, dass dieses länderbezogene individuelle Unternehmenswissen in den Zielprozess mit überführt wird.

[«]

Outsourcing und Beraterunterstützung in der Compliance

Als Randnotiz lässt sich hier vermerken, dass dies nicht immer reibungslos funktioniert, da natürlich der Outsourcing-Partner durch das potenziell mit SAP DRC verfolgte Insourcing von Aktivitäten dazu führt, dass die heutigen Beratungsaufträge und Umfänge abnehmen könnten. Hier ist zu erwähnen, dass es auch Kunden und Kundinnen von SAP DRC gibt, die als Steuerfunktion weiterhin partiell Beratende mit entsprechenden Reporting-Aktivitäten beauftragen, dies jedoch mit der klaren Vorgabe, dass diese innerhalb von SAP DRC durchzuführen sind. Somit kommen auch die Beratungshäuser in die Situation, dass die fachlichen Mitarbeitenden für Compliance-Aktivitäten ihrer Mandanten Wissen im Bereich SAP DRC aufbauen müssen, um zukünftig die Compliance im Standard der Mandanten sicherzustellen und nach deren Anforderungen umzusetzen.

Aufstellung des Projektteams

Innerhalb der Projekte finden sich unternehmensintern mindestens die Steuerfunktion und die IT als Projektteilnehmer. Wie bereits eingangs erwähnt, verfügen die Unternehmen neben der Verantwortung der Steuerfunktion oftmals auch über einen zusätzlichen Aktivitätensplit – organisatorisch meist nah am Finanzteam verortet. Die erfolgreiche Einführung von SAP DRC erfordert somit ein interdisziplinär zusammengesetztes Projektteam, das sowohl technische als auch fachlich-regulatorische Kompetenzen vereint.

Teammitglieder

Neben der Projektleitung, die für Koordination, Zeitplanung und Kommunikation verantwortlich ist, spielen die folgenden Teammitglieder eine wichtige Rolle:

- SAP-Beratende mit Spezialisierung auf FI/SD/MM und Spezialwissen für SAP DRC sind für eine zentrale Rolle bei der Integration der Compliance-Anforderungen in die bestehende Systemlandschaft relevant.
- Fachvertretende aus dem Steuer- und Rechnungswesen stellen sicher, dass gesetzliche Vorgaben korrekt interpretiert und umgesetzt werden.
- Expertinnen und Experten aus dem Bereich IT-Infrastruktur und Systemarchitektur schaffen die technische Basis – etwa durch das relevante Customizing von SAP DRC und die Anbindung von Schnittstellen und Verbindungen zu externen Behördenplattformen.
- Key User aus den betroffenen Fachbereichen liefern praxisnahes Feedback und fördern später die Systemakzeptanz für den laufenden Betrieb.
- Change-Management-Spezialisten und -Spezialistinnen begleiten den Veränderungsprozess kommunikativ und methodisch und stellen so die nachhaltige Einführung der Lösung im Unternehmen sicher.

Die Rolle der SAP IT

Im Rahmen der Implementierung von SAP DRC kommt der SAP IT (Inhouse oder durch externe Beratende) eine tragende Rolle zu – insbesondere im Hinblick auf die technische Systemvorbereitung und die Sicherstellung der Aktualität des SAP-Standards sowie des Moduls SAP DRC. Ein zentrales Element dabei ist das Einspielen von SAP-Hinweisen, über die SAP regelmäßig rechtliche und technische Änderungen ausliefert, beispielsweise neue länderspezifische Meldelayouts, Reporting-Schnittstellen oder Korrekturen für E-Invoicing-Formate. Die verantwortliche SAP-Basis oder SAP IT übernimmt die sorgfältige Analyse, Priorisierung und Implementierung dieser Hinweise im jeweiligen System, häufig begleitet durch Regressionstests und Dokumentation im Rahmen des Change- und Transportmanagements. Die Priorisierung wird im Rahmen von SAP DRC nur gemeinsam zu meistern sein, da die SAP IT die relevanten Aktualisierungen aufgrund teilweise fachlicher Anforderungen allein nicht bewerten kann.

Stetige Aktualisierung

Gerade bei SAP DRC, das stark von regulatorischen Entwicklungen geprägt ist, ist eine kontinuierliche Systempflege unerlässlich. Ohne zeitnahes Einspielen relevanter Hinweise kann die Compliance mit gesetzlichen Anforderungen gefährdet sein – insbesondere bei meldepflichtigen Fristen oder Änderungen in elektronischen Übermittlungsformaten. Die SAP IT ist daher nicht nur technischer Umsetzer, sondern auch strategischer Partner für den fortlaufenden Betrieb und die Wartung der SAP-DRC-Lösung. Dabei muss natürlich zwischen On-Premise- und Cloud-Systemen unterschieden werden.

Einbindung operativer Abteilungen

Neben der Fachabteilung Steuern und SAP IT ist es zudem wichtig, auch die operativen Abteilungen, soweit notwendig, einzubinden. Für das zukünftige Reporting bedarf es standardisierter und qualitätsgesicherter Prozesse und schlussendlich inhaltlich korrekter Daten. Andernfalls kann die Qualität des steuerlichen Reportings nicht sichergestellt und keine Automatisierung und damit Schnelligkeit erreicht werden. Daher sind die korrekte Implementierung und das Customizing der SAP-Standardfunktionalitäten zur Umsatzsteuerfindung in SAP so wichtig (oder alternative Produkte wie eine Tax Engine, z. B. VERTEX). Daher werden teilweise auch Projektteilnehmende aus den Bereichen Purchase-to-Pay (P2P = Einkauf) und Order-to-Cash (O2C = Vertrieb) benötigt – insbesondere, wenn SAP-Core-Funktionalitäten nochmals angepasst werden müssen, weil sie vielleicht vorher innerhalb der SAP-Transformation nicht berücksichtigt wurden.

2.1.4 Change-Management

Neben der wohlüberlegten Definition des Projektteams und der Auswahl von geeigneten Teammitgliedern ist zudem ein durchdachtes Change-Management für die späteren Reporting-Prozesse nicht zu vernachlässigen. Dies stellt sicher, dass die internen Mitarbeitenden der Steuerfunktion bzw. Finanzbereiche in die Lage versetzt werden, die neue Lösung und die damit einhergehenden neuen Soll-Prozesse zu verstehen und erfolgreich durchzuführen.

Change-Management nicht unterschätzen

Die Einführung neuer Softwarelösungen endet nicht mit der technischen Implementierung – vielmehr beginnt hier ein besonders sensibler Abschnitt des Veränderungsprozesses: die nachhaltige Verankerung im Arbeitsalltag der Mitarbeitenden. Change-Management spielt dabei eine zentrale Rolle, denn es unterstützt Organisationen dabei, Akzeptanz für den Wandel zu schaffen und die Nutzer aktiv auf dem Weg der Veränderung mitzunehmen. Gerade nach abgeschlossenen Implementierungsprojekten, wie SAP DRC, besteht die Herausforderung darin, gewohnte Routinen aufzubrechen, neue Abläufe zu etablieren und Unsicherheiten abzubauen. Ein wirksames Change-Management sorgt dafür, dass die Vorteile der neuen Software nicht nur technisch vorhanden, sondern auch kulturell und prozessual nutzbar gemacht werden. Durch strukturierte Kommunikation, gezielte Schulungen und kontinuierliches Feedback kann der Übergang in die neue Systemwelt reibungsloser verlaufen – und die Investition in Technologieentwicklung entfaltet ihre volle Wirkung erst dann, wenn die Menschen sie auch annehmen und produktiv einsetzen.

Neue Arbeitsweisen (Fiori und Co.)

Dies stellen wir auch immer wieder in Bezug auf SAP-S/4HANA-Transformationsprojekte fest. Hier wird häufig nach erfolgreicher Transformation vernachlässigt, die Endanwender und Endanwenderinnen entsprechend zu befähigen, mit den neuen Funktionalitäten vertraut zu machen und diese in deren Arbeitsweise zu etablieren. Dies betrifft z. B. die Anwendung neuer SAP-Fiori-Apps. Häufig stellen wir fest, dass sich die Arbeitsweise der Endanwender und Endanwenderinnen nicht geändert hat und weiterhin noch bestehende alte Transaktionen bzw. Reports genutzt werden. So können die neuen Funktionalitäten und die damit einhergehenden Auswirkungen u. a. auf die Performance-Vorteile nicht genutzt werden.

2.1.5 Zeitpunkt der SAP-DRC-Implementierung

Als weiterer organisatorischer Parameter für die Implementierung ist der Zeitpunkt für die Implementierung zu nennen. Viele Unternehmen befassen sich im ersten Schritt mit der Implementierung bzw. Transformation des eigentlichen SAP-S/4HANA-Systems. Erst in späteren Projektphasen werden oftmals zusätzliche Module bzw. – falls notwendig – externe Lösungen von Softwareanbietern implementiert.

Einklang von SAP-S/4HANA-Transformation und SAP-DRC-Implementierung

Wichtig ist hier, zu berücksichtigen, dass eine zeitnahe, möglichst mit SAP S/4HANA im Einklang stehende Implementierung von Vorteil ist. Denn eine spätere Implementierung bedeutet im Zweifel zusätzlichen Mehraufwand. Dieser Mehraufwand kann beispielsweise so aussehen:

- Übergangsweise werden Prozesse auf Basis des alten Reporting-Wegs definiert (z. B. RFUMSV00, V10 etc.).
- Bestehende externe VAT-Reporting-Lösungen, die in der Zielstruktur durch SAP DRC abgelöst werden sollen, werden im ersten Schritt über eine Schnittstelle weiterhin an SAP angebunden und müssen später wieder abgelöst werden (doppelte Projektkosten).
- Wenn es Länder gibt, für die aktuell kein automatisiertes Reporting besteht, für die aber aufgrund von gesetzlichen Verpflichtungen zeitnah eine Lösung gesucht werden muss, wird häufig eine kurzfristige Pflasterlösung gefunden. Diese hat keine langfristige Nutzung zum Ziel, sondern wird sodann kurzfristig von SAP DRC abgelöst. Hier werden jedoch zweimal Implementierungskosten bzw. Überführungskosten generiert.
- Teilweise werden auch SAP-S/4HANA-Rollouts in noch bestehenden Transformationsphasen nicht richtig geplant. Nehmen wir einmal an, dass 2026 beispielsweise neue Reporting-Verpflichtungen für Italien verabschiedet werden. Diese führen dazu, dass z. B. ein italienischer Buchungskreis ab 2026 neue Reports abgeben muss. In diesem Szenario wäre es planerisch sinnvoll, Italien bis 2026 auf die neue SAP-S/4HANA-Systemlandschaft zu migrieren. So kann das Reporting unmittelbar für 2026 über SAP DRC abgebildet werden.

Die aufgeführten Punkte gelten ebenfalls uneingeschränkt für Anforderungen im Bereich SAF-T, Quellensteuer etc.

Business Case

Natürlich sind die Ressourcen für eine SAP-S/4HANA-Transformation intern wie extern vermutlich eher knapp und die Timeline sowie das Budget eng. Dennoch muss hier eine projektverträgliche und sinnvolle Integration der SAP-DRC-Implementierung in das Gesamtprojekt gefunden werden, um Zusatzkosten zu minimieren. Weitere Informationen zum Business Case der SAP-DRC-Implementierung finden Sie in Kapitel 1, »Management Summary«.

2.2 Steuerfunktion in die operativen Geschäftsprozesse integrieren

Die zukünftige Rolle der Steuerfunktion sollte als Business Partner Tax verstanden werden, um eine strategisch relevante Position im Unternehmen einzunehmen. Dies gilt grundsätzlich und damit unabhängig von der Implementierung bzw. dem Einsatz von SAP DRC. So kann die Steuerfunktion aktiv zur Wertschöpfung des Unternehmens beitragen. Durch die frühzeitige Einbindung der Steuerfunktion in die Geschäftsprozesse können steuerliche Compliance sichergestellt und Risiken reduziert werden.

Eine SAP-S/4HANA-Transformation ist eine große Chance für die Steuerfunktion. Hier besteht die Möglichkeit, sich aktiv einzubringen und somit auch die Digitalisierungsstrategie der Steuerfunktion zu definieren und wesentliche Meilensteine zu erreichen. Hierzu zählen insbesondere die schon mehrfach aufgeführte Datenqualität und -granularität. Basierend auf diesen Daten können Automatisierungen erreicht und digitale Steuerprozesse gestaltet werden. Nur auf dieser Grundlage kann SAP DRC erfolgreich implementiert werden.

In diesem Abschnitt gehen wir auf die Besonderheit der Skillsets für die Mitarbeitenden in einem SAP-DRC-Prozess ein sowie auf die Bedeutung der Steuerabteilung als Business Partner bei SAP-Projekten.

2.2.1 Relevante Skillsets/Personas

Zunehmende Reportinganforderungen und Digitalisierung

Die Anforderungen an Steuerabteilungen verändern sich rasant. Neue Möglichkeiten der Digitalisierung und neue regulatorische Vorgaben führen dazu, dass klassische Steuerfunktionen zunehmend mit Technologie, Prozess- und Datenmanagement verschmelzen. Wo früher steuerliche Fachkompetenz und die manuelle Aufbereitung von Berichten im Vordergrund standen, sind heute zusätzlich ein tiefgehendes Verständnis von ERP-Systemen, Daten, Prozessen und digitalen Lösungen umso wichtiger. Daher muss sich die Steuerfunktion strategisch neu aufstellen und gezielt Fachkräfte mit interdisziplinären Fähigkeiten aufbauen.

Neue Rollen in der Steuerfunktion

Um diesen Wandel erfolgreich zu gestalten, benötigen Steuerabteilungen künftig eine Mischung aus klassischen Steuerexperten und -expertinnen, Technologie- und Datenprofis sowie Prozessspezialisten und -spezialistinnen. Diese Rollen sind entscheidend, um die neuen Anforderungen effizient zu bewältigen.

Wir erläutern die relevanten Profile am Beispiel einer SAP-DRC-Einführung bzw. am operativen Betrieb:

- **Steuerexperten und -expertinnen**

  Eine zentrale Rolle werden weiterhin die Steuer- und Compliance-Experten und -Expertinnen spielen. Allerdings wird sich deren Aufgabenfeld stark verändern. Steuerliche Fachkenntnisse allein reichen nicht mehr aus. Vielmehr müssen sie in der Lage sein, steuerliche Anforderungen systemisch abzubilden, Workflows zu automatisieren und mit IT-Abteilungen zusammenzuarbeiten. Wer künftig in der Steuerfunktion tätig ist, sollte daher nicht nur mit den steuerlichen Vorschriften vertraut sein, sondern auch Grundkenntnisse in SAP, Datenanalyse und Prozessautomatisierung mitbringen.

  Steuerliche Fragen

  Für SAP DRC bedeutet dies, die steuerlichen Anforderungen an das Reporting zu verstehen. Dafür müssen u. a. die folgenden Fragen beantwortet werden:

  - In welchen Ländern müssen steuerliche Reports/Meldungen abgegeben werden? Wer ist für diese inhaltlich verantwortlich (Steuern vs. Accounting etc.)?
  - Welche Berichte sind für das jeweilige Land relevant?
  - Welche Länderabdeckung ist durch die aktuelle Version von SAP DRC gegeben? Wo bestehen Abdeckungslücken?
  - Wie sind die Formulare inhaltlich zu befüllen?
  - Sind die gebuchten umsatzsteuerlichen Daten korrekt (sind z. B. Accounting-Daten auf Steuerkennzeichen-Level ausreichend bzw. qualitativ korrekt)?
  - Wer ist für die Erstellung und Abgabe verantwortlich (siehe Abschnitt 2.1.2, »RACI-Matrix der Reporting-Aktivitäten«)? Wer erstellt und wer reviewt die Reportings/Meldungen?
  - Eine Make-or-Buy-Entscheidung für die Deklarationserstellung mit Bezug auf die separaten Meldeverpflichtungen/Länder treffen
  - Wie wird der Compliance-Prozess über SAP DRC in das bestehende oder zu implementierende Tax-Compliance-Management-System integriert?

- **Daten- und Prozess-Spezialisten und -Spezialistinnen mit SAP-Customizing-Erfahrung**

  Neben den klassischen Steuerprofis braucht es verstärkt Spezialisten und Spezialistinnen, die steuerliche Daten verstehen und insbesondere deren Entstehung in den Geschäftsprozessen nachvollziehen können. Diese Personen arbeiten an der Schnittstelle zwischen Steuer und IT und sorgen dafür, dass steuerliche Daten systematisch verarbeitet und analysiert werden können. Sie haben ein tiefgehendes Verständnis für ERP-Systeme wie SAP S/4HANA und kennen sich mit Datenmodellen und Schnittstellen aus.

Fragen zu Daten und Prozessen

Für SAP DRC bedeutet dies, sicherzustellen, dass die relevanten steuerlichen Daten in entsprechender Qualität in SAP DRC ankommen. Hierzu gehören u. a. folgende Fragen:

- Welche Länder müssen in SAP DRC aktiviert werden?
- Für welche Länder muss Business Content eingespielt werden?
- Welche SAP-Hinweise sind für die Aktualisierung der Systeme (SAP Core/SAP DRC) relevant?
- Welche Customizing-Schritte müssen durchgeführt werden? Welches Mapping muss zusammen mit den Steuer-/Accounting-Kollegen und -Kolleginnen angefertigt werden?
- Wie sind die Workflows einzurichten, analog der definierten RACIs?
- Wie können individuelle Berichte angelegt oder angepasst werden?

- **SAP-Basisadministration/Programmierung**

  Zusätzlich benötigen SAP-DRC-Projekte Mitarbeitende mit Expertise in den Bereichen SAP-Basisadministration und Programmierung (ABAP, CDS-Views etc.). Wird SAP DRC als On-Premise-Version implementiert, ist zu beachten, dass sich hier prozessuale Herausforderungen an die Aktualisierung bzw. Wartung des SAP-DRC-Moduls ergeben. Bei legalen oder funktionalen Änderungen müssen zur Aktualisierung SAP-Hinweise eingespielt werden. Hierzu benötigt es insbesondere Mitarbeitende aus der SAP-Basisadministration, um die SAP-Hinweise inhaltlich zu validieren und anschließend in der entsprechenden Reihenfolge einzuspielen. Dabei ist es wichtig zu betonen, dass die fachliche Relevanz und auch die Priorisierung der SAP-Hinweise nicht allein durch die SAP-Kollegen und -Kolleginnen eingeordnet werden kann. Hier bedarf es eines Zusammenspiels zwischen Steuerexpertise und SAP-Basiswissen.

ViDA-Einfluss

Was bedeuten diese Anforderungen an die Projektteilnehmenden – auch mit Fokus auf die neuen umsatzsteuerlichen Anforderungen, die beispielsweise durch ViDA (VAT in the Digital Age) umgesetzt werden müssen?

Neue Tätigkeitsfelder für Umsatzsteuerexperten

Die Rolle von Umsatzsteuerexperten und -expertinnen – sowohl inhouse als auch beraterseitig – wird sich durch die zunehmende Digitalisierung und regulatorische Entwicklungen wie ViDA grundlegend verändern. Während heute viele Umsatzsteuer-Compliance-Prozesse noch manuell und reaktiv erfolgen, wird künftig eine weitgehende Automatisierung und Echtzeitverarbeitung steuerlicher Daten notwendig sein.

Mit der Einführung von ViDA und anderen digitalen Reporting-Anforderungen wird sich dieses Modell grundlegend wandeln. Das bedeutet, dass Umsatzsteuerprofis nicht mehr nur Ex-post-Daten analysieren und korrigieren, sondern sicherstellen müssen, dass beispielsweise die Buchhaltung von Beginn an vollumfänglich steuerliche Anforderungen erfüllt und folglich Datenqualität und -granularität bei der Datengenerierung sicherstellt.

2.2.2 Tax als Business Partner

Grundsätzlich gilt: Je früher die Steuerfunktion in die SAP-S/4HANA-Transformation eingebunden wird, desto besser. So kann sie nicht nur steuerliche Risiken reduzieren, sondern auch Prozesse optimieren, Datenqualität sicherstellen und am Ende auch effiziente und qualitätsgesicherte Reporting-Prozesse (Compliance) gewährleisten. Diese Punkte zahlen gesamtheitlich auf das Tax Compliance Management System des Unternehmens ein. Unternehmen müssen mit ihrem Tax Compliance Management System sicherstellen, dass die steuerlichen Prozesse optimal aufgestellt sind und zudem mithilfe von Kontrollen und Maßnahmen ihre Risiken identifizieren und minimieren. Doch was bedeutet Business Partner Tax?

Als *Business Partner Tax* nimmt die Steuerfunktion eine proaktive und strategische Rolle im Unternehmen ein. Ihre Aufgaben gehen dabei über die reinen Tätigkeiten der Compliance hinaus. Vielmehr geht es darum, im Unternehmen als Steuerfunktion bekannt und ansprechbar zu sein, um gemeinsam mit den operativen Bereichen die vorhandenen oder neu aufzusetzenden Prozesse zu verstehen und steuerliche Anforderungen entlang der Prozesse zu verankern. Weg von steuerlichen Hoheitsaufgaben ohne Prozessbezug hin zu einem Partner für alle relevanten Business-Entscheidungen unter Beachtung steuerlicher Regulatorik. Dies bedeutet folglich auch, sich mit anderen Fachbereichen zu verknüpfen und dauerhaft (nicht nur während der SAP-S/4HANA-Projektphase) in den Austausch zu gehen.

Schwerpunktaufgaben der Steuerfunktion als Business Partner Tax

Die beiden bedeutendsten Schwerpunktaufgaben der Steuerfunktion als Business Partner Tax sind die Sicherstellung der Einhaltung aller steuerlichen Vorschriften (z. B. Umsatzsteuer, Ertragsteuern, Verrechnungspreise etc.) sowie die laufende Validierung der steuerlichen Anforderungen (Bewertung/Reporting) über ein operatives Tax Compliance Management System (Tax CMS).

Guided Processes

Zielsetzung ist dabei die Identifikation und Minimierung von steuerlichen Risiken innerhalb der Geschäftsprozesse. Hierzu werden häufig sogenannte *Guided Processes* implementiert, die die operativen Kollegen und Kolleginnen unterstützen, korrekte steuerliche Entscheidungen in deren Prozessen zu treffen. Ein Beispiel kann hier neben der Umsatzsteuer auch die Quellensteuer darstellen.

Beispiel: Quellensteuer

Nehmen wir exemplarisch mal die Quellensteuer. Die korrekte Behandlung der Quellensteuer (Englisch: Withholding Tax) auf Lizenzzahlungen stellt viele Unternehmen vor Herausforderungen – insbesondere, weil die steuerrelevanten Merkmale häufig bereits im Einkauf identifiziert werden müssen, aber dort nicht systematisch erfasst werden. Lizenzverträge mit ausländischen Anbietern unterliegen in vielen Ländern nationalen Quellensteuergesetzen, die eine Einbehaltung eines bestimmten Steuerbetrags vom Bruttolizenzentgelt vorschreiben. Diese Pflicht kann nicht nachträglich durch die Finanzbuchhaltung kompensiert werden, wenn im Vorfeld keine steuerlichen Hinweise vorlagen. Deshalb ist es essenziell, dass der Einkauf bereits bei der Anbahnung und Vertragsprüfung erkennt, ob eine Zahlung potenziell der Quellensteuerpflicht unterliegt – etwa anhand von Kriterien wie Leistungsart, Sitz des Vertragspartners oder vertraglich vereinbarter Lizenznutzung. Um diesen Prozess zu strukturieren und Wissen zu standardisieren, empfiehlt sich die Implementierung eines Guided Process – also eines systemgestützten, schrittweisen Entscheidungs-Workflows. Dieser kann z. B. neben der SAP-Standardfunktionalität in einem SAP-Sourcing-/Procurement-System integriert sein und den Einkauf gezielt durch prüfungsrelevante Fragen führen:

- Handelt es sich um eine Nutzungsüberlassung?
- Ist der Vertragspartner im Ausland steuerlich ansässig?
- Gibt es ein Doppelbesteuerungsabkommen?

Solche geführten Prozesse minimieren Interpretationsspielräume, erhöhen die rechtssichere Dokumentation und stellen sicher, dass relevante Informationen frühzeitig an die Steuerabteilung weitergeleitet werden oder noch besser, während des Prozesses einen Weg ins System und in die Datenbasis finden. Die Integration eines Guided Process schafft so eine wichtige Brücke zwischen operativem Einkauf und steuerlicher Compliance.

Ausblick: Nachhaltigkeit

Neben den steuerlichen Anforderungen steigen auch Reporting-Anforderungen im Bereich Environmental, Social and Governance (ESG) weltweit. Gesetzliche Regelungen wie die *Corporate Sustainability Reporting Directive* (CSRD) in der EU, der *Carbon Border Adjustment Mechanism* (CBAM) oder nationale Nachhaltigkeitsvorgaben erfordern detaillierte Berichterstattung über Umwelt- und soziale Auswirkungen. Während ESG-Reporting bislang oft außerhalb klassischer Finanz- und Steuerabteilungen verankert war, zeigt sich zunehmend, dass steuerliche und ESG-bezogene Anforderungen eng miteinander verknüpft sind. Daher sollten sich Steuerfunktion und

Nachhaltigkeitsbereich zukünftig auch als Business Partner inhaltlich verzahnen.

2.3 Voraussetzungen innerhalb des SAP Cores

Damit SAP DRC erfolgreich implementiert und genutzt werden kann, bedarf es eines stabilen SAP Cores. Unter dem Begriff *SAP Core* versteht man die zentrale Systemarchitektur und die grundlegenden Geschäftsprozessmodule eines SAP-Systems, die das Rückgrat der Unternehmens-IT bilden. Dazu gehören insbesondere klassische ERP-Kernfunktionen wie Finanzen (*FI*), Controlling (*CO*), Materialwirtschaft (*MM*), Vertrieb (*SD*) etc. SAP nennt diese Core-Prozesse mittlerweile *Line of Business*. Abbildung 2.4 gibt einen Überblick über die Lines of Business (also den inhaltlichen Funktionsumfang) des SAP-Systems als solches. Dabei werden spezifische Branchenlösungen (Industrien), lokale Versionen (für länderspezifische Inhalte, z. B. Regulatorik) und Cross-Line-of-Business (übergreifende Funktionalitäten) zusätzlich unterschieden.

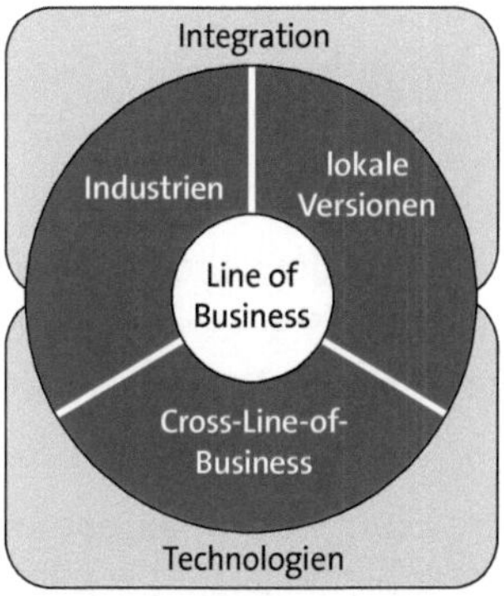

Abbildung 2.4 SAP Line of Business

Die entsprechenden Kernprozesse werden von SAP in die folgenden *Areas* bzw. *Bereiche* aufgeteilt:

- Asset Management
- Finance
- Human Resources
- Manufacturing
- R&D/Engineering
- Sales
- Service
- Sourcing und Procurement
- Supply Chain

Der SAP Core bildet somit die stabile Plattform, auf der branchenspezifische Erweiterungen, Cloud-Anbindungen oder digitale Innovationen aufbauen können. Im Kontext moderner SAP-Landschaften – etwa mit SAP S/4HANA – wird der Core oft als *Digital Core* bezeichnet, der nicht nur Transaktionen und Stammdaten verarbeitet, sondern auch in Echtzeit vernetzt, analytisch auswertet und in Cloud-Ökosysteme integrierbar ist. Für Unternehmen bedeutet dies: Die Integrität, Sicherheit und Wartbarkeit des SAP Core sind entscheidend für die Stabilität aller angebundenen Geschäftsprozesse – und jede Erweiterung muss sorgfältig auf ihre Kompatibilität mit dem Core geprüft werden, um die Updatefähigkeit und Systemperformance nicht zu gefährden. Der Begriff SAP Core wird häufig auch mit dem SAP-Standard als Funktionsumfang gleichgesetzt.

2.3.1 Der SAP-Standard und seine Erweiterungsmöglichkeiten

SAP-Standard

Wenn Funktionen oder Prozesse im SAP-Standard abgebildet sind, bedeutet das, dass sie bereits als Teil des offiziellen Softwareumfangs von SAP bereitgestellt werden, ohne dass kundenspezifische Anpassungen oder zusätzliche Entwicklungen erforderlich sind. Der SAP-Standard umfasst alle Funktionen, die im Rahmen der jeweiligen Produktversion ausgeliefert, dokumentiert und von SAP gewartet werden. Diese Standardprozesse sind in der Regel branchenübergreifend konzipiert und decken häufige betriebswirtschaftliche Anforderungen wie Buchhaltung, Beschaffung, Verkauf oder Produktion in strukturierter Form ab.

Höhere Wartbarkeit, geringere Komplexität und Updatefähigkeit

Der große Vorteil der Nutzung des SAP-Standards liegt in der höheren Wartbarkeit, geringeren Komplexität und Updatefähigkeit: Standardprozesse lassen sich einfacher upgraden, erfordern weniger Tests bei Release-Wechseln und profitieren kontinuierlich von SAP-seitigen Weiterentwicklungen.

Dennoch kann es – je nach Unternehmensanforderung – notwendig sein, gezielte Erweiterungen vorzunehmen, etwa über kundeneigene Entwicklungen, sogenannte *Enhancements*, oder über Erweiterungsplattformen wie die SAP Business Technology Platform (SAP BTP). Grundsätzlich gilt aber: Je näher man sich am SAP-Standard orientiert, desto nachhaltiger und effizienter lässt sich ein SAP-System betreiben. Steuerlich machen wir uns den SAP-Standard ebenfalls zunutze, wenn wir unsere Anforderungen in die SAP-Systemwelt integrieren wollen.

Abgrenzung zu Non-Core

Während der SAP Core die Standardprozesse abbildet, gibt es oft unternehmensspezifische Anpassungen. Dabei gibt es die folgenden Möglichkeiten:

- Z-Entwicklungen (Custom Code): Individuelle Programme oder Tabellen
- Erweiterungen über SAP BTP: Cloud-Add-ons
- Drittsysteme: Zusatzlösungen für spezifische Anforderungen (z. B. Tax Engines, Reporting-Tools)

Mit der neuen Version von SAP S/4HANA verfolgt SAP die Strategie, so viele Prozesse wie möglich im Standard abzubilden. Diese Standardisierung wird insbesondere durch die SAP-Public-Cloud-Version gefordert, da hier Individualisierungen nicht möglich sind. Diese angestrebte Standardisierung erleichtert Updates und Wartungen für die Zukunft. Daher resultiert auch der überall zu hörende Leitsatz »Zurück zum Standard« innerhalb der SAP-S/4HANA-Projekte.

Im folgenden Abschnitt stellen wir die Grundlagen des SAP Standards für die Umsetzung von Anforderungen im Bereich Umsatzsteuer und Quellensteuer vor. Natürlich gibt es darüber hinaus weitere Anforderungen, z. B. wenn es um die Berichtspflichten rund um SAF-T (CIT oder VAT) geht. Auf diese gehen wir hier nicht weiter ein, da sie stark länderabhängig hinsichtlich der jeweiligen Anforderungen sind.

2.3.2 Umsatzsteuer im SAP-Standard

Im SAP-Standard kann die Umsatzsteuerfindung eingangs- und ausgangsseitig eingerichtet werden. Während die eingangsseitige Steuerfindung im SAP-Standard eher rudimentär automatisiert werden kann (insbesondere herausfordernd bei nicht bestehender Purchase Order), ist ausgangsseitig die Abbildung über komplexe Konditionen möglich. Weitere Details hierzu finden Sie in Kapitel 8, »Gesetzliches Meldewesen implementieren«.

SAP-Steuerfindung

Die SAP-Steuerfindung basiert auf der regelbasierten Ableitung der Geschäftstransaktionen hin zu einem steuerlichen Sachverhalt durch Verwendung eines Steuerkennzeichens. Das Steuerkennzeichen stellt das Ergebnis der Steuerfindung an der FI-Buchung (Buchung innerhalb des Moduls SAP FI) dar. Dabei werden die umsatzsteuerlichen Tatbestandsmerkmale – wie in der Theorie – abgeklopft. Vereinfacht lässt sich die Steuerfindung wie folgt erläutern. Das System stellt sich je nach Konditionstabelle folgende Fragen:

- Wer macht (Unternehmen)
- was mit (Material)
- wem (Business Partner)
- von wo nach wo? (Empfangs- und Abgangsland)

Die Ableitung des korrekten Steuerkennzeichens hängt unter anderem an den Parametern *Abgangsland*, *Empfangsland*, *Kundenklassifikation* am Business Partner und *Materialklassifikation* am Materialstamm. Diese Systematik gibt Abbildung 2.5 wieder.

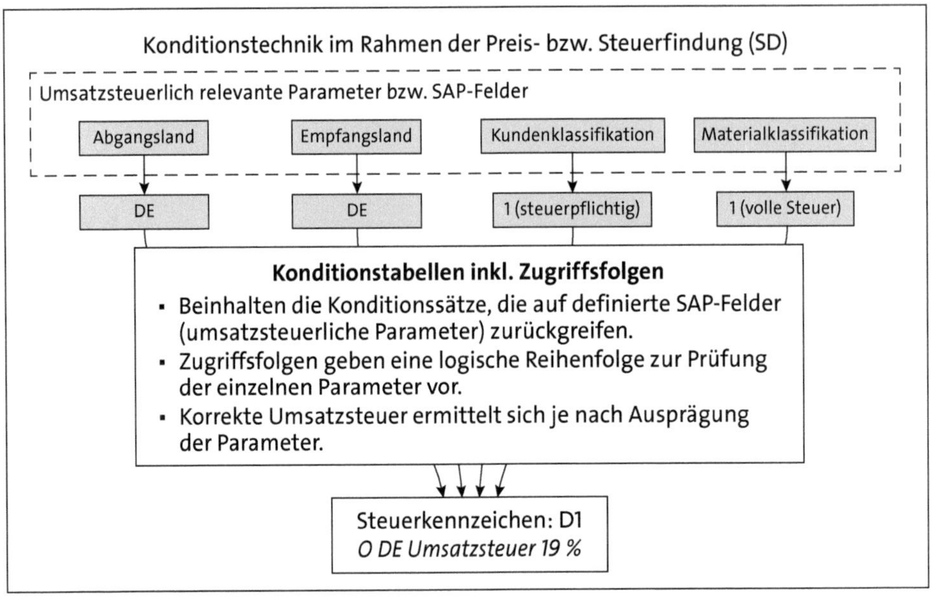

Abbildung 2.5 Steuerfindung in SAP-Standard

Mit Blick auf die Abbildung wird deutlich, dass für eine korrekte Steuerfindung nicht nur ein Verständnis über die grundlegenden Transaktionen des Unternehmens notwendig ist, um die Konditionstabellen einzurichten und die umsatzsteuerlichen Sachverhalte zu identifizieren. Insbesondere die Stammdaten (z. B. Kundenklassifikation und Materialklassifikation) sind von großer Bedeutung. Hierauf gehen wir in Kapitel 8, »Gesetzliches Meldewesen implementieren«, detaillierter ein.

Transaktionsmatrix

Die Erstellung einer umsatzsteuerlichen Transaktionsmatrix ist für die korrekte und automatisierte Steuerfindung im SAP-System ein wichtiger Schritt. Sie bildet die inhaltliche Grundlage für die konzeptionelle Ausarbeitung des Steuerkennzeichenkonzeptes zur Umsetzung innerhalb von SAP, damit im Ergebnis die richtigen Steuerkennzeichen (z. B. für Umsatzsteuer, Erwerbsteuer, Reverse Charge etc.) je nach Geschäftsvorfall automatisch bestimmt werden können.

Die Einrichtung einer funktionierenden und rechtssicheren Steuerfindung in SAP setzt voraus, dass alle steuerlich relevanten Geschäftsvorfälle des Unternehmens klar strukturiert, analysiert und dokumentiert sind. Genau hier setzt die sogenannte *umsatzsteuerliche Transaktionsmatrix* an: Sie ist eine systematische Aufstellung aller denkbaren Kombinationen von Geschäftspartnern, Waren- oder Leistungsflüssen, Ländern, Liefer- und Leistungsorten sowie steuerlichen Bewertungen. Die Matrix beantwortet Fragen wie:

- Wer liefert was an wen?
- In welches Land?
- In welcher Konstellation fällt welche Steuer an – z. B. Inlandsteuer, innergemeinschaftlicher Erwerb, Reverse Charge oder Ausfuhrlieferung?

Nur auf dieser Basis kann das SAP-System mithilfe von Steuerkennzeichen, Konditionstabellen, Rechnungstexten, Stammdaten etc. automatisiert entscheiden, welcher Steuersachverhalt vorliegt – und wie dieser steuerlich korrekt abgebildet werden muss. Eine sauber aufgebaute Transaktionsmatrix schafft damit nicht nur die Voraussetzung für regelkonforme Automatisierung, sondern ist auch elementar für die Prüfungssicherheit, Minimierung von Fehlbuchungen und Vermeidung steuerlicher Risiken.

Nur unter Einsatz einer Transaktionsmatrix kann sichergestellt werden, dass alle relevanten Sachverhalte umgesetzt werden. Auf der anderen Seite ist auch zu betonen, dass die Transaktionsmatrix sicherstellt, dass nicht über die eigentlichen Gegebenheiten hinaus steuerliche Sachverhalte über Konditionstabellen ins System finden, die umsatzsteuerlich eigentlich gar keine Anwendung finden. Somit wird über die Transaktionsmatrix auch ein Element des Tax CMS aus Umsatzsteuersicht geschaffen. Nicht zuletzt wird die Matrix auch im Rahmen des Testings relevant, um die entsprechenden Testfälle zu konzipieren.

2.3.3 SAP-S/4HANA-Standardeinstellungen für die SAP-DRC-Implementierung

In diesem Abschnitt geben wir Ihnen einen Überblick über relevante SAP-S/4HANA-Standardeinstellungen, die für eine SAP-DRC-Implementierung als Basis umgesetzt werden müssen.

Funktionalität »Werke im Ausland«

Die Funktionalität **Werke im Ausland** (WIA) wurde von SAP geschaffen, um u. a. umsatzsteuerliche Registrierungen im Ausland korrekt abbilden zu können.

[«]

Umsatzsteuerliche Registrierung im Ausland

Unter einer *umsatzsteuerlichen Registrierung im Ausland* versteht man die Verpflichtung eines Unternehmens, sich in einem anderen EU-Mitgliedstaat steuerlich registrieren zu lassen, um dort Umsatzsteuerpflichten korrekt zu erfüllen. Diese Registrierungspflicht tritt ein, sobald ein Unternehmen in einem anderen EU-Land steuerrelevante Geschäftsvorfälle durchführt – beispielsweise durch den Verkauf von Waren, die Lagerung in einem Fulfillment-Zentrum, grenzüberschreitende Dienstleistungen, innergemeinschaftliche Lieferungen oder Reihengeschäfte. Die Registrierung erfolgt in der Regel beim dortigen Finanzamt und führt zur Vergabe einer lokalen Umsatzsteuer-Identifikationsnummer (USt-IdNr.), die für die Abwicklung und Meldung von Transaktionen benötigt wird.

Ziel dieser Regelung ist es, die richtige Besteuerung am Leistungsort sicherzustellen, wie es das europäische Mehrwertsteuersystem vorsieht. Die registrierten Unternehmen müssen dann Umsatzsteuer-Voranmeldungen, Zusammenfassende Meldungen (ZM) oder – je nach Land – Intrastat-Meldungen abgeben, um ihren steuerlichen Pflichten nachzukommen. In vielen Fällen ist zudem ein lokaler Steuerberater oder eine Steuerberaterin oder ein Fiskalvertreter oder eine Fiskalvertreterin erforderlich, insbesondere wenn das Unternehmen in dem betreffenden Land keine Betriebsstätte besitzt.

Umsatzsteuerliche Registrierungen in mehreren Ländern erhöhen die Komplexität der steuerlichen Compliance erheblich – insbesondere für Unternehmen im E-Commerce, mit dezentralen Lagerstandorten oder bei grenzüberschreitenden Projektleistungen.

Ertragsteuerliche Betriebsstätte

Dabei sind umsatzsteuerliche Registrierungen im Ausland abzugrenzen von ertragsteuerlichen Betriebsstätten. Eine *ertragsteuerliche Betriebsstätte* ist nach steuerrechtlicher Definition eine feste Geschäftseinrichtung, über die ein Unternehmen ganz oder teilweise seine Geschäftstätigkeit im Ausland oder Inland ausübt – und die zur steuerlichen Erfassung von Gewinnen im jeweiligen Staat führt. Typische Beispiele für Betriebsstätten sind ein Büro, eine Produktionsstätte, eine Zweigniederlassung, ein Lager, ein Vertriebsbüro oder auch eine Baustelle, sofern bestimmte zeitliche und sachliche Kriterien erfüllt sind. Die Betriebsstätte stellt somit eine Form der unternehmerischen Präsenz dar, die nicht zu einer eigenen juristischen Person führt, aber dennoch zu einer Begründung von Steuerpflichten im betroffenen Land. Daher sind umsatzsteuerliche Registrierungen von Betriebsstätten zu unterscheiden. Ertragsteuerliche Betriebsstätten sind als eigener Buchungskreis abzubilden (siehe SAP-Hinweis 1707438). Dies liegt u. a. an den erhöhten Auflagen hinsichtlich der Reporting-Verpflichtungen.

Wir geben Ihnen im Folgenden einen Auszug aus dem SAP-Hinweis 1707438 – *Konfiguration von Betriebsstätten in ERP* (Version 8. Freigegeben am 07.03.2017), den Sie auch unter der URL *https://me.sap.com/notes/1707438* finden:

> *Da noch mit einer weiteren Zunahme der Anforderungen zu rechnen ist, empfehlen wir eindringlich die Abbildung von Betriebsstätten als Buchungskreis.*

Der Buchungskreis ermöglicht:

- *Hinterlegung steuerlicher Registrierdaten pro Buchungskreis.*
- *Erstellung von Bilanz sowie Gewinn- und Verlustrechnung auf der Ebene der Betriebsstätte, ggfs. unter Berücksichtigung länderspezifischer Jahresabschlussbuchungen.*
- *Erstellung der Anlagenbuchhaltung je Betriebsstätte. (In diesem Zusammenhang sei darauf hingewiesen, dass es Bestrebungen gibt, SAF-T um Daten der Anlagenbuchhaltung zu erweitern. Mit einer Erweiterung der deutschen E-Bilanz um den Anlagespiegel muss ebenfalls mittelfristig gerechnet werden.)*
- *Umsatzsteuer-Reporting (für das entsprechende Land) auf der Ebene der Betriebsstätte.*
- *Eigene Definition der Hauswährung.*
- *Belegnummerierung auf der Ebene der Betriebsstätte.*
- *Berechtigungsmäßige Abschottung der Betriebsstätte (u. a. relevant bei Steuerprüfungen mit direktem Systemzugriff, z. B. in Deutschland).*

Die eben genannten Anforderungen lassen sich ohne eigenen Buchungskreis nicht vollständig abbilden, weshalb die klare Empfehlung die Verwendung eines eigenen Buchungskreises ist.

Voraussetzungen zur Abbildung

Um umsatzsteuerliche Registrierungen abzubilden, muss es grundsätzlich möglich sein, einem Buchungskreis in einem Land A nicht nur lokale Steuerkennzeichen mit Relevanz für Land A zuzuteilen, sondern darüber hinaus Steuerkennzeichen für die jeweiligen Auslandsregistrierungen. Ein relevantes Feld stellt hier daher die Information des Meldelandes dar – das mit Aktivierung der Funktionalität WIA als zusätzliches Feld anwendbar wird. Der Name der Funktionalität Werke im Ausland hat übrigens keinen Bezug zu echten Werken bzw. organisatorischen Werken im System. Hier kommt später viel mehr ein Zusammenspiel zwischen WIA-Fakturen und der WIA-Funktion zum Tragen. Wir werden im Rahmen dieses Buches nicht weiter auf Werke und WIA-Fakturen eingehen. Neben dem Feld des Meldelandes bei der Steuerkennzeichenpflege werden mit der Aktivierung weitere Felder aktiviert bzw. zum Customizing freigegeben. Hierzu gehört etwa auch die Einstellung des Kurstyps für die Währungsumrechnung in die geltende Reporting-Währung (siehe Abbildung 2.6).

[«]

Alternative Abbildung ausländischer Registrierungen

Grundsätzlich ist die Abbildung von ausländischen Registrierungen innerhalb eines Buchungskreises auch ohne die Aktivierung der Funktionalität

WIA möglich und auch häufig im Einsatz. In diesem Falle ist jedoch eine automatisierte Datenbereitstellung für Umsatzsteuerzwecke nicht möglich, da ohne die Aktivierung von WIA die Zusatzinformationen des Meldelandes am Steuerkennzeichen fehlen und somit keine automatische Selektion der relevanten Steuerkennzeichen für die ausländische Registrierung pro Land erfolgen kann. Hier wird dann häufig mit unterschiedlichen Varianten des Reports RFUMSV00 bzw. V10 gearbeitet. Die unterschiedlichen Varianten je Land umfassen dann die jeweils geltenden Steuerkennzeichen und werden folglich einzeln selektiert. Dieser Workaround ist notwendig, weil in dieser Situation die Selektion über eine Meldeland nicht möglich ist.

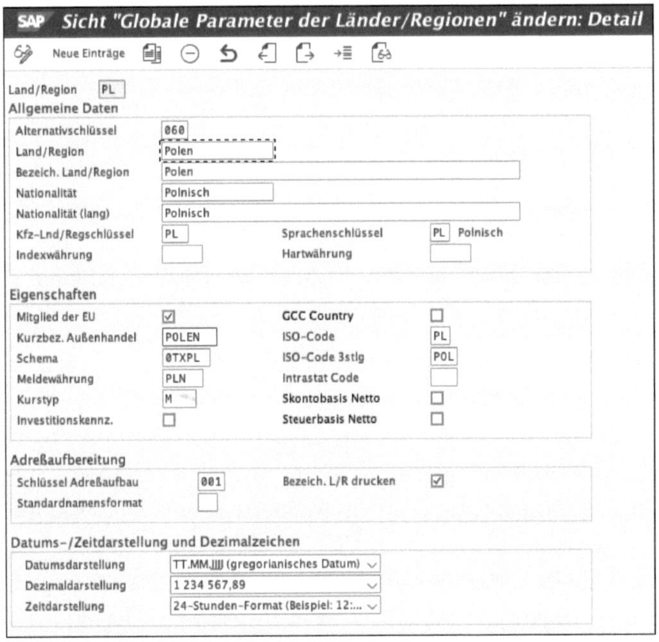

Abbildung 2.6 Globale Parameter der Länder/Regionen

Aktivierung von »Werke im Ausland«

Die Aktivierung der Funktionalität WIA wird im Rahmen des SAP-Customizing-Einführungsleitfadens (kurz: SPRO) an unterschiedlichen Stellen durchgeführt.

Insgesamt sind folgende Schritte durchzuführen:

1. Aktivieren Sie die Funktion **Werke im Ausland**. Hierdurch werden einige neue Felder aktiviert, die in den folgenden Arbeitsschritten ausgefüllt werden müssen:
2. Bei den Länder-/Regionendefinitionen erscheinen zusätzlich zum Standard (Transaktion **OY01**/Tabelle **T005**) folgende Elemente:

- Länder-/Regionenwährung für die Steuermeldung
- der Kurstyp (üblicherweise »M«)
- Indikatoren für Steuer- und Skontobasis

3. Weitere Einstellungen nehmen Sie unter **Umsatzsteueridentifikationsnummer f. Werke im Ausland oder RITA angeben** vor.
4. Bei der Pflege des Steuerkennzeichens müssen unter **Eigenschaften** zusätzlich das Meldeland/-region eingegeben werden (Transaktion **FTXP**/ Tabelle **T007a**).

Die Aktivierung wird im Customizing-Pfad: **SAP Customizing Einführungsleitfaden • Finanzwesen • Umsatzsteuer • Grundeinstellungen • Werke im Ausland • Werke im Ausland aktivieren** vorgenommen (siehe Abbildung 2.7).

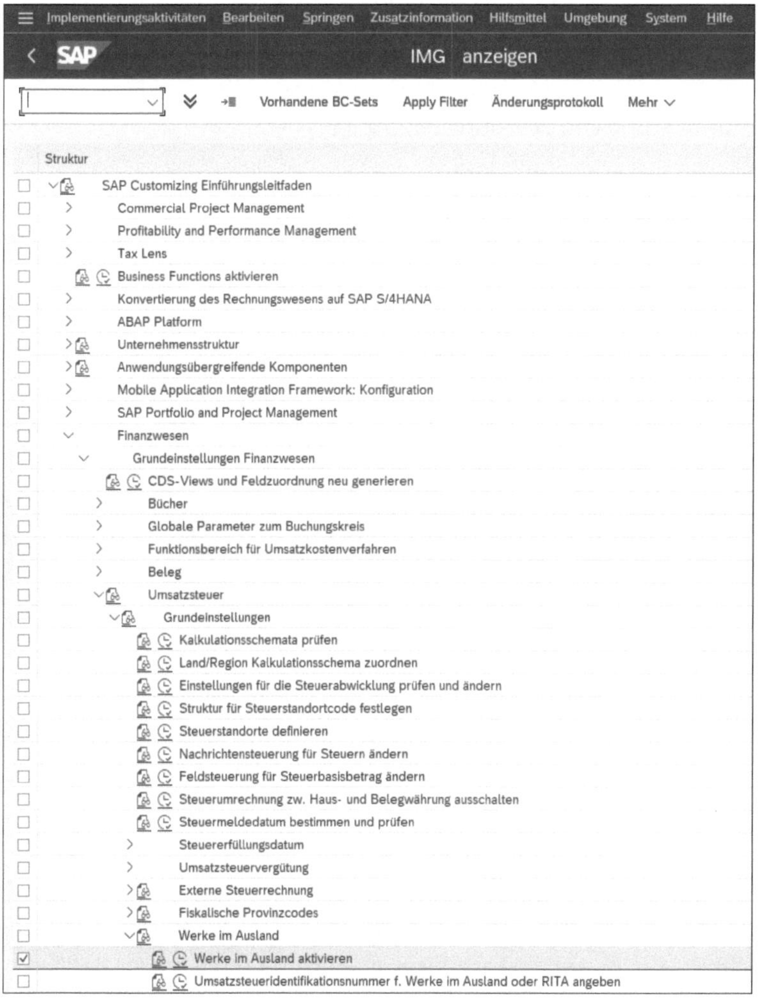

Abbildung 2.7 Customizingpfad für die Aktivierung von »Werke im Ausland«

Um die Funktion **Werke im Ausland** nutzbar zu machen, muss im ersten Schritt die eigentliche Aktivierung durchgeführt werden. Hierzu wird der Haken bei dem ersten Punkt **Werke im Ausland aktiv** gesetzt (siehe Abbildung 2.8).

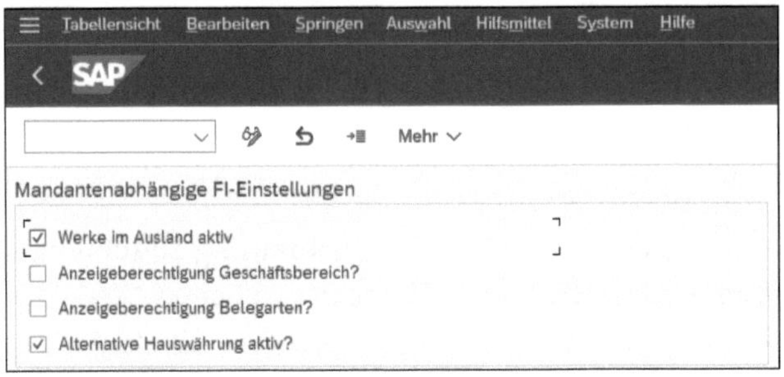

Abbildung 2.8 Funktionalität WIA aktivieren

Nun sind die vorn in der Liste aufgeführten Anpassungen und Ergänzungen für die Einrichtung von WIA durchzuführen.

Deaktivierung von WIA auf Buchungskreisebene

Da die Aktivierung der Funktionalität **Werke im Ausland** mandantenübergreifend ist, wirkt sich die Einstellung und damit auch die Aktivierung komplett auf den jeweiligen Pflegemandanten aus (aber auch nur auf den Pflegemandanten – die Überschrift im Customizing zu **Werke im Ausland** ist evtl. etwas irreführend, da diese »mandantenabhängig« beinhaltet). Sofern es gewünscht ist, dass einzelne Buchungskreise die Funktionalität WIA nicht nutzen sollen, ist es möglich, die Aktivierung auf Buchungskreisebene auszuschalten bzw. zu deaktivieren. Dieser Weg wird im Folgenden beschrieben.

Globale Parameter pflegen

Im nächsten Schritt werden die Zusatzparameter gepflegt, um die Funktionalität vollständig einzurichten.

Folgen Sie dafür diesem Customizing-Pfad: **SAP Customizing Einführungsleitfaden • Finanzwesen • Grundeinstellungen Finanzwesen • Globale Parameter zum Buchungskreis • Globale Parameter prüfen und ergänzen** (siehe Abbildung 2.9).

Im nächsten Schritt öffnen sich die Zusatzdaten zu den Buchungskreisen, indem Sie zuvor den relevanten Buchungskreis auswählen (hier im Beispiel Buchungskreis 1010 (DE)). Über den Parameter-Typ **PNOWIA** besteht die Möglichkeit, die Funktionalität für den Buchungskreis zu deaktivieren (siehe Abbildung 2.10).

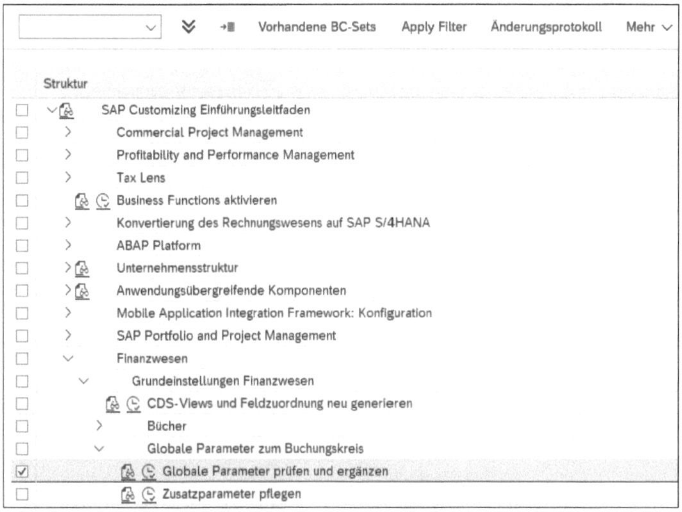

Abbildung 2.9 Globale Parameter pflegen

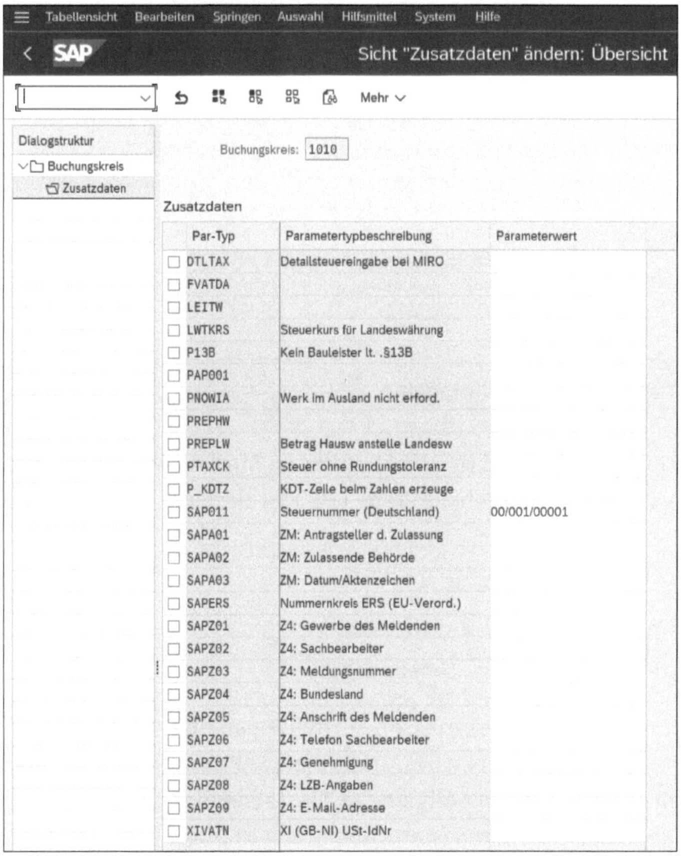

Abbildung 2.10 WIA auf Buchungskreisebene deaktivieren

Um die Funktionalität für den Buchungskreis zu deaktivieren, wird in der Spalte **Parameterwert** der Wert »X« eingesetzt (siehe Abbildung 2.11).

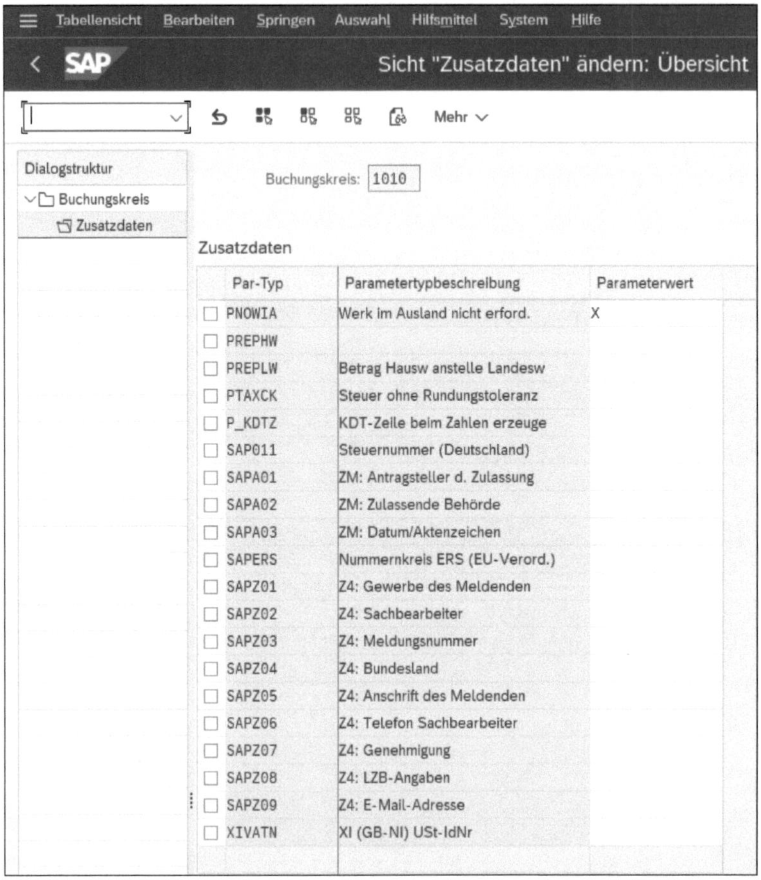

Abbildung 2.11 Parameterwert eintragen

Pflege der globalen Parameter der Länder/Regionen

Durch die Aktivierung der Funktionalität **Werke im Ausland** werden drei zusätzliche Felder in der Ländertabelle (Tabelle T005) aktiviert. Die Zusatzfelder lauten:

- **KURST** (Kurstyp) – Tabelle T005
- **XSKFN** (Skontobasis Netto) – Tabelle T005
- **XMWSN** (Steuerbasis Netto) – Tabelle T005

Zur Pflege der relevanten Felder müssen Einstellungen im Customizing erfolgen. Folgen Sie dafür diesem Customizing-Pfad: **SAP Customizing Einführungsleitfaden • ABAP Platform • Allgemeine Einstellungen • Länder einstellen • Länder/Regionen definieren** (siehe Abbildung 2.12).

Wählen Sie anschließend das relevante Land aus (siehe Abbildung 2.13).

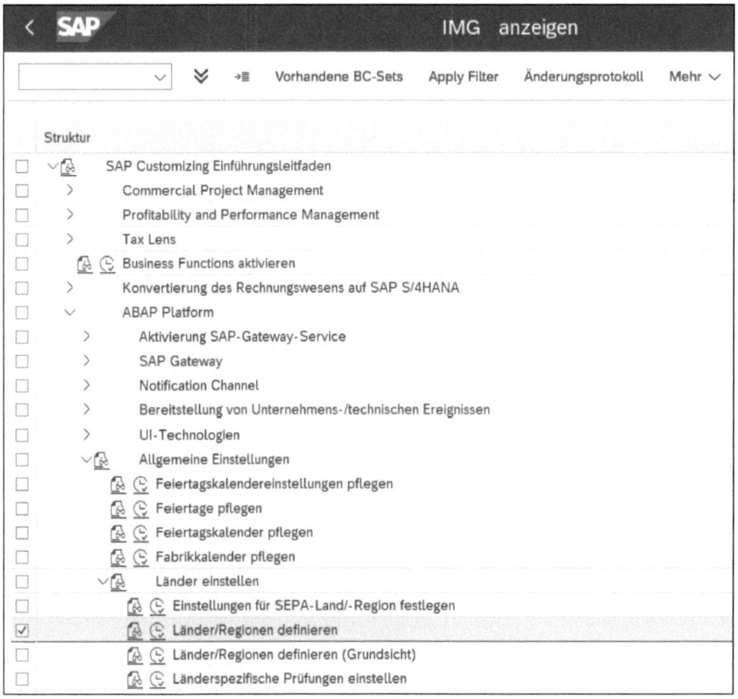

Abbildung 2.12 Länder/Regionen pflegen (Auswirkung auf die Tabelle T005)

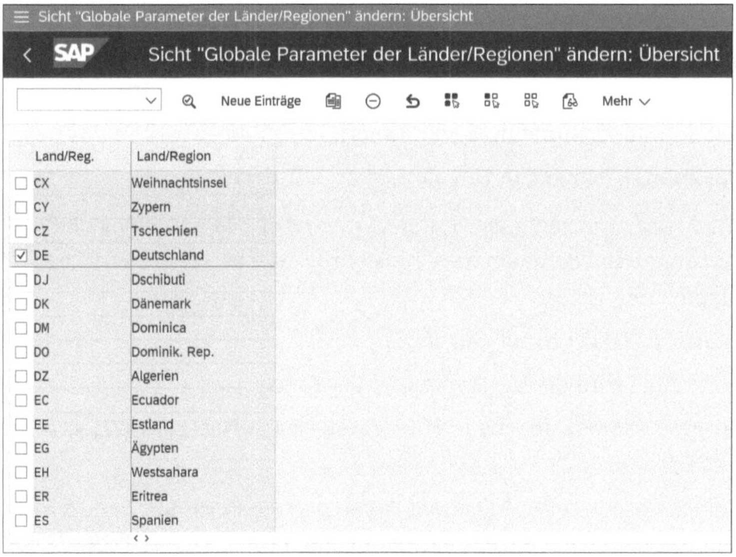

Abbildung 2.13 Auswahl des zu pflegenden Landes

Abbildung 2.14 zeigt die Globalen Parameter für Deutschland mit den neuen Feldern durch die Aktivierung von **Werke im Ausland**.

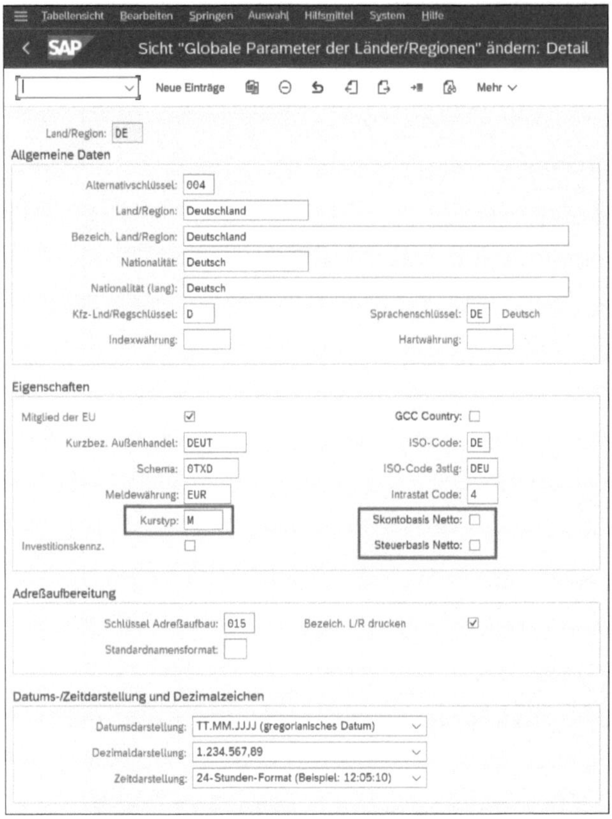

Abbildung 2.14 Neue Felder innerhalb der globalen Parameter

Die folgenden Felder sind hinzugekommen:

- **Meldewährung** (**WAERS** in Tabelle T005)

  Das Feld wird zwar nicht erst mit der Aktivierung in den globalen Parametern angezeigt, dennoch ist es hinsichtlich der bestehenden Pflege zu validieren.

- Feld **Kurstyp** (**KURST** in Tabelle T005)

  Im Normalfall wird der Kurstyp mit »M« gepflegt.

- **Skontobasis** (**XSKFN** in Tabelle T005)/**Steuerbasis Netto** (**XMWSN** in Tabelle T005)

  Die Felder werden unter folgender Abhängigkeit automatisch durch die Aktivierung von WIA gefüllt – laut SAP-Hilfe (F1):

  Die Regelung, wie der Basisbetrag für die Berechnung des Skontos zu ermitteln ist, unterliegt dem jeweiligen Landesrecht. Die Steuerung erfolgt entweder über die Buchungskreistabelle oder über die Tabelle der Jurisdiction Codes.

Laut SAP-Hinweis 882132 (URL: *https://me.sap.com/notes/882132*) werden aktuell die Landeseinstellungen der Transaktion **OY01** und der Tabelle **T005** relevant.

Hinweis zu möglichen Fehlermeldungen

Sollte im Rahmen der Aktivierung der Fehler **FF801** oder **FF802** auftreten, liegt das daran, dass der Kurstyp für das Land fehlt (siehe auch SAP-Hinweis 882132). Die oben aufgeführten Ländereigenschaften hinsichtlich Meldewährung (**WAERS**/in Tabelle **T005**) und Kurstyp (**KURST**) müssen gepflegt sein – dies erfolgt in der Transaktion **OBY6**.

USt-IdNr. der umsatzsteuerlichen Registrierungen pflegen

Im nächsten Schritt sind die ausländischen Umsatzsteuer-Identifikationsnummern für die Auslandsregistrierungen zu pflegen. Daneben ist natürlich bei Buchungskreisanlage auch die eigene USt-IdNr. des Buchungskreises relevant.

Folgen Sie dafür diesem Customizing-Pfad: **SAP Customizing Einführungsleitfaden • Finanzwesen • Grundeinstellungen Finanzwesen • Umsatzsteuer • Grundeinstellungen • Werke im Ausland • Umsatzsteueridentifikationsnummer f. Werke im Ausland oder RITA angeben** (siehe Abbildung 2.15).

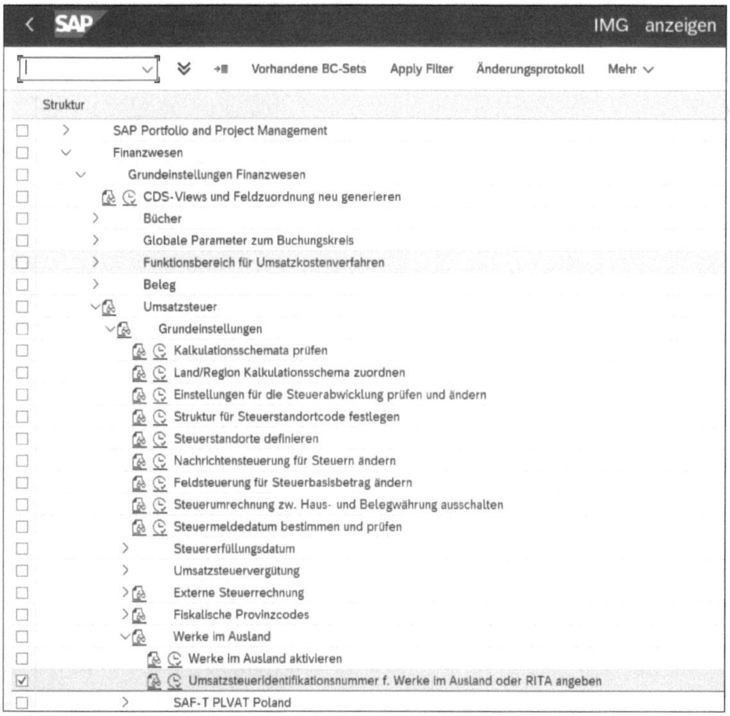

Abbildung 2.15 Ausländische USt-IdNr. pflegen

Als Nächstes pflegen Sie die entsprechenden Auslandsregistrierungen zum Buchungskreis (siehe Abbildung 2.16).

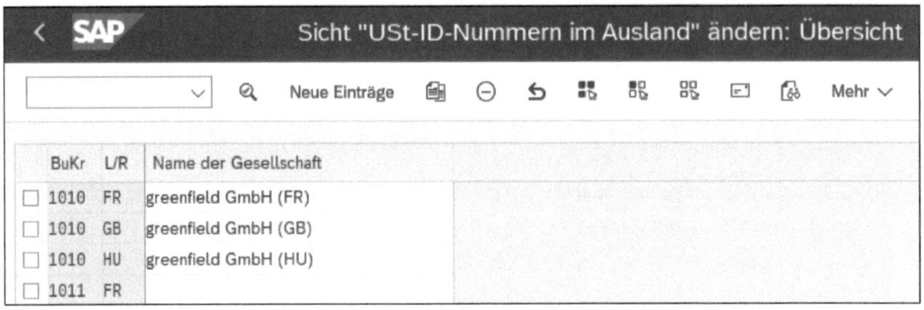

Abbildung 2.16 Ausländische USt-IdNr. des Buchungskreises

Nach der Anlage des Buchungskreises mit Bezug zum Meldeland wird die dazugehörige USt-IdNr. gepflegt (siehe Abbildung 2.17).

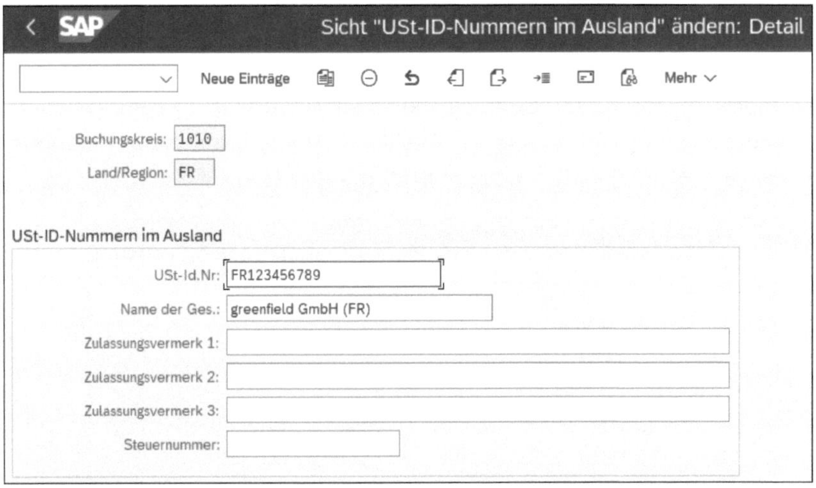

Abbildung 2.17 USt-IdNr. pflegen

Die USt-IdNr. des Buchungskreises für die Ansässigkeit wird unter den globalen Parametern gepflegt. Der Customizing-Pfad dafür lautet: **SAP Customizing Einführungsleitfaden • Finanzwesen • Grundeinstellungen Finanzwesen • Globale Parameter zum Buchungskreis • Steuer • Umsatzsteuer-Identifikationsnummer (UST-ID-Nr) • UST-ID-Nr für das Inland hinterlegen.** Abbildung 2.18 zeigt, dass in diesem Customizing-Pfad unter **Umsatzsteuer-Identifikationsnummer (UST-ID-Nr)** auch die USt-IdNr. für das Ausland gepflegt werden kann. Dieser Absprung öffnet einen View auf die Tabelle T001N – UINNR (siehe Abbildung 2.19) und zeigt ebenfalls die gepflegten Auslandsregistrierungen in komprimierter Form an (unter **Angabe: Buchungskreis • Land • Umsatzsteuer-Id.Nr**).

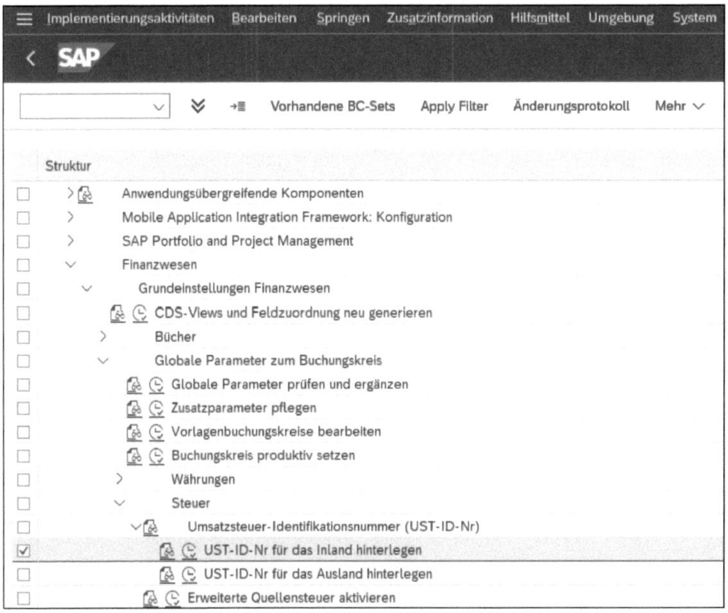

Abbildung 2.18 Eigene USt-IdNr. (Inland) hinterlegen

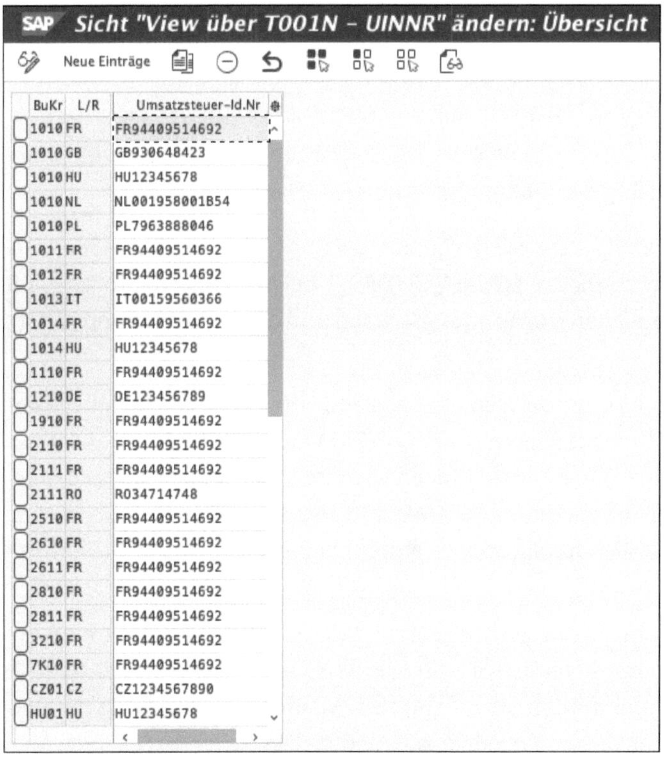

Abbildung 2.19 View Tabelle T001N – UINNR

Kurstyp und Meldewährung

Wie bereits eingangs beschrieben, werden durch die Aktivierung von **Werke im Ausland** in den globalen Parametern der Länder/Regionen u. a. auch die Felder **Meldewährung** und **Kurstyp** aktiviert. Diese haben Einfluss auf die automatische Umrechnung in die jeweilige Meldewährung – unter Einbezug der Tabelle TCURR für die Währungskurse. Im Standardfall werden hier die aktuellen Währungskurse der Europäischen Zentralbank über eine Schnittstelle tagesaktuell geladen und für die Umrechnung verwendet.

[»]

Anforderungen an die Währungsumrechnung

Der Vollständigkeit halber weisen wir darauf hin, dass die korrekte Abbildung der Währungsumrechnungen je Land eine komplexe Anforderung mit einer detaillierten Konzeption voraussetzt. In manchen Ländern werden z. B. nur die lokalen Währungskurse der nationalen Banken zur Umrechnung für das umsatzsteuerliche Reporting akzeptiert.

Zudem weisen wir darauf hin, dass die Währungskursthematik auch im Rahmen von SAF-T eine Rolle spielt. Hier kommen bzgl. Corporate Income Tax (CIT) und Umsatzsteuer (VAT) unterschiedliche Grundlagen für die Umrechnung zum Einsatz. Aus diesem Grund werden hier unterschiedliche Felder für die jeweiligen Reports verwendet.

- **BKPF-KURSF**: Allgemeiner Umrechnungskurs für die Umrechnung zwischen Fremd- und Hauswährung und relevant für z. B. SAF-T CIT in Polen
- **BKPF-TXKRS**: Umrechnungskurs für Steuerbeträge – nur befüllt, wenn das Customizing des Buchungskreises dies erlaubt

Für weitere Details verweisen wir auf den SAP-Hinweis 3296436 (URL: *https://me.sap.com/notes/3296436/E*). Dieser beschreibt den Umgang mit den unterschiedlichen Umrechnungskursen und deren Auswirkung auf das Reporting.

Steuerkennzeichen

Durch die Aktivierung von **Werke im Ausland** wird innerhalb der Pflege des Steuerkennzeichens (Pflegetransaktion **FTXP**) zusätzlich ein neues Feld in den Steuerkennzeichen-Einstellungen aktiviert. Das Feld **Meldeland/-reg.** (technische Feldbezeichnung: **LSTML** in Tabelle T007a). Das Meldeland muss nun zusätzlich für die Steuerkennzeichen gepflegt werden (siehe Abbildung 2.20).

Sofern das Feld leer bleibt, wird per default das Land des Buchungskreises angenommen (siehe ebenfalls SAP-Hinweis 882132). Dies gibt zusätzlich auch der Text der Hilfefunktion (über [F1]) zum Meldeland wieder. Aus der Projektpraxis heraus weisen wir jedoch darauf hin, dass ein leeres Feld zum Meldeland ggf. zu Problemen bei der Verbuchung führen kann. Daher empfehlen wir, das Meldeland für alle gepflegten Steuerkennzeichen zu befüllen.

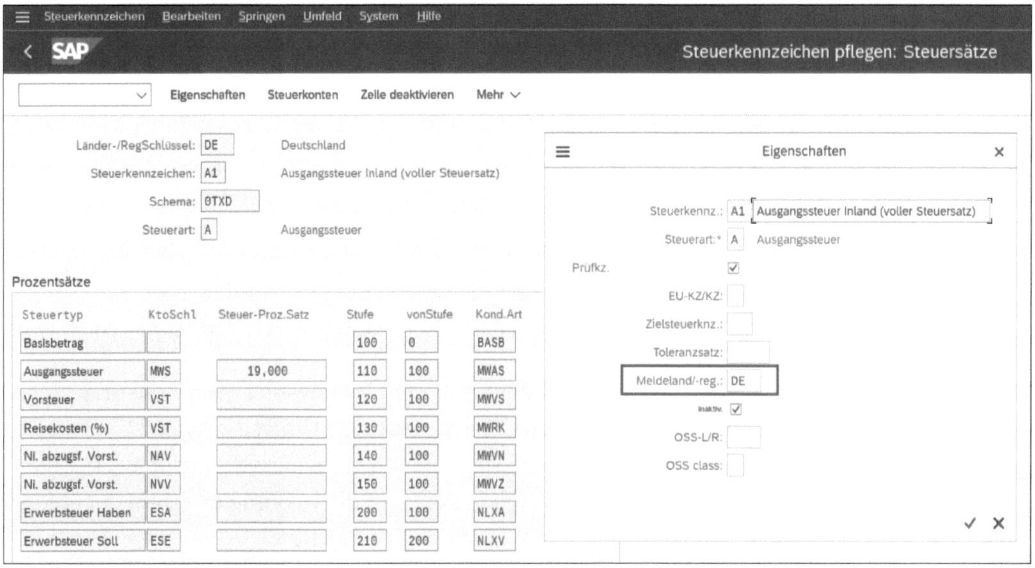

Abbildung 2.20 Meldeland Steuerkennzeichenpflege (FTXP)

Anforderungen an das Steuerkennzeichenkonzept

Durch die Aktivierung von WIA sind ein paar Besonderheiten mit Blick auf das Steuerkennzeichenkonzept zu berücksichtigen. Dies stellt Unternehmen bei der SAP-S/4HANA-Transformation immer dann vor Herausforderungen, wenn WIA bislang nicht genutzt wurde und im Rahmen eines Brownfield-Ansatzes eine Änderung des Steuerkennzeichenkonzeptes als solches nicht vorgesehen ist. Zur vorgesehenen Nutzung von WIA ist es notwendig, dass das zu verwendende Steuerkennzeichen für die Abbildung der ausländischen Registrierung sowohl im Land des Buchungskreises (also z. B. TAXDE Steuerschema Deutschland) als auch im Land der Auslandsregistrierung (also z. B. im TAXIT Steuerschema Italien) gleichermaßen ausgeprägt sein muss. Dies ergibt sich auch aus dem SAP-Hinweis 63103. Hier steht zum einen, dass SAP bei Aktivierung von WIA die Verwendung von länderabhängigen Steuerschemata empfiehlt anstatt TAXEUR. Zum anderen wird darauf verwiesen, dass aufgrund der SD-FI-Kopplung die gleiche Ausprägung der Steuerkennzeichen in den jeweiligen Landessteuerschemata sichergestellt werden muss (siehe das Beispiel zu DE/IT).

Von SAP werden hierzu in SAP-Hinweis 63103 die nachfolgenden Hintergrundinformationen zur SD-FI Kopplung mitgeliefert:

- Bei einer Versendung von einem in Land B liegenden Werk B findet SD ein Steuerkennzeichen s des Steuerschemas, das Land B zugeordnet ist.
- Dieses Steuerkennzeichen s wird von der Applikation SD an die Applikation FI übergeben.
- Die Applikation FI interpretiert dieses Steuerkennzeichen s mit dem Steuerschema, das dem Land A des Buchungskreises A zugeordnet ist.
- Somit muss sichergestellt werden, dass bei Verwendung verschiedener Steuerschemata für Land A und Land B gilt:
  - s ist ein Steuerkennzeichen, das in Werk B verwendet wird.
  - Steuerkennzeichen s ist in Steuerschema TAXA definiert.
  - Steuerkennzeichen s ist in Steuerschema TAXB definiert.

SAP hat jedoch im Jahr 2024 mit dem SAP-Hinweis 2159057 die ursprüngliche Empfehlung widerrufen. In diesem SAP-Hinweis aus 2024 beschreibt SAP, dass auch Lösungsszenarien über TAXEUR (also ein europaweites Steuerkennzeichenschema) möglich sind, um die maximale Anzahl der Steuerkennzeichen (46 × 46 = 2.116) leichter zu erreichen.

Begrenzung Anzahl Steuerkennzeichen

Aufgrund der Two-digit-Umsetzung der Steuerkennzeichen durch SAP (und aktuell keiner geplanten Änderung dieser Wirkungsweise) stehen Unternehmen vor der Herausforderung der Konzeption von zukunftsfähigen und auf die WIA-Anforderungen abgestimmten Steuerkennzeichenkonzepten.

[»]

Zeitabhängige Steuerkennzeichen nur für die Public Cloud

Wir weisen darauf hin, dass die Funktionalität der zeitabhängigen Steuerkennzeichen aktuell nur innerhalb der Public Cloud zur Verfügung steht.

Steuermeldedatum

Um die unterschiedlichen Vorschriften hinsichtlich des relevanten Steuermeldedatums in den einzelnen Ländern zu erfüllen, gibt es die Möglichkeit, Buchhaltungsbelege mit einem Steuermeldedatum zu erfassen. Das Feld des Steuermeldedatums heißt **BKPF-VATDATE**. SAP DRC greift auf dieses Feld für das umsatzsteuerliche Berichtswesen zurück. Es wird somit als Belegselektionskriterium verwendet. Das Steuermeldedatum wird auf Ebene der globalen Parameter des Buchungskreises im Customizing unter diesem Pfad aktiviert (siehe Abbildung 2.21): **SAP Customizing Einführungsleitfaden • Finanzwesen • Grundeinstellungen Finanzwesen • Globale Parameter zum Buchungskreis • Globale Parameter prüfen und ergänzen.**

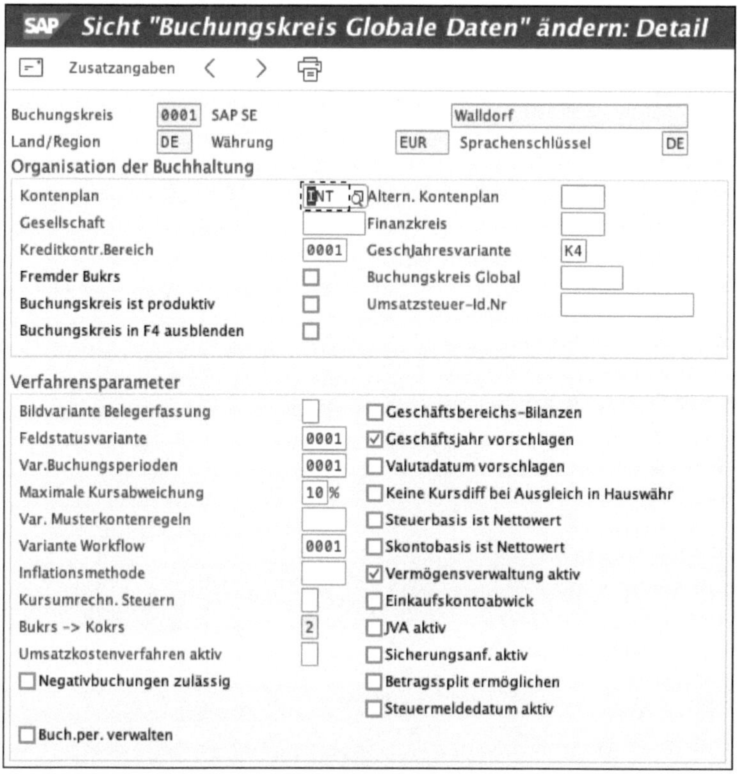

Abbildung 2.21 Steuermeldedatum – globale Daten

Nun können Sie auf der rechten Seite unten den Haken bei **Steuermeldedatum aktiv** setzen (siehe Abbildung 2.22). Mit der Aktivierung wird neben dem Feld für das Steuermeldedatum ein weiteres Feld aktiv – das Feld **Steuererfüllungsdatum**. Das ist neben der Information zum Steuermeldedatum in einigen Ländern zusätzlich relevant. Hierzu zählen z. B. Spanien oder die Tschechische Republik. Laut SAP Help sind die beiden Felder wie folgt zu definieren (unter *http://s-prs.de/v11005003* finden Sie weitere Informationen):

- **Steuermeldedatum**: Das Datum, an dem die Steuer den Finanzbehörden gemeldet werden muss. Dieses Datum liegt nie vor dem Steuererfüllungsdatum.
- **Steuererfüllungsdatum**: Das Datum, an dem die Steuer anrechenbar wird, z. B. das Datum, an dem Waren oder Dienstleistungen geliefert werden, beispielsweise relevant für Ungarn, Tschechische Republik, Polen, Slowakei, Spanien.

Abbildung 2.22 Steuermeldedatum aktivieren

Es ist wichtig, im Rahmen der Aktivierung zu definieren, wie die Felder ausgestaltet werden müssen und sollen – in Abhängigkeit zum Land. Für das Feld **Steuermeldedatum** wird per default das Buchungsdatum gesetzt. Dieses kann jedoch auch auf das Belegdatum abgeändert werden (siehe Abbildung 2.23).

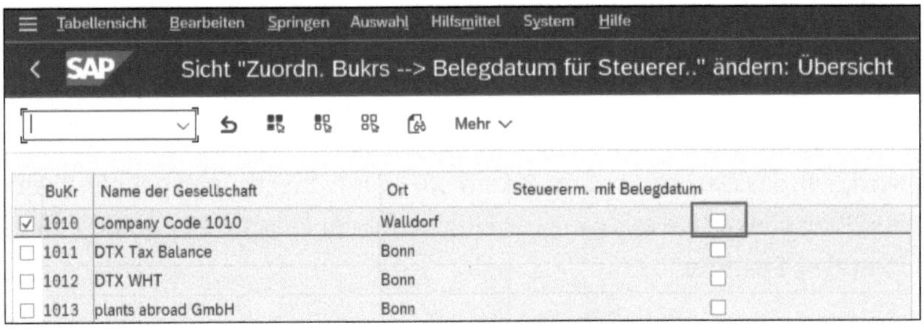

Abbildung 2.23 Buchungsdatum – Steuermeldedatum

Die Pflege dieser Einstellung finden Sie im Customizing-Pfad unter: **SAP Customizing Einführungsleitfaden • Finanzwesen • Grundeinstellungen Finanzwesen • Umsatzsteuer • Berechnung • Buchungskreis Belegdatum für Steuerermittlung zuordnen**.

Weitere Einstellungen zum Steuererfüllungsdatum finden Sie ebenfalls in diesem Abschnitt innerhalb des Customizing-Leitfadens: **SAP Customizing Einführungsleitfaden • Finanzwesen • Grundeinstellungen Finanzwesen • Umsatzsteuer • Grundeinstellungen • Steuererfüllungsdatum**.

Bei der Aktivierung muss jedoch beachtet werden, dass die Aktivierung allein noch keinen Compliance-gesicherten Prozess darstellt. Denn die Ausgestaltung der Felder und die Art der Ableitung sind landesabhängig zu definieren. Mit der Ausgestaltung von entsprechenden BAdIs kann der Standardcontent erweitert werden (siehe Abbildung 2.24).

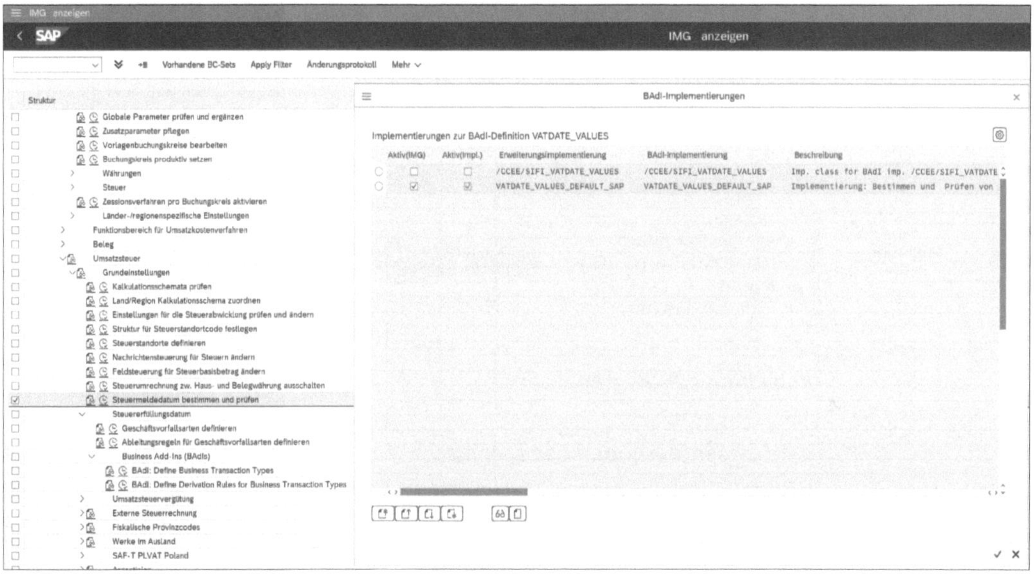

Abbildung 2.24 BAdI ausgestalten

Warum ist die Nutzung des Steuermeldedatums relevant? Gemäß § 13 Abs. 1 Nr. 1a UStG entsteht die Steuer für Lieferungen und sonstige Leistungen bei der Berechnung der Steuer nach vereinbarten Entgelten mit Ablauf des Voranmeldezeitraumes, in dem die Leistungen ausgeführt worden sind. Die Entstehung der Steuer ist damit unabhängig von der Erteilung der Rechnung. Wird daher für eine erbrachte Lieferung oder sonstige Leistung durch den leistenden Unternehmer keine Rechnung erteilt oder erfolgt die Rechnungsausstellung zu einem späteren Zeitpunkt, hat dies keinen Einfluss auf die Entstehung der Umsatzsteuer.

Relevanz der Nutzung des Steuermeldedatums

2.4 SAP DRC in der SAP-S/4HANA-Transformation

Die Migration auf SAP S/4HANA stellt Unternehmen vor strategische Entscheidungen hinsichtlich des Transformationsansatzes. Grundsätzlich gibt es drei Methoden (siehe Abbildung 2.25):

- Brownfield
- Greenfield
- Hybrid

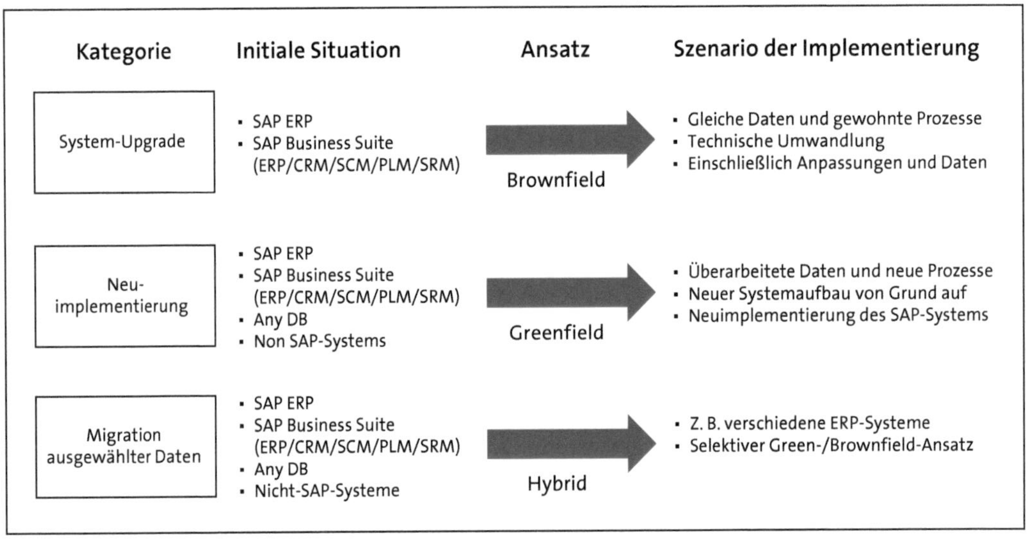

Abbildung 2.25 Migrationsart

Jede dieser Methoden hat spezifische Vor- und Nachteile, die aus Sicht des Gesamtunternehmens zu beachten und abzuwägen sind. Die Entscheidung wird auf strategischer Gesamtebene im Rahmen der Projektplanung für die SAP-S/4HANA-Transformation getroffen. Die Steuerfunktion sollte jedoch bei der Entscheidungsfindung hinsichtlich der eigenen Themen und Einschätzungen zur aktuellen Systemsituation und zu zukünftigen Anforderungen einbezogen werden. Dies gilt auch für die Planung der Implementierung von SAP DRC (siehe hierzu Abschnitt 2.1, »Organisatorische Voraussetzungen«).

Darüber hinaus weisen wir noch einmal darauf hin, dass SAP-Transformationsprojekte einem mehr oder weniger harmonisierten Projektansatz folgen – der sogenannten *SAP-Activate-Methode*. Dieser ist insbesondere für Greenfield-Projekte von Relevanz. Er wird aber teilweise in abgeänderter/verschlankter Form auch für Brownfield-/Hybrid-Ansätze verwendet. Abbildung 2.26 gibt einen Überblick über die SAP-Activate-Methode.

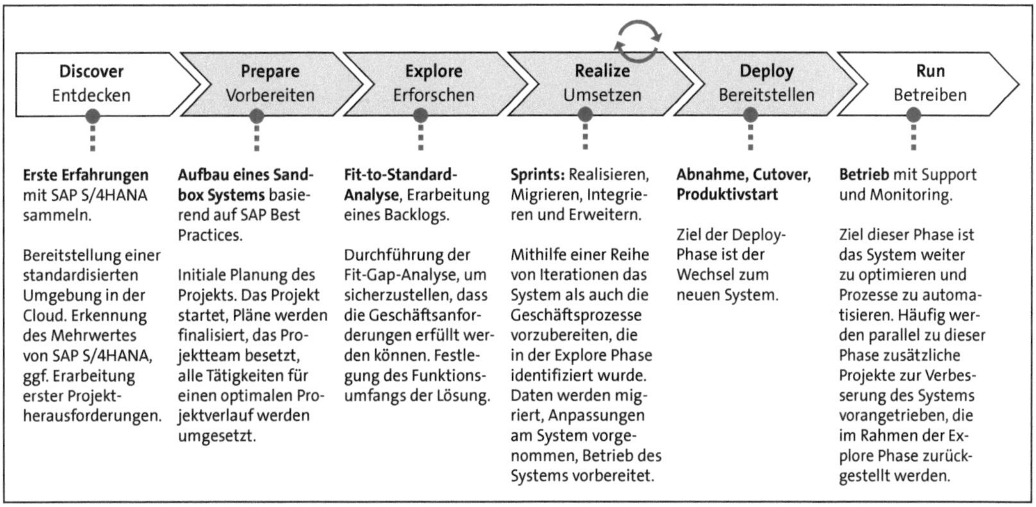

Abbildung 2.26 SAP-Activate-Methode

2.4.1 Brownfield-Ansatz

Der *Brownfield-Ansatz* beschreibt eine technische Migration der bestehenden SAP-ERP-Systeme (ECC 6.0/SAP R3) auf SAP S/4HANA. Dabei werden vorhandene Daten, Prozesse und Strukturen größtenteils übernommen und nur technisch angepasst (Versionsupdate), um mit der neuen Version kompatibel zu sein. Zu den Merkmalen des Brownfield-Ansatzes zählen beispielsweise:

Merkmale Brownfield-Ansatz

- Bestehende Prozesse und Daten bleiben weitgehend unverändert.
- Technische Migration erfolgt mit möglichst geringem Anpassungsaufwand.
- Kürzere Implementierungszeiten im Vergleich zum Greenfield-Ansatz.
- Minimierung von Risiken durch den Verzicht auf eine vollständige Neugestaltung.
- Möglichkeit zur schrittweisen Optimierung nach der Migration – über Refresh-Projekte im Nachgang.

Die Merkmale des Brownfield-Ansatzes zeigen die mit ihnen einhergehenden Nachteile für das Unternehmen, aber auch für die Steuerfunktion. Beispielhaft kann hier der Punkt der Übernahme von bestehenden Prozessen und Daten und die damit einhergehende Customizing-Übernahme aufgegriffen werden. Sollten bereits zuvor im Altsystem transaktionale Geschäftsprozesse umsatzsteuerlich nicht korrekt oder automatisiert abbildbar sein, wird hier durch den Brownfield-Ansatz keine Verbesserung erreicht. Meist werden in einem Brownfield-Projekt keine grundsätzlichen Neuerungen bzgl. Steuerkennzeichen, Konditionstabellen etc. vorgenommen.

Wichtig ist es jedoch, dass auch bei der Entscheidung für ein Brownfield-Projekt bestimmte relevante Anforderungen der Steuerfunktion an das Gesamtprojekt adressiert werden, da eine spätere Realisierung unmöglich bzw. deutlich erschwert ist. Hierzu zählen in der Umsatzsteuer z. B. die Aktivierung des Steuermeldedatums (und damit einhergehend die Aktivierung des Erfüllungsdatums) sowie die Aktivierung der Funktionalität **Werke im Ausland** (WIA) zur Abbildung von umsatzsteuerlichen Registrierungen mit Blick auf Verbuchung, Wechselkurse und auch Reporting.

Z-Tabellen/ Z-Programme

Der Brownfield-Ansatz kann in SAP-S/4HANA-Transformationsprojekten an seine Grenzen stoßen, insbesondere aufgrund bestehender Z-Tabellen (kundenspezifische Tabellen) und Z-Programme (kundeneigene ABAP-Entwicklungen). In der folgenden Liste haben wir ein paar Beispiele hierzu aufgeführt:

- **Inkompatibilität mit der neuen Datenstruktur**

  SAP S/4HANA verwendet ein vereinfachtes Datenmodell, bei dem viele Tabellen aus SAP ECC/SAP R3 entfallen oder durch neue Tabellen ersetzt wurden. Beispielsweise wurden einige klassische Tabellen durch die Universal Journal Table ACDOCA ersetzt. Z-Tabellen, die auf veralteten Strukturen basieren, müssen daher überarbeitet oder migriert werden.

- **Nicht unterstützte Eigenentwicklungen (Z-Programme)**

  Viele kundenspezifische Programme (Z-Programme) basieren auf alten Transaktionen, Funktionsbausteinen oder Tabellen, die in SAP S/4HANA nicht mehr existieren oder verändert wurden. Beispielsweise sind viele klassische BAPIs oder Batch-Input-Techniken nicht mehr nutzbar. Diese Programme müssten daher auf neue APIs, CDS-Views oder SAP-Fiori-Apps umgestellt werden, was eine umfangreiche Anpassung erfordert.

- **Leistungseinbußen und fehlende Optimierung**

  SAP S/4HANA nutzt SAP HANA als In-Memory-Datenbank, die auf eine optimierte Verarbeitung ausgelegt ist. Viele bestehende Z-Programme wurden jedoch für klassische relationale Datenbanken entwickelt und nutzen ineffiziente SQL-Abfragen oder Cursor-Verarbeitung. Diese Programme können in einer SAP-HANA-Umgebung zu massiven Performance-Problemen führen.

- **Anpassungen an Steuerprozesse und Compliance-Anforderungen**

  Steuerliche Berechnungen oder Reports, die auf Z-Tabellen oder eigenen Logiken basieren, könnten nicht mehr mit den neuen Datenstrukturen harmonieren. Beispielsweise: Umsatzsteuer-Reports, die direkt auf klassische FI-Tabellen zugreifen, könnten nicht mehr funktionieren und müssen entsprechend angepasst werden, sofern nicht die Möglichkeit (trotz Brownfield) gegeben ist, auf die Standardreports in SAP DRC umzustellen.

Zusammengefasst bedeutet dies, dass zu validieren ist, ob die bestehenden kundenindividuellen Z-Tabellen und Z-Programme migrierbar sind. Dies betrifft häufig auch die aktuellen Umsatzsteuer-Reports innerhalb der Unternehmen, sofern sie sich aus dem SAP-Standard in der Vergangenheit herausbewegt haben. Gleiches gilt auch für relevante Reports, die für die Weiterverarbeitung anderer Tax Tools von Relevanz sind.

Wann funktioniert Brownfield nicht?

Wenn zu viele Z-Tabellen und Z-Programme existieren, die nicht kompatibel sind, ist Brownfield nicht immer möglich. Für diese Bestandteile muss dann eine Lösung gefunden werden (Anpassung vs. diese Bereiche auf den Standardprozess migrieren).

Stammdaten

Besonders hervorzuheben sind die Stammdaten. Für eine korrekte und qualitätsgesicherte Steuerfindung spielen die Stammdaten eine wichtige Rolle. Nicht nur bei Nutzung der Steuerfindung im SAP-Standard, auch bei der Implementierung und Nutzung einer Tax Engine.

Trotz Brownfield-Ansatz ist es daher wichtig, auch noch einmal das Thema der Stammdatenqualität als Gesamtunternehmen in den Vordergrund zu stellen. Dies gilt gleichermaßen für Greenfield-Projekte (siehe Abschnitt 2.4.2, »Greenfield-Ansatz«).

Zusammenfassung

Zusammenfassend gibt es bei einem Brownfield-Ansatz die folgenden Herausforderungen für die Steuerfunktion:

- Risiko der Mitnahme ineffizienter oder fehlerhafter historischer Daten.
- Begrenzte Möglichkeiten zur Modernisierung steuerlicher und operativer Prozesse.
- Schwierigkeit, neue steuerliche Anforderungen systemseitig optimal zu integrieren (beispielsweise gerade auch mit Blick auf die relevante Datenqualität und -granularität mit Blick auf die neuen Anforderungen rund um ViDA).
- Möglicherweise bleibt die Flexibilität für zukünftige Änderungen eingeschränkt – insbesondere wenn Must-have-Anforderungen aufgrund von Brownfield nicht umgesetzt werden können (z. B. Steuermeldedatum, WIA).

2.4.2 Greenfield-Ansatz

Der *Greenfield-Ansatz* ermöglicht einen vollständigen Neustart des oder der SAP-System/e. Bei diesem Ansatz werden die bestehenden Prozesse, Datenmodelle und Systemarchitekturen nicht übernommen, sondern von Grund auf neu definiert und implementiert. Hierzu wird im ersten Schritt über eine Fit-to-Standard-Phase validiert, ob die aktuellen Geschäftsprozesse über den Standard in SAP abgebildet werden können (siehe Abbildung 2.26).

Merkmale des Greenfield-Ansatzes

Merkmale des Greenfield-Ansatzes sind die folgenden:

- Vollständige Neugestaltung der Geschäftsprozesse basierend auf Best Practices
- Möglichkeit zur Vereinfachung und Harmonisierung von operativen Prozessen
- Einführung neuer Funktionalitäten und modernster Technologien
- Eliminierung ineffizienter oder überholter Prozesse
- Langfristige Flexibilität und Skalierbarkeit

Für die Steuerfunktion bedeuten Transformationsprojekte unter der Migrationsart Greenfield mehr Gestaltungsfreiheit. Dies ist insbesondere vor dem Hintergrund von historisch gewachsenen Systemen ein wichtiger Aspekt. Oftmals sind Steuerfunktionen in der Vergangenheit nicht innerhalb der operativen Geschäftsprozesse in der Systemwelt verankert, oft aus unterschiedlichen Gründen. In einem SAP-S/4HANA-Projekt hat die Steuerfunktion die Möglichkeit, sich als Business Partner zu verankern und die steuerlichen Anforderungen entlang der operativen Prozesse zu adressieren. So können Datenqualität und Datengranularität auch für die immer komplexer werdenden Reporting-Strukturen zukünftig sichergestellt werden. Herausfordernd ist dabei meist der Projektumfang für das Unternehmen. Während bei dem zuvor beschriebenen Brownfield-Ansatz das Unternehmen mehr oder weniger ein Systemupdate erfährt, wird beim Greenfield-Ansatz ein größeres Projekt aufgesetzt, das entsprechende Kapazitäten (intern/extern) und Budget benötigt. Dort, wo im Rahmen einer Fit-Gap-Analyse Abweichungen festgestellt werden, die nicht über den Standard abbildbar sind, werden entsprechende Gaps aufgenommen und durch sogenannte *RICEFWs* definiert.

RICEFWs

Die Abkürzung RICEFW steht für:

- R – Reports (Berichte)
- I – Interfaces (Schnittstellen)
- C – Conversions (Datenmigrationen)

- E – Enhancements (Erweiterungen)
- F – Forms (Formulare)
- W – Workflows (Genehmigungs- und Automatisierungsprozesse)

Diese Klassifizierung wird in SAP-Transformationsprojekten genutzt, um kundenspezifische Entwicklungen systematisch zu erfassen und zu analysieren.

In der folgenden Liste geben wir Ihnen einen kurzen Überblick über die RICEFW-Komponenten:

- **Reports (Berichte)**
  - Maßgeschneiderte Berichte zur Analyse von Unternehmensdaten.
  - Werden benötigt, wenn die Standard-Reporting-Funktionen nicht ausreichen.
  - Können in verschiedenen Technologien erstellt werden (z. B. ABAP, SAP Fiori, SAP BW).
- **Interfaces (Schnittstellen)**
  - Datenaustausch zwischen SAP und externen Systemen (z. B. Lieferanten, Banken, Drittanbieter-Software).
  - Nutzung von IDocs, Webservices, RFC, OData oder APIs zur Integration.
  - Ziel ist eine nahtlose Kommunikation zwischen Systemen.
- **Conversions (Datenmigrationen)**
  - Migration von Stammdaten und Transaktionsdaten aus Altsystemen in das neue SAP-System.
  - Sicherstellung der Datenqualität und -validierung während der Migration.
- **Enhancements (Erweiterungen)**
  - Erweiterung des SAP-Standards durch User Exits, BAdIs oder kundeneigene ABAP-Entwicklungen.
  - Anpassung des Systems an spezifische Unternehmensanforderungen.
  - Alternative moderne Lösungen: SAP BTP für Side-by-Side-Erweiterungen.
- **Forms (Formulare)**
  - Anpassung von Druck- und Anzeigedokumenten wie Rechnungen, Lieferscheinen oder Bestellungen.
  - Nutzung von SAPscript, SmartForms oder Adobe Forms.
  - Wichtig für kunden- und behördenkonforme Dokumente.

- **Workflows (Genehmigungs- und Automatisierungsprozesse)**
  - Automatisierung von Freigabe- und Prüfprozessen, z. B. für steuerliche Prüfungen oder Compliance-Freigaben.
  - Prüfung, ob Standard-SAP-Fiori-Workflows genutzt werden können.
  - Beispiel: Automatisierung eines Genehmigungsprozesses für Steuerdokumente mit SAP Fiori.

2.4.3 Hybrid-Ansatz

Der *Hybrid-Ansatz* kombiniert Elemente des Brownfield- und Greenfield-Ansatzes. Unternehmen behalten bestehende Prozesse und Systemelemente bei, während sie gezielt bestimmte Bereiche modernisieren und optimieren. Auch beim Hybrid-Ansatz wird noch einmal in die aktuell bestehenden Systemeinstellungen geschaut und gegebenenfalls gut aufgesetzte Prozesse oder Customizing-Einstellungen mitgenommen. Beispielsweise könnte ein Steuerkennzeichenkonzept aus der Vergangenheit grundsätzlich übernommen werden, in dem zumindest die nicht mehr relevanten und veralteten Steuerkennzeichen bereinigt werden. Nicht immer steht bei einem Hybrid-Ansatz die vollständige Neugestaltung von bereits vorhandenen Konzepten im Vordergrund.

Merkmale Hybrid-Ansatz

Merkmale des Hybrid-Ansatzes sind die folgenden:

- Selektive Anpassung bestehender Prozesse, während andere beibehalten werden.
- Möglichkeit, kritische Geschäftsbereiche neu zu gestalten, ohne das gesamte System umzubauen.
- Schrittweise Modernisierung, um das Change-Management zu erleichtern.
- Optimales Kosten-Nutzen-Verhältnis im Vergleich zu Brownfield und Greenfield.

2.4.4 Entscheidungsfindung

Empfehlung aus steuerlicher Sicht

Eine generelle Empfehlung für eine Migrationsart aus steuerlicher Sicht gibt es nicht. Vielmehr ist es wichtig, dass das Gesamtunternehmen bei der Projektplanung alle relevanten Fachbereiche für die SAP-S/4HANA-Transformation mit ins Boot holt und somit alle Fachbereiche die Chance haben, ihre Anforderungen und Risiken vorzutragen. Letztlich hängt die Wahl des richtigen Transformationsansatzes von der Unternehmensstrategie, der bestehenden Systemlandschaft sowie den finanziellen und zeitlichen Rahmenbedingungen ab. Dennoch sollte die Steuerfunktion frühzeitig in die Entscheidung eingebunden werden, um sicherzustellen, dass steuerliche Anforderungen optimal in die neue Systemarchitektur integriert werden.

In jedem Fall sollten alle relevanten Anforderungen an steuerliche Musthaves, unabhängig davon, ob Greenfield, Brownfield oder Hybrid, adressiert werden (z. B. Aktivierung des Tax Ledger, Steuermeldedatum/-erfüllungsdatum, Aktivierung von **Werke im Ausland**, Aktivierung der erweiterten Quellensteuerfunktion).

Bedeutung der Migrationsart für SAP DRC

Bei genauerer Betrachtung der Migrationsarten bleibt nun die Frage bestehen, was jeweils die Auswirkungen auf eine SAP-DRC-Implementierung sein könnten.

Im ersten Schritt ist für die Einführung von SAP DRC elementar, dass die Datenqualität und -granularität durch den SAP Core gewährleistet ist. Dies bedeutet, dass alle für Sie relevanten Parameter und Stammdaten im besten Falle vollständig und qualitätsgesichert zur Verfügung stehen. Für das Beispiel des Umsatzsteuer-Reportings können hier die Punkte aus Abschnitt 2.3, »Voraussetzungen innerhalb des SAP Cores«, genannt werden (z. B. konsistentes und detailliertes Steuerkennzeichenkonzept, ggf. Aktivierung von **Werke im Ausland**, Einrichtung von Währungskursanforderungen, Aktivierung des Steuermeldedatums/Steuererfüllungsdatums etc.). Fraglich ist, inwieweit diese relevanten Anforderungen innerhalb des SAP-Core-Projektes berücksichtigt werden konnten. In einem Greenfield-Projekt gibt es entsprechend mehr Möglichkeiten, diese Anforderungen neu einzubringen bzw. die aktuellen Systemgegebenheiten in der neuen SAP-S/4HANA-Welt zu verbessern.

Zusätzlich ist es auch entscheidend, ob überhaupt die Möglichkeit besteht, SAP DRC zu lizenzieren (Kostenfaktor) und zu implementieren (Kapazitätenfaktor). Unabhängig von Brownfield, Greenfield oder Hybrid wird oftmals in den ersten Wellen des Projektes ein reiner Fokus auf den SAP Core gelegt. Daher kann es durchaus vorkommen, dass einer SAP-DRC-Einführung grundsätzlich nichts entgegensteht, sie aber erst in einer späteren Projektphase ins Auge gefasst wird. Das liegt u. a. daran, dass auch die Implementierung von SAP DRC einem Einführungsprojekt entspricht und die internen und externen Ressourcen sowie die Timeline knapp sind.

2.5 Strategisches Verständnis der VAT-Roadmap

In einer Zeit, in der sich steuerliche Anforderungen in rasantem Tempo verändern und elektronische Meldepflichten weltweit zunehmen, wird eine strategisch geplante und unternehmensinterne VAT-Roadmap (Mehrwertsteuer-Roadmap) zur Schlüsselkomponente der steuerlichen Compliance. Die Einführung von SAP DRC bietet dabei nicht nur technologische Möglichkeiten zur Standardisierung und Automatisierung, sondern auch den richtigen Zeitpunkt, die eigenen Prozesse, Zuständigkeiten und Datenflüsse im Bereich Umsatzsteuer grundlegend zu überdenken. Die zentrale Frage dabei lautet: Wie kann ein Unternehmen seine globale Steuerfunktion so aufstellen, dass es regulatorisch agil, digital, steuerkonform und zugleich ohne externe Abhängigkeit agiert?

Warum eine VAT-Roadmap heute wichtiger ist denn je

Zunehmende regulatorische Anforderungen wie E-Invoicing-Pflichten oder Meldesysteme in Echtzeit (z. B. in Italien, Polen, Spanien, Mexiko, Saudi-Arabien) sowie die geplante Einführung des ViDA-Pakets auf EU-Ebene fordern eine vollständig digitale Steuerfunktion. Unternehmen, die hier nicht rechtzeitig handeln, laufen Gefahr, in einem Flickenteppich länderspezifischer Einzelinitiativen zu stranden – mit hohem manuellem Aufwand, unklarer Systemarchitektur und unübersichtlicher Rollenverteilung zwischen Fachbereich, IT und externen Dienstleistern.

Eine durchdachte VAT-Roadmap schafft hier Klarheit und Struktur: Sie definiert, welche Länder in welcher Priorität betrachtet werden, welche SAP-Technologien zum Einsatz kommen (z. B. SAP DRC, ACR, OSS-Lösungen) und wie eine länderübergreifende, skalierbare Architektur aussehen kann. Gleichzeitig geht es um mehr als nur um IT: Die Roadmap muss Governance-Strukturen, steuerfachliche Bewertung und ein proaktives Datenmanagement zusammenbringen.

Der zentrale Erfolgsfaktor: Datenhoheit im Unternehmen

Ein zentraler Pfeiler dieser strategischen Roadmap ist die Bewahrung der Datenhoheit im Unternehmen. Zu lange wurde das Thema Umsatzsteuer in der betrieblichen Praxis fragmentiert betrachtet – mit zahlreichen manuellen Eingriffen, externen Beratenden und lokal gespeicherten Excel-Tabellen. Dies führt nicht nur zu erhöhtem Fehlerpotenzial, sondern auch zu einem fundamentalen Kontrollverlust über die steuerlich relevanten Daten.

Mit SAP DRC bietet sich die Chance, steuerliche Datenflüsse systemisch zu verankern, zentral zu verwalten und vollständig im Unternehmen zu halten. Das bedeutet konkret: Steuerlogiken werden nicht mehr extern programmiert oder in unternehmenseigenen Tools gepflegt, sondern in SAP definiert, getestet und revisionssicher dokumentiert. Unternehmen müssen sich daher bewusst gegen eine Auslagerung dieser Kernkompetenz und für den Aufbau von internem Know-how und Governance entscheiden. Nur so lassen sich langfristig Qualität, Verfügbarkeit und Konsistenz steuerlicher Daten sicherstellen – unabhängig von Beratungsverträgen oder personellen Einzelabhängigkeiten.

Eine fundierte VAT-Roadmap berücksichtigt sowohl organisatorische als auch technologische Dimensionen. Zu den zentralen Größen zählen:

Wichtige Parameter bei der Definition der VAT-Roadmap

- **Länderspezifische Anforderungen**: Welche Länder haben heute oder in naher Zukunft digitale Meldepflichten? Welche Übergangsfristen gelten?
- **Systemlandschaft und Rollout-Strategie**: Wie ist die SAP-Landschaft strukturiert (z. B. SAP S/4HANA, SAP ECC, zentrale vs. lokale Systeme)? Welche Systeme sind geeignet, steuerliche Anforderungen direkt umzusetzen?
- **Datenverfügbarkeit und -qualität**: Woher stammen die steuerlich relevanten Daten? Sind sie strukturiert verfügbar (z. B. Buchungskreis, Werk, Steuerkennzeichen, Lieferland)?
- **Verantwortlichkeiten**: Wer ist für die Pflege, Überwachung und Dokumentation der Steuerfindung verantwortlich – IT, Steuern, Einkauf?
- **Kompetenzaufbau**: Wie kann internes Know-how im Steuerbereich aufgebaut und langfristig gesichert werden?
- **Governance und Change-Management**: Wie werden steuerliche Anpassungen, Systemupdates und regulatorische Änderungen nachvollziehbar gesteuert?

In diesem Zusammenhang werden häufig ganzheitliche Konzepte zum steuerlichen Datenmanagement (Data Hub) auf den Weg gebracht.

Auf die Planung kommt es an

Eine VAT-Roadmap ist kein IT-Projekt, sondern ein unternehmensstrategischer Steuerungsansatz – auch wenn die Projekte aktuell leider teilweise zeigen, dass die IT-Kollegen und -Kolleginnen mehr mit den Reporting-Anforderungen und den technischen Auswirkungen befasst sind als die zuständigen Fachbereiche. Sie verbindet steuerliches Fachwissen mit technologischem Prozessverständnis – mit dem klaren Ziel, eine belastbare, skalierbare und zukunftssichere Mehrwertsteuer-Compliance sicherzustellen. Unternehmen, die diese Reise aktiv gestalten und dabei auf eigene Datenhoheit statt auf externe Abhängigkeit setzen, schaffen nicht nur regulatorische Sicherheit, sondern gewinnen auch strategischen Gestaltungsspielraum – für eine digitale, transparente und resiliente Steuerfunktion.

2.6 Exkurs: Einsatz einer Tax Engine

Mit wachsendem regulatorischen Druck, zunehmender Komplexität internationaler Steueranforderungen und der Forderung nach digitalen Echtzeitmeldungen steigt in vielen Unternehmen der Wunsch, steuerliche Prozesse durch automatisierte Lösungen zu verbessern. In diesem Zusammenhang sind Begriffe wie Tax Engine oder Tax Add-on weit im Umsatzsteuerbereich verbreitet – oft verbunden mit dem Trugschluss, deren Einsatz würde die Herausforderungen der Steuerfindung auf Knopfdruck lösen. Doch diese Annahme greift zu kurz: Die bloße Implementierung solcher Systeme ersetzt nicht die steuerfachliche Klarheit, saubere Prozessdefinitionen (Stichwort: Transaktionsmatrix) und ein konsistentes Stammdatenmanagement.

Abgrenzung: Tax Engine vs. Tax Add-on

Tax Engines sind spezialisierte, häufig externe Softwarelösungen (z. B. von Vertex, Thomson Reuters) die über Schnittstellen an ERP-Systeme wie SAP angebunden werden. Sie übernehmen regelbasierte Steuerfindung in Echtzeit, häufig auf globaler Ebene – z. B. für komplexe Cross-Border-Szenarien, digitale Marktplätze oder Konzerne mit hoher länderspezifischer Vielfalt. Diese Lösungen beinhalten regelmäßig gepflegte steuerliche Regelwerke und können auch transaktionsspezifische Steuerberechnungen durchführen.

Tax Add-ons hingegen sind meist SAP-interne Erweiterungslösungen, die bestehende Steuerlogiken im ERP erweitern – etwa durch zusätzliche Customizing-Tabellen, automatisierte Mapping-Logiken oder SAP-Hinweis-basierte Regelwerke (z. B. das SAP DRC Add-on für E-Meldungen). Anders als externe Tax Engines greifen sie direkt in das SAP-Standard-Framework ein und sind stark an das zugrundeliegende SAP-Customizing gebunden.

Der Mythos der automatischen Steuerfindung ist eine gefährliche Illusion. In der Praxis besteht häufig der Irrglaube, dass die Einführung einer Tax Engine oder eines Add-ons die Komplexität der Steuerfindung radikal reduziert oder sogar überflüssig macht. Tatsächlich ist aber das Gegenteil der Fall: Solche Systeme verstärken die Notwendigkeit, Prozesse, Stammdaten und steuerliche Entscheidungslogik klar zu definieren – nicht zuletzt deshalb, weil sie stark auf Inputdaten und zentrale Parameter angewiesen sind.

Ohne Klarheit über Prozesse – z. B. Lieferorte, Leistungsverhältnisse, Geschäftspartnerklassifikationen oder interne Warenströme – kann auch die beste Engine keine korrekten Steuercodes bestimmen. Ebenso gilt: Fehlende oder unstrukturierte Stammdaten (z. B. unvollständige Steuerkennzeichen, fehlende Länderzuordnungen, falsche Partnerrollen) führen zu inkonsistenter Steuerfindung – oder zu massiven Fehlermeldungen.

Zudem wird häufig unterschätzt, dass auch eine Tax Engine selbst konfiguriert, gemappt und getestet werden muss. Die logischen Steuerregeln – wer liefert was, wohin, zu welchem Zweck? – bleiben dieselben. Der Unterschied liegt lediglich darin, dass sie in einem anderen System gepflegt werden. Dabei entsteht häufig ein zusätzlicher Pflegeaufwand, der über die interne Steuerabteilung hinausgeht und IT-Ressourcen bindet. Die Komplexität verlagert sich – sie verschwindet nicht.

Natürlich sind aber auch die Vorteile einer Tax Engine bzw. eines Tax Add-ons nicht zu vernachlässigen.

Vorteile von Tax Engines

Die Stärken der Tax Engines liegen vor allem in folgenden Bereichen:

- **Zentrale Verwaltung globaler Steuerregeln**

  Tax Engines bieten umfangreiche, vordefinierte Steuerregelwerke für viele Länder und Szenarien – inklusive laufender Pflege durch den Anbieter. Dies entlastet interne Fachabteilungen bei regulatorischen Änderungen.

- **Skalierbarkeit für internationale Geschäftsmodelle**

  Besonders in Cross-Border-Umgebungen, mit digitalen Plattformen, Marktplatzmodellen oder Reihengeschäften, bieten Engines ländertypische Logiken, die im ERP nicht oder nur sehr aufwendig abbildbar wären.

- **Echtzeitberechnung und Reporting-Fähigkeit**

  Viele Engines ermöglichen eine steuerliche Bewertung zum Zeitpunkt der Transaktion und liefern gleichzeitig Daten für Realtime-Meldesysteme (z. B. E-Invoicing, SAF-T, CTC).

- **Zukunftssicherheit bei regulatorischen Entwicklungen**

  Anbieter von Tax Engines reagieren oft frühzeitig auf Gesetzesänderungen und digitale Reportingpflichten – z. B. für ViDA, Saudi-Arabien oder Brasilien.

Vorteile von Tax Add-ons

Die Vorteile von Tax Add-ons sind die folgenden:

- **Nahtlose Integration in SAP**

  Add-ons funktionieren innerhalb des SAP-Frameworks, sodass sie keine externe Architektur benötigen. Prozesse, Steuerkennzeichen und Customizing bleiben voll SAP-kompatibel.

- **Vermeidung von Schnittstellen und Replikation**

  Da Add-ons im System selbst operieren, entfällt die Notwendigkeit für komplexe Datenübertragungen, Mapping-Tabellen oder separate Rechenlogik.

- **Direkte Nutzung von SAP-Standarddaten**

  Steuerkennzeichen, Geschäftspartnerdaten und Buchungskreislogik können direkt verwendet werden – was Implementierung, Testing und Wartung erleichtert.

- **Kosten- und Governance-Vorteile für mittelständische Unternehmen**

  Für Unternehmen, die keine weltweiten, hochkomplexen Steuerstrukturen benötigen, bieten Add-ons eine kosteneffiziente Alternative zur Tax Engine, mit gleichzeitig hohem Automatisierungsgrad.

- **Schnelle Umsetzung neuer Anforderungen durch SAP**
  Add-ons ermöglichen eine schnelle Reaktion auf gesetzliche Anforderungen (z. B. neue Berichtsformate), ohne externe Partner einbinden zu müssen.

Die Entscheidungen für oder gegen eine Tax Engine bzw. Tax Add-on für Umsatzsteuerzwecke sind daher unter Beachtung verschiedener Parameter zu treffen. Am Ende gilt für alle Wege: Die Umsatzsteuer basiert auf transaktionalen Daten, weshalb Sie umso mehr sicherstellen müssen, dass die Steuerfindung korrekt abgebildet wird. Andernfalls werden täglich Tausende von umsatzsteuerlichen Daten falsch gewürdigt und verbucht.

2.7 Zusammenfassung

Die Implementierung von SAP DRC erfordert zuvor eine Reihe von Überlegungen und Vorbereitungen. Nicht zu unterschätzen sind hier insbesondere die organisatorischen und strukturellen Hausaufgaben, die im Vorhinein geklärt bzw. definiert werden müssen. Dies betrifft auch die Definition der Verantwortlichkeiten für die Reporting-Bestandteile E-Reporting und E-Invoicing.

Das SAP-S/4HANA-Transformationsprojekt wird im besten Fall direkt zu Beginn seitens der Steuerfunktion als Ankerprojekt identifiziert. Das Einbringen der steuerlichen Anforderungen (egal in welcher Migrationsart: Greenfield, Brownfield oder Hybrid) hilft bereits bei der Schaffung der Datenqualität und -granularität. Dies ist insbesondere vor dem Hintergrund der im Reporting relevanten Datenstruktur wichtiger denn je. Denn durch die immer schneller werdenden Reporting-Verpflichtungen, wird sich die Aktivität rund um die steuerliche Compliance zukünftig verändern. Wir werden nicht mehr die Zeit haben, die heutigen Prozesse inklusive retrograder Validierungen im Rahmen der Umsatzsteuervoranmeldungen aufrechtzuerhalten. Daher muss sich die Steuerfunktion als Business Partner verstehen und die steuerlichen Anforderungen entlang der Business-Prozesse identifizieren und in das ERP-System bringen. Nur so kann sichergestellt werden, dass die Datenqualität am Ende passt. Ob hierfür eine Tax Engine zum Einsatz kommen soll oder nicht, ist von unterschiedlichen Faktoren abhängig. Im Endeffekt ist es jedoch wichtig, zu betonen, dass eine gut funktionierende Engine die gleichen Herausforderungen wie z. B. Stammdatenqualität oder Anwenderfehler hat wie eine gut eingerichtete Steuerfindung in der SAP-Standardfunktionalität.

Kapitel 3
Projekt planen und umsetzen

Dieses Kapitel zeigt, wie ein SAP-DRC-Projekt geplant, strukturiert und durchgeführt wird.

Wir knüpfen in diesem Kapitel an die strategischen und technischen Grundlagen der vorherigen Kapitel an.

Zu Beginn wird im Abschnitt 3.1 die Wahl des richtigen Implementierungszeitpunkts diskutiert. Mithilfe einer Compliance-Landkarte lassen sich länderspezifische Anforderungen systematisch erfassen und priorisieren. Die Einführung kann dabei parallel zu einer SAP-S/4HANA-Transformation oder als separates Projekt erfolgen.

Abschnitt 3.2, »Umsetzungsphasen mit der SAP-Activate-Methode planen«, stellt die Projektmethodik vor. Dies umfasst insbesondere die SAP-Activate-Methode mit ihren Phasen von »Discover« bis »Run«. Sie bildet den Rahmen für die technische und organisatorische Umsetzung von SAP DRC.

In Abschnitt 3.3, »Bestehende Reporting-Lösungen migrieren oder ablösen«, zeigen wir, wie die Migration auf SAP DRC als Chance genutzt werden kann, bestehende Systeme zu modernisieren, Prozesse zu harmonisieren und klare Verantwortlichkeiten für eine nachhaltige Compliance zu schaffen. Wie Sie mit dem Regulatory Change Manager regulatorische Änderungen frühzeitig erkennen und umsetzen, erfahren Sie in Abschnitt 3.4, »Regulatory Change Manager einsetzen«.

In Abschnitt 3.5 wird aufgezeigt, dass die Implementierung länderspezifischer SAP-Hinweise ein zentraler Bestandteil jedes SAP-DRC-Projekts ist, um gesetzliche Anforderungen technisch korrekt im System abzubilden. Dabei müssen Fachbereich und IT eng zusammenarbeiten, und es ist eine strukturierte und abgestimmte Vorgehensweise erforderlich.

Abschließend erläutern wir in Abschnitt 3.6, wie eine GoBD-konforme Verfahrensdokumentation aufgebaut werden sollte, um Transparenz und Revisionssicherheit sicherzustellen. Insgesamt bietet das Kapitel eine praxisnahe Anleitung für die strukturierte Einführung von SAP DRC, von der Planung bis zum laufenden Betrieb.

3.1 Den optimalen Implementierungszeitpunkt wählen

Die Frage nach dem richtigen Zeitpunkt für die Einführung von SAP DRC lässt sich nicht pauschal beantworten. In der Praxis existiert nicht der eine ideale Zeitpunkt – vielmehr hängt der geeignete Start von einer Vielzahl interner und externer Faktoren ab. Wichtig ist jedoch, frühzeitig ein Verständnis dafür zu entwickeln, wo konkret Handlungsbedarf besteht und in welchen Ländern oder Regionen eine gesetzliche Verpflichtung zur elektronischen Rechnungsstellung oder zur steuerlichen Meldung besteht. Zudem muss berücksichtigt werden, wie sich regulatorische Anforderungen mit unternehmensinternen Initiativen wie SAP-S/4HANA-Transformationen zeitlich überschneiden.

Ausgangslage

Ein ganzheitliches Verständnis der eigenen Ausgangslage ist dabei essenziell. Es sollte Klarheit darüber bestehen, welche Prozesse und Systeme bereits vorhanden sind. Darüber hinaus muss identifiziert werden, wo es Lücken in der bestehenden Compliance-Landschaft gibt und welche länderspezifischen Anforderungen das Unternehmen konkret betreffen.

Schritt 1 der Projektplanung

Der erste Schritt in der Projektplanung von SAP DRC sollte daher eine systematische Analyse der länderspezifischen Verpflichtungen des eigenen Unternehmens sein. In diesem Zusammenhang stellen sich regelmäßig folgende Fragen:

- In welchen Ländern ist das Unternehmen oder der Konzern steuerlich registriert bzw. operativ tätig?
- Welche Meldeverpflichtungen bestehen aktuell bzw. werden in naher Zukunft in diesen Ländern bestehen?
- Welche Systeme und Prozesse sind derzeit zur Erfüllung der Compliance-Anforderungen im Einsatz und wo bestehen Lücken?
- Wer sind die relevanten Ansprechpartner in den betroffenen Ländern?

Diese Fragen mögen zunächst einleuchtend erscheinen. Unsere Projekterfahrung zeigt jedoch, dass es vielfach an einer solchen Übersicht fehlt und die Zuständigkeiten in den Ländern nicht bekannt sind.

Compliance-Landkarte als Basis

Aus diesem Grund kann eine *Compliance-Landkarte* (siehe Abbildung 3.1) die notwendige Transparenz über aktuelle und künftige Meldeverpflichtungen schaffen. Sie unterstützt darüber hinaus dabei, die lokalen Fristen für Meldungen und Berichte zu identifizieren, Abhängigkeiten zwischen verschiedenen Berichten zu erkennen und eine risikobasierte Priorisierung der Länder im Rollout vorzunehmen. Diese Art der *Compliance-Analyse* ist kein einmaliger Akt, sondern sollte laufend aktualisiert werden, insbesondere aufgrund der sich stetig ändernden regulatorischen Entwicklungen in den verschiedenen Ländern.

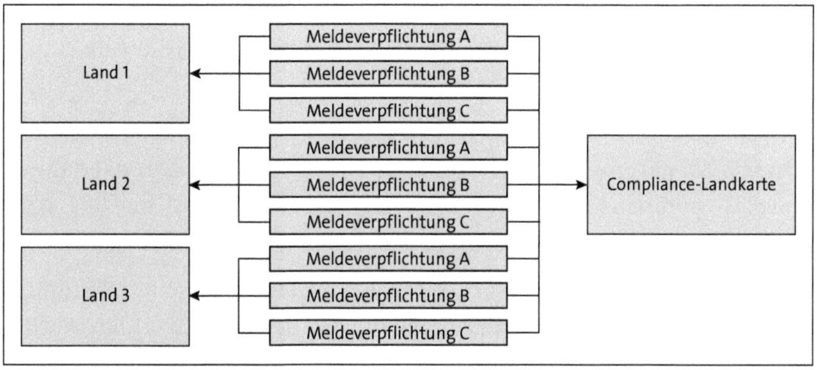

Abbildung 3.1 Compliance-Landkarte

Die initiale Erstellung einer Compliance-Landkarte kann gemeinsam zwischen dem Steuer- bzw. Finanzbereich, dem Vertrieb, dem Einkauf und den lokalen Steuer- bzw. Rechnungslegungsverantwortlichen erfolgen. Es empfiehlt sich darüber hinaus, auch bereits relevante Ansprechpersonen aus der IT zu den Abstimmungsworkshops mit hinzuzuziehen. Häufig zeigen sich dabei auch Synergien mit anderen Projekten, z. B. zur Automatisierung der Buchhaltung oder zur Verbesserung des internen Kontrollsystems.

Beteiligte bei der Erstellung der Compliance-Landkarte

3.1.1 Kick-off und Deep Dive Sessions durchführen

Kick-off

Für den Aufbau der Compliance-Landkarte sollte zunächst ein *Kick-off-Termin* mit allen relevanten Stakeholdern durchgeführt und das Ziel – eine zentral verfügbare, vollständige Compliance-Landkarte – vorgestellt werden. Zum Einsammeln der Daten kann beispielsweise eine zentrale Excel-Datei auf einem Sharepoint dienen, oder die Abfrage könnte via Microsoft Forms durchgeführt werden. Wichtig ist vor allem, dass die Daten einheitlich und klar strukturiert vorliegen. Dazu sollte der Aufbau der Compliance-Landkarte zunächst einfach gehalten werden. In Abbildung 3.2 sehen Sie ein Beispiel für den strukturellen Aufbau einer Compliance-Landkarte.

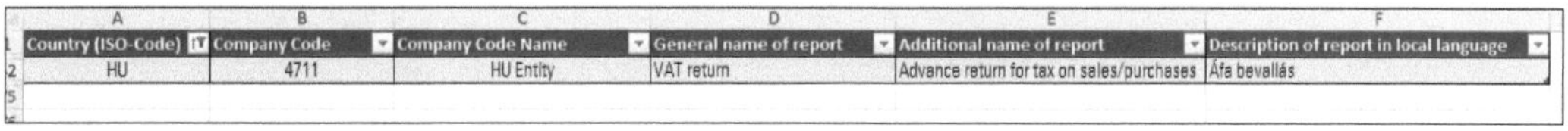

Country (ISO-Code)	Company Code	Company Code Name	General name of report	Additional name of report	Description of report in local language
HU	4711	HU Entity	VAT return	Advance return for tax on sales/purchases	Áfa bevallás

Abbildung 3.2 Struktureller Aufbau einer Compliance-Landkarte

Deep Dive Sessions

Im Anschluss an das Kick-off-Meeting sollten sogenannte *Deep Dive Sessions* mit den relevanten Landesverantwortlichen durchgeführt werden. Wir empfehlen, Termine im Zeitrahmen von einer bzw. zwei Stunden, je nach Umfang der Meldeverpflichtungen in den betroffenen Ländern, einzuplanen. Zu diesen Terminen sollten die Daten der für das konkrete Land relevanten Berichte und Meldungen bereits vorliegen, sodass diese diskutiert und offene Fragen beantwortet werden können.

Bei den Deep Dive Sessions geht es auch darum, ein grundlegendes Verständnis der gegenwärtig vorliegenden Meldeverpflichtungen zu erlangen und darüber hinaus zu diskutieren, welche zusätzlichen Berichts- oder Meldepflichten sich in naher Zukunft in dem jeweiligen Land ergeben können.

Anforderungen mit in SAP DRC verfügbaren Berichten verknüpfen

Sobald die Compliance-Landkarte (vorerst) vollständig ist, sollten die unternehmensindividuellen Anforderungen mit den in SAP DRC verfügbaren Berichten (Tasks) verknüpft werden. Hierzu bietet SAP eine Übersicht an, in der die unterstützten **Compliance-Aufgaben nach Land/Region** dargestellt sind (siehe Abbildung 3.3). Unter *http://s-prs.de/v11005004* finden Sie die Übersicht.

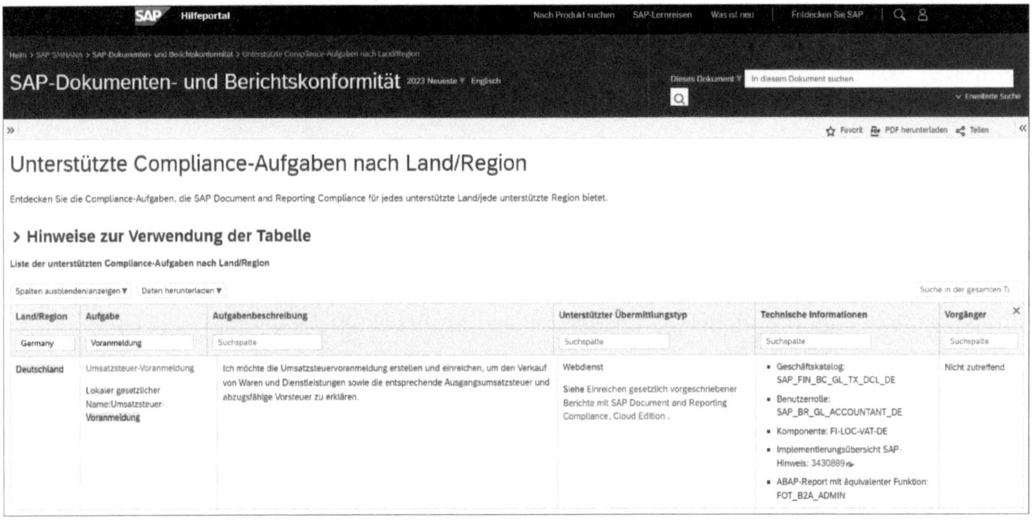

Abbildung 3.3 SAP Help: Unterstützte Compliance-Aufgaben nach Land/Region

3.1.2 Unterstützte Compliance-Aufgaben nach Land/Region

Unterstützte Compliance-Aufgaben je Land

Die Liste mit den unterstützten Compliance-Aufgaben nach Land/Region bietet einen guten Überblick, welche Meldeaufgaben in SAP DRC verfügbar sind. Aus der einzelnen Zeile kann direkt in die jeweilige Meldeaufgabe abgesprungen werden. Dort wird die Meldung dann nochmals im Detail und auch das konkrete Vorgehen bei der Einrichtung des jeweiligen Berichts bzw. der jeweiligen Meldeaufgabe beschrieben (Customizing, siehe Abbildung 3.4).

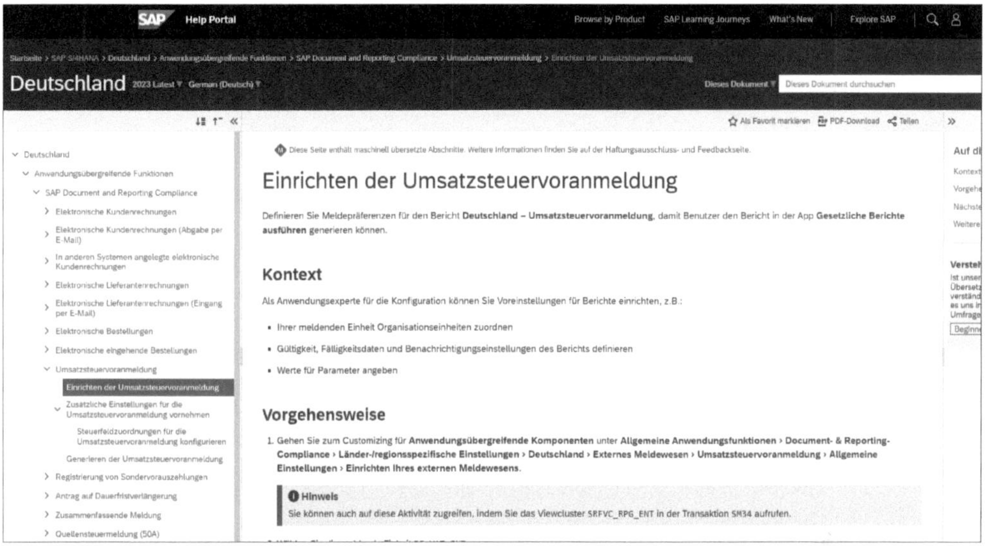

Abbildung 3.4 Beispiel für eine Meldeaufgabe mit Beschreibung und Vorgehen

Unterstützter Übermittlungstyp

Des Weiteren ist auch der **Unterstützte Übermittlungstyp** aufgeführt. Hier wird ersichtlich, ob die betroffene Meldeaufgabe elektronisch übermittelt werden kann (Hinweis auf **Webdienst**). Der konkrete SAP-Service für die Übermittlung wird ebenfalls dargestellt. Dabei kann es sich beispielsweise um *SAP DRC, Cloud Edition* oder die *SAP Integration Suite* handeln. Sofern keine elektronische Übermittlung möglich ist, ist lediglich der Hinweis **Manuelle Abgabe** (**Manual filing**) oder **Elektronisches Format vorhanden** (**Electronic format provided**) aufgeführt.

Technische Informationen

Gleichzeitig werden in der jeweiligen Zeile mit der Meldeaufgabe auch **Technische Informationen** dargestellt. Dazu zählen etwa die relevanten Benutzerrollen und die betroffenen SAP-Komponenten so wie der Verweis auf die relevanten SAP-Hinweise.

Vorgängerberichte

Sofern es zu dem SAP-DRC-Bericht oder der Meldeaufgabe bereits einen **Vorgänger** gab, wird dieser ebenfalls dargestellt (siehe Abbildung 3.5). Dies ist beispielsweise häufig im Bereich der Umsatzsteuervoranmeldungen der Fall, wo in der Vergangenheit – und auch heute noch – der ABAP-Bericht **RFUMSV00** für Zwecke der Umsatzsteuervoranmeldung verwendet wurde bzw. wird.

Wartungsende RFUMSV00

Die Wartung für den **RFUMSV00** wurde bereits in einigen Ländern eingestellt. Im Rahmen von laufenden SAP-S/4HANA-Tranformationsprojekten sollten sich Unternehmen deshalb bereits mit den Nachfolgeberichten auseinandersetzen. Weitere Informationen dazu erhalten Sie in Abschnitt 9.3, »Unterstützte Länder und gesetzliche Anforderungen«.

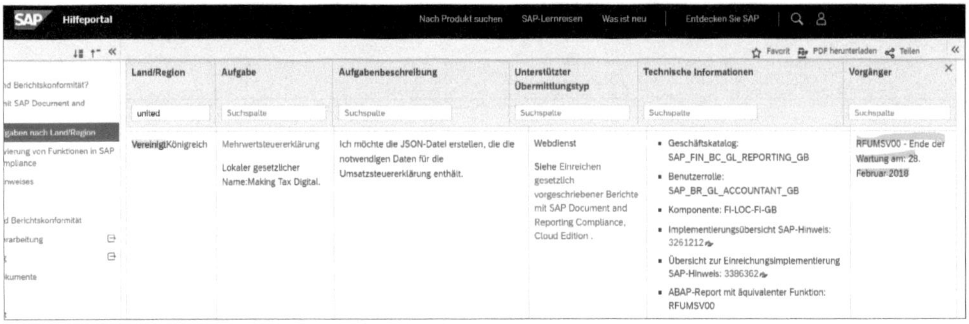

Abbildung 3.5 Beispiel für einen Vorgängerbericht (hier: RFUMSV00 für GB)

3.1.3 Einführungsart wählen: Transformation oder Stand-alone?

In der Praxis stellt sich häufig die Frage, ob die Einführung von SAP DRC während eines laufenden SAP-S/4HANA-Transformationsprojekts oder als Stand-alone-Projekt durchgeführt werden sollte.

Parallele Einführung zur laufenden SAP-S/4HANA-Transformation

Die parallele Einführung von SAP DRC ist besonders sinnvoll, wenn tiefgreifende Prozess- und Systemänderungen anstehen und Synergien genutzt werden können. Bei laufenden SAP-Transformationsprojekten befindet sich das Unternehmen ohnehin bereits im laufenden Projektbetrieb. Es bietet sich daher an, das Thema steuerliches Meldewesen bereits im Rahmen des laufenden Projekts auf den Projektplan zu setzen und im jeweiligen Workstream (z. B. Tax oder Record-to-Report) zu diskutieren.

Es sollte im Projekt ebenfalls deutlich gemacht werden, dass SAP DRC, unabhängig von der Art der Lizenzierung, die Zukunft der gesetzlichen Meldeverpflichtungen aus SAP heraus ist. Die bisher genutzten ABAP-Berichte (z. B. **RFUMSV00**) bieten keine verlässliche Grundlage mehr dafür, dass diese auch in Zukunft ohne Einschränkungen weiter genutzt werden können.

Darüber hinaus stellt sich bei Transformationsprojekten regelmäßig die Frage, ob SAP DRC noch in Altsystemen oder ausschließlich im neuen SAP-S/4HANA-System eingeführt werden soll. Auch hier hängt die Entscheidung maßgeblich von den Anforderungen des betroffenen Landes und/oder der allgemeinen Projekt-Timeline ab. Sofern ein Land bereits gesetzliche Meldeanforderungen hat, deren Startzeitpunkt vor dem geplanten Go-live des neuen Systems liegt, muss dies ebenfalls bei der laufenden Projektplanung berücksichtigt werden.

Separate Einführung als Stand-alone-Projekt

Eine separate Einführung von SAP DRC, d. h. losgelöst von laufenden Transformationsprojekten, bietet sich beispielsweise an, wenn kurzfristige regulatorische Anforderungen eine sofortige Reaktion erfordern oder die

SAP-S/4HANA-Transformation noch Jahre entfernt ist (was bei einem geplanten Ende der Mainstream-Wartung von SAP zum 31.12.2027 jedoch nicht der Fall sein sollte).

Modularer Aufbau von SAP DRC

Der modulare Aufbau von SAP DRC ermöglicht es grundsätzlich, SAP DRC losgelöst von anderen Projekten zu implementieren. Im Bereich der elektronischen Belegverarbeitung (E-Invoicing) erzeugt SAP DRC auf Basis einer SD-Faktura eine XML-Version der Rechnung, die anschließend an den Bestimmungsort versandt wird (z. B. via PEPPOL-Netzwerk). SAP DRC setzt somit auf vorhandenen Objekten auf und läuft im Falle der E-Rechnungen im Hintergrund. Die Fachbereiche sollten im Idealfall nur die Fälle registrieren und bearbeiten, bei denen der elektronische Versand von Rechnungen zu Fehlern geführt hat.

Beim externen Meldewesen verhält es sich ähnlich. SAP DRC setzt auf vorhandenen Buchungsdaten auf, die als Grundlage für die gesetzlich erforderlichen Meldungen dienen. Es erfolgt daher auch hier kein direkter Eingriff in das Tagesgeschäft, sodass operative Prozesse grundsätzlich nicht beeinflusst werden sollten.

Dringlichkeit der regulatorischen Anforderungen

Die Wahl des Weges hängt maßgeblich von der Dringlichkeit der regulatorischen Anforderungen, der internen Projektlandschaft, der Verfügbarkeit relevanter Ressourcen und der langfristigen IT-Strategie ab. Unternehmen, die proaktiv agieren und sich frühzeitig mit diesen Fragen auseinandersetzen, verschaffen sich einen klaren Wettbewerbsvorteil. Sie reduzieren das Risiko von Fehlimplementierungen, vermeiden unnötige Doppelarbeiten und sichern Compliance nachhaltig ab.

3.2 Umsetzungsphasen mit der SAP-Activate-Methode planen

In Abschnitt 3.1, »Den optimalen Implementierungszeitpunkt wählen«, haben wir bereits die Compliance-Landkarte als wichtiges Instrument für eine erfolgreiche Einführung von SAP DRC vorgestellt.

Maßgeblich für den Erfolg einer Implementierung von SAP DRC ist jedoch eine klare, strukturierte und auf die Unternehmensrealität abgestimmte Projektplanung. Dabei kommt es nicht nur auf technologische Meilensteine an, sondern vor allem auf eine durchdachte Orchestrierung von Fachbereichen, IT, externen Dienstleistern sowie regulatorischen Fristen. Ein agiles Vorgehen ist heutzutage ebenso wichtig wie eine nachvollziehbare und verständliche Gesamtplanung, die auch kurzfristige regulatorische Änderungen oder länderspezifische Herausforderungen abbilden kann.

SAP-Activate-Methode

Für Projekte im SAP-Umfeld empfiehlt es sich, die Projektplanung mittels der *SAP-Activate-Methode* vorzunehmen. Diese umfasst einen bewährten, iterativen Ansatz zur Implementierung komplexer SAP-Lösungen (siehe Abbildung 3.6).

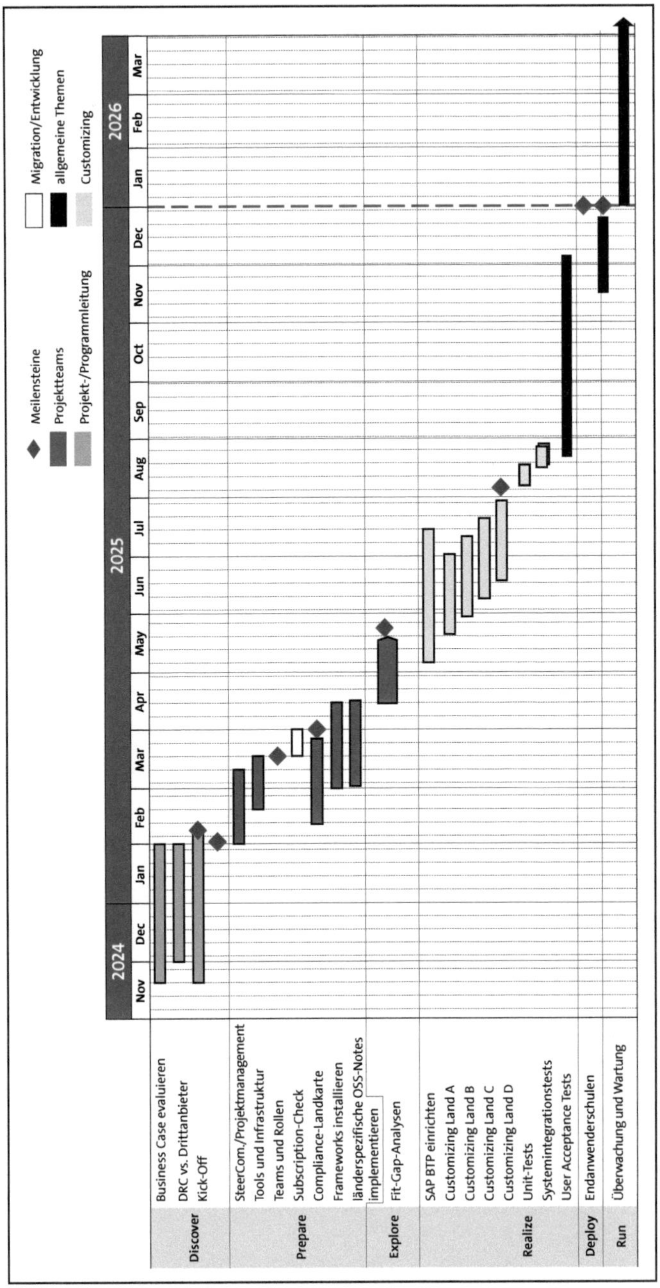

Abbildung 3.6 SAP-Activate-Methode für die Einführung von SAP DRC

Ein vollständiges Projekt zur Einführung von SAP DRC durchläuft in der Regel die einzelnen Phasen der SAP-Activate-Methode. Im Folgenden besprechen wir diese Phasen.

3.2.1 Discover-Phase

Business Case evaluieren

In dieser initialen Phase steht die strategische Bewertung im Vordergrund. Es werden Business Cases, regulatorische Anforderungen und die Eignung von SAP DRC im Vergleich zu bestehenden oder Drittanbieter-Lösungen analysiert.

3.2.2 Prepare-Phase

Sobald Sie sich auf SAP DRC als E-Invoicing und/oder Reporting-Lösung festgelegt haben, startet die Prepare-Phase des Projekts.

In dieser Phase werden beispielsweise Strukturen für die Zusammenarbeit (z. B. Einrichtung des Projektmanagements, Steering Committees (SteerCo) und der Workstreams) definiert. Darüber hinaus werden grundlegende Tools und Infrastrukturen eingerichtet und erste Roadmaps festgelegt.

Compliance-Landkarte erstellen

In dieser Phase werden auch bereits Workshops zur Lösungsbewertung durchgeführt und die Compliance-Landkarte erstellt.

Stellen Sie außerdem sicher, dass die erforderlichen SAP-DRC-Lizenzen vollumfänglich vorliegen. Dies betrifft insbesondere auch die Subscription für SAP DRC, Cloud Edition.

Technisch erfolgt in dieser Phase die Installation des SAP-DRC-Frameworks (*Electronic Document Processing Framework* und/oder *Statutory Reporting Framework*). Gleichzeitig wird auch das *SAP Application Interface Framework* eingerichtet und auf die unternehmensindividuellen Anforderungen angepasst. Auch landesspezifische SAP-Hinweise werden implementiert (siehe Abschnitt 3.5).

3.2.3 Explore-Phase

Fit-Gap-Analysen

Sobald die Prepare-Phase abgeschlossen ist, folgt eine detaillierte Fit-Gap-Analyse auf Basis der erstellten Compliance-Landkarte. Dabei werden die in SAP DRC vorhandenen Berichte mit den auf Unternehmensseite vorhandenen Melde- und Berichtsanforderungen abgeglichen. Gemeinsam mit Fachbereichen und IT wird ein Fahrplan für die SAP-DRC-Einführung erarbeitet.

Dieser sollte grundsätzlich pro Land ausgeprägt sein und die landesspezifischen Berichtsanforderungen berücksichtigen.

3.2.4 Realize-Phase

Die eigentliche Implementierungsphase umfasst die Integration sowie das Setup der relevanten Services auf der *SAP Business Technology Platform* (SAP BTP). Dazu zählen insbesondere die SAP DRC, Cloud Edition und die SAP Integration Suite. Darüber hinaus erfolgt das Customizing der landesspezifischen Berichte bzw. E-Rechnungen.

Customizing

Das Customizing erreichen Sie über den IMG-Pfad **Anwendungsübergreifende Komponenten • Allgemeine Anwendungsfunktionen • Document- & Reporting-Compliance**. Hier können allgemeine sowie länder-/regionenspezifische Einstellungen vorgenommen werden (siehe Abbildung 3.7).

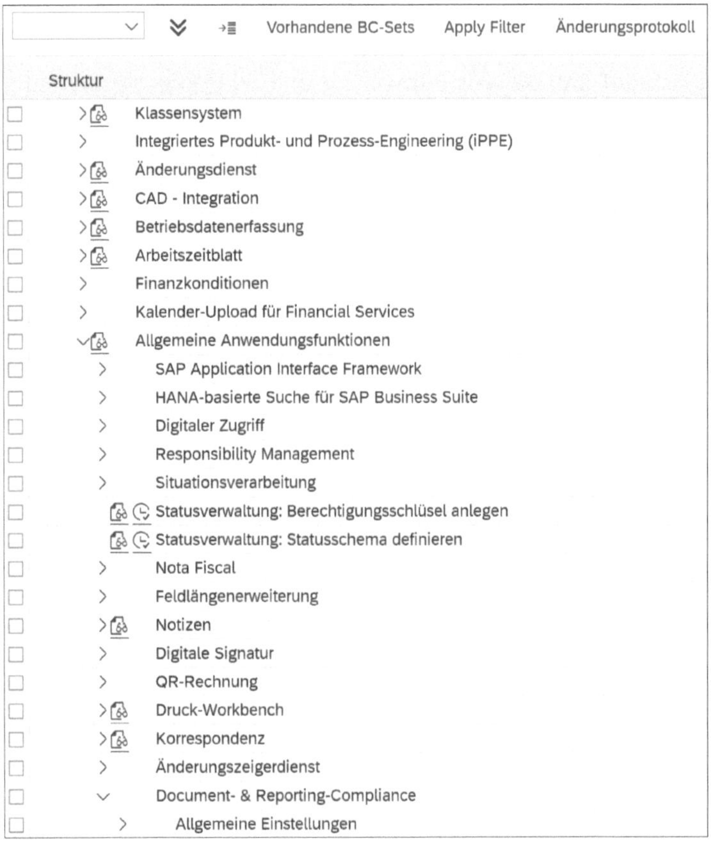

Abbildung 3.7 Customizing-Pfad für SAP DRC

Testing

In der Realize-Phase werden zudem Unit- und Integrationstests durchgeführt. Sofern diese erfolgreich abgeschlossen werden konnten, erfolgt die Durchführung des User Acceptance Tests. Erforderliche Korrekturen und Anpassungen der Lösung werden durchgeführt, bevor die Deploy-Phase beginnen kann.

3.2.5 Deploy-Phase

Nach den erfolgreichen Tests erfolgt die Produktivsetzung. Schulungen für Endanwenderinnen und -anwender, Go-live-Checklisten, Migrationsszenarien und der Hypercare-Support sind Bestandteil dieser Phase.

3.2.6 Run-Phase

Laufender Betrieb

In der Betriebsphase stehen das Monitoring, die regulatorische Wartung (z. B. über den *Regulatory Change Manager*), kontinuierliche Verbesserungen und die Rückmeldung aus der Fachabteilung im Fokus. Diese Phase ist zugleich Ausgangspunkt für mögliche weitere Länder-Rollouts oder neue gesetzliche Anforderungen.

3.3 Bestehende Reporting-Lösungen migrieren oder ablösen

Im Zuge der Einführung von SAP Document and Reporting Compliance stellt sich zwangsläufig die Frage, wie bestehende oder bisher genutzte Systeme und Prozesse zur steuerlichen Meldung bzw. elektronischen Rechnungsstellung abgelöst und integriert werden können. Dies betrifft sowohl Eigenentwicklungen als auch Drittanbieterlösungen, aber auch manuelle oder teilautomatisierte Verfahren, die bislang zur Sicherstellung der Compliance genutzt wurden.

Migration als Chance

Die Migration von Alt-Systemen ist kein rein technischer Akt. Sie erfordert vielmehr eine sorgfältige Analyse bestehender Funktionen, Prozesse, Datenflüsse und regulatorischer Anforderungen. In der Regel beginnt dieser Schritt bereits in der Prepare-Phase von SAP Activate, vertieft sich in der Explore-Phase und wird im Rahmen der Realize-Phase technisch umgesetzt. Die Migration ist dabei nicht nur Rückbau, sondern gleichzeitig eine Gelegenheit, bestehende Schwächen zu beheben, Verantwortlichkeiten neu zu ordnen und Prozesse an Best Practices auszurichten.

3.3.1 Bestandsaufnahme und Bewertung

In diesem Abschnitt beschreiben wir zunächst die systematische Bestandsaufnahme vorhandener Prozesse und Schnittstellen, um die Ausgangsbasis für eine fundierte Migrationsentscheidung zu schaffen. Anschließend werden verschiedene technische Migrationsstrategien gegenübergestellt. Auch der Umgang mit historischen Daten, insbesondere im Kontext der Konformität mit den Grundsätzen zur ordnungsmäßigen Führung und Aufbewahrung von Büchern, Aufzeichnungen und Unterlagen in elektronischer Form sowie zum Datenzugriff (GoBD), wird thematisiert. Schließlich beleuchtet der Abschnitt die Rollenverteilung, Kommunikation und Projektorganisation, die für eine erfolgreiche und nachhaltige Umstellung auf SAP DRC erforderlich sind.

Im ersten Schritt sollte eine strukturierte Erhebung der vorhandenen Lösungen erfolgen. Diese Erhebung bildet die Grundlage für die spätere Transformationsarchitektur und sollte die folgenden Aspekte berücksichtigen:

- bestehende steuerliche Berichtslösungen (z. B. kundeneigene SAP-Reports (Z-Berichte), Add-ons und Legacy-Systeme)
- E-Invoicing-Prozesse außerhalb von SAP (z. B. über EDI-Dienstleister, Portale und manuelle Erstellung)
- Datenquellen, die bislang für die Berichterstattung herangezogen wurden
- vorhandene Schnittstellen zu Behörden, Clearingstellen oder Serviceanbietern
- aktuelle Verantwortlichkeiten, bestehende Betriebsmodelle und Supportstrukturen

Bestandsaufnahme

Die Bewertung sollte sowohl technische als auch funktionale Kriterien berücksichtigen. Wo liegen funktionale Lücken? Welche Lösungen sind veraltet, nicht mehr wartbar oder nicht GoBD-konform? Welche Länder-Setups lassen sich möglicherweise vereinheitlichen oder harmonisieren? Diese Fragen fließen in die spätere Migrationsstrategie ein.

3.3.2 Technische Migrationsstrategien

Vor- und Nachteile

Je nach Ausgangssituation bieten sich unterschiedliche Migrationsansätze an, die jeweils Vor- und Nachteile mit sich bringen:

- **Ablösung 1:1**

  Die bestehende Lösung wird technisch nahezu identisch in SAP DRC nachgebildet.

  - *Vorteil:* Die Umsetzung ist vergleichsweise schnell und risikoarm, insbesondere wenn bestehende Prozesse bereits effizient und stabil laufen.
  - *Nachteil:* Schwächen und Altlasten der bisherigen Lösung werden unreflektiert übernommen, Potenziale zur Prozessverbesserung bleiben ungenutzt.

- **Re-Design**

  Die bisherigen Prozesse werden vollständig neu modelliert, mit dem Ziel, die Effizienz, Compliance und Wartbarkeit zu erhöhen.
  - *Vorteil:* Bestehende Brüche in der Prozesslandschaft oder länderspezifische Sonderlösungen können konsolidiert und modernisiert werden.
  - *Nachteil:* Der Aufwand für Analyse, Konzeption und Test ist deutlich höher. Dies beansprucht zusätzliche Zeit und Ressourcen.
- **Koexistenzmodell**

  Teile der alten Lösung bleiben vorübergehend bestehen, während neue Anforderungen schrittweise mit SAP DRC umgesetzt werden.
  - *Vorteil:* Flexibler Übergang mit reduziertem Migrationsdruck und geringeren Umstellungsrisiken für kritische Prozesse.
  - *Nachteil:* Es entsteht zusätzlicher Betriebsaufwand durch parallele Systeme, doppeltes Monitoring und erhöhte Abstimmungsbedarfe.

3.3.3 Datenmigration und Umgang mit historischen Daten

Unabhängig davon, welcher Migrationsansatz gewählt wird, stellt sich in jedem Fall die Frage nach dem Umgang mit bestehenden Datenbeständen. Denn neben der technischen Neugestaltung oder Ablösung der bisherigen Lösung muss auch entschieden werden, wie historische Daten integriert, migriert oder archiviert werden sollen. Dieser Abschnitt beleuchtet daher, welche Anforderungen an die Datenmigration und den Zugriff auf historische Informationen im Rahmen einer SAP-DRC-Einführung bestehen.

Historische Daten

Ein sensibler Aspekt ist die Frage nach der Übernahme historischer Daten. Diese sind in vielen Fällen nicht operativ erforderlich, aber für steuerliche Betriebsprüfungen, interne Audits und die GoBD-Dokumentation notwendig. Unternehmen müssen sich daher für eine der folgenden Möglichkeiten entscheiden:

- Historische Daten vollständig migrieren und in SAP DRC bzw. das zugrunde liegende SAP-S/4HANA-System integrieren
- Historien nur in aggregierter Form bereitstellen (z. B. in einem Archivsystem)
- Zugriff über ein zentrales Data Warehouse ermöglichen, das möglicherweise nicht in SAP DRC bzw. SAP S/4HANA integriert ist

Berechtigungskonzept

Für alle Varianten gilt: Es braucht ein klares Berechtigungskonzept, ein nachvollziehbares Archivierungskonzept sowie ein Verfahren zur Validierung der Datenintegrität. Ein dokumentiertes *Stichtagskonzept* mit klarer

Definition von Übergangsszenarien (z. B. offene Meldungen, laufende Verfahren, Rückmeldungen aus Portalen) erleichtert die Go-live-Planung erheblich.

3.3.4 Verantwortlichkeiten und Kommunikation im Projekt

Die Einführung von SAP DRC ist nicht nur ein technisches IT-Vorhaben, sondern berührt tiefgreifend die Arbeitsweise der Steuerabteilung, die Systemarchitektur und oft auch zentrale Finanzprozesse. Damit das Projekt erfolgreich umgesetzt werden kann, braucht es von Anfang an eine klar definierte Verantwortungsstruktur sowie verbindliche Kommunikationswege zwischen allen Beteiligten.

Rollen und Zuständigkeiten

Ein zentrales Element dabei ist die frühzeitige Klärung der Rollen und Zuständigkeiten. Wer entscheidet über das Zielbild? Wer ist für das inhaltliche Design einzelner Tasks verantwortlich? Wer kümmert sich um technische Umsetzung, Tests und spätere Pflege? Diese Fragen sollten nicht erst während der Implementierung geklärt werden, sondern Teil der Projektinitialisierung sein. Typischerweise empfiehlt es sich, auf drei Ebenen zu arbeiten: strategisch, fachlich und technisch (siehe hierzu Abbildung 3.8). Dies sollte folglich bereits während der Prepare-Phase des Projekts geklärt werden (siehe Abschnitt 3.1.3, »Einführungsart wählen: Transformation oder Stand-alone?«).

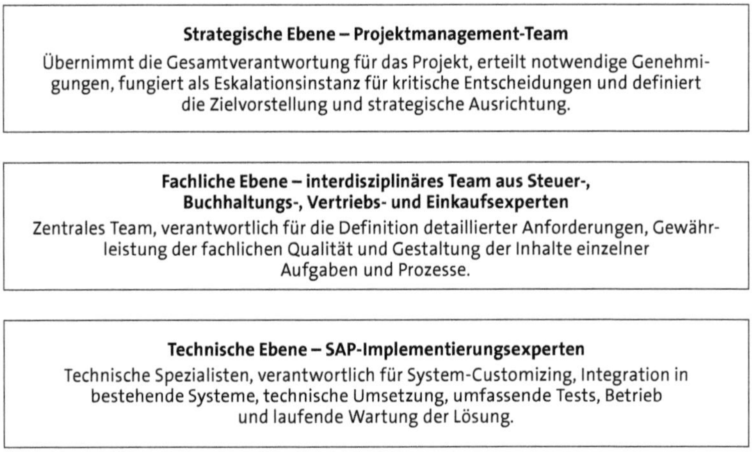

Abbildung 3.8 Arbeitsebenen

Auf strategischer Ebene braucht es ein Projektsteuerungsteam, das die Gesamtverantwortung trägt, Freigaben erteilt und als Eskalationsinstanz dient. Auf fachlicher Ebene übernimmt ein zentrales, interdisziplinäres Team aus Steuer-, Buchhaltungs-, Vertriebs- und Einkaufsexperten und

-expertinnen die Definition der Anforderungen sowie die Sicherstellung der fachlichen Qualität. Auf technischer Ebene sind SAP-Experten und -Expertinnen für das Customizing, die Integration, den Betrieb und die Wartung zuständig.

Country Process Owner

Je nach Unternehmensstruktur kann es sinnvoll sein, die Verantwortung für länderspezifische Anforderungen dezentral zu verankern – etwa durch sogenannte *Country Process Owner*, die eng mit dem zentralen Projektteam zusammenarbeiten.

Ein ebenso wichtiger Aspekt ist die Kommunikation im Projekt. Diese sollte strukturiert, verbindlich und zielgerichtet erfolgen. Regeltermine, etwa wöchentliche Status-Calls oder Sprint-Reviews, helfen, den Fortschritt transparent zu machen. Für die fachlichen und technischen Teams empfiehlt sich die Einführung eines Change-Log-Prozesses, über den neue regulatorische Anforderungen oder Systemänderungen zentral erfasst, bewertet und priorisiert werden. Auch die Dokumentation aller Entscheidungen, z. B. zur Auswahl bestimmter DRC-Tasks, zu Ausnahmen oder zur Integration kundeneigener Berichte, sollte systematisch erfolgen.

Gerade bei Projekten mit mehreren Ländern, ERP-Systemen oder Dienstleistern ist es entscheidend, einen einheitlichen Kommunikationsstandard zu schaffen. Dies betrifft sowohl die Sprache und Dokumentationsformate als auch die genutzten Tools – vom Projektmanagementsystem bis zum Meldungsmonitoring in SAP DRC.

Klar geregelte Verantwortlichkeiten und Kommunikation

Ein besonderes Augenmerk gilt schließlich der nachhaltigen Verankerung der Verantwortlichkeiten nach Projektende. So ist z. B. zu klären, wer die Tasks pflegt und wer auf neue SAP-Hinweise oder gesetzliche Änderungen reagiert. Daneben muss auch die Zuständigkeit für die Verfahrensdokumentation geklärt sein, z. B. im Falle von Aktualisierungen.

Nur wenn diese Punkte frühzeitig und verbindlich geregelt werden, lässt sich die rechtssichere Nutzung von SAP DRC dauerhaft gewährleisten.

3.4 Regulatory Change Manager einsetzen

Im Rahmen der kontinuierlichen Anpassung an sich stetig wandelnde gesetzliche Rahmenbedingungen gewinnt der *Regulatory Change Manager* zunehmend an Bedeutung (siehe Abbildung 3.9).

Er dient als zentrales Werkzeug für das Management regulatorischer Änderungen, die von SAP ausgeliefert und für die jeweiligen Länder über das SAP-DRC-Framework bereitgestellt werden.

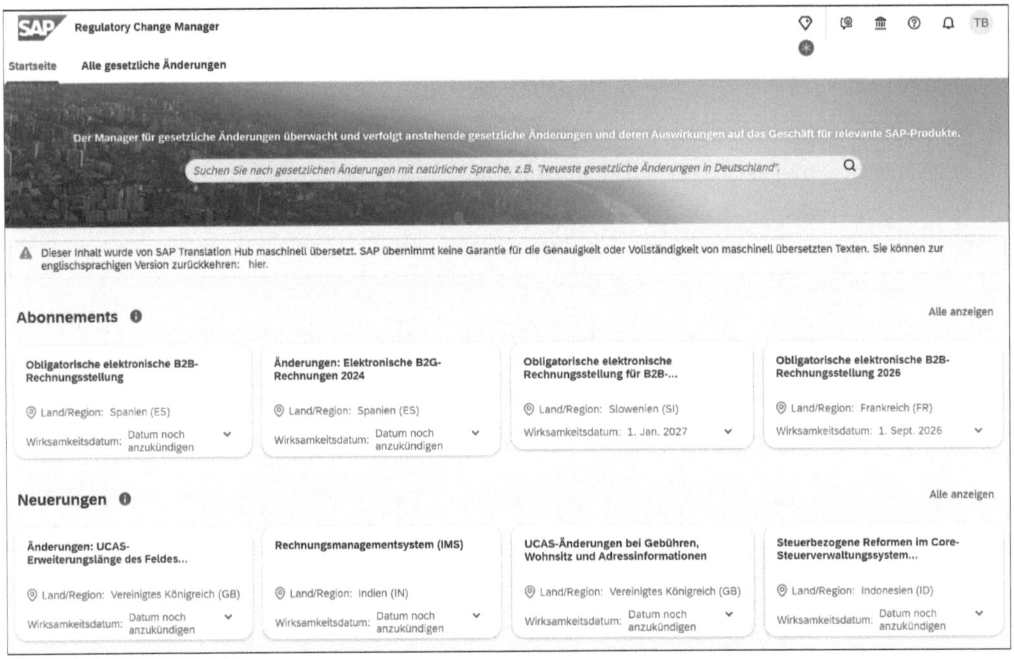

Abbildung 3.9 Startseite Regulatory Change Manager

Der Regulatory Change Manager ist nicht nur ein technisches Tool, sondern ein wesentliches Instrument zur strukturierten Umsetzung und Kontrolle steuerlicher Anforderungen.

Funktion

Mit ihm lassen sich Änderungen nachvollziehbar verwalten, gesetzlich bedingte Anpassungen strukturiert einführen und ihre Auswirkungen gezielt analysieren. Für Unternehmen mit globaler Präsenz ist der Regulatory Change Manager ein entscheidender Baustein, um gesetzeskonform zu agieren und gleichzeitig Projektaufwände zu minimieren.

Kernfunktionen

Folgende Kernfunktionen hat der Regulatory Change Manager:

- Bereitstellung und Kategorisierung regulatorischer Updates pro Land und Berichtstyp
- Integration von Release-Informationen, Änderungsbeschreibungen und Zeitplänen
- Möglichkeit zur Filterung und Priorisierung nach Relevanz für das Unternehmen
- Steuerung der Umsetzung über Workflows, Statusmanagement und Historie

Durch diese Funktionen wird es möglich, regulatorische Änderungen proaktiv zu erkennen, frühzeitig zu bewerten und kontrolliert in den Systembetrieb zu überführen. Dies betrifft sowohl das Customizing der betroffenen Tasks, die technische Umsetzung über SAP-Hinweise als auch die fachliche Prüfung und Freigabe durch den Steuerbereich.

Es besteht zudem die Möglichkeit, bestimmte Änderungen zu abonnieren (Subscriptions), um sich bei Änderungen informieren zu lassen.

Subscriptions

Um eine gesetzliche Änderung zu abonnieren, wird diese Änderung zunächst mithilfe der Suchfunktion gesucht. In Abbildung 3.10 sehen Sie ein Beispiel für eine gesetzliche Änderung im Regulatory Change Manager.

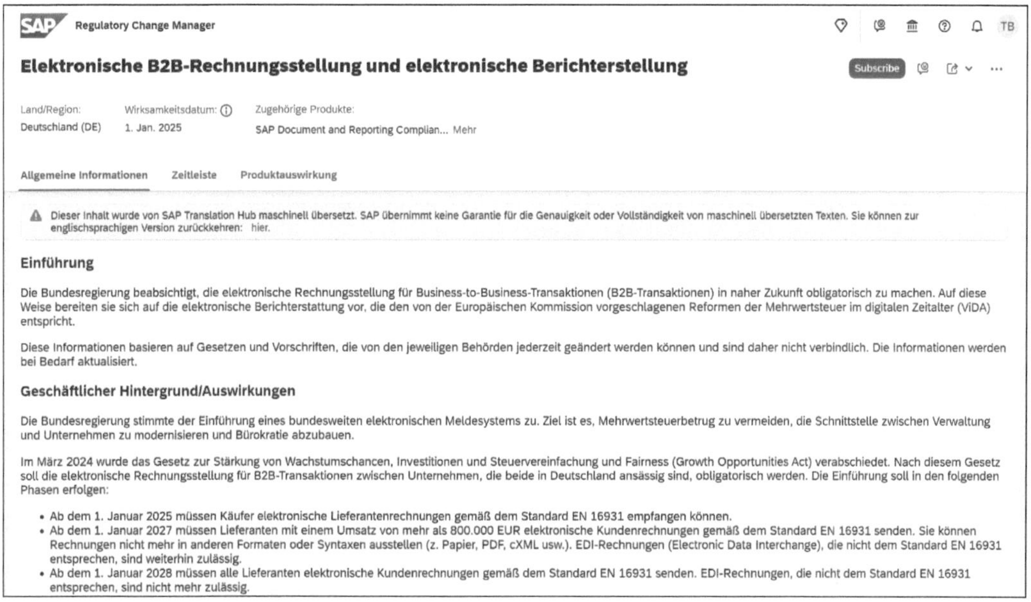

Abbildung 3.10 Beispiel einer gesetzlichen Änderung im Regulatory Change Manager

Im oberen rechten Bereich kann die Änderung über den Button **Subscribe** abonniert werden. Zunächst werden bei der ausgewählten gesetzlichen Änderung allgemeine Informationen aufgeführt. Diese betreffen den Hintergrund der konkreten gesetzlichen Änderung und deren Auswirkungen.

Zeitleiste

Auf dem Reiter **Zeitleiste** ist ersichtlich, welche Aktivitäten von SAP bereits im Zusammenhang mit der gesetzlichen Änderung vorgenommen wurden (siehe Abbildung 3.11).

Produktauswirkungen

Auf dem Reiter **Produktauswirkung** ist ersichtlich, auf welche SAP-Produkte die gesetzliche Änderung Einfluss hat (siehe Abbildung 3.12). Dies kann unterschiedliche Produkte wie SAP DRC, Cloud Edition, SAP DRC für SAP S/4HANA Cloud, Public Edition, SAP DRC für SAP S/4HANA Cloud, Private Edition und SAP Ariba Central Invoice Management betreffen.

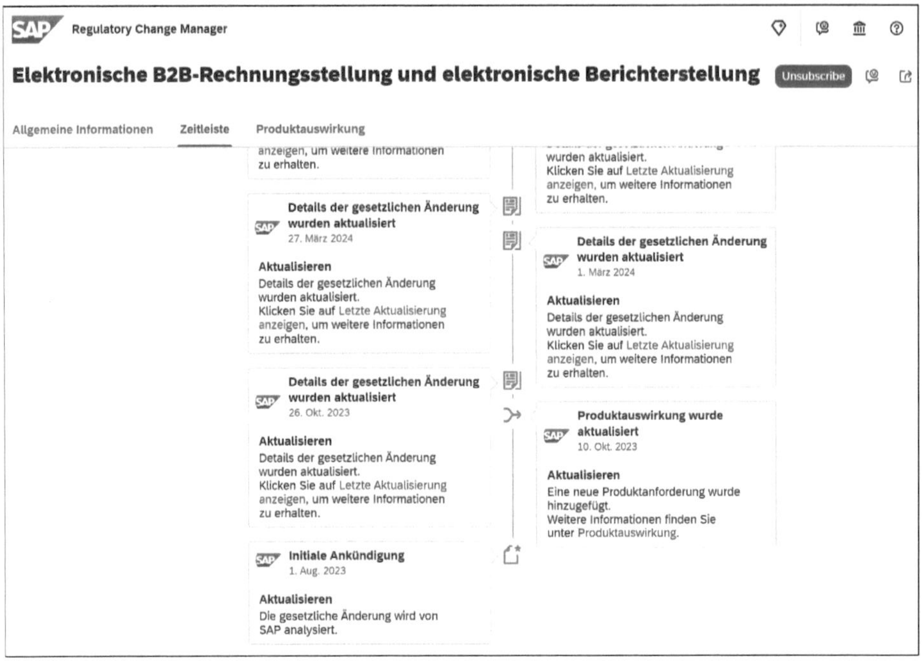

Abbildung 3.11 Zeitleiste einer gesetzlichen Änderung im Regulatory Change Manager

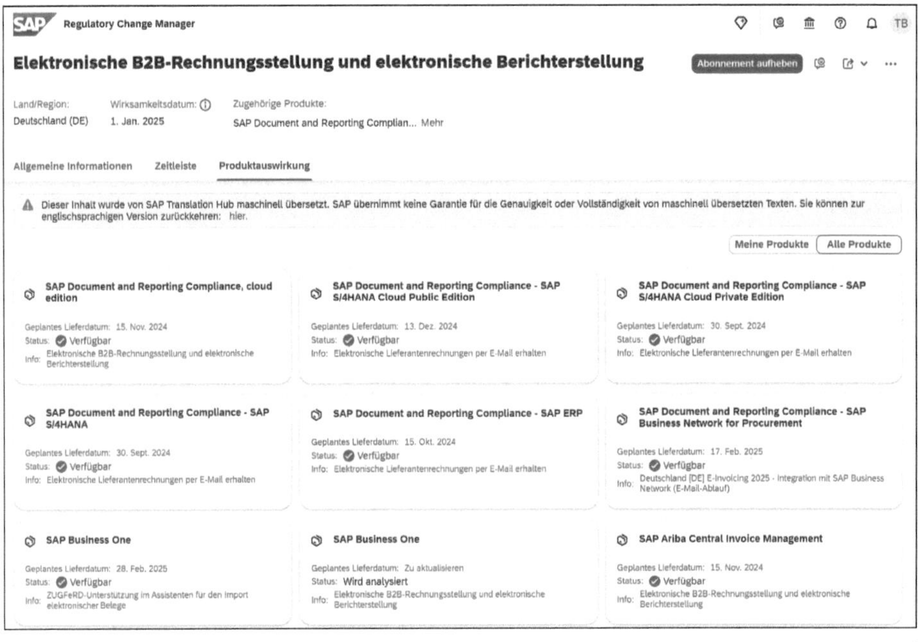

Abbildung 3.12 Produktauswirkungen einer gesetzlichen Änderung im Regulatory Change Manager

Durch einen Klick auf das jeweilige Produkt, z. B. SAP DRC, Cloud Edition, wird detailliert dargestellt, wie die beabsichtigte Lösung von SAP aussehen soll.

Lösung von SAP

Es wird zudem, sofern bereits vorhanden, unter **Lösung (SAP-Hinweis)** der relevante SAP-Hinweis angegeben und die relevante **Komponente** aufgezeigt (siehe Abbildung 3.13).

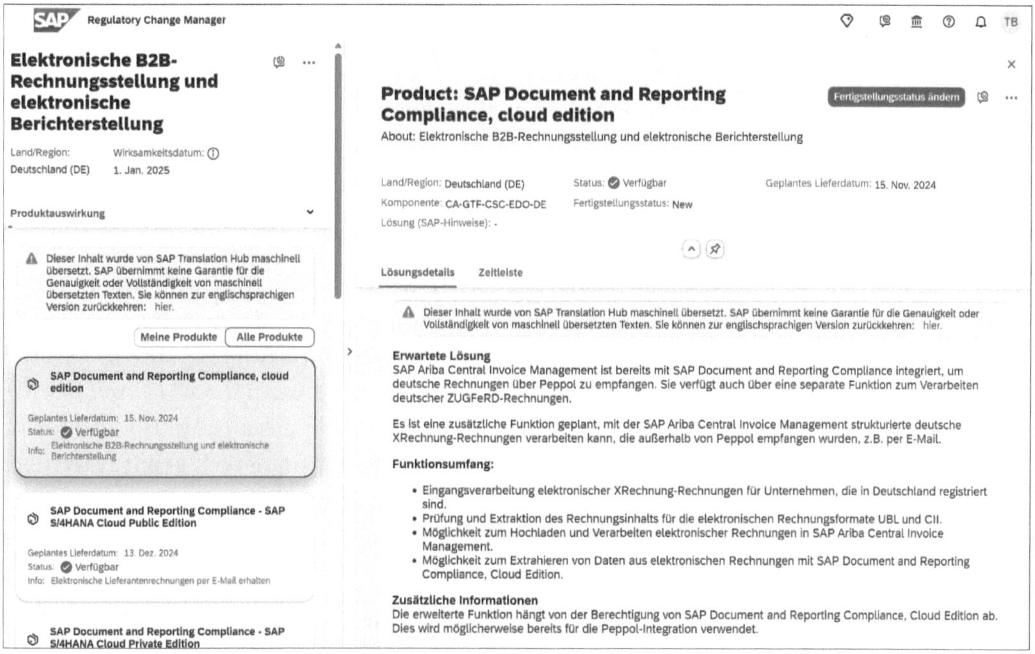

Abbildung 3.13 Lösungsdetails im Regulatory Change Manager

Ein besonderer Vorteil von Regulatory Change Manager liegt darin, dass es eine strukturierte Kommunikation ermöglicht. Regulatory Change Manager kann dabei als Brücke zwischen SAP, der eigenen IT-Abteilung und dem Fachbereich dienen. Dadurch kann ein unternehmensweites Verständnis für die Notwendigkeit und den Umfang von Anpassungen geschaffen werden. Unternehmen, die Regulatory Change Manager aktiv in ihre Betriebsmodelle einbinden, profitieren von einer höheren Transparenz, kürzeren Umsetzungszeiten und geringeren Risiken im laufenden Betrieb.

Auch in der Zusammenarbeit mit externen Dienstleistern (z. B. System-Implementierern oder Beratern) ist Regulatory Change Manager hilfreich. Änderungen, die über SAP ausgeliefert werden, lassen sich klar identifizieren, dokumentieren und gezielt beauftragen. Dies reduziert Rückfragen und vereinfacht die Steuerung von Implementierungspartnern.

Verankerung in betriebliche Abläufe

Für eine nachhaltige Nutzung empfehlen wir, Regulatory Change Manager fest in die Betriebsorganisation zu integrieren. Dies umfasst nicht nur die technische Schulung der IT-Administration, sondern auch die Sensibilisierung der steuerlichen Fachbereiche. Idealerweise wird ein dedizierte verantwortliche Person auf IT- und Fachbereichsseite benannt, die den Regulatory-Change-Manager-Prozess koordiniert, Änderungen bewertet und für die Umsetzung verantwortlich zeichnet.

Die regelmäßige Nutzung des Regulatory Change Manager ist Ausdruck eines professionellen Umgangs mit regulatorischer Dynamik im Unternehmen. Unternehmen, die ihn konsequent nutzen, legen damit den Grundstein für eine robuste, revisionssichere und zukunftsorientierte Compliance-Architektur (siehe hierzu auch Abschnitt 3.6).

3.5 Länderspezifische SAP-Hinweise implementieren

Ein zentrales Element bei der technischen Umsetzung von SAP DRC ist die Integration und Implementierung länderspezifischer *SAP-Hinweise (OSS-Notes)*. In diesem Abschnitt erklären wir, wie diese Hinweise im Projekt identifiziert, technisch eingebunden und kontinuierlich gepflegt werden, welche Herausforderungen dabei zu beachten sind und welche unterstützenden Werkzeuge und organisatorischen Maßnahmen sich in der Praxis bewährt haben.

SAP-Hinweise

SAP-Hinweise enthalten konkrete technische Anpassungen, Customizing-Vorgaben sowie Erweiterungen, die für die Abbildung gesetzlicher Anforderungen in den jeweiligen Ländern notwendig sind. Sie stellen damit das Verbindungsglied zwischen regulatorischen Anforderungen und dem SAP-System dar.

Die SAP-Hinweise werden kontinuierlich durch SAP aktualisiert und stehen im SAP Support Portal zur Verfügung. In vielen Fällen enthalten sie nicht nur Korrekturen und technische Informationen, sondern auch begleitende Dokumentation zur fachlichen Ausgestaltung, Beispiele für gesetzliche Formate sowie Konfigurationsleitfäden. Die Integration dieser SAP-Hinweise ist daher ein kritischer Erfolgsfaktor in jedem SAP-DRC-Projekt.

SAP-Hinweise in den SAP-Activate-Phasen

Im Projektkontext beginnt die Arbeit mit SAP-Hinweisen bereits in der Explore-Phase im Rahmen der Fit-Gap-Analyse (siehe Abschnitt 3.2, »Umsetzungsphasen mit der SAP-Activate-Methode planen«). Hier wird geprüft, welche Anforderungen durch bestehende SAP-Hinweise bereits erfüllt werden und wo ggf. Erweiterungen notwendig sind. In der anschließenden Realize-Phase erfolgt dann die technische Implementierung.

Implementierung

Die Implementierung erfolgt in enger Abstimmung zwischen Fachbereich und IT. Während der Steuerbereich, auf Grundlage der Compliance-Landkarte, definiert, welche gesetzlichen Anforderungen bestehen und welche Prozesse betroffen sind, sorgt die IT für die korrekte Einbindung der SAP-Hinweise, deren Test und Freigabe. Dabei ist zu beachten, dass SAP-Hinweise nicht ohne Weiteres in jedem System transportiert werden können – insbesondere bei kundenspezifischen Modifikationen kann es zu Konflikten kommen. Eine sorgfältige Planung, Teststrategie und Dokumentation sind deshalb unerlässlich.

Übersicht relevanter SAP-Hinweise

Als Vorbereitung bietet es sich an, eine Übersicht aller für die SAP-DRC-Einführung relevanten SAP-Hinweise zu erstellen. Dies kann beispielsweise einfach via Excel-Tabelle erfolgen. In der Übersicht sollte zwingend angegeben werden, welche Systemversion aktuell vorliegt (z. B. S/4HANA 2022 FP1). Wichtig ist darüber hinaus, welche SAP-Komponenten relevant sind. Als Einstieg für die Identifizierung der Komponenten kann der SAP-Service *mynotes* hilfreich sein (siehe Abbildung 3.14). Dieser ist über SAP for Me erreichbar.

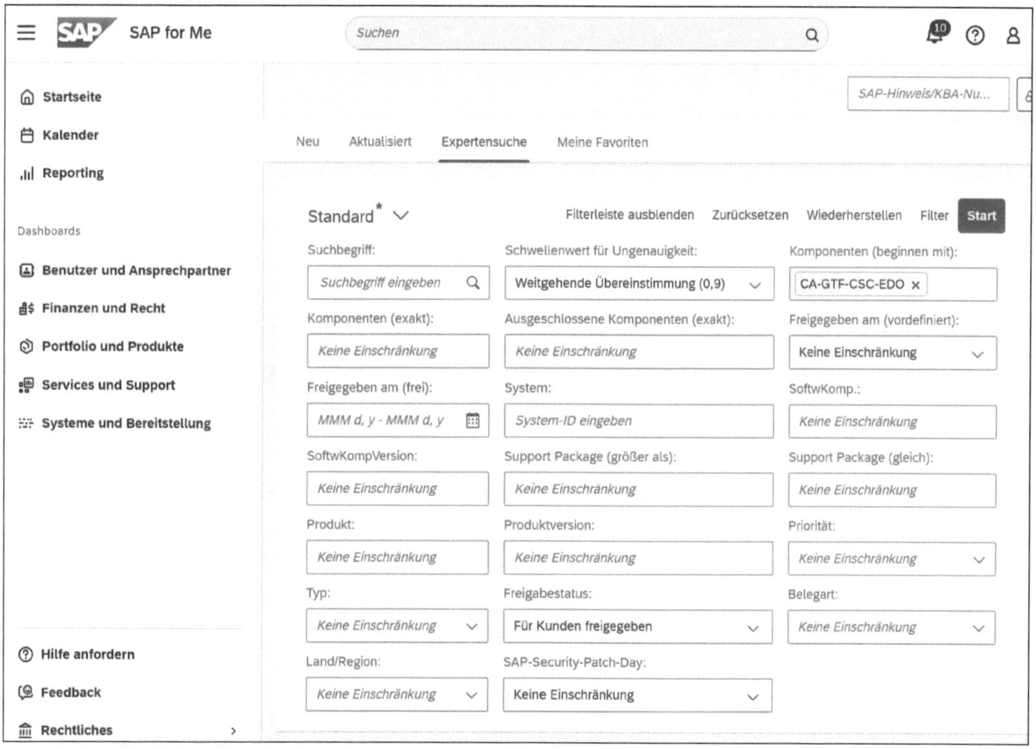

Abbildung 3.14 Relevante SAP-Hinweise über mynotes suchen

Hinweiskategorien

Die SAP-Hinweise sind in unterschiedliche Kategorien unterteilt. Es kann sich dabei etwa um Problembehebungen, Produkterweiterungen oder Installationsinformationen handeln.

Sofern beispielsweise die relevanten SAP-Hinweise für das E-Invoicing in Deutschland angezeigt werden sollen, kann hierzu die Komponente CA-GTF-CSC-EDO-DE eingegeben werden, die diesen Hinweisen zugeordnet ist (Abbildung 3.15)

SAP-Komponente	Nummer	Version	Titel	Kategorie	Priorität	Freigegeben am
LOD-LH-DRC-PAP	3586169	1	Error message "The destination set for your participant ID does not match the system..." during PEPPOL eDocument submission	Problem	Normal	21.03.2025
CA-GTF-CSC-EDO-DE	3583694	1	Incoming Invoices in eDocument cockpit Germany - SAP S/4HANA Cloud Public Edition	How-to	Normal	21.03.2025
CA-GTF-CSC-EDO-DE	3557517	1	Error "Not possible to determine Company Code for Party" in Upload Incoming Messages - SAP S/4HANA Cloud Public Edition	Problem	Normal	08.01.2025
CA-GTF-CSC-EDO-DE	3552849	1	B2B Electronic Invoice (eInvoice) Law Germany	Produkterweiterung	Normal	20.12.2024
CA-GTF-CSC-EDO-DE	3549162	1	Electronic Invoice for Germany - Received by E-Mail: Integration with SMTP Server	Gesetzliche Änderung	Korrektur mit hoher Priorität	18.12.2024
CA-GTF-CSC-EDO-DE	3542741	2	eDocument Germany eInvoice (E-Mail): Corrections for the SD/FI-CA Integration (Part II)	Korrektur der gesetzlichen Funktion	Korrektur mit mittlerer Priorität	18.12.2024
CA-GTF-CSC-EDO-DE	3537832	1	"No SOA service name is defined for interface UBL_INVOICE_TRANSM" Error in eDocument Cockpit App in SAP S/4HANA Cloud Public Edition	Problem	Normal	08.11.2024
CA-GTF-CSC-EDO-DE	3520565	3	Verarbeitung elektronischer Belege für (per E-Mail empfangene) Lieferantenrechnungen für Deutschland - Implementierungsübersicht	Info zur Installation	Korrektur mit mittlerer Priorität	19.12.2024
CA-GTF-CSC-EDO-DE	3504965	1	Electronic Document Processing for Supplier Invoices (Received by E-Mail) for Germany	Gesetzliche Änderung	Korrektur mit mittlerer Priorität	30.09.2024
CA-GTF-CSC-EDO-DE	3497297	2	Objects for SAP Note 3496845	Korrektur der gesetzlichen Funktion	Korrektur mit mittlerer Priorität	07.11.2024

Abbildung 3.15 Ermittelte SAP-Hinweise für die Komponente CA-GTF-CSC-EDO-DE

Der jeweilige SAP-Hinweis enthält eine Beschreibung der Symptome, die zum Erfordernis einer Korrektur o. Ä. geführt haben, und führt auch bereits die entsprechende Lösung an (siehe Abbildung 3.16).

Reihenfolge einhalten

Sobald die relevanten SAP-Hinweise identifiziert wurden, können diese in die jeweiligen Testumgebungen eingespielt werden. Dabei sollte die in den SAP-Hinweisen angegebene Reihenfolge zwingend eingehalten werden. Mitunter wird in bestimmten SAP-Hinweisen auch auf andere, vermeintlich auf den ersten Blick nicht relevante SAP-Hinweise verwiesen, die jedoch zunächst eingespielt werden müssen.

Ein falsches Einspielen der SAP-Hinweise kann dazu führen, dass das komplette Testsystem nicht mehr funktioniert. Deshalb sollte das Einspielen stets durch erfahrene IT-Experten und -Expertinnen vorgenommen werden.

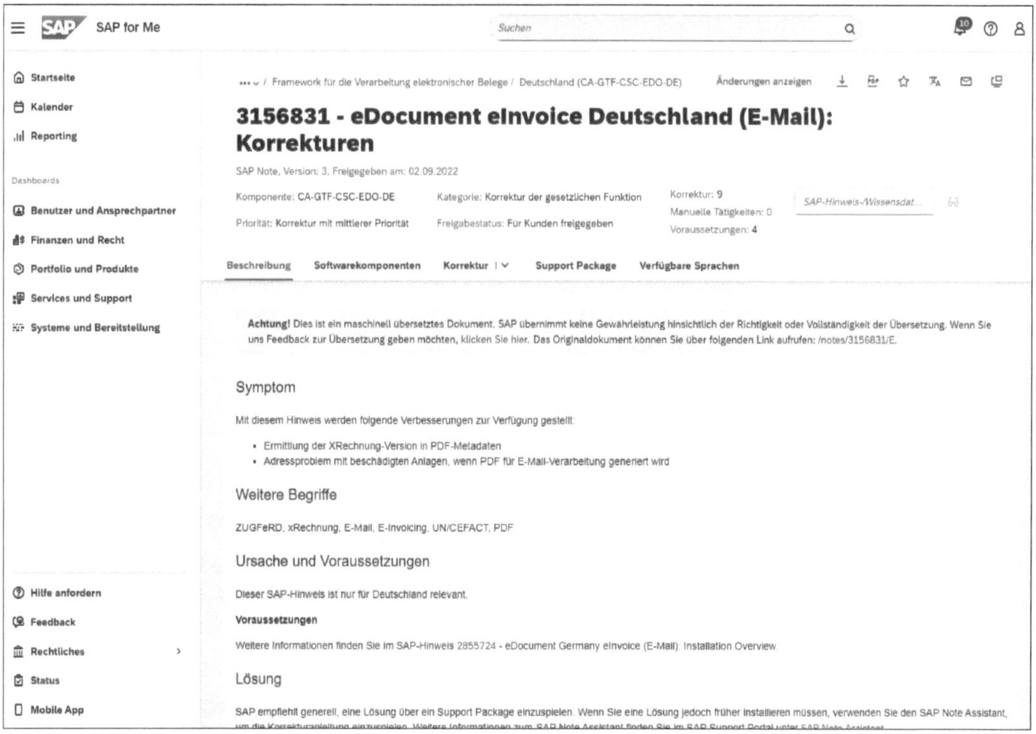

Abbildung 3.16 Beispiel für einen landesspezifischen SAP-Hinweis

Hinweisregister erstellen

Gerade in komplexen Systemlandschaften mit mehreren Mandanten oder Systemen empfehlen wir eine zentrale Koordination zur Verwaltung und Nachverfolgung aller eingesetzten SAP-Hinweise. Hierzu kann beispielsweise ein Hinweisregister genutzt werden, das folgende Informationen strukturiert dokumentiert:

- Nummer und Titel des SAP-Hinweises
- relevanter Compliance Task bzw. gesetzliche Verpflichtung
- Zielsystem(e) und Einspielstatus
- Test- und Freigabestatus
- Ansprechpartner oder -partnerin im Fachbereich und in der IT

Hinweise aktuell halten

Darüber hinaus sollten Unternehmen die SAP-Hinweise auch nach dem Go-live regelmäßig auf Aktualität und Relevanz prüfen. Gerade in Zeiten häufiger gesetzlicher Änderungen, wie z. B. durch VAT in the Digital Age (ViDA), ist es unerlässlich, die technische Abbildung in SAP aktuell zu halten. Der Regulatory Change Manager (siehe Abschnitt 3.4, »Regulatory Change Manager einsetzen«) kann hierbei als zentrales Koordinationsinstrument dienen.

Hinweise bündeln

Ein bewährter Ansatz ist zudem die Bündelung thematisch verwandter SAP-Hinweise in Release-Wellen. Dies reduziert Testaufwände, erhöht die Transparenz und vereinfacht die Abstimmung zwischen Projektteam, IT und Steuerbereich.

Es lässt sich zudem festhalten, dass die Implementierung länderspezifischer SAP-Hinweise kein rein technischer Prozess ist. Sie ist vor allem auch ein integraler Bestandteil der fachlich getriebenen Umsetzung von Compliance-Anforderungen. Nur wenn Fachwissen, technisches Verständnis und organisatorische Steuerung zusammenwirken, kann eine rechtssichere, wartbare und effiziente Lösung entstehen.

3.6 Verfahrensdokumentation nach GoBD erstellen

GoBD

Die Implementierung länderspezifischer SAP-Hinweise stellt sicher, dass gesetzliche Anforderungen technisch korrekt im System abgebildet werden. Damit diese technische Umsetzung auch nachvollziehbar, prüfbar und revisionssicher dokumentiert ist, braucht es eine strukturierte Verfahrensdokumentation nach GoBD. In diesem Abschnitt zeigen wir, wie eine solche Dokumentation im Kontext von SAP DRC aufgebaut sein sollte, welche Inhalte zwingend zu berücksichtigen sind und welche zentrale Rolle sie für die steuerliche Compliance im digitalen Umfeld spielt.

Die *GoBD* (Grundsätze zur ordnungsmäßigen Führung und Aufbewahrung von Büchern, Aufzeichnungen und Unterlagen in elektronischer Form sowie zum Datenzugriff) fordern von allen steuerpflichtigen Unternehmen eine aussagekräftige und aktuelle Verfahrensdokumentation, die sämtliche IT-gestützten Prozesse nachvollziehbar beschreibt. Auch bei der Einführung und dem Betrieb von SAP DRC ist diese Anforderung uneingeschränkt relevant, da es direkt in steuerrelevante Geschäftsprozesse eingreift und Daten für die externe Kommunikation mit Behörden generiert.

Funktion der Verfahrensdokumentation

Die Verfahrensdokumentation dient nicht allein der Erfüllung regulatorischer Anforderungen, sondern stellt auch ein zentrales Steuerungsinstrument innerhalb eines *Tax Compliance Management Systems* (Tax CMS) dar. Sie schafft Transparenz, gewährleistet Revisionssicherheit und ist entscheidend, um die Ordnungsmäßigkeit der Buchführung bei Betriebsprüfungen nachzuweisen.

Im Kontext von SAP DRC ist eine umfassende Verfahrensdokumentation insbesondere deshalb von Bedeutung, weil

- gesetzlich verpflichtende Meldungen wie die Umsatzsteuervoranmeldung automatisiert erzeugt und übermittelt werden,

- individuelle Datenextraktionen, Transformationen und Validierungen erfolgen,
- technische und organisatorische Schnittstellen mit anderen Systemen (z. B. FI, SD, MM oder externe Portale) bestehen,
- regulatorische Änderungen durch regelmäßige Updates umgesetzt werden müssen (siehe hierzu auch Abschnitt 3.4, »Regulatory Change Manager einsetzen«, und Abschnitt 3.5, »Ausführungen zu den landesspezifischen SAP-Hinweisen«).

Im Rahmen eines SAP-DRC-Projekts sollte die Verfahrensdokumentation von Beginn an als eigenständiger Arbeitspunkt bzw. eigene Anforderung berücksichtigt werden.

Verfahrensdokumentation als gesonderte Anforderung

Sie dient nicht nur der Einhaltung gesetzlicher Anforderungen, sondern auch als zentrales Steuerungsinstrument für interne Prozesse. Besonders in Transformationsprojekten, bei Migrationen oder der Integration neuer Berichtslogiken und Tasks in SAP DRC ist die Dokumentation von Verfahrensbestandteilen entscheidend, um Transparenz, Qualitätssicherung und Prüfungsfähigkeit zu gewährleisten.

Die Verfahrensdokumentation für SAP DRC sollte sämtliche Komponenten umfassen, die für die Nachvollziehbarkeit und Nachprüfbarkeit relevant sind. Dies beginnt bei einer allgemeinen Beschreibung der steuerlichen Zielsetzung und Systemlandschaft, erstreckt sich über technische Details wie Systemarchitektur, Schnittstellen und Datenflüsse bis hin zu konkreten Arbeitsanweisungen und Kontrollmechanismen.

Auch individuelle Erweiterungen, wie etwa kundenspezifische Tasks oder Anpassungen von Standardberichten (siehe Abschnitt Abschnitt 9.6, »Gesetzliche Berichte definieren«), müssen inhaltlich und technisch dokumentiert werden. Dabei gilt der Grundsatz: »Was nicht dokumentiert ist, gilt im Zweifel als nicht vorhanden.«

Inhalte der Verfahrensdokumentation

Eine GoBD-konforme Verfahrensdokumentation sollte u. a. die folgenden Punkte beinhalten:

1. **Allgemeine Beschreibung**

   Innerhalb der allgemeinen Beschreibung sollte dargestellt werden, welche steuerlich relevanten Prozesse mit SAP DRC abgebildet werden, welche Berichte oder E-Invoicing-Formate betroffen sind und wie das Projekt in die übergreifenden Steuerungs- und Entscheidungsstrukturen des Unternehmens eingebettet ist.

2. **Anwenderdokumentation**

   Die Anwenderdokumentation beschreibt typische Nutzungsszenarien, das Handling von Tasks im *eDocument Cockpit* bzw. der SAP-Fiori-App **Manage Electronic Documents**, das Monitoring und die Fehlerbehandlung.

3. **Technische Systemdokumentation**

   Die technische Systemdokumentation enthält Informationen zu eingesetzten SAP-Hinweisen, Customizings, Erweiterungen, Mapping-Tabellen und verwendeten CDS-Views.

4. **Betriebsdokumentation**

   Die Betriebsdokumentation schließt mit Aussagen zu Transportwegen, Change-Management, Backup-Strategien sowie Regelprozessen zur Aktualisierung von DRC-Inhalten ab.

Kontinuierliche Pflege

Sie sollten auf eine kontinuierliche Pflege der Dokumentation achten. Da sich gesetzliche Anforderungen und technische Rahmenbedingungen laufend ändern, ist eine Versionskontrolle mit Änderungsdokumentation unerlässlich.

Besonders im Zusammenhang mit dem Regulatory Change Manager, der zentrale regulatorische Updates koordiniert, bietet sich eine Integration in die Verfahrensdokumentation an (siehe Abschnitt 3.4). So kann transparent aufgezeigt werden, wann welche regulatorische Änderung technisch im System umgesetzt wurde und wie dies nachvollziehbar dokumentiert wurde.

Expliziter Bezug auf die GoBD

Darüber hinaus sollte die SAP-DRC-Verfahrensdokumentation explizit auf die GoBD Bezug nehmen. Dies umfasst beispielsweise Anforderungen an Datenintegrität, Unveränderbarkeit, Zugriffssicherheit und die Dokumentation von Prüfpfaden (z. B. Statuswechsel im eDocument Cockpit). Diese Punkte sollten umfangreich erläutert werden. Hierbei empfiehlt sich eine strukturierte Verknüpfung der GoBD-Anforderungen mit konkreten Kontrollmaßnahmen im SAP-DRC-Kontext, z. B. durch Tabellen, die Prozessschritte, GoBD-Vorgaben und eingesetzte technische Kontrollen einander gegenüberstellen.

Kundeneigene Erweiterungen darstellen

Ein besonderer Aspekt in SAP DRC ist zudem die Darstellung kundeneigener Erweiterungen, z. B. durch zusätzliche CDS-Views, Mapping-Tabellen oder individuelle Tasks (siehe Abschnitt 9.6, »Gesetzliche Berichte definieren«). Diese sind nicht nur funktional zu beschreiben, sondern insbesondere auch auf deren technische Pflege, Sicherheitskonzepte und Verantwortlichkeiten hin zu dokumentieren. Dies gilt umso mehr, wenn externe Tools in das Compliance Reporting eingebunden werden oder eine Hybridarchitektur mit SAP DRC und Drittanbieterplattformen besteht.

3.7 Zusammenfassung

Die erfolgreiche Einführung von SAP DRC erfordert eine fundierte Projektplanung, ein klares Verständnis regulatorischer Anforderungen sowie eine enge Verzahnung zwischen Fachbereich, IT und externen Partnern. In diesem Kapitel haben Sie gelernt, wie Sie durch den frühzeitigen Aufbau einer Compliance-Landkarte Transparenz über bestehende Meldepflichten schaffen und darauf basierend den Rollout systematisch priorisieren können.

Die SAP-Activate-Methode bietet dabei einen bewährten Rahmen zur Strukturierung der Projektphasen. Die Integration länderspezifischer SAP-Hinweise sowie die Nutzung des Regulatory Change Managers sind zentrale Werkzeuge, um gesetzliche Anforderungen effizient und revisionssicher umzusetzen.

Ein weiteres Augenmerk liegt auf der Migration bestehender Reporting-Lösungen, bei der neben technischen Aspekten auch strategische Fragen der Harmonisierung und zukünftigen Wartbarkeit berücksichtigt werden müssen. Darüber hinaus wird deutlich, dass SAP-DRC-Projekte nicht nur technologische Herausforderungen mit sich bringen, sondern tiefgreifend in Prozesse und Organisationsstrukturen eingreifen. Eine frühzeitige Klärung von Rollen, Zuständigkeiten und Kommunikationsstrukturen ist daher unerlässlich.

Schließlich stellt die Verfahrensdokumentation nach GoBD ein zentrales Element zur Sicherstellung von Nachvollziehbarkeit und Revisionssicherheit dar. Sie sollte integraler Bestandteil jedes SAP-DRC-Projekts sein und sowohl technische als auch fachliche Komponenten umfassend dokumentieren.

TEIL II

Funktionale und technische Grundlagen

Kapitel 4

Einführung in SAP Document and Reporting Compliance

SAP Document and Reporting Compliance (SAP DRC) unterstützt Unternehmen dabei, gesetzliche Anforderungen zur elektronischen Rechnungsstellung und zum Berichtswesen direkt im SAP-System zu erfüllen.

Nachdem wir in den vorangegangenen Kapiteln die strategischen Grundlagen, die organisatorischen Voraussetzungen sowie die Planungsaspekte einer Einführung von SAP DRC beleuchtet haben, beginnt mit diesem Teil des Buches der Übergang zu den funktionalen und technischen Grundlagen. Dieses Kapitel legt hierfür den Grundstein, indem es die Entwicklungsgeschichte, die Kernfunktionen sowie die Positionierung von SAP DRC innerhalb der SAP-ERP-Landschaft erläutert. Damit schafft es die Basis für das Verständnis der nachfolgenden Inhalte: In Kapitel 5, »Architektur und technische Grundlagen« werden die technischen Komponenten dargestellt, während Kapitel 6, »E-Invoicing implementieren«, und Kapitel 7, »E-Invoicing einsetzen«, die praktische Umsetzung der elektronischen Rechnungsverarbeitung (E-Invoicing) behandeln. Kapitel 8 und Kapitel 9 widmen sich schließlich dem gesetzlichen Meldewesen und dessen Implementierung im Unternehmenskontext.

In diesem Kapitel werfen wir in Abschnitt 4.1 einen Blick auf die Entstehungsgeschichte von SAP DRC. In Abschnitt 4.2 zeigen wir auf, wie die Lösung aus der zunehmenden Notwendigkeit heraus, gesetzliche Anforderungen an das E-Invoicing und das gesetzliche Meldewesen, sich kontinuierlich weiterentwickelt hat. Wir erläutern, wie die Lösung Unternehmen dabei unterstützt, regulatorische Anforderungen im Bereich E-Invoicing und gesetzliches Berichtswesen zu erfüllen. Dabei betrachten wir in Abschnitt 4.3 die Kernfunktionen der Lösung und ihre Integration in die ERP-Landschaft und geben in Abschnitt 4.4 einen Überblick über die relevanten SAP-Versionen sowie über das Lizenzmodell in Abschnitt 4.5. Abschließend werfen wir in Abschnitt 4.6 einen Blick auf künftige Entwicklungen, insbesondere auf den potenziellen Einsatz von KI-Agenten und die Rolle der SAP Business Data Cloud im Kontext von SAP DRC. Diese Grundlagen sind essenziell für das Verständnis der späteren spezifischen Anwendungsszenarien.

4.1 Entstehungsgeschichte von SAP DRC

Herausforderungen durch gesetzliche Anforderungen

Die digitale Transformation der Steuer- und Compliance-Anforderungen hat Unternehmen weltweit vor große Herausforderungen gestellt. Gesetzliche Änderungen, insbesondere im Bereich der elektronischen Rechnungsstellung (E-Invoicing) und des gesetzlichen Meldewesens (Statutory Reporting), haben Unternehmen gezwungen, ihre Prozesse zu modernisieren und zu automatisieren. Insbesondere in Europa hat sich dahingehend die Entwicklung der elektronischen Rechnungsstellung von einem Instrument zur Effizienzsteigerung hin zu einer gesetzlichen Verpflichtung gewandelt. Während Unternehmen früher E-Invoicing als freiwillige Möglichkeit zur Prozessoptimierung und Kostensenkung nutzten, fordern heute immer mehr Regierungen eine verpflichtende digitale Rechnungsstellung.

Vorreiter der elektronischen Rechnungsstellung.

Das E-Invoicing wurde erstmals in Südamerika eingeführt und zählt dort zu den frühesten Initiativen weltweit zur Digitalisierung von Rechnungsprozessen. Mexiko und Brasilien gelten dabei als Vorreiter, denn Mexiko etablierte bereits ab 2004 ein verpflichtendes elektronisches Rechnungsformat (CFDI), während Brasilien ab 2006 mit dem System der Nota Fiscal Eletrônica (NF-e) begann. Beide Länder setzten früh auf verpflichtende E-Rechnungen im B2B- und B2G-Bereich und trugen maßgeblich zur Etablierung digitaler Steuerkontrollen in der Region bei.

EU-Initiative

Auch innerhalb der EU wird diese Entwicklung durch regulatorische Initiativen wie *VAT in the Digital Age* (ViDA) der Europäischen Union vorangetrieben. Ziel ist es, E-Invoicing bis spätestens 2030 in allen Mitgliedstaaten verpflichtend einzuführen. Ein zentraler Bestandteil von ViDA ist die verpflichtende Einführung von E-Invoicing, die bis 2030 flächendeckend in allen EU-Mitgliedstaaten umgesetzt sein soll. Länder wie Italien mit dem Portal Sistema di Interscambio (SDI) und Ungarn mit der Plattform Nemzeti Adó és Vámhivatal (NAV) gelten dabei als Vorreiter und setzen bereits auf nahezu Echtzeitübermittlungen von Rechnungen an die Steuerbehörden.

ERP-Integration und Digitalisierung als Antwort auf gesetzliche Anforderungen

Diese gesetzlichen Anforderungen führten dazu, dass Unternehmen neue Technologien implementieren mussten, um Transparenz zu gewährleisten, Fehlerrisiken zu minimieren und rechtliche Vorgaben fristgerecht zu erfüllen. Mit der fortschreitenden Digitalisierung der Steuerprozesse wuchs zugleich der Bedarf an automatisierten, ERP-integrierten Lösungen für eine rechtssichere Rechnungsverarbeitung sowie die Erstellung der damit verbundenen gesetzlichen Berichte. SAP reagierte auf diese Entwicklung, indem es bestehende Compliance-Lösungen weiterentwickelte und schließlich zu einer umfassenden Plattform zusammenführte: SAP DRC.

Vorgängerversionen von SAP DRC

Seitens SAP wurden mit der Veröffentlichung von SAP S/4HANA 2022 die zuvor eigenständigen Lösungen, *SAP Advanced Compliance Reporting* und *SAP Document Compliance*, in einer einzigen Plattform vereint. Die Zusammenführung von SAP Advanced Compliance Reporting und SAP Document Compliance zur einheitlichen Lösung SAP DRC zielte darauf ab, die Komplexität für Unternehmen zu reduzieren und die Effizienz in der gesetzlichen Compliance zu erhöhen. Obwohl beide Vorgängerlösungen unterschiedliche Schwerpunkte hatten, überschnitten sich ihre Funktionen teilweise, was zu redundanten Prozessen führte.

SAP Advanced Compliance Reporting konzentrierte sich hauptsächlich auf das Reporting von Steuerdaten und Compliance-Berichten, insbesondere in Bezug auf die gesetzlich vorgeschriebenen Steuererklärungen und -meldungen in Echtzeit, wie sie in verschiedenen Ländern erforderlich sind. Es bot Unternehmen eine Plattform, um Steuerinformationen effizient zu sammeln, zu verarbeiten und an die zuständigen Behörden zu übermitteln. Auf der anderen Seite befasste sich SAP Document Compliance mit der Verwaltung und elektronischen Übertragung von Rechnungen und anderen Dokumenten, die von den Steuerbehörden in einer bestimmten Form und gemäß lokalen Vorschriften angefordert werden. Es stellte sicher, dass Rechnungen den gesetzlichen Anforderungen entsprachen und automatisch über die richtigen Kanäle übermittelt wurden.

SAP DRC als zukünftige globale Plattform

Mit der Vereinheitlichung dieser beiden Lösungen in SAP DRC profitieren Unternehmen nun von einer zentralen Anlaufstelle für beide Funktionen. SAP DRC ermöglicht es, sowohl elektronische Rechnungen als auch Steuererklärungen und weitere gesetzlich erforderliche Berichte in einer einzigen Lösung zu verwalten. Dies trägt dazu bei, Prozesse zu automatisieren, die Fehleranfälligkeit zu reduzieren und sicherzustellen, dass alle steuerlichen Anforderungen gemäß den jeweiligen Vorschriften erfüllt werden. Durch diese Konsolidierung werden redundante Prozesse eliminiert, und Unternehmen können ihre Compliance-Risiken besser steuern.

Ein weiterer wichtiger Aspekt der Vereinheitlichung ist die Unterstützung der kontinuierlichen Erweiterung und Anpassung an lokale und internationale Steueranforderungen. Da die steuerlichen und regulatorischen Vorschriften weltweit ständig aktualisiert werden, sorgt SAP DRC für eine flexiblere und skalierbare Lösung, die sich schnell an neue Anforderungen anpassen lässt. Dies bietet Unternehmen eine langfristige Sicherheit und vereinfacht die Verwaltung von Steuer- und Rechnungslegungsprozessen, insbesondere in einem zunehmend globalisierten und digitalisierten Geschäftsumfeld.

Zusammengefasst ermöglicht SAP DRC Unternehmen die zentrale und automatisierte Abwicklung ihrer steuerlichen Pflichten. Es integriert elektronische Rechnungsstellung, Echtzeitmeldungen und gesetzliche Berichte direkt in die SAP-Systeme. So können Unternehmen Compliance-Anforderungen weltweit effizienter und sicherer erfüllen sowie schnell auf neue regulatorische Vorgaben reagieren.

4.2 Technologische Einordnung in die SAP-ERP-Landschaft

Die Einführung von SAP DRC wirft in vielen Projekten zunächst die Frage auf, wie sich die Lösung technologisch in bestehende SAP-ERP-Systeme einfügt. Denn je nach Systemgeneration und Betriebsmodell, von SAP ERP ECC über SAP S/4HANA On-Premise bis hin zur Cloud, ergeben sich unterschiedliche Integrationspfade und technische Voraussetzungen. Dieser Abschnitt vermittelt einen systematischen Überblick über die Einbettung von SAP DRC in die SAP-Systemlandschaft und beleuchtet zentrale Technologien und Rahmenbedingungen für den erfolgreichen Einsatz.

SAP DRC ist eine zentrale Komponente im SAP-Ökosystem, die darauf abzielt, regulatorische Anforderungen im Bereich der elektronischen Rechnungsstellung und steuerlichen Berichterstattung zu erfüllen. Ihre technologische Einbindung in die SAP-Systemlandschaft ist vielseitig und auf verschiedene ERP-Modelle ausgerichtet. Die Lösung ist vollständig in die zugrunde liegende Systemarchitektur integriert, was eine konsistente Datenverarbeitung und die Wiederverwendung bestehender Geschäftsprozesse ermöglicht.

Verfügbarkeit von SAP DRC in SAP-Systemen

SAP DRC ist für eine breite Palette an SAP-Systemen verfügbar und unterstützt sowohl moderne als auch etablierte ERP-Landschaften. Im Folgenden gehen wir auf die unterschiedlichen Systeme ein.

SAP S/4HANA Cloud

Für SAP S/4HANA Cloud – sowohl in der Public als auch in der Private Edition – ist SAP DRC nativ in die SAP Business Technology Platform (SAP BTP) eingebettet. Dies ermöglicht eine vollständig cloudbasierte Umsetzung mit hoher Skalierbarkeit. Zudem profitieren Unternehmen von automatischen Aktualisierungen regulatorischer Inhalte, wodurch sie stets auf dem neuesten Stand der gesetzlichen Anforderungen bleiben.

SAP S/4HANA On-Premise

In der SAP-S/4HANA-On-Premise-Variante wird SAP DRC als Add-on implementiert. Diese Variante bietet den gleichen Funktionsumfang wie die Cloud-Version, jedoch mit einem höheren Maß an Eigenverantwortung hinsichtlich Betrieb und Anpassung. Unternehmen behalten so die volle

Kontrolle über ihre Systemarchitektur und können Anpassungen spezifisch auf ihre internen Prozesse abstimmen.

SAP ECC 6.0

Für Kunden mit klassischen SAP-ERP-Systemen, etwa ECC 6.0, steht SAP DRC über das sogenannte *Electronic Document Processing Framework* (EDPF) zur Verfügung. Diese Möglichkeit erlaubt es Unternehmen, auch ohne vollständige Migration auf SAP S/4HANA von den modernen Compliance-Funktionalitäten zu profitieren und gesetzliche Vorgaben effizient umzusetzen. Auch für ältere SAP-Systeme ist SAP DRC über das EDPF verfügbar.

[!]

Keine Kompatibilität in Bezug auf SAP R/3

SAP DRC ist nicht mit SAP R/3 kompatibel und wurde nicht für diese Systemgeneration entwickelt. SAP R/3, der Vorgänger von SAP ECC, bietet weder die technischen Voraussetzungen noch die Schnittstellenarchitektur, die für den Betrieb von SAP DRC erforderlich sind. Insbesondere fehlen zentrale Komponenten wie das EDPF sowie die notwendige Integrationsfähigkeit mit der SAP BTP oder der SAP Integration Suite.

Unternehmen, die weiterhin SAP R/3 einsetzen, müssen auf alternative, meist manuell gepflegte oder externe Drittanbieterlösungen zurückgreifen, um gesetzliche E-Invoicing- und Reporting-Anforderungen zu erfüllen. Um SAP DRC einsetzen zu können und mittel- bis langfristig regulatorische Sicherheit zu gewährleisten, ist ein Umstieg auf mindestens SAP ECC 6.0 erforderlich.

Zu beachten ist darüber hinaus:

- SAP DRC setzt mindestens SAP ECC 6.0 mit Enhancement Package 8 voraus (siehe: *http://s-prs.de/v11005005*).
- Für die Kommunikation mit den SAP DRC Public Cloud Services ist das eDocument Framework in Version 25 erforderlich. Diese Version ist ab der SAP-Komponente *SAP_APPL 600* verfügbar (siehe dazu: *http://s-prs.de/v11005006*).

Zentrale Integrationspfade

Die Integration von SAP DRC basiert auf mehreren zentralen technologischen Komponenten, die je nach Systemlandschaft und Integrationspfad zum Einsatz kommen.

SAP BTP: Cloud-Basis für die Integration

Eine dieser Schlüsseltechnologien ist die SAP Business Technology Platform (SAP BTP), die die technische Grundlage für die Cloud-basierten Komponenten von SAP DRC bildet. Sie unterstützt nicht nur die Integration von Prozessen und Systemen, sondern ermöglicht auch eine flexible Erweiterbarkeit sowie eine zentrale Administration über verschiedene SAP-Module hinweg.

SAP Integration Suite: Middleware für die Anbindung

Eine weitere Komponente ist die *SAP Integration Suite*. Diese fungiert als Middleware-Lösung. Sie beinhaltet vorkonfigurierte Integrationsflüsse, die für die Kommunikation mit den Steuerbehörden verschiedener Länder verwendet werden. Dadurch wird eine standardisierte, wartbare und skalierbare Verbindung zwischen dem SAP-System und den externen Steuerplattformen gewährleistet.

EDPF: On-Premise-Framework für steuerliche Dokumente

Für On-Premise-Szenarien (klassische SAP-ERP-Installationen) stellt das Electronic Document Processing Framework (EDPF) die technologische Basis dar. Es ermöglicht die Verarbeitung, Formatierung und Validierung steuerlicher Dokumente direkt innerhalb der bestehenden ERP-Infrastruktur. Wie oben beschrieben können so auch Unternehmen mit älteren Systemlandschaften von den modernen Compliance-Funktionalitäten profitieren, ohne eine vollständige Systemmigration durchführen zu müssen.

Strukturierte Verarbeitung und Mapping externer Datenquellen

Ergänzend kommt das *SAP Application Interface Framework* zum Einsatz. Während das EDPF für die Ausgabe steuerlicher Dokumente zuständig ist, übernimmt das SAP Application Interface Framework die strukturierte Verarbeitung eingehender Daten. Es unterstützt das Mapping, Monitoring und Fehlerhandling externer Schnittstellen. Gemeinsam sorgen EDPF und SAP Application Interface Framework für eine konsistente, bidirektionale Integration und bilden die technische Grundlage für eine durchgängige Compliance-Architektur, die je nach Systemlandschaft und Integrationspfad zum Einsatz kommt.

Integration weiterer SAP-Lösungen

SAP DRC ist eng mit weiteren SAP-Lösungen verknüpft, die in angrenzenden Geschäftsprozessen aktiv sind. Dazu zählen unter anderem die Folgenden:

- *SAP Ariba* (Einkauf und Rechnungsstellung)
- *SAP Vendor Invoice Management* (automatisierte Kreditorenprozesse)
- *SAP Concur* (Reisekosten und Spesen)
- *SAP Business Network* (elektronische Partnerkommunikation)
- *SAP Human Capital Management* (steuerlich relevante Personalprozesse)

Diese Integration ermöglicht eine durchgängige und konsistente Datenverarbeitung – von der operativen Transaktion bis zur gesetzlich konformen Meldung an die Steuerbehörde.

Vorteile der technologischen Einbindung

Die technologische Integration von SAP DRC in die SAP-Systemlandschaft bietet Unternehmen zudem eine Vielzahl von Vorteilen. Einer der zentralen Aspekte ist die Vermeidung von Medienbrüchen. Durch die vollständige Digitalisierung steuerrelevanter Prozesse wird ein durchgängiger Informationsfluss gewährleistet, der manuelle Eingriffe reduziert und die Prozesssicherheit erhöht.

Ein weiterer Vorteil liegt in der erhöhten Transparenz. Da alle Prozesse vollständig in die SAP-ERP-Systeme integriert sind, können steuerrelevante Vorgänge lückenlos nachverfolgt werden. Dies erleichtert nicht nur interne Prüfungen, sondern unterstützt auch externe Audits durch eine eindeutige Dokumentation aller Prozessschritte.

Darüber hinaus profitieren Unternehmen von der Möglichkeit, bestehende Datenstrukturen und Buchungslogiken weiterzuverwenden. Anstatt neue Schnittstellen oder redundante Datenquellen aufzubauen, können vorhandene ERP-Strukturen genutzt werden, was sowohl Zeit als auch Ressourcen spart.

Zudem bietet die Einbindung von SAP DRC ein hohes Maß an Zukunftssicherheit. Die Lösung ist so konzipiert, dass sie regulatorische Weiterentwicklungen wie Echtzeitmeldesysteme, *Continuous Transaction Controls* (CTC) und elektronische Berichtsformate flexibel abbilden kann. Damit sind Unternehmen gut gerüstet, um auch künftige Anforderungen effizient und gesetzeskonform umzusetzen.

SAP-DRC-Framework

Abbildung 4.1 veranschaulicht die Architektur von SAP DRC, wie sie in der SAP-Systemlandschaft eingebettet ist. Sie zeigt das Zusammenspiel zwischen den SAP-ERP-Systemen, SAP DRC, der SAP BTP mit SAP DRC, Cloud Edition und der SAP Integration Suite und der Datenübermittlung an Steuerbehörden oder etwaige Geschäftspartner.

Das modulare Framework von SAP DRC unterstützt sowohl Cloud- als auch On-Premise-Szenarien als Backend-System. Je nach Systemlandschaft und regulatorischer Anforderung kann die Integration über zwei etablierte Pfade erfolgen:

- Die *SAP DRC, Cloud Edition* ermöglicht es Unternehmen, steuerlich relevante Dokumente an SAP zu übermitteln, wobei SAP den gesamten Transport sowie die technische Kommunikation mit den Steuerplattformen oder Geschäftspartnern als Service übernimmt. Die Verantwortung für die Übertragung der Dokumente und die Interaktion mit den jeweiligen Behörden liegt vollständig bei SAP. Das Backend-System übergibt die erzeugten Dateien, in der Regel im XML- oder JSON-Format, an SAP DRC, Cloud Edition, das anschließend den Transport sowie gegebenenfalls die Authentifizierung übernimmt. Dieses Vorgehen wird von SAP als *Transport-Software-as-a-Service-(SaaS-)Modell* bezeichnet. Die Übermittlung der Dateien an SAP DRC, Cloud Edition erfolgt über eine gesicherte Verbindung. Der wesentliche Vorteil dieser Lösung liegt in der geringen technischen Komplexität und dem Verzicht auf zusätzliche Middleware, was sie insbesondere für standardisierte Massenszenarien sowie für Länder mit anspruchsvollen regulatorischen Vorgaben besonders geeignet macht.

- Die SAP Integration Suite ermöglicht eine direkte Kommunikation mit Behörden oder Geschäftspartnern und wird häufig in On-Premise-Umgebungen eingesetzt. In diesem Modell generiert das Unternehmen selbst die gesetzlich vorgeschriebenen Dateien direkt im eigenen SAP-Backend-System. Die Übermittlung an die jeweilige Plattform der Behörde oder der Geschäftspartner erfolgt über vorkonfigurierte Integrationsflüsse innerhalb der SAP Integration Suite. Der gesamte Transportprozess, einschließlich Fehlerhandling und technischer Anbindung, liegt in der Verantwortung des SAP-Kunden. Diese Lösung bietet ein hohes Maß an Kontrolle und eignet sich besonders für Unternehmen mit erfahrenen IT-Teams und fundierter Middleware-Kompetenz.

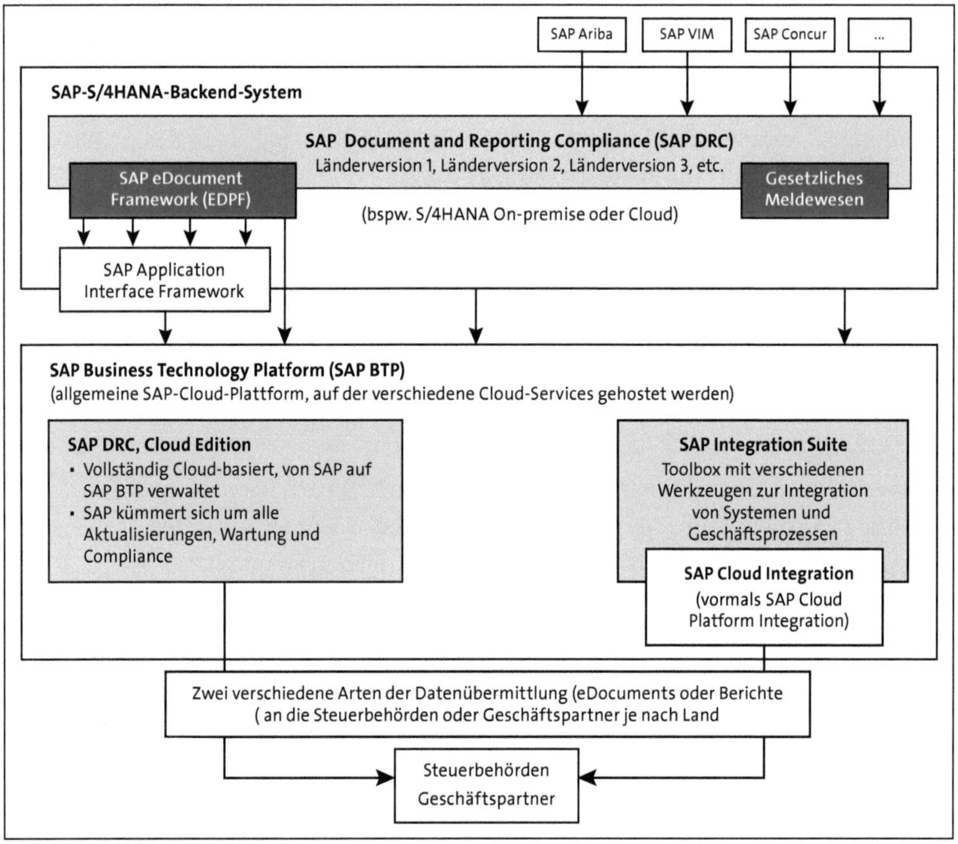

Abbildung 4.1 SAP-DRC-Framework

In beiden Fällen liegt jedoch das SAP-DRC-Framework zentral im SAP-Backend-System, wo auch die jeweiligen *Länderversionen* gepflegt und verwaltet werden. Diese länderspezifischen Versionen beinhalten die jeweils geltenden gesetzlichen Anforderungen. Je nach Bedarf können diese Versionen durch SAP selbst oder durch zertifizierte Partner bereitgestellt und in das Framework integriert werden.

Außerdem ist es möglich, dass SAP DRC mit weiteren SAP-Lösungen wie bspw. SAP Ariba, SAP VIM, SAP Concur verknüpft werden kann, was eine durchgängige Abbildung von End-to-End-Prozessen ermöglicht.

Auswahl und Koexistenz der Integrationspfade

Die Auswahl des Integrationspfads erfolgt nicht durch den SAP-Kunden selbst, sondern ist abhängig vom jeweiligen Land und dessen regulatorischer Infrastruktur. Eine freie Wahl der Integrationspfade über SAP DRC, Cloud Edition oder über SAP Integration Suite ist daher nicht möglich. Viele internationale Unternehmen nutzen deshalb eine Kombination beider Integrationspfade:

- SAP Integration Suite für Länder wie bspw. Italien, Chile oder Kolumbien.
- SAP DRC, Cloud Edition für Länder wie bspw. Belgien, Malaysia oder Rumänien.

Länderversionen

Die Länderversionen werden regelmäßig durch SAP aktualisiert (z. B. bei Gesetzesänderungen), wobei sowohl Inhalt als auch technische Integration gepflegt werden. Kunden profitieren so von einem stets aktuellen Regelwerk, ohne eigene Implementierungen aktualisieren zu müssen. Weitere Details zu den Länderversionen und den unterstützten Geschäftsprozessen von SAP DRC finden Sie in Abschnitt 8.3, »Externes Meldewesen einrichten«.

Formate und Validierungen

Je nach gesetzlicher Vorgabe wird das sogenannte *Exit-Format* (z. B. XML, JSON) generiert. Dieses Format ist je Land unterschiedlich und wird entweder durch SAP oder zertifizierte Partner bereitgestellt. Vor der Übermittlung werden die Dateien auf:

- Vollständigkeit,
- Formatkonformität,
- Konsistenz mit den Buchungsdaten im System geprüft.

Die SAP-Fiori-App **eDocument Cockpit** (App-ID: **EDOC_COCKPIT**) als zentrales Monitoring-Tool zeigt in Echtzeit den Status der Übermittlung, ermöglicht Korrekturen und bietet einen vollständigen Audit-Trail. Weitere Details hierzu finden Sie in Abschnitt 4.3.1, »Funktionen der E-Invoicing-Komponente (Elektronische Belegverarbeitung)«.

Einbindung lokaler Dienstleister

In einigen Ländern ist der Einsatz lokaler *Connectivity Provider* (z. B. GSPs in Indien) erforderlich. SAP DRC ermöglicht die flexible Anbindung solcher Dienste, ohne dass der Kunde tief in Middleware-Themen einsteigen muss. Für komplexe Mandate mit länderspezifischen Prozessen stellt SAP auch Partnerlösungen bereit, die nahtlos in das SAP-DRC-Framework integriert werden.

Sicherheits- und Compliance-Aspekte

SAP DRC ist mandantenfähig, DSGVO-konform und bietet durch seine zentrale Architektur hohe Transparenz. Jede übermittelte Datei ist nachvollziehbar, die Historie jederzeit einsehbar. Dadurch wird nicht nur Compliance sichergestellt, sondern auch die Prüfungs- und Auditfähigkeit verbessert.

Vorteile des Frameworks

Das SAP-DRC-Framework bietet Unternehmen eine Vielzahl an Vorteilen, die insbesondere in internationalen und dynamischen regulatorischen Umgebungen zum Tragen kommen. Durch die zentrale Verwaltung aller länderspezifischen Anforderungen innerhalb eines einheitlichen Systems können sämtliche relevanten Länder und Berichtstypen effizient abgedeckt werden. Diese einheitliche Struktur erhöht nicht nur die Transparenz, sondern vereinfacht auch die Kontrolle und Steuerung über verschiedene Organisationseinheiten hinweg.

Ein weiterer wesentlicher Vorteil liegt in der hohen Flexibilität des Frameworks. Unternehmen haben die Möglichkeit, die Lösung individuell anzupassen und zu erweitern – sei es durch eigene Szenarien oder über zertifizierte Partnerlösungen. Dadurch lässt sich das System gezielt auf spezifische Marktanforderungen und unternehmensspezifische Prozesse zuschneiden.

Gleichzeitig gewährleistet das kontinuierlich weiterentwickelte Framework eine hohe Zukunftssicherheit. SAP und seine Partner aktualisieren regelmäßig die länderspezifischen Inhalte und technischen Standards, sodass Unternehmen jederzeit gesetzeskonform agieren können.

Nicht zuletzt zeichnet sich das Framework durch eine einfache Wartbarkeit aus. Regulatorische Änderungen werden über zentrale Updates bereitgestellt, wodurch der Pflegeaufwand für die IT-Abteilungen erheblich reduziert wird. So bleibt die Lösung stets auf dem neuesten Stand, ohne dass tiefgreifende manuelle Anpassungen erforderlich sind.

4.3 Kernfunktionen von SAP DRC

In diesem Abschnitt stellen wir die Kernfunktionen von SAP DRC vor und geben Ihnen einen kompakten Überblick über die zentralen Prozessschritte der Lösung. Ziel ist es, die grundlegenden Funktionsbereiche des E-Invoicing und des gesetzlichen Meldewesens in ihrer Systematik zu skizzieren und die dazugehörigen SAP-Fiori-Apps zu verorten. Damit erhalten Sie ein klares Bild darüber, wie SAP DRC Unternehmen bei der Einhaltung gesetzlicher Anforderungen unterstützt.

Das Kapitel dient bewusst der Einordnung und Orientierung. Die hier dargestellten Funktionen werden in späteren Kapiteln noch detaillierter erläutert. Auf diese Weise bildet dieser Abschnitt die Basis für das Verständnis der einzelnen Lösungsbereiche, ohne bereits in alle fachlichen und technischen Funktionen und Details einzusteigen.

Wir skizzieren zunächst die vier zentralen Prozessschritte von der Erstellung elektronischer Belege über die Datenaufbereitung und Einreichung bis zur Abstimmung und zum gesetzlichen Berichtswesen. Anschließend vertiefen wir die beiden Kernbereiche in getrennten Unterabschnitten: In Abschnitt 4.3.1 werden die Funktionen der E-Invoicing-Komponente dargestellt und die relevanten SAP-Fiori-Apps im Arbeitsalltag verortet. In Abschnitt 4.3.2 folgt das gesetzliche Meldewesen mit einem Fokus auf Fristensteuerung, Datenanalyse, Berichtserstellung und Verbuchung, ergänzt um die zugehörigen Anwendungen. Dabei orientieren wir uns am typischen Prozessfluss, verweisen auf relevante Datenobjekte und zeigen anhand von Abbildungen, wie Monitoring, Fehleranalyse und Korrekturen systemgestützt erfolgen. So entsteht ein praxisnaher Überblick, der die späteren Implementierungs- und Betriebskapitel direkt vorbereitet.

Vier Prozessschritte

Der Funktionsumfang von SAP DRC gliedert sich in die beiden Kernbereiche elektronische Belegverarbeitung und gesetzliches Meldewesen. Diese lassen sich in vier zentrale Prozessschritte unterteilen:

1. **E-Invoicing**

   Die Lösung unterstützt die automatisierte Erstellung, Validierung und Verwaltung elektronischer Dokumente in Einklang mit den gesetzlichen Vorgaben der jeweiligen Länder.

2. **Datenaufbereitung und -einreichung**

   Steuerrelevante Daten werden konsolidiert, geprüft und in den gesetzlich geforderten Formaten an die zuständigen Behörden übermittelt – entweder automatisiert oder manuell, je nach länderspezifischer Vorgabe.

3. **Abstimmung**

   Im Rahmen der Konsistenzprüfung werden interne Buchhaltungsdaten systemseitig mit den bei den Steuerbehörden registrierten Informationen abgeglichen. So lassen sich Abweichungen frühzeitig erkennen und gezielt beheben.

4. **Gesetzliches Meldewesen**

   Die Anwendung ermöglicht die Erstellung und Einreichung gesetzlicher Steuerberichte, einschließlich integrierter Fristenüberwachung, Statusverfolgung und Auswertung seitens der Behörden. Diese Prozesskette sorgt dafür, dass Unternehmen ihren steuerlichen Verpflichtungen effizient und konform nachkommen können.

SAP-Fiori-Apps für das E-Invoicing

Zu den gängigen Applikationen in SAP Fiori der E-Invoicing-Komponente gehören:

- **eDocument Cockpit** (App-ID: **EDOC_COCKPIT**)
- **Elektronische Belege verwalten** (App-ID: **F4036**)
- **Document- and Reporting-Compliance verwalten** (App-ID: **F5218**)

SAP-Fiori-Apps für das gesetzliche Meldewesen

Für die Statutory-Reporting-Komponente stehen unter anderem folgende Applikationen in SAP Fiori zur Verfügung:

- **Gesetzliche Berichte ausführen** (App-ID: **F1515**)
- **Gesetzliche Berichte definieren** (App-ID: **F2131**)
- **Document- and Reporting-Compliance verwalten** (App-ID: **F5218**)

Im Folgenden werfen wir einen genaueren Blick auf die zentralen Funktionen der E-Invoicing-Komponente und der Komponente zum gesetzlichen Meldewesen. Dabei geben wir Ihnen einen Überblick über deren Funktionsweise, den Hintergrund sowie ergänzende Informationen zur relevanten SAP-Fiori-Applikation.

4.3.1 Funktionen der E-Invoicing-Komponente (Elektronische Belegverarbeitung)

Automatisierte Erstellung und Übermittlung von E-Rechnungen

Die E-Invoicing-Komponente von SAP DRC fokussiert sich auf die automatisierte Erstellung, Verarbeitung, Validierung und Übermittlung elektronischer Rechnungen – sowohl an Geschäftspartner als auch an zuständige Finanzbehörden. Die Kernfunktionen der SAP-DRC-E-Invoicing-Komponente erläutern wir kurz in diesem Abschnitt. In Kapitel 7, »E-Invoicing einsetzen«, gehen wir dann genauer auf die Komponente ein.

SAP-Fiori-App »Elektronische Belege verwalten« (App-ID: »F4036«)

Ein zentrales Werkzeug für die operative Steuerung und Überwachung dieser Prozesse ist die SAP-Fiori-App **Elektronische Belege verwalten** (App-ID: **F4036**), die Sie beispielhaft für eingehende Rechnungen im deutschen Kontext in Abbildung 4.2 sehen.

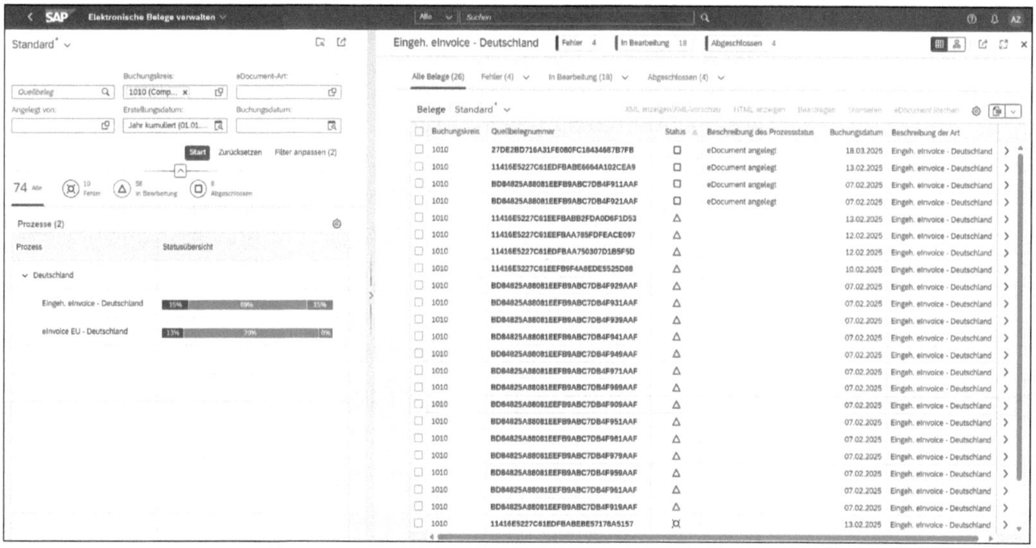

Abbildung 4.2 SAP-Fiori-App »Elektronische Belege Verwalten« (App-ID: »F4036«)

SAP DRC ermöglicht die automatisierte Erstellung und Übertragung elektronischer Rechnungen in gesetzlich vorgeschriebenen Formaten – etwa XML oder UBL – direkt aus SAP S/4HANA. Die SAP-Fiori-App **Elektronische Belege verwalten** (App-ID: **F4036**) bildet hierfür das zentrale Arbeitsumfeld. Hier können Rechnungen generiert, in das länderspezifische Format konvertiert, an Behörden übermittelt und empfangene Rückmeldungen wie Freigaben oder Ablehnungen in Echtzeit nachvollzogen werden.

Zentrale Überwachung elektronischer Rechnungen

Die SAP-Fiori-App **Elektronische Belege verwalten** stellt damit die zentrale Arbeitsoberfläche für die operative Überwachung eingehender und ausgehender elektronischer Rechnungen dar.

SAP-Fiori-App »eDocument Cockpit« (App-ID: »EDOC_COCKPIT«)

Die SAP-Fiori-App **eDocument Cockpit** (App-ID: **EDOC_COCKPIT**) dient als zentrale Benutzeroberfläche zur Verwaltung und Überwachung elektronischer Dokumente. Sie ermöglicht Anwendern eine transparente, länderübergreifende Übersicht über den aktuellen Status aller generierten und übermittelten eDocuments – einschließlich E-Rechnungen, Gutschriften und weiterer steuerlich relevanter Dokumenttypen. Durch umfangreiche Filter- und Suchfunktionen (z. B. nach Ländern, Fehlerstatus, Dokumentart oder Zeitraum) lässt sich der Datenbestand gezielt analysieren. Visuelle Statusindikatoren erleichtern das Erkennen von Fehlern oder ausstehenden Übermittlungen. Darüber hinaus bietet die App direkte Navigationsmöglichkeiten zur Fehlerbehebung, Protokolleinsicht sowie die Möglichkeit zur manuellen oder automatisierten Nachverarbeitung. Das **eDocument Cockpit** unterstützt somit eine effiziente, revisionssichere Bearbeitung elektronischer Dokumente und trägt maßgeblich zur Einhaltung gesetzlicher Meldepflichten bei – insbesondere in Szenarien mit Echtzeit- oder Near-Realtime-Berichtspflichten.

Die Abbildung 4.3 zeigt exemplarisch die Statusübersicht für den Prozess **Eingehende eInvoices – Deutschland** mit integrierter Fehlerklassifikation, Filterlogik und Dokumentenstatusanzeige.

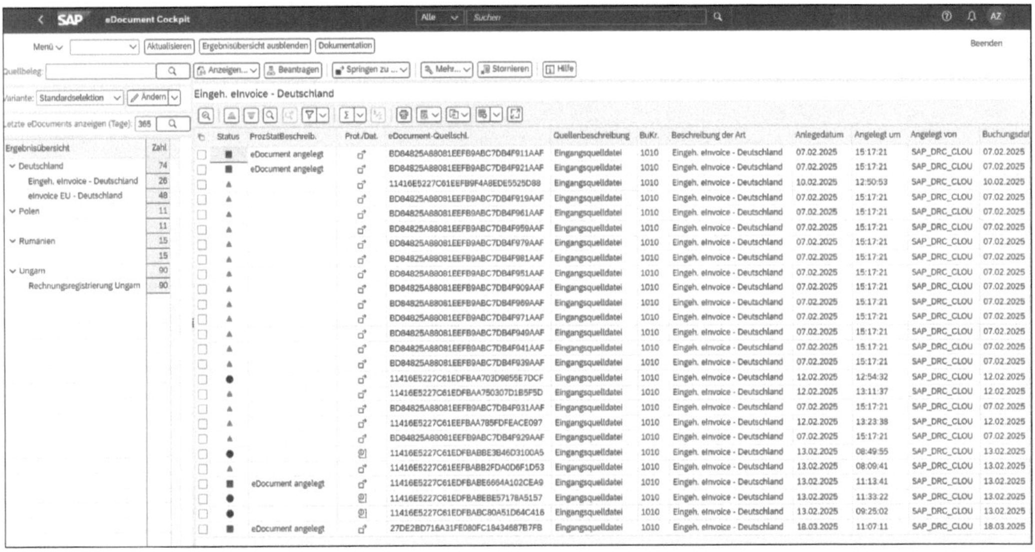

Abbildung 4.3 SAP-Fiori-App »eDocument Cockpit« (App-ID: »EDOC_COCKPIT«)

Fehlerbehandlung von E-Rechnungen

Die Funktion *Fehleranalyse* innerhalb des eDocument Cockpits ermöglicht eine gezielte Auswertung fehlerhafter E-Rechnungen. Abbildung 4.4 zeigt eine tabellarische Auflistung relevanter Fehler inklusive Fehlercodes, den Absprung auf die vollständigen Ergebnisse der Fehleranalyse (**Ursache**) und direkter Zugriffsmöglichkeit auf weiterführende Analysen.

Ergänzend dazu bietet die Funktion *Fehleranalyse* im eDocument Cockpit (App-ID: **EDOC_COCKPIT**) eine strukturierte Übersicht über fehlerhafte Belege, inklusive automatisierter Fehlerklassifizierung und Lösungsvorschläge. So lassen sich Korrekturen direkt aus dem Kontext der Transaktion heraus anstoßen – ohne Medienbrüche.

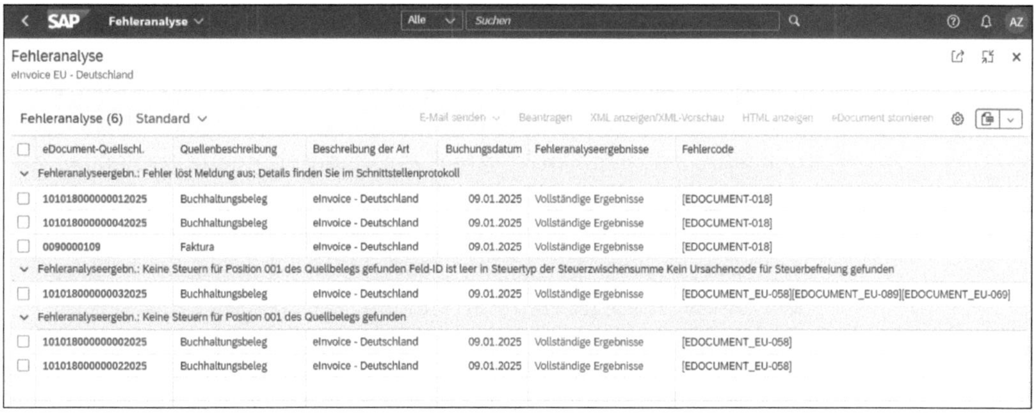

Abbildung 4.4 Fehleranalyse von E-Rechnungen im eDocument Cockpit (App-ID: »EDOC_COCKPIT«)

Konsistenzprüfungen für elektronische Rechnungen

Die Konsistenzprüfung im eDocument Cockpit unterstützt Unternehmen dabei, Abweichungen zwischen internen Rechnungsdaten und den bei der Steuerbehörde gemeldeten Informationen automatisiert zu identifizieren. In Abbildung 4.5 wird exemplarisch ein inkonsistenter Prüfstatus im Rahmen der spanischen SII-Meldung veranschaulicht.

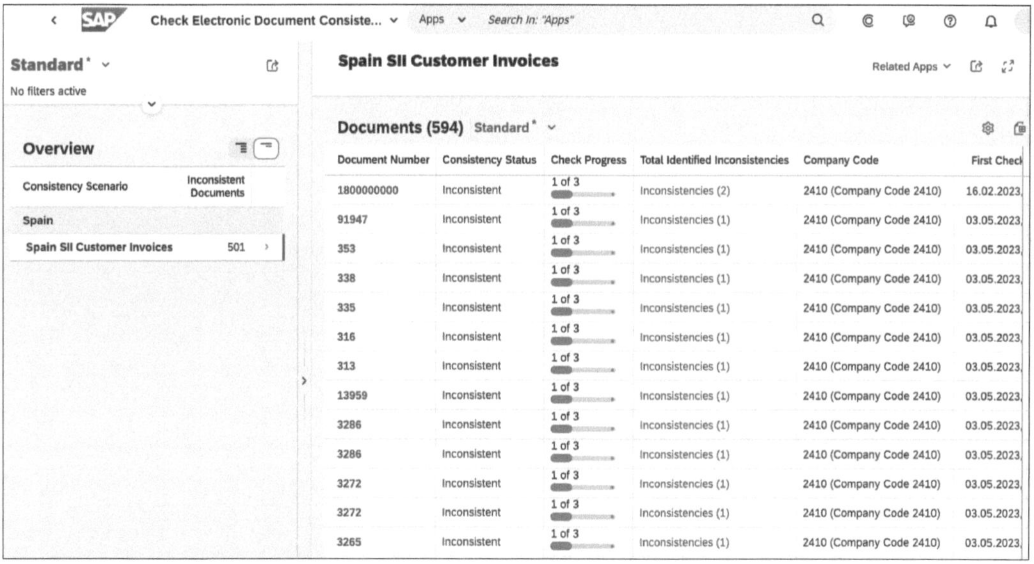

Abbildung 4.5 Konsistenzprüfung von E-Rechnungen im eDocument Cockpit (App-ID: »EDOC_COCKPIT«), Quelle: SAP

Die *Konsistenzprüfung für elektronische Rechnungen* in der SAP-Fiori-App **eDocument Cockpit** (App-ID: **EDOC_COCKPIT**) ist eine Funktion, die automatisierte Vergleiche zwischen den in SAP S/4HANA gespeicherten Geschäftsdaten und den bei Steuerbehörden registrierten Informationen ermöglicht. Aktuell wird diese Funktion ausschließlich für Spanien unterstützt, insbesondere im Zusammenhang mit dem Suministro Inmediato de Información (SII), dem spanischen System zur unmittelbaren Bereitstellung von Steuerinformationen. Durch diese Konsistenzprüfung können Unternehmen sicherstellen, dass ihre internen Aufzeichnungen mit den von den spanischen Steuerbehörden erfassten Daten übereinstimmen, wodurch potenzielle Diskrepanzen frühzeitig erkannt und behoben werden können.

SAP-Fiori-App »Document- and Reporting-Compliance verwalten« (App-ID: »F5218«)

Dashboard zur Überwachung von E-Rechnungen

Mit dem zentralen Dashboard der SAP-Fiori-App **Document- and Reporting-Compliance verwalten** (App-ID: **F5218**) behalten Unternehmen den Überblick über den aktuellen Bearbeitungs- und Übermittlungsstatus ihrer elektronischen Rechnungen. Abbildung 4.6 zeigt beispielhaft das zentrale Dashboard mit der Statusverteilung, priorisierten To-dos sowie mit den anstehenden Berichtspflichten in einem konsolidierten Monitor.

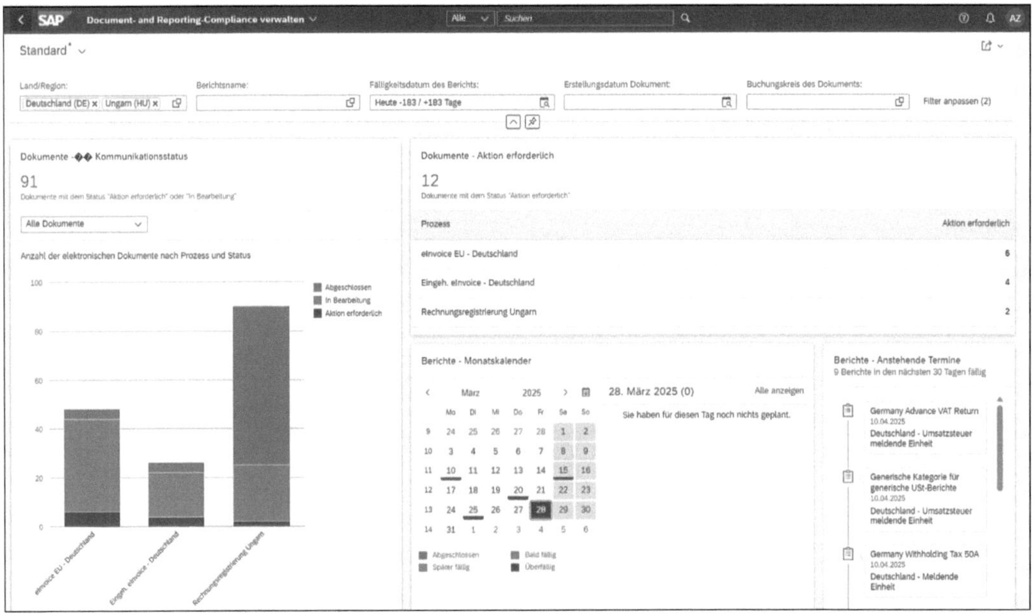

Abbildung 4.6 Zentrales Dashboard für E-Rechnungen in der SAP-Fiori-App »Document- and Reporting-Compliance verwalten« (App-ID: »F5218«)

Das zentrale Dashboard in der SAP-Fiori-App **Document- and Reporting-Compliance verwalten** (App-ID: **F5218**) ermöglicht eine umfassende Echtzeitüberwachung des Status elektronischer Rechnungen weltweit. Es liefert klare Einblicke darüber, welche E-Rechnungen erfolgreich abgeschlossen wurden, sich noch in Bearbeitung befinden oder unmittelbaren Handlungsbedarf erfordern. Besonders effizient ist die Möglichkeit, bei fehlerhaften oder unvollständigen Belegen per Klick direkt zur zugrunde liegenden Transaktion zu navigieren, um notwendige Korrekturen sofort vorzunehmen.

Mit diesem Überblick über Monitoring und Fehlerbehebung im E-Invoicing schließen wir die elektronische Belegverarbeitung ab. Im nächsten Abschnitt wenden wir uns dem gesetzlichen Meldewesen zu und beleuchten dessen Kernfunktionen und Steuerungsmechanismen.

4.3.2 Funktionen der Komponente für das gesetzliche Meldewesen

Die Statutory-Reporting-Komponente von SAP DRC fokussiert sich auf die Erstellung, Verwaltung und Übermittlung gesetzlich vorgeschriebener Berichte an Steuerbehörden. Diese Komponente deckt ein breites Spektrum an Berichtsanforderungen ab, die je nach Land und gesetzlichen Vorgaben variieren. In Kapitel 9, »Gesetzliches Meldewesen einsetzen«, werden wir noch genauer auf diese Komponente eingehen.

SAP-Fiori-App »Document- and Reporting-Compliance verwalten« (App-ID: »F5218«)

Ein zentrales Element zur operativen Umsetzung dieser Anforderungen ist die SAP-Fiori-App **Document- and Reporting-Compliance verwalten** (App-ID: **F5218**), die als Steuerungszentrale für das gesetzliche Meldewesen dient. Die App ist in SAP DRC sowohl der E-Invoicing- als auch der Statutory-Reporting-Komponente zugeordnet und übernimmt damit eine übergreifende Funktion. Während sie im Bereich des E-Invoicing primär der Statusüberwachung und Fehlerbehebung dient, liegt ihr Schwerpunkt im gesetzlichen Meldewesen auf der Fristensteuerung, der Koordination von Berichtsumfängen sowie der Nachverfolgung einzelner Meldungen.

Fristenüberwachung mittels Compliance-Kalender

Die integrierte Fristenübersicht in der SAP-Fiori-App **Document- and Reporting-Compliance verwalten** (App-ID: **F5218**) ermöglicht eine länderübergreifende Überwachung aller relevanten Steuer- und Meldetermine. In der Abbildung 4.7 sehen Sie den aktuellen Bearbeitungsstatus nach Ländern sowie den anstehenden Handlungsbedarf im Kontext des globalen Meldewesens.

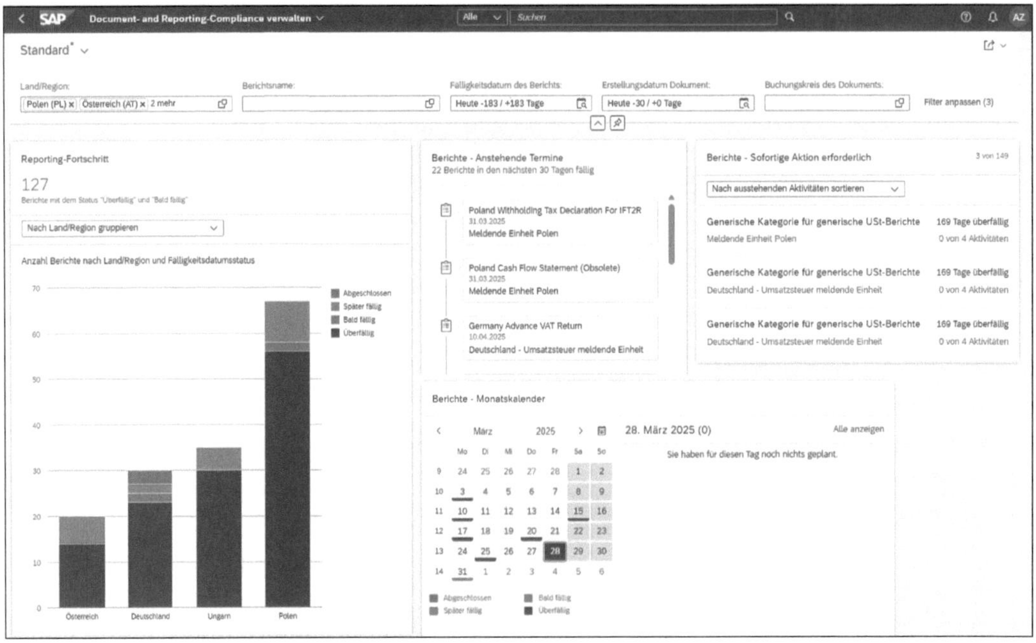

Abbildung 4.7 Fristenüberwachung für das gesetzliche Meldewesen in der SAP-Fiori-App »Document- and Reporting-Compliance verwalten« (App-ID: »F5218«)

Die SAP-Fiori-App **Document- and Reporting-Compliance verwalten** (App-ID: **F5218**) dient als zentrales Steuerungselement für das gesetzliche Meldewesen in SAP DRC. Sie stellt den integrierten Compliance-Kalender zur globalen Fristenüberwachung bereit. Über diese zentrale Anwendung lassen sich alle relevanten Abgabetermine weltweit übersichtlich nach Ländern, Berichtseinheiten oder Steuerarten organisieren und überwachen. Der Kalender liefert in Echtzeit Transparenz über den Fortschritt einzelner Berichte und erlaubt eine individuell zugeschnittene Darstellung, basierend auf Zuständigkeiten und Benutzerrollen. Dank der nahtlosen Integration in die SAP-Systemlandschaft wird der gesamte Prozess – von der Datenaufbereitung über die Berichtserstellung bis zur termingerechten Übermittlung an die Behörden – vollständig systemgestützt und medienbruchfrei abgewickelt. So wird die Einhaltung gesetzlicher Vorgaben effizient, sicher und nachvollziehbar gewährleistet.

SAP-Fiori-App »Steuerpositionen für Rechnungslegung verwalten« (App-ID: »F1515«)

Manuelle Korrekturen im Berichtswesen

Für Fälle, in denen steuerliche Meldedaten nachträglich angepasst werden müssen, etwa aufgrund von Korrekturen oder verspätet erfassten Informationen, stellt SAP eine spezialisierte Funktion zur Verfügung. Die SAP-Fiori-

App **Steuerpositionen für Rechnungslegung verwalten** (App-ID: **F1515**) erlaubt es, betroffene Positionen gezielt zu identifizieren, anzupassen und revisionssicher zu dokumentieren (siehe Abbildung 4.8).

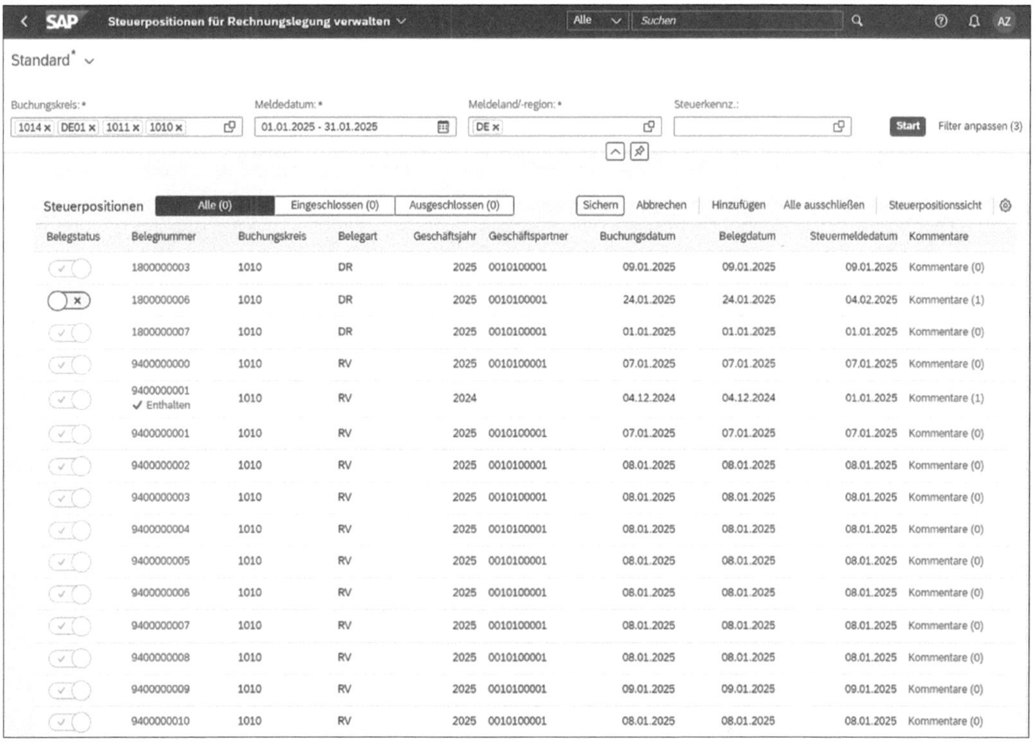

Abbildung 4.8 Steuerpositionen im Berichtswesen verwalten in der SAP-Fiori-App »Gesetzliche Berichte ausführen« (App-ID: »F1515«)

SAP-Fiori-App »Gesetzliche Berichte ausführen« (App-ID: »F1515«)

Die Funktion *Steuerpositionen für Rechnungslegung verwalten* in der SAP-Fiori-App **Gesetzliche Berichte ausführen** (App-ID: **F1515**) ermöglicht es, manuelle Anpassungen an Umsatzsteuer-, Mehrwertsteuer- oder Quellensteuerpositionen gezielt und nachvollziehbar vorzunehmen. Dabei können Anwender und Anwenderinnen die steuerrelevanten Meldedaten direkt in den Buchungssätzen der Finanzbuchhaltung aktualisieren – beispielsweise zur Berücksichtigung nachträglicher Korrekturen. Korrekturen, die nach dem periodischen Abschluss erfolgen, lassen sich automatisch in den nächsten Meldezeitraum überführen, während noch nicht bereinigte Dokumente gezielt ausgeschlossen werden können. Die übersichtliche Darstellung ermöglicht eine benutzerfreundliche Überprüfung aller Ausnahmen, und ein definierter Korrekturlauf sorgt dafür, dass auch nachträgliche Anpassungen in die Meldelogik einfließen. Jede Änderung wird vollständig dokumentiert – inklusive Kommentaren und Änderungsverlauf – und gewährleistet damit höchste Transparenz und Revisionssicherheit.

Datenanalyse von Berichtsdaten

Um die Qualität und Konsistenz steuerlicher Meldedaten sicherzustellen, bietet SAP mit der Funktion *Daten analysieren* ein leistungsfähiges Werkzeug zur Auswertung der Berichtsdaten direkt in der App **Gesetzliche Berichte ausführen** (App-ID: **F1515**). Abbildung 4.9 zeigt, wie sich über interaktive Filter und Drilldown-Funktionen auffällige Positionen schnell identifizieren und bis auf Belegebene nachvollziehen lassen.

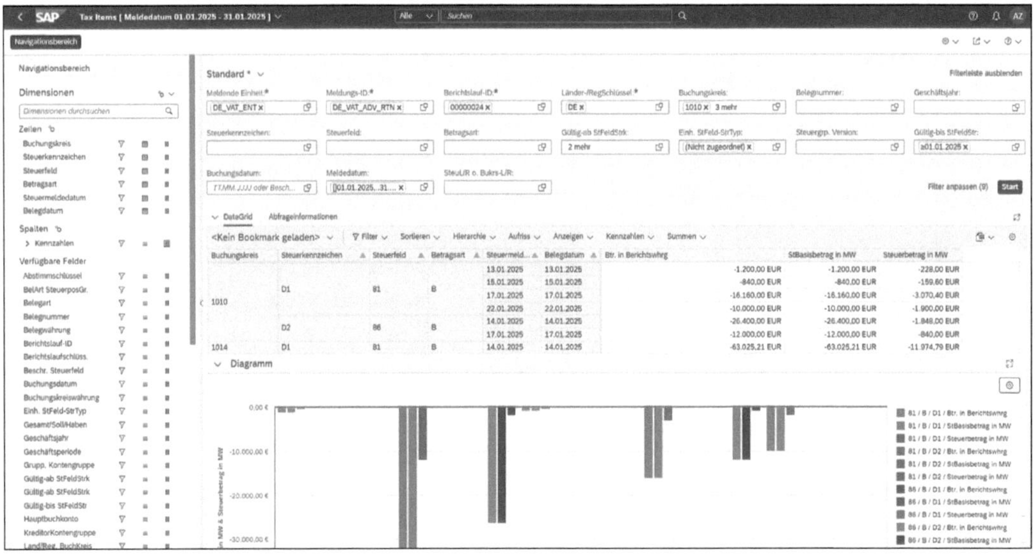

Abbildung 4.9 Analyse von Berichtsdaten in der SAP-Fiori-App »Gesetzliche Berichte ausführen« (App-ID: »F1515«)

Die Funktion *Daten analysieren* innerhalb der SAP-Fiori-App **Gesetzliche Berichte ausführen** (App-ID: **F1515**) bietet integrierte Analysewerkzeuge, die eine detaillierte Auswertung der Berichtsdaten ermöglichen. Über eine intuitive Drilldown-Option können Anwender und Anwenderinnen direkt aus dem Bericht heraus in die zugrunde liegenden Belege navigieren und diese über verschiedene Dimensionen hinweg analysieren – etwa nach Gesellschaft, Steuerkennzeichen oder Buchungsdatum. Diese tiefgreifende Transparenz unterstützt nicht nur bei der fachlichen Validierung der Daten vor der Einreichung, sondern erweitert auch die Prüfungsmöglichkeiten im Rahmen von Audits. So lassen sich etwaige Auffälligkeiten gezielt untersuchen und nachvollziehbar dokumentieren – ein wesentlicher Beitrag zur Revisionssicherheit und Datenqualität im gesetzlichen Meldewesen.

Gesetzeskonforme Berichtserstellung und Einreichung

Wenn Sie gesetzlich vorgeschriebene Steuerberichte effizient und revisionssicher erstellen möchten, finden Sie in der App **Gesetzliche Berichte ausführen** (App-ID: **F1515**) ein zentrales Werkzeug mit durchgängigem Prozessablauf. Abbildung 4.10 verdeutlicht, wie Berichte im vorgeschriebenen Format erzeugt, über einen integrierten Freigabeworkflow geprüft und anschließend elektronisch an die zuständige Behörde übermittelt werden können (inklusive automatischer Rückmeldung zum Einreichungsstatus).

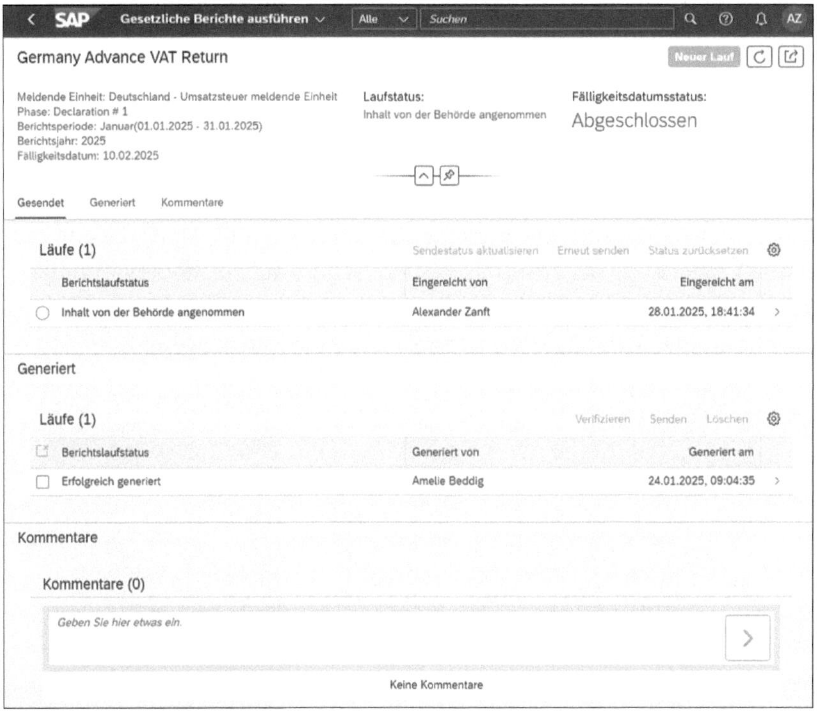

Abbildung 4.10 Erstellung von Berichten in der SAP-Fiori-App »Gesetzliche Berichte ausführen« (App-ID: »F1515«)

Die Funktion *Berichte generieren* in der SAP-Fiori-App **Gesetzliche Berichte ausführen** (App-ID: **F1515**) ermöglicht es, gesetzlich vorgeschriebene Steuerberichte direkt im geforderten Format zu erstellen, anzuzeigen und bei Bedarf herunterzuladen. Dabei unterstützt die Anwendung sowohl die elektronische Einreichung über ein Behörden-Gateway als auch die manuelle Abgabe – etwa durch das Hochladen der erzeugten Dateien auf nationale Behördenportale oder den Versand per E-Mail, wie es in bestimmten Ländern erforderlich ist. Die direkte Integration mit den Plattformen der Finanzbehörden erlaubt zudem eine elektronische Rückmeldung über den Abgabestatus, sodass der Status des Berichts automatisch auf **Akzeptiert** oder **Abgelehnt** aktualisiert wird.

Zur Qualitätssicherung und Einhaltung interner Compliance-Richtlinien bietet SAP DRC zusätzlich einen integrierten Genehmigungsworkflow, über den gesetzliche Berichte vor der Übermittlung validiert und formal freigegeben werden. Der Workflow lässt sich flexibel konfigurieren, je nach Szenario mit einer oder mehreren Prüfinstanzen. Auf diese Weise wird sichergestellt, dass jeder Bericht den organisatorischen Anforderungen genügt, bevor er offiziell übermittelt wird. Zudem ermöglicht die elektronische Vorabprüfung des Inhalts, dass der Bericht alle gesetzlichen Anforderungen erfüllt, was die Fehleranfälligkeit reduziert und die Korrekturschleifen deutlich verkürzt.

Automatisierte Verbuchung von Steuerschulden

Nach der erfolgreichen Einreichung steuerlicher Meldungen stellt sich die Frage, wie daraus resultierende Zahlungsverpflichtungen effizient und korrekt im System abgebildet werden können. Abbildung 4.11 zeigt, wie SAP DRC in der App **Gesetzliche Berichte ausführen** (App-ID: **F1515**) die automatische Verbuchung der ermittelten Steuerschuld auf ein Steuerverbindlichkeitskonto ermöglicht (inkl. transparenter Belegzuordnung, Buchungssatzanzeige und vollständiger Nachverfolgbarkeit im Finanzwesen).

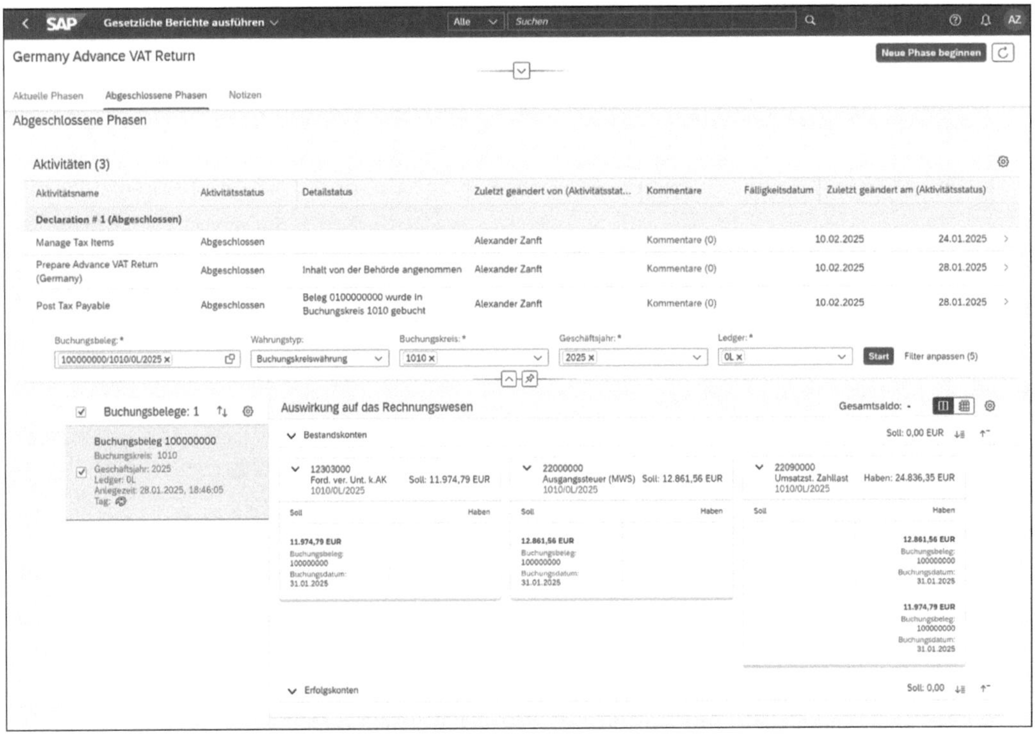

Abbildung 4.11 Verbuchung von Steuerschulden in der SAP-Fiori-App »Gesetzliche Berichte ausführen« (App-ID: »F1515«)

Die Funktion *Steuerschuld buchen* in der SAP-Fiori-App **Gesetzliche Berichte ausführen** (App-ID: **F1515**) ermöglicht eine automatisierte Umbuchung der Salden aus Vorsteuer- und Umsatzsteuerkonten auf ein zentrales Steuerverbindlichkeitskonto. Dadurch können Steuerbeträge effizient und systemgestützt abgewickelt werden. Besonders für Unternehmen, die im Rahmen einer umsatzsteuerlichen Organschaft agieren, bringt diese Funktion erhebliche Vorteile. Beispielsweise lassen sich die Umsatzsteuer-Voranmeldungen zentral für alle untergeordneten Organisationseinheiten erstellen, einreichen und korrekt verbuchen. Die zugrunde liegenden steuerrelevanten Daten werden konsolidiert erfasst und einheitlich verarbeitet, sodass sämtliche Beteiligte der Organschaft korrekt in der Meldung berücksichtigt werden. Nach erfolgreicher Übermittlung an die Finanzbehörde kann SAP die resultierenden Steuerverbindlichkeiten automatisch verbuchen – ganz ohne manuelle Eingriffe. Dies erhöht die Prozesssicherheit, reduziert Fehlerquellen und steigert die Effizienz in der steuerlichen Abwicklung nachhaltig.

SAP-Fiori-App »Gesetzliche Berichte definieren« (App-ID: »F2131«)

Flexible Gestaltung und Erweiterung gesetzlicher Berichte

Sofern die Standardberichte von SAP DRC nicht alle fachlichen oder spezifischen Anforderungen eines Unternehmens abdecken, braucht es flexible Anpassungsmöglichkeiten direkt im System. Abbildung 4.12 zeigt, wie sich mit der SAP-Fiori-App **Gesetzliche Berichte definieren** (App-ID: **F2131**) bestehende Berichtsvorlagen gezielt erweitern oder neue Berichte vollständig konfigurieren lassen.

Die SAP-Fiori-App **Gesetzliche Berichte definieren** (App-ID: **F2131**) stellt Unternehmen leistungsstarke Erweiterungsfunktionen zur Verfügung, mit denen sich SAP-Standardberichte individuell an spezifische lokale Compliance-Vorgaben anpassen lassen. SAP liefert für viele Länder und Regionen vordefinierte Berichte, doch nicht immer decken diese alle branchenspezifischen oder organisatorischen Anforderungen ab. In solchen Fällen erlaubt es die App, bestehende Berichtsdefinitionen gezielt zu erweitern – etwa durch das Hinzufügen neuer Parameter, die Anpassung von Feldzuordnungen oder die Änderung der Struktur einzelner Berichtselemente.

Darüber hinaus besteht die Möglichkeit, komplett neue Berichte zu erstellen, beispielsweise wenn es sich um länderspezifische Meldungen handelt, für die es keine SAP-Standardlösung gibt.

Neben der inhaltlichen Erweiterung können auch Berichtsaktivitäten innerhalb eines Reporting-Szenarios verändert oder ergänzt werden. Unternehmen können zusätzliche Aktivitäten in den Prozess einbinden, die Reihenfolge bestehender Schritte anpassen oder angepasste Berichtskategorien gezielt mit erweiterten Berichtsdefinitionen verknüpfen.

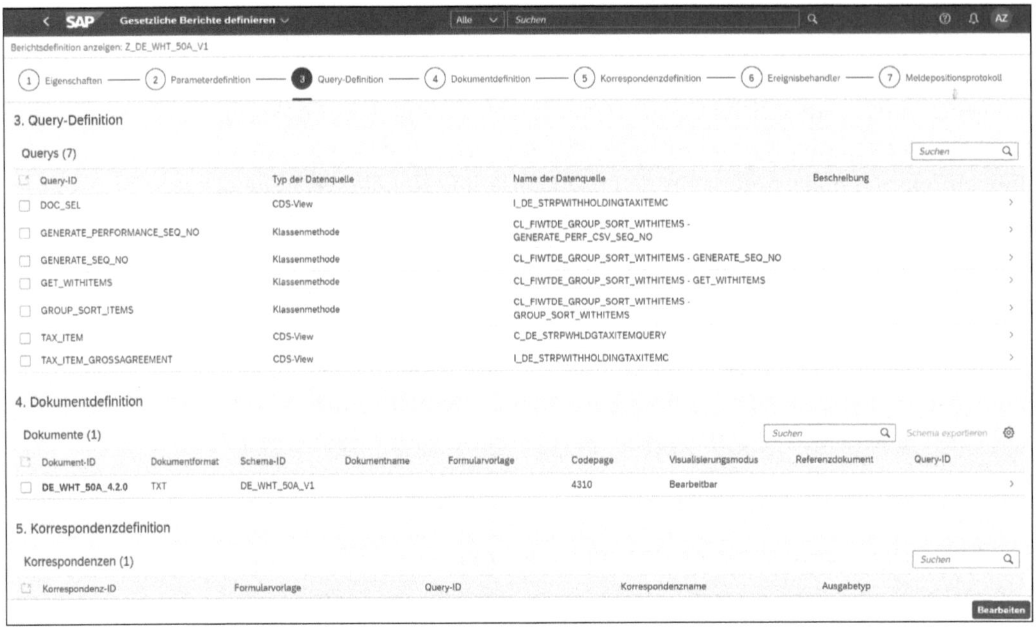

Abbildung 4.12 Berichtsvorlagen erweitern mit der SAP-Fiori-App »Gesetzliche Berichte definieren« (App-ID: »F2131«)

Die SAP-Fiori-App **Gesetzliche Berichte definieren** (App-ID: **F2131**) schafft damit die Grundlage für ein vollständig konfigurierbares und wiederverwendbares gesetzliches Meldewesen – effizient, skalierbar und auf individuelle Anforderungen zugeschnitten.

Die konfigurierbaren Berichtsdefinitionen bilden den Abschluss der Kernfunktionen des gesetzlichen Meldewesens. Im nächsten Abschnitt betrachten wir die Versionen von SAP DRC, ihre Ausprägungen in Verbindung mit SAP S/4HANA sowie die Auswirkungen auf Einsatzszenarien und Betrieb.

4.4 Versionen von SAP DRC

SAP DRC wurde im Laufe der Jahre in verschiedenen Versionen weiterentwickelt, die eng mit den Releases von SAP S/4HANA sowie den kontinuierlichen Anpassungen an gesetzliche Anforderungen und funktionalen Erweiterungen verknüpft sind. Diese Versionen wurden gezielt entwickelt, um den unterschiedlichen Anforderungen global agierender Unternehmen sowie den länderspezifischen gesetzlichen Vorgaben gerecht zu werden.

In diesem Abschnitt ordnen wir die Versionen von SAP DRC systematisch ein und leiten daraus Entscheidungsgrundlagen für Projekte ab. Zunächst vergleichen wir die SAP-S/4HANA-Ausprägungen und erläutern die Konsequenzen von On-Premise, Cloud Public Edition und Cloud Private Edition für Betrieb, Updates und Regulierung. Anschließend vergleichen wir die SAP-DRC-Basisversion und die erweiterte Version entlang praxisrelevanter Kriterien wie Automatisierungsgrad, Reporting-Funktionen, Analytik, Kollaboration und Echtzeitfähigkeit. Der Vergleich wird durch eine kompakte Vergleichstabelle und Abbildungen unterstützt, damit Unterschiede auf einen Blick erkennbar sind. Abschließend geben wir Hinweise, wie Unternehmen aus Anforderungen, Budget und Roadmap die passende Version ableiten.

4.4.1 SAP-S/4HANA-Versionen

On-Premise- vs. Cloud-Versionen

Abbildung 4.13 veranschaulicht den Unterschied zwischen SAP S/4HANA Cloud (als Service) und SAP S/4HANA On-Premise (als Produkt) hinsichtlich Standardisierung und Flexibilität. Sie macht deutlich, dass Cloud-basierte Lösungen, insbesondere die Public Edition, einen höheren Grad an Standardisierung mit sich bringen, während On-Premise-Lösungen sowie die Private Edition eine deutlich höhere Flexibilität bieten:

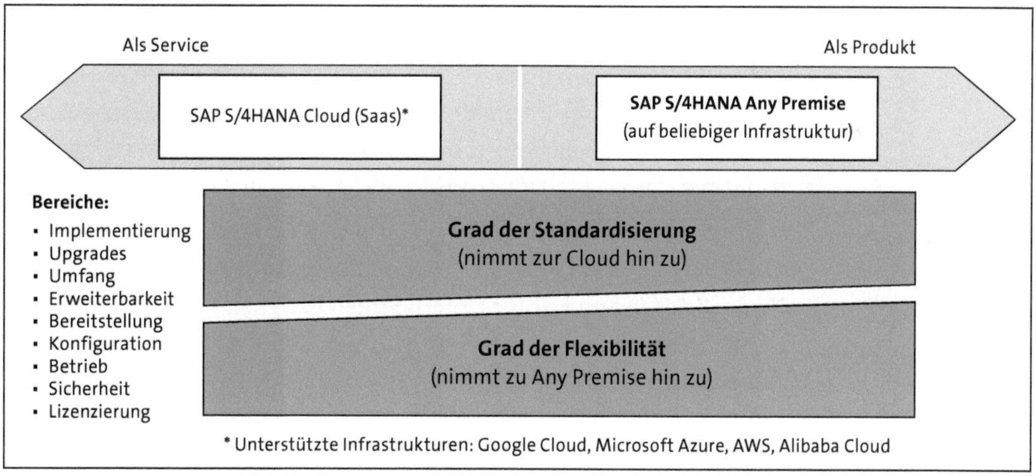

Abbildung 4.13 SAP S/4HANA Cloud (als Service) vs. SAP S/4HANA Any Premise (als Produkt)

SAP S/4HANA On-Premise

Die On-Premise-Versionen von SAP S/4HANA bieten eine umfassende Lösung für Unternehmen, die ihre Systeme intern verwalten und betreiben. Ein wesentliches Merkmal ist die hohe Flexibilität. Unternehmen können individuelle Anpassungen vornehmen, tiefgreifende Konfigurationen umsetzen und eigene Erweiterungen entwickeln, die spezifisch auf ihre Geschäftsprozesse zugeschnitten sind. Diese Individualisierungsmöglichkeiten machen On-Premise-Systeme insbesondere für komplexe Unternehmensstrukturen attraktiv.

Allerdings geht diese Flexibilität mit einem höheren Aufwand für Wartung und Betrieb einher. Unternehmen müssen sich selbst um System-Updates, das Einspielen von SAP-Hinweisen, das Patch-Management sowie die Infrastrukturverwaltung kümmern. Zudem entfällt der Vorteil automatischer regulatorischer Anpassungen, wie sie in Cloud-Umgebungen üblicherweise enthalten sind. Insofern stellt das On-Premise-Modell eine sehr anpassbare, aber zugleich ressourcenintensive Alternative zur Cloud-Variante dar.

SAP S/4HANA Cloud, Public Edition

Für Unternehmen, die eine flexiblere und weniger infrastrukturlastige Lösung bevorzugen, steht insbesondere die *SAP S/4HANA Cloud, Public Edition* zur Verfügung. Diese ist Teil der Cloud-Versionen von SAP, die in zwei Varianten verfügbar sind: Public Edition und Private Edition.

Die SAP S/4HANA Cloud, Public Edition bietet eine standardisierte, mandantenfähige Cloud-Umgebung mit vorgegebenen Best Practices und automatisierten Updates. Sie richtet sich besonders an Unternehmen, die schnelle Implementierungen, eine klare Kostenstruktur sowie eine deutlich reduzierte IT-Infrastruktur und einen geringeren Wartungsaufwand anstreben. Dabei ist zu beachten, dass Kunden sich innerhalb des von SAP vorgegebenen Standards bewegen müssen. Die Public Edition folgt einem festen Rahmen (»starres Korsett«), innerhalb dessen sich die Kundenprozesse ausrichten müssen. Individuelle Anpassungen sind nur eingeschränkt möglich, da sich die operativen Geschäftsprozesse des Kunden an den von SAP vorgegebenen Standard anpassen müssen.

SAP S/4HANA Cloud, Private Edition

Die *SAP S/4HANA Cloud, Private Edition* hingegen ermöglicht eine stärkere Individualisierung und ist für Unternehmen geeignet, die bestehende Prozesse beibehalten und gleichzeitig von der Cloud profitieren möchten. Technisch entspricht sie weitgehend einem On-Premise-System, das jedoch in einer SAP-verwalteten Cloud-Infrastruktur betrieben wird. Dies bedeutet, dass Unternehmen weiterhin eigenverantwortlich für Aufgaben wie das Einspielen von SAP-Hinweisen, Patches oder Upgrades zuständig sind. Im Gegensatz zur Public Edition erfolgen diese Updates nicht automatisch durch SAP.

Beide Varianten bieten wesentliche Vorteile wie automatische Updates, eine höhere Skalierbarkeit und geringere IT-Wartungskosten im Vergleich zu klassischen On-Premise-Umgebungen. Insbesondere bei der Public Edition entfallen große Teile der klassischen IT-Wartung wie Patch-Management und System-Upgrades.

SAP stellt durch regelmäßige Länderupdates sicher, dass SAP DRC stets an die aktuellen regulatorischen Anforderungen weltweit angepasst wird. Dies ermöglicht Unternehmen, flexibel auf gesetzliche Änderungen zu reagieren und Compliance-Risiken zu minimieren.

4.4.2 SAP-DRC-Basisversion vs. erweiterte Version

SAP DRC: Unterschiede zwischen Basis- und erweiterter Version

SAP DRC kann in zwei unterschiedlichen Versionen ausgeliefert werden:

1. Basisversion (lizenzfrei)
2. Erweiterte Version (lizenzpflichtig)

Die Basisversion kann ohne zusätzliche Lizenz genutzt werden. Darüber hinaus steht eine erweiterte Version zur Verfügung, die zusätzliche Funktionen beinhaltet und eine separate Lizenz erfordert.

Auswahl der SAP-DRC-Basis- und erweiterten Version erfolgt systemweit

Eine getrennte Nutzung der Basisversion und der erweiterten Lizenzversion von SAP DRC auf Länderebene ist nicht vorgesehen. Die Lizenzierung der erweiterten Version erfolgt mandantenübergreifend und bezieht sich auf das gesamte SAP-System. Mit der Aktivierung der erweiterten Lizenz stehen sämtliche erweiterten Funktionen im gesamten System zur Verfügung, unabhängig von der jeweiligen Landeszugehörigkeit oder rechtlichen Einheit. Eine parallele Nutzung beider Versionen, beispielsweise die Basisversion in einem Land und die erweiterte Version in einem anderen, entspricht nicht den geltenden Lizenzbedingungen.

Beide Versionen von SAP DRC unterscheiden sich insbesondere im Umfang der bereitgestellten Funktionalitäten. Im Folgenden betrachten wir diese Unterschiede genauer.

[!]

Vor der Implementierung: SAP-DRC-Versionen sorgfältig abwägen

Im Vorfeld einer Implementierung sollten Sie sorgfältig prüfen, welche Version von SAP DRC den spezifischen Anforderungen Ihres Unternehmens entspricht. Eine fundierte Evaluierung ist essenziell, um zu vermeiden, dass eine lizenzpflichtige Erweiterung implementiert wird, obwohl der Funktionsumfang der Basisversion ausgereicht hätte, oder umgekehrt eine Basisversion eingeführt wird, obwohl die operativen Anforderungen Ihres Unternehmens den Einsatz der erweiterten Lizenzversion notwendig machen.

SAP-DRC-Basisversion (lizenzfreie Version)

In der Basisvariante von SAP DRC sind die grundlegenden Abläufe für das gesetzliche Meldewesen abgedeckt. Unternehmen können damit ihre vorgeschriebenen Berichte in regelmäßigen Abständen oder bei Bedarf (Adhoc) erstellen und an die Behörden übermitteln. Die Datenerfassung und Berichtsgenerierung erfolgen hier im Wesentlichen manuell oder transaktionsbasiert. Sie können SAP-Fiori-Apps nutzen, um Berichte zu erzeugen, Berichtsaktivitäten einzusehen und Berichtsläufe zeitlich einzuplanen.

Einschränkungen

Allerdings sind weiterführende Hilfsmittel wie Vorschaufunktionen oder eingebettete Analysen nicht verfügbar. Die Übermittlung an Behörden erfolgt zwar elektronisch (z. B. via definierte Dateien), jedoch meist ohne integriertes Echtzeit-Feedback vom System der Behörde. Die Basisversion liefert insofern die Mindestfunktionen, um Compliance-Berichte einzureichen und zu verfolgen, jedoch mit höherem manuellem Aufwand und ohne spezielle Automatisierungen oder Workflows für Korrekturen und Freigaben. Bei elektronischen Rechnungen (eDocuments) ermöglicht die Basisversion die Erstellung der notwendigen elektronischen Belege und deren Versand, erfordert jedoch separate Integrationen oder manuelle Schritte, um sie an externe Plattformen oder Behörden zu übermitteln (weitere Informationen hierzu finden Sie in Abschnitt 4.2, »Technologische Einordnung in die SAP-ERP-Landschaft«).

Die Basisversion von SAP DRC ist bereits in den SAP-S/4HANA-Standard integriert und steht Unternehmen ohne zusätzliche Lizenzkosten zur Verfügung. Diese Version bietet grundlegende Funktionen zur Unterstützung gesetzlicher Compliance-Prozesse.

SAP DRC Erweiterte Version (lizenzpflichtige Version)

Die erweiterte Version von SAP DRC bietet einen durchgängig automatisierten End-to-End-Prozess für gesetzliche Meldungen und elektronische Dokumente. Von der Erstellung der Belege über die Transformation in behördlich geforderte Formate und die elektronische Übermittlung an Geschäftspartner oder Behörden bis hin zur Rückmeldung und Statusverfolgung läuft alles in einem integrierten Prozess ab. Das System protokolliert jeden Schritt vollständig (Audit-Trail), was eine lückenlose Nachverfolgbarkeit sicherstellt. Eingehende Statusnachrichten von Behörden (z. B. Empfangsbestätigungen, Fehlerprotokolle) sowie eingehende eDocuments von Geschäftspartnern können direkt im System empfangen und verarbeitet werden.

Übersichtliche Dashboards

Zudem stellt die erweiterte Version übersichtliche Dashboards bereit, die einen Echtzeitüberblick über alle laufenden Compliance-Vorgänge ermöglichen. Auf Management-Ebene kann so der globale Compliance-Status überwacht und sofort erkannt werden, wo Handlungsbedarf besteht. Im Tagesgeschäft profitieren Anwender und Anwenderinnen von Datenvorschauen und Drilldown-Möglichkeiten noch vor der finalen Einreichung –

Unstimmigkeiten können erkannt und behoben werden, bevor der Bericht abgeschickt wird. Insgesamt ist der Kernprozess in der erweiterten Version weitgehend automatisiert, transparent und integriert, was Zeit spart und Fehlerquellen minimiert. Dies maximiert die Prozesseffizienz, reduziert Compliance-Risiken und -Kosten und verbessert die Nachhaltigkeit der Steuer- und Berichtsprozesse erheblich. In Tabelle 4.1 finden Sie eine Gegenüberstellung der beiden Versionen.

Geschäftlicher Nutzen	SAP-DRC-Basisversion	Erweiterte Version von SAP DRC
Sichtbarkeit und Steuerung erweiterter Funktionen	**Eingeschränkt**: Erweiterte Funktionen sind ohne Lizenz nicht verfügbar. Die Oberfläche bietet nur Standardfunktionen wie Berichtsläufe und Einreichungsstatus. Globale Übersichten und Compliance-Steuerung sind nur begrenzt möglich.	**Umfassend**: Die erweiterte Version bietet volle Transparenz und Steuerung der Compliance-Prozesse. Ein zentrales Dashboard ermöglicht lizenzierten Nutzern Echtzeitüberwachung, Datenzugriff und Detailanalysen – inklusive Vorschau und Drilldown-Funktionen.
Unterstützung für Geschäftspartner-korrespondenz	**Standard**: Die Basisversion erlaubt nur begrenzte automatische Korrespondenz. Ausgaben wie Bescheinigungen müssen meist manuell versendet werden, da keine E-Mail-Funktion integriert ist.	**Erweitert**: Die erweiterte Version erlaubt die integrierte Korrespondenz (etwa den Versand von Bescheinigungen) per E-Mail oder den Druck direkt an relevante Geschäftspartner. Der automatisierte Prozess spart manuelle Schritte und sorgt für zeitnahe Information.
Analysefunktionen und Datenvorschau (für Berichte und eDocuments)	**Keine eingebetteten Analysen**: Die Basisversion liefert nur Endergebnisse ohne interaktive Auswertungen. Vorschau, Pivot oder Drilldown sind nicht möglich. Analysen müssen extern erfolgen.	**Eingebettete Analytics**: Die erweiterte Version bietet direkte Vorschau und Analyse im SAP-Fiori-Frontend. Nutzer können Berichte prüfen, Daten interaktiv auswerten und per Drilldown bis auf Belegebene navigieren, ohne das System zu verlassen.
Möglichkeit manueller Anpassungen an Berichten	**Begrenzt**: Korrekturen sind nur über das Quellsystem möglich. Eine direkte Nachbearbeitung der Meldedaten im System ist in der Basisversion nicht vorgesehen.	**Voll unterstützt**: Die erweiterte Version erlaubt manuelle Korrekturen vor Einreichung, z. B. bei Steuerbeträgen oder Zuschlägen. Änderungen werden protokolliert und bieten Flexibilität bei Meldungen wie UStVA, Quellensteuer, auch bei Rundungsdifferenzen oder speziellen Behördenvorgaben.

Tabelle 4.1 SAP-DRC-Versionen im Vergleich

Geschäftlicher Nutzen	SAP-DRC-Basisversion	Erweiterte Version von SAP DRC
Kollaboration über Joule (KI-Copilot)	**Nicht integriert**: Die Basisversion verfügt über keine spezifischen Kollaborationsfunktionen. Die Kommunikation zwischen Kollegen und Kolleginnen bezüglich eines Berichts oder einer elektronischen Rechnung muss außerhalb des Systems erfolgen. Auch der KI-Copilot Joule, der in der erweiterten Version für die Zusammenarbeit zur Verfügung steht, ist in der Basisversion nicht eingebunden.	**Integrierte Kollaboration**: Die erweiterte Version unterstützt die Zusammenarbeit über *Joule*. Joule ist der zentrale KI-Copilot von SAP und bietet Anwenderinnen und Anwendern eine einheitliche, dialogbasierte Arbeitsumgebung. Über Joule lassen sich Gespräche direkt im Kontext einer Anwendung führen, zum Beispiel zu einem bestimmten Bericht oder einer Meldung in SAP DRC. Nutzer können Kolleginnen und Kollegen einbinden, Notizen austauschen oder Dokumente und Screenshots teilen. Durch die nahtlose Einbettung in die Compliance-Apps entsteht eine zentrale Plattform für die Teamarbeit, die sowohl die Kommunikation als auch die gemeinsame Problemlösung in Echtzeit unterstützt. Detailliertere Informationen zu Joule und den Joule-KI-Agenten finden Sie in Abschnitt 4.6.1.
Echtzeitszenarien für E-Rechnungen und eDocuments	**Grundabdeckung**: Die Basisversion deckt die Erstellung elektronischer Rechnungen und anderer eDocuments ab, sodass Unternehmen die gesetzlichen Mindestanforderungen erfüllen können (z. B. erzeugt sie ein XML oder PDF im vorgeschriebenen Format). Allerdings kann die Verarbeitung tendenziell batch-orientiert oder manuell erfolgen – z. B. werden E-Rechnungen gesammelt und über ein separates Tool oder manuell an Behördenportale übertragen. Eine direkte, automatische Echtzeitübertragung aus dem System an die Behördensysteme ist in der Basisversion nicht vorgesehen.	**Vollständige Echtzeit-Integration**: In der erweiterten Version sind Continuous Transaction Controls (CTC) vollständig unterstützt, sodass das System Geschäftsbelege in Echtzeit elektronisch überträgt. Beispielsweise wird beim Buchen einer Rechnung automatisch ein eDocument erzeugt und unmittelbar an die angebundene Plattform oder Behörde gesendet (sofern gesetzlich gefordert). Rückmeldungen der Behörde in Echtzeit (Eingangsbestätigung, Verarbeitungsstatus, Fehler) fließen direkt zurück in das System und sind im Dashboard von SAP DRC sichtbar. Damit stellt die erweiterte Version sicher, dass E-Invoicing-Vorschriften weltweit eingehalten und Daten ohne Zeitverzug ausgetauscht werden.

Tabelle 4.1 SAP-DRC-Versionen im Vergleich (Forts.)

Geschäftlicher Nutzen	SAP-DRC-Basisversion	Erweiterte Version von SAP DRC
Echtzeitszenarien für E-Rechnungen und eDocuments (Forts.)	Status-Rückmeldungen (etwa ob eine Rechnung akzeptiert wurde) müssen manuell nachgetragen oder extern überwacht werden.	
Anpassung und Erweiterung von Berichten und Szenarien	**Eingeschränkt**: Die Basisversion beschränkt sich auf die vordefinierten Standardberichte und -szenarien von SAP. Eigene Anforderungen, die über den gelieferten Standard hinausgehen, können nicht im SAP-DRC-Framework umgesetzt werden. Falls ein bestimmter Bericht nicht abgedeckt ist, müssten diese individuell ABAP-Reports oder externe Lösungen entwickeln.	**Flexibel erweiterbar**: Ein großer Vorteil der erweiterten Version ist die Extensibility-Plattform. Eigene gesetzliche Berichte können definiert oder bestehende Reports individuell angepasst werden. Es lassen sich neue Berichtsmuster hinterlegen oder landesspezifische Besonderheiten konfigurieren. Auch für E-Dokumente können neue Szenarien ergänzt werden, falls SAP diese nicht im Standard ausliefert.

Tabelle 4.1 SAP-DRC-Versionen im Vergleich (Forts.)

SAP DRC in der Basisversion deckt die grundlegenden Anforderungen des gesetzlichen Meldewesens ab und ermöglicht es Unternehmen, rechtlich vorgeschriebene Berichte im entsprechenden Format zu erstellen. Vor der Implementierung von SAP DRC sollten Sie jedoch sorgfältig prüfen, welche der beiden verfügbaren Versionen den spezifischen Anforderungen Ihres Unternehmens entspricht. Eine fundierte Entscheidung stellt sicher, dass sowohl gesetzliche Vorgaben erfüllt als auch Ressourcen effizient eingesetzt werden.

4.5 SAP-DRC-Lizenzmodell

Wie schon erwähnt, deckt SAP DRC zwei Hauptbereiche ab: das gesetzliche Meldewesen (z. B. Umsatzsteuer, Intrastat, SAF-T) und die elektronische Rechnungsverarbeitung (z. B. XRechnung, PEPPOL, FatturaPA). Beide Komponenten lassen sich sowohl On-Premise als auch in der Cloud betreiben. Das zugrunde liegende Lizenzmodell ist dabei klar strukturiert, aber in der Praxis mitunter erklärungsbedürftig – insbesondere im Zusammenspiel mit der SAP BTP, die in Cloud-Szenarien eine zentrale Rolle spielt.

Dieser Abschnitt gibt einen Überblick über die wichtigsten Lizenzierungsaspekte von SAP DRC. Wir erläutern die Unterschiede zwischen den Betriebsmodellen, zeigen typische Kostenstrukturen auf und geben Hinweise zur Einschätzung möglicher Zusatzaufwände.

Lizenzierungsmodelle im Überblick

Grundsätzlich wird SAP DRC in zwei Bereitstellungsformen angeboten:

- On-Premise, als Add-on zu einem bestehenden SAP-S/4HANA-System
- in der Cloud (SaaS): In der SAP S/4HANA Cloud ist SAP DRC nativ integriert. Zusätzlich stellt SAP über die SAP BTP zentrale Cloud-Services bereit, insbesondere für das eDocument Framework und die Übermittlung über Netzwerke (z. B. PEPPOL).

Je nach Betriebsform unterscheidet sich auch die Lizenzlogik. Während in der On-Premise-Variante klassisch pro Buchungskreis lizenziert wird, erfolgt die Abrechnung im Cloud-Modell typischerweise volumenbasiert – etwa nach der Anzahl verarbeiteter Rechnungen oder versendeter Nachrichten (Messages). Diese Differenzierung hat direkte Auswirkungen auf Kosten, Skalierung und Flexibilität.

Gesetzliches Meldewesen (Statutory Reporting)

Die Komponente für das gesetzliche Meldewesen unterstützt Unternehmen bei der Erstellung und fristgerechten Einreichung steuerlich relevanter Berichte. Dazu zählen unter anderem:

- die Umsatzsteuervoranmeldung
- die Zusammenfassende Meldung (ZM) innerhalb der EU
- länderspezifische Formate wie SAF-T (z. B. in Polen oder Portugal)
- Intrastat-Meldungen
- weitere nationale Anforderungen

Für diese Funktionalitäten bietet SAP die On-Premise-Lösung an. Die Lizenzierung erfolgt hierbei *pro Buchungskreis*, d. h., jedes rechtlich eigenständige Unternehmen innerhalb der Systemlandschaft wird einzeln lizenziert. Der Preis richtet sich nach einem festen Listenwert, wobei häufig Rahmenverträge mit Preisstaffeln und Rabatten zum Tragen kommen.

In einigen Ländern gelten erweiterte regulatorische Anforderungen, die gesondert berücksichtigt werden müssen. So verlangt z. B. die SAF-T-Meldung in Polen zusätzliche Lizenzen, deren Preis sich am Umsatz des jeweiligen Unternehmens orientiert.

Diese Unterscheidung ermöglicht eine flexible Anpassung an Unternehmensgröße und Meldepflichten, erfordert jedoch eine sorgfältige Analyse der länderspezifischen Anforderungen.

Elektronische Rechnungsverarbeitung (E-Invoicing)

Im Bereich der elektronischen Rechnungsverarbeitung stellt SAP DRC eine Cloud-basierte Lösung bereit, die über die SAP Integration Suite auf der SAP BTP betrieben wird. Sie ermöglicht den standardisierten Austausch elektronischer Rechnungen und unterstützt eine Vielzahl an Formaten wie:

- XRechnung oder ZUGFeRD (Deutschland)
- PEPPOL BIS 3.0 (EU)
- FatturaPA (Italien)
- und weitere Formate je nach nationaler Vorgabe (z. B. SDI, SII, RTIR)

Die Lizenzierung im Cloud-Modell erfolgt *volumenbasiert* – konkret nach der Anzahl der jährlich verarbeiteten Ein- und Ausgangsrechnungen. Mit steigendem Volumen sinkt der Preis pro Dokument, was insbesondere bei wachsenden Transaktionszahlen zu deutlichen Kostenvorteilen führen kann. Diese Staffelung erlaubt eine flexible Skalierung und ist insbesondere für Unternehmen mit hohem Rechnungsvolumen attraktiv.

SAP BTP

Ein zentraler technischer Bestandteil des Cloud-Modells ist die SAP BTP. Sie bildet insbesondere in Cloud-Szenarien die technische Grundlage für Integrations-, Kommunikations- und Transformationsprozesse von SAP DRC. Über die SAP BTP werden vor allem die externen Kommunikationsprozesse, etwa der Versand und Empfang elektronischer Rechnungen über nationale Plattformen wie PEPPOL oder landesspezifische Gateways, abgewickelt. In vielen Fällen ist die SAP BTP daher eng mit SAP DRC verzahnt, beispielsweise über Services der SAP Integration Suite, den eDocument-Service oder den Cloud Connector.

Abhängig vom Bereitstellungsmodell – besonders bei On-Premise- oder Private-Cloud-Installationen – können einzelne Verarbeitungsschritte, wie die Erstellung und Formattransformation der eDocuments, weiterhin direkt im SAP-S/4HANA-System über ABAP-basierte Komponenten erfolgen. Für den produktiven Betrieb von SAP DRC mit vollständiger Kommunikationsanbindung ist die Nutzung der SAP BTP jedoch in der Praxis zwingend erforderlich, da sie die von SAP unterstützte Übertragungskanäle und Services bereitstellt.

Die Nutzung der SAP BTP ist separat zu lizenzieren und erfolgt entweder über Paketmodelle (*Standard* oder *Professional Package*) oder verbrauchsabhängig (*Pay-as-you-go*). Die Kosten richten sich nach der Anzahl der verarbeiteten API-Nachrichten (Messages). Auch hier lohnt sich eine realistische Kalkulation, denn eine einzelne Rechnung kann mehrere Nachrichten erzeugen – je nach Prozessdurchlauf sind zwei bis drei Messages pro Beleg üblich.

Zusätzlich zur SAP-DRC- und SAP-BTP-Lizenz können weitere Aufwände entstehen, etwa für:

- die technische Implementierung
- Zertifikatsverwaltung
- Langzeitarchivierung digitaler Belege

- länderspezifische Erweiterungen (bspw. Polen oder Italien)
- optionales Monitoring und Betrieb durch SAP oder externe Partner

Diese Zusatzkosten sind projektspezifisch und sollten in der Gesamtkalkulation frühzeitig berücksichtigt werden.

Das Lizenzmodell von SAP DRC bietet Unternehmen eine verlässliche Grundlage für die Erfüllung steuerlicher und regulatorischer Anforderungen. Es unterscheidet sich je nach Technologie (On-Premise oder Cloud), inhaltlicher Komponente (Reporting oder E-Invoicing) sowie anhand des zugrunde liegenden Volumens (Buchungskreise, Belegzahlen oder Messages).

[»]

Austausch mit SAP zur Lizenzmetrik empfohlen

Für eine belastbare Planung der notwendigen Lizenzen empfiehlt sich eine detaillierte Bedarfsanalyse, die neben den eigentlichen SAP-DRC-Komponenten auch die Nutzung der SAP BTP sowie projektspezifische Zusatzaufwände einbezieht. Darüber hinaus ist es in jedem Fall sinnvoll, frühzeitig das direkte Gespräch mit SAP zu suchen, um die aktuell gültigen Lizenzmodelle und Metriken zu klären – insbesondere, da sich Preisstaffeln, Verbrauchsgrenzen und Lizenzoptionen regelmäßig weiterentwickeln und oftmals intransparente Strukturen vorweisen. Nur auf dieser Basis lässt sich sicherstellen, dass Unternehmen langfristig gesetzeskonform, wirtschaftlich und skalierbar aufgestellt sind.

4.6 Zukunftsperspektive von SAP DRC

CTC

Die weltweite Steuer- und Regulierungslage bewegt sich rasant in Richtung Echtzeit-Compliance. Immer mehr Länder führen Echtzeitmeldungen und kontinuierliche Transaktionskontrollen ein, bei denen Unternehmen steuerlich relevante Geschäftsdaten unmittelbar elektronisch an Behörden übermitteln müssen. Dieser Paradigmenwechsel von nachträglicher zu präventiver, digitaler Überwachung bedeutet, dass Finanzbehörden zunehmend zum Gatekeeper für Unternehmensdokumente werden – ein Konzept, das als *Continuous Transaction Controls* (CTC) bekannt ist.

Draft Returns

SAP selbst betont, dass Unternehmen mit SAP DRC einen reibungslosen Übergang von der periodischen Meldung hin zu solchen kontinuierlichen Kontrollen schaffen können. Parallel dazu zeichnet sich der Trend zu vorbefüllten Steuererklärungen, sogenannten *Draft Returns*, durch die Behörden ab. In immer mehr Ländern fertigen Finanzämter auf Basis der gemeldeten Einzeldaten eigenständig Entwürfe von Umsatzsteuer-Voranmeldungen an, die die Steuerpflichtigen nur noch prüfen und bestätigen müssen.

Für Unternehmen bedeutet dies, dass sie ihre eigenen Finanzdaten nahtlos und konsistent halten müssen, um Abweichungen zwischen internem ERP und behördlichem Datenstand frühzeitig zu erkennen und rechtssicher zu korrigieren. SAP DRC unterstützt diese Neuausrichtung, indem es globale Standardisierung und Automation vorantreibt. Die Lösung harmonisiert die Prozesse von der Belegentstehung bis zum Reporting.

Die beschriebenen Entwicklungen rund um CTC und Draft Returns verdeutlichen den Wandel hin zu einer proaktiven, datengetriebenen Compliance. Um die daraus entstehenden Anforderungen einzuordnen, betrachten wir in den folgenden beiden Abschnitten zunächst die Rolle der KI-Agenten von *Joule* (siehe Abschnitt 4.6.1), die Anomalien erkennen, Daten interpretieren und mehrsprachige Interaktionen ermöglichen. Im Anschluss wenden wir uns mit der SAP Business Data Cloud (siehe Abschnitt 4.6.2) der technologischen Plattform zu, die als strategische Datenbasis externe und interne Informationen vernetzt und so den Handlungsspielraum von SAP DRC erweitert. Dieses Vorgehen verbindet die Perspektive intelligenter Assistenzsysteme mit derjenigen einer zukunftsfähigen Datenarchitektur.

4.6.1 Joule: KI-Agenten von SAP

Mit *Joule* hat SAP einen *KI-Copiloten* eingeführt, der Anwenderinnen und Anwender im gesamten SAP-Ökosystem in natürlicher Sprache unterstützt. Joule ermöglicht es, Informationen abzurufen, Prozesse anzustoßen oder komplexe Analysen durchzuführen. Dabei arbeitet Joule kontextsensitiv und systemübergreifend. Das bedeutet, es versteht nicht nur die eingegebene Frage, sondern auch den jeweiligen Zusammenhang, etwa in welchem SAP-Modul sich der Anwender befindet, welche Daten verfügbar sind oder welche Rolle der Nutzer innehat. Aufbauend auf dieser Basis verfolgt SAP mit den sogenannten *Joule-Agenten* den nächsten Schritt hin zu agentenbasierter KI. Diese spezialisierten KI-Agenten können eigenständig mehrstufige Aufgaben planen und ausführen, greifen dabei auf den *SAP Knowledge Graph* sowie die *SAP Business Data Cloud* zurück und arbeiten nahtlos über unterschiedliche Geschäftsbereiche hinweg. Der SAP Knowledge Graph verknüpft Unternehmensdaten über System- und Prozessgrenzen hinweg zu einem konsistenten Datengewebe (*Data Fabric*). Dadurch wird sichergestellt, dass Joule-Agenten auf präzise, verlässliche und kontextrelevante Informationen zugreifen können. Joule-Agenten sind somit nicht nur Assistenzsysteme, sondern aktive Handlungsträger, die Finanz-, Compliance- oder Logistikprozesse automatisiert steuern, optimieren und dabei auf einer fundierten Wissensbasis agieren.

Joule-Agenten

Wie auf der SAP Sapphire 2025 in Orlando und Madrid vorgestellt wurde, treibt SAP die Integration von KI-Agenten, ihre *Joule-Agenten*, mit hoher Geschwindigkeit voran und positioniert sie als zentralen Bestandteil der zukünftigen Finance- und Compliance-Landschaft. Bis Ende 2025 plant SAP, über 400 KI-gestützte Anwendungsfälle bereitzustellen.

Kombination externer und interner Informationen

Ursprünglich war Joule als *Business AI* auf Unternehmensdaten fokussiert. Inzwischen berücksichtigt Joule jedoch auch externe Informationen als Perplexity-Integration und kombiniert diese mit internen Geschäftsdaten. Dies ermöglicht eine hybride KI-Interaktion: Joule nutzt sowohl Unternehmenswissen als auch öffentlich verfügbare Quellen, etwa regulatorische Informationen, um Antworten zu erarbeiten. Dabei interagiert Joule im Hintergrund mit spezialisierten Large Language Models (LLMs) über AI Function Calls, um konkrete Ergebnisse im Kontext von SAP-Prozessen zu generieren.

Auch im Bereich SAP DRC ist besonders die Weiterentwicklung der Joule-Agenten hervorzuheben. Joule kann beispielsweise Anomalien in Umsatzsteuererklärungen erkennen oder die Entwicklung von KPIs und Umsatzsteuerkennzahlen über verschiedene Zeiträume hinweg automatisch analysieren. Dabei liefert der Agent nicht nur eine reine Abweichungserkennung, sondern auch eine erste Hypothese zur Ursache, etwa geänderte Buchungsmuster oder Stammdateneinflüsse.

Mehrsprachige Interaktion möglich

Zudem wird Joule eine vollständig mehrsprachige Interaktion ermöglichen. Behördenrückmeldungen über SAP DRC, die typischerweise in der Landessprache des jeweiligen Steuerregimes erfolgen, werden automatisiert analysiert, semantisch übersetzt und in einen handlungsorientierten Kontext überführt. Sie können in einer Sprache kommunizieren und in einer anderen weitermachen – ohne dass der Kontext verloren geht. Dieses dialogorientierte Verhalten entspricht modernen LLM-Interaktionen und verbessert die Usability für internationale Compliance-Teams deutlich.

Damit Joule Analysen, Übersetzungen und Handlungsvorschläge über Systemgrenzen hinweg liefern kann, braucht es eine konsistente Datengrundlage. Im nächsten Abschnitt erläutern wir mit der SAP Business Data Cloud den dafür vorgesehenen Plattformansatz.

4.6.2 SAP Business Data Cloud eröffnet neue Wege

Mit der zunehmenden Digitalisierung und Standardisierung von Meldestrukturen auf nationaler wie internationaler Ebene wächst der Druck auf Unternehmen, steuerliche Berichtspflichten nicht nur regelkonform, sondern auch effizient und zukunftssicher umzusetzen. SAP begegnet dieser

Herausforderung mit einem ganzheitlichen Plattformansatz, in dessen Zentrum die *SAP Business Data Cloud* (SAP BDC) steht. Für SAP DRC eröffnet dieser strategische Datenlayer neue Möglichkeiten, insbesondere im Hinblick auf die Einbindung externer und heterogener Datenquellen.

Vernetztes, intelligentes Datenmanagement

Die SAP BDC ist ein integraler Bestandteil der SAP BTP und bildet die Grundlage für ein vernetztes, intelligentes Datenmanagement im SAP-Ökosystem. Ziel ist es, Unternehmen in die Lage zu versetzen, relevante Informationen aus unterschiedlichsten Systemen, darunter SAP S/4HANA, Non-SAP-Anwendungen, Cloud-Services und Legacy-Systeme, konsistent zu nutzen, ohne diese physisch zu replizieren. Gerade im Steuerbereich ist dies revolutionär: Viele Unternehmen betreiben hybride ERP-Landschaften oder haben wichtige Transaktionen in spezialisierten Drittanwendungen. Bisher waren Meldungen aus SAP DRC in der Regel auf die im SAP-S/4HANA-System vorhandenen Informationen beschränkt. Mit der SAP BDC wird es möglich, auch externe Datenquellen einzubinden, zu harmonisieren und in einheitliche Reportformate zu überführen.

Data Products

Damit öffnet sich eine neue Perspektive: Steuer-Apps könnten künftig nicht mehr ausschließlich von SAP, sondern auch von Partnern oder Kunden selbst als sogenannte *Data Products* erstellt werden – direkt auf Basis der harmonisierten Daten in der SAP BDC. SAP verweist in diesem Zusammenhang auf neue Ansätze im Rahmen der SAP BTP, bei denen Apps und Datenmodelle modular und cloud-nativ aufgebaut werden.

Aktuell fokussiert sich SAP DRC primär auf Umsatzsteueranmeldungen, Quellensteuerreports und weitere lokale steuerliche Berichtspflichten (z. B. SAF-T). Derzeit umfasst der Lösungsumfang von SAP DRC keine ertragsteuerlichen Themen wie Körperschaftsteuer- oder Gewerbesteuererklärungen. Auch internationale Anforderungen wie das Country-by-Country Reporting (CbCR), das Pillar II/GloBE Reporting, DAC6-Meldungen oder der steuerliche Informationsaustausch (z. B. FATCA, CRS) sind nicht enthalten.

Aktuell werden steuerliche Anforderungen in der Praxis überwiegend durch spezialisierte Drittanbieter Tax-Tools oder in bestimmten Anwendungsfällen über *SAP Profitability and Performance Management* abgedeckt. Der Trend geht jedoch zunehmend dahin, steuerrelevante Daten näher an den SAP Core zurückzuführen. Ziel ist es, durchgängig digitale Prozesse zu etablieren, den Aufwand für Datenübertragungen zu minimieren und redundante Datenhaltungen in externen Systemen zu vermeiden.

Mit dem Konzept der Data Products eröffnet sich jedoch langfristig die Möglichkeit, auch solche Anforderungen flexibel und eigenständig abzubilden, auf Basis der verfügbaren Daten und Technologien.

Zusammengefasst lässt sich sagen: Die Kombination aus SAP DRC, Joule-KI und SAP Business Data Cloud wird in den kommenden Jahren das steuerliche Reporting grundlegend verändern – weg von einem transaktionalen Pflichtprozess, hin zu einem vorausschauenden, intelligenten Steuer-Reporting, das nicht nur erfüllt, sondern gestaltet.

4.7 Zusammenfassung

Die zunehmende Komplexität steuerlicher und regulatorischer Anforderungen stellt Unternehmen weltweit vor tiefgreifende Herausforderungen, insbesondere im Bereich der elektronischen Rechnungsstellung und des steuerlichen Reportings. SAP DRC begegnet diesen Entwicklungen mit einer integrierten Lösung, die rechtliche Vorgaben nicht nur abbildet, sondern als strategischer Hebel für Digitalisierung, Prozesssicherheit und internationale Skalierbarkeit fungiert.

Der Einstieg in die Thematik beginnt mit einem Blick auf die globale Entwicklung der E-Invoicing- und Reporting-Anforderungen. Was in Südamerika mit ersten Initiativen zur digitalen Steuerkontrolle begann, ist heute in Europa durch Programme wie VAT in the Digital Age auf dem Weg zur flächendeckenden Verpflichtung. SAP DRC wurde vor diesem Hintergrund als einheitliche Lösung geschaffen, um sowohl elektronische Belege als auch steuerliche Meldungen zentral zu verarbeiten – modular aufgebaut, systemintegriert und kontinuierlich erweiterbar.

Die Lösung gliedert sich in zwei Kernkomponenten: das gesetzliche Meldewesen und die elektronische Rechnungsverarbeitung. Beide Funktionsbereiche lassen sich in klar strukturierte Prozessketten überführen – von der Belegerstellung über die Datenvalidierung bis hin zur Behördenrückmeldung. SAP stellt dafür standardisierte SAP-Fiori-Apps bereit, die eine intuitive und rollenbasierte Nutzung ermöglichen. Damit rückt SAP DRC als operative Schaltzentrale für steuerliche Compliance immer stärker in den Fokus von Steuerabteilungen und IT-Teams.

In der praktischen Anwendung zeigt sich, dass nicht nur die technischen Möglichkeiten, sondern auch die Bereitstellungsform entscheidend ist. Unternehmen können zwischen On-Premise- und Cloud-Varianten wählen – jeweils mit eigenen Vorteilen hinsichtlich Flexibilität, Standardisierung und Wartungsaufwand. Auch das Lizenzmodell unterscheidet sich je nach Komponente und Systemarchitektur: Während das gesetzliche Reporting häufig als On-Premise-Modell lizenziert wird, basiert das E-Invoicing-Modell typischerweise auf Cloud-Technologie und volumenbasierter Abrechnung. Die SAP BTP übernimmt hier eine zentrale Rolle für Integration, Validierung und Behördenkommunikation.

Ein Blick in die Zukunft zeigt, dass sich steuerliche Prozesse von der periodischen Meldung hin zur präventiven, digitalen Echtzeitkontrolle entwickeln. SAP DRC unterstützt diesen Wandel aktiv, indem es nicht nur technische Standards erfüllt, sondern auch auf innovative Technologien wie SAP Joule setzt. Der KI-basierte Agent erkennt Anomalien, analysiert KPIs und macht mehrsprachige Behördenkommunikation für internationale Teams zugänglich. Ergänzt wird dieses Zukunftsbild durch die SAP Business Data Cloud, die erstmals eine konsolidierte Nutzung von SAP- und Non-SAP-Daten für das steuerliche Reporting ermöglicht – ohne redundante Datenhaltung oder Systembrüche.

Zusammenfassend lässt sich sagen: SAP DRC entwickelt sich von einer reaktiven Pflichterfüllung hin zu einem proaktiven, intelligenten Compliance-Framework. Wer heute SAP DRC einführt, stellt nicht nur regulatorische Weichen, sondern schafft zugleich die Grundlage für nachhaltige Datenqualität, globale Skalierbarkeit und ein modernes Steuerwesen im digitalen Zeitalter.

Kapitel 5

Architektur und technische Grundlagen

Für die optimale Nutzung von SAP DRC müssen die für Ihr Szenario relevanten Komponenten installiert, aktiviert und konfiguriert werden. Dieses Kapitel beschreibt die übergeordnete Systemarchitektur von SAP DRC und die zugehörigen Komponenten.

Kernfunktionen und Bereitstellungsoptionen

Unter dem Produktnamen SAP DRC fasst SAP aus technischer Sicht mehrere Komponenten zusammen, die in unterschiedlichen Umgebungen bereitgestellt werden können. Die Kernfunktionen dieser Komponenten werden in Abschnitt 5.1, »SAP-DRC-Kernfunktionen«, beschrieben. Die Bereitstellungsoptionen werden in Abschnitt 5.2 »Bereitstellungsoptionen« dargestellt.

Technische Komponenten

Die Systemarchitektur von SAP DRC besteht einerseits aus Komponenten innerhalb des SAP-Systems, wie etwa dem *SAP Application Interface Framework*, dem *Electronic Document Processing Framework* und dem *SOA-Manager*. Diese Komponenten werden in Abschnitt 5.3, »Technische Komponenten innerhalb der SAP-ERP-Software«, ausführlich beschrieben. Zusätzlich wird die Systemarchitektur durch cloudbasierte Komponenten ergänzt. Hierzu zählen die Cloud-Produkte *SAP Document Reporting and Compliance, Cloud Edition* sowie die *SAP Integration Suite*. Beide Komponenten werden von SAP auf der *SAP Business Technology Platform* (SAP BTP) bereitgestellt und in Abschnitt 5.4, »Einrichtung der unterstützenden SAP-DRC-Komponenten der SAP BTP«, detailliert erläutert.

Installation und technische Anbindung

Der Abschnitt 5.5, »Basisinstallation von SAP DRC«, zeigt die notwendigen Schritte auf, die Sie für die Installation von SAP DRC durchführen müssen. Darauf aufbauend zeigt der Abschnitt 5.6, »Technische Anbindung konfigurieren«, wie externe Systeme eingebunden werden können.

Benutzeroberflächen

Die Einrichtung der für SAP DRC relevanten Benutzeroberflächen wird in Abschnitt 5.7, »Installation und Konfiguration der SAP-DRC-Benutzeroberflächen« aufgegriffen.

Für einen erfolgreichen Einsatz der SAP-DRC-Funktionalitäten ist es entscheidend, alle Bestandteile zu kennen und zu verstehen, wie diese miteinander interagieren.

5.1 SAP-DRC-Kernfunktionen

Der Funktionsumfang von SAP DRC lässt sich in zwei Kernbereiche gliedern:

- das gesetzliche Meldewesen (Statutory Reporting)
- der Austausch elektronischer Dokumente (eDocuments)

Diese Unterscheidung ist technisch relevant, da für die Umsetzung unterschiedliche Komponenten zum Einsatz kommen. Auch die Implementierung der Prozesse für unterschiedliche Länder hat Auswirkungen auf die notwendigen Komponenten. Im Folgenden werden die für die jeweiligen Kernfunktionen wichtigsten Komponenten zusammengefasst.

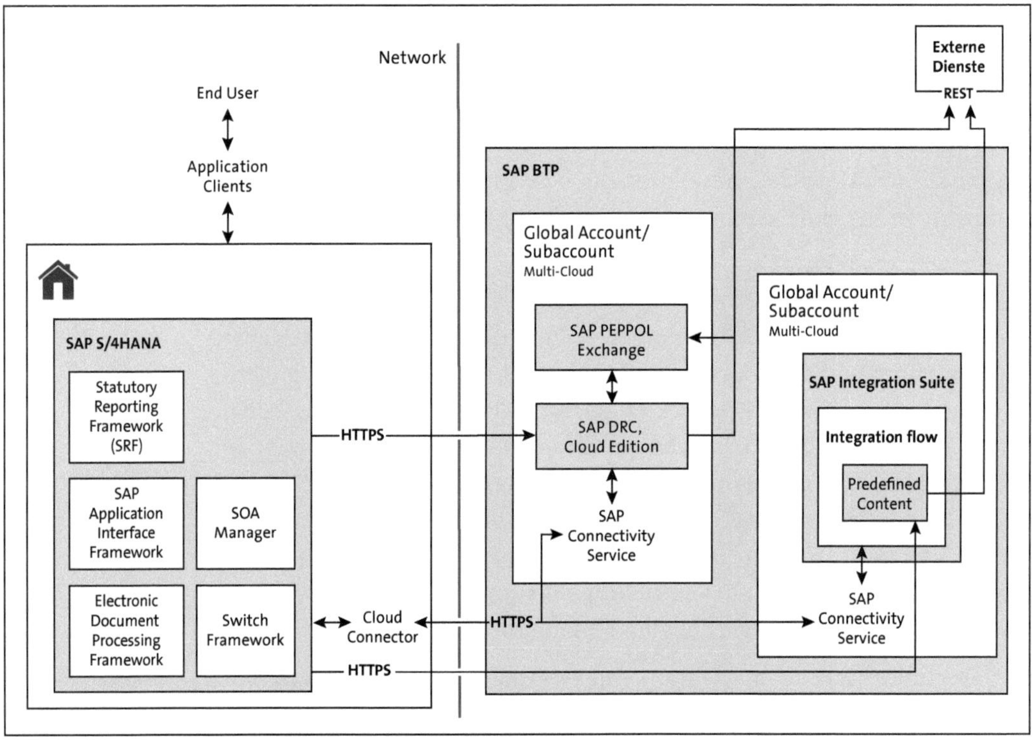

Abbildung 5.1 Überblick über die SAP-DRC-Architektur

Komponenten des beleghaften Berichtswesens

Für das beleghafte Berichtswesen bildet das systeminterne *Statutory Reporting Framework* (SRF) die zentrale Komponente. Es generiert die benötigten Berichte zu den konfigurierten Zeitpunkten und speichert diese anschließend in einer für diesen Zweck konfigurierten Dokumentenablage. Sollen die Berichte auch elektronisch übermittelt werden, ist zusätzlich die Komponente SAP Document and Reporting Compliance, Cloud Edition erforderlich.

Komponenten zur Verarbeitung elektronischer Dokumente

Der Austausch elektronischer Dokumente erfordert eine komplexere Architektur, da neben internen SAP-Systemkomponenten auch cloudbasierte Komponenten eingebunden werden müssen. Abbildung 5.1 zeigt die übergreifende Systemarchitektur von SAP DRC und stellt die Komponenten beider Kernfunktionen dar. Alle Teile dieser Architektur werden im Folgenden kurz zusammengefasst und in den nachfolgenden Abschnitten detailliert erläutert. Auch die Schnittstellen zwischen den Komponenten werden zusammengefasst und nachfolgend beschrieben.

Tabelle 5.1 fasst die einzelnen Komponenten von Abbildung 5.1 zusammen.

Komponente	Beschreibung
SAP S/4HANA	SAP S/4HANA ist die neueste Version der SAP-ERP-Software. Sie wird in zwei Varianten zur Verfügung gestellt: ■ Die Cloud Edition wird als *Software as a Service* (SaaS) bereitgestellt und gewartet. ■ Die On-Premise-Version kann von Kunden im eigenen Rechenzentrum installiert und betrieben werden. Beide Varianten sind im Rahmen von SAP DRC nutzbar.
SAP S/4HANA – Switch Framework	Mit dem *Switch Framework* werden zentrale Geschäftsfunktionen wie z. B. die Nutzung von SAP DRC für ein SAP-System aktiviert oder deaktiviert.
SAP S/4HANA – SAP Application Interface Framework	SAP Application Interface Framework ist eine Komponente des SAP-Systems, mit der die Inhalte für elektronische Dokumente zusammengestellt werden. Über das Framework werden Stamm- und Bewegungsdaten des SAP-Systems auf die Zielformate gemappt.
SAP S/4HANA – SOA-Manager	Der SOA-Manager ist eine Komponente im SAP-System, mit der externe webbasierte Dienste konfiguriert werden können. Im SOA-Manager werden die relevanten Einstellungen vorgenommen, die dann von den unterschiedlichen Geschäftsprozessen verwendet werden.
SAP S/4HANA – eDocument Framework	Das eDocument Framework für elektronische Belege ermöglicht die Erstellung von elektronischen Dokumenten, die in Folgeprozessen weiterverarbeitet werden.
SAP BTP	Die SAP BTP ist die zentrale Cloud-Plattform von SAP. Über diese Plattform werden den Kunden cloudbasierte Dienste von SAP zur Verfügung gestellt.
Global Account	Ein Global Account stellt einen Bereich innerhalb der SAP BTP dar. Er basiert stets auf einem Vertrag mit SAP. Sobald eine Lizenz bestellt wird, wird auf Grundlage des abgeschlossenen Vertrags automatisch ein Global Account eingerichtet.

Tabelle 5.1 Komponenten der SAP-DRC-Architektur

Komponente	Beschreibung
Subaccount	Ein Subaccount ist ein technischer Bereich innerhalb der SAP BTP, in dem die erforderlichen Cloud-Dienste bereitgestellt werden. Jeder Subaccount ist stets einer bestimmten Region und einem Cloud-Anbieter bzw. Hyperscaler (wie Microsoft Azure, Google oder Amazon Web Services) zugewiesen.
SAP Document and Reporting Compliance, Cloud Edition	SAP Document and Reporting Compliance, Cloud Edition ist ein cloudbasiertes Produkt von SAP, das für die Übermittlung von elektronischen Dokumenten verwendet wird.
Peppol Exchange	Diese Komponente kann über SAP Document and Reporting Compliance, Cloud Edition aktiviert werden und ermöglicht das Senden und Empfangen elektronischer Rechnungen über das *Peppol*-Netzwerk.
Cloud Connector	Der Cloud Connector ist ein SAP-Produkt, das dazu dient, Cloud-Dienste mit lokalen Systemen (On-Premise) zu verbinden. Er wird in der lokalen Umgebung installiert und stellt eine sichere Verbindung (Tunnel) zur SAP BTP her. Über diesen Verbindungstunnel können Cloud-Dienste mit den lokalen Komponenten kommunizieren. Die Tunnel-Verbindung über den Cloud Connector ist bidirektional nutzbar. Verbindungen können aus dem Rechenzentrum in die Cloud und aus der Cloud in das eigene Rechenzentrum aufgebaut werden.
SAP Connectivity Service	Dieser Service ist Bestandteil der SAP BTP und wird von anderen SAP-BTP-Diensten, wie z. B. SAP Integration Suite, verwendet, um den vom Cloud Connector aufgebauten Tunnel zu nutzen.
SAP Integration Suite	SAP Integration Suite ist die cloudbasierte Integrationsplattform von SAP. Zuvor wurde sie unter dem Namen *SAP Cloud Platform Integration* vermarktet. Funktional ist sie eine Weiterentwicklung des SAP-On-Premise-Integrationsprodukts Exchange Infrastructure (XI) bzw. Process Integration (PI), das im Jahr 2007 umbenannt wurde.
Predefined Content	Unter *Predefined Content* werden Integrationspakete verstanden, die von SAP für die SAP Integration Suite ausgeliefert werden. Über die Oberfläche der SAP Integration Suite können Sie diese Integrationsinhalte einsehen und für Ihre eigene SAP-Integration-Suite-Instanz kopieren.
Externe Dienste	Unter externen Diensten werden die Dienste verstanden, die elektronische Dokumente empfangen oder versenden. Dies kann z. B. ein Peppol-Client oder die Finanzbehörde eines Landes sein.

Tabelle 5.1 Komponenten der SAP-DRC-Architektur (Forts.)

Die Komponenten-Übersicht aus Abbildung 5.1 beinhaltet zusätzlich die in Tabelle 5.2 beschriebenen Schnittstellen.

Schnittstelle	Technologie	Beschreibung
SAP S/4HANA ←/→ SAP BTP (via Cloud Connector)	HTTP	Duch die Verwendung des Cloud Connectors können unterschiedliche Protokolle (HTTP, RFC und TCP) bidirektional verwendet werden. Im SAP-DRC-Szenario werden HTTP-Verbindungen genutzt.
SAP S/4HANA → SAP Document and Reporting Compliance, Cloud Edition und die SAP Integration Suite	HTTPS	Durch die Konfiguration der Verbindungen im SOA-Manager werden HTTPS-Verbindungen aufgebaut, um Daten an SAP Document and Reporting Compliance, Cloud Edition oder die SAP Integration Suite zu senden.
SAP BTP ←/→ externe Services	REST (HTTPS)	Die externen Dienste werden über REST-Schnittstellen mittels HTTPS angesprochen.

Tabelle 5.2 Schnittstellen in der SAP-DRC-Architektur

Ablauf der Kommunikationsbeziehungen

Über die zuvor dargestellten Komponenten und Schnittstellen der Systemarchitektur wird die SAP-DRC-Kernfunktion zur Verarbeitung elektronischer Dokumente technisch umgesetzt. Dabei unterscheidet man zwischen diesen beiden Prozessen:

- Dokumente erstellen und versenden
- Dokumente empfangen

Dokumente erstellen und versenden

Im ersten Prozess werden die zu versendenden Dokumente über das eDocument Processing Framework und das SAP Application Interface Framework im SAP-System erstellt. Anschließend werden diese an SAP Document and Reporting Compliance, Cloud Edition übermittelt. Je nach Dokumenttyp und Prozess erfolgt die Weiterleitung entweder an den Peppol-Service, an die SAP Integration Suite oder direkt an einen externen Service.

Dokumente empfangen

Für den Empfang von Dokumenten wird der Kommunikationsweg über den *Cloud Connector* genutzt. In diesem Fall empfängt SAP Document and Reporting Compliance, Cloud Edition das Dokument und leitet es zur weiteren Verarbeitung an das SAP-System weiter.

Welche Komponenten und Systemteile tatsächlich benötigt werden, hängt vom jeweiligen fachlichen Szenario und den spezifischen Anforderungen ab. Nicht immer ist es erforderlich, die gesamte Systemarchitektur von SAP DRC zu implementieren. In Abschnitt 5.2, »Bereitstellungsoptionen«, erfahren Sie, wie Sie die benötigten Komponenten auswählen und die passenden Systemkomponenten für Ihr individuelles Szenario bestimmen.

[zB]

Länderabhängige Nutzung der Cloud-Dienste

Der Zusammenhang zwischen Geschäftsprozess und technischer Komponente wird am Beispiel der Übermittlung elektronischer Rechnungen in Ungarn und Rumänien deutlich. Obwohl die Rechnungen in beiden Ländern im SAP-System erstellt werden, kommen unterschiedliche Übertragungskomponenten zum Einsatz:

- Die elektronische Rechnung für die ungarische Finanzbehörde (NAV) wird mittels eines SAP-Integration-Suite-Flows übermittelt.
- Die Rechnung für Rumänien wird direkt über SAP Document and Reporting Compliance, Cloud Edition an RO e-Factura gesendet.

Für jeden Prozess ist daher zu prüfen, welcher technische Übertragungsweg von SAP vorgesehen ist.

Eine regelmäßige Überprüfung der Nutzung der einzelnen Komponenten pro Prozess ist sinnvoll, da SAP die angebotenen Dienste im Zuge der Roadmap-Planung und Weiterentwicklung anpassen kann. Besonders wahrscheinlich ist ein Umstieg von einer CPI-basierten Integration auf SAP Document and Reporting Compliance, Cloud Edition, da dies das strategische DRC-Tool von SAP ist.

Erweiterte Nutzung von SAP Document and Reporting Compliance, Cloud Edition

Im Zentrum der beschriebenen Architektur steht die Komponente SAP Document and Reporting Compliance, Cloud Edition. Sie ermöglicht die Umsetzung der DRC-Prozesse und kann neben SAP ERP und SAP S/4HANA auch mit anderen SAP-Lösungen genutzt werden. Dadurch ergeben sich weitere Integrationsszenarien, die im Folgenden kurz skizziert werden. Ausführliche Informationen können auf den SAP-Hilfeseiten (unter: *http://s-prs.de/v11005007*) eingesehen werden. Dort finden Sie auch technische Angaben, um die gewünschten Szenarien einzurichten.

Abbildung 5.2 zeigt die derzeit möglichen Integrationen von SAP Document and Reporting Compliance, Cloud Edition.

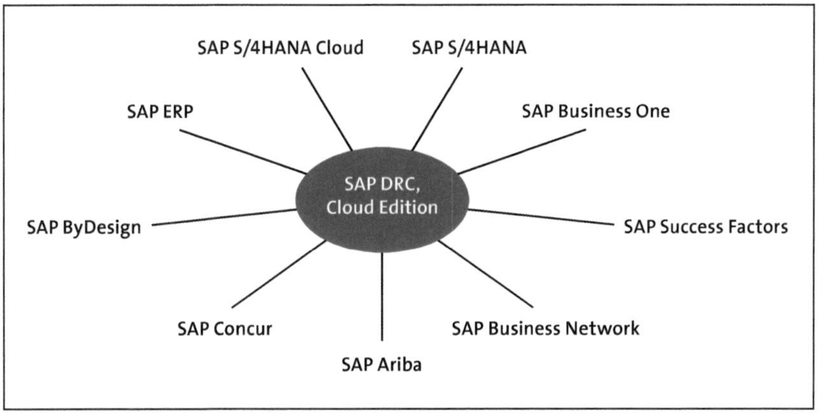

Abbildung 5.2 Integrationen für SAP Document and Reporting Compliance, Cloud Edition

Tabelle 5.3 beschreibt die unterstützten Prozesse je Produkt, das mit SAP Document and Reporting Compliance, Cloud Edition integriert werden kann.

Produkte	Unterstützte Prozesse	Beschreibung
SAP S/4HANA Cloud, Public Edition	▪ eDocuments ▪ gesetzliches Meldewesen	Austausch elektronischer Belege mit externen Kommunikationspartnern und Übermittlung gesetzlich vorgeschriebener Berichte
SAP S/4HANA	▪ eDocuments ▪ gesetzliches Meldewesen ▪ HCM	Austausch elektronischer Belege mit externen Kommunikationspartnern und Übermittlung gesetzlich vorgeschriebener Berichte in einzelnen Ländern bzw. Regionen.
SAP ERP	▪ eDocuments ▪ gesetzliches Meldewesen ▪ HCM	Austausch elektronischer Belege mit externen Kommunikationspartnern und Übermittlung gesetzlich vorgeschriebener Berichte
SAP Business One	▪ eDocuments	Austausch elektronischer Belege mit externen Kommunikationspartnern

Tabelle 5.3 Integrationsoptionen von SAP Document and Reporting Compliance, Cloud Edition

Produkte	Unterstützte Prozesse	Beschreibung
SAP ByDesign	■ eDocuments	Austausch elektronischer Belege mit externen Kommunikationspartnern
SAP SuccessFactors	■ Employee Central Payroll	Versenden von Berichten an externe Kommunikationspartner in einzelnen Ländern bzw. Regionen
Concur	■ Expense ■ Invoice	Austausch elektronischer Belege mit externen Kommunikationspartnern und Behörden in einzelnen Ländern bzw. Regionen
SAP Business Network	■ eDocuments	Austausch elektronischer Belege mit externen Kommunikationspartnern
SAP Ariba Central Invoice Management	■ eDocuments	Austausch elektronischer Belege mit externen Kommunikationspartnern

Tabelle 5.3 Integrationsoptionen von SAP Document and Reporting Compliance, Cloud Edition (Forts.)

5.2 Bereitstellungsoptionen

Bereitstellungsoptionen für SAP DRC

Der Funktionsumfang von SAP DRC kann auf unterschiedlichen Systemen bereitgestellt werden. Es wird zwischen der cloudbasierten Bereitstellung über die SaaS-Lösung *SAP S/4HANA Cloud* und der On-Premise-Lösung *SAP S/4HANA* unterschieden. Je nach gewählter Variante ergeben sich verschiedene Bereitstellungsoptionen.

[»]

Weitere Bezeichnung von SAP S/4HANA

Auf den SAP-Webseiten werden neben den beiden Bezeichnungen SAP S/4HANA Cloud und SAP S/4HANA (On-Premise) noch zwei weitere Begriffe verwendet: SAP S/4HANA Cloud, Private Edition und SAP S/4HANA Cloud, Public Edition.

Im Folgenden werden die drei Begriffe kurz erläutert:

- *SAP S/4HANA Cloud, Public Edition*: eine reine SaaS-Variante von SAP S/4HANA, die von SAP in der Cloud bereitgestellt wird.

- *SAP S/4HANA Cloud, Private Edition*: die On-Premise-Variante von SAP S/4HANA, die in einer cloudbasierten Umgebung zur Verfügung gestellt wird. Dieser Bereitstellungsansatz wird in der SAP-Migrationsinitiative von On-Premise-Instanzen in die Cloud durch *RISE with SAP* verfolgt.
- *SAP S/4HANA*: On-Premise-Variante von SAP S/4HANA, die im kundeneigenen Rechenzentrum betrieben wird.

5.2.1 SAP S/4HANA Cloud, Public Edition

Bereitstellung in SAP S/4HANA Cloud, Public Edition

Die Bereitstellung von SAP DRC in SAP S/4HANA Cloud, Public Edition ist technisch unkompliziert, da alle notwendigen Komponenten bereits in den aktuellen Versionen von SAP zur Verfügung gestellt werden. Für die Nutzung von SAP DRC können die folgenden *Scope Items* aktiviert werden:

- SAP Document and Reporting Compliance (5XU)
- SAP Document and Reporting Compliance, Cloud Edition Integration (78L)

Die unternehmensspezifischen fachlichen Konfigurationen müssen nach der Aktivierung wie bei den weiteren Bereitstellungsoptionen durchgeführt werden.

5.2.2 SAP S/4HANA On-Premise und SAP S/4HANA Cloud, Private Edition

SAP DRC in SAP S/4HANA On-Premise bereitstellen

Für die Bereitstellung von SAP DRC in der On-Premise-Variante von SAP S/4HANA sind mehrere Schritte erforderlich. Zunächst müssen, abhängig vom verwendeten SAP-S/4HANA-Release, notwendige Hinweise eingespielt werden, um den aktuellen Funktionsumfang sicherzustellen. Anschließend werden Geschäftsprozesse im *Switch Framework* aktiviert und sogenannte *Business Content Sets* (BC-Sets) eingespielt und aktiviert. Abschließend müssen verschiedene unterstützende Funktionen konfiguriert werden. Alle genannten Schritte werden in Abschnitt 5.5, »Basisinstallation von SAP DRC«, ausführlich beschrieben.

5.2.3 SAP Document and Reporting Compliance, Cloud Edition

SAP Document and Reporting Compliance, Cloud Edition aktivieren

Nach der Bestellung einer SAP-Document-and-Reporting-Compliance-Cloud-Edition-Lizenz kann der Cloud-Service technisch eingerichtet werden. Hierfür stehen ein manueller Weg sowie die Einrichtung mit dem Booster **Set Up an Account for SAP Document and Reporting Compliance, Cloud Edition** (siehe Abbildung 5.3) zur Verfügung.

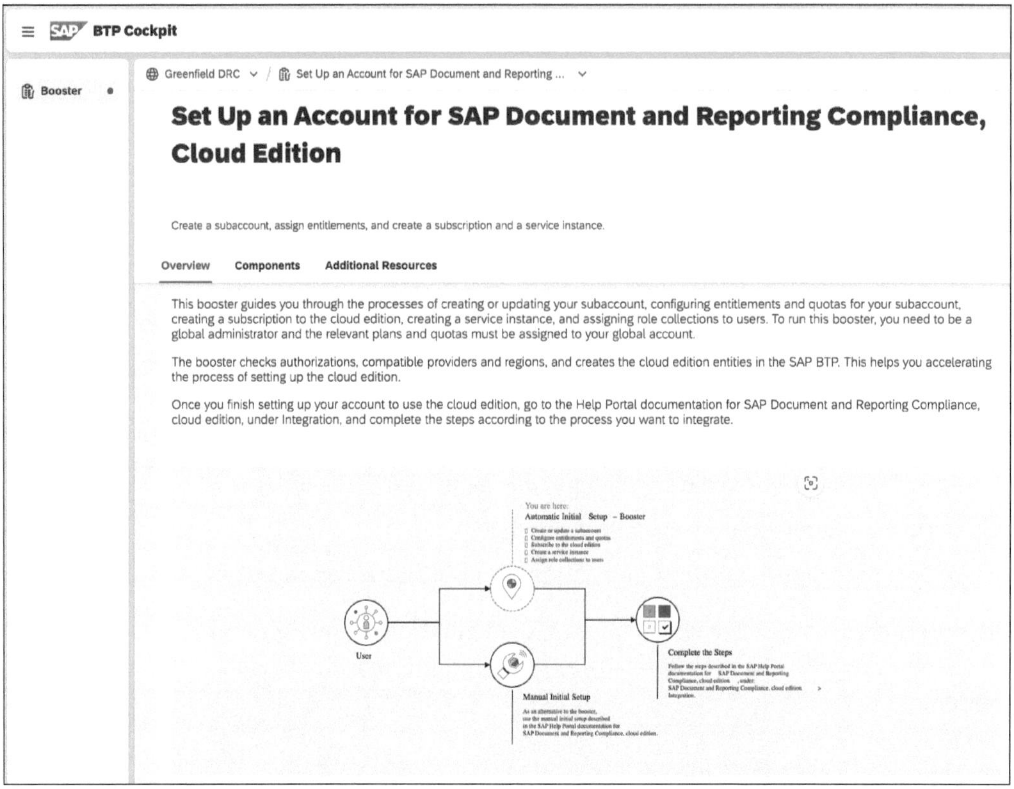

Abbildung 5.3 Booster-Setup für SAP Document and Reporting Compliance, Cloud Edition

Booster-Setup

Der Booster fasst alle notwendigen Schritte in einem Wizard-basierten Ansatz zusammen, sodass SAP Document and Reporting Compliance, Cloud Edition schnell und unkompliziert aktiviert werden kann. Bei speziellen Anforderungen kann alternativ eine manuelle Einrichtung gewählt werden. Weitere Details zur Einrichtung und zur Konfiguration des Dienstes sind in Abschnitt 5.4.1, »SAP Document and Reporting Compliance, Cloud Edition«, aufgeführt.

5.2.4 Notwendige Versionen und Abhängigkeiten

Bei den benötigten Versionen von Systemkomponenten wird, wie bereits erwähnt, zwischen beleghaften Berichten und der Verarbeitung elektronischer Dokumente unterschieden.

Versionsabhängigkeiten für das beleghafte Berichtswesen

Für das gesetzliche Meldewesen bestehen aus technischer Sicht kaum Einschränkungen bezüglich der verwendeten Versionen. Die meisten von SAP bereitgestellten Berichte sind ab der ECC-Version der SAP-ERP-Software

(SAP_APPL 600) nutzbar. Anpassungen werden regelmäßig für alle SAP-ECC- und SAP-S/4HANA-Versionen zur Verfügung gestellt.

[zB]

Aktualisierung der Umsatzsteuer-Voranmeldung für das Jahr 2025

Mit SAP-Hinweis 3531377 hat SAP eine Aktualisierung des Berichtes für das Jahr 2025 zur Verfügung gestellt. Diese Aktualisierung wird für die folgenden Versionen angeboten:

- SAP_APPL: 600 bis 606
- SAP_FIN: 616, 617 und 720, 730
- SAPSCORE: 132, 133
- S4CORE: 102 bis 108

Weitere Informationen können über das Webportal SAP for Me unter dem Link *https://me.sap.com/notes/3531377* abgerufen werden.

Neben den Komponenten SAP_APPL des ECC-Systems und S4CORE des SAP-S/4HANA-Systems sind in dem Hinweis noch zwei weitere Komponenten aufgeführt:

- Die Komponente SAP_FIN ist relevant für Installationen, die in der Übergangszeit zwischen SAP ECC (SAP_APPL) und SAP S/4HANA (S4CORE) installiert wurden.
- Die Komponente SAPSCORE bezieht sich auf SAP S/4HANA Cloud, Public Edition. Da diese Komponente nicht einzeln aktualisiert werden kann, wird für die Cloud-Version von SAP S/4HANA normalerweise ausschließlich die Hauptversion betrachtet.

Weitere Details zu den aus SAP-DRC-Sicht relevanten Komponenten finden Sie in Abschnitt 5.5.1, »Anwendungskomponenten, Softwarekomponenten und Versionen«.

Spezielle Funktionen bzw. Teilprozesse der beleghaften Berichte, wie z. B. die automatische Übertragung von Berichten an die gesetzlichen Meldestellen, können gesonderte Anforderungen an die benötigten Versionen haben.

Versionsanforderungen bei der Verwendung der Cloud Edition

Für die Verarbeitung elektronischer Dokumente gibt SAP Document and Reporting Compliance, Cloud Edition die Versionsvoraussetzungen vor. Die Nutzung mit SAP ERP setzt bestimmte Systemversionen voraus, die in der folgenden Übersicht (siehe Abbildung 5.4) dargestellt sind.

Wie in Abbildung 5.4 zu sehen ist, werden nicht alle Versionen von SAP ECC unterstützt. Die für die Nutzung benötigten Komponenten sind in dem SAP-ECC-System ab Enhancement Package 6 enthalten.

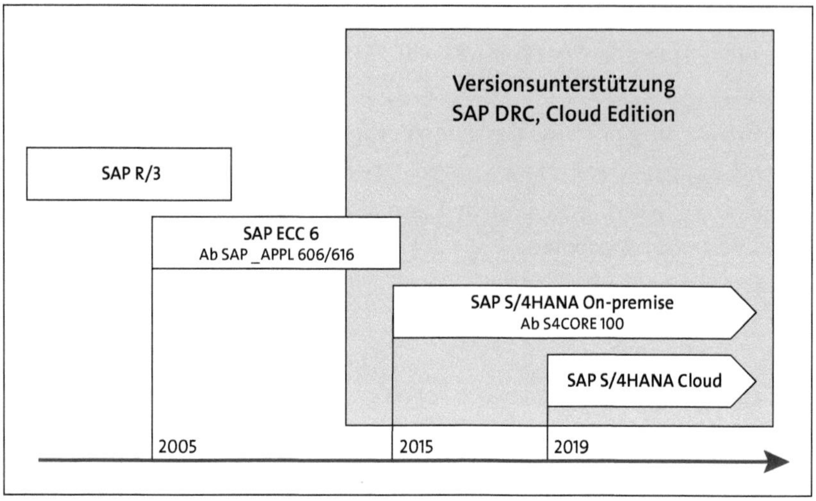

Abbildung 5.4 Versionsunterstützung für SAP Document and Reporting Compliance, Cloud Edition

Grundsätzlich werden alle Cloud- und On-Premise-Systeme von SAP S/4HANA unterstützt.

5.2.5 Vorschlag für einen Implementierungsprozess

Um SAP DRC in einem System erfolgreich zu installieren und zu konfigurieren, empfiehlt es sich, die erforderlichen Implementierungsschritte in einem klar strukturierten Prozessablauf zu planen. Dieser Prozess ist als Teil eines umfassenden Projektplans zu verstehen, der an dieser Stelle nicht im Detail beschrieben wird.

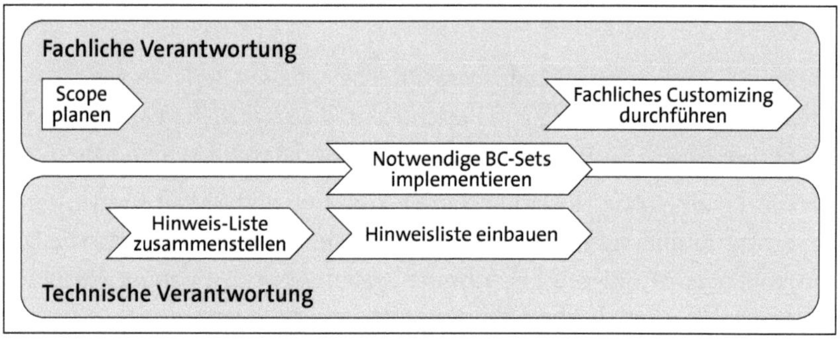

Abbildung 5.5 Minimaler Implementierungsprozess

Ein exemplarischer Grundprozess für die Implementierung könnte wie in Abbildung 5.5 dargestellt folgende fünf Schritte umfassen:

1. **Scope planen**

   Zunächst wird fachlich definiert, welche Anforderungen umgesetzt werden (»in scope«) und welche nicht Teil der Implementierung sein sollen (»out of scope«).

2. **Hinweisliste zusammenstellen**

   Technisch werden die fachlichen Vorgaben genutzt, um alle notwendigen Hinweise für die Installation zu identifizieren. Dabei sind auch Abhängigkeiten zu berücksichtigen.

3. **Hinweisliste einbauen**

   Im nächsten Schritt werden die relevanten Hinweise im System eingebaut. Gegebenenfalls enthalten einige Hinweise auch fachliche BC-Sets, die parallel eingespielt werden.

4. **Notwendige BC-Sets implementieren**

   Das Einspielen der BC-Sets ist eine überwiegend technische Aufgabe mit fachlichen Auswirkungen. Daher sollte dieser Schritt in enger Abstimmung zwischen dem technischen und dem fachlichen Team erfolgen.

5. **Fachliches Customizing durchführen**

   Nach erfolgreichem Einbau aller Hinweise wird das System für die fachliche Konfiguration freigegeben. Mit Abschluss dieses Schritts endet der eigentliche Implementierungsprozess. Weitere Tests und der eigentliche Rollout gehören zu den nachfolgenden Schritten des übergreifenden Projektes.

5.3 Technische Komponenten innerhalb der SAP-ERP-Software

Der Funktionsumfang von SAP DRC stützt sich zu einem großen Teil auf Komponenten, die bereits seit längerer Zeit im SAP-System zur Verfügung gestellt werden. Diese Komponenten sind integriert und technisch ausgereift. Aus architektonischer Sicht wird darauf geachtet, dass bestimmte Funktionen stets von einer festgelegten Komponente übernommen werden. So unterscheiden sich beispielsweise die Archivierungsfunktionen für SAP-DRC-Informationen nicht von denen, die für andere SAP-Elemente genutzt werden (siehe Abschnitt 10.1.2).

Für SAP DRC sind insbesondere zwei Frameworks von Bedeutung: zum einen das eDocument Framework, mit dem elektronische Dokumente erstellt werden können, und zum anderen das SAP Application Interface Framework, das Daten aus dem SAP-System ausliest und für die Weiterverarbeitung in ein Zielformat umwandelt.

5.3.1 eDocument Framework

Mit dem eDocument Framework werden elektronische Dokumente im SAP-System erstellt und verarbeitet. Dies ist insbesondere für die elektronischen Rechnungen von Bedeutung.

Bei der Verarbeitung von elektronischen Dokumenten werden mehrere Schritte durchlaufen. Diese sind in Abbildung 5.6 dargestellt und im Folgenden exemplarisch beschrieben.

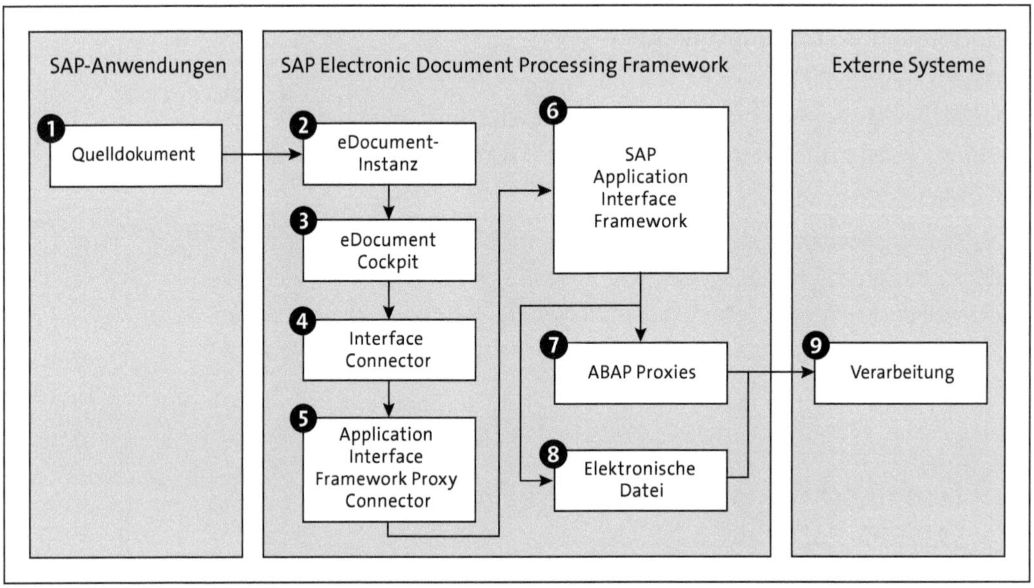

Abbildung 5.6 Funktionen des eDocument Frameworks

❶ Aufruf des Frameworks

Zu Beginn wird das eDocument Framework durch eine entsprechende Konfiguration aktiviert. Diese legt fest, dass für einen bestimmten Quellbeleg im SAP-System – etwa eine Ausgangsrechnung – ein elektronisches Dokument erzeugt werden soll.

❷ Erstellung einer Instanz des elektronischen Dokuments

Das Framework generiert eine Instanz des elektronischen Dokuments, die in einer separaten Tabellenstruktur gespeichert wird.

❸ **Einbindung in das eDocument Cockpit**

Nach der Erzeugung der Instanz erscheint ein neuer Eintrag im eDocument Cockpit. Die Dokumente werden hier nach Land und Geschäftsprozess gruppiert. Zu diesem Zeitpunkt existiert das elektronische Dokument jedoch lediglich als Instanz in der Datenbank – ein physisches Dokument ist noch nicht vorhanden.

❹ **Aktivierung des Interface Connectors**

Durch eine manuelle oder automatisierte Aktion im eDocument Cockpit wird der Interface Connector gestartet, der die eigentliche Erstellung des elektronischen Dokuments einleitet.

❺ **Aufruf des Proxy Connectors**

Der Interface Connector initiiert das SAP Application Interface Framework.

❻ **Auslesen relevanter Daten durch das SAP Application Interface Framework**

Das SAP Application Interface Framework identifiziert und extrahiert die für das elektronische Dokument notwendigen Daten aus dem SAP-System. Nähere Informationen hierzu finden Sie in Abschnitt 5.3.2.

❼ **Versand über ABAP-Proxys**

Der Versand des Dokuments erfolgt über ABAP-Proxys an ein externes System, das zuvor konfiguriert wurde.

❽ **Erstellung und Speicherung des elektronischen Dokuments**

Das eigentliche elektronische Dokument wird nun erzeugt und sicher abgelegt.

❾ **Weitergabe an ein externes System**

Das fertige elektronische Dokument kann an ein externes System übermittelt werden, beispielsweise an das Peppol-Netzwerk zur elektronischen Rechnungsstellung.

[«]

Installation und Aktualisierung des eDocument Frameworks

Das eDocument Framework wird mithilfe des Note Analyzers installiert und aktualisiert. Weitere Details dazu finden Sie in Abschnitt 5.5.4.

5.3.2 SAP Application Interface Framework

Im Rahmen des SAP-DRC-Prozesses wird das SAP Application Interface Framework vom eDocument Framework aufgerufen, um elektronische Dokumente zu verarbeiten. Es übernimmt die Aufgabe, die Datensätze in die jeweils konfigurierten Zielformate zu konvertieren. Neben allgemeinen und übergreifenden Zuweisungen werden über das Framework auch länderspezifische Umwandlungen umgesetzt.

Das SAP Application Interface Framework wird von SAP bereitgestellt und lässt sich an die individuellen Anforderungen der Geschäftsprozesse anpassen. Die grundlegende Mapping-Konfiguration wird durch SAP über BC-Sets ausgeliefert. Weitere spezifische Anpassungen können über die Transaktion **/AIF/VMAP** vorgenommen werden. Detaillierte Informationen zu diesen fachlichen Konfigurationen des SAP Application Interface Frameworks finden Sie in Abschnitt 6.3.1, »Basis-Customizing: Generische Einstellungen«.

Das Framework ermöglicht neben dem Customizing der Mappings auch eine umfassende Analyse sämtlicher Aktivitäten und insbesondere der auftretenden Fehler im Rahmen der Mapping-Prozesse. Um diese Analysen durchzuführen, nutzen Sie die Transaktion **/AIF/ERR** und filtern nach den für Sie relevanten Mapping-Prozessen. Die grundlegende Struktur des SAP-Application-Interface-Framework-Monitorings sehen Sie in Abbildung 5.7.

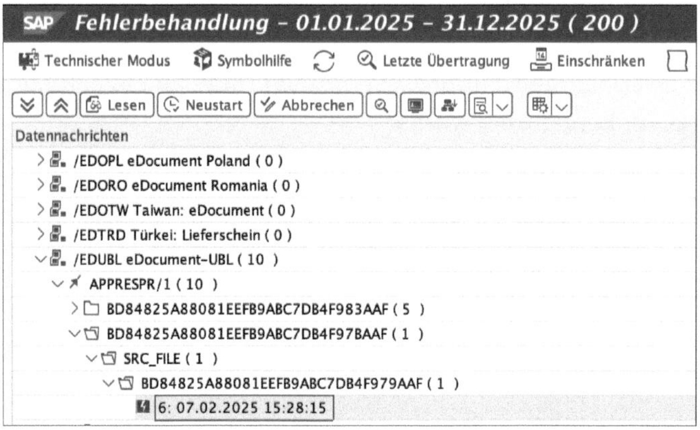

Abbildung 5.7 Monitoring im SAP Application Interface Framework

[»]

Historie der SAP-Application-Interface-Framework-Komponente

In älteren Versionen wurde SAP Application Interface Framework als eigenständiges SAP-NetWeaver-Modul ausgeliefert. Seit SAP S/4HANA 1809 ist es Teil der Basiskomponente SAP_APPL.

Das SAP Application Interface Framework wird mittels Note Analyzer installiert und aktualisiert. Details sind in Abschnitt 5.5.4 dargestellt.

5.4 Einrichtung der unterstützenden SAP-DRC-Komponenten der SAP BTP

Um SAP Document and Reporting Compliance in Ihrem Unternehmen nutzen zu können, müssen Sie zunächst die für Ihr Szenario erforderlichen Cloud-Dienste bei SAP bestellen. Diese Dienste stehen Ihnen anschließend in der SAP BTP zur Verfügung.

Eine Übersicht über die verfügbaren SAP-BTP-Dienste sowie über deren Funktionen und Preise finden Sie im SAP Discovery Center (siehe *http://s-prs.de/11005008*). Dort erhalten Sie außerdem weiterführende Links zu Hilfeseiten und Tutorials.

Nach erfolgreicher Bestellung werden die benötigten Dienste in Ihrem SAP-BTP-Account angezeigt und können dort aktiviert werden. In der Regel wird jeder neue Vertrag mit SAP für die SAP BTP in einem separaten globalen Konto (Global Account) abgebildet. Alternativ besteht die Möglichkeit, die Dienste in einen bereits bestehenden Global Account zu integrieren.

Zusätzlich zur Bestellung der Dienste ist es notwendig, dass Sie über ausreichende Berechtigungen in der SAP BTP verfügen, um Instanzen der gewünschten Dienste anlegen zu können.

In den folgenden Abschnitten erhalten Sie detaillierte Informationen zur Aktivierung von SAP Document and Reporting Compliance, Cloud Edition sowie zur SAP Integration Suite.

5.4.1 SAP Document and Reporting Compliance, Cloud Edition

Sobald die Lizenz in Ihrem globalen Konto hinterlegt ist, können Sie eine Instanz des gewünschten Dienstes aktivieren. Hierbei stehen Ihnen grundsätzlich zwei Vorgehensweisen zur Verfügung: eine manuelle Einrichtung oder die automatische Installation mithilfe eines Boosters.

Booster-basiertes Setup

Bei der automatisierten Variante wird der Dienst über einen Booster bereitgestellt. Dazu durchlaufen Sie einen Wizard-gestützten Prozess, in dem Sie lediglich einige wenige Konfigurationen festlegen müssen. Sämtliche weiteren Einstellungen und die eigentliche Installation erfolgen anschließend automatisiert im Hintergrund.

Im SAP BTP Cockpit finden Sie den Navigationspunkt **Booster**, über den Sie den Wizard zur Einrichtung des Cloud-Dienstes starten können (siehe Abbildung 5.8). Wenn Sie in der Booster-Übersicht nach dem Begriff »Reporting« filtern, können Sie den passenden Wizard schnell identifizieren. Mit einem Klick auf die Schaltfläche **Start** wird der Prozess gestartet.

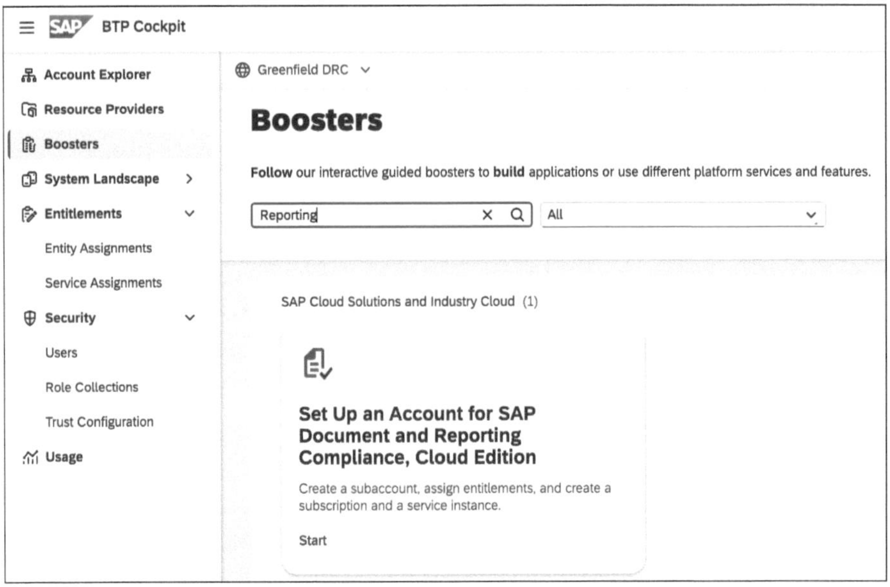

Abbildung 5.8 Booster für die Einrichtung von SAP Document and Reporting Compliance, Cloud Edition

Manuelles Setup

Sollte die Booster-Installation für Ihr gewünschtes Setup nicht geeignet sein, kann die Einrichtung des Dienstes auch manuell vorgenommen werden. Dazu führen Sie im Global Account, in dem die Lizenz hinterlegt ist, die folgenden Aktivitäten durch:

1. **Subaccount anlegen**
   Erstellen Sie einen neuen Subaccount in Ihrem Global Account.
2. **Berechtigungen und Kontingente konfigurieren**
   Legen Sie die erforderlichen Berechtigungen und Ressourcenkontingente für Ihren Subaccount fest.
3. **Cloud-Edition-Anwendung abonnieren**
   Schließen Sie ein Abonnement für die Cloud-Edition-Anwendung ab.
4. **Benutzer zu Rollensammlungen zuordnen**
   Weisen Sie den relevanten Benutzern die passenden Rollensammlungen zu.
5. **Serviceinstanz für die Cloud Edition anlegen**
   Erstellen Sie eine Serviceinstanz für die Cloud Edition.

Detaillierte Informationen zu den einzelnen Schritten finden Sie im SAP Help Portal unter diesem Link: *http://s-prs.de/11005009*.

[«]

Versionsdifferenzierung SAP-DRC-Cloud-Service

Der aktuelle Cloud-Service von SAP für Document and Reporting Compliance heißt *SAP Document and Reporting Compliance, Cloud Edition.*

Die bisherige cloudbasierte Lösung wurde unter dem Namen *SAP Document and Reporting Compliance – Cloud Service* angeboten. Dieser ältere Cloud-Service wird von SAP nicht mehr unterstützt, da er auf der veralteten Neo-Cloud-Umgebung der SAP BTP basierte.

Die Unterscheidung zwischen den beiden Versionen ist wichtig, da in der offiziellen SAP-Dokumentation teilweise noch auf den früheren Cloud-Service verwiesen wird.

5.4.2 SAP Integration Suite

Im Unterschied zur Einrichtung von SAP Document and Reporting Compliance, Cloud Edition ist das Anlegen einer SAP-Integration-Suite-Instanz nicht mit einem Booster möglich.

Nachdem die Lizenz in Ihrem Global Account hinterlegt wurde, können Sie den Dienst einem Subaccount zuweisen und dort eine neue Instanz der SAP Integration Suite erstellen.

Abbildung 5.9 veranschaulicht, wie Sie im SAP BTP Cockpit eine SAP-Integration-Suite-Instanz anlegen können. Öffnen Sie dazu das Kontextmenü über das Drei-Punkte-Icon ❶ in der oberen rechten Ecke der Kachel und wählen Sie **Create** ❷ zum Erstellen einer neuen Instanz.

Sobald die Instanz angelegt wurde, müssen Sie den Anwenderinnen und Anwendern, die Zugriff benötigen, entsprechende Berechtigungen zuweisen. Dies erfolgt über die automatisch angelegten Rollensammlungen in der SAP BTP, die mit dem Präfix »PI_« beginnen:

- PI_Administrator
- PI_Business_Expert
- PI_Integration_Developer
- PI_Read_Only

Nach der Zuweisung der benötigten Berechtigungen können Sie über den Menüpunkt **Services • Instances and Subscriptions** auf die neue Instanz zugreifen.

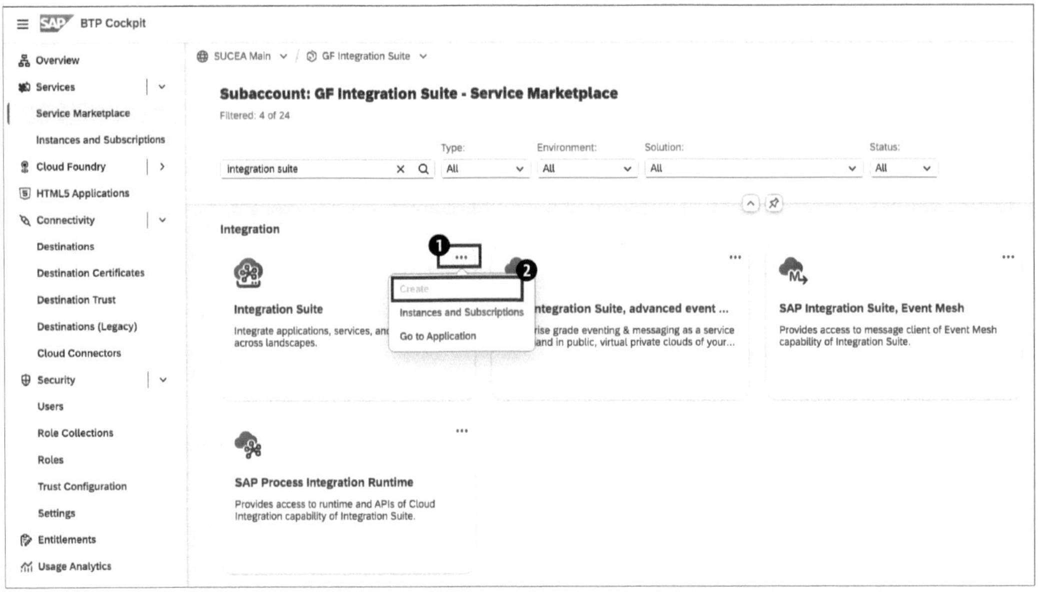

Abbildung 5.9 SAP-Integration-Suite-Instanz anlegen

Ist die SAP-Integration-Suite-Instanz erfolgreich eingerichtet, können Sie spezifische Content-Pakete von SAP implementieren. Diese Inhalte finden Sie über den Menüpunkt **Discover • Integrations**. Abbildung 5.10 zeigt exemplarisch die von SAP bereitgestellten Integrationsinhalte für Ungarn, zu denen auch die SAP-DRC-Prozesse gehören.

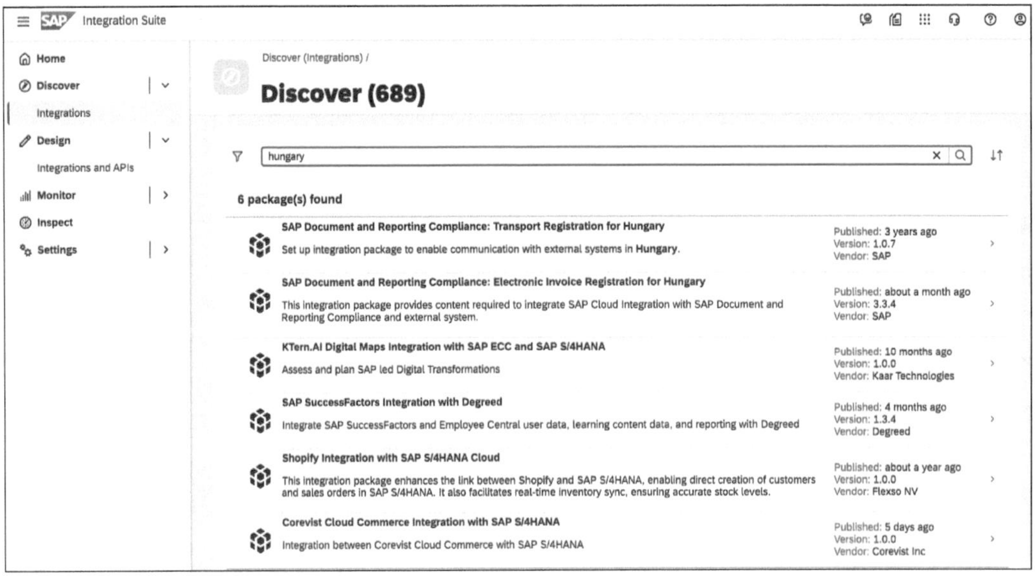

Abbildung 5.10 SAP-Integration-Suite-Content für Ungarn

5.5 Basisinstallation von SAP DRC

Dieser Abschnitt beschreibt, welche Komponenten im SAP-System installiert und konfiguriert werden müssen, damit SAP DRC genutzt werden kann. Wie bereits erwähnt, stellt SAP den SAP-DRC-Funktionsumfang für zahlreiche Versionen der SAP-Systeme bereit – sowohl für klassische ERP-Systeme als auch für SAP S/4HANA. Diese Funktionen können entweder über Support Packages bzw. System-Upgrades eingespielt werden oder werden als SAP-Hinweise bereitgestellt, die für die jeweilige Systemversion verfügbar sind.

Im Folgenden wird ausschließlich der hinweisbasierte Installationsprozess detailliert erläutert, da dieser in der Praxis am häufigsten zum Einsatz kommt. Bei dieser Vorgehensweise werden gezielt nur die gewünschten SAP-DRC-Funktionalitäten installiert. Alle anderen Komponenten und Funktionen des SAP-Systems bleiben unverändert. Dies ermöglicht einen Rollout mit minimalem Testaufwand, da keine umfassenden Tests für andere Systembereiche erforderlich werden. Würde hingegen ein vollständiges System-Upgrade durchgeführt, müssten auch alle anderen Module und Systemteile, die durch das Upgrade betroffen sind, umfangreich getestet werden.

5.5.1 Anwendungskomponenten, Softwarekomponenten und Versionen

Bei der Bereitstellung von SAP DRC wird zwischen *Anwendungskomponenten* und *Softwarekomponenten* unterschieden.

Anwendungskomponenten sind bei SAP funktionale Zusammenfassungen von Quellcode, die als logische Einheit betrachtet werden. Sie spielen insbesondere bei der Auswahl von SAP-Hinweisen eine Rolle, da jeder Hinweis immer genau einer funktionalen Anwendungskomponente zugeordnet ist. Auf diese Weise lassen sich zusammenhängende Funktionen im System klar abgrenzen und verwalten.

Softwarekomponenten bezeichnen hingegen die im System installierten, übergreifenden technischen Komponenten. In älteren SAP-Systemen wurde dafür häufig der Begriff *Module* verwendet.

Es ist wichtig zu beachten, dass eine Anwendungskomponente durchaus mehrere Softwarekomponenten betreffen kann.

[zB]

Anwendungskomponente CA-GTF-CSC-EDO

Die Anwendungskomponente CA-GTF-CSC-EDO (eDocument Framework) beinhaltet Teile der Softwarekomponenten S4CORE und UIS4HOP1.

In S4CORE sind Backend-Funktionalitäten enthalten. UIS4HOP1 beinhaltet Elemente für die SAP-Fiori-Web-Anwendungen.

Anwendungskomponenten

Die Anwendungskomponenten sind im Quellcode des SAP-Systems nur indirekt abgebildet. Eine Zuordnung erfolgt über das Paket eines Entwicklungsobjekts. Um die Anwendungskomponente eines Objekts zu ermitteln, navigieren Sie in der Transaktion **SE80** zum entsprechenden Objekt, für das Sie die Anwendungskomponente herausfinden möchten (siehe Abbildung 5.11). In der Objektübersicht lässt sich im Reiter **Eigenschaften** das zugehörige Paket einsehen. Mit einem Doppelklick auf den Paketnamen öffnen Sie die Eigenschaften des Pakets. Dort werden sowohl die Anwendungskomponente ❶ als auch die Softwarekomponente ❷ des Pakets angezeigt. Diese Informationen gelten für alle Objekte, die diesem Paket zugeordnet sind.

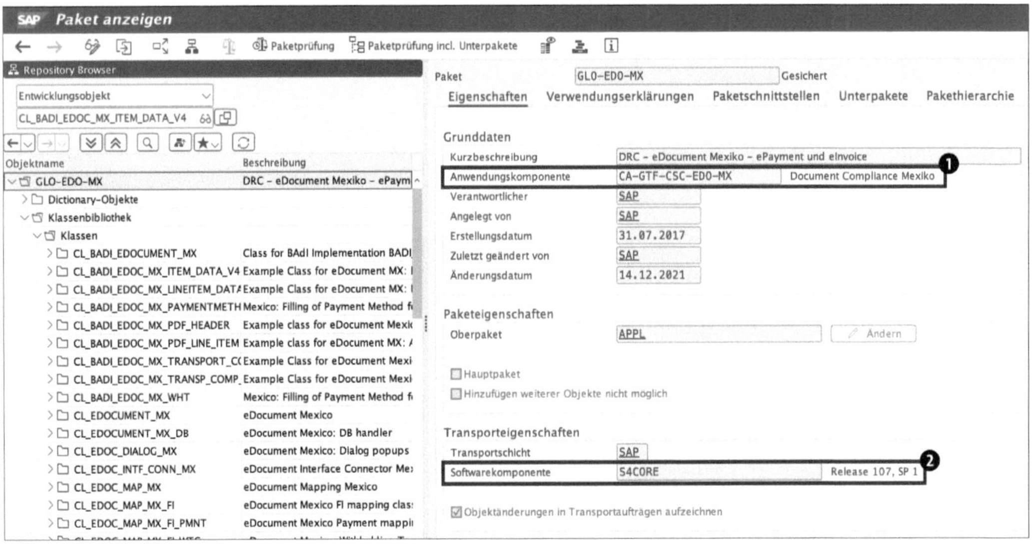

Abbildung 5.11 Komponenten eines SAP-Paketes

SAP nutzt Anwendungskomponenten, um Hinweise und Support-Anfragen systematisch zu kategorisieren. Daher spielen sie eine zentrale Rolle bei der Bereitstellung und Pflege übergreifender Funktionen im SAP-System.

Mithilfe der Anwendungskomponenten können Sie gezielt nach benötigten Hinweisen für eine bestimmte Funktion suchen (siehe Abschnitt 5.5.3, »Identifikation und Bereitstellung relevanter SAP-Hinweise«). Im Fehlerfall dient die Anwendungskomponente außerdem als Kategorie für Support-Meldungen an den SAP-Support.

Es gibt jedoch keinen direkten Weg, sich alle Meldungen einer Anwendungskomponente in einer Liste anzeigen zu lassen. Dennoch können Sie sich einen guten Überblick über alle im System vorhandenen Anwendungskomponenten verschaffen, indem Sie die Datenbanktabelle **DF14L** abfragen.

Mithilfe der Spalte **PS_POSID** können Sie gezielt nach Anwendungskomponenten recherchieren. Abbildung 5.12 zeigt beispielhaft das Ergebnis einer Tabellenabfrage mit dem Filter »FI-LOC*« für die Spalte **PS_POSID**.

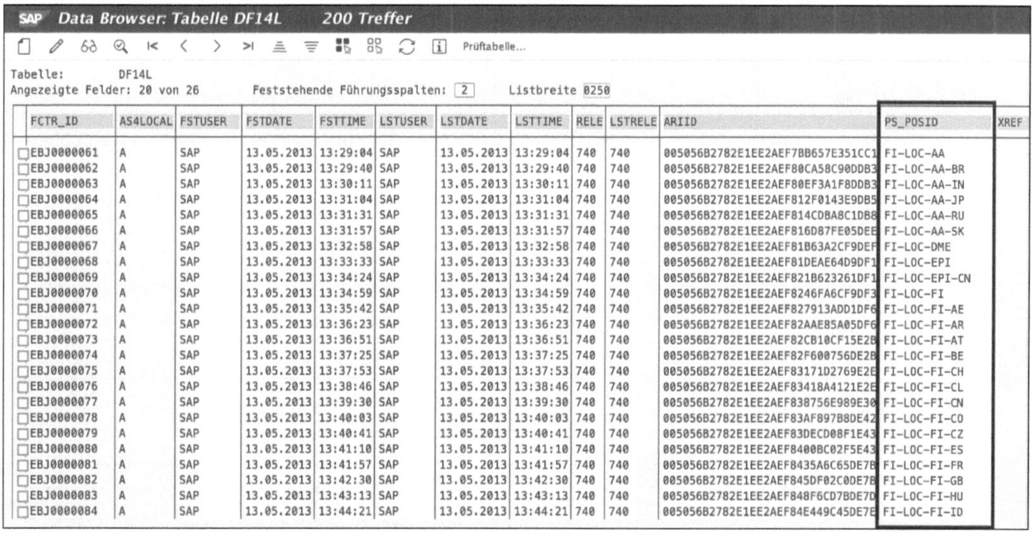
Data Browser: Tabelle DF14L 200 Treffer

Prüftabelle...

Tabelle: DF14L
Angezeigte Felder: 20 von 26 Feststehende Führungsspalten: 2 Listbreite 0250

FCTR_ID	AS4LOCAL	FSTUSER	FSTDATE	FSTTIME	LSTUSER	LSTDATE	LSTTIME	RELE	LSTRELE	ARIID	PS_POSID	XREF
EBJ0000061	A	SAP	13.05.2013	13:29:04	SAP	13.05.2013	13:29:04	740	740	005056B2782E1EE2AEF7BB657E351CC1	FI-LOC-AA	
EBJ0000062	A	SAP	13.05.2013	13:29:40	SAP	13.05.2013	13:29:40	740	740	005056B2782E1EE2AEF80CA58C90DDB3	FI-LOC-AA-BR	
EBJ0000063	A	SAP	13.05.2013	13:30:11	SAP	13.05.2013	13:30:11	740	740	005056B2782E1EE2AEF80EF3A1F8DDB3	FI-LOC-AA-IN	
EBJ0000064	A	SAP	13.05.2013	13:31:04	SAP	13.05.2013	13:31:04	740	740	005056B2782E1EE2AEF812F0143E9DB5	FI-LOC-AA-JP	
EBJ0000065	A	SAP	13.05.2013	13:31:31	SAP	13.05.2013	13:31:31	740	740	005056B2782E1EE2AEF814CDBA8C1DB8	FI-LOC-AA-RU	
EBJ0000066	A	SAP	13.05.2013	13:31:57	SAP	13.05.2013	13:31:57	740	740	005056B2782E1EE2AEF816D87FE05DEE	FI-LOC-AA-SK	
EBJ0000067	A	SAP	13.05.2013	13:32:58	SAP	13.05.2013	13:32:58	740	740	005056B2782E1EE2AEF81B63A2CF9DEF	FI-LOC-DME	
EBJ0000068	A	SAP	13.05.2013	13:33:33	SAP	13.05.2013	13:33:33	740	740	005056B2782E1EE2AEF81DEAE64D9DF1	FI-LOC-EPI	
EBJ0000069	A	SAP	13.05.2013	13:34:24	SAP	13.05.2013	13:34:24	740	740	005056B2782E1EE2AEF821B623261DF1	FI-LOC-EPI-CN	
EBJ0000070	A	SAP	13.05.2013	13:34:59	SAP	13.05.2013	13:34:59	740	740	005056B2782E1EE2AEF8246FA6CF9DF3	FI-LOC-FI	
EBJ0000071	A	SAP	13.05.2013	13:35:42	SAP	13.05.2013	13:35:42	740	740	005056B2782E1EE2AEF827913ADD1DF6	FI-LOC-FI-AE	
EBJ0000072	A	SAP	13.05.2013	13:36:23	SAP	13.05.2013	13:36:23	740	740	005056B2782E1EE2AEF82AAE85A05DF6	FI-LOC-FI-AR	
EBJ0000073	A	SAP	13.05.2013	13:36:51	SAP	13.05.2013	13:36:51	740	740	005056B2782E1EE2AEF82CB10CF15E2B	FI-LOC-FI-AT	
EBJ0000074	A	SAP	13.05.2013	13:37:25	SAP	13.05.2013	13:37:25	740	740	005056B2782E1EE2AEF82F600756DE2B	FI-LOC-FI-BE	
EBJ0000075	A	SAP	13.05.2013	13:37:53	SAP	13.05.2013	13:37:53	740	740	005056B2782E1EE2AEF83171D2769E2E	FI-LOC-FI-CH	
EBJ0000076	A	SAP	13.05.2013	13:38:46	SAP	13.05.2013	13:38:46	740	740	005056B2782E1EE2AEF83418A4121E2E	FI-LOC-FI-CL	
EBJ0000077	A	SAP	13.05.2013	13:39:30	SAP	13.05.2013	13:39:30	740	740	005056B2782E1EE2AEF838756E989E30	FI-LOC-FI-CN	
EBJ0000078	A	SAP	13.05.2013	13:40:03	SAP	13.05.2013	13:40:03	740	740	005056B2782E1EE2AEF83AF897B8DE42	FI-LOC-FI-CO	
EBJ0000079	A	SAP	13.05.2013	13:40:41	SAP	13.05.2013	13:40:41	740	740	005056B2782E1EE2AEF83DECD08F1E43	FI-LOC-FI-CZ	
EBJ0000080	A	SAP	13.05.2013	13:41:10	SAP	13.05.2013	13:41:10	740	740	005056B2782E1EE2AEF8400BC02F5E43	FI-LOC-FI-ES	
EBJ0000081	A	SAP	13.05.2013	13:41:57	SAP	13.05.2013	13:41:57	740	740	005056B2782E1EE2AEF8435A6C65DE7B	FI-LOC-FI-FR	
EBJ0000082	A	SAP	13.05.2013	13:42:30	SAP	13.05.2013	13:42:30	740	740	005056B2782E1EE2AEF845DF02C0DE7B	FI-LOC-FI-GB	
EBJ0000083	A	SAP	13.05.2013	13:43:13	SAP	13.05.2013	13:43:13	740	740	005056B2782E1EE2AEF848F6CD7BDE7D	FI-LOC-FI-HU	
EBJ0000084	A	SAP	13.05.2013	13:44:21	SAP	13.05.2013	13:44:21	740	740	005056B2782E1EE2AEF84E449C45DE7E	FI-LOC-FI-ID	

Abbildung 5.12 Übersicht der Anwendungskomponenten in der Tabelle DF14L

Tabelle 5.4 bietet einen Überblick über die Anwendungskomponenten, die für die Nutzung von SAP DRC relevant sind. Sie umfasst sowohl die Komponenten, die für das beleghafte Berichtswesen benötigt werden, als auch jene, die für die Verarbeitung elektronischer Dokumente eine Rolle spielen.

Anwendungskomponente	Beschreibung
CA-GTF-CSC-EDO	Zentrale Komponente für das eDocument Framework

Tabelle 5.4 SAP-DRC-relevante Anwendungskomponenten

Anwendungskomponente	Beschreibung
CA-GTF-CSC-EDO-PAP	Elektronische Rechnungsverarbeitung für das Peppol-Netzwerk
CA-GTF-CSC-EDO-XX	Länderspezifische elektronische Rechnungsverarbeitung (»XX« steht für einen spezifischen ISO-Ländercode wie beispielsweise DE für Deutschland)
FI-LOC-SRF	Generische Komponente für das beleghafte Berichtswesen von SAP DRC. In dieser Komponente gibt es zwei Unterkomponenten: »*-DEF« für die Definition von Berichten und »*-RUN« für die Ausführung der Berichte.
FI-LOC-FI-XX	Länderspezifische beleghafte Berichte (»XX« steht für einen spezifischen ISO-Ländercode wie beispielsweise DE für Deutschland).
FI-LOC-SAF	Generische Komponente für den elektronischen Austausch von Steuerinformationen auf Basis der SAF-T-Spezifikation (Standard Audit File for Tax).
FI-LOC-SAF-XX	Länderspezifische SAF-T-Berichte (»XX« steht für einen spezifischen ISO-Ländercode wie beispielsweise DE für Deutschland).
FI-AP-AP-Q1	Quellensteuer-Berichte bzw. Withholding Tax reports (WHT) für Deutschland
FI-LOC-VAT	Berichte für die Umsatzsteuer-Voranmeldung in Deutschland. In dieser Komponente gibt es zwei Unterkomponenten: »*-GEN« für generische Funktionen und »*-DE« für deutsche Funktionen.

Tabelle 5.4 SAP-DRC-relevante Anwendungskomponenten (Forts.)

Softwarekomponenten

Softwarekomponenten beziehen sich explizit auf die tatsächlich installierten Elemente eines SAP-Systems.

Wie in Abbildung 5.13 und Abbildung 5.14 dargestellt, lassen sich die installierten Softwarekomponenten in der SAP GUI über die Menüstruktur **System • Status • SAP-Systemdaten • Produktversion** einsehen.

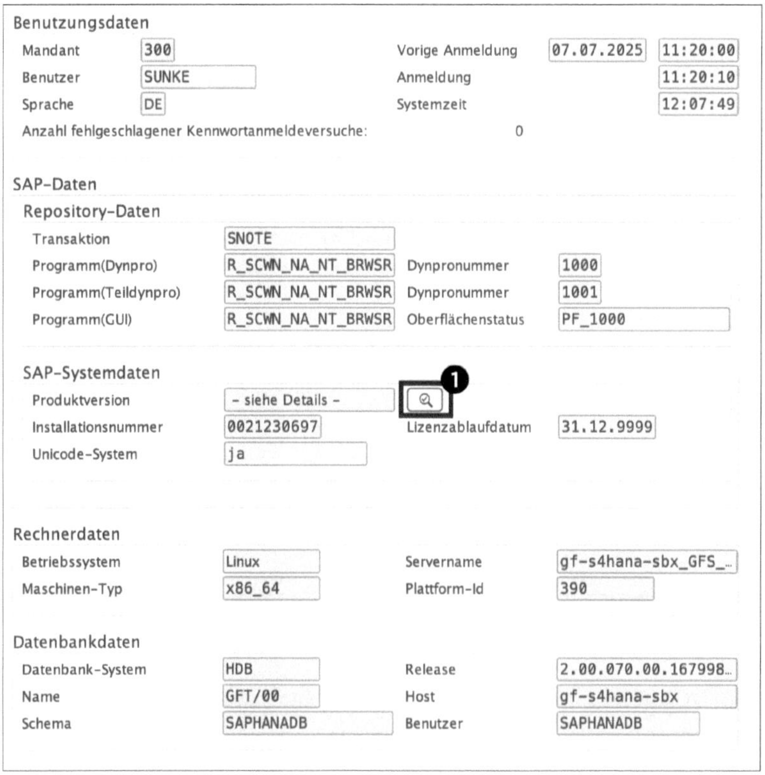

Abbildung 5.13 SAP-System-Statusdialog

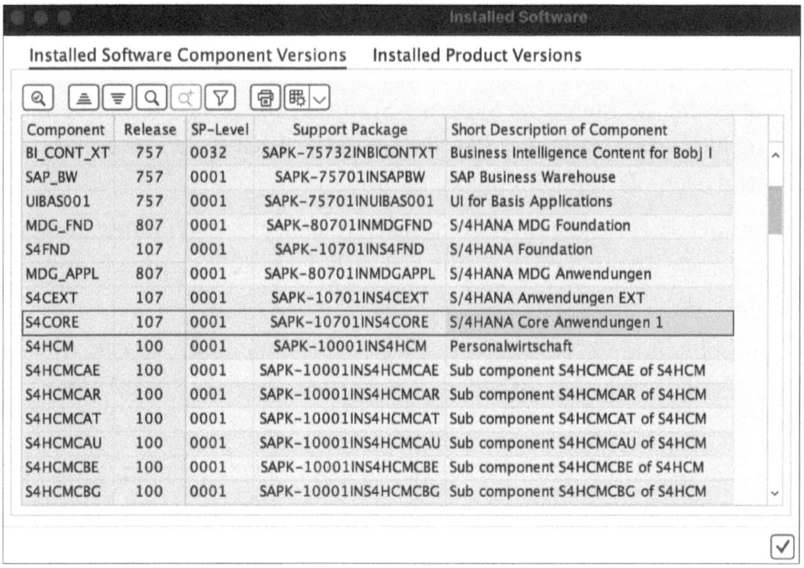

Component	Release	SP-Level	Support Package	Short Description of Component
BI_CONT_XT	757	0032	SAPK-75732INBICONTXT	Business Intelligence Content for Bobj I
SAP_BW	757	0001	SAPK-75701INSAPBW	SAP Business Warehouse
UIBAS001	757	0001	SAPK-75701INUIBAS001	UI for Basis Applications
MDG_FND	807	0001	SAPK-80701INMDGFND	S/4HANA MDG Foundation
S4FND	107	0001	SAPK-10701INS4FND	S/4HANA Foundation
MDG_APPL	807	0001	SAPK-80701INMDGAPPL	S/4HANA MDG Anwendungen
S4CEXT	107	0001	SAPK-10701INS4CEXT	S/4HANA Anwendungen EXT
S4CORE	107	0001	SAPK-10701INS4CORE	S/4HANA Core Anwendungen 1
S4HCM	100	0001	SAPK-10001INS4HCM	Personalwirtschaft
S4HCMCAE	100	0001	SAPK-10001INS4HCMCAE	Sub component S4HCMCAE of S4HCM
S4HCMCAR	100	0001	SAPK-10001INS4HCMCAR	Sub component S4HCMCAR of S4HCM
S4HCMCAT	100	0001	SAPK-10001INS4HCMCAT	Sub component S4HCMCAT of S4HCM
S4HCMCAU	100	0001	SAPK-10001INS4HCMCAU	Sub component S4HCMCAU of S4HCM
S4HCMCBE	100	0001	SAPK-10001INS4HCMCBE	Sub component S4HCMCBE of S4HCM
S4HCMCBG	100	0001	SAPK-10001INS4HCMCBG	Sub component S4HCMCBG of S4HCM

Abbildung 5.14 Installierte Softwarekomponenten des SAP-Systems

Tabelle 5.5 gibt einen Überblick über die Softwarekomponenten, die für die Nutzung von SAP DRC relevant sind. Auch diese Komponenten sind sowohl für das beleghafte Berichtswesen als auch für die Verarbeitung elektronischer Dokumente von Bedeutung.

Softwarekomponenten	Beschreibung
S4CORE	S4CORE steht für »S/4HANA Core Applications 1«. Diese Komponente bildet das Kernelement eines SAP-S/4HANA-Systems.
SAP_APPL	Diese Komponente ist für SAP-ERP-Systeme (Vorgänger von SAP S/4HANA) relevant. Sie beinhaltet Elemente für die Kernprozesse »Logistik und Buchhaltung«.
UIS4HOP1	Diese Komponente beinhaltet Elemente für die SAP-Fiori-Benutzeroberflächen und wird in SAP-S/4HANA-Systemen verwendet.

Tabelle 5.5 SAP-DRC-relevante Softwarekomponenten

Identifikation der Softwarekomponenten-Versionen

Für eine erfolgreiche Bereitstellung von SAP DRC sind umfassende Informationen über das Zielsystem erforderlich. Im Folgenden wird beschrieben, wie Sie die relevanten Informationen zu den installierten Softwarekomponenten ermitteln können. Besonders wichtig sind dabei die Versionsangaben, etwa wenn Sie im Rahmen der Expertensuche über SAP for Me nach passenden SAP-Hinweisen recherchieren.

Die installierten Komponenten und deren Versionen können Sie in der SAP GUI über den Menüeintrag **System • Status...** prüfen. Im sich öffnenden Fenster klicken Sie im Bereich **SAP System Data • Product Version** auf das Lupen-Icon (siehe ❶ in Abbildung 5.13).

Daraufhin öffnet sich ein weiteres Fenster, in dem alle installierten Komponenten sowie deren Versionen übersichtlich dargestellt werden (siehe Abbildung 5.14).

Wie in Abbildung 5.14 hervorgehoben, ist die Komponente S4CORE in Version 107 auf dem System installiert. Das Patch Level dieser Komponente beträgt 0001.

Die nachfolgende Übersicht (siehe Tabelle 5.6) stellt ein Mapping zwischen den Hauptversionen des SAP-Systems und den Versionen der jeweiligen Softwarekomponenten bereit.

Hauptversion	Softwarekomponente	Version
EHP6 FOR SAP ERP 6.0	SAP_APPL	616
EHP7 FOR SAP ERP 6.0	SAP_APPL	617
EHP8 FOR SAP ERP 6.0	SAP_APPL	618
SAP S/4HANA 1709	S4CORE	102
SAP S/4HANA 1809	S4CORE	103
SAP S/4HANA 1909	S4CORE	104
SAP S/4HANA 2020	S4CORE	105
SAP S/4HANA 2021	S4CORE	106
SAP S/4HANA 2022	S4CORE	107
SAP S/4HANA 2023	S4CORE	108

Tabelle 5.6 Mapping der SAP-Hauptversion und Softwarekomponenten

Die in Tabelle 5.6 aufgeführten Informationen beziehen sich ausschließlich auf die On-Premise-Version des SAP-Systems.

Weiterführende Details zu den unterstützten Produktversionen finden Sie auf der SAP-Webseite unter folgendem Link: *http://s-prs.de/v11005010*

Für Cloud-Versionen gelten andere Komponenten und Versionen.

Ältere ERP-Systeme (vor EHP6) sind zudem in der Übersicht nicht enthalten, da sie für SAP DRC nicht relevant sind.

Weitere Informationen zu den erforderlichen Versionen finden Sie in Abschnitt 5.2.4, »Notwendige Versionen und Abhängigkeiten«.

5.5.2 Geschäftsfunktionen im Switch Framework aktivieren für SAP S/4HANA

Beide Kernfunktionen von SAP DRC – das beleghafte Berichtswesen und die Verarbeitung elektronischer Dokumente – werden bei den On-Premise-Varianten von SAP S/4HANA über das *Switch Framework* aktiviert oder deaktiviert. Diese Konfiguration lässt sich über die Transaktion **SFW5** vornehmen (siehe Abbildung 5.15).

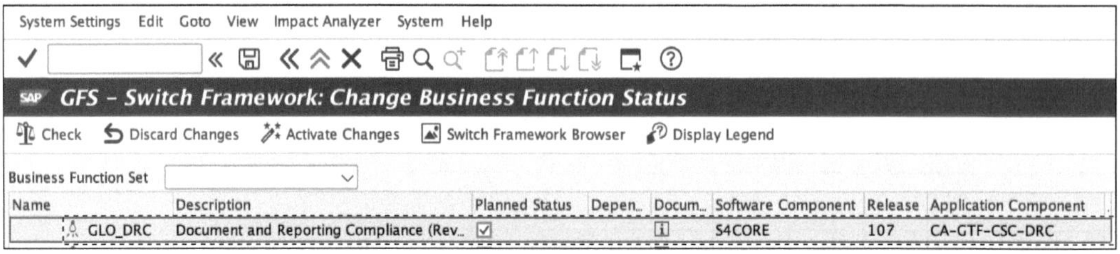

Abbildung 5.15 GLO_DRC-Geschäftsfunktion im Switch Framework

Bei der Aktivierung der jeweiligen Geschäftsfunktionen ist es wichtig, darauf zu achten, ob diese als »umkehrbar« gekennzeichnet sind. Das bedeutet, dass die Funktionen nicht nur aktiviert, sondern bei Bedarf auch wieder deaktiviert werden können.

[!]

Nicht umkehrbare Geschäftsfunktionen

Nicht umkehrbare Geschäftsfunktionen können – wie der Name bereits andeutet – nach der Aktivierung nicht mehr deaktiviert werden.

Sollte eine solche Funktion versehentlich aktiviert worden sein, lässt sich dies nur durch das Einspielen eines Backups rückgängig machen.

Die zu aktivierenden Geschäftsprozesse für SAP DRC sind in Tabelle 5.7 zusammengefasst.

Geschäftsprozess	Beschreibung	Umkehrbar
GLO_DRC	Aktivierung aller Funktionen von SAP DRC. Wenn diese Funktion aktiviert ist, sollten die nachfolgenden Funktionen nicht aktiviert werden.	ja
CA_EDOC	ausschließliche Nutzung der Funktionen für die Verarbeitung elektronischer Belege	ja
FIN_LOC_SRF	Nutzung der Funktionen für das externe Meldewesen	ja

Tabelle 5.7 SAP-DRC-Geschäftsfunktion im Switch Framework

5.5.3 Identifikation und Bereitstellung relevanter SAP-Hinweise

In diesem Abschnitt wird Schritt für Schritt erklärt, wie Sie SAP-Hinweise identifizieren, um SAP Document and Reporting Compliance in einem SAP-

System zu implementieren. Diese Hinweise werden häufig auch als *OSS-Hinweise* bezeichnet, wobei OSS für *Online Service System* steht.

System-Update oder Hinweise einspielen

SAP empfiehlt, neue Funktionen und Problemlösungen bevorzugt über Feature Packs oder Support Packages bereitzustellen. Das Einspielen einzelner SAP-Hinweise sollte daher nur dann erfolgen, wenn ein Update nicht möglich oder nicht gewünscht ist.

Hierbei ist zu beachten, dass bei einem Update sehr viele Änderungen gleichzeitig ausgeliefert werden, wodurch der Testaufwand deutlich steigt. Im Gegensatz dazu beziehen sich SAP-Hinweise in der Regel auf ein bestimmtes Thema oder eine bestimmte Funktion, sodass der Test- und Implementierungsaufwand meist geringer ausfällt.

Der folgende Leitfaden beschreibt, wie Sie die relevanten SAP-Hinweise für SAP DRC mithilfe der Expertensuche identifizieren und diese mit der Transaktion **SNOTE** einspielen. Er gibt außerdem Tipps zur Fehlerbehebung bei möglichen Problemen.

Suche nach relevanten Hinweisen

Im ersten Schritt werden alle für SAP DRC erforderlichen SAP-Hinweise ermittelt. Dies geschieht am effizientesten über die Expertensuche auf der Webseite SAP for Me (*https://me.sap.com*).

Die Expertensuche für Hinweise erreichen Sie über folgenden Klickpfad (siehe Abbildung 5.16):

❶ Startseite: Wählen Sie den Link **Services und Support** aus.

❷ Registerkarte auswählen: Klicken Sie anschließend auf die Registerkarte **Wissensdatenbankartikel und Hinweise**.

❸ Expertensuche aufrufen: Über die Kachel-Überschrift **Expertensuche nach SAP-Hinweisen und Wissensdatenbankartikel** gelangen Sie zur entsprechenden Suchmaske.

Mit diesen Schritten erhalten Sie Zugriff auf eine umfassende Suchfunktion, mit der Sie gezielt nach den für SAP DRC relevanten Hinweisen suchen können.

Direkter Link für Browser-Favoriten

Sie können auch einen direkten Link im Browser als Favorit speichern. Die Expertensuche ist über den Direktlink *http://s-prs.de/v11005011* aufrufbar.

Die sich öffnende Suchmaske ermöglicht es, gezielt nach SAP-Hinweisen zu recherchieren.

Auf der in Abbildung 5.17 gezeigten Expertensuche kann eine Vielzahl an Filtern verwendet werden, um Hinweise zu suchen ❹.

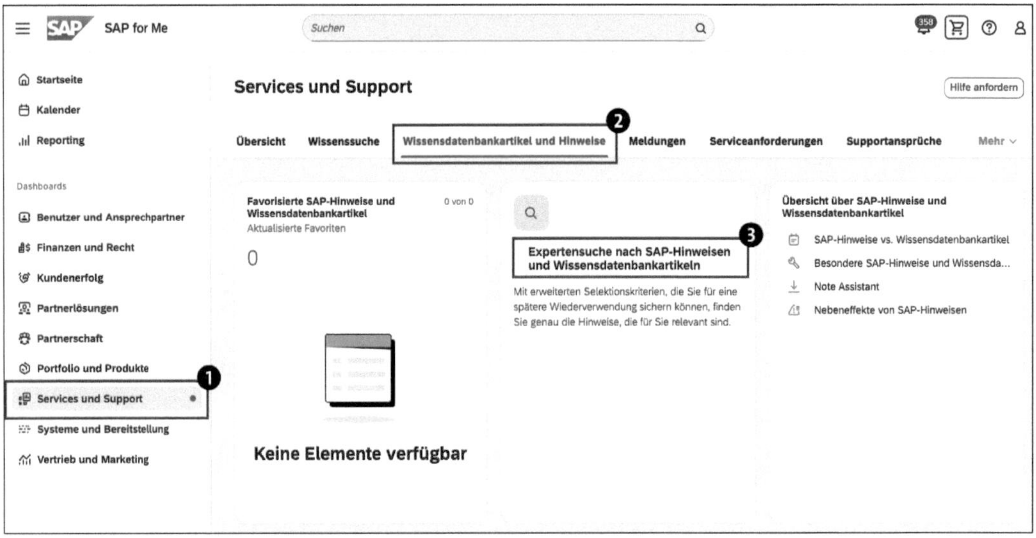

Abbildung 5.16 SAP-Hinweis-Expertensuche

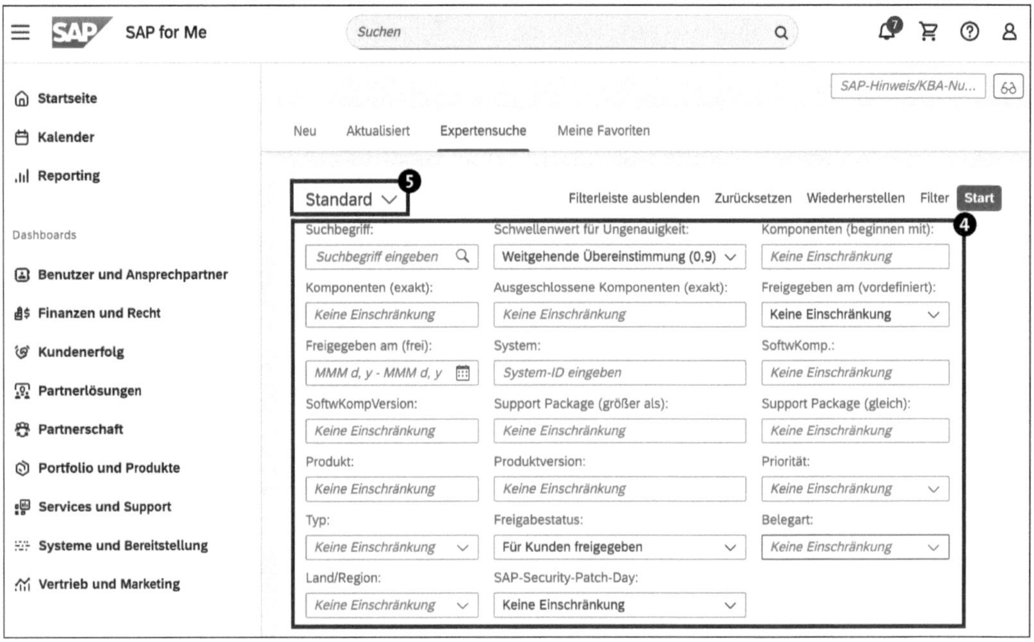

Abbildung 5.17 Expertensuche für SAP-Hinweise

Die wichtigsten Filtermöglichkeiten werden im Folgenden aufgeführt und kurz erläutert.

Mit den beiden Filtern **Komponenten (beginnen mit)** bzw. **Komponenten (exakt)** können Sie in der Expertensuche nach den für Sie relevanten Anwendungskomponenten filtern. Eine Mehrfachauswahl ist ebenfalls möglich. Jeder SAP-Hinweis ist genau einer Anwendungskomponente zugeordnet. Für SAP Document and Reporting Compliance zählen dazu beispielsweise die generische Komponente CA-GTF-CSC-EDO (eDocument Framework) sowie spezifische Komponenten wie CA-GTF-CSC-EDO-PAP (z. B. für den Peppol Exchange Service) und CA-GTF-CSC-EDO-HU (für Ungarn). Im Allgemeinen enden die länderspezifischen DRC-Komponenten meist auf den jeweiligen ISO-Ländercode – z. B. HU für Ungarn, MX für Mexiko oder IT für Italien.

Eine ausführliche Liste aller aus SAP-DRC-Sicht relevanten Anwendungskomponenten finden Sie in Abschnitt 5.5.1.

[«]

Hierarchische Verwendung von Komponenten

Die Komponenten der SAP-Hinweise sind hierarchisch organisiert. Das bedeutet, dass ein Filter auf CA-GTF-CSC-EDO auch Hinweise anzeigt, die untergeordneten Komponenten wie CA-GTF-CSC-EDO-PAP oder CA-GTF-CSC-EDO-HU zugeordnet sind.

Diese hierarchische Suche funktioniert mit dem Filter **Komponenten (beginnen mit)**.

Mit dem Filter **Komponenten (exakt)** wäre das nicht möglich, da dabei ausschließlich nach exakt übereinstimmenden Anwendungskomponenten gefiltert wird.

Mit den Filtern **SoftwKomp**, **SoftwKompVersion** und **Support Package (größer als)/Support Package (gleich)** legen Sie fest, welche Softwarekomponenten von den gesuchten Hinweisen betroffen sein sollen. Neben der Softwarekomponente können Sie auch die Version sowie das Patch Level angeben. Es ist besonders wichtig, dabei die auf Ihrem System installierte Version zu kennen. Eine Anleitung, wie Sie diese Version ermitteln können, finden Sie in Abschnitt 5.5.1, »Anwendungskomponenten, Softwarekomponenten und Versionen«. Sobald Sie die passenden Daten in die Filter eingeben, werden ausschließlich die Hinweise angezeigt, die für Ihr System relevant sind. Gerade für die erstmalige Suche nach Hinweisen ist dies der effizienteste Weg, um die benötigten Hinweise zu finden.

Wenn Sie regelmäßig – beispielsweise einmal pro Monat – nach neuen Hinweisen suchen, können Sie über den Filter **Freigegeben am (vordefiniert** oder **frei)** gezielt nach dem aktuellen Freigabedatum filtern und sich nur die für Sie neuen Hinweise anzeigen lassen. So bleiben Sie stets über relevante Updates und Hinweise informiert.

Wählen Sie den Filter **Für Kunden freigegeben** aus, um sich ausschließlich SAP-Hinweise anzeigen zu lassen, die offiziell von SAP für Kunden und Kundinnen veröffentlicht und freigegeben wurden. Hinweise im Entwurfs- oder Pilotstatus bleiben dabei außen vor, sodass nur erprobte und zuverlässige Hinweise in den Suchergebnissen berücksichtigt werden.

Mit den Filtern **Produkt** und **Produktversion** haben Sie die Möglichkeit, die Suche nach SAP-Hinweisen gezielt auf bestimmte SAP-Produkte einzugrenzen. Wählen Sie beispielsweise das Produkt **SAP Document and Reporting Compliance, Cloud Edition** aus, um ausschließlich Hinweise angezeigt zu bekommen, die sich auf den SAP-DRC-Cloud-Dienst beziehen. Dadurch wird sichergestellt, dass nur relevante Hinweise für das gewünschte Produkt in den Suchergebnissen erscheinen.

Optional können Sie die Suchergebnisse nach Priorität filtern oder sortieren. SAP-Hinweise werden dabei in verschiedene Kategorien unterteilt, wie etwa **Korrektur mit hoher Priorität** (für dringende Fehlerbehebungen) oder **gesetzliche Änderung** (Legal Change). Achten Sie insbesondere auf Hinweise mit hoher Priorität, da diese für die Implementierung von SAP DRC oft von entscheidender Bedeutung sind – z. B. wenn gesetzliche Fristen einzuhalten sind. In der Expertensuche können Sie das Feld **Priorität** gezielt auf eine bestimmte Stufe setzen oder in der Ergebnisliste die Prioritätsspalte im Blick behalten.

Erweiterte Funktionalitäten der Hinweissuche

Neben den zuvor dargestellten Filtermöglichkeiten der Expertensuche werden zusätzlich erweiterte Funktionalitäten bei der Hinweissuche angeboten, die Ihre Suche nach passenden Hinweisen effektiver gestalten können.

Filter kombinieren

Beachten Sie außerdem, dass sich die Filter problemlos kombinieren lassen. Dadurch bieten sich sehr flexible Möglichkeiten, um die Expertensuche gezielt und effizient einzusetzen.

Excel-Download

Nachdem die gewünschten Filter gesetzt und die Suche ausgeführt wurde, können Sie die gefundenen SAP-Hinweise bequem in eine Excel-Datei exportieren. So lassen sich die Ergebnisse einfach weiterverarbeiten, analysieren oder für die Dokumentation verwenden.

Speichern von Suchfiltern

Zusätzlich besteht auch die Möglichkeit, die ausgefüllten Filter zu speichern. Dies hat den Vorteil, dass Sie die Suche unkompliziert wieder aufrufen können. Insbesondere bei einer regelmäßigen Überprüfung nach neuen Hinweisen kann die gespeicherte Suche sehr nützlich sein. Zusätzlich besteht die Möglichkeit, die ausgefüllten Filter zu speichern. So können Sie die

Suchanfrage jederzeit unkompliziert wieder aufrufen. Insbesondere wenn Sie regelmäßig nach neuen Hinweisen suchen, erweist sich eine gespeicherte Suche als äußerst praktisch.

Um die aktuelle Suchanfrage zu speichern, öffnen Sie den Dropdown-Dialog **Standard** (siehe ❺ in Abbildung 5.17). Im sich öffnenden Dialog haben Sie die Möglichkeit, die aktuelle Suche abzuspeichern oder bereits gespeicherte Suchen zu verwalten (siehe Abbildung 5.18).

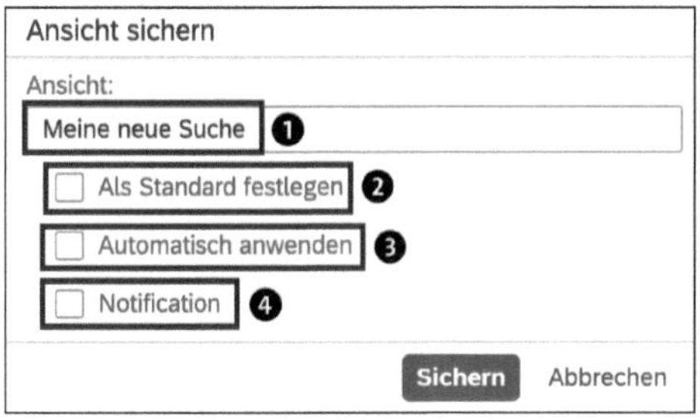

Abbildung 5.18 Hinweissuche speichern

Sie haben bei der Verwaltung Ihrer Expertensuche in SAP for Me folgende Möglichkeiten:

❶ Name für die neue Suche vergeben

Geben Sie einen aussagekräftigen Namen für Ihre neue Suche an.

❷ Suche als Standard festlegen

Wenn Sie die Suche als Standard definieren, wird sie beim Start der Seite automatisch vorausgewählt.

❸ **Automatisch anwenden** aktivieren

Mit dieser Option wird die Suche direkt beim Aufruf ausgeführt.

❹ Benachrichtigungen aktivieren (Notification)

Über die Option **Notification** können Sie sich proaktiv über neue Ergebnisse informieren lassen.

Beachten Sie, dass Benachrichtigungen erst funktionieren, wenn Sie diese in Ihrem SAP-for-Me-Profil aktiviert haben. Die Aktivierung wird im folgenden Abschnitt ausführlich beschrieben.

Durch die Anpassung Ihrer SAP-for-Me-Einstellungen können Sie sicherstellen, dass Sie über Neuigkeiten zu Ihrer Expertensuche informiert werden.

Navigieren Sie dazu im SAP-for-Me-Portal im persönlichen Bereich ❶ zum Menüpunkt **Meine Einstellungen** ❷ (siehe Abbildung 5.19). Dort gelangen Sie auf die zentrale Einstellungsseite, wo Sie Ihre persönlichen Vorgaben und Benachrichtigungen verwalten können.

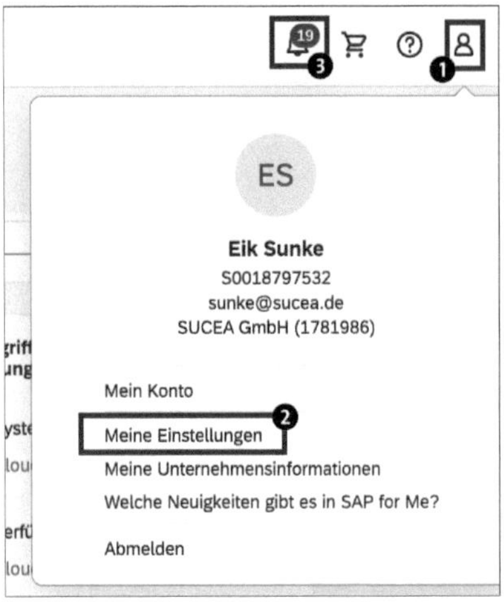

Abbildung 5.19 Öffnen von »Meine Einstellungen«

Auf dieser Seite (siehe Abbildung 5.20) wählen Sie nun die Registerkarte **Supportbezogene Meldungen** ❶ aus, um die Benachrichtigungseinstellungen für **My SAP Notes & KBA** ❷ festzulegen.

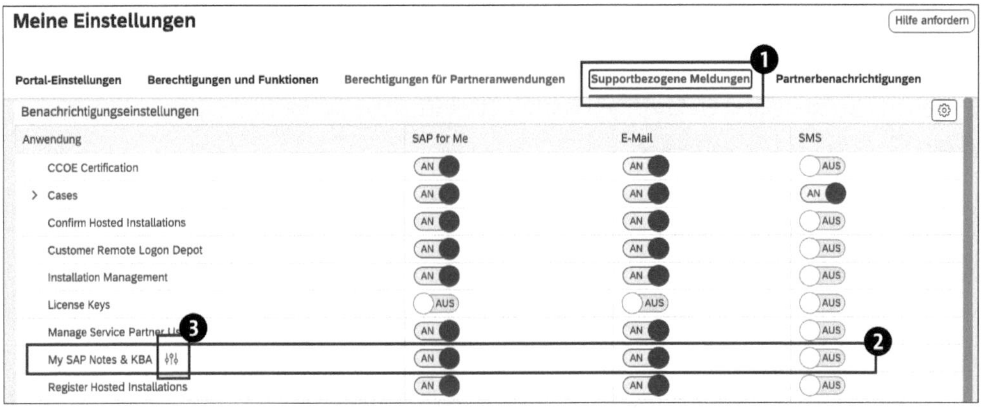

Abbildung 5.20 Supportbezogene Meldungen in den Einstellungen

- Schieberegler in der Spalte **SAP for Me**: Steuert die Anzeige von Benachrichtigungen in der Headerzeile der SAP-for-Me-Seite (siehe ❸ in Abbildung 5.19).
- Schieberegler in der Spalte **E-Mail**: Aktiviert den Empfang von E-Mail-Benachrichtigungen.
- Schieberegler in der Spalte **SMS**: Konfiguriert die SMS-Benachrichtigungen.
- Mit einem Klick auf das Icon ❸ in Abbildung 5.20 öffnen Sie die Einstellungen für die gespeicherten Expertensuchen (siehe Abbildung 5.21).

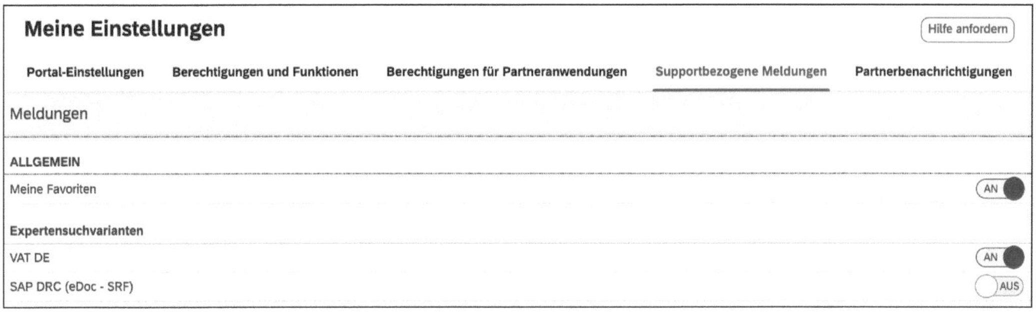

Abbildung 5.21 Benachrichtigungen für gespeicherte Suchen

An dieser Stelle können Sie festlegen, für welche Ihrer gespeicherten Suchen Sie Benachrichtigungen erhalten möchten. Leider ist es nicht immer direkt möglich, die im vorherigen Abschnitt beschriebenen Benachrichtigungen für Expertensuchen einzurichten. Dennoch wird dringend empfohlen, diese Einstellungen vorzunehmen, um stets über wichtige Updates informiert zu bleiben und schnell auf neue SAP-Hinweise reagieren zu können.

[zB]

Aktualisierung der Umsatzsteuermeldung für Deutschland

Ein Beispiel aus dem deutschen Berichtswesen ist die Benachrichtigung über SAP-Hinweise zu Updates der jährlich angepassten Umsatzsteuer-Voranmeldung. Hier ist es erforderlich, die von SAP bereitgestellten Hinweise möglichst zeitnah einzuspielen.

Mit einer entsprechend gespeicherten Suche werden Sie automatisch informiert, sobald die relevanten Hinweise von SAP freigegeben werden. Dadurch bleiben Sie stets auf dem aktuellen Stand und können notwendige Anpassungen umgehend vornehmen.

Hinweise mittels »SNOTE« einspielen

Sobald die relevanten OSS-Hinweise identifiziert sind, erfolgt als nächster Schritt das Einspielen (die Implementierung) dieser Hinweise im SAP-System. Hierzu nutzen Sie den SAP-Notes-Assistenten (Transaktion **SNOTE**) über die SAP GUI.

Der Notes-Assistent unterstützt Sie beim Herunterladen der Hinweise, überprüft deren Abhängigkeiten und unterstützt den automatischen Einbau der enthaltenen Korrekturen.

Das Einspielen der SAP-Hinweise erfolgt in folgenden Schritten:

1. Ausführen des Notes-Assistenten
2. Herunterladen der SAP-Hinweise
3. Anzeigen und Prüfen des Hinweises

4. Prüfung der Implementierbarkeit
5. Einbau (Implementierung) des SAP-Hinweises
6. Einbau-Protokoll und Abschluss

Die einzelnen Schritte werden in den folgenden Abschnitten ausführlich erläutert.

Ausführen des Notes-Assistenten: Melden Sie sich mit einem Benutzerkonto in Ihrem SAP-System an, das über die erforderlichen Berechtigungen zum Einbau von Hinweisen verfügt – in der Regel ein Benutzer mit Entwickler- oder Basisrechten. Starten Sie anschließend die Transaktion **SNOTE**. Daraufhin öffnet sich der Notes-Assistent.

[»]

Andere Bezeichnungen und Menüführungen

Wenn Sie eine ältere Version der SAP GUI verwenden, kann es sein, dass die Menüpunkte anders angeordnet bzw. benannt sind. Die hier beschriebenen Aktivitäten sind dennoch mit älteren SAP-GUI-Versionen durchführbar.

Oberhalb der Anwendung befindet sich die Toolbar des Notes-Assistenten. Sie bietet verschiedene Funktionen, wie etwa das Suchen nach Hinweisen, das Herunterladen von SAP-Hinweisen, das Hochladen von Hinweisen, das Hochladen von TKA (transportbasierte Korrekturanleitungen), das Anpassen der Einstellungen, das Prüfen des Notes-Assistenten sowie das Starten des Note Analyzers für erweiterte Analysen.

Über das Menü **Springen • Benutzereinstellung von Note Assistant** können Sie die Transaktion **SNOTE** individuell an Ihre Bedürfnisse anpassen (siehe Abbildung 5.22).

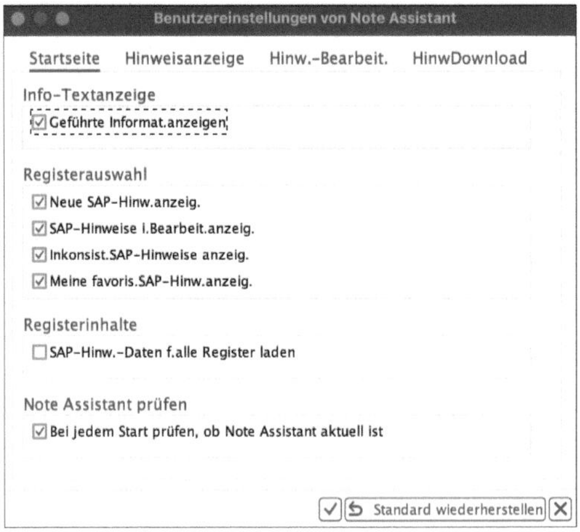

Abbildung 5.22 Einstellungen für die Transaktion »SNOTE«

Aktualisierung des Notes-Assistenten

Bevor Sie mit der Nutzung des Notes-Assistenten beginnen, sollten Sie sicherstellen, dass dieser in einer aktuellen Version auf Ihrem System installiert ist. Seit 2020 ist es beispielsweise erforderlich, dass SAP-Hinweise digital signiert geladen werden. Ältere Systeme benötigen möglicherweise ein Update – beispielsweise gemäß SAP-Hinweis 2836302 –, damit der Notes-Assistent diese Hinweise korrekt verarbeiten kann. Um zu prüfen, ob eine Aktualisierung erforderlich ist, klicken Sie auf die Schaltfläche **Note Assistant prüfen** ❶ (siehe Abbildung 5.23). Mögliche verfügbare Aktualisierungen werden Ihnen anschließend in einem neuen Fenster ❷ angezeigt.

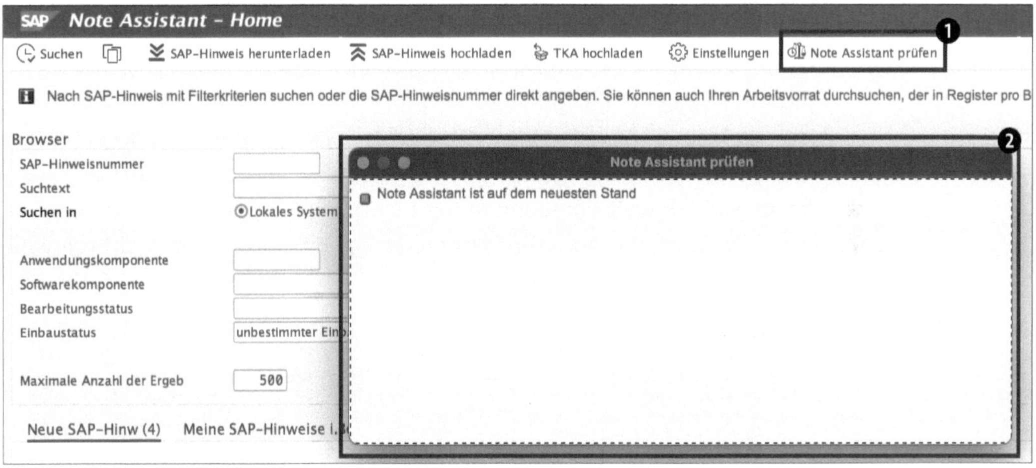

Abbildung 5.23 Notes-Assistent aktualisieren

Der nächste Schritt ist das Herunterladen der SAP-Hinweise. Klicken Sie dazu im Notes-Assistenten auf die Schaltfläche **SAP-Hinweis herunterladen**. Tragen Sie anschließend die Nummer des gewünschten Hinweises ein, und wählen Sie die Schaltfläche **Ausführen** oder drücken Sie die Taste [F8]. Sollte der Hinweis noch nicht im System vorhanden sein, verbindet sich das SAP-System automatisch mit dem SAP Support Portal und lädt den gesamten Hinweis herunter. Dieser umfasst Hinweistexte, Korrekturanleitungen sowie die notwendigen Anpassungen für den Quellcode. Nach erfolgreichem Download erscheint der neue Hinweis in der Liste des **SNOTE**-Browsers mit entsprechenden Statusangaben unter einer neuen Registerkarte mit dem Titel **Ergebn.herunter-/hochladen**.

Wiederholen Sie diesen Schritt für alle identifizierten Hinweisnummern. Über das Mehrfachselektions-Icon [icon] können Sie auch mehrere Hinweise gleichzeitig herunterladen.

Falls Sie die Hinweisnummern aus einer Excel-Datei übernommen haben, lassen sich diese per Kopieren und Einfügen in die Mehrfachselektions-Liste übertragen. Beachten Sie dabei, dass die SAP GUI die Anzahl der einzufügenden Zeilen begrenzt – größere Listen müssen daher in mehreren Schritten übertragen werden.

[»]

Hinweise manuell hoch- und herunterladen

Falls Ihr System keine Internetverbindung zum SAP-Support-System hat, können Sie Hinweise auch manuell vom Launchpad als XML-Datei herunterladen und dann in **SNOTE** über **Hinweis-Upload** importieren.

Abbildung 5.24 zeigt die Transaktion **SNOTE** mit dem heruntergeladenen Hinweis 3590914 – Elektronische Rechnungsregistrierung für Ungarn – Anpassung: Länge des Kundennamens in Fakturen. In der Liste wird der heruntergeladene Hinweis mit wichtigen Informationen wie der zugehörigen Komponente und dem aktuellen Einbauzustand angezeigt. Über die Schaltfläche **SAP-Hinweis einbauen** in der rechten Spalte können Sie die Korrekturen direkt einspielen. Alternativ lässt sich ein Hinweis als **nicht relevant** markieren oder als **Favorit** kennzeichnen.

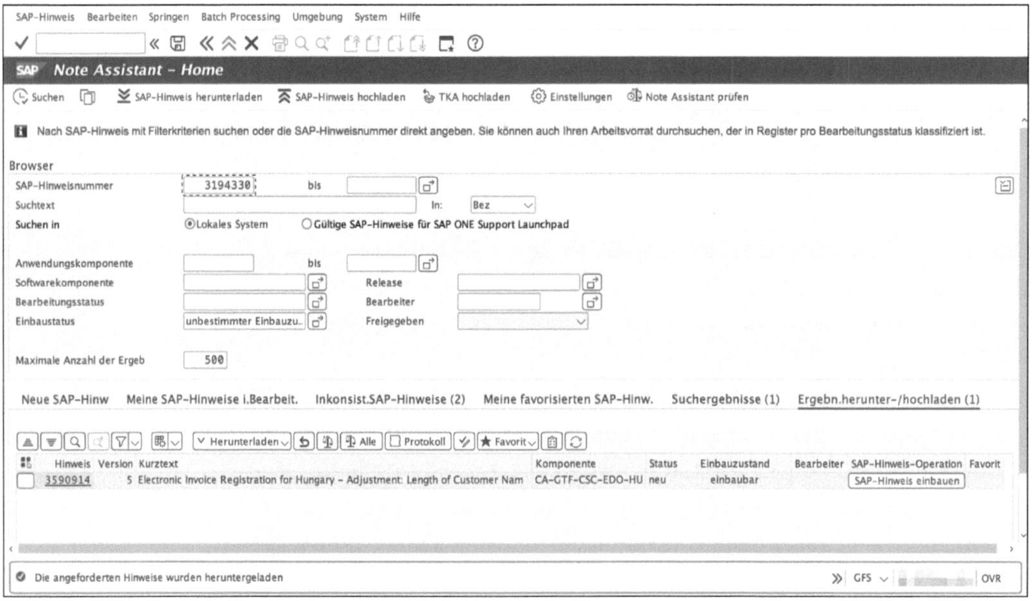

Abbildung 5.24 Transaktion »SNOTE«

Im nächsten Schritt müssen Sie den Hinweis anzeigen und prüfen. Markieren Sie dazu im Notes-Assistenten den gewünschten heruntergeladenen Hinweis. Wählen Sie anschließend im Menü unter **SAP-Hinweis** den Eintrag

SAP-Hinweis anzeigen, oder klicken Sie direkt auf die Hinweisnummer in der Liste.

Lesen Sie den Hinweistext sorgfältig durch, insbesondere die Abschnitte **Voraussetzungen/Prerequisites** und **Korrekturanleitung**.

Überprüfen Sie dabei folgende Punkte:

- **Kompatibilität**

  Der Notes-Assistent zeigt an, ob der Hinweis einbaubar ist – also ob er auf Ihrem aktuellen System anwendbar ist oder nicht.

- **Voraussetzungen**

  Im Hinweistext werden häufig Vorbedingungen genannt, die vor der Implementierung erfüllt sein müssen. Stellen Sie sicher, dass diese Bedingungen bereits im System umgesetzt wurden. Falls das noch nicht der Fall ist, müssen Sie den aktuellen Implementierungsprozess unterbrechen, die erforderlichen Hinweise für die Vorbedingungen herunterladen und implementieren oder andere notwendige Maßnahmen ergreifen. Erst wenn alle Voraussetzungen erfüllt sind, kann der aktuelle Hinweis erfolgreich eingebaut werden.

[«]

Automatisches Einspielen von Vorbedingungen

In den meisten Fällen müssen Sie sich nicht selbst um die Vorbedingungen kümmern. Der Notes-Assistent informiert Sie automatisch über erforderliche Voraussetzungen und versucht, die benötigten Hinweise selbstständig einzuspielen – vorausgesetzt, die Vorbedingungen sind im Hinweis technisch hinterlegt.

Auf der Hinweis-Seite finden Sie die Vorbedingungen im rechten Fensterbereich unter dem Link **Verfügbare Ansichten • Vorausgesetzte SAP-Hinweise**.

Manuelle Tätigkeiten werden während der Implementierung als manuelle Aktion angezeigt und müssen explizit bestätigt werden.

Leider gibt es auch Hinweise, bei denen die relevanten Vorbedingungen ausschließlich im Hinweistext erwähnt werden. In solchen Fällen erfolgt keine automatische Einspielung – der Einbau des Hinweises würde in einem Aktivierungsfehler münden, wenn diese Vorbedingungen nicht manuell erfüllt werden.

- **Hinweisinhalte**

  SAP-Hinweise können sowohl automatische Korrekturanleitungen (z. B. Code-Änderungen) als auch manuelle Tätigkeiten enthalten. Der Notes-

Assistent ist in der Lage, die automatischen Code-Aktualisierungen eigenständig einzuspielen. Manuelle Schritte – wie Customizing-Einstellungen, das manuelle Anlegen von Einträgen oder das Ausführen von Reports – müssen Sie während des Einbaus separat durchführen. Diese werden entweder als manuelle Tätigkeit im Implementierungsprozess oder direkt im Hinweistext beschrieben. Achten Sie darauf, diese Schritte sorgfältig umzusetzen, damit der Hinweis vollständig und korrekt eingebaut werden kann.

Nun folgt die Prüfung der Implementierbarkeit. Schauen Sie in der Übersicht des Hinweises auf die Spalte **Einbauzustand**. Diese zeigt den aktuellen Status des Hinweises an:

- **Einbaubar**: Die Korrekturanleitungen des Hinweises können im System eingespielt werden (Voraussetzungen erfüllt, Hinweis ist anwendbar). Dieser Status erscheint bei neuen, noch nicht eingebauten Hinweisen, die zu Ihrem Systemstand passen.
- **Vollständig eingebaut**: Alle Korrekturen aus dem Hinweis sind bereits in Ihrem System eingebaut. Es besteht kein Handlungsbedarf – entweder wurde der Hinweis bereits manuell implementiert oder die Korrektur war in einem Support Package enthalten.
- **Nicht einbaubar**: Der Hinweis enthält keine einspielbaren Korrekturanleitungen für Ihr System. Dies kann bedeuten, dass der Hinweis für Ihre Software-Version nicht relevant ist (z. B. anderes Release), oder dass er ausschließlich manuelle Schritte bzw. Informationen enthält. **SNOTE** bietet in diesem Zustand keinen automatischen Einbau an.
- **Obsolet**: Ein vollständig eingebauter Hinweis wird nach dem Einspielen eines Support Packages durch das System auf **obsolet** gesetzt, wenn die entsprechende Korrektur im Support Package enthalten ist.
- **Unvollständig eingebaut**: Der Hinweis wurde nur teilweise eingespielt (einige Korrekturen fehlen oder sind in einem inkonsistenten Zustand). Dies tritt z. B. auf, wenn während des Einbaus Fehler auftraten oder nachträglich Teile des Hinweises durch andere Änderungen überschrieben wurden.
- **Veraltete Version eingebaut**: Der Hinweis wurde bereits in einer früheren Version in das System eingebaut. SAP hat inzwischen eine aktualisierte Version veröffentlicht. Prüfen Sie den Hinweis und spielen Sie ggf. die neuere Version ein, um die korrigierten/ergänzten Änderungen zu erhalten.

Im Notes-Assistenten werden Einbauzustände (vom System ermittelt) und Bearbeitungsstatus (ggf. manuell vom Benutzer gesetzt) unterschieden. Behalten Sie beides im Blick – beispielsweise könnten Sie einen nicht einbaubaren Hinweis als »nicht relevant« markieren, falls er für Ihr Land irrelevante Informationen enthält.

Einbauzustände

Damit ein Hinweis im System implementiert werden kann, muss er den Status »einbaubar« aufweisen. Dies bedeutet, dass alle Voraussetzungen erfüllt sind und die Korrekturanleitung eingespielt werden kann.

Wichtige Voraussetzung

Sollte der Hinweis den Status **nicht einbaubar** aufweisen, können Sie nicht mit dem Einbau fortfahren. Prüfen Sie in diesem Fall den Grund, warum der Hinweis nicht eingebaut werden konnte. Über das Menü **SAP Hinweis • Hinweis prüfen** oder die Schaltfläche **Prüfen** können Sie den Einbauzustand aktualisieren lassen. Falls etwa inzwischen ein benötigter Vorhinweis eingebaut wurde, wechselt der Status eventuell zu **einbaubar**.

Hinweisstatus

Ist der Hinweis einbaubar, starten Sie den Einbauvorgang. Klicken Sie dazu auf die Schaltfläche **SAP-Hinweis einbauen** oder nutzen Sie das Menü **SAP-Hinweis • SAP-Hinweis Einbauen**. Der Note-Assistent beginnt daraufhin automatisch mit der Implementierung aller im Hinweis enthaltenen Korrekturanleitungen in Ihr System. Während des Einbaus werden Sie in der Regel aufgefordert, einen Transportauftrag anzugeben, in dem die Änderungen protokolliert werden (sofern Sie in einem modifikationsorganisierten System arbeiten, was meist der Fall ist). Wählen oder erstellen Sie hierzu einen passenden Workbench-Transport.

SAP-Hinweis implementieren

Nach dem Ausführen des Einbaus zeigt der Notes-Assistent den aktuellen Status an, z. B. **vollständig eingebaut** oder **unvollständig eingebaut**. Überprüfen Sie die Ergebnisse: Im unteren Bereich des Notes-Assistenten oder über den Button **Protokoll** können Sie das Hinweis-Einbauprotokoll einsehen. Dort sind alle geänderten Objekte aufgelistet, und es wird angezeigt, ob die Änderungen erfolgreich durchgeführt wurden.

Einbauprotokoll und Abschluss

Idealerweise wechselt der Einbauzustand des Hinweises auf **vollständig eingebaut** – damit ist die implementierte Korrektur aktiv. Sollten während des Einbaus Fehler auftreten, wie z. B. Konflikte beim Einspielen oder Aktivierungsfehler, werden die betroffenen Objekte im Protokoll dokumentiert. Diese Fälle werden weiter hinten behandelt.

Neben dem eigentlichen Hinweiseinbau bietet der Notes-Assistent noch weitere nützliche Funktionen:

Sie können einen Hinweis als Favorit markieren, z. B. über das Stern-Symbol in der Liste. Favorisierte Hinweise finden Sie dann schneller im Reiter **Meine**

Favoriten

favorisierten SAP-Hinweise. Dies ist besonders hilfreich, um wichtige Hinweisnummern dauerhaft im Blick zu behalten.

Manueller Bearbeitungsstatus

Die Transaktion **SNOTE** setzt in der Standardkonfiguration den Bearbeitungsstatus der Hinweise automatisch. Sie haben jedoch auch die Möglichkeit, den Status manuell zu vergeben. Mögliche Status sind:

- **Neu**
- **in Bearbeitung**
- **erledigt**
- **nicht relevant**

Der manuell gesetzte Bearbeitungsstatus sollte mit dem tatsächlichen Einbauzustand konsistent sein – beispielsweise kann der Status **erledigt** nur gesetzt werden, wenn der Hinweis vollständig eingebaut ist. Das automatische Setzen des Bearbeitungsstatus lässt sich in den Benutzereinstellungen deaktivieren. Die entsprechende Option **Bearbeit.-Status automatisch setzen** finden Sie unter dem Reiter **Hinw.-Bearbeit • Einstellungen des Bearbeitungsstatus** im Einstellungsdialog (siehe auch Abbildung 5.22).

Hintergrundeinbau

Es besteht zusätzlich die Möglichkeit, mehrere Hinweise im Hintergrund automatisch einzubauen (Registerkarte **Hintergrundeinbau**). Für eine SAP-DRC-Implementierung ist dieses Vorgehen jedoch nicht empfehlenswert, da bei vielen Hinweisen manuelle Tätigkeiten erforderlich sind. Der Hintergrundeinbau könnte zu Abbrüchen bei der Verarbeitung führen. Im schlimmsten Fall sind Vorbedingungen für Folgehinweise nicht erfüllt, was das System in einen inkonsistenten Zustand bringen kann. Aus diesen Gründen sollten die Hinweise jeweils einzeln eingespielt werden, auch wenn dies mehr Zeit in Anspruch nimmt.

Tipps zur Fehlerbehebung

Trotz sorgfältiger Vorbereitung können beim Einspielen von SAP-Hinweisen Probleme auftreten. Im Folgenden sind typische Schwierigkeiten und Lösungsansätze beim Implementieren von SAP-DRC-bezogenen SAP-Hinweisen aufgeführt:

- **Hinweis ist »nicht einbaubar«**: Wenn der Notes-Assistent einen Hinweis als »nicht einbaubar« markiert, prüfen Sie die Ursache. Öffnen Sie den Hinweis und lesen Sie den Langtext bzw. die Langtextmeldungen. Häufige Ursachen sind:
  - **Digitale Signaturprobleme**: Falls der Hinweis nicht heruntergeladen werden kann oder mit einer Fehlermeldung zur Vertrauenswürdigkeit erscheint, ist Ihr Notes-Assistent möglicherweise nicht für digital signierte Hinweise konfiguriert. Seit 2020 signiert SAP alle Hinweise digital. Stellen Sie sicher, dass die benötigten **SNOTE**-Updates oder TKAs

eingespielt sind (siehe SAP-Hinweis 2537133 »FAQ Digitally Signed Notes«). Laden Sie den Hinweis anschließend erneut.

- **Falscher Release-Stand**: Der Hinweis ist nicht kompatibel mit Ihrer Software-Version. Überprüfen Sie im Hinweis den Gültigkeitsbereich (z. B. **Gültig für: Ab SAP_APPL 604 / SP1 bis SAP_S4CORE 105 / SP5**). Liegt Ihr System außerhalb dieses Bereichs, ist die Korrektur nicht vorgesehen oder bereits mit einem Support Package eingespielt. Setzen Sie bei der Suche einen Filter auf Ihre Systemversion.
- **Hinweis bereits implementiert oder nicht mehr relevant**: Der Inhalt des Hinweises wurde ggf. durch ein Support Package bereits eingespielt. Der Notes-Assistent zeigt den Hinweis dann als **obsolet** oder **nicht einbaubar** an. Prüfen Sie, ob der Fehler überhaupt noch auftritt.
- **Fehlende Voraussetzungen**: Der Hinweis erfordert andere Notes (Prerequisites), die in Ihrem System fehlen. Implementieren Sie zunächst alle erforderlichen Hinweise (siehe Abschnitt **Voraussetzungen** oder einen übergeordneten Übersichtshinweis). Prüfen Sie anschließend erneut.
- **Vorausgesetzte Hinweise können nicht heruntergeladen werden**: Wenn Hinweise durch SAP aktualisiert werden, sind sie für Downloads gesperrt. Warten Sie auf die Freigabe oder kontaktieren Sie den SAP-Support bezüglich des geplanten Veröffentlichungsdatums.

- **Einbau schlägt fehl (Fehler im Protokoll):** Treten beim Einbau Fehler auf (z. B. Konflikte, Syntaxfehler, Überschneidungen), lesen Sie die Fehlermeldungen im Protokoll genau. Die Ursache kann darin liegen, dass bereits manuelle Änderungen an betroffenen Objekten vorgenommen wurden oder andere Hinweise denselben Codebereich modifiziert haben. Oft wird ein Konflikt mit einer bestimmten Coding-Stelle angegeben.

  Über die Hinweisanzeige können Sie sich Details zu den Codeanpassungen anzeigen lassen (siehe Abbildung 5.25).

  Basierend auf den Code-Anpassungen lassen sich ggf. weitere notwendige Hinweise identifizieren. Sollte das nicht zum Erfolg führen, kontaktieren Sie den SAP-Support.

- **Teilweise implementiert:** Wenn ein Hinweis nur teilweise eingespielt wurde (**unvollständig eingebaut**), führen Sie den Einbau erneut aus. Manchmal werden beim zweiten Lauf restliche Objekte eingebaut, sofern die Ursache behoben ist. Falls nicht, beheben Sie die Ursache (z. B. fehlende Berechtigung, inaktive oder fehlende Objekte) und führen den Einbau erneut aus.

- **Manuelle Nacharbeiten:** Einige Hinweise erfordern manuelle Vor- oder Nacharbeiten (z. B. Ausführen eines Reports, Anlegen von Customizing-Einträgen), die im Hinweistext beschrieben sind. Führen Sie diese Schritte durch, bevor Sie die Ausführung bestätigen.
- **Abhängigkeiten und Reihenfolge:** Bei SAP DRC gibt es oft viele Hinweise (inklusive länderspezifischer), die in der richtigen Reihenfolge eingebaut werden müssen. Orientieren Sie sich an vorhandenen Übersichtshinweisen. SAP liefert oft einen Master-Hinweis pro Land, der alle benötigten Hinweise auflistet. Arbeiten Sie diese Liste systematisch von oben nach unten ab.

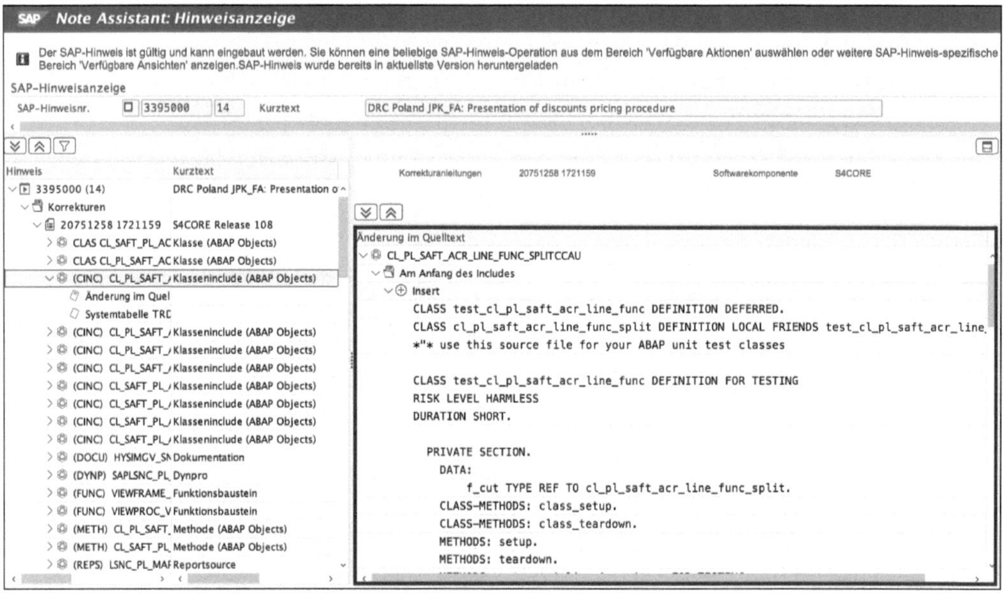

Abbildung 5.25 Code-Änderungen in Korrekturen

Hinweise als Zwischenlösung

Das Einspielen von Hinweisen ist von SAP als Zwischenlösung gedacht, bis ein offizielles Support Package oder Upgrade die benötigte Funktion liefert. Langfristig sollten die eingebauten Hinweise durch das Update auf ein neueres Patch Level abgelöst werden.

Aktuelle Version eines Hinweises

Für wichtige Komponenten empfiehlt es sich, im Notes-Assistenten die Option **Programm • Letzte Version d.Hinweise herunterladen** zu verwenden. Dabei kann die Softwarekomponente der Hinweise eingeschränkt werden, um neue Versionen zu prüfen (siehe Abbildung 5.26). Diese Suche kann im Hintergrund ausgeführt werden.

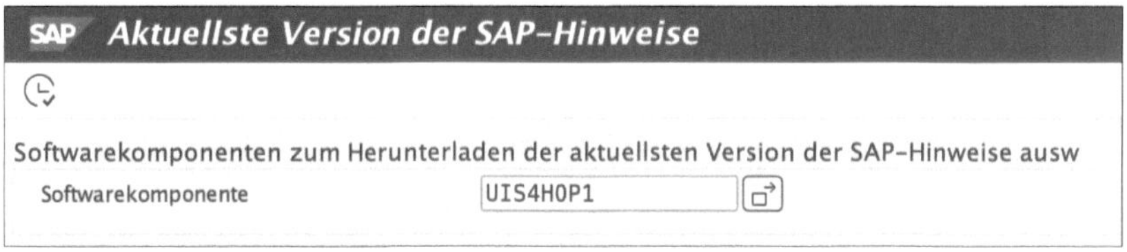

Abbildung 5.26 Aktuelle Version der SAP-Hinweise

Strukturierte Vorgehensweise

Identifizieren Sie zunächst die relevanten Hinweise, implementieren Sie diese mit **SNOTE** und führen Sie bei Bedarf eine Fehlerbehebung durch. Zögern Sie nicht, bei komplexen Fehlern den SAP-Support oder Community-Ressourcen zu konsultieren.

Mit dieser strukturierten Vorgehensweise stellen Sie sicher, dass Ihre SAP-DRC-Lösung korrekt und vollständig implementiert wird.

5.5.4 Installation und Aktualisierung der Frameworks mit dem Note Analyzer

Neben der in Abschnitt 5.5.3, »Identifikation und Bereitstellung relevanter SAP-Hinweise«, beschriebenen manuellen Implementierung von SAP-Hinweisen bietet SAP für bestimmte Funktionen auch die Nutzung des Note Analyzers an. Dieses Tool kann beispielsweise für die Implementierung des Frameworks für elektronische Dokumente (eDocument Framework) oder für das SAP Application Interface Framework verwendet werden.

Die Kernfunktion des Note Analyzers besteht darin, die geführte und vollständige Implementierung aller relevanten SAP-Hinweise für eine bestimmte Funktion sicherzustellen. Hierfür verwendet der Note Analyzer eine spezifische XML-Datei, die in einem zentralen SAP-Hinweis bereitgestellt wird. Diese Datei enthält eine strukturierte Übersicht der für die jeweilige Funktion erforderlichen Hinweise und ermöglicht so eine effiziente und zuverlässige Implementierung.

Spezifische Note-Analyzer-Hinweise für SAP DRC

Die Note-Analyzer-XML-Dateien der für SAP DRC relevanten Frameworks können über die nachfolgend genannten SAP-Hinweise heruntergeladen werden:

- eDocument Framework (siehe Abschnitt 5.3.1): SAP-Hinweis 3420418 »Verarbeitung elektronischer Belege – Implementierung von Framework-SAP-Hinweisen mit Note Analyzer« (*https://me.sap.com/notes/3420418*).

- SAP Peppol eDocuments: SAP-Hinweis 2783795 »Verarbeitung elektronischer Belege für PEPPOL-Länder/-Regionen: Implementierungsübersicht« (*https://me.sap.com/notes/2783795*)

  Dieser Hinweis hat die Besonderheit, dass sowohl die Peppol-Funktionalität als auch die eDocument-Framework-Funktionalität aus Hinweis 3420418 geprüft wird.

In den genannten Hinweisen sind jeweils zwei XML-Dokumente angehängt. Die Datei (***_ECC*.xml** bzw. ***_SAP_APPL*.xml**) ist für ältere SAP-ECC-Systeme zu verwenden. Sollten Sie ein SAP-S/4HANA-System nutzen, laden Sie die entsprechende Datei (***_S4H.xml** bzw. ***_S4CORE*.xml**) herunter.

Der Note Analyzer ist ein Bestandteil des Notes-Assistenten und wird ebenfalls über den Transaktionscode **SNOTE** aufgerufen.

Nachdem Sie den Notes-Assistenten gestartet haben, können Sie den Note Analyzer über das Menü **Springen • Andere Werkzeuge • Note Analyzer starten** ausführen. Im sich öffnenden Dialog (siehe Abbildung 5.27) haben Sie die Möglichkeit, die im SAP-Hinweis bereitgestellte XML-Datei hochzuladen und analysieren zu lassen.

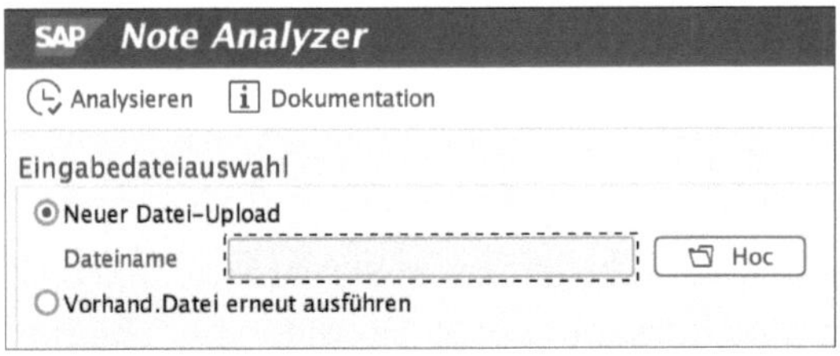

Abbildung 5.27 Note Analyzer

Alternativ können Sie auch eine bereits verwendete XML-Datei erneut öffnen und die Analyse fortsetzen oder wiederholen.

Nachdem Sie die XML-Datei hochgeladen haben, klicken Sie auf den Button **Analysieren**. Der Inhalt der XML-Datei wird eingelesen, und die darin enthaltenen Hinweise werden mit dem aktuellen Systemstand abgeglichen. Als Ergebnis wird Ihnen anschließend eine entsprechende Übersicht angezeigt (siehe Abbildung 5.28).

In dieser Übersicht sehen Sie, welche Hinweise noch nicht korrekt eingespielt wurden. Ein grünes Quadrat bedeutet, dass der Hinweis erfolgreich im System implementiert wurde. Ein roter Kreis zeigt an, dass der Hinweis noch nicht korrekt eingespielt wurde und weitere Aktionen erforderlich sind.

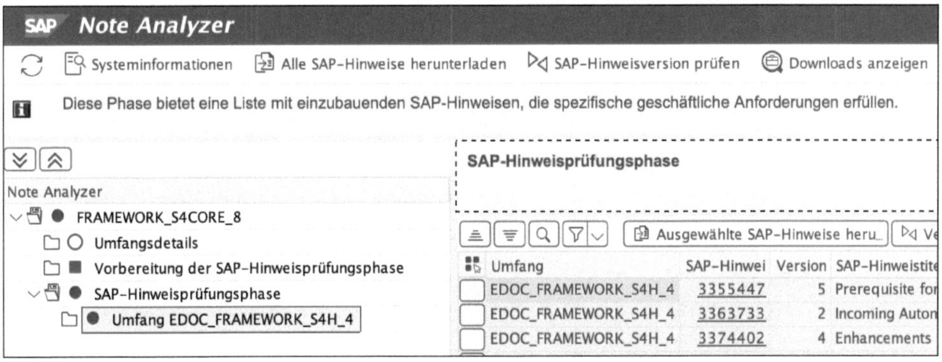

Abbildung 5.28 Note-Analyzer-Ergebnis

Über die Detailliste können Sie für Hinweise mit rotem Kreis die notwendigen Aktionen starten, wie das Herunterladen und Einbauen der Hinweise. Im Beispiel (siehe Abbildung 5.29) sind bis auf vier Hinweise alle Bedingungen erfüllt. Mit den Schaltflächen in der Spalte **Aktion** können Sie die relevanten Hinweise herunterladen und einbauen. Nach erfolgreicher Umsetzung sollten alle Statusfelder ein grünes Quadrat zeigen.

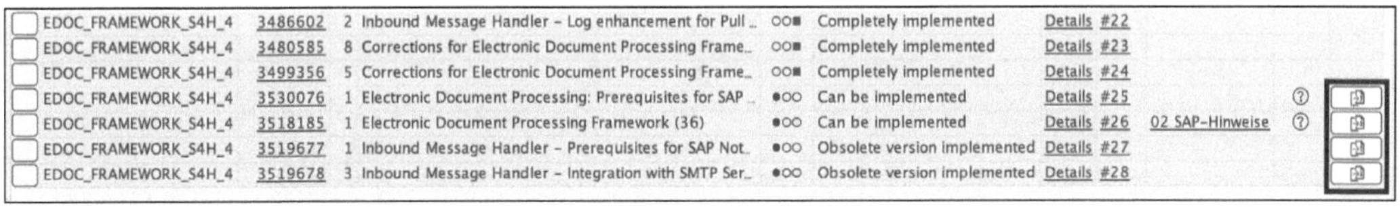

Abbildung 5.29 Ergebnis-Details im Note Analyzer

Die Hinweise, die die Note-Analyzer-XML-Dateien enthalten, werden von SAP regelmäßig aktualisiert. Daher ist es empfehlenswert, diese Hinweise kontinuierlich im Blick zu behalten.

Eine gute Möglichkeit, stets auf dem aktuellen Stand zu bleiben, ist die Einrichtung einer Expertensuche. Über diese können Sie sich bei Aktualisierungen automatisch benachrichtigen lassen und erhalten sofort Informationen über neue oder geänderte Hinweise.

5.5.5 SAP Business Content einspielen

Um die Einrichtung neuer Funktionalitäten zu erleichtern, stellt SAP sogenannte *Business Content Sets* (BC-Sets) bereit. Damit können Sie vordefinierte Konfigurationen direkt in Ihr System übernehmen, ohne alle Einstellungen selbst von Grund auf vornehmen zu müssen. Diese Vorschlagswerte dienen als Basis für das initiale Customizing, um Prozesse im SAP-System schnell lauffähig zu machen.

[!]

Fachliche Konfiguration durch SAP Business Content

Business Content Sets (BC-Sets) beinhalten vorkonfigurierte, fachliche Einstellungen, weshalb aus technischer Sicht besondere Vorsicht angebracht ist. Beim Einspielen eines BC-Sets können bereits vorhandene fachliche Konfigurationen überschrieben werden. Dies ist insbesondere dann kritisch, wenn bereits fachliches Customizing durchgeführt wurde und das BC-Set nicht im Zuge einer Neuinstallation verwendet wird.

Falls ein nachträgliches Einspielen eines BC-Sets erforderlich ist, sollte dies stets in enger Abstimmung mit einem fachlichen Experten erfolgen, da dadurch bereits manuell konfigurierte Prozesse zurückgesetzt werden können. Zudem empfiehlt es sich, nach der Aktivierung des BC-Sets das neue Customizing zu überprüfen und umfassende Tests im System durchzuführen.

BC-Sets laden eine grundlegende Menge an Customizing-Einträgen in das SAP-System. Dadurch wird ein initial lauffähiger Zustand geschaffen, der anschließend fachlich an die jeweiligen Anforderungen angepasst werden kann.

Nachträgliche Implementierung von BC-Sets

Bei der initialen Implementierung neuer Funktionalitäten, wie beispielsweise SAP Document and Reporting Compliance, sollten BC-Sets direkt im Zuge der Installation eingespielt werden (siehe Abschnitt 5.2.5, »Vorschlag für einen Implementierungsprozess«). Dieser Schritt erfolgt vor der Durchführung weiterer fachlicher Konfigurationen.

BC-Sets werden teilweise bei der SAP-Systeminstallation mitgeliefert oder über SAP-Hinweise und Support Packages bereitgestellt. Sie werden jedoch nicht automatisch über den Notes-Assistenten eingespielt, sondern müssen manuell aus dem SAP-for-Me-Portal heruntergeladen und anschließend im System hochgeladen werden.

Beispiel-BC-Set für Belgien

In den folgenden Abschnitten wird beispielhaft ein BC-Set für Belgien verwendet, das über den Hinweis 3466268 »BC-Set-Aktualisierung HBCS_FIN_LOC_SRF_BE_RPG_ENT« (*https://me.sap.com/notes/3466268*) heruntergeladen werden kann.

Um ein BC-Set hochzuladen oder auszuführen, starten Sie die Transaktion **SCPR20** in der SAP GUI. In dem sich öffnenden Fenster können Sie entweder ein bereits vorhandenes BC-Set auswählen oder ein zuvor heruntergeladenes BC-Set über das Menü **BC-SET • Upload** hochladen. Nach dem Hochladen wird die Aktivierungsmaske automatisch vorausgefüllt, sodass Sie direkt mit der Aktivierung fortfahren können (siehe Abbildung 5.30).

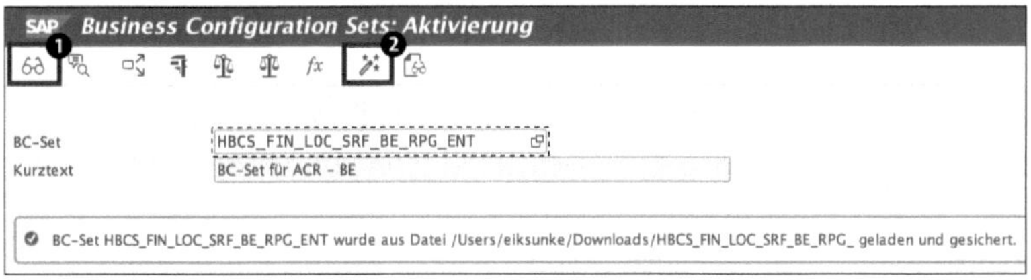

Abbildung 5.30 BC-Set Aktivierung

Mit einem Klick auf die Schaltfläche mit dem Brillen-Symbol ❶ in der Transaktion **SCPR20** gelangen Sie zur **BC-Set Gesamtsicht**. Mit einem Klick auf die Aktivierungsschaltfläche ❷ können Sie die Aktivierung des BC-Sets starten.

BC-Set Gesamtsicht

In der Ansicht **BC-Set Gesamtsicht** werden Ihnen sämtliche Details zu den Einstellungen und Customizing-Einträgen angezeigt, die durch das BC-Set ins System eingespielt werden. So können Sie bereits vor der tatsächlichen Übernahme prüfen, welche Änderungen das BC-Set bewirkt, und sicherstellen, dass alle Konfigurationen Ihren Anforderungen entsprechen (siehe Abbildung 5.31).

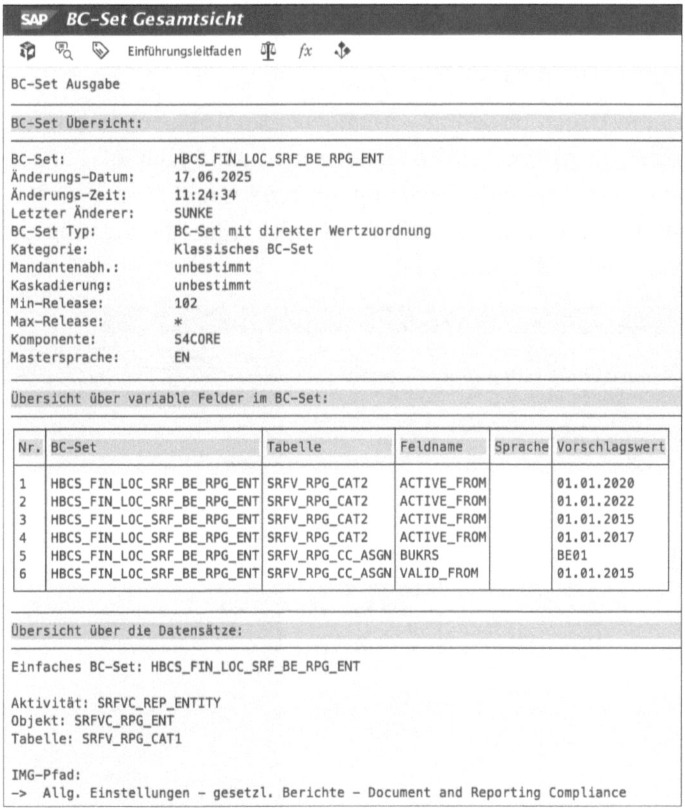
BC-Set Gesamtsicht

Einführungsleitfaden

BC-Set Ausgabe

BC-Set Übersicht:

BC-Set:	HBCS_FIN_LOC_SRF_BE_RPG_ENT
Änderungs-Datum:	17.06.2025
Änderungs-Zeit:	11:24:34
Letzter Änderer:	SUNKE
BC-Set Typ:	BC-Set mit direkter Wertzuordnung
Kategorie:	Klassisches BC-Set
Mandantenabh.:	unbestimmt
Kaskadierung:	unbestimmt
Min-Release:	102
Max-Release:	*
Komponente:	S4CORE
Mastersprache:	EN

Übersicht über variable Felder im BC-Set:

Nr.	BC-Set	Tabelle	Feldname	Sprache	Vorschlagswert
1	HBCS_FIN_LOC_SRF_BE_RPG_ENT	SRFV_RPG_CAT2	ACTIVE_FROM		01.01.2020
2	HBCS_FIN_LOC_SRF_BE_RPG_ENT	SRFV_RPG_CAT2	ACTIVE_FROM		01.01.2022
3	HBCS_FIN_LOC_SRF_BE_RPG_ENT	SRFV_RPG_CAT2	ACTIVE_FROM		01.01.2015
4	HBCS_FIN_LOC_SRF_BE_RPG_ENT	SRFV_RPG_CAT2	ACTIVE_FROM		01.01.2017
5	HBCS_FIN_LOC_SRF_BE_RPG_ENT	SRFV_RPG_CC_ASGN	BUKRS		BE01
6	HBCS_FIN_LOC_SRF_BE_RPG_ENT	SRFV_RPG_CC_ASGN	VALID_FROM		01.01.2015

Übersicht über die Datensätze:

Einfaches BC-Set: HBCS_FIN_LOC_SRF_BE_RPG_ENT

Aktivität: SRFVC_REP_ENTITY
Objekt: SRFVC_RPG_ENT
Tabelle: SRFV_RPG_CAT1

IMG-Pfad:
-> Allg. Einstellungen - gesetzl. Berichte - Document and Reporting Compliance

Abbildung 5.31 Ansicht »BC-Set Gesamtsicht«

In einem System mit aktiviertem Transportmanagement müssen Sie für die Customizing-Aktivitäten einen Transportauftrag angeben. Falls das BC-Set für die Konfiguration mit Parametern vorgesehen ist, gelangen Sie anschließend zu einem Parameter-Screen. Diese Parameter können Sie bereits vorab in der **BC-Set Gesamtsicht** einsehen und prüfen (siehe Abbildung 5.32).

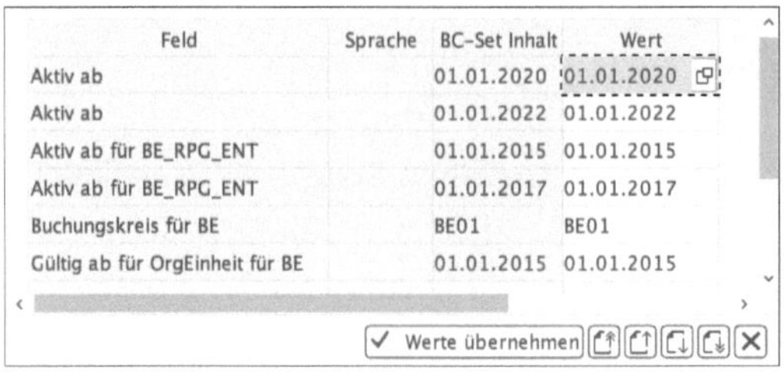

Abbildung 5.32 BC-Set-Parameter

Über die Parameter haben Sie die Möglichkeit, die Standardinhalte des BC-Sets individuell an Ihre Anforderungen anzupassen. Im genannten Beispiel empfiehlt es sich, den von Ihnen verwendeten Buchungskreis auszuwählen und die Datumswerte auf aktuelle und passende Werte zu setzen. Mit einem Klick auf die Schaltfläche **Werte übernehmen** gelangen Sie zur Seite mit den Aktivierungsoptionen für das BC-Set.

Aktivierung im Expertenmodus

Hier können Sie festlegen, ob bereits vorhandene Daten überschrieben werden sollen und ob die Aktivierung im Expertenmodus erfolgen soll. Für den Expertenmodus sind erweiterte Berechtigungen erforderlich. In der Regel empfiehlt SAP auf den Hilfeseiten und in den Anleitungen die Nutzung des Expertenmodus (siehe Abbildung 5.33).

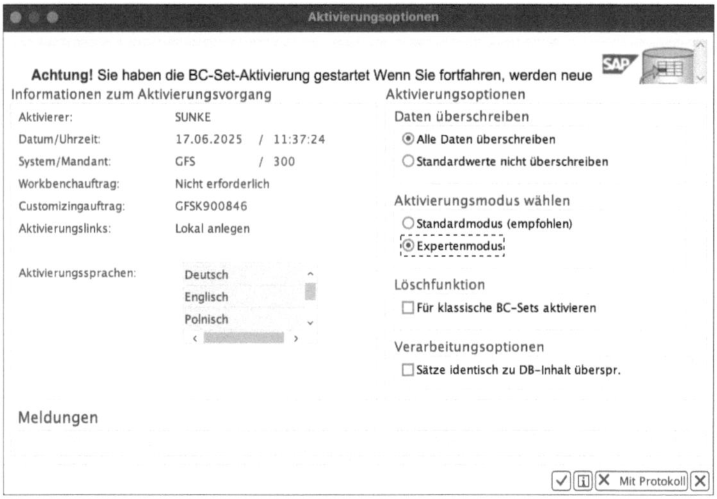

Abbildung 5.33 BC-Set aktivieren

Nach Abschluss der Aktivierung erhalten Sie eine Rückmeldung, ob der Vorgang erfolgreich war. Für detaillierte Informationen können Sie das Aktivierungslog aufrufen. Dort werden alle relevanten Details einschließlich eventueller Fehler oder Warnungen dokumentiert.

5.6 Technische Anbindung konfigurieren

Nach Abschluss der Komponenteninstallation können Sie mit der Anbindung beginnen. Die spezifische Konfiguration hängt ebenso wie die Auswahl der Komponenten von Ihren fachlichen Anforderungen ab. Im Folgenden finden Sie anhand eines Beispiels (Verarbeitung elektronischer Belege über das Peppol-Netzwerk) eine kurze Erklärung der notwendigen Schritte.

[«]

Aktuelle Anleitungen auf der SAP-Hilfeseite

Die in diesem Abschnitt beschriebenen Konfigurationen bieten Ihnen einen Überblick und keine ausführliche Dokumentation. Für detaillierte Informationen zu den einzelnen Schritten besuchen Sie bitte die Webseite *https://help.sap.com*. Dort finden Sie relevante Schritte, die je nach fachlichem Prozess aufgeführt und ausführlich erklärt werden. Die Hilfeseiten enthalten stets die aktuelle Version der Anleitung, was in der sich schnell entwickelnden Cloud-Welt besonders wichtig ist. Das im Folgenden beschriebene Beispiel wird unter *http://s-prs.de/v11005012* ausführlich dokumentiert.

Die technische Konfiguration folgt der folgenden Reihenfolge:

1. Cloud-Prozesse (bzw. im Falle einer Cloud-Integration-Nutzung die Installation und das Deployment der Integrationspakete) aktivieren
2. Aktivierung der benötigten Prozesse im SAP-System
3. Cloud Connectors für die Kommunikation des Cloud-Dienstes mit dem SAP-System einrichten
4. Authentifizierung zwischen SAP-System und Cloud-Dienst einrichten
5. Vertrauensstellung für eine SSL-Verbindung konfigurieren
6. Logische Ports im SOA-Manager konfigurieren

Cloud-Prozesse aktivieren

Der erste Schritt, den Sie durchführen, ist das Aktivieren der relevanten Prozesse in den Cloud-Diensten. Rufen Sie dafür die Startseite Ihrer SAP-Document-Risk-and-Compliance-Cloud-Edition-Instanz auf und wählen Sie die Kachel **Prozesse aktivieren**. Auf der sich öffnenden Seite (siehe Abbildung 5.34) können Sie die benötigten Prozesse aktivieren.

Abbildung 5.34 Übersicht der verfügbaren Prozesse für SAP Document and Reporting Compliance, Cloud Edition

Integrationslösung der SAP Integration Suite

Sollte Ihr fachlicher Prozess über eine Integrationslösung von SAP Integration Suite umgesetzt werden, können Sie in Ihrer Instanz die passenden Inhalte suchen. Details sind in Abbildung 5.10 dargestellt. Wenn Sie die passenden Inhalte gefunden haben, können Sie diese in Ihre Instanz kopieren und konfigurieren. Abschließend wird die konfigurierte Lösung deployed und kann verwendet werden.

eDocument-Prozesse im SAP-System

Nachdem der SAP-Document-and-Reporting-Compliance-Cloud-Edition-Prozess aktiviert wurde, sollten Sie den zu verwendenden Prozess auch in Ihrem SAP-System aktivieren. Über die Pflegeview EDOCOMPPROCCOMV (Aufruf über die Transaktion **SM30**) können Sie die gewünschten Prozesse aktivieren.

Der Cloud-Service ist in der Lage, dem SAP-System Informationen direkt zukommen zu lassen. Dafür wird die Kommunikation aus der Cloud zu Ihrem SAP-System hergestellt. Um diese Kommunikation zu ermöglichen, müssen Sie den Service DCPPUSHSERVICE über den SOA-Manager (Ausführen über die Transaktion **soamanager**) konfigurieren. Nachdem Sie den SOA-Manager gestartet haben, öffnet sich ein Browserfenster. Navigieren Sie zu **Web-Service-Konfiguration**. In dem Suchfeld können Sie nach »DCPPUSHSERVICE« suchen und dort eine Instanz des Dienstes entsprechend der Dokumentation anlegen (siehe Abbildung 5.35).

Abbildung 5.35 SOA-Manager – DCPPUSHSERVICE

Cloud Connector

Dieser Service muss im nächsten Schritt über den Cloud Connector für SAP Document and Reporting Compliance, Cloud Edition zugänglich gemacht werden. Aus Sicherheitsgründen ist es ratsam, nur ausgewählte Dienste in der Konfiguration des Cloud Connectors zu aktivieren. In diesem Fall sollten Sie den Pfad **/sap/bc/srt/rfc/sap/dcppushservice/<client>/dcppushservice/pushrequest** im Cloud Connector freischalten. Das Element **<client>** müssen Sie durch den anzubindenden Mandanten Ihres SAP-Systems ersetzen (siehe Abbildung 5.36).

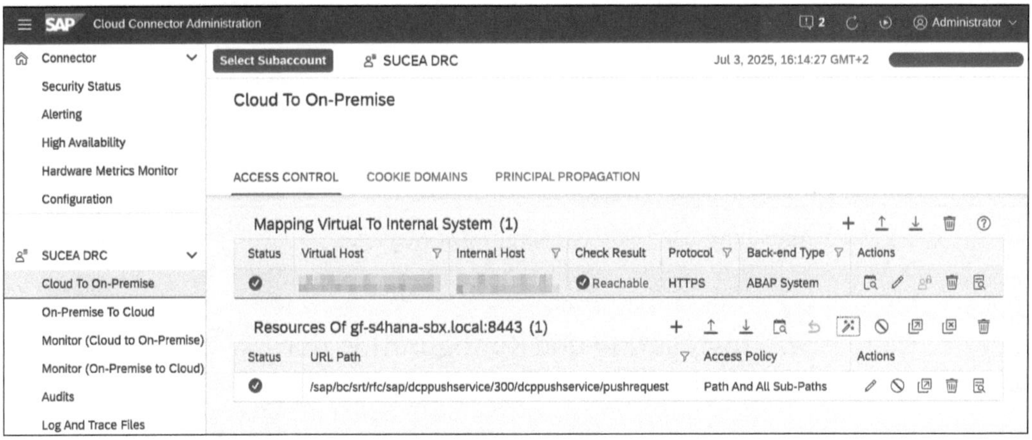

Abbildung 5.36 Cloud Connector konfigurieren

Authentifizierung zum Cloud-Dienst

Als nächster Schritt wird die Authentifizierung vom SAP-System zum Cloud-Service eingerichtet. Je nach Version des SAP-Systems haben Sie die Wahl zwischen einer Client-Zertifikat-basierten Anmeldung und einer

OAuth-basierten Anmeldung. Die zertifikatsbasierte Anmeldung funktioniert auch in älteren ERP-Systemen. Die Nutzung der OAuth-Variante setzt ein neueres SAP-S/4HANA-System voraus.

Vertrauensstellung zum SSL-Zertifikat des Cloud-Dienstes

Neben der Authentifizierung müssen Sie noch das SSL-Zertifikat des Cloud-Endpunktes in dem SAP-System als vertrauenswürdig konfigurieren. Diese Einstellung können Sie über die Transaktion **STRUST** durchführen. Das zu verwendende Zertifikat des Cloud-Dienstes kann mit einem Browser heruntergeladen werden.

Logische Ports im SOA-Manager

Der letzte technische Schritt, den Sie durchführen müssen, ist das Konfigurieren der logischen Ports im SOA-Manager. Wie in Abbildung 5.35 gezeigt, können Sie nach den technischen Namen suchen, um Instanzen dieser Dienste anzulegen. Einen Teil der benötigten Informationen (beispielsweise die URL des Dienstes) können Sie aus dem Cloud-Service auslesen oder Sie haben diese Parameter wie im Falle der Authentifizierungskonfiguration bereits selbst angelegt.

Abbildung 5.37 zeigt die Konfiguration des logischen Ports für generische Abfragen an das Peppol-Netzwerk.

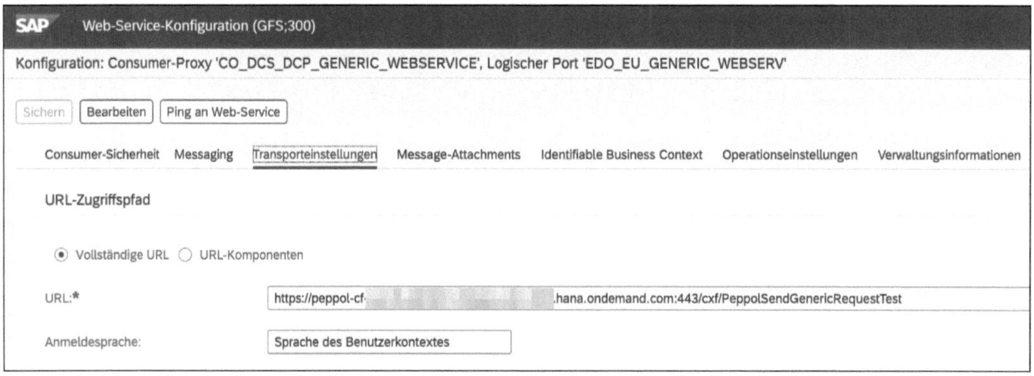

Abbildung 5.37 Logischer Port in SOA-Manager

5.7 Installation und Konfiguration der SAP-DRC-Benutzeroberflächen

Damit Anwender und Anwenderinnen mit SAP DRC arbeiten können, setzt SAP verschiedene Benutzeroberflächen ein. Aufgrund der SAP-DRC-Architektur unterscheiden sich diese technisch deutlich voneinander. Ein Teil der Oberflächen läuft in der Cloud, während andere Komponenten auf dem SAP-System betrieben werden, das in der Regel im eigenen Rechenzentrum des Kunden (On-Premise) installiert ist.

Für den Zugriff auf die webbasierten Oberflächen wie z. B. *SAP-Fiori-Apps* wird ein Webbrowser benötigt. SAP-Transaktionen hingegen erfordern die Nutzung der SAP GUI.

Im Folgenden werden die unterschiedlichen Benutzeroberflächen kurz technisch beschrieben. Dabei wird explizit auf die notwendigen Aktivitäten zur Bereitstellung und Nutzbarmachung für die Anwender eingegangen. Eine fachliche Beschreibung der Funktionalitäten findet sich in den jeweiligen fachlichen Kapiteln:

- zentrale SAP-Fiori-Apps für eInvoicing: Abschnitt 7.4
- SAP Document and Reporting Compliance, Cloud Edition: Abschnitt 5.4.1

5.7.1 Cloud-Instanzen

Bei den Cloud-Tools werden die Benutzeroberflächen über eine Internetverbindung mittels Webbrowser aufgerufen. Diese Oberflächen werden standardmäßig direkt mit dem jeweiligen Tool bereitgestellt. Weitere Informationen zur Bereitstellung dieser Dienste finden Sie in Abschnitt 5.4, »Einrichtung der unterstützenden SAP-DRC-Komponenten der SAP BTP«. Eine zusätzliche Konfiguration ist in der Regel nicht erforderlich. Aus Sicht von SAP DRC betrifft dies insbesondere die Cloud-Dienste SAP Document and Reporting Compliance, Cloud Edition und SAP Integration Suite.

Benutzer- und Berechtigungsverwaltung

Damit Anwender und Anwenderinnen die Dienste nutzen können, muss sichergestellt werden, dass ihnen im Identitätsmanagement die für ihre Aufgaben relevanten Berechtigungsrollen zugewiesen werden. Dies erfolgt über die zentrale Benutzer- und Berechtigungsverwaltung der SAP BTP, in der Rollen und Zugriffsrechte individuell gesteuert werden können.

5.7.2 SAP-Fiori-Apps

Mit der Umstellung von SAP ERP auf SAP S/4HANA hat sich die Strategie für Benutzeroberflächen grundlegend gewandelt. Das SAP-System ist nun nicht mehr ausschließlich über die klassische SAP GUI bedienbar, sondern unterstützt auch webbasierte Anwendungen. SAP setzt hierfür die Web-Technologie SAPUI5 ein. Das übergeordnete Konzept für die Gestaltung und Nutzung dieser webbasierten Geschäftsanwendungen wird unter dem Begriff *SAP Fiori* zusammengefasst. Ziel von SAP Fiori ist es, jedem Anwender und jeder Anwenderin für den eigenen Geschäftsalltag passende Apps bereitzustellen. Da User auf eine Vielzahl von Apps zugreifen können, werden diese in einer kachelbasierten Oberfläche – dem sogenannten *SAP Fiori Launchpad* – rollenbasiert zur Verfügung gestellt.

Im Kontext von SAP DRC sind insbesondere die folgenden SAP-Fiori-Apps relevant:

- **Manage Electronic Documents**
- **Manage Document and Reporting Compliance**
- **Run Statutory Reports**
- **Define Statutory Reports**

Details zu den einzelnen SAP-Fiori-Apps finden Sie auf der Webseite SAP Fiori Apps Reference Library unter dem folgenden Link: *http://s-prs.de/v11005013*. Hier stehen Ihnen alle technischen Informationen zur Verfügung, die für die Nutzung der Apps im SAP-System erforderlich sind.

Bei Installation des SAP-S/4HANA-Systems werden die SAP-Fiori-Apps bereits mitgeliefert. Um diese nutzen zu können, sind jedoch verschiedene Konfigurationsschritte notwendig. Dazu zählen unter anderem das Aktivieren der OData-Services in SAP Gateway, die die App-Daten bereitstellen, sowie die Einrichtung kundeneigener Z-Rollen, um die Sichtbarkeit der Apps im SAP Fiori Launchpad zu steuern.

Aufgabenliste für SAP-Fiori-Apps

Diese Aufgaben lassen sich entweder manuell durchführen oder mithilfe der Aufgabenliste (Task List) SAP_FIORI_CONTENT_ACTIVATION automatisiert umsetzen. Mit dieser Aufgabenliste können auch mehrere SAP-Fiori-Apps gleichzeitig aktiviert werden. Die Task List starten Sie über die Transaktion **STC01**. Sie konfiguriert die SAP-Fiori-Apps auf Basis der Business-Rollen, die Sie in der SAP Fiori Apps Reference Library recherchieren können. Sie haben die Möglichkeit, die benötigten Rollen entweder aus der Liste aller verfügbaren Anwendungsrollen auszuwählen oder sie als Parameter in der ersten Aufgabe der Task List einzugeben.

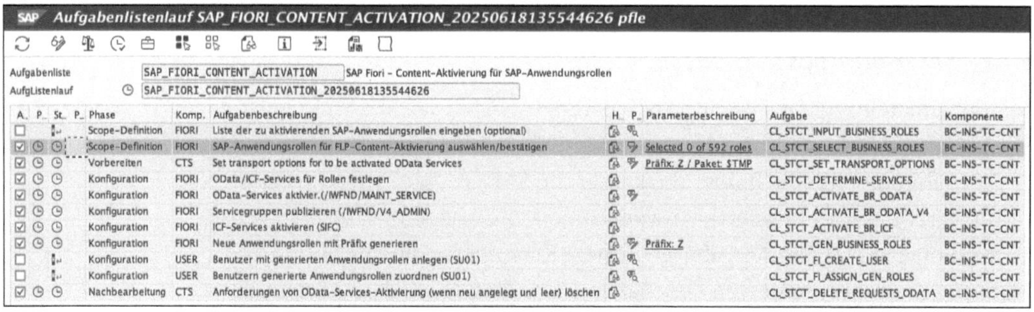

Abbildung 5.38 SAP-Fiori-Aufgabenliste

Vor der Ausführung der Task List müssen Sie noch weitere Konfigurationsparameter anpassen, wie in Abbildung 5.38 dargestellt:

- Geben Sie ein Präfix und ein Paket für die neuen OData-Services an.
- Geben Sie ein Präfix für die neuen Anwendungsrollen an.

Nachdem Sie die neu erstellte Rolle angelegt haben, können Sie diese den gewünschten Anwendern zuweisen. Nach einer erneuten Anmeldung erscheinen die entsprechenden Apps automatisch im SAP Fiori Launchpad.

5.7.3 SAP-GUI-Transaktionen

SAP-Transaktionen werden üblicherweise über die klassische SAP GUI aufgerufen. Alternativ besteht die Möglichkeit, auf die SAP GUI über einen Webbrowser zuzugreifen, sofern der entsprechende Service im SAP-System aktiviert ist.

SAP GUI for HTML

Einige Transaktionen sind auch als Kachel im SAP Fiori Launchpad verfügbar. In diesem Fall wird nach dem Öffnen der App die SAP GUI for HTML im Browser gestartet – es handelt sich dabei nicht um eine SAPUI5-App, sondern um die browserbasierte Variante der SAP GUI.

Eine zusätzliche technische Konfiguration für den Aufruf von Transaktionen über die SAP GUI ist in der Regel nicht erforderlich.

Im Zusammenhang mit SAP DRC ist vor allem die Transaktion **edoc_cockpit** relevant, über die das eDocument Cockpit geöffnet wird.

5.8 Zusammenfassung

Mit den Informationen aus diesem Kapitel haben Sie einen umfassenden Überblick über die Architektur und das technische Setup Ihres SAP-DRC-Projekts erhalten. Neben einer schrittweisen Anleitung zur Installation der einzelnen Komponenten wurde beschrieben, wie Sie die notwendigen Hinweise identifizieren und einspielen, um Ihr System laufend aktuell zu halten.

Ein zentraler Bestandteil der Projektplanung ist die sorgfältige Erfassung aller Komponenten, die für Ihre spezifischen Prozesse benötigt werden. Sobald Sie alle relevanten Informationen zusammengetragen haben, können Sie mit der Einrichtung der Cloud-Dienste und der Installation im SAP-System beginnen. Da für die Implementierung zahlreiche Hinweise aus verschiedenen Modulen zu berücksichtigen sind, empfiehlt es sich, ausreichend Zeit für diesen Schritt einzuplanen, um eine erfolgreiche und nachhaltige Integration sicherzustellen.

TEIL III

Invoicing und gesetzliches Meldewesen

Kapitel 6
E-Invoicing implementieren

Dieses Kapitel zeigt, wie SAP DRC in ein bestehendes SAP-S/4HANA-System integriert wird und welche technischen und methodischen Grundlagen für eine erfolgreiche Einführung erforderlich sind, ergänzt durch praxisnahe Umsetzungsbeispiele aus verschiedenen Ländern.

Wir beschäftigen uns in diesem Kapitel mit der Umsetzung gesetzlicher Anforderungen zur elektronischen Rechnungsverarbeitung auf Basis von SAP DRC. Ausgehend von den grundlegenden Konzepten, dem methodischen Vorgehen und den technischen Voraussetzungen beleuchten wir, wie Unternehmen elektronische Rechnungsprozesse effizient, sicher und konform in SAP-Systeme integrieren können.

Der Fokus liegt dabei auf der End-to-End-Implementierung typischer E-Invoicing-Szenarien im internationalen Kontext. Am Beispiel von Ungarn (Rechnungsausgang über NAV) und Deutschland (Rechnungseingang über Peppol) wird aufgezeigt, wie SAP DRC unterschiedliche regulatorische Vorgaben mit einem einheitlichen Architekturansatz unterstützt. Wir betrachten die relevanten Systemkomponenten, notwendige Vorbereitungsmaßnahmen, das Customizing sowie die Integration in bestehende Geschäftsprozesse.

Im Mittelpunkt des Kapitels steht die Frage, wie Unternehmen länderspezifische regulatorische Vorgaben in Bezug auf die elektronische Rechnungsstellung mithilfe der Komponente SAP DRC E-Invoicing strukturiert, effizient und nachhaltig abbilden können. Dabei wird SAP DRC als zentrale Plattform betrachtet, um gesetzeskonforme E-Invoicing-Szenarien differenziert nach Eingangs- und Ausgangsrechnungen zu realisieren.

Ausgehend von der Einordnung der elektronischen Rechnungsstellung im Kontext SAP DRC entlang der zentralen Ebenen beschreibt dieses Kapitel zunächst das methodische Vorgehen der Implementierung. Dabei orientiert sich das Vorgehen an der SAP-Activate-Methode, mit einem Schwerpunkt auf der Explore-Phase.

Im Anschluss werden die technischen und organisatorischen Vorbereitungsschritte beschrieben, die erforderlich sind, um SAP DRC im System initial zu aktivieren. Dazu zählen unter anderem die Installation des eDocument Frameworks, die Konfiguration des SAP Application Interface Frameworks sowie die Aktivierung relevanter Business Events. Zudem wird erläutert, wie sich elektronisch erzeugte Belege aus externen Systemen in SAP DRC integrieren und weiterverarbeiten lassen. Diese Komponenten bilden die Grundlage dafür, dass elektronische Rechnungsbelege mittels SAP DRC automatisiert erzeugt, validiert und über gesicherte Kanäle an Behörden und Geschäftspartner übermittelt werden können.

Darauf aufbauend erläutert das Kapitel anhand zweier Implementierungsszenarien die konkrete Umsetzung von SAP DRC im nationalen Kontext: Ungarn (kreditorischer Rechnungsprozess) und Deutschland (debitorischer Rechnungsprozess). Für Ungarn wird die Anbindung an das Echtzeitmeldesystem NAV Online Számla beschrieben, einschließlich der notwendigen generischen Einstellungen und des externen Werte-Mappings. Für Deutschland steht der Empfang von elektronischen Eingangsrechnungen über das Peppol-Netzwerk im Mittelpunkt. Behandelt werden dabei die Integration über die SAP Integration Suite, die Nutzung von Business Configuration Sets sowie die Einrichtung der Kommunikationsverbindung.

Dieses Kapitel richtet sich insbesondere an Projektverantwortliche, Steuerabteilungen, SAP-Architekten und -Architektinnen sowie an Implementierungsteams, die vor der Aufgabe stehen, E-Invoicing-Anforderungen in unterschiedlichen Ländern umzusetzen. Es bietet praxisnahe Orientierung, methodische Leitlinien und konkrete technische Umsetzungshilfen für den Aufbau einer skalierbaren, länderkonformen E-Invoicing-Landschaft mit SAP DRC.

6.1 Grundlagen und Vorbereitung der elektronischen Rechnungsstellung im Kontext von SAP DRC

Die elektronische Rechnungsstellung ist ein zentraler Bestandteil moderner Compliance-Anforderungen und bildet einen Schwerpunkt von SAP DRC. Ihre Umsetzung erfordert ein Verständnis sowohl der regulatorischen Vorgaben als auch der technischen und organisatorischen Rahmenbedingungen.

6.1.1 Struktur und Einordnung der elektronischen Rechnungsstellung

In diesem Abschnitt ordnen wir die elektronische Rechnungsstellung systematisch im Kontext von SAP DRC ein. Wir beginnen mit einer Darstellung der drei zentralen Ebenen Semantik, Syntax und Transport und erläutern, warum sie für die regulatorische und technische Umsetzung von E-Invoicing unverzichtbar sind. Darauf aufbauend beleuchten wir die Unterscheidung zwischen debitorischer und kreditorischer Verarbeitung, bevor wir die länderspezifischen Unterschiede zwischen Peppol-basierten Standards und nationalen Sonderformaten darstellen. Wir ordnen das Thema zunächst konzeptionell ein, differenzieren die Prozesse und konkretisieren sie länderspezifisch, um die fachlichen Grundlagen für die spätere Implementierung zu schaffen.

Mit der fortschreitenden Digitalisierung nationaler und internationaler Steuerverwaltungen gewinnt die elektronische Rechnungsstellung zunehmend an Bedeutung. Dabei handelt es sich nicht lediglich um den digitalen Versand eines Belegs, sondern um ein strukturiertes, regelbasiertes Austauschverfahren, das sowohl rechtliche als auch technische Anforderungen erfüllt. SAP DRC bietet eine zentrale Plattform zur Umsetzung gesetzlicher Melde- und Berichtspflichten, einschließlich der elektronischen Rechnungsstellung. Ziel dieses Abschnitts ist es, die verschiedenen Ebenen des E-Invoicings (siehe Abbildung 6.1) systematisch darzustellen und deren Bedeutung im Kontext einer SAP-DRC-Implementierung zu beleuchten.

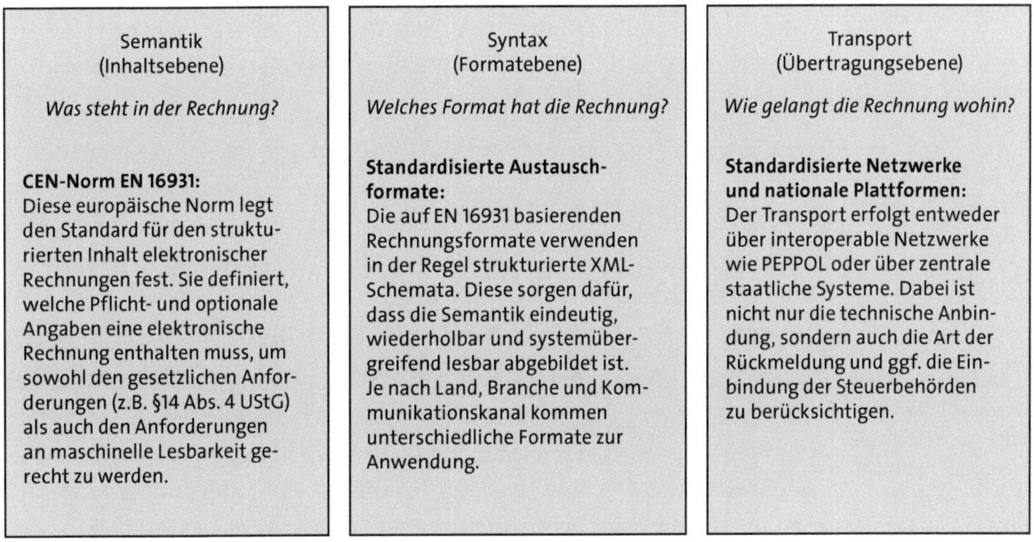

Abbildung 6.1 Ebenen der elektronischen Rechnungsstellung

Semantik – der steuerlich relevante Inhalt

Die *Semantik* einer elektronischen Rechnung bezeichnet die inhaltliche Struktur und Bedeutung der enthaltenen Daten. Auf europäischer Ebene ist die CEN-Norm *EN 16931* die Grundlage, die definiert, welche Rechnungsinformationen verpflichtend sind und wie sie zu interpretieren sind. Hierzu zählen beispielsweise die folgenden Informationen:

- Umsatzsteuer-Identifikationsnummer des Geschäftspartners
- Rechnungsnummer und Ausstellungsdatum der Rechnung

- Liefer- bzw. Leistungsdatum
- Positionszeilen mit Menge
- Beschreibung und Einzelpreis
- Nettobetrag
- Steuersätze und Steuerbeträge
- Gesamtbetrag der Rechnung
- Zahlungsbedingungen

Die Einhaltung der EN 16931 stellt sicher, dass Rechnungen inhaltlich korrekt und maschinenlesbar sind. Im SAP-Kontext müssen diese Felder über die entsprechenden Datenquellen in SAP S/4HANA, z. B. SD-Rechnungen oder FI-Belege, vollständig befüllt und für die Weiterverarbeitung verfügbar gemacht werden. SAP DRC validiert diese Inhalte regelbasiert und unterstützt bei der Einhaltung landesspezifischer Anforderungen.

Syntax – technische Repräsentation in standardisierten Formaten

Die *Syntax* beschreibt, in welcher Form die Inhalte strukturiert und serialisiert werden. Die häufigsten Formate sind XML-basierte Standards wie *XRechnung*, *ZUGFeRD*, oder *Peppol BIS Billing 3.0*. Sie ermöglichen eine automatisierte maschinelle Verarbeitung und Prüfung der Rechnungen.

Im deutschen Kontext ist *XRechnung* das verpflichtende Format für die öffentliche Auftragsvergabe (B2G). *ZUGFeRD* hingegen bietet einen hybriden Ansatz aus visuellem PDF und eingebetteter XML-Datei, insbesondere für den B2B-Bereich. Die SAP DRC ermöglicht über das sogenannte *Output Management* und die Mapping-Services die Generierung der geforderten Formate. Dabei können sowohl Standardformate genutzt als auch kundenspezifische *Core Invoice Usage Specifications* (CIUS) umgesetzt werden.

Transport – Übermittlung über interoperable Netzwerke oder nationale Plattformen

Die *Transportebene* umfasst die Frage, wie die Rechnung vom Absender zum Empfänger gelangt. Dies kann über das europaweite Netzwerk wie Peppol oder über staatliche Plattformen erfolgen. In Peppol-konformen Ländern erfolgt der Versand über zertifizierte Access Points, während andere Länder zentrale staatliche Plattformen vorsehen, etwa das italienische *Sistema di Interscambio* (SdI) oder das französische Portal *Portail Public de Facturation* (PPF).

SAP DRC bietet für viele dieser Szenarien vorkonfigurierte Integrationen und unterstützt den Versand über Webservices, *APIs* oder *EDI-Schnittstellen*. Die Auswahl des Transportwegs hat direkte Auswirkungen auf das Projektvorgehen, insbesondere hinsichtlich Testing, Zertifizierung und Fristenmanagement.

Peppol: Das 4-Corner-Modell

Ein zentrales Prinzip des Peppol-Netzwerks ist das sogenannte *4-Corner-Modell*, dieses Modell unterteilt die Kommunikation in vier Parteien: Das ausstellende Unternehmen (C1) übergibt seine Rechnung an den eigenen Access Point (C2). Dieser leitet das Dokument über das Netzwerk an den Access Point des Empfängers (C3) weiter, von dem es schließlich vom empfangenden Unternehmen (C4) abgerufen wird. Dieses Modell stellt sicher, dass alle Teilnehmer nach denselben Regeln kommunizieren, ohne dass eine direkte technische Verbindung zwischen Absender und Empfänger notwendig ist.

E-Mail-basierter Empfang und Versendung von E-Rechnungen und EDI

Seit dem 1. Januar 2025 besteht in Deutschland eine gesetzliche Verpflichtung zur elektronischen Empfangsbereitschaft für Rechnungen. In der Praxis setzen viele Unternehmen zunächst auf den Empfang elektronischer Rechnungen per E-Mail, häufig ergänzt durch bereits etablierte auf *Optical Character Recognition* (OCR) basierende Verarbeitungslösungen. Diese Vorgehensweise erscheint kurzfristig pragmatisch, birgt jedoch erhebliche sicherheitstechnische Risiken.

Der E-Mail-Eingang erfolgt typischerweise in offenen Infrastrukturen: Jeder Absender kann an ein zentrales Postfach senden, das mit automatisierten Verarbeitungsprozessen verbunden ist. Wird eine schadhafte Datei im Rechnungsanhang nicht erkannt, besteht die Gefahr, dass diese unbeabsichtigt durch den automatisierten Rechnungs-Workflow geöffnet wird. Dies stellt ein erhebliches Einfallstor für Schadsoftware dar und kann betriebliche Systeme gefährden.

Vor diesem Hintergrund empfiehlt sich die mittelfristige Umstellung auf strukturierte, standardisierte und vor allem sichere Übertragungswege wie Peppol. Im Peppol-Netzwerk kommunizieren ausschließlich authentifizierte Teilnehmer, was die Gefahr manipulierter oder anonymer Nachrichten erheblich reduziert.

Ein weiterer Aspekt, der in diesem Zusammenhang zunehmend an Bedeutung gewinnt, ist die zukünftige Rolle von *Electronic Data Interchange* (EDI) im Kontext der regulatorischen Anforderungen und der angestrebten Harmonisierung entlang des EN-16931-Standards. Im Gegensatz zu individuell konfigurierten EDI-Strecken stellt Peppol einen normierten Übertragungskanal dar, der auf den europäischen Standard EN 16931 ausgerichtet ist. Da dieser Standard künftig maßgeblich für die Interoperabilität und rechtssichere Verarbeitung elektronischer Rechnungen sein wird, ist eine frühzeitige Migration auch unter strategischen Gesichtspunkten sinnvoll.

Unterschied zwischen debitorischer und kreditorischer Verarbeitung

Bei der Einführung von SAP DRC ist eine klare Unterscheidung zwischen debitorischen (ausgangsseitigen) und kreditorischen (eingangsseitigen) Rechnungsprozessen von zentraler Bedeutung. Beide Prozessrichtungen unterliegen nicht nur unterschiedlichen regulatorischen Anforderungen, sondern auch abweichenden technischen Setups, Customizing-Strukturen und Kommunikationswegen innerhalb des SAP-Systems.

Während bei ausgangsseitigen Rechnungen das Unternehmen als Rechnungssteller agiert und die Verantwortung für die regelkonforme Erstellung, Strukturierung und Übermittlung der elektronischen Rechnung an die jeweilige Steuerbehörde oder an das empfangende Unternehmen trägt, handelt es sich bei eingangsseitigen Rechnungen um den Empfang strukturierter Rechnungen von externen Lieferanten, die entsprechend empfangen, validiert und verbucht werden müssen. Diese Differenzierung hat unmittelbare Auswirkungen auf

- die technische Architektur, die nach Eingangs- und Ausgangsprozessen kreditorisch/debitorisch differenziert,
- die generischen und spezifischen Einstellungen (Schnittstellen, Formate, externes Werte-Mapping),
- die Integration in bestehende Geschäftsprozesse,
- die Auswahl und Konfiguration externer Kommunikationskanäle wie Peppol-Netzwerk, Webservices oder lokale Netzwerke.

Überblick: Peppol vs. nationale Sonderformate

Die Einhaltung technischer Vorgaben und die Nutzung definierter Codelisten ermöglichen eine weitgehende Standardisierung, die in SAP-Systemen durch vorkonfigurierte *Business Configuration Sets* (BC-Sets) effizient umgesetzt werden kann.

Peppol-Länder

Länder, die das Peppol-Netzwerk als E-Invoicing-Infrastruktur nutzen oder diese aktiv unterstützen, sind die folgenden:

- Belgien
- Niederlande
- Norwegen
- Deutschland
- Österreich
- Schweden
- Dänemark
- Finnland
- Estland
- Irland

Diese Länder orientieren sich bei der technischen Umsetzung weitgehend an *EN 16931* und nutzen das *Peppol-Netzwerk* als Transportinfrastruktur, was die Integration in SAP DRC deutlich vereinfacht. Das Werte-Mapping erfolgt hier in der Regel über standardisierte, von SAP ausgelieferte BC-Sets.

[«]

Aktueller Umsetzungsstand der E-Invoicing-Anforderungen in Europa

Der jeweils aktuelle Umsetzungsstand der elektronischen Rechnungsstellung in den EU-Mitgliedstaaten (einschließlich der Nutzung von Peppol, nationalen Plattformen und dem Stand der Umsetzung der EN 16931) ist auf der offiziellen Website der Europäischen Kommission abrufbar.

Unter folgendem Link stellt die Europäische Kommission regelmäßig aktualisierte *Country Factsheets* zur Verfügung:

http://s-prs.de/v11005014

Die Seite bietet für jedes Land ein strukturiertes Datenblatt mit den folgenden Angaben:

- rechtlichen Rahmenbedingungen
- unterstützten E-Invoicing-Formaten (z. B. Peppol BIS 3.0, nationale CIUS)
- technischen Anbindungen (Plattform, Access Points, Transportmethoden)
- Verpflichtungsgrad im B2G- und ggf. B2B-Kontext

Die oben genannte Quelle dient als verlässliche Referenz zur Bewertung, ob und in welcher Form Peppol im jeweiligen Land aktiv genutzt oder vorgeschrieben ist.

Demgegenüber steht eine Reihe von Ländern, die vollständig eigenständige E-Invoicing- oder E-Reporting-Systeme etabliert haben. Diese setzen keine europäischen Standardformate um, sondern verwenden proprietäre XML-Strukturen, eigene semantische Datenmodelle und nationale Codelisten. Für SAP-Kunden bedeutet dies, dass das Mapping individuell angepasst werden muss – einschließlich länderspezifischer Codierungen, Formatlogik und Validierungsmechanismen. Abweichungen von den gesetzlich geforderten Werten können in diesen Ländern unmittelbar zur Ablehnung der elektronischen Rechnung durch die Finanzbehörde führen.

Nicht-Peppol-Länder

Länder mit nationalen (nicht Peppol-basierten) E-Invoicing-Formaten sind die folgenden:

- Ungarn: NAV Online Számla – Echtzeitmeldung Rechnungsregistrierung an die lokale Steuerbehörde, NAV-spezifische XML-Struktur

- Italien: FatturaPA – verpflichtend über das SDI-System, nationale Codelisten
- Frankreich: PPF (Portail Public de Facturation) – ab 2026 verpflichtend für B2B, nationales XML-Format
- Polen: KSeF – zentralisiertes Rechnungsregister mit proprietärem XML-Format
- Spanien: SII – Echtzeitmeldung von Umsatzsteuerdaten, kein klassisches E-Invoicing
- Portugal: SAF-T(PT) und ATCUD – Steuerbericht und Rechnungs-ID nach portugiesischem Recht
- Mexiko: CFDI – XML-Rechnungen mit digitaler Signatur und eindeutiger UUID
- Brasilien: NF-e/NFS-e – Echtzeitvalidierung durch SEFAZ, länderspezifisches Format
- Türkei: e-Fatura, e-Arşiv – zentrale Prüfung durch die türkische Finanzverwaltung
- Indien: e-Invoicing über die NIC-Plattform, JSON-basiertes Format mit IRN-Validierung
- Saudi-Arabien: ZATCA-konformes XML mit QR-Code und digitalen Signaturen
- Südkorea: Elektronische Steuerrechnungen mit gesetzlich definiertem XML-Standard
- Taiwan: Spezielle Anforderungen für elektronische Rechnungen (z. B. Barcodepflicht)
- Thailand: Nationale Richtlinien mit Digital-Signaturpflicht
- Türkei: e-Fatura/e-Arşiv mit direkten staatlichen Schnittstellen

[!]

Kontinuierliche Aktualisierung wegen ViDA erforderlich

Die Auflistungen der Peppol- sowie der nicht Peppol-basierten Länder bilden den aktuellen Stand zum Zeitpunkt der Veröffentlichung dieses Buches ab und sind als Momentaufnahme zu verstehen.

Im Zuge der laufenden Entwicklungen auf EU-Ebene, insbesondere im Rahmen der Initiative *VAT in the Digital Age (ViDA)*, ist mit erheblichen Veränderungen im Bereich der digitalen Meldesysteme und E-Invoicing-Vorgaben zu rechnen. ViDA strebt eine Harmonisierung der digitalen Umsatzsteuerprozesse innerhalb der EU an, was zu einer zunehmenden Einführung nationaler oder EU-weiter elektronischer Meldeformate führt.

Während Peppol eine europaweite Standardisierung im Bereich E-Invoicing unterstützt, existiert eine Vielzahl nationaler Sonderformate mit eigenen technischen und rechtlichen Anforderungen. Diese machen ein individuelles länderspezifisches Mapping im SAP DRC zwingend erforderlich.

Bereits vor einem offiziellen Implementierungsprojekt sollte eine umfassende länderspezifische Analyse erfolgen, wenn elektronische Rechnungsprozesse mit SAP DRC eingeführt werden sollen. Während sich Peppol-konforme Länder oft auf standardisierte SAP-Auslieferungen und vordefinierte BC-Sets stützen können, bringen nationale Sonderformate deutlich komplexere Anforderungen mit sich (etwa durch proprietäre XML-Strukturen, individuelle Codelisten oder abweichende Validierungsmechanismen).

Eine zentrale Grundlage bildet die länderspezifische Übersicht der von SAP unterstützten Compliance-Anforderungen. Diese ist unter folgendem Link verfügbar:

http://s-prs.de/v11005015

Eine frühzeitige Prüfung der länderspezifischen Anforderungen, die gezielte Evaluierung relevanter SAP-Hinweise (siehe Abschnitt 5.5.3, »Identifikation und Bereitstellung relevanter SAP-Hinweise«) sowie der Abgleich mit den offiziellen Spezifikationen bilden die Grundlage für eine regelkonforme und effiziente Umsetzung. Es empfiehlt sich, für jedes Zielland bereits in der Vorbereitungsphase einen separaten Umsetzungsplan zu erstellen, um spätere Implementierungsrisiken und Verzögerungen zu vermeiden.

6.1.2 Methodische Grundlage für die Implementierung

In Abschnitt 3.2, »Umsetzungsphasen mit der SAP-Activate-Methode planen«, haben wir bereits die Umsetzungsphasen nach der SAP-Activate-Methode kennengelernt. Auch bei der Einführung von SAP DRC E-Invoicing erfolgt die Umsetzung entlang dieser Phasen. Einen besonderen Stellenwert nimmt dabei die *Explore-Phase* ein. Sie bildet die Grundlage für eine strukturierte Auseinandersetzung mit den SAP-Standardprozessen und legt den methodischen Rahmen für die weiteren Projektschritte. Im Kontext von SAP DRC E-Invoicing ist sie von zentraler Bedeutung, um fachliche Anforderungen, regulatorische Vorgaben und technische Rahmenbedingungen frühzeitig zu analysieren und zielgerichtet zu bewerten.

Fit-to-Standard in der Explore-Phase

Die *Explore-Phase* markiert den Einstieg in die fachlich-inhaltliche Auseinandersetzung mit der SAP-Standardlösung. Im Rahmen der Fit-to-Standard-Workshops prüfen Fachbereiche, IT und Projektteam gemeinsam, inwiefern die von SAP ausgelieferten Prozesse den Anforderungen des Unternehmens entsprechen. Dabei geht es nicht nur um eine reine Systemdemonstration, sondern um eine strukturierte Evaluierung der Standardprozesse im Kontext konkreter geschäftlicher, regulatorischer und technischer Rahmenbedingungen.

Bei der Implementierung länderspezifischer E-Invoicing-Lösungen mit SAP DRC sind im Rahmen der Fit-to-Standard-Workshops neben funktionalen Anforderungen auch die Prozessverantwortlichkeiten, Kommunikationsschnittstellen und Integrationsaspekte zu berücksichtigen. Zur strukturierten Vorbereitung dieser Workshops kommen in der Praxis häufig standardisierte Fragebögen zum Einsatz. Sie dienen dazu, bereits im Vorfeld zentrale Klärungspunkte zu identifizieren und eine zielgerichtete Diskussion im Workshop zu ermöglichen.

Im Folgenden ist ein exemplarischer Auszug aus einem solchen Fragebogen für den Bereich der Ausgangsrechnungen (*Accounts Receivable*) dargestellt:

Stammdaten Geschäftspartner (Rolle: Kunde)

1. Wie viele Kundenstammsätze existieren im System?
2. Welche Kundentypen (B2B, B2G, B2C) existieren? Wie werden diese im System unterschieden?
3. Existieren konzerninterne Kunden (IC Customers)?
4. Existieren Einmalkunden (One Time Customers)?
5. Wird die Rechtsform bei allen Kunden korrekt im Stammsatz gepflegt?
6. Sind die Adressdaten der Kunden vollständig und korrekt im Stammsatz hinterlegt?
7. Ist die USt-IdNr. bei inländischen Kunden im Stammsatz gepflegt?

Prozesse – Organisation und Integration

1. Gibt es dokumentierte Prozessabläufe für den Auftrags- bis Rechnungsprozess?
2. Sind Vorsysteme im Einsatz (etwa Customer Relationship Management)? Wenn ja, welche?

Prozesse – besondere Geschäftsvorfälle

1. Existieren Sonderfälle in der Rechnungsstellung?
2. Arbeiten Sie mit Anzahlungen? Wenn ja, wie werden diese im System abgebildet?
3. Existieren E-Commerce-Geschäftsmodelle?
4. Existieren wiederkehrende Rechnungen (Recurrent Invoices)?

Prozesse ohne SD-Faktura

1. Gibt es Kundenrechnungen, die ausschließlich im FI-Modul (ohne SD) gebucht werden? Wenn ja, in welchen Anwendungsfällen?
2. Welche Belegarten kommen bei der Erfassung von FI-Rechnungen zum Einsatz?
3. Werden Proformarechnungen eingesetzt? Wenn ja, mit welchem Fakturatyp?

Abrechnung und Storno

1. Wie erfolgt der Stornoprozess?
2. Werden Gutschriften eingesetzt?
3. Gibt es stets einen Bezug zur Ausgangsrechnung bei Gutschriften?
4. Werden Zu- oder Abschläge eingesetzt? In welchen Fällen?
5. Welche Mengeneinheiten werden in der Faktura verwendet?
6. Werden in Einzelfällen unterschiedliche Rechnungsempfänger verwendet?

Rechnungsform

1. Werden Rechnungen manuell bearbeitet? Wenn ja, an welcher Stelle (Belegkopf, Belegposition)? Welche SAP-Felder sind betroffen?

Zahlungsbedingungen und -methoden

1. Welche Zahlungsarten sind mit den Kunden vereinbart (Überweisung, Lastschrift, Kreditkarte etc.)?
2. Existieren besondere Zahlungsbedingungen wie Skonto oder Ratenzahlung?

Rechnungslayout

1. Werden unterschiedliche Rechnungslayouts verwendet?
2. Wie werden Rechnungen versendet? E-Mail (PDF), Portal-Upload, postalisch?

Währungen und Steuerkennzeichen

1. Werden Rechnungen auch in anderen Währungen als Euro ausgestellt?
2. Welche Steuerkennzeichen sind im Steuerschema eingerichtet?
3. Welche Texte erscheinen bei steuerfreien Rechnungen?
4. Kommt es zu Mischverwendungen von Steuerkennzeichen? Was sind typische Anwendungsfälle?

Anhänge zur Rechnung

1. Werden Rechnungen durch zusätzliche Anhänge (z. B. Begründungsdokumente) ergänzt?
2. Welche Formate werden verwendet (z. B. PDF, XML)?
3. Kommt es zu Mehrfachanhängen je Rechnung?
4. Wie groß sind die Anhänge im Durchschnitt?

Diese Fragen dienen als Beispiel einer strukturellen Grundlage für die Analyse bestehender Prozesse und deren Abgleich mit dem SAP-Standard. Auf dieser Basis kann das Projektteam frühzeitig bewerten, ob und in welchem Umfang Erweiterungs- oder Anpassungsbedarfe bestehen, und entsprechende Umsetzungsszenarien vorbereiten.

6.2 Vorbereitung und Initialkonfiguration

Die Implementierung von SAP DRC E-Invoicing erfordert weit mehr als die bloße Durchführung von Customizing-Einstellungen. Vielmehr ist eine Initialkonfiguration erforderlich, die technische und organisatorische Voraussetzungen berücksichtigt. Dieser Abschnitt gibt Ihnen einen Überblick über die notwendigen Vorbereitungsschritte, bevor eine länderspezifische Implementierung von SAP DRC E-Invoicing erfolgen kann.

6.2.1 Electronic Document Processing Framework installieren

Zentrale Grundlage für alle Funktionalitäten in SAP DRC ist das sogenannte *Electronic Document Processing Framework*. Dieses stellt eine technische Laufzeitumgebung zur Verfügung, über die Belege verarbeitet, validiert, protokolliert und an externe Schnittstellen übermittelt werden. Ohne dieses Framework ist weder ein Versand über Peppol noch eine Anbindung an nationale Plattformen möglich.

Weitere Informationen zu den technischen Komponenten und der Basisinstallation des Electronic Document Processing Frameworks finden Sie in Abschnitt 5.2.1, »SAP S/4HANA Cloud, Public Edition«, und Abschnitt 5.4, »Einrichtung der unterstützenden SAP-DRC-Komponenten der SAP BTP«.

Implementierung des Frameworks für die Verarbeitung elektronischer Belege mit transportbasierten Korrekturanleitungen (TCI)

Transportbasierte Korrekturanleitungen (TCI) sind eine neue Methode von SAP, um ABAP-Korrekturen flexibel auszuliefern und die Implementierung von SAP-Hinweisen zu vereinfachen. Sie sind in den Standard-Wartungs- und Upgrade-Prozess integriert und werden als transportbasierte Objekte mit Attributen wie Softwarekomponentenversion und Gültigkeit für einen bestimmten Support-Package-Bereich geliefert. Die TCI-Implementierung kann durch den Hinweis-Assistenten (Transaktion **SNOTE**) erfolgen und erfordert keine manuellen Anpassungen mehr, da das System die Installation und Rückgängigmachung übernimmt.

Die Implementierung erfolgt auf Systemebene und sollte stets mit der zuständigen IT (dem SAP-Basis-Team) abgestimmt werden. Details hierzu finden sich im SAP-Hinweis, der als zentrale Referenz für die Implementierung des Electronic Document Processing Frameworks gilt (siehe auch: *http://s-prs.de/v11005016*).

6.2.2 SAP Application Interface Framework einrichten

Das *SAP Application Interface Framework* ist eine zentrale technische Komponente im SAP-Standard, die für die Verarbeitung, Überwachung und Fehlerbehandlung von Schnittstellennachrichten genutzt wird. Im Rahmen von SAP DRC übernimmt das SAP Application Interface Framework die Steuerung des Nachrichtenaustauschs für elektronische Belege.

Die Einrichtung des SAP Application Interface Frameworks ist Voraussetzung für den produktiven Einsatz des Electronic Document Processing Frameworks. Sie gewährleistet, dass alle Meldungen an externe Behördenplattformen oder Zwischeninstanzen korrekt verarbeitet, protokolliert und überwacht werden können. In Projekten ist dieser Schritt oft Teil der technischen Initialimplementierung und sollte eng mit der Konfiguration des Electronic Document Processing Frameworks abgestimmt erfolgen.

Weitere Informationen zu den technischen Komponenten und der Basisinstallation des SAP Application Interface Frameworks finden Sie im Abschnitt 5.2.2, »SAP S/4HANA On-Premise und SAP S/4HANA Cloud, Private Edition«.

6.2.3 Business Transaction Events

Ein zentraler technischer Baustein in der Initialkonfiguration des Electronic Document Processing Frameworks ist die Aktivierung des *Business Transaction Events* (BTE) mit dem *Event-Code* (EDOC). Dieser Schritt ist erforderlich, damit das System im operativen Betrieb in der Lage ist, bei der Buchung relevanter Quellbelege automatisch ein elektronisches Dokument (eDocument) zu erzeugen. Ohne die Aktivierung der BTE erfolgt keine Reaktion auf Geschäftsprozesse wie Fakturierung oder Rechnungsbuchung – das SAP-DRC-Framework bleibt inaktiv. In SAP DRC wird dieser Mechanismus genutzt, um das Electronic Document Processing Framework beim Eintreten eines definierten Ereignisses, zum Beispiel dem Buchen einer Rechnung, automatisch anzustoßen. Das relevante BTE für das Electronic Document Processing Framework trägt den Namen *EDOC*. Es ist nicht automatisch aktiv und muss über die Transaktion **FIBF** manuell eingeschaltet werden.

Weitere Details für die Aktivierung der BTE finden Sie unter diesem Link: *http://s-prs.de/v11005017*.

6.2.4 Kommunikation mit externen Systemen

Im Rahmen der durchgängigen Verarbeitung elektronischer Belege mit SAP DRC ist die Kommunikation mit externen Systemen ein zentraler Aspekt. Diese Kommunikation bildet die technische Grundlage für den Austausch strukturierter Datenformate zwischen dem SAP-System und externen Behörden oder Plattformen. Abhängig vom jeweiligen Land bzw. der spezifischen regulatorischen Anforderung ist die Integration unterschiedlicher Komponenten erforderlich. Für viele Länder empfiehlt SAP den Einsatz der SAP DRC, Cloud Edition, gegebenenfalls ergänzt um die SAP Integration Suite. In einigen Fällen stehen zudem länderspezifische Optionen zur Verfügung, etwa für den elektronischen Rechnungseingang oder -ausgang in Brasilien. Die Auswahl des geeigneten Kommunikationssystems ist nicht nur eine technische Entscheidung, sondern hat auch Auswirkungen auf Betrieb, Wartung und künftige Erweiterbarkeit der Lösung. Unternehmen sollten daher im Rahmen der Implementierung gezielt prüfen, welche Einreichungsart für das jeweilige Land erforderlich ist und wie diese effizient in das bestehende SAP-System integriert werden kann. Die entsprechende Übersicht finden Sie im SAP Help Portal im Abschnitt **Unterstützte Compliance-Aufgaben nach Land/Region**, abrufbar unter *http://s-prs.de/v11005018*.

6.2.5 Externe Belege in SAP DRC E-Invoicing integrieren

In vielen Unternehmen entstehen heute Rechnungen oder andere steuerlich relevante Dokumente nicht nur im SAP-System selbst. Sie werden auch von Partnern, in cloudbasierten Plattformen oder in vor- und nachgelagerten Systemen erstellt. Damit diese extern erzeugten Belege korrekt in SAP verarbeitet werden können, stellt SAP eine standardisierte technische Schnittstelle zur Verfügung – eine sogenannte *REST-API* unter dem technischen Namen *gco_external*.

Für Fachabteilungen ist vor allem wichtig zu wissen: Diese API ermöglicht es, elektronische Belege von außen automatisiert in das SAP-System zu übertragen, zu prüfen und weiterzuverarbeiten. Dadurch entfällt die manuelle Eingabe, und die Bearbeitung erfolgt schneller, sicherer und nachvollziehbarer.

Die Schnittstelle für externe Belege erlaubt derzeit drei grundlegende Aktionen:

- **Verbindung herstellen (Token abrufen)**

  Bevor ein externer Beleg übermittelt wird, muss eine sichere Verbindung aufgebaut werden. Dies funktioniert über ein sogenanntes *Token*, das im Hintergrund eine Art Zugangsschlüssel ist. Für den Nutzer ist das nicht sichtbar – es geschieht automatisch im technischen Prozess.
- **Externe Belege in das System bringen**

  Sobald eine Rechnung oder ein anderer Beleg von außen gesendet wird, wird dieser automatisch im SAP-System eingebucht. Das System prüft, ob der Beleg vollständig ist, und meldet zurück, ob alles korrekt verarbeitet wurde oder ob Nacharbeiten notwendig sind.
- **Vorhandene Belege auslesen**

  Unternehmen können über die Schnittstelle auch Belege abfragen, die bereits im SAP-System verarbeitet wurden. Dies ist besonders hilfreich, wenn Daten mit Archivsystemen abgeglichen oder Berichte erstellt werden sollen.

Damit die Schnittstelle genutzt werden kann, müssen zunächst einige vorbereitende Einstellungen im System – spezifische Customizing-Aktivitäten – vorgenommen werden. Ausführliche Informationen können auf den SAP-Hilfeseiten eingesehen werden (*http://s-prs.de/v11005019*). Dort finden Sie auch technische Angaben, um die gewünschten Szenarien einzurichten.

6.2.6 Apps und Transaktionen

Zur Umsetzung gesetzlicher Meldepflichten und zur Sicherstellung der ordnungsgemäßen Verarbeitung elektronischer Rechnungen stellt SAP eine Reihe spezifischer Apps und Transaktionen bereit. Die wichtigsten Apps und Transaktionen für SAP DRC sind die folgenden:

- **eDocument Cockpit** (App-ID: EDOC_COCKPIT)

  Zentrale Anwendung zur Überwachung, Statusverfolgung und Steuerung elektronischer Belege. Sie bildet das operative Rückgrat für Outbound-Prozesse im E-Invoicing.

- **Elektronische Belege verwalten** (App-ID: F4306)

  Browserbasierte App zur Anzeige, Filterung und Bearbeitung von eDocuments in einer rollenbasierten SAP-Fiori-Oberfläche. Besonders geeignet für Fachbereiche mit dezentralem Zugriff.

- **Elektronische Belege manuell anlegen** (App-ID: F7437)

  Ermöglicht die manuelle Erstellung elektronischer Belege, etwa bei Ausnahmesituationen oder technischen Sonderfällen außerhalb des normalen Belegflusses.

- **Eingehende Nachrichten** (App-ID: F7317)

  Anzeige eingehender strukturierter elektronischer Nachrichten, z. B. Peppol-Invoices, zur Prüfung und weiteren Verarbeitung im Rechnungseingang.

- Eingangsnachrichten bearbeiten (Transaktion: **EDOC_INBOUND_MSG**)

  Dient der Prüfung, Korrektur und Weiterverarbeitung eingegangener strukturierter Rechnungsnachrichten, insbesondere zur Behebung von Fehlern oder zur Validierung.

- Hochladen von Eingangsnachrichten (Transaktion: **EDOC_INBOUND_UPLOAD**)

  Manuelles Hochladen strukturierter elektronischer Eingangsrechnungen, typischerweise im Rahmen von Tests oder bei Systemmigrationen.

- Hintergrundverarbeitung von eDocuments (Transaktion: **EDOC_BACKGROUND**)

  Ermöglicht die automatisierte Stapelverarbeitung von eDocuments, etwa zum Versand, zur Statusaktualisierung oder zur Massenverarbeitung im Hintergrund.

- Status **Abgeschlossen** setzen (Transaktion: **EDOC_COMPLETE**)

  Setzt den Status von eDocuments gezielt auf **abgeschlossen**, etwa zur Bereinigung technischer Inkonsistenzen oder zur Korrektur historischer Belege.

Abschließend ist hervorzuheben, dass die Nutzung der vorgestellten Apps und Transaktionen entscheidend von einer korrekt eingerichteten Systemumgebung abhängt. Insbesondere die Aktivierung der zugrunde liegenden OData-Services ist wesentlich für die reibungslose Kommunikation zwischen Benutzeroberfläche und SAP-Backend. Detaillierte Informationen zur technischen Bereitstellung finden Sie in Abschnitt 5.7.2, »SAP-Fiori-Apps«. Ergänzend zur technischen Anbindung ist auch die Zuweisung geeigneter Rollen und Berechtigungen von zentraler Bedeutung. Auf diese Aspekte gehen wir im folgenden Abschnitt ein.

6.2.7 Berechtigungssteuerung

Die Verarbeitung elektronischer Belege unterliegt in SAP S/4HANA nicht nur technischen und fachlichen Vorgaben, sondern erfordert auch eine präzise gesteuerte Berechtigungslogik. Damit sichergestellt ist, dass nur autorisierte Benutzer Zugriff auf sensible Prozesse, buchungskreisbezogene Daten oder organisationsspezifische Funktionen haben, greift SAP auf dedizierte Berechtigungsobjekte für SAP DRC zurück. Diese Objekte sind in der Berechtigungsklasse *AAAB* zusammengefasst und bilden die Grundlage für eine rollenbasierte Zugriffskontrolle innerhalb der relevanten Transaktionen.

Tabelle 6.1 gibt einen kompakten Überblick über die wichtigsten Berechtigungsobjekte für die E-Invoicing-Komponente von SAP DRC.

Objektname	Beschreibung	Berechtigungsfelder	Transaktion
EDO_BUK	Zugriff auf elektronische Belege je Buchungskreis	BUKRS	EDOC_COCKPIT, EDOC_MESSAGE_HANDLING
EDO_PROC	Zugriff auf eDocument-Prozesse	EDO_PROC	EDOC_COCKPIT
EDO_PRSTEP	Steuerung einzelner Prozessschritte im eDocument-Prozess	EDO_PRSTEP	EDOC_COCKPIT
EDO_GLOVAR	Pflege globaler Selektionsvarianten im Cockpit	ACTVT	EDOC_COCKPIT
EDO_ORG	Zugriff auf organisatorische Einheiten im Prozesskontext	EDO_PROC, EDO_ORG, EDO_ORGVAL	EDOC_COCKPIT

Tabelle 6.1 Berechtigungsobjekte für die SAP-DRC-E-Invoicing-Komponente

Diese Objekte sollten im Rahmen des Rollen- und Berechtigungskonzepts gezielt gepflegt werden, idealerweise über die Transaktion **PFCG**.

6.3 E-Invoicing im Ausgangsprozess am Beispiel von Ungarn (Invoice Registration)

Bevor die technischen Einstellungen (Customizing) für das E-Invoicing im Ausgangsprozess vorgenommen werden können, müssen zunächst die vorbereitenden Schritte sowie die initiale Systemkonfiguration aus Abschnitt 6.2 abgeschlossen sein.

Wie zu Beginn dieses Kapitels erläutert, beziehen sich die folgenden Ausführungen des Customizings auf das Implementierungsszenario für den Versand von Ausgangsrechnungen im Rahmen der Rechnungsregistrierung (Invoice Registration) in Ungarn an die ungarische Steuerbehörde *NAV Online Számla* (NAV).

NAV: Echtzeitmeldung in Ungarn seit 2018

Die ungarische Rechnungsregistrierungspflicht beruht auf einem nationalen Echtzeitmeldeverfahren, das bereits seit Juli 2018 stufenweise ausgebaut wurde und heute für sämtliche inländischen B2B-Rechnungen obligatorisch ist. Ziel der gesetzlichen Regelung ist es, steuerrelevante Transaktionen unmittelbar bei Rechnungsausstellung digital an die NAV zu melden. Dadurch sollen Manipulationen verhindert und die Transparenz im Umsatzsteuerverfahren erhöht werden. Technisch erfolgt die Übermittlung über ein XML-basiertes Format, das über eine gesicherte Online-Schnittstelle an das System der NAV gesendet wird.

Echtzeitmeldung in Ungarn

Für die Umsetzung dieser gesetzlichen Anforderung wird innerhalb von SAP S/4HANA die E-Invoicing-Komponente von SAP DRC verwendet. Diese Komponente ermöglicht die automatische Generierung, Validierung und elektronische Übertragung der Ausgangsrechnung an die NAV in einem nahezu echtzeitnahen Prozess. Die Ausgangsrechnung stellt dabei den auslösenden Geschäftsvorfall dar: Unmittelbar nach ihrer Erstellung wird der Versand über die integrierte Schnittstelle ausgelöst, sodass die Übermittlung an die Steuerbehörde direkt aus dem SAP-System erfolgt. Dieses *postauslösende* Szenario (*Transaction-triggered submission*) bildet den Kern der Anforderung an eine *near-real-time*-Verarbeitung.

Im Folgenden liegt der Schwerpunkt auf den relevanten Customizing-Schritten für die ungarische E-Rechnungsregistrierung. Diese werden strukturiert erläutert und durch Screenshots veranschaulicht. Zu den zentralen Maßnahmen zählen:

- die Aktivierung der SAP-DRC-Funktionalität
- das Basis-Customizing (generische Einstellungen)
- das spezifische Customizing (externes Werte-Mapping)

Anwender erhalten damit ein klares Verständnis dafür, welche Systemanpassungen notwendig sind, um die gesetzlichen Anforderungen in SAP umzusetzen.

Einstellungen über SPRO/IMG

Die relevanten Einstellungen werden in der Regel über die Transaktion **SPRO** im Einführungsleitfaden (IMG) vorgenommen, typischerweise im Bereich der komponentenübergreifenden Funktionen unter dem Menüpfad für elektronische Dokumente. Abweichungen in der Menüstruktur sind möglich, abhängig von der eingesetzten Systemversion und der länderspezifischen Ausprägung. Abbildung 6.2 zeigt den Ausschnitt der SPRO-Menüstruktur mit den wichtigsten Knoten für die eDocument-Konfiguration für Ungarn.

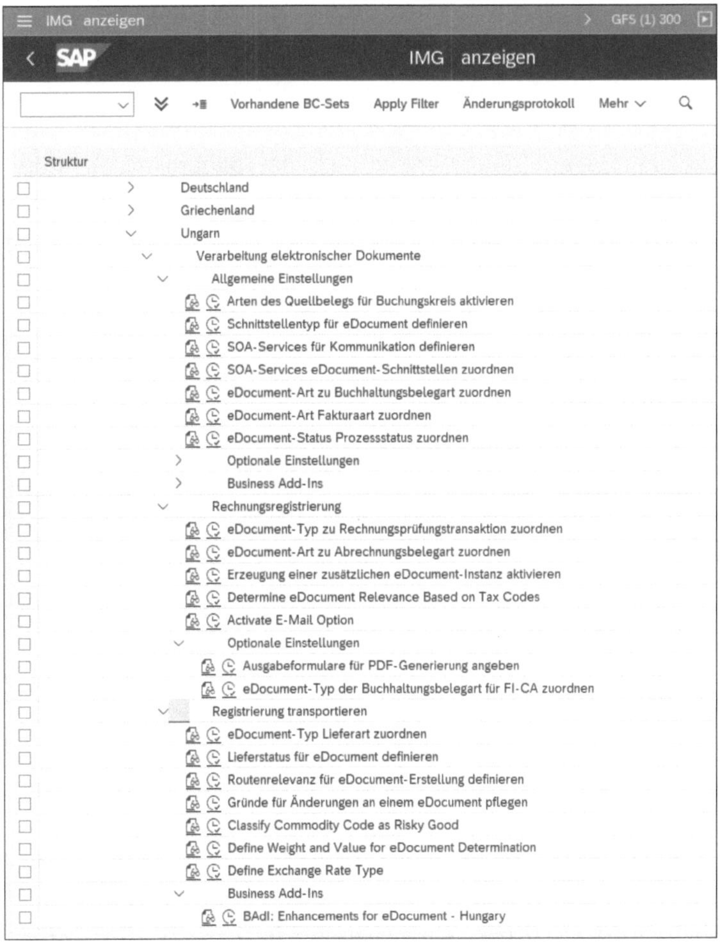

Abbildung 6.2 Customizing-Menü in SPRO für SAP DRC E-Invoicing Ungarn

Reihenfolge der Customizing-Schritte

Im Folgenden wird jeder Customizing-Schritt im Detail erläutert. Die Reihenfolge orientiert sich an der typischen Vorgehensweise in der Implementierung: Zunächst erfolgt die grundlegende Aktivierung der Funktionalität, anschließend die Definition der relevanten Belege und eDocument-Typen. Daraufhin werden die technischen Schnittstellen eingerichtet. Abschließend folgen die Konfiguration der Statussteuerung und das externe Werte-Mapping.

6.3.1 Basis-Customizing: Generische Einstellungen

Aktivierung der Länderfunktionalität

Der erste Schritt besteht in der Länderaktivierung der SAP-DRC-E-Invoicing-Funktion. SAP stellt hierfür einen eigenen Customizing-Punkt zur Verfügung, über den die Länderaktivierung vorgenommen wird.

Rufen Sie dazu in der Transaktion **SPRO** den Pfad **Document- & Reporting-Compliance • Funktionen für Document- & Reporting-Compliance aktivieren** auf. Dort wählen Sie das Land **Ungarn** aus und setzen den Status auf **Aktiv**. Diese Aktivierung ist Voraussetzung für die nachfolgende Konfiguration und Verarbeitung. Die Abbildung 6.3 zeigt die entsprechende Einstellung für das Land **Ungarn** (siehe Markierung in der Länderliste). Mit dieser Aktivierung erkennt das System, dass für Ungarn das SAP DRC E-Invoicing aktiviert ist. Das bildet die Grundlage dafür, dass alle nachfolgenden Konfigurationsschritte systemseitig wirksam werden.

Abbildung 6.3 Länderaktivierung der E-Invoicing-Funktion

Aktivierung von Quellbelegarten je Buchungskreis

Nachdem das Land generell aktiviert wurde, wird festgelegt, für welche Buchungskreise und Belegarten eine eDocument-Erstellung erfolgen soll. Im Customizing-Schritt **Arten des Quellbelegs für Buchungskreis aktivieren** werden pro Buchungskreis die relevanten Quellbelegarten aktiviert.

In der Abbildung 6.4 ist ersichtlich, wie für einen ungarischen Buchungskreis **2111** in der Spalte **BuKr** bestimmte Belegkategorien freigeschaltet wurden. Typischerweise stehen hier Kategorien wie Fakturabeleg (SD) für SD-Abrechnungsbelege und Buchhaltungsbeleg (FI) für FI-Rechnungen zur Auswahl. Durch diese Einstellung weiß das System, dass zum Beispiel beim Buchen einer SD-Rechnung in diesem Buchungskreis ein eDocument, also eine elektronische Rechnung, erzeugt werden soll. Für den Endanwender passiert dies im Hintergrund: Beim Fakturieren einer Ausgangsrechnung oder Buchen eines FI-Rechnungsbelegs wird automatisch ein elektronisches Rechnungsdokument im eDocument Cockpit angelegt, sofern der Buchungskreis hier aktiviert wurde.

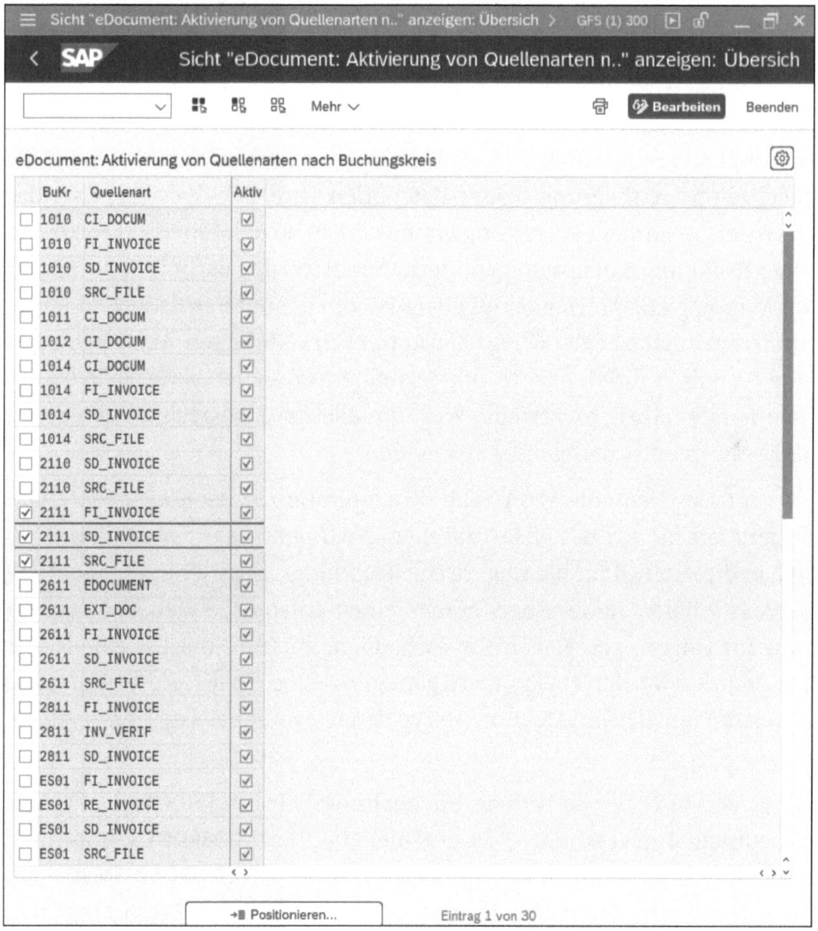

Abbildung 6.4 Arten des Quellbelegs für Buchungskreis aktivieren

Die Auswahl, ob eine SD- oder FI-Belegkategorie verwendet wird, hängt maßgeblich davon ab, welche Art von Rechnungsbelegen im jeweiligen

SAP-System tatsächlich vorliegt. In vielen Systemlandschaften werden Ausgangsrechnungen ausschließlich als FI-Belege verbucht, etwa bei manuell erzeugten oder aus Drittsystemen eingespielten Rechnungen, sodass das Mapping und die eDocument-Verarbeitung in diesen Fällen vollständig auf die FI-Belegstruktur ausgerichtet sein müssen. In anderen Konstellationen hingegen liegt der Schwerpunkt auf der Abwicklung über den SD-Prozess, sodass die Fakturabelege des SD-Moduls als Grundlage dienen. Die Konfiguration muss diese Systemrealität entsprechend berücksichtigen, da davon abhängt, welche Felder für das Mapping verfügbar sind und welche Folgeprozesse technisch ausgelöst werden können.

In vielen Systemlandschaften ist es sinnvoll, sowohl die SD- als auch die FI-Belegkategorie parallel zu aktivieren. Diese Konfiguration bietet sich insbesondere dann an, wenn in einem Buchungskreis verschiedene Arten der Rechnungserstellung nebeneinander bestehen. So kann ein Teil der Ausgangsrechnungen über den Vertriebsprozess im SD-Modul erzeugt werden, während andere Rechnungen als FI-Belege verarbeitet werden. Durch die gleichzeitige Aktivierung beider Kategorien wird sichergestellt, dass das Electronic Document Processing Framework in beiden Fällen ein elektronisches Rechnungsdokument generiert. Voraussetzung dafür ist jedoch, dass das Mapping entsprechend aufgebaut ist, um die unterschiedlichen Strukturen und Inhalte beider Belegarten korrekt zu verarbeiten. Auch wenn dies eine technisch differenzierte Umsetzung erfordert, ist es für viele Unternehmen der einzig praktikable Weg, um alle Ausgangsrechnungen gesetzeskonform und durchgängig abzubilden.

Zuordnung von Belegarten zu eDocument-Typen

Ein zentrales Element der SAP-DRC-Konfiguration ist der *eDocument-Type*. Er definiert die Art des elektronischen Dokuments, das generiert werden soll, in diesem Fall für die ungarische Rechnungsregistrierung in Richtung NAV. SAP liefert in der Regel bereits einen entsprechenden eDocument-Type für Ungarn aus. Falls nicht vorhanden, müsste zunächst ein eigener Typ definiert werden. Im Standard genügt es jedoch meist, die Auslieferung zu nutzen und diesen eDocument-Typ den relevanten Belegarten zuzuordnen.

Zunächst wird jede betroffene Buchhaltungsbelegart (FI-Beleg) mit dem eDocument-Typ verknüpft. Dies geschieht im View **T003EDOC** (Zuordnung eDocument-Art zu Buchhaltungsbelegart) mittels Transaktion **SM30**. Hier ordnen Sie z. B. der FI-Rechnungsbelegart **DR** (Debitorenrechnung) den eDocument-Typ für E-Rechnung Ungarn **HU_INV** zu.

In Abbildung 6.5 ist zu sehen, dass für die Belegart **DR** und das Land **Ungarn** ein eDocument-Typ hinterlegt ist (links in der Tabelle). Dadurch werden alle FI-Belege dieser Art im betreffenden Buchungskreis als Quellbelege für ein eDocument identifiziert. Für Anwenderinnen und Anwender bedeutet dies: Wird eine Debitorenrechnung im FI mit der Belegart **DR** gebucht, erzeugt das System automatisch ein elektronisches Abbild dieser Rechnung im eDocument Cockpit zur weiteren Verarbeitung.

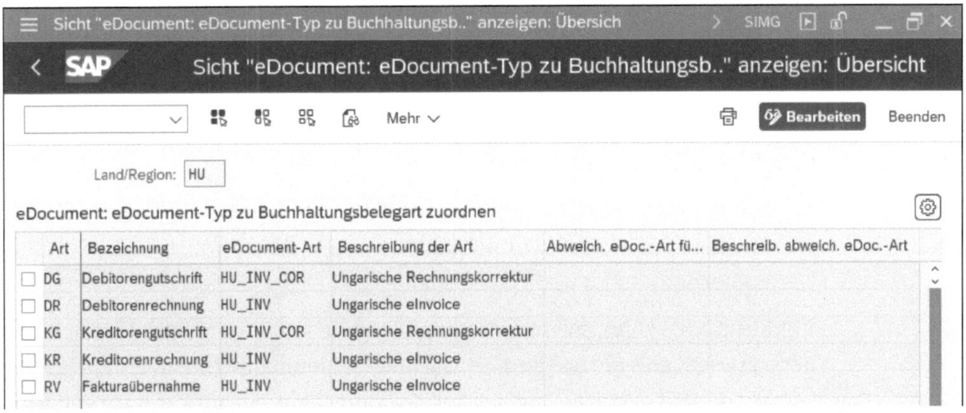

Abbildung 6.5 eDocument-Art zu Buchhaltungsbelegart zuordnen

Ähnlich wie bei FI-Belegen müssen auch die SD-Fakturabelegarten an den eDocument-Typ angebunden werden. Im View **TVFKEDOCV** (Zuweisung Faktura-Art zu eDocument-Art), die Sie über die Transaktion **SM30** erreichen, wird z. B. der SD-Belegart **F2** (Kundenfaktura) der ungarische E-Rechnungs-eDocument-Typ **HU_INV** zugeordnet (siehe Abbildung 6.6).

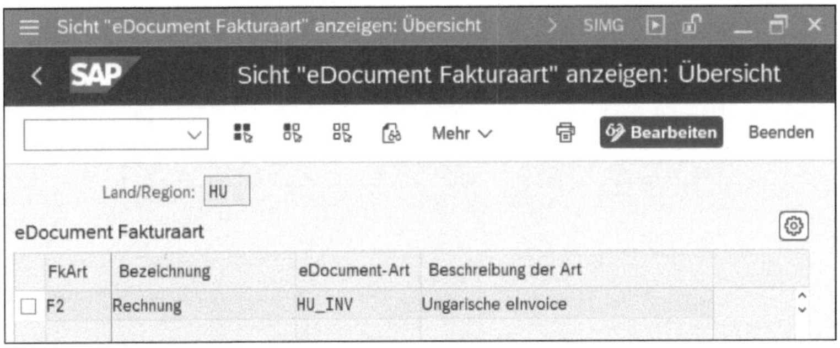

Abbildung 6.6 Faktura-Arten zu eDocument-Art zuweisen (View »TVFKEDOCV«)

In der dargestellten Systemverknüpfung in Abbildung 6.6 wird beim Fakturieren einer SD-Rechnung des Typs **F2** in Ungarn automatisch ein entsprechendes eDocument erzeugt. Für die Endanwender bleibt dieser Prozess im Vordergrund nicht sichtbar, da die Ausgangsrechnungen weiterhin unverändert im SD-Modul erstellt werden. Das System generiert jedoch im Hintergrund für jede Rechnung ein elektronisches Dokument, das anschließend vom SAP-DRC-Prozess weiterverarbeitet wird. Die beiden Zuweisungsschritte stellen sicher, dass sowohl FI- als auch SD-Rechnungen die nachfolgenden Schritte im elektronischen Rechnungsprozess durchlaufen.

eDocument-Status einen Prozessstatus zuweisen

Während der Verarbeitung von E-Rechnungen durchläuft jedes eDocument verschiedene Status. Beispielsweise könnte ein Dokument den Status **Neu** (nach Erstellung), **In Bearbeitung**, **Gesendet an Behörde**, **Akzeptiert** oder **Fehlerhaft** annehmen. Um diese Detailstatus im System übersichtlich zu handhaben, werden sie in Prozessstatus gruppiert. Ein Prozessstatus fasst mehrere Detailstatus zu einer Phase im Prozess zusammen (etwa **Übermittlung** läuft oder **Abgeschlossen**).

Im Customizing-Schritt **Assignment of eDocument Status to Process Status** werden die vom System genutzten Statuswerte dem jeweiligen Prozessstatus zugeordnet.

Abbildung 6.7 zeigt, dass in der zugrunde liegenden Tabelle unterschiedliche Statuscodes enthalten sind, die jeweils einem bestimmten Prozessstatus in der Spalte **Status** zugewiesen werden. Diese Zuordnung sorgt dafür, dass im eDocument Cockpit verständliche und konsolidierte Statusinformationen angezeigt werden.

eDoc.-Prozess	Prozessbeschreibung	VerarbStatus	Beschreibung des Prozessstatus	Status	Sym.
GRINVTYPEC	Griech. eBooks (Entitätssätze)	SNRQ	Senden angefordert	Aktion erforderlich	●
HUINV	Rechnungsregistrierung Ungarn	CANCELLED	Beleg storniert	Abgeschlossen	■
HUINV	Rechnungsregistrierung Ungarn	CANC_REQ	Storno bei NAV angefordert	Aktion erforderlich	●
HUINV	Rechnungsregistrierung Ungarn	CHKD_CLASS		Abgeschlossen	■
HUINV	Rechnungsregistrierung Ungarn	COMM_EXC	Kommunikationsausnahme	Aktion erforderlich	●
HUINV	Rechnungsregistrierung Ungarn	CREATED	Beleg angelegt	In Bearbeitung	▲
HUINV	Rechnungsregistrierung Ungarn	NAV_ABORT	Abgebrochen bei NAV	Aktion erforderlich	●
HUINV	Rechnungsregistrierung Ungarn	NAV_CANC	Storniert bei NAV	Abgeschlossen	■
HUINV	Rechnungsregistrierung Ungarn	NAV_PROC	In Bearbeitung bei NAV	In Bearbeitung	▲
HUINV	Rechnungsregistrierung Ungarn	NAV_RECEIV	Erhalten bei NAV	In Bearbeitung	▲
HUINV	Rechnungsregistrierung Ungarn	NAV_REGIST	Registriert bei NAV	Abgeschlossen	■
HUINV	Rechnungsregistrierung Ungarn	NOT_VOIDED		Aktion erforderlich	●
HUINV	Rechnungsregistrierung Ungarn	RESP_ERROR	Übermittlungsfehler	Aktion erforderlich	●
HUINV	Rechnungsregistrierung Ungarn	RESP_OK	Übermittlung OK	In Bearbeitung	▲
HUINV	Rechnungsregistrierung Ungarn	RESP_WARN	Übermittlugswarnung	In Bearbeitung	▲
HUINV	Rechnungsregistrierung Ungarn	SEND_REQ	Senden an NAV angefordert	Aktion erforderlich	●
HUINV	Rechnungsregistrierung Ungarn	SENT_NAV	An NAV gesendet	Aktion erforderlich	●
HUINV	Rechnungsregistrierung Ungarn	SRC_CANC	Quellbeleg storniert	In Bearbeitung	▲
HUINV	Rechnungsregistrierung Ungarn	TOKEN_ERR	Token-Fehler	Aktion erforderlich	●
HUINV	Rechnungsregistrierung Ungarn	VAL_WARN	Validierungswarnung	In Bearbeitung	▲
HUINV	Rechnungsregistrierung Ungarn	VOID_DONE		In Bearbeitung	▲
HUINV	Rechnungsregistrierung Ungarn	VOID_PEND		In Bearbeitung	▲
HUINV	Rechnungsregistrierung Ungarn	VOID_REJ		Aktion erforderlich	●
HUINV	Rechnungsregistrierung Ungarn	VOID_SENT		In Bearbeitung	▲
HUINVIN		ACCEPT		Abgeschlossen	■
HUINVIN		CREATE		In Bearbeitung	▲
HUINVIN		REJECT		Abgeschlossen	■

Abbildung 6.7 eDocument-Status einem Prozessstatus zuordnen

Beispielsweise können die Detailstatus **XML erzeugt** und **XML gesendet** beide dem übergeordneten Prozessstatus **Übermittlung läuft** zugeordnet sein. Im Cockpit sieht der Endanwender somit nur den zusammenfassenden Prozessstatus und erkennt auf einen Blick, in welcher Phase sich das Dokument befindet.

Die zentrale Aufgabe besteht darin, die vordefinierten Statuszuordnungen, die von SAP über BC-Sets ausgeliefert werden, zu prüfen und bei Bedarf anzupassen, etwa wenn kundenspezifische Statuscodes verwendet werden. Für den Standardprozess in Ungarn sind in der Regel keine Anpassungen erforderlich, da SAP die relevanten Status bereits vollständig bereitstellt.

Konfiguration der Schnittstellen

Nachdem festgelegt wurde, welche Belege ein eDocument erzeugen, ist im nächsten Schritt zu definieren, wie diese eDocuments technisch weiterverarbeitet werden. An dieser Stelle kommt die Schnittstellendefinition ins Spiel.

SAP DRC verwendet für den Versand von E-Rechnungen das SAP Application Interface Framework, um die Rechnungsdaten in das vorgeschriebene XML-Format zu konvertieren und an die zuständige Behörde zu übermitteln.

Im Customizing-Schritt **Schnittstellentyp für eDocument definieren** wird je Kombination aus Buchungskreis und eDocument-Typ ein entsprechender Interface-Typ hinterlegt, der die technische Verarbeitung steuert.

In Abbildung 6.8 ist exemplarisch dargestellt, dass für einen bestimmten Buchungskreis und den ungarischen eDocument-Typ der **Schnittst.-Typ Standardimplementierung mit AIF** hinterlegt ist. Diese Einstellung verweist auf die von SAP ausgelieferte Standard-SAP-Application-Interface-Framework-Schnittstelle für die elektronische Rechnung.

Damit wird sichergestellt, dass jedes erzeugte eDocument dieses Typs automatisch an die zugehörige SAP-Application-Interface-Framework-Schnittstelle übergeben wird. Innerhalb des SAP Application Interface Frameworks erfolgt die Konvertierung der Rechnungsdaten in das XML-Format gemäß den ungarischen Anforderungen. Technisch wird hierzu ein vordefiniertes Interface mit spezifischem Namen und Version verwendet, das von SAP bereitgestellt wird und die relevanten Datenfelder der Rechnung auf die geforderte XML-Struktur abbildet.

Wichtig ist, dass diese Schnittstelle im jeweiligen System vorhanden und aktiviert ist, was ebenfalls durch das Einspielen eines BC-Sets ermöglicht wird. Für Endanwender und -anwenderinnen sind die technischen Details hierbei nicht relevant. Aus ihrer Sicht genügt es, dass das System nach dem Buchen einer Rechnung automatisch die elektronische Meldung vorbereitet.

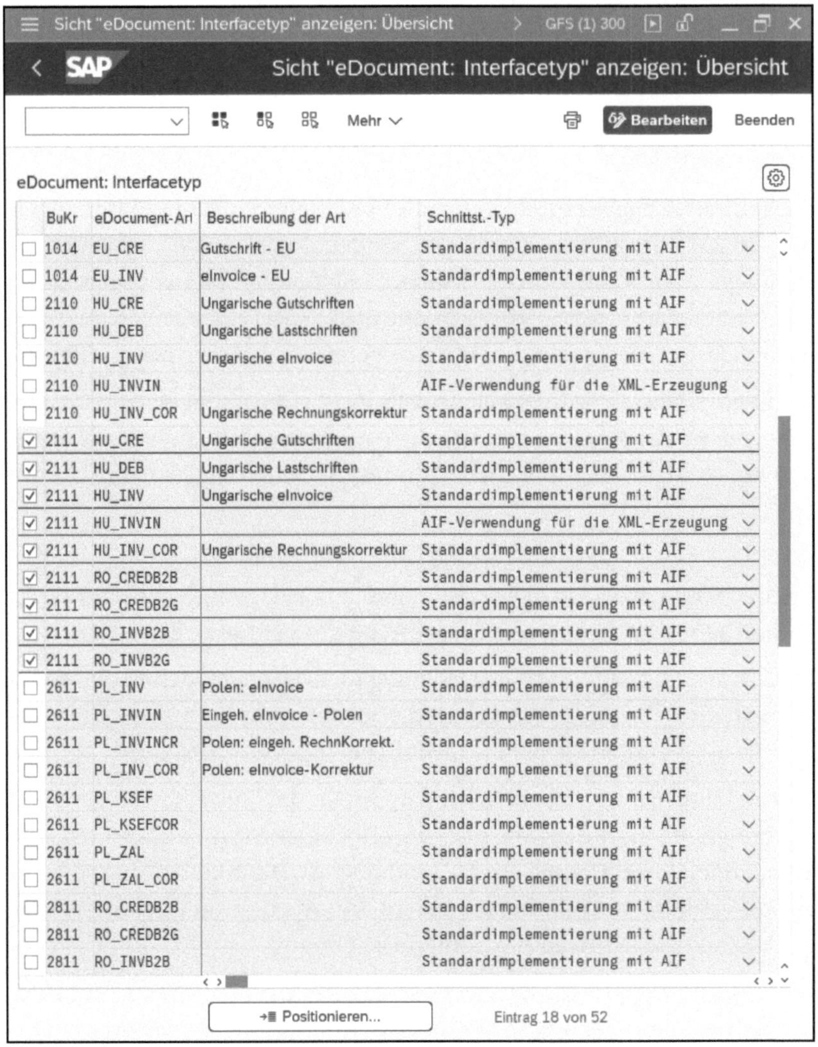

Abbildung 6.8 Schnittstellentyp für eDocument definieren

Einrichtung der SOA-Services

Ein zentraler Bestandteil der technischen Einrichtung der eDocument-Lösung ist die Definition der Kommunikationsverbindung über sogenannte SOA-Services. In der entsprechenden Customizing-Aktivität wird ein logischer Port einem konkreten SOA-Service zugewiesen. Diese technische Verknüpfung bildet die Grundlage für die Kommunikation zwischen dem SAP-System und einer externen Plattform, etwa einer staatlichen Meldestelle oder einer angebundenen Cloud-Komponente.

[«]

SOA-Service in SAP DRC

Ein *SOA-Service* (Service-Oriented Architecture) bezeichnet in SAP DRC die Webservices und APIs, über die Ihr SAP-ERP- oder SAP-S/4HANA-System mit der SAP-DRC-Cloudlösung kommuniziert. Diese Services ermöglichen den strukturierten Austausch von Daten in Echtzeit, in unserem Fall die Übermittlung elektronischer Rechnungen an Geschäftspartner oder Behörden.

Der Ablauf folgt dabei einem standardisierten Muster: Daten werden aus dem SAP-System extrahiert, in das erforderliche Format (z. B. XML) transformiert und über den SOA-Service an die SAP-DRC-Cloud übergeben. Dort erfolgt die Validierung und Aufbereitung nach den länderspezifischen Vorgaben, bevor die Daten an Plattformen oder Netzwerke wie Peppol weitergeleitet werden. Statusmeldungen fließen anschließend zurück in das SAP-System und sind in SAP DRC einsehbar. SOA-Services sind die technische Grundlage für Automatisierung, Genauigkeit und globale Reichweite im Bereich der elektronischen Rechnungsstellung.

Die Zuordnung kann entweder global oder buchungskreisspezifisch erfolgen. Wird im Customizing kein Buchungskreis angegeben, gilt die Konfiguration systemweit für alle Buchungskreise, die nicht bereits durch spezifischere Einträge mit demselben SOA-Service verknüpft sind. Alternativ lässt sich eine gezielte Bindung an einen bestimmten Buchungskreis vornehmen – etwa dann, wenn unterschiedliche logische Ports oder Kommunikationswege pro Organisationseinheit erforderlich sind.

Die Definition der SOA-Kommunikation bildet damit einen wesentlichen Baustein für den stabilen und regelkonformen Betrieb der eDocument-Komponente.

Abbildung 6.9 zeigt die SAP-Customizing-Übersicht der im System gepflegten **SOA-Service-Ports**. In dieser Ansicht sind die hinterlegten SOA-Service-Namen, zugeordnete Buchungskreise, logische Ports sowie die jeweilige Servicebeschreibung aufgeführt. Zur Einrichtung der Ports rufen Sie in der Transaktion **SM30** die View **EDOSOASERV** (eDocument: SOA-Service-Ports) auf. Die Konfiguration legt fest, über welchen logischen Port ein bestimmter eDocument-Service kommuniziert – etwa für die Übermittlung von Rechnungen oder den Abruf von Statusinformationen gegenüber externen Stellen wie nationalen Steuerbehörden.

Im Fokus stehen in diesem Fall die Einträge für Ungarn **HU**, erkennbar an den SOA-Service-Namen **HU_GET_STATUS** und **HU_INVOICE_MANAGE**. Dabei handelt es sich um zentrale Webservices für die ungarische Rechnungsregistrierung: *Real Time Invoice Reporting* (RTIR).

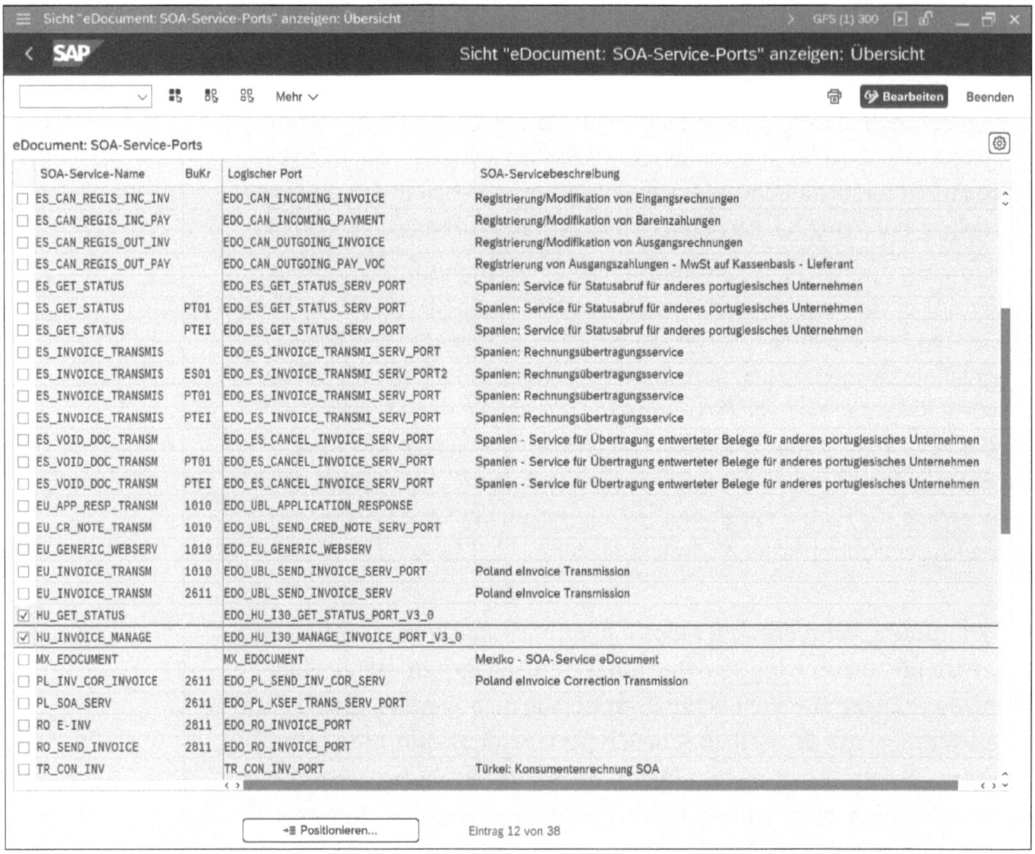

Abbildung 6.9 SOA-Services für eDocuments definieren (View »EDOSOASERV«)

Der Service **HU_INVOICE_MANAGE** ist für die Übertragung und Verwaltung von Ausgangsrechnungen zuständig. Die Kommunikation mit der ungarischen Steuerbehörde NAV erfolgt über den logischen Port **EDO_HU_I3O_MANAGE_INVOICE_PORT_V3_0**. Dieser Port entspricht der aktuellen technischen Spezifikation (Version 3.0) und ist somit mit dem derzeit gültigen RTIR-Standard abgestimmt.

Zusätzlich ist der Service **HU_GET_STATUS** mit dem Port **EDO_HU_I3O_GET_STATUS_PORT_V3_0** eingerichtet. Er dient dem Abruf des aktuellen Verarbeitungsstatus bereits gemeldeter Rechnungen. Diese Rückmeldungen sind ein wesentlicher Bestandteil des bidirektionalen Prozesses, da sie Auskunft darüber geben, ob eine Rechnung erfolgreich verarbeitet, abgelehnt oder beanstandet wurde.

Beide Services sind im Customizing ohne Einschränkung auf einen bestimmten Buchungskreis gepflegt. Es handelt sich somit um globale Einstellungen, die systemweit gelten, sofern keine spezifischeren Zuordnungen hinterlegt sind.

Die Einrichtung dieser SOA-Services ist ein zentraler Schritt für die technische Umsetzung der gesetzlichen Anforderungen an die elektronische Rechnungsregistrierung in Ungarn innerhalb des SAP-Systems.

Schnittstellenversionen definieren

Ein zentraler Bestandteil der SAP-Application-Interface-Framework-basierten Kommunikation in SAP DRC ist die korrekte Verwendung der Schnittstellenversionen **EDOINTAIFV**. SAP stellt regelmäßig aktualisierte XML-Formate bereit, etwa zur Umsetzung geänderter gesetzlicher Vorgaben wie den NAV-Spezifikationen. Die jeweiligen Versionen werden über die Transaktion **SM30** im View **EDOINTVERSCUSTV** (**eDocument-Schnittstellenversion – Aktivierung**) verwaltet. Für Ungarn ist derzeit die Version 3.0 relevant. In diesem View wird festgelegt, ab welchem Zeitpunkt welche Version verwendet werden soll.

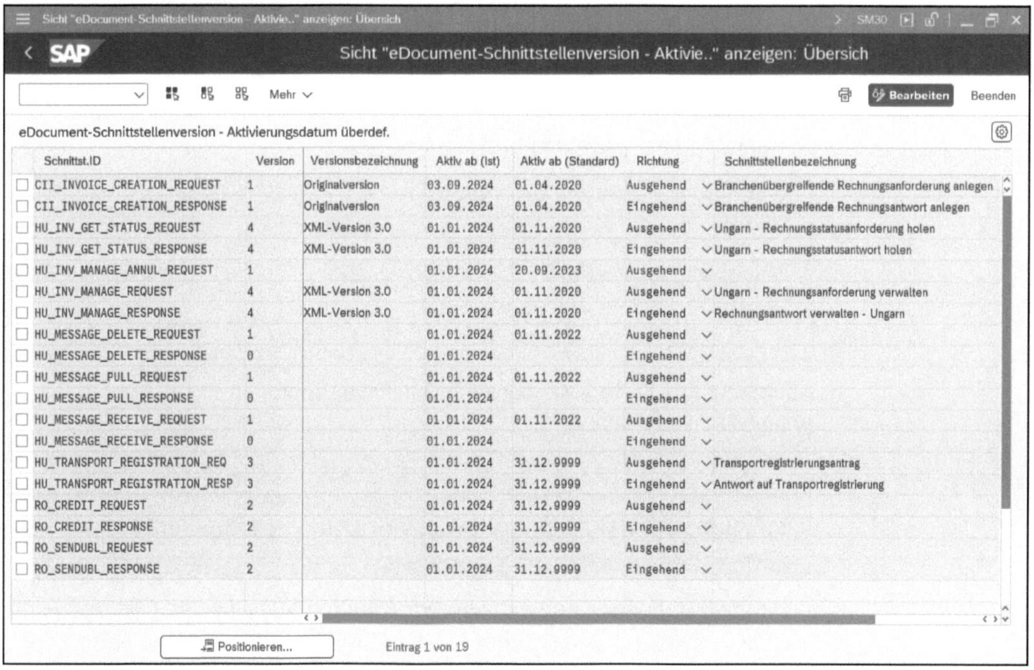

Abbildung 6.10 Aktivierte (View »EDOINTVERSCUSTV«)

Wie in Abbildung 6.10 ersichtlich, sind mehrere Schnittstellenversionen definiert, von denen jeweils eine aktiv ist. Der Eintrag **HU_INV_MANAGE_REQUEST** bezieht sich auf die Verarbeitung ungarischer Rechnungsanforderungen. In **Version 4** wird das Format der **XML-Version 3.0** verwendet, das der derzeit aktuellen NAV-Spezifikation entspricht. Diese Konfiguration gewährleistet, dass die erzeugten XML-Dateien dem jeweils gültigen ungarischen Schema entsprechen.

Factory-Klassen zur eDocument-Erzeugung

Zur technischen Generierung von eDocuments verwendet SAP sogenannte *Factory-Klassen*. Diese enthalten die Logik zur Erstellung eines eDocument-Objekts auf Basis eines Quellbelegs, etwa einer SD-Rechnung. In der View **eDocument: Factory Classes** wird die jeweils zuständige Klasse dem entsprechenden Quellprozess zugeordnet und gepflegt.

Abbildung 6.11 zeigt, dass sowohl **FI_INVOICE** als auch **SD_INVOICE** für Ungarn der Factory-Klasse **CL_EDOC_FACTORY_HU_INV_30** zugeordnet sind. Die Zuordnung der Factory-Klassen zu den Quellenarten erfolgt in der View **EDOFACTORYV** mittels Transaktion **SM30**. Diese Klasse ist verantwortlich für die Erstellung des eDocuments im Format der aktuellen Version 3.0.

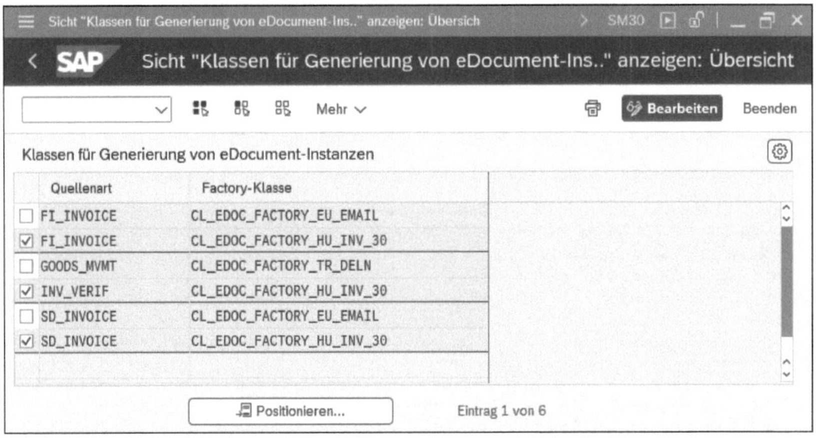

Abbildung 6.11 Factory-Klassen dem Quellbeleg zuordnen (View »EDOFACTORYV«)

Abhängigkeit der Factory-Klassen von XML-Versionen und Formatdefinitionen im SAP-DRC-Framework

Diese Einstellung ist eng mit dem verwendeten Mapping und der zugewiesenen XML-Version verknüpft. Bei der Einführung eines neuen Formats – etwa **HU_INV_40** – ist in der Regel auch eine angepasste Factory-Klasse erforderlich. SAP stellt die jeweils aktuellen Klassen standardmäßig über BC-Sets bereit. Dennoch sollte geprüft werden, ob das benötigte Format im System vorhanden ist und die zugehörigen Factory-Klassen korrekt hinterlegt sind.

Zuordnung von PDF-Formularen zu eDocument-Typen

Obwohl die elektronische Meldung in Ungarn ausschließlich über strukturierte XML-Dateien erfolgt, stellt SAP im Rahmen der E-Invoicing-Komponente optional eine PDF-Ausgabemöglichkeit bereit, um z. B. Druckansichten oder Archivversionen der E-Rechnung bereitzustellen. Diese PDF-Formulare werden dem eDocument-Typ und dem Buchungskreis zugeordnet. Die Zuordnung erfolgt über die View **EDOPDFV** mittels Transaktion **SM30**.

Wie in Abbildung 6.12 ersichtlich, sind für den Buchungskreis **1900** zwei Formulare hinterlegt – eines für ungarische Rechnungen **HU_INV** und eines für Gutschriften **HU_CRE**.

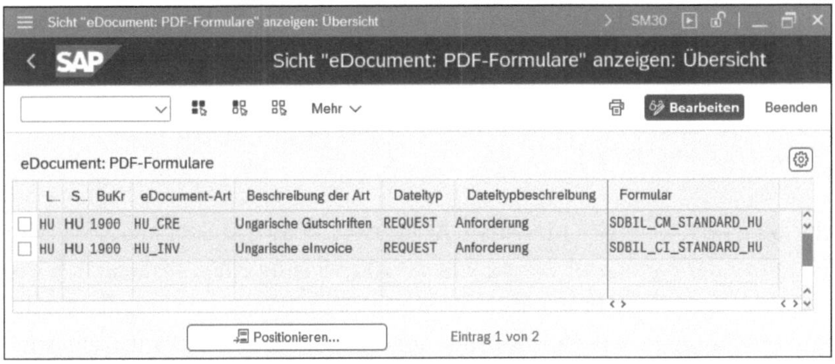

Abbildung 6.12 PDF-Formulare für ungarische eDocuments zuordnen (View »EDOPDFV«)

Diese Formulare werden typischerweise wie folgt verwendet:

- Zur Archivierung im Archivsystem
- Für Benutzeranzeigen im eDocument Cockpit
- Als Nachweis im Rahmen von Prüfungen oder manuellen Korrekturprozessen

Die Verwendung der Formulare ist für die Rechnungsregistrierung in Ungarn optional, kann im Projektkontext jedoch sinnvoll sein, etwa für Prüfzwecke oder zur Unterstützung interner Abläufe. Je nach Anforderung können entweder die von SAP bereitgestellten Standardformulare verwendet oder eigene Varianten implementiert werden.

Allgemeine Parameter für ein eDocument pflegen

Das Basis-Customizing endet mit der Pflege der allgemeinen Parameter für die E-Invoicing-Komponente (siehe Abbildung 6.13). Diese erreichen Sie mithilfe der Transaktion **SM30** und Eingabe der View **EDOGENCUSTV**.

Diese Customizing-Aktivität dient der Definition systemweiter Grundeinstellungen, die das Verhalten des eDocument Frameworks in verschiedenen Aspekten steuern. Dazu zählen unter anderem technische Begrenzungen wie die maximal zulässige Dateigröße für den Upload von eDocument-Dateien.

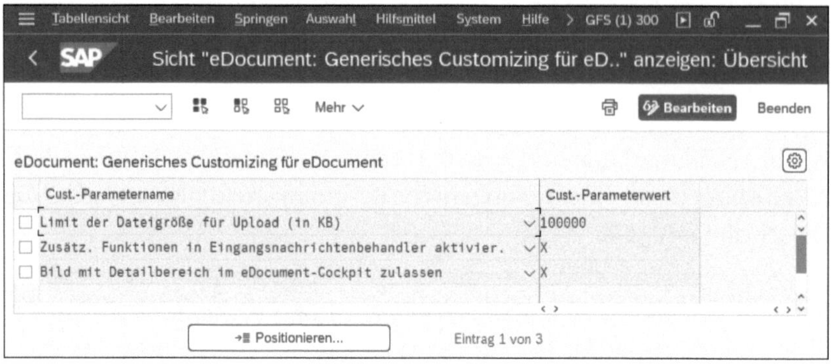

Abbildung 6.13 Allgemeine Parameter für ein eDocument pflegen (View »EDOGENCUSTV«)

Optional lässt sich auch die Darstellung des eDocument Cockpits anpassen: Ein spezieller Parameter ermöglicht die Aktivierung eines zusätzlichen Detailbereichs, in dem Informationen wie das Schnittstellenprotokoll oder die zuletzt empfangene Datei direkt aus der Ergebnisliste heraus angezeigt werden können.

Diese Einstellungen bieten die Möglichkeit, das Verhalten und die Benutzeroberfläche des Frameworks flexibel an die eigenen Anforderungen und Abläufe anzupassen – ohne Änderungen am technischen Standard vorzunehmen.

Mit Abschluss der generischen Einstellungen (dem Basis-Customizing), der Schnittstelleneinrichtung sowie der Zuordnung der relevanten Factory-Klassen und weiterer technischer Komponenten ist ein wesentlicher Meilenstein in der Umsetzung erreicht.

Im nächsten Schritt steht die konsistente und formgerechte Überleitung der relevanten Datenfelder aus den Transaktionsbelegen in die geforderte XML-Struktur der ungarischen Steuerbehörde (NAV) im Fokus. Dieses nachgelagerte Mapping bildet den letzten fachlich-technischen Konfigurationsschritt, um das Customizing von SAP DRC E-Invoicing für die E-Rechnungsregistrierung in Ungarn erfolgreich abzuschließen.

6.3.2 Spezifisches Customizing: Externes Werte-Mapping

Unterschiede Standard- vs. Landesformat

Bevor auf die technische Umsetzung der Feldzuordnung im SAP Application Interface Framework eingegangen wird, ist es hilfreich, die grundlegenden Unterschiede in der länderspezifischen Ausprägung elektronischer Rechnungsformate zu verstehen. Die Art und Weise, wie Transaktionsdaten in SAP in strukturierte XML-Dateien überführt werden, hängt wesentlich davon ab, ob ein Land einen harmonisierten europäischen Standard wie *Peppol BIS Billing 3.0* auf Basis der Norm *EN 16931* einsetzt oder ein eigenes, nationales Format vorschreibt.

Dieser Abschnitt stellt zunächst die Unterscheidung zwischen standardisierten und proprietären E-Invoicing-Anforderungen dar und erläutert die daraus resultierenden Auswirkungen auf das externe Werte-Mapping im Electronic Document Processing Framework. Anschließend wird anhand des Beispiels Ungarn gezeigt, wie in SAP S/4HANA mithilfe des SAP Application Interface Frameworks die technische Zuordnung von Bewegungsdaten zur XML-Struktur erfolgt.

Grundlagen des Werte-Mappings im internationalen Kontext

Das externe Werte-Mapping im Electronic Document Processing Framework richtet sich grundsätzlich nach den gesetzlichen Vorgaben des jeweiligen Landes. In vielen Fällen erfolgt die Ausgestaltung dieser Vorschriften im Einklang mit europaweit harmonisierten Standards wie EN 16931, der ein semantisches Datenmodell für elektronische Rechnungen definiert. Dieser Standard beschreibt sowohl verpflichtende als auch optionale Felder und umfasst einheitliche Codelisten – etwa für Währungen (ISO 4217), Maßeinheiten (UN/ECE Rec. 20), Dokumententypen (z. B. 380 für Rechnungen, 381 für Gutschriften) oder Steuerkennzeichen.

Peppol als EU-Rechnungsstandard

Auf Grundlage der europäischen Norm EN 16931 wurde das Format Peppol BIS Billing 3.0 entwickelt, das sich mittlerweile als einheitliches, interoperables Austauschformat für elektronische Rechnungen in vielen europäischen Ländern etabliert hat. Dieses Format gewährleistet nicht nur die semantische Konsistenz, sondern auch die technische Interoperabilität über Ländergrenzen hinweg. In mehreren Staaten ist der Einsatz von Peppol bereits weit verbreitet oder gesetzlich verpflichtend geregelt. Das Peppol BIS Billing 3.0 wurde von *OpenPeppol AISBL* entwickelt – einer internationalen Non-Profit-Organisation mit Sitz in Brüssel, die das Peppol-Interoperabilitätsrahmenwerk technisch und organisatorisch betreut. Die Spezifikation basiert auf der europäischen Norm EN 16931, welche vom *European Committee for Standardization* (CEN) im Auftrag der Europäischen Kommission entwickelt wurde. Ziel war es, eine einheitliche semantische Grundlage für elektronische Rechnungen in der Europäischen Union zu schaffen.

Der Einstieg in die technische Zuordnung von Bewegungsdaten zur gesetzlich geforderten XML-Struktur erfolgt im Rahmen der eDocument-Lösung über das SAP Application Interface Framework. Es dient als zentrales Werkzeug, um die in SAP erzeugten Belegdaten in das strukturierte Format zu überführen, das für die elektronische Übermittlung an die jeweilige Behörde erforderlich ist. Die Implementierung erfolgt dabei in zwei Stufen: Zunächst werden generische Einstellungen vorgenommen (siehe Abschnitt 6.3.1, »Basis-Customizing: Generische Einstellungen«) und die globale BC-Sets aktiviert, die die grundlegende Struktur und Namensräume für eDocuments bereitstellen. Die Aktivierung dieser Inhalte bildet die Grundlage dafür, dass SAP-FI-/SD-Belege systemseitig korrekt in das konforme XML-Format der ungarischen Finanzbehörde NAV transformiert werden können.

Werte-Mappings im Namensraum /EDHUI pflegen

Das Customizing zur Zuordnung von Feldern aus den SAP-Transaktionsdaten zur gesetzlich vorgeschriebenen ungarischen XML-Struktur erfolgt über die Pflege sogenannter *Werte-Mappings*, die in der Transaktion **/n/AIF/VMAP** durchgeführt werden. Dabei wird der Namensraum **/EDHUI** verwendet, der speziell für das E-Invoicing-Szenario der ungarischen Steuerbehörde NAV vorgesehen ist. Innerhalb dieses Namensraums wählt man das entsprechende Mapping-Objekt aus – etwa für Dokumenttypen, Steuerkennzeichen, Länderkennungen oder Rechnungsstatus –, abhängig davon, welches SAP-Feld dem XML-Element zugewiesen werden soll. Anschließend werden die in SAP verwendeten internen Werte mit den offiziellen externen Codes der NAV verknüpft, wie sie auf der Website der Behörde unter *http://s-prs.de/v11005020* veröffentlicht sind. Dort stellt die NAV detaillierte technische Spezifikationen und Wertelisten zur Verfügung, die für die Gültigkeit der elektronisch übermittelten Rechnungsdaten maßgeblich sind. Diese externe Codierung ist zwingend erforderlich, da die XML-Datei nur dann verarbeitet wird, wenn alle enthaltenen Werte den von der Behörde definierten Standards entsprechen. Die Pflege der Werte-Mappings im SAP-System stellt somit sicher, dass die Transformation der Transaktionsdaten in das XML-Format regelkonform erfolgt und die Übermittlung an die NAV ohne Validierungsfehler durchgeführt werden kann.

In diesem Abschnitt wird im Detail erläutert, wie die relevanten Felder aus den Transaktionsdaten des SAP-Systems den jeweiligen Strukturelementen der gesetzlich vorgeschriebenen XML-Datei zugeordnet werden. Dies ist insbesondere für die elektronische Rechnungsregistrierung in Ungarn von zentraler Bedeutung, da die ungarische Finanzbehörde NAV eine strukturierte, sofortige Übermittlung der Ausgangsrechnungen im RTIR-XML-Format verlangt. Eine korrekte Feldzuordnung bildet die Grundlage dafür, dass die im SAP-System erzeugten Rechnungsdaten inhaltlich vollständig, formal gültig und technisch kompatibel an die NAV-Schnittstelle übermittelt werden können.

Mengeneinheiten

Die Zuordnung von Mengeneinheiten ist ein essenzieller Bestandteil der Datenaufbereitung im Rahmen der ungarischen E-Invoicing-Anforderungen. Die ungarische Finanzbehörde NAV schreibt vor, dass alle Mengenangaben im XML-Format ausschließlich in standardisierten, eindeutig definierten Einheiten übermittelt werden dürfen. Diese Vorgabe ist in der offiziellen Schnittstellenspezifikation (Version 3.0) im Abschnitt **UnitOfMeasureType** festgelegt. Erlaubt sind nur bestimmte Werte, die seitens der NAV vorgegeben werden.

Um sicherzustellen, dass die internen Einheiten korrekt in die von der NAV geforderten Codes überführt werden, ist in der Transaktion **/n/AIF/VMAP** ein entsprechendes Werte-Mapping zu pflegen. Dazu wird der Namensraum **/EDHUI** verwendet, unter dem das Mapping-Objekt **FIXED_UOM** aufgerufen wird. In der zugehörigen Tabelle werden interne Mengeneinheiten, wie sie im SAP-System im Rahmen von Faktura- oder FI-Belegen verwendet werden, den externen Zielwerten aus dem NAV-Datenmodell zugeordnet. Abbildung 6.14 zeigt beispielhaft Zuordnungen wie **KG** zu **KILOGRAM**, **DB** zu **PIECE** oder **H** zu **HOUR**.

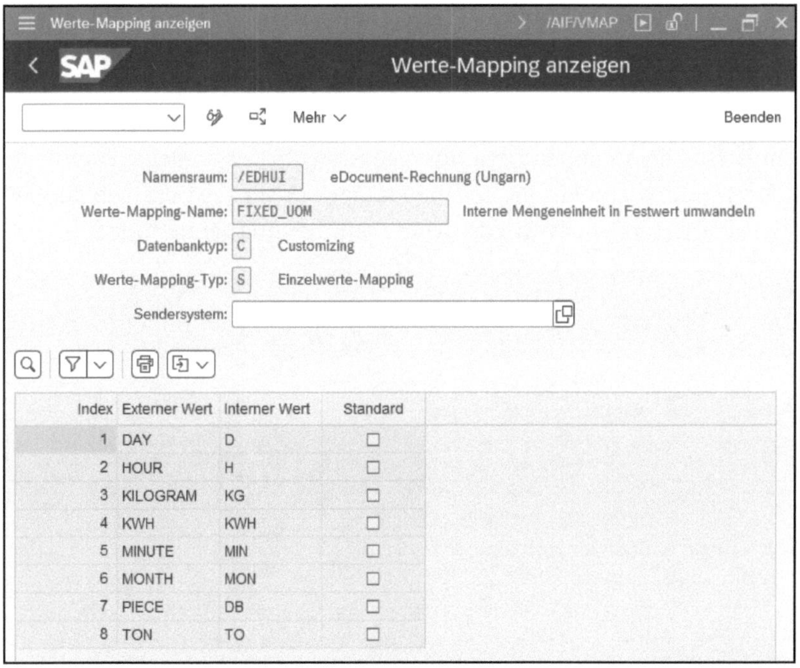

Abbildung 6.14 Mengeneinheit konfigurieren (Mapping-Objekt »FIXED_UOM«)

Die Konfiguration in Abbildung 6.14 stellt sicher, dass beim Erzeugen der XML-Datei für die elektronische Rechnungsregistrierung alle Mengenangaben in einem NAV-konformen Format ausgegeben werden. Nur durch eine vollständige und korrekte Pflege dieses Werte-Mappings kann gewährleistet werden, dass das übermittelte XML strukturell und inhaltlich den gesetzlichen Anforderungen entspricht.

Steuerbeträge in HUF konfigurieren

Da die ungarische Finanzbehörde NAV in ihrer offiziellen Schnittstellenspezifikation vorschreibt, dass Steuerbeträge bei der elektronischen Rechnungsübermittlung stets in der Landeswährung HUF anzugeben sind – unabhängig von der Rechnungswährung –, ist die gesonderte Konfiguration dieses Werts im SAP-System zwingend erforderlich.

Um den Steuerbetrag in ungarischen Forint (HUF) für die elektronische Rechnungsregistrierung korrekt im XML abzubilden, ist die Pflege eines länderspezifischen Werte-Mappings erforderlich. Dies erfolgt in der Transaktion **/n/AIF/VMAP_CONF**, in der der Namensraum **/EDHUI** verwendet wird. Dort wird das Mapping-Objekt **TAX_AMOUNT_FIELD_HUF** aufgerufen. In der zugehörigen Tabelle wird das relevante SAP-Feld **Steuerbetrag in Hauswährung** (**HWSTE**) aus der SAP-Tabelle **Belegsegment Steuerdaten** (**BSET**) als **Externer Wert** eingetragen und einem relevanten Buchungskreis zugewiesen.

Die Konfiguration in Abbildung 6.15 legt fest, aus welchem Feld der Steuerbetrag in HUF im SAP-System ausgelesen wird, um ihn anschließend in das gesetzlich geforderte XML-Format zu überführen. Es ist zwingend notwendig, dass dieser Betrag korrekt umgerechnet, systemseitig bereitgestellt und technisch an der richtigen Stelle ausgegeben wird. Der gepflegte Parameter im Electronic Document Processing Framework verweist deshalb auf das spezifische Datenfeld, das für die Weiterverarbeitung genutzt wird.

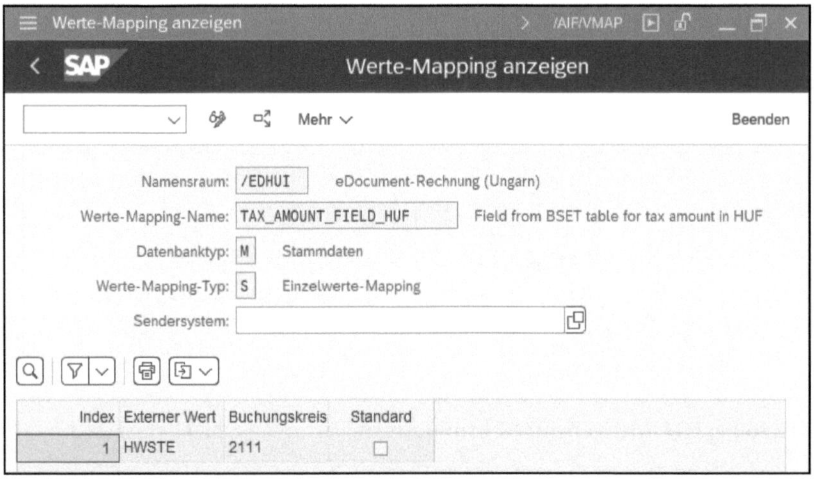

Abbildung 6.15 Steuerbetrag in HUF konfigurieren (Mapping-Objekt »TAX_AMOUNT_FIELD_HUF«)

Die korrekte Pflege dieses Werte-Mappings ist ein entscheidender Bestandteil für die gesetzeskonforme Umsetzung des ungarischen E-Invoicing-Prozesses mit SAP DRC. Nur wenn der Steuerbetrag vollständig und regelkonform im XML abgebildet ist, kann eine fehlerfreie Übermittlung an das Meldesystem der NAV gewährleistet werden.

Nettobeträge in HUF

Für das ungarische E-Invoicing-Szenario ist neben dem Steuerbetrag auch der Nettobetrag in ungarischen Forint (HUF) verpflichtend im XML auszuweisen. Diese Anforderung dient der steuerlichen Nachvollziehbarkeit auf nationaler Währungsbasis und stellt sicher, dass die von Unternehmen ausgestellten Rechnungen den formalen Anforderungen der ungarischen Finanzbehörde entsprechen.

Zur Konfiguration des Nettobetrags in HUF im Rahmen der ungarischen eDocument-Lösung ist es erforderlich, in der Transaktion **/n/AIF/VMAP_CONF** ein entsprechendes Werte-Mapping zu pflegen, bei dem im Namensraum **/EDHUI** das Mapping-Objekt **NET_AMOUNT_FIELD_HUF** aufgerufen und mit dem relevanten Feldnamen aus der Tabelle **BSET** sowie dem zugehörigen Buchungskreis ergänzt wird. Abbildung 6.16 zeigt, wie diese Zuordnung im System hinterlegt ist: Der externe Wert **LWBAS**, der das steuerpflichtige Nettobetragsfeld repräsentiert, wurde für den Buchungskreis **2111** gepflegt.

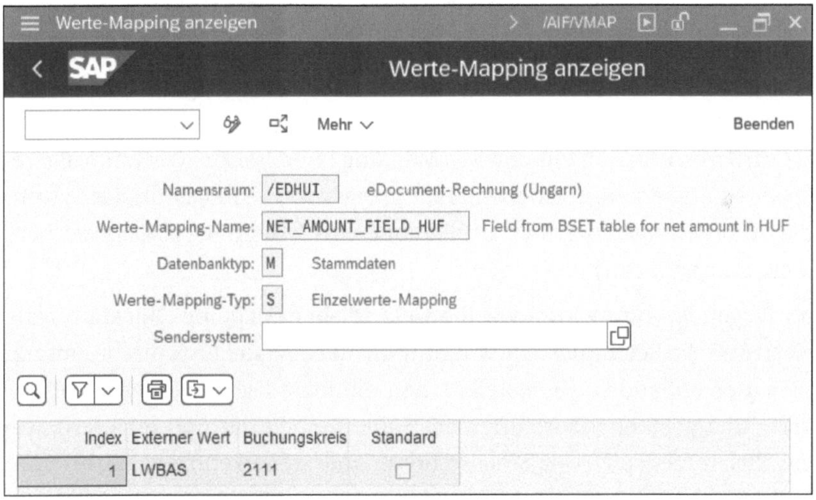

Abbildung 6.16 Konfigurieren des Nettobetrags in HUF (Mapping-Objekt »NET_AMOUNT_FIELD_HUF«)

Diese Einstellung ist notwendig, um sicherzustellen, dass SAP den Nettobetrag korrekt ermitteln, in HUF umrechnen und an der vorgesehenen Stelle im XML-Dokument bereitstellen kann. Da die Ablage des Betragsfelds im SAP-System abhängig von Buchungskreis, Fremdwährungskonstellation und Belegart unterschiedlich sein kann, ist die Feldzuweisung über dieses Mapping zwingend erforderlich. Eine fehlerhafte oder nicht gepflegte Zuordnung kann dazu führen, dass das erzeugte eDocument unvollständig ist und die elektronische Rechnung durch das ungarische Meldesystem abgelehnt wird.

Das Mapping-Objekt **NET_AMOUNT_FIELD_HUF** ist somit ein unverzichtbarer Bestandteil der länderspezifischen Konfiguration und stellt sicher, dass alle für die elektronische Rechnungsregistrierung in Ungarn geforderten Betragsangaben korrekt übermittelt werden.

Steuerkennzeichen-Mapping

Die ungarische Finanzbehörde NAV verlangt eine präzise Ausweisung steuerlicher Geschäftsvorfälle im XML-Format. Um dies im SAP-System korrekt umzusetzen, müssen Steuerkennzeichen gezielt gemappt werden. Das Electronic Document Processing Framework unterstützt dies durch vordefinierte Mapping-Objekte wie **VAT_EXEMPTION**, **TAX_CODE_VAT_REVERSE** oder **TAX_COD_VAT_DOMESTIC**, die in der Transaktion **/AIF/VMAP** unter dem Namensraum **/EDHUI** gepflegt werden. So wird sichergestellt, dass steuerpflichtige, steuerfreie und besondere Umsätze gesetzeskonform übermittelt werden.

Ziel dieser Konfiguration ist es, sicherzustellen, dass SAP auf Basis der eingesetzten Steuerkennzeichen die steuerliche Behandlung eines Geschäftsvorfalls korrekt erkennt und systemseitig in das gesetzlich geforderte XML-Format für die ungarische NAV überführt. Da die Ausprägung steuerlicher Merkmale im SAP-System je nach Buchungskreis, Steuerschema und Belegart variieren kann, ist ein präzises Mapping unerlässlich. Nur wenn alle relevanten Steuerkennzeichen eindeutig zugewiesen sind, kann das System die Anforderungen der NAV erfüllen und eine fehlerfreie, revisionssichere Meldung gewährleisten.

Im Folgenden beleuchten wir die wesentlichen Mapping-Objekte für die elektronische Rechnungsregistrierung an die NAV, stellen typische Einsatzszenarien anhand von Konstellationen mit inländischer Steuerpflicht, Reverse Charge, Steuerbefreiung oder Steuerfreiheit dar und erläutern, wie das Zusammenspiel von Steuerschema und Steuerkennzeichen im SAP-System umgesetzt wird.

Steuerbefreiungen

Für die korrekte Abbildung umsatzsteuerfreier Lieferungen im Rahmen der ungarischen E-Invoicing-Anforderungen ist es notwendig, diese Geschäftsvorfälle im System eindeutig zu kennzeichnen. Die ungarische Finanzbehörde verlangt, dass steuerfreie Umsätze – wie innergemeinschaftliche Lieferungen oder Exporte in Drittländer – im übermittelten XML strukturell kenntlich gemacht und transparent nachvollziehbar ausgewiesen werden.

Zur Umsetzung dieser Anforderung dient das Mapping-Objekt **VAT_EXEMPTION**, das in der Transaktion **/AIF/VMAP** unter dem Namensraum **/EDHUI** gepflegt wird. Dieses Mapping verknüpft die im SAP-System verwendeten Steuerkennzeichen mit der systemseitigen Logik im Electronic Document Processing Framework, um die korrekte Steuerklassifikation im XML sicherzustellen.

Abbildung 6.17 zeigt beispielhaft die Zuordnung der Steuerkennzeichen **H6** und **H7**, jeweils in Verbindung mit einem bestimmten Steuerschema:

- **H6** steht für steuerfreie innergemeinschaftliche Lieferungen innerhalb der Europäischen Union.
- **H7** steht für steuerfreie Ausfuhrlieferungen in Drittländer.

Beide Steuerkennzeichen sind dem Steuerschema **OTXHU** zugeordnet, das für ungarisch registrierte Unternehmen verwendet wird. Zusätzlich ist **H6** auch im Schema **OTXD** gepflegt – in diesem Fall für eine deutsche Gesellschaft, die in Ungarn steuerlich registriert ist. Diese Konstellation verdeutlicht, dass für die korrekte XML-Erstellung nicht nur das Steuerkennzeichen selbst, sondern auch das zugehörige Steuerschema im Mapping berücksichtigt werden muss.

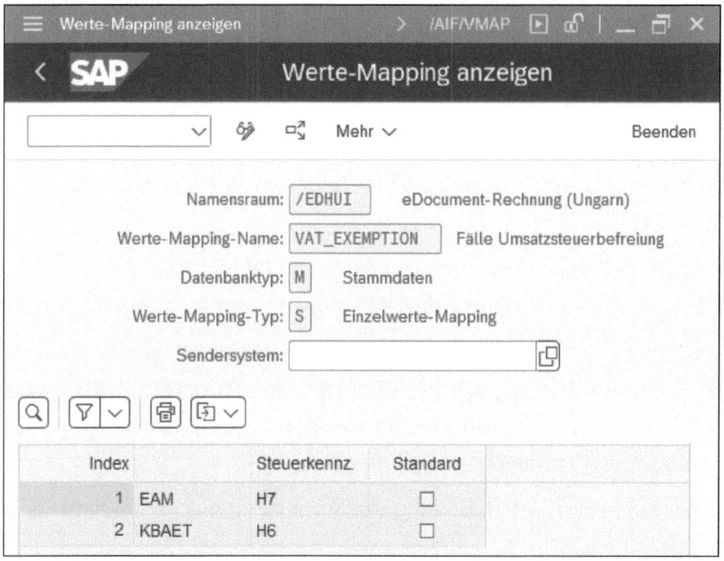

Abbildung 6.17 Steuerbefreiung konfigurieren (Mapping-Objekt »VAT_EXEMPTION«)

Darüber hinaus lassen sich im Kontext solcher Konstellationen zusätzliche Informationen in der XML-Struktur erfassen, etwa durch die Kennzeichnung besonderer Umsatzarten wie **KBEAT** oder **EAM**, die in der Schnittstellenspezifikation der NAV dokumentiert sind:

- **KBEAT** steht für die Differenzbesteuerung, wie sie etwa bei Gebrauchtwaren oder Reiseleistungen Anwendung findet.
- **EAM** verweist auf die Verwendung von einheitlichen Mengeneinheiten, wenn die Preisangabe auf Basis eines Stück- oder Kilopreises erfolgt.

Auch wenn diese Kennzeichnungen in einem separaten Kontext verarbeitet werden, ist ihre Bedeutung im Zusammenspiel mit der korrekten steuerlichen Behandlung – etwa bei Ausnahmen und Sonderregelungen – von Bedeutung.

Das Mapping-Objekt **VAT_EXEMPTION** bildet somit die Grundlage für die regelkonforme Kennzeichnung steuerfreier Umsätze im Rahmen der ungarischen Rechnungsregistrierung. Nur durch eine saubere und vollständige Konfiguration dieser Einträge kann sichergestellt werden, dass das erzeugte XML von der ungarischen Finanzbehörde akzeptiert wird und keine Rückweisungen durch fehlende oder fehlerhafte Steuerkennzeichnungen auftreten.

Steuerkennzeichen für Reverse-Charge-Umsatzsteuer konfigurieren

Bei der elektronischen Rechnungsübermittlung an die ungarische Finanzbehörde müssen auch Geschäftsvorfälle mit Umkehrung der Steuerschuldnerschaft (*Reverse-Charge-Vorgänge*) im XML eindeutig und gesetzeskonform gekennzeichnet werden. Diese Regelung betrifft insbesondere Leistungen, bei denen nicht der leistende Unternehmer, sondern der Leistungsempfänger die Umsatzsteuer schuldet. Damit SAP solche Geschäftsvorfälle im Electronic Document Processing Framework korrekt identifizieren und verarbeiten kann, ist eine explizite Zuordnung der entsprechenden Steuerkennzeichen erforderlich.

Für die technische Umsetzung dient das Mapping-Objekt **TAX_CODE_VAT_REVERSE**, das in der Transaktion **/AIF/VMAP** unter dem Namensraum **/EDHUI** gepflegt wird.

Abbildung 6.18 zeigt die Einträge im Steuerschema **0TXHU**, das für ungarisch steuerlich registrierte Einheiten verwendet wird. In diesem Mapping sind folgende Steuerkennzeichen enthalten:

- **HE** für Reverse Charge bei innergemeinschaftlichen Dienstleistungen (EU-Dienstleistungen)
- **HF** für sonstige Reverse-Charge-Sachverhalte, die nicht unter EU-Leistungen fallen

Durch dieses Mapping erkennt das System, dass bei Verwendung eines dieser Steuerkennzeichen ein Reverse-Charge-Sachverhalt vorliegt und die Position entsprechend im XML ausgewiesen werden muss. Diese Ausweisung erfolgt im Einklang mit den technischen Vorgaben der NAV-Schnittstelle, wo spezifische Felder für die Umkehr der Steuerschuld vorgesehen sind.

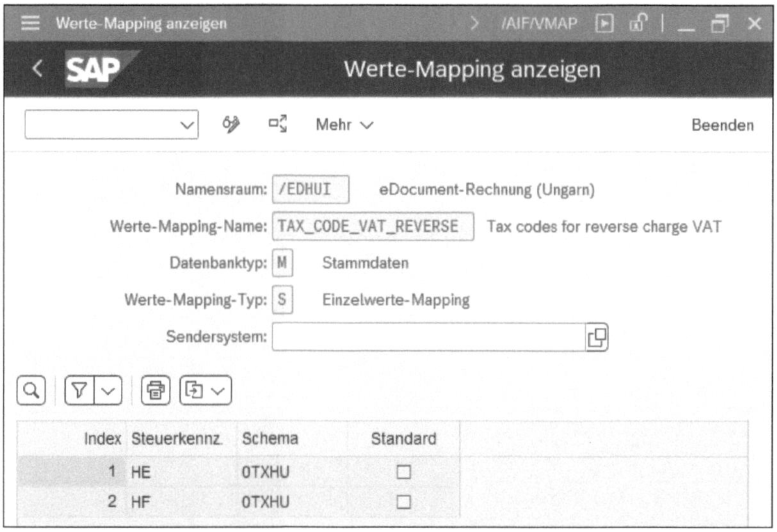

Abbildung 6.18 Steuerkennzeichen für Reverse-Charge-Umsatzsteuer konfigurieren (Mapping-Objekt »TAX_CODE_VAT_REVERSE«)

Die Pflege des Mapping-Objekts **TAX_CODE_VAT_REVERSE** ist somit ein wesentlicher Bestandteil der landesspezifischen Konfiguration für Ungarn. Sie gewährleistet, dass Reverse-Charge-Umsätze korrekt identifiziert und im Rahmen der gesetzlichen Anforderungen vollständig an das ungarische Meldesystem übermittelt werden können. Ohne diese Zuordnung kann es zu Unstimmigkeiten in der Steuerbehandlung und zu Ablehnungen bei der Einreichung der XML-Datei kommen.

Steuerkennzeichen für inländische Steuer konfigurieren

Inländische Umsatzsteuerfälle bilden den Regelfall in der Rechnungsstellung und müssen auch bei der elektronischen Übermittlung an die ungarische Finanzbehörde NAV im XML ausgewiesen werden. Das betrifft insbesondere Standardlieferungen innerhalb Ungarns, die der regulären oder ermäßigten Umsatzsteuer unterliegen. Die technische Abbildung dieser steuerpflichtigen Umsätze erfolgt im SAP-System über das Mapping-Objekt **TAX_COD_VAT_DOMESTIC**, das in der Transaktion **/AIF/VMAP** unter dem Namensraum **/EDHUI** gepflegt wird.

Abbildung 6.19 zeigt die zugeordneten Steuerkennzeichen **H1**, **H2** und **H5**, jeweils im Steuerschema **0TXHU**, das für ungarisch registrierte Gesellschaften verwendet wird. Diese Steuerkennzeichen stehen für:

- **H1** – ungarische Umsatzsteuer 27 %
- **H2** – ungarische Umsatzsteuer 5 %
- **H5** – ungarische Umsatzsteuer 27 % bei Sachanlagen

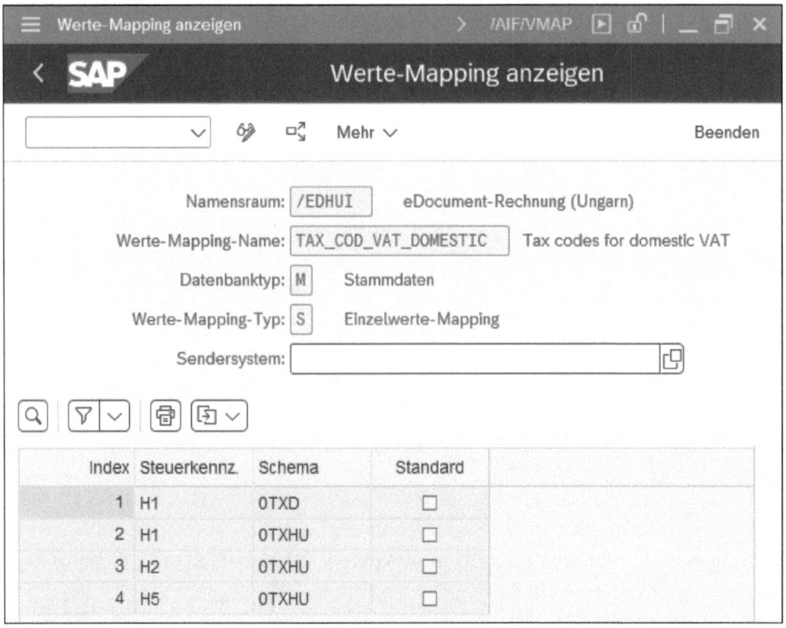

Abbildung 6.19 Steuerkennzeichen für inländische Steuer konfigurieren (Mapping-Objekt »TAX_COD_VAT_DOMESTIC«)

Alle drei Kennzeichen repräsentieren unterschiedliche Umsatzsteuersätze, die im XML klar differenziert angegeben werden müssen, da die ungarische Finanzbehörde NAV eine Trennung und richtige Steuersatzzuordnung voraussetzt.

Darüber hinaus zeigt der Eintrag **H1** im Steuerschema **0TXD**, dass auch eine in Deutschland ansässige Gesellschaft, die in Ungarn steuerlich registriert ist, die ungarische Umsatzsteuer aufgrund der lokalen Verkäufe ausweist. In diesem Fall wird zwar das deutsche Steuerschema verwendet, aber das Steuerkennzeichen **H1** für 27 % Umsatzsteuer dennoch gepflegt, da die Registrierung in Ungarn dies erfordert. Diese Konstellation verdeutlicht, dass bei der Konfiguration nicht nur das Steuerkennzeichen selbst, sondern auch das zugrunde liegende Steuerschema berücksichtigt werden muss, um das Szenario korrekt im XML abzubilden.

Das Mapping-Objekt **TAX_COD_VAT_DOMESTIC** ist somit die zentrale Grundlage für die regelkonforme Behandlung regulär steuerpflichtiger Inlandstransaktionen im Rahmen des ungarischen E-Invoicing-Prozesses. Nur wenn alle steuerlich relevanten Konstellationen korrekt erfasst und den NAV-konformen Steuerinformationen zugeordnet sind, kann eine valide und akzeptierte elektronische Rechnung erzeugt werden.

Steuerkennzeichen für Umsatzsteuerbefreiung konfigurieren

Im Rahmen der ungarischen Anforderungen zur elektronischen Rechnungsübermittlung müssen auch steuerbefreite Transaktionen eindeutig im XML ausgewiesen werden. Die ungarische Finanzbehörde NAV fordert, dass bei umsatzsteuerfreien Lieferungen – etwa bei innergemeinschaftlichen Geschäften oder Exporten in Drittländer – die entsprechende Steuerbefreiung im XML korrekt identifiziert wird. Damit das SAP-System diese Unterscheidung nachvollziehbar trifft, ist ein Werte-Mapping erforderlich, das spezifische Steuerkennzeichen für solche Geschäftsvorfälle zuordnet.

Die technische Umsetzung erfolgt über das Mapping-Objekt **TAX_CODE_VAT_EXEMPT** in der Transaktion **/AIF/VMAP**, unter dem Namensraum **/EDHUI**.

In Abbildung 6.20 sind drei Einträge ersichtlich: die Steuerkennzeichen **H6** und **H7**, jeweils in Kombination mit den Steuerschemata **0TXHU** und **0TXD**.

Im Detail handelt es sich bei

- **H6/0TXHU** um eine innergemeinschaftliche steuerfreie Lieferung mit ungarischer Steuernummer,
- **H7/0TXHU** um eine steuerfreie Lieferung in ein Drittland,
- **H6/0TXD** um denselben Geschäftsvorfall wie oben, jedoch verwendet durch eine deutsche Gesellschaft, die in Ungarn steuerlich registriert ist und deshalb ebenfalls die ungarische Steuerkennzeichnung **H6** benötigt – allerdings im deutschen Steuerschema **0TXD** gepflegt ist.

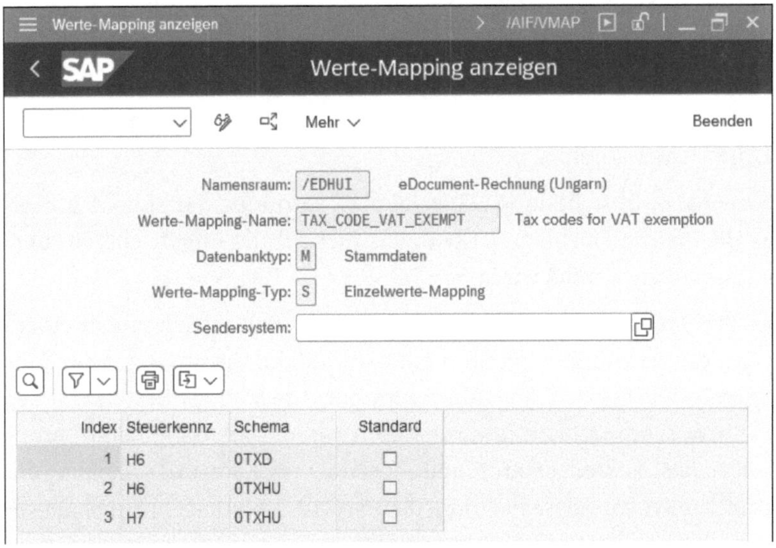

Abbildung 6.20 Steuerbefreiung konfigurieren (Mapping-Objekt »VAT_EXEMPTION«)

Diese Kombination zeigt, dass nicht nur das Steuerkennzeichen allein entscheidend ist, sondern auch das zugehörige Steuerschema berücksichtigt werden muss, um den steuerrechtlichen Kontext korrekt im XML abzubilden. Durch das Mapping wird im Electronic Document Processing Framework definiert, welche Steuerkennzeichen für die steuerfreie Behandlung in Ungarn herangezogen werden dürfen. Nur bei Vorliegen einer gültigen Kombination – wie im Beispiel **H6/0TXHU**, **H7/0TXHU** oder **H6/0TXD** – wird das Dokument im XML entsprechend als steuerfrei ausgewiesen.

Das Mapping-Objekt **TAX_CODE_VAT_EXEMPT** ist somit essenziell, um steuerfreie Ausgangsrechnungen regelkonform an die NAV zu übermitteln – insbesondere in Konstellationen, in denen eine Gesellschaft grenzüberschreitend tätig ist oder im Ausland registriert ist, jedoch nationale Anforderungen erfüllen muss. Eine saubere Pflege dieser Einträge gewährleistet, dass auch solche Sonderfälle eindeutig und korrekt im XML klassifiziert werden.

Steuerkennzeichen für Befreiung vom Umfang der Umsatzsteuer konfigurieren

Für die ungarische elektronische Rechnungsstellung müssen auch jene Geschäftsvorfälle eindeutig gekennzeichnet werden, die zwar steuerlich erfasst, aber nicht dem unmittelbaren Anwendungsbereich der Umsatzsteuer unterliegen, wie etwa bei bestimmten Vorgängen im Zusammenhang mit der Einfuhr. Solche Fälle fallen unter die Kategorie **VAT out of scope** und müssen im XML-Meldedatensatz an die ungarische Finanzbehörde NAV entsprechend gekennzeichnet werden, um eine gesetzeskonforme Verarbeitung zu gewährleisten.

Im SAP-System wird diese Anforderung über das Mapping-Objekt **TAX_CODE_VAT_LAW** umgesetzt. Die Pflege erfolgt in der Transaktion **/AIF/VMAP** im Namensraum **/EDHUI**.

Der Screenshot in Abbildung 6.21 zeigt die Zuordnung des Steuerkennzeichens **HU** im Steuerschema **0TXHU**, das hier für die ungarische Einfuhrumsatzsteuer verwendet wird.

Dieses Steuerkennzeichen wird typischerweise in Konstellationen eingesetzt, bei denen Waren eingeführt werden und die Umsatzsteuer im Rahmen der Zollabwicklung abgeführt wird, nicht jedoch als Bestandteil der regulären Ausgangsrechnung ausgewiesen werden darf. Damit diese Besonderheit im XML korrekt erkannt und abgebildet wird, sorgt das Mapping dafür, dass das System diese Positionen als »nicht steuerbar im Sinne der regulären Umsatzbesteuerung« behandelt.

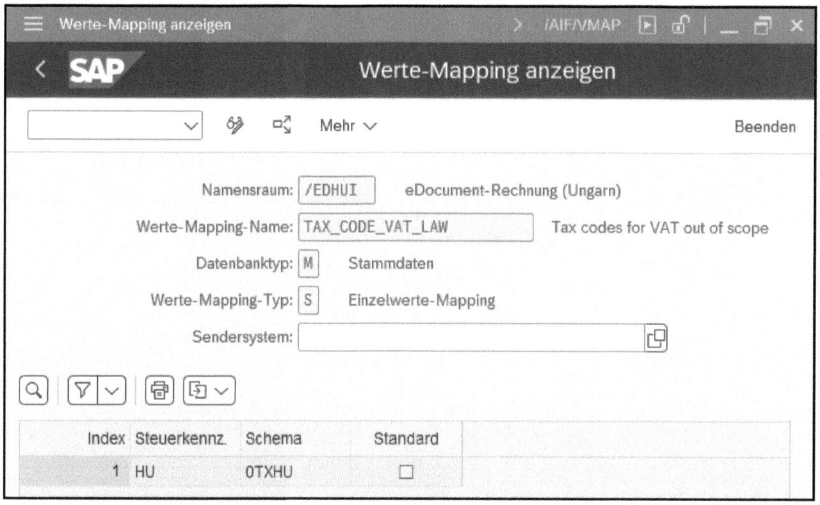

Abbildung 6.21 Steuerkennzeichen für Befreiung vom Umfang der Umsatzsteuer konfigurieren (Mapping-Objekt »TAX_CODE_VAT_LAW«)

Die Konfiguration des Mapping-Objekts **TAX_CODE_VAT_LAW** ist somit ein zentraler Bestandteil, um die Abgrenzung zwischen steuerpflichtigen, steuerfreien und vom Anwendungsbereich der Umsatzsteuer ausgenommenen Vorgängen systemseitig präzise umzusetzen. Sie gewährleistet, dass auch Sonderfälle wie Einfuhrumsätze korrekt klassifiziert und ohne Beanstandung an die NAV übermittelt werden können.

Steuerkennzeichen für »Keine Umsatzsteuer erhoben« konfigurieren

Für die elektronische Rechnungsregistrierung in Ungarn ist es notwendig, auch Geschäftsvorfälle korrekt zu kennzeichnen, bei denen keine Umsatzsteuer erhoben wird, weil sie nicht steuerbar sind oder außerhalb des Geltungsbereichs des ungarischen Umsatzsteuergesetzes liegen. Solche Fälle müssen im XML explizit gekennzeichnet werden, damit die ungarische Finanzbehörde NAV diese Belege korrekt verarbeiten und klassifizieren kann. Dazu zählen beispielsweise interne Leistungsverrechnungen, nicht steuerbare Lieferungen oder bestimmte Konsignationsabgänge, die zwar buchhalterisch erfasst, jedoch nicht der Umsatzbesteuerung unterliegen.

Für die Abbildung solcher Vorgänge im SAP-System wird das Mapping-Objekt **TAX_CODE_NO_VAT_CHRG** verwendet, das in der Transaktion **/AIF/VMAP** unter dem Namensraum **/EDHUI** gepflegt wird.

Abbildung 6.22 zeigt, dass im Steuerschema **OTXHU** das Steuerkennzeichen **HO** zugeordnet wurde. Dieses Kennzeichen steht für den Fall »O HU Kein Steuervorgang/nicht steuerbar« und wird im SAP-System genutzt, um Vorgänge entsprechend zu markieren, bei denen keine Umsatzsteuer berechnet wird.

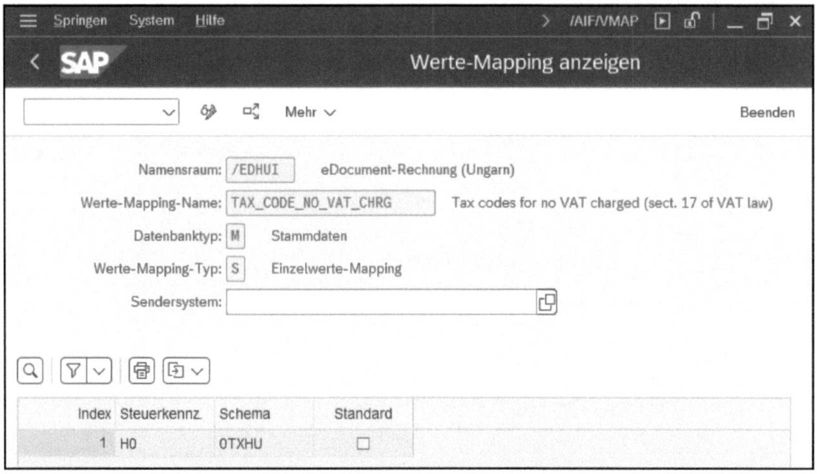

Abbildung 6.22 Steuerkennzeichen für »Keine Umsatzsteuer erhoben« konfigurieren (Mapping-Objekt »TAX_CODE_NO_VAT_CHRG«)

Bei der ungarischen Rechnungsregistrierung an die NAV ist klar geregelt, dass solche Fälle nicht leer oder unspezifisch übermittelt werden dürfen, sondern über ein definiertes Kennzeichen als »nicht steuerbar« klassifiziert werden müssen. Das Mapping sorgt dafür, dass diese steuerrechtliche Eigenschaft im eDocument korrekt interpretiert und im XML entsprechend umgesetzt wird.

Das Mapping-Objekt **TAX_CODE_NO_VAT_CHRG** ist daher erforderlich, um sicherzustellen, dass auch solche Sonderfälle, die außerhalb der üblichen steuerpflichtigen Lieferungen oder Leistungen liegen, gesetzeskonform und NAV-konform verarbeitet werden. Nur so kann eine vollständige, transparente und revisionssichere Übermittlung aller relevanten Rechnungsdaten gewährleistet werden.

Begründungstext konfigurieren

Für bestimmte steuerliche Sonderfälle – insbesondere bei steuerfreien Umsätzen, Reverse-Charge-Vorgängen oder Geschäftsvorfällen außerhalb des Anwendungsbereichs der Umsatzsteuer – verlangt die ungarische Finanzbehörde NAV im Rahmen der elektronischen Rechnungsübermittlung einen klar nachvollziehbaren Begründungstext. Dieser Text ist Bestandteil des XML-Dokuments und dient dazu, dem Meldesystem die rechtliche Grundlage oder den sachlichen Hintergrund für die abweichende steuerliche Behandlung zu erläutern. Beispiele hierfür sind innergemeinschaftliche Lieferungen, Exportgeschäfte oder bestimmte Einfuhrkonstellationen.

Die technische Umsetzung erfolgt im SAP-System über das Mapping-Objekt **REASON_TEXT**, das in der Transaktion **/AIF/VMAP** im Namensraum **/EDHUI** gepflegt wird. In diesem Mapping definieren Sie für bestimmte Steuerkennzeichen oder Geschäftsvorfälle einen konkreten Text, der automatisiert im entsprechenden XML-Feld ausgegeben wird.

Wenn das Werte-Mapping **REASON_TEXT** nicht gepflegt wird (siehe Abbildung 6.23), greift das System automatisch auf alternative Texte aus den Mapping-Objekten **TEXT_VAT_EXEMPT** (für Steuerbefreiung) oder **TEXT_OUT_OF_SCOPE** (für Umsätze außerhalb des Steueranwendungsbereichs) zurück. Diese Fallback-Logik stellt sicher, dass ein Begründungstext im XML verfügbar ist – jedoch kann in vielen Fällen nur über **REASON_TEXT** eine präzise, einzelfallspezifische Formulierung hinterlegt werden.

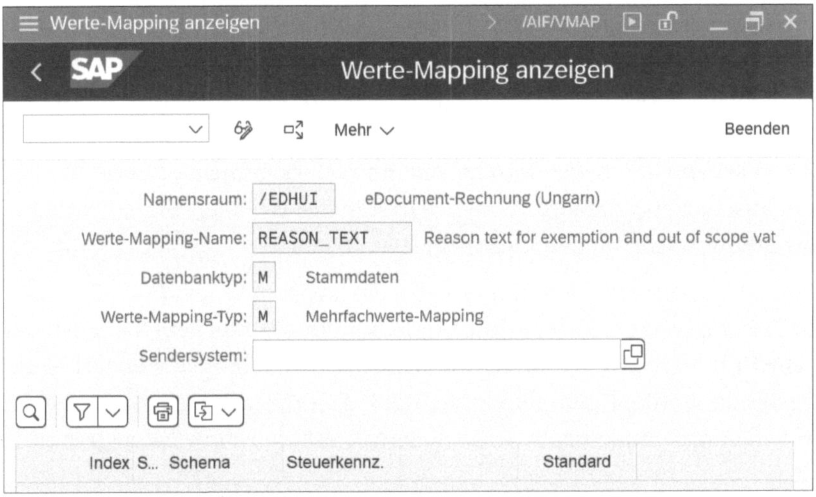

Abbildung 6.23 Begründungstext konfigurieren (Mapping-Objekt »REASON_TEXT«)

Die Notwendigkeit einer gezielten Pflege des Mapping-Objekts **REASON_TEXT** ist daher zu überprüfen, um der formellen Erwartungshaltung der ungarischen Finanzbehörde gerecht zu werden.

Grundtext für Steuerbefreiung konfigurieren

Bei steuerfreien Geschäftsvorfällen – etwa innergemeinschaftlichen Lieferungen oder Ausfuhrlieferungen in Drittländer – verlangt die ungarische Finanzbehörde NAV nicht nur die korrekte steuerliche Kennzeichnung im XML-Dokument, sondern auch die Angabe eines erläuternden Grundtextes, der den Sachverhalt rechtlich untermauert. Dieser Text muss klar und nachvollziehbar erklären, warum für die betroffene Position keine Umsatzsteuer ausgewiesen wird.

Die Umsetzung im SAP-System erfolgt über das Mapping-Objekt **TEXT_VAT_EXEMPT**, das in der Transaktion **/AIF/VMAP** unter dem Namensraum **/EDHUI** gepflegt wird. Innerhalb dieses Mappings wird zu einem bestimmten Steuerkennzeichen oder Steuerschema ein Text hinterlegt, der bei der Generierung der XML-Datei automatisch ausgegeben wird.

Wird kein Mapping über **REASON_TEXT** gepflegt, verwendet das System automatisch den hier hinterlegten Grundtext als Begründung für die Steuerbefreiung. Damit fungiert **TEXT_VAT_EXEMPT** als Fallback-Lösung, sollte keine individuell zugewiesene Erläuterung verfügbar sein.

Da sich diese Konfiguration analog zur Pflege des Mapping-Objekts **REASON_TEXT** verhält, wird auf einen separaten Screenshot an dieser Stelle verzichtet. Die folgenden Ausführungen beschreiben die Pflege der zugehörigen Werte-Mappings im SAP-System, die in gleicher Weise in der Transaktion **/AIF/VMAP** unter dem Namensraum **/EDHUI** vorgenommen wird.

Begründungstext für »Nicht im Umfang der Umsatzsteuer« konfigurieren

Für Geschäftsvorfälle, die nicht dem Anwendungsbereich der Umsatzsteuer unterliegen, wie etwa bestimmte Einfuhrvorgänge oder interne Buchungen, ist ebenfalls ein erläuternder Text im XML-Dokument erforderlich. Die ungarische Finanzbehörde NAV erwartet in diesen Fällen eine formale Begründung, warum der Umsatz nicht steuerbar ist.

Im SAP-System wird dieser Hinweis über das Mapping-Objekt **TEXT_OUT_OF_SCOPE** umgesetzt, das in der Transaktion **/AIF/VMAP** unter dem Namensraum **/EDHUI** hinterlegt wird. In diesem Mapping definieren Sie standardisierte Texte, die automatisch verwendet werden, wenn ein Steuerkennzeichen einem Vorgang zugeordnet ist, der außerhalb des Steueranwendungsbereichs liegt.

Wenn das Mapping-Objekt **REASON_TEXT** nicht gepflegt ist, zieht das System **TEXT_OUT_OF_SCOPE** als Ersatztext heran. Auch hier dient der Text dazu, die Anforderungen der NAV-Spezifikation zu erfüllen, wonach jeder Vorgang mit abweichender Steuerlogik mit einer Erläuterung versehen sein muss.

Da sich diese Konfiguration analog zur Pflege des Mapping-Objekts **REASON_TEXT** verhält, wird auf einen separaten Screenshot an dieser Stelle verzichtet. Die nachfolgenden Ausführungen beschreiben die Pflege der zugehörigen Werte-Mappings im SAP-System, die in gleicher Weise in der Transaktion **/AIF/VMAP** unter dem Namensraum **/EDHUI** vorgenommen wird.

Konsignationsvorgänge

Für die ungarische elektronische Rechnungsregistrierung müssen auch spezielle Geschäftsvorfälle aus dem Bereich der Materialwirtschaft (SAP MM), wie etwa Konsignationsprozesse, in der XML-Meldung eindeutig identifiziert und korrekt abgebildet werden. Die ungarische Finanzbehörde NAV schreibt in ihrer Schnittstellenspezifikation vor, dass bei bestimmten Vorgängen wie der Konsignation der Ursprung der Rechnung bzw. der buchhalterische Kontext eindeutig nachvollziehbar sein muss. Dazu ist es erforderlich, dass SAP-Systeme erkennen, ob ein Beleg im Rahmen eines Konsignationsprozesses entstanden ist, und diese Information im XML korrekt kennzeichnen.

Zur Umsetzung dieser Anforderung wird im Electronic Document Processing Framework das Mapping-Objekt **MM_CONS_TCODES** verwendet. Die Pflege dieses Wertes erfolgt in der Transaktion **/AIF/VMAP**, im Namensraum **/EDHUI**, der der ungarischen eDocument-Lösung zugeordnet ist.

In Abbildung 6.24 ist ersichtlich, dass für den Buchungskreis **2111** die Transaktion **MRKO** eingetragen wurde. **MRKO** ist eine Standardtransaktion in SAP zur Abrechnung von Konsignationsbeständen – also genau jenem Vorgang, der in diesem Kontext überwacht und gemeldet werden muss.

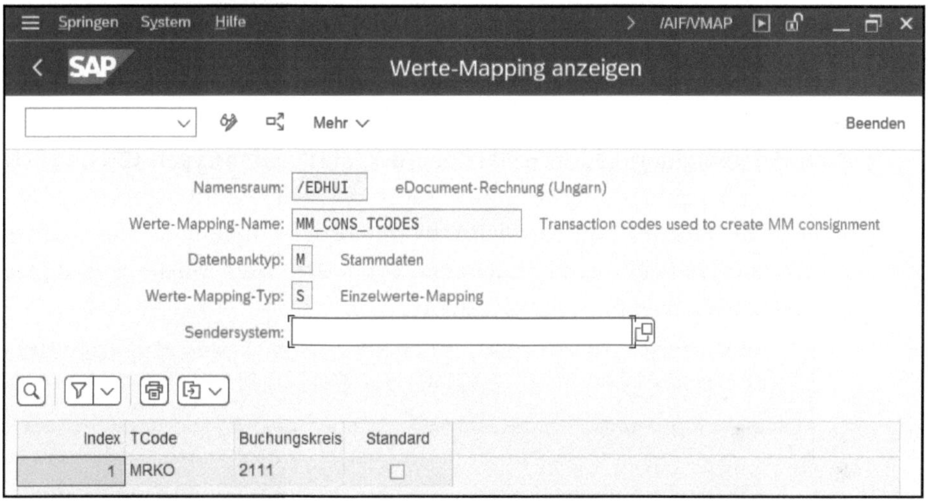

Abbildung 6.24 Transaktionen für MM-Konsignation konfigurieren (Mapping-Objekt »MM_CONS_TCODES«)

Durch dieses Mapping erkennt das System, dass Belege, die über **MRKO** erzeugt wurden, im XML als Konsignationsvorgänge zu behandeln sind. Im technischen Hintergrund wird dadurch der entsprechende XML-Tag gesetzt oder eine logische Unterscheidung im Mapping aktiviert, sodass die Meldung den NAV-Vorgaben entspricht. Die Konfiguration ist notwendig, da SAP standardmäßig keine Unterscheidung für diesen speziellen Belegtyp vornimmt, sondern erst durch das Mapping die semantische Bedeutung aus der Transaktionsverwendung ableitet.

Diese Zuordnung stellt somit einen wichtigen Baustein in der lückenlosen Abbildung von Materialwirtschaftsvorgängen im Rahmen der ungarischen E-Invoicing-Anforderungen dar. Sie sorgt dafür, dass auch SAP-interne Sonderprozesse, wie die Konsignationsabrechnung, nachvollziehbar im XML gekennzeichnet werden und damit den Anforderungen der ungarischen Finanzverwaltung NAV entsprechen.

Free-of-Charge-Positionen

Im Rahmen der ungarischen gesetzlichen Anforderungen zur elektronischen Rechnungsregistrierung an die NAV ist auch die Kennzeichnung von Positionen ohne Berechnung eines Entgelts, sogenannte *Free-of-Charge-Positionen*, ein relevanter Bestandteil der XML-Struktur. Die ungarische Finanzbehörde verlangt, dass solche Positionen eindeutig identifiziert und in der Meldung entsprechend als nicht umsatzsteuerpflichtig deklariert werden. Damit dies systemseitig korrekt abgebildet wird, müssen Positionstypen, die in SAP für kostenlose Lieferungen oder Leistungen verwendet werden, im Electronic Document Processing Framework speziell zugeordnet werden.

Die technische Umsetzung erfolgt über das Mappig-Objekt **ITEM_TYPES_FOC** in der Transaktion **/AIF/VMAP**, im Namensraum **/EDHUI**, der speziell für das ungarische E-Invoicing-Szenario vorgesehen ist.

In der Abbildung 6.25 ist zu erkennen, dass die Positionstypen **KBN** und **KLN** für den Buchungskreis **2111** gepflegt wurden. Beide Positionstypen werden im SAP-Standard typischerweise für Lieferungen ohne Berechnung eines Werts verwendet – etwa im Rahmen von kostenlosen Musterlieferungen, Ersatzteilen oder Bonusgutschriften.

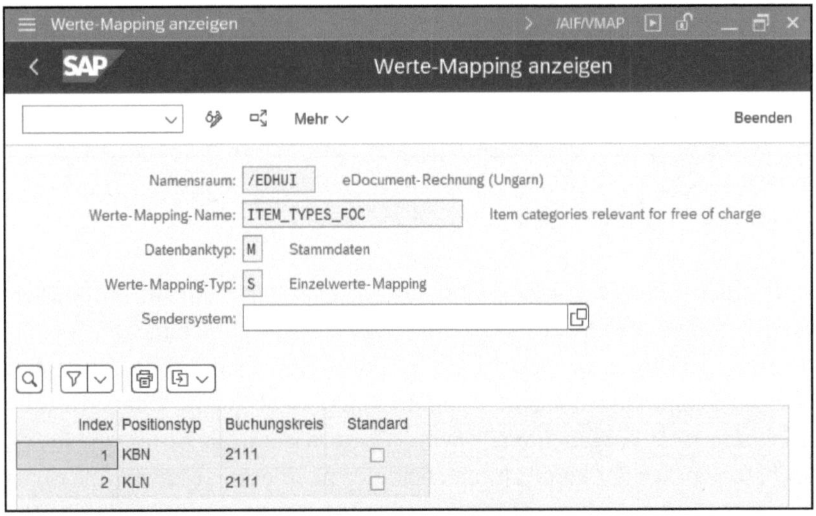

Abbildung 6.25 Positionstypen für Free-of-Charge-Positionen (Mapping-Objekt »ITEM_TYPES_FOC«)

Durch diese Konfiguration erkennt das Electronic Document Processing Framework, dass Positionen mit diesen Typkennzeichen als *free of charge* zu behandeln sind. Daraus resultiert im XML die entsprechende Kennzeichnung, sodass die Position steuerlich neutral bleibt und korrekt als nicht berechnungsrelevant klassifiziert wird. Ohne diese explizite Zuordnung würden solche Positionen unter Umständen fehlerhaft behandelt oder in der NAV-Prüfung als unvollständig bewertet werden.

Das Mapping-Objekt **ITEM_TYPES_FOC** ist daher ein weiterer Bestandteil der länderspezifischen Umsetzung für Ungarn. Es stellt sicher, dass Sonderfälle wie unentgeltliche Leistungen klar erkennbar und formell richtig in der elektronischen Rechnung dargestellt werden – im Einklang mit den Vorgaben der ungarischen Finanzverwaltung.

6.3.3 Auswirkungen auf den SAP Core

Nach erfolgreicher Implementierung der SAP-DRC-Lösung zur elektronischen Rechnungsregistrierung in Ungarn folgt im Projektverlauf die Testphase. In dieser Phase wird geprüft, ob die Systemkonfiguration, das Mapping und die Integration in die betriebswirtschaftlichen Prozesse wie gewünscht funktionieren. Ein Aspekt, der dabei häufig unterschätzt wird, sind die Auswirkungen auf den SAP Core, insbesondere auf die Stammdaten. Denn wenn zugrunde liegende Stammdaten nicht korrekt gepflegt oder unvollständig sind, kann dies zu fehlenden oder fehlerhaften XML-Elementen führen. Dies betrifft vor allem Länder mit proprietären Formaten wie Ungarn, deren Meldelogik über das *NAV-Online-Számla-System* stark reglementiert ist.

Im weiteren Projektverlauf treten dabei regelmäßig Anforderungen zutage, die über reine SAP-DRC-spezifische Konfigurationen hinausgehen und unmittelbare Auswirkungen auf den SAP Core nach sich ziehen. Die Zusammenhänge verdeutlichen wir anhand eines exemplarischen Szenarios in Bezug auf die Stammdatenqualität und den umsatzsteuerlichen Status des Kunden (Customer-VAT-Status) innerhalb der ungarischen Rechnungsregistrierung. Das Szenario beschreiben wir im Folgenden.

Notwendigkeit konsistenter Geschäftspartner-Stammdaten

Im Rahmen der Umsetzung der SAP-DRC-Lösung für Ungarn ist das XML-Feld `<n2:customerVatStatus>` ein kritischer Bestandteil der Rechnungsstruktur gemäß der Spezifikation der ungarischen Steuerbehörde NAV. Dieses Feld gibt Auskunft über den steuerlichen Status des Kunden, also darüber, ob es sich um eine inländische juristische Person (**DOMESTIC**), eine natürliche Person (**PRIVATE_PERSON**) oder eine sonstige Konstellation (**OTHER**) handelt. Sind diese Stammdaten unvollständig oder inkonsistent gepflegt – fehlt etwa die Markierung als natürliche Person oder die ungarische Steuernummer –, wird ein falscher oder leerer Wert übermittelt. Dies führt regelmäßig zur Ablehnung der Rechnung durch das ungarische NAV-System. Eine saubere Systemlogik und Stammdatenpflege sind daher essenziell, um **DOMESTIC**, **PRIVATE_PERSON** und **OTHER** korrekt zu unterscheiden.

Oft sind die relevanten Stammdaten lückenhaft, da Fachabteilungen sie uneinheitlich pflegen. Eine enge Abstimmung zwischen Steuern, Stammdatenmanagement und IT ist notwendig, um durch Pflichtprüfungen und Pflegeprozesse die Datenqualität zu sichern.

Die technische Definition und die zulässigen Werte finden Sie im NAV-Interface-Spezifikationsdokument Version 3.0 (gültig seit März 2025: *http://s-prs.de/v11005021*):

- **DOMESTIC**: Kunde mit ungarischer Steuernummer und ungarischer USt-IdNr. (nicht natürliche Person)
- **PRIVATE_PERSON**: ungarischer Endverbraucher, natürliche Person
- **OTHER**: grenzüberschreitende Fälle oder ungarischer Kunde ohne gültige steuerliche Identifikation

Damit das XML korrekt erzeugt werden kann, muss im SAP-Geschäftspartner-Stammsatz eine eindeutige Unterscheidung dieser drei Fälle möglich sein. Dies erfordert eine korrekte Pflege in der Rolle **Geschäftspartner (allg.)**, insbesondere im Reiter **Identifikation** (siehe Abbildung 6.26).

Abbildung 6.26 Geschäftspartner mit gesetztem Merkmal »natürliche Person«

PRIVATE_PERSON

Sobald im Geschäftspartner das Häkchen der Checkbox **natürliche Person** (Feld **BUT000-NATPERS**) gesetzt ist (siehe Abbildung 6.26), wird in der XML-Datei automatisch der Wert `<n2:customerVatStatus>PRIVATE_PERSON</n2:customerVatStatus>` generiert, siehe Abbildung 6.27.

```
<n2:customerInfo>
 <n2:customerVatStatus>PRIVATE_PERSON</n2:customerVatStatus>
 <n2:customerName>Domestic Customer HU 3</n2:customerName>
 <n2:customerAddress>
  <n1:simpleAddress>
   <n1:countryCode>HU</n1:countryCode>
   <n1:postalCode>2030</n1:postalCode>
   <n1:city>Budapest</n1:city>
   <n1:additionalAddressDetail>Gellért Irodaház 1230</n1:additionalAddressDetail>
  </n1:simpleAddress>
 </n2:customerAddress>
</n2:customerInfo>
```

Abbildung 6.27 Resultierendes XML-Feld: »<n2:customerVATStatus>PRIVATE_PERSON<n2:customerVATStatus>«

DOMESTIC

Liegt ein ungarischer Kunde vor, bei dem sowohl die lokale Steuernummer (Typ **HU1**) als auch die ungarische USt-IdNr. (Typ **HU0**) gepflegt sind und keine natürliche Person markiert ist, wird der Wert **DOMESTIC** abgeleitet, siehe Abbildung 6.28 und das Ergebnis in Abbildung 6.29.

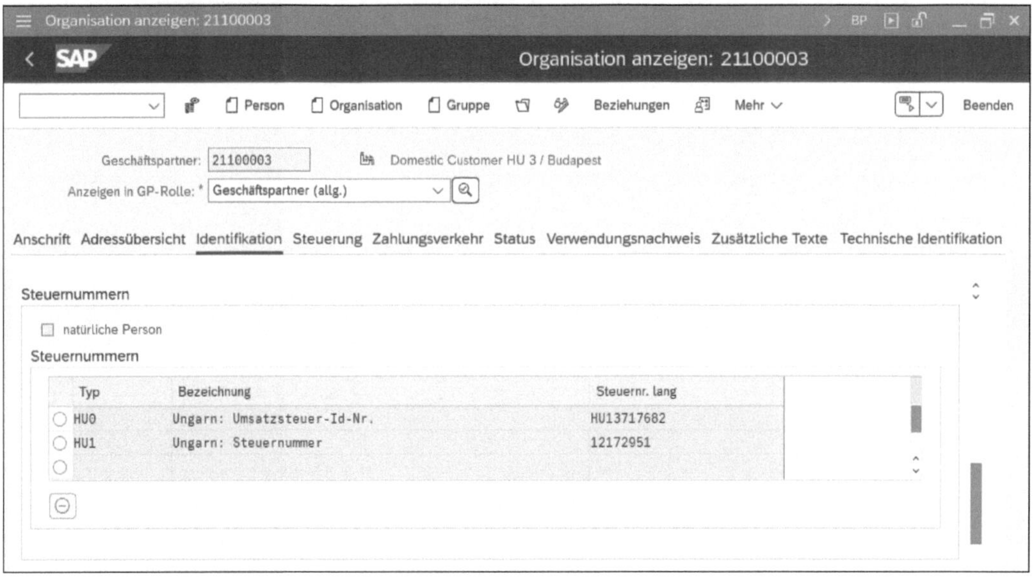

Abbildung 6.28 Geschäftspartner mit gepflegten ungarischen Steuerdaten, keine natürliche Person

```
<n2:customerInfo>
  <n2:customerVatStatus>DOMESTIC</n2:customerVatStatus>
  <n2:customerName>Domestic Customer HU 3</n2:customerName>
  <n2:customerAddress>
    <n1:simpleAddress>
      <n1:countryCode>HU</n1:countryCode>
      <n1:postalCode>2030</n1:postalCode>
      <n1:city>Budapest</n1:city>
      <n1:additionalAddressDetail>Gellért Irodaház 1230</n1:additionalAddressDetail>
    </n1:simpleAddress>
  </n2:customerAddress>
</n2:customerInfo>
```

Abbildung 6.29 Resultierendes XML-Feld: »<n2:customerVATStatus> DOMESTIC<n2:customerVATStatus>«

OTHER

In zwei Fällen muss der Status **OTHER** verwendet werden:

- Grenzüberschreitende Geschäftsvorfälle (etwa bei Rechnungen von HU an RO)
- Inländischer Geschäftspartner ohne vollständige steuerliche Identifikation, also weder **HU0** noch **HU1** gepflegt (siehe Abbildung 6.30 und das Ergebnis in Abbildung 6.31)

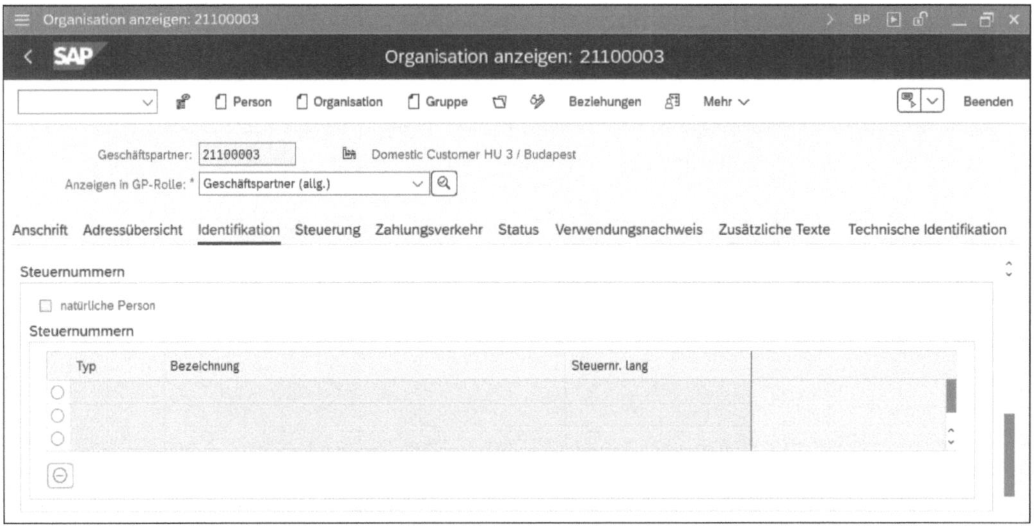

Abbildung 6.30 Inländischer Geschäftspartner ohne vollständige steuerliche Identifikation und nicht als natürliche Person gekennzeichnet

Für die korrekte Generierung des Feldes `<n2:customerVatStatus>` ist die vollständige und konsistente Pflege des Geschäftspartner-Stammsatzes eine zwingende Voraussetzung. Bereits bei der Konzeption der E-Invoicing-Lösung sollte definiert werden, wie die Differenzierung zwischen **PRIVATE_PERSON**, **DOMESTIC** und **OTHER** im SAP Core sichergestellt wird. Dies ist besonders wichtig für B2C-Szenarien in Ungarn, bei denen die Checkbox **natürliche Person** aktiviert sein muss. Wird diese fachliche Logik nicht korrekt umgesetzt, kommt es im Testing oder produktiven Betrieb zu Ablehnungen durch das NAV-Echtzeitmeldesystem, da die XML-Datei nicht den geforderten Strukturvorgaben entspricht.

```
<n2:customerInfo>
  <n2:customerVatStatus>OTHER</n2:customerVatStatus>
  <n2:customerName>Domestic Customer HU 3</n2:customerName>
  <n2:customerAddress>
    <n1:simpleAddress>
      <n1:countryCode>HU</n1:countryCode>
      <n1:postalCode>2030</n1:postalCode>
      <n1:city>Budapest</n1:city>
      <n1:additionalAddressDetail>Gellért Irodaház 1230</n1:additionalAddressDetail>
    </n1:simpleAddress>
  </n2:customerAddress>
</n2:customerInfo>
```

Abbildung 6.31 Resultierendes XML-Feld: »<n2:customerVATStatus>OTHER <n2:customerVATStatus>«

Auswirkungen auf den SAP Core frühzeitig berücksichtigen

Die Implementierung von SAP DRC ist mehr als ein isoliertes Add-on. Es erfordert ein durchdachtes Zusammenspiel von steuerlichen Anforderungen, Stammdatenqualität und Systemlogik im SAP Core. In der Projektpraxis zeigt sich, dass notwendige Anpassungen in der Regel nicht zu Beginn der Implementierung offensichtlich sind. Erst im Rahmen der Testphase, insbesondere bei der Validierung konkreter Geschäftsvorfälle im Rahmen des User Acceptance Tests, treten Schwachstellen in der Stammdatenpflege oder der organisatorischen Abbildung steuerlicher Anforderungen zutage.

Daher sollte bereits in der Konzeptionsphase ein interdisziplinäres Team aus Steuerabteilung, Stammdatenverantwortlichen und IT in die Planung eingebunden werden. Nur so lassen sich potenzielle Auswirkungen auf den SAP Core frühzeitig erkennen und gezielt steuern. Dadurch lassen sich Risiken in der späteren Umsetzungsphase deutlich reduzieren und zugleich die Voraussetzungen für einen stabilen sowie gesetzeskonformen Betrieb schaffen.

E-Rechnungen bei ausländischer Umsatzsteuerregistrierung ohne separaten Buchungskreis

Ein weiteres typisches Szenario ergibt sich, wenn ein Unternehmen in einem EU-Ausland umsatzsteuerlich registriert ist, jedoch keinen eigenen Buchungskreis für diese Registrierung als kleinste organisatorische Einheit im SAP-System führt. Erfolgt keine saubere Trennung nach Steuerkennzeichen, Belegarten oder anderen organisatorischen Merkmalen, besteht die Gefahr einer versehentlichen Mehrfachmeldung, ein relevantes Risiko aus Compliance-Sicht. Die Lösung erfordert eine klare Logik im System und ein

Customizing, das in enger Abstimmung mit der Steuerabteilung und der Business-IT erfolgt.

SAP bietet hierfür bestimmte Standardmechanismen im Electronic Document Processing Framework, die ohne die Anlage weiterer Buchungskreise auskommen. Im Folgenden werden diese Mechanismen erläutert und gezeigt, wie das Customizing im eDocument Cockpit genutzt wird, um Rechnungen nach umsatzsteuerlicher Registrierung zu differenzieren.

Steuerkennzeichen als Kennung der Steuerregistrierung

Ein zentrales Unterscheidungsmerkmal sind die Steuerkennzeichen (*Tax Codes*), die in SAP den Steuerfall (Steuersatz, Steuerart und -land) kennzeichnen. Für jedes Land, in dem der Buchungskreis registriert ist, sollten eigenständige Steuerkennzeichen verwendet werden. Die Verwendung unterschiedlicher Steuerkennzeichen stellt sicher, dass bereits auf Belegebene erkennbar ist, welche ausländische Registrierung betroffen ist. Wichtig ist ferner, die Umsatzsteuer-Identifikationsnummern (USt-IdNr.) des Buchungskreises für alle relevanten Länder im System zu hinterlegen.

Belegarten als Differenzierung

Ein weiterer Mechanismus zur Trennung ist die Verwendung unterschiedlicher Belegarten. In vielen Fällen lässt sich bereits im SD- oder FI-Prozess steuern, welche Art von Beleg für Auslandstransaktionen genutzt wird. So könnte man z. B. für Lieferungen, die unter der USt-IdNr. im Ausland erfolgen, eine abweichende SD-Rechnungsart oder FI-Belegart verwenden. Diese Differenzierung lässt sich im Electronic Document Processing Framework nutzen: Über Customizing-Einstellungen können eDocument-Typen gezielt bestimmten Belegarten zugewiesen werden. Konkret bietet SAP im eDocument Cockpit die Möglichkeit, pro Buchungskreis und Quellbelegtyp mehrere Einträge anzulegen – also etwa zwei verschiedene eDocument-Prozesse für denselben Buchungskreis, getrennt nach Belegart.

Empfehlungen und Best Practices

Abschließend lassen sich aus konzeptioneller Sicht einige Empfehlungen für die Gestaltung der Lösung ableiten:

- **Klares Regelwerk und Dokumentation**

  Legen Sie zu Beginn fest, welches Kriterium primär die Zuordnung steuert – Steuerkennzeichen, Belegart – und bauen Sie alle anderen Entscheidungen darauf auf. Dieses Regelwerk sollte verständlich dokumentiert und allen Beteiligten (Fachabteilung, IT) bekannt sein. Eine klare Entscheidungslogik erleichtert die Umsetzung im System und die zukünftige Wartung.

- **Standard vor Erweiterung**

  Nutzen Sie, soweit möglich, den SAP-Standard (wie Steuerkennzeichen oder Belegart-Zuordnung), bevor Sie zu Erweiterungen wie *Business-Add-In*-Lösungen (BAdI) greifen. Eine im Customizing abgebildete Regel ist grundsätzlich transparenter und updatesicherer als ein kundeneigenes Programm. Beispielsweise kann die Einführung einer separaten Rechnungsbelegart für Auslandsvorgänge den Bedarf an komplexer BAdI-Logik reduzieren.

- **Doppelmeldungen technisch ausschließen**

  Implementieren Sie vorsorglich Sperren gegen doppelte Meldungen. Dies kann z. B. über eine technische Prüfung erfolgen, bevor ein eDocument an die Behörde geschickt wird: Die Logik könnte validieren, dass derselbe Beleg nicht bereits in einem anderen Land gemeldet wurde.

- **Testen mit realistischen Szenarien**

  Führen Sie umfangreiche Tests mit realitätsnahen Geschäftsvorfällen durch. Dazu gehören grenzüberschreitende Lieferungen, Umsätze mit und ohne Steuer, Gutschriften, Stornos etc. Achten Sie besonders auf Grenzfälle: Was passiert etwa, wenn versehentlich zwei Steuerpositionen unterschiedlicher Länder in einem Beleg landen? Wie verhält sich das System, wenn eine neue Steuerart eingeführt wird? Tests sollten idealerweise gemeinsam von IT und Steuerfachleuten durchgeführt werden, um sowohl die technische als auch die steuerliche Richtigkeit zu überprüfen.

Mit diesen Ansätzen lässt sich eine tragfähige Lösung gestalten, die den Spagat zwischen Compliance und Praktikabilität schafft. Die Konzeption einer mehrländerfähigen E-Invoicing-Lösung mittels SAP DRC erfordert zwar anfänglich detaillierte Arbeit, doch durch die Nutzung der beschriebenen Mechanismen kann ein Unternehmen seine umsatzsteuerlichen Registrierungen im Ausland bewältigen. Wichtig ist, die Lösung regelmäßig zu überprüfen und an geänderte Anforderungen anzupassen, um dauerhaft rechtssicher und performant zu bleiben.

6.4 E-Invoicing im Eingangsprozess am Beispiel Deutschland (Peppol)

Bevor die technischen Einstellungen (*Customizing*) für das E-Invoicing im Eingangsprozess vorgenommen werden können, müssen zunächst die vorbereitenden Schritte sowie die initiale Systemkonfiguration aus Abschnitt 6.2, »Vorbereitung und Initialkonfiguration«, abgeschlossen sein.

Wie zu Beginn dieses Kapitels angekündigt, bezieht sich die folgende Ausführung zu den technischen Einstellungen auf das Implementierungsszenario für den Empfang elektronischer Eingangsrechnungen in Deutschland.

Rechtlicher Hintergrund

Die deutsche Gesetzgebung sieht seit 2025 eine verpflichtende Annahme strukturierter elektronischer Rechnungen vor, die sich in einer Übergangsphase bis 2028 schrittweise zu einer verpflichtenden E-Rechnungspflicht im B2B-Bereich weiterentwickeln soll. Grundlage hierfür ist unter anderem das Format *XRechnung* gemäß *EN 16931*, das über interoperable Übertragungswege über das *Peppol-Netzwerk* bereitgestellt werden kann. Unternehmen, die in Deutschland zum Vorsteuerabzug berechtigt sind, müssen daher in der Lage sein, elektronische Rechnungen im strukturierten Format automatisiert entgegenzunehmen, zu verarbeiten und unter Einhaltung steuerlicher Vorgaben aufzubewahren.

eDocument-Anlage und Peppol-Anbindung

Die technische Umsetzung erfolgt im SAP-System auf Basis des Electronic Document Processing Framework. Eingehende strukturierte Rechnungen werden dabei als sogenannte *eDocuments* angelegt und stellen die technische Repräsentation der Rechnungsdaten im System dar. Sie ermöglichen die Validierung und Protokollierung und bilden das Bindeglied zwischen externen Eingangskanälen und der internen Verarbeitung in der Finanzbuchhaltung. Die Integration mit dem Peppol-Netzwerk erfolgt über die *SAP Integration Suite*, in der vorkonfigurierte Integrationsflüsse (*iFlows*) bereitgestellt und aktiviert werden. Diese übernehmen die Kommunikation mit dem *Peppol Access Point* sowie die technische Transformation der empfangenen elektronischen Rechnungsdaten in Richtung SAP DRC.

Customizing über SM30-Views

Das Customizing wird in diesem Kontext überwiegend über Customizing-Views gepflegt, die über die Transaktion **SM30** erreichbar sind. Hier erfolgen unter anderem die Aktivierung relevanter eDocument-Arten, die Definition von Prüfregeln, Statusverläufen und Workflows zur weiteren Verarbeitung. Zusätzlich müssen Mapping-Regeln konfiguriert werden, um die eingehenden XML-Strukturen korrekt in das interne Datenmodell zu übertragen. Die Implementierung dieser Konfiguration erfordert sowohl ein Verständnis der deutschen regulatorischen Rahmenbedingungen als auch der technischen Architektur des Electronic Document Processing Frameworks.

Der folgende Abschnitt führt praxisnah durch die zentralen Customizing-Schritte von der Aktivierung des Szenarios über die Ausgestaltung der Statuslogik bis hin zur Integration über die *SAP Integration Suite* mit dem Ziel, eine automatisierte und rechtskonforme Verarbeitung eingehender strukturierter Rechnungen im deutschen Kontext sicherzustellen.

6.4.1 Arten des Quellbelegs für Buchungskreis aktivieren

Im Rahmen der Implementierung des elektronischen Rechnungsempfangs mit SAP DRC in Deutschland bildet die Aktivierung der Quellbelegarten pro

Buchungskreis einen zentralen Konfigurationsschritt. Diese Einstellung bestimmt, aus welchen Quellprozessen innerhalb eines Buchungskreises eDocuments für den Rechnungseingang erzeugt werden können. Im nationalen Kontext betrifft dies insbesondere die Verarbeitung strukturierter elektronischer Rechnungen nach den Vorgaben der XRechnung.

Im SAP-System erfolgt diese Aktivierung über die Transaktion **SM30** durch Pflege der View-Tabelle **EDOCOMPANYACTIV**. Dabei wird für jeden relevanten Buchungskreis festgelegt, welche Quellbelegarten, wie z. B. Finanzbuchhaltungsbelege (**FI_INVOICE**) oder strukturierte Eingangsdateien aus externen Kanälen (**SRC_FILE**), zur weiteren elektronischen Verarbeitung zugelassen sind. Die Aktivierung selbst erfolgt über das Setzen des Kennzeichens **Aktiv** pro Eintrag. Wichtig ist, dass je Buchungskreis eine konsistente Konfiguration gewählt wird, um Überschneidungen zwischen verschiedenen Quellprozessen zu vermeiden. Eine redundante Aktivierung kann zu Dopplungen in der Verarbeitung und unklaren Zuständigkeiten führen.

Gerade im deutschen Kontext, in dem die Verarbeitung strukturierter Rechnungen über interoperable Netze wie Peppol, aber auch über andere Übertragungskanäle (z. B. EDI oder Providerlösungen) erfolgen kann, spielt die Quellbelegart **SRC_FILE** eine besondere Rolle. Sie bildet die technische Grundlage für den Import strukturierter XML-Daten aus externen Systemen und stellt sicher, dass diese im SAP-System in einem eDocument verarbeitet und revisionssicher gespeichert werden.

Die Abbildung 6.32 zeigt die Aktivierung verschiedener Quellbelegarten für eingehende Rechnungen im Buchungskreis **1010**.

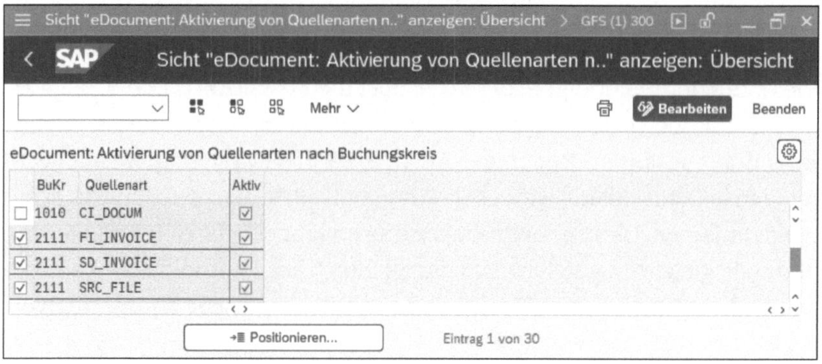

Abbildung 6.32 Quellbelegarten nach Buchungskreisen aktivieren (View »EDOCOMPANYACTIV«)

Aktiviert sind unter anderem **FI_INVOICE** für klassische Buchhaltungsbelege sowie **SRC_FILE** für strukturierte Eingangsdateien. Damit wird definiert, aus welchen Eingangsprozessen im Rahmen des E-Invoicing ein eDocument erzeugt werden darf. Diese Einstellung ist essenziell für die gezielte Verarbeitung elektronischer Eingangsrechnungen im SAP-DRC-Kontext.

6.4.2 Schnittstellentyp für eDocument definieren

Im Rahmen der technischen Umsetzung des elektronischen Rechnungsempfangs mit SAP DRC ist die Definition des Schnittstellentyps für eDocuments ein grundlegender Konfigurationsschritt. Diese Einstellung legt fest, welche technische Integrationslogik das System verwendet, um eingehende strukturierte Rechnungen für einen bestimmten Buchungskreis und eine bestimmte eDocument-Art zu verarbeiten. Der Fokus liegt dabei auf dem Inbound-Szenario für Deutschland, bei dem elektronische Rechnungen im Format XRechnung über das Peppol-Netzwerk empfangen und anschließend systemseitig weiterverarbeitet werden.

Die Schnittstelle bildet das technologische Bindeglied zwischen dem externen Empfangskanal (z. B. Peppol Access Point über SAP Integration Suite) und der internen Verarbeitung im SAP-System. In der Praxis wird hierfür typischerweise der Schnittstellentyp **STANDARD** verwendet, der auf der SAP-Application-Interface-Framework-Technologie basiert. Diese Standardimplementierung stellt sicher, dass eingehende Rechnungen mit den bereitgestellten SAP-iFlows korrekt entgegengenommen, transformiert, validiert und in ein eDocument überführt werden können. Darüber hinaus unterstützt die SAP-Application-Interface-Framework-basierte Architektur auch das Fehlerhandling, die Statusüberwachung und die Integration in bestehende Monitoring-Werkzeuge innerhalb des SAP-Ökosystems.

Die Konfiguration erfolgt in der Regel über die View **EDOINTTYPEV**, die über die Transaktion **SM30** aufgerufen wird. Für jede Kombination aus Buchungskreis und relevanter eDocument-Art (z. B. **DE_INVIN** für eingehende Rechnungen in Deutschland) wird ein Eintrag gepflegt, in dem der Schnittstellentyp definiert ist. Diese gezielte Zuweisung erlaubt eine flexible Erweiterung und stellt gleichzeitig sicher, dass pro Buchungskreis nur solche Dokumentarten verarbeitet werden, für die eine korrekte technische Zuordnung vorliegt.

Für grenzüberschreitende Szenarien, bei denen Rechnungen von ausländischen Geschäftspartnern empfangen werden, sind gegebenenfalls zusätzliche Einträge erforderlich (z. B. **EU_INVIN**), sofern sie in Deutschland registrierungspflichtig sind. Die sorgfältige Pflege dieser Zuordnungen ist entscheidend für die erfolgreiche End-to-End-Verarbeitung eingehender E-Rechnungen und trägt zur Einhaltung der gesetzlichen Anforderungen nach dem deutschen E-Rechnungsstandard bei.

Die Abbildung 6.33 zeigt die zugewiesenen Schnittstellentypen für unterschiedliche eDocument-Arten im Buchungskreis **1010**. Alle Einträge – darunter **DE_INV** für deutsche Ausgangsrechnungen, **DE_INVIN** für eingehende Rechnungen sowie **EU_INV** für grenzüberschreitende Szenarien – sind der Schnittstellenart **Standardimplementierung mit AIF** zugeordnet.

	BuKr	eDocument-Art	Beschreibung der Art	Schnittst.-Typ
☐	1014	EU_CRE	Gutschrift - EU	Standardimplementierung mit AIF
☐	1014	EU_INV	eInvoice - EU	Standardimplementierung mit AIF
☐	2110	HU_CRE	Ungarische Gutschriften	Standardimplementierung mit AIF
☐	2110	HU_DEB	Ungarische Lastschriften	Standardimplementierung mit AIF
☐	2110	HU_INV	Ungarische eInvoice	Standardimplementierung mit AIF
☐	2110	HU_INVIN		AIF-Verwendung für die XML-Erzeugung
☐	2110	HU_INV_COR	Ungarische Rechnungskorrektur	Standardimplementierung mit AIF
☑	2111	HU_CRE	Ungarische Gutschriften	Standardimplementierung mit AIF
☑	2111	HU_DEB	Ungarische Lastschriften	Standardimplementierung mit AIF
☑	2111	HU_INV	Ungarische eInvoice	Standardimplementierung mit AIF
☑	2111	HU_INVIN		AIF-Verwendung für die XML-Erzeugung
☑	2111	HU_INV_COR	Ungarische Rechnungskorrektur	Standardimplementierung mit AIF
☑	2111	RO_CREDB2B		Standardimplementierung mit AIF
☑	2111	RO_CREDB2G		Standardimplementierung mit AIF
☑	2111	RO_INVB2B		Standardimplementierung mit AIF
☑	2111	RO_INVB2G		Standardimplementierung mit AIF
☐	2611	PL_INV	Polen: eInvoice	Standardimplementierung mit AIF
☐	2611	PL_INVIN	Eingeh. eInvoice - Polen	Standardimplementierung mit AIF
☐	2611	PL_INVINCR	Polen: eingeh. RechnKorrekt.	Standardimplementierung mit AIF
☐	2611	PL_INV_COR	Polen: eInvoice-Korrektur	Standardimplementierung mit AIF
☐	2611	PL_KSEF		Standardimplementierung mit AIF
☐	2611	PL_KSEFCOR		Standardimplementierung mit AIF
☐	2611	PL_ZAL		Standardimplementierung mit AIF
☐	2611	PL_ZAL_COR		Standardimplementierung mit AIF
☐	2811	RO_CREDB2B		Standardimplementierung mit AIF
☐	2811	RO_CREDB2G		Standardimplementierung mit AIF
☐	2811	RO_INVB2B		Standardimplementierung mit AIF

Abbildung 6.33 Zuweisung der Schnittstellentypen für eDocumente (View »EDOINTTYPEV«)

Diese Konfiguration legt die technische Verarbeitungslogik innerhalb des SAP Application Interface Frameworks fest und stellt sicher, dass die Verarbeitung eingehender und ausgehender strukturierter Rechnungen auch über dieses Framework erfolgt. Die Einstellung ist zentral, um die automatische Kommunikation mit dem Peppol-Netzwerk abzubilden.

6.4.3 Prozesskommunikation über Cloud-Services definieren

Im Rahmen der elektronischen Rechnungsverarbeitung mit SAP DRC kommt bei der Nutzung der Cloud Edition der korrekten Steuerung der Prozesskommunikation über Cloud-Services eine besondere Bedeutung zu. Diese Konfiguration legt fest, ob für bestimmte eDocument-Prozesse – etwa für den Empfang elektronischer Eingangsrechnungen – die Übertragung der Daten an externe Systeme über Cloud-basierte Kommunikationswege erfolgt. Hintergrund ist, dass bei der Cloud Edition der Empfangsvorgang technisch von der eigentlichen Generierung des eDocuments entkoppelt ist. Um eine doppelte Protokollierung bzw. fehlerhafte Zählung desselben Vorgangs zu vermeiden, muss für jede relevante Kombination aus Buchungskreis und Prozess explizit angegeben werden, dass die Übertragung über einen Cloud-Service erfolgt.

Für das Szenario von Eingangsrechnungen in Deutschland betrifft dies insbesondere den Prozess **DEINVIN** für eingehende strukturierte Rechnungen, etwa aus dem Peppol-Netzwerk. Die Pflege dieser Zuordnung erfolgt über die Transaktion **SM30** in der View **EDOCOMPPROCCOMV**. Pro Buchungskreis und eDocument-Prozess wird ein Eintrag vorgenommen und durch Setzen der Kennzeichnung **Service** aktiviert. Nur so kann sichergestellt werden, dass die Übermittlung korrekt über die SAP DRC, Cloud Edition abgewickelt wird und die technische Nachverfolgbarkeit im SAP Application Interface Framework gewährleistet bleibt. Die Einstellung ist insbesondere bei Cloud-basierten Architekturen mit standardisiertem iFlow-Handling essenziell und bildet eine Voraussetzung für eine saubere Statusführung im System.

Abbildung 6.34 zeigt die Konfiguration der Prozesskommunikation über Cloud-Services im Buchungskreis **1010**. Für mehrere eDocument-Prozesse, darunter insbesondere **DEINVIN** für den elektronischen Rechnungsempfang in Deutschland, ist die Service-Kennzeichnung aktiviert. Dies signalisiert dem System, dass die Übertragung der eDocuments über einen Cloud-basierten Kommunikationskanal erfolgt. Die Einstellung ist essenziell für die saubere Trennung von Generierung und Übermittlung strukturierter Rechnungen im Rahmen der SAP DRC, Cloud Edition und gewährleistet eine konsistente Statusverfolgung innerhalb des SAP Application Interface Frameworks.

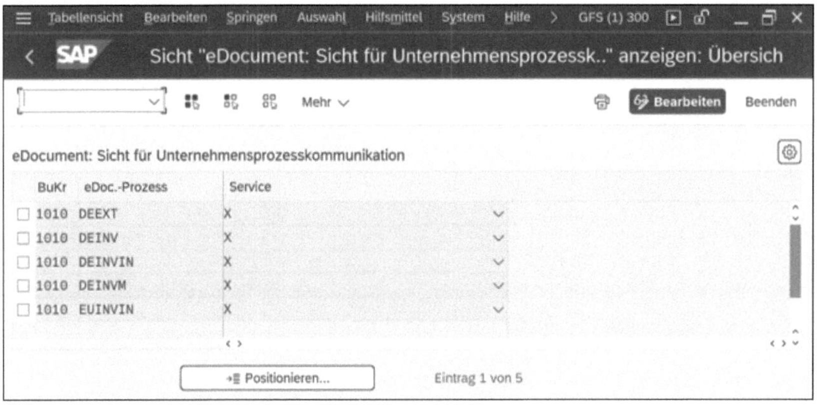

Abbildung 6.34 Pflege der Prozesskommunikation (View »EDOCOMPPROCCOMV«)

6.4.4 Umsatzsteuer-Identifikationsnummer für Buchungskreis pflegen

Im Rahmen des Empfangs strukturierter elektronischer Rechnungen über das Peppol-Netzwerk ist es zwingend erforderlich, dass das empfangende Unternehmen eindeutig identifiziert werden kann. In Deutschland erfolgt diese Identifikation in der Regel über die Umsatzsteuer-Identifikationsnummer (USt-IdNr.). Damit SAP DRC den jeweiligen Buchungskreis korrekt im Peppol-Kontext zuordnen kann, muss die USt-IdNr. in den globalen Parametern des Unternehmens gepflegt sein.

Diese Einstellung erfolgt im Rahmen der Buchungskreis-Konfiguration und ist technisch notwendig, um die Verbindung zwischen dem SAP-System und dem externen Kommunikationskanal sicherzustellen. Über die Transaktion **OBY6** (bzw. Transaktion **SM30** mit View **EDOEUCOMPV** (**Buchungskreis Globale Daten**) wird im Abschnitt **Organisation der Buchhaltung** die USt-IdNr. gepflegt (siehe Abbildung 6.35).

Folglich ist in der View **EDOEUCOMPV** der entsprechende Buchungskreis und die Beteiligten-ID **DE:VAT** zu pflegen (siehe Abbildung 6.36).

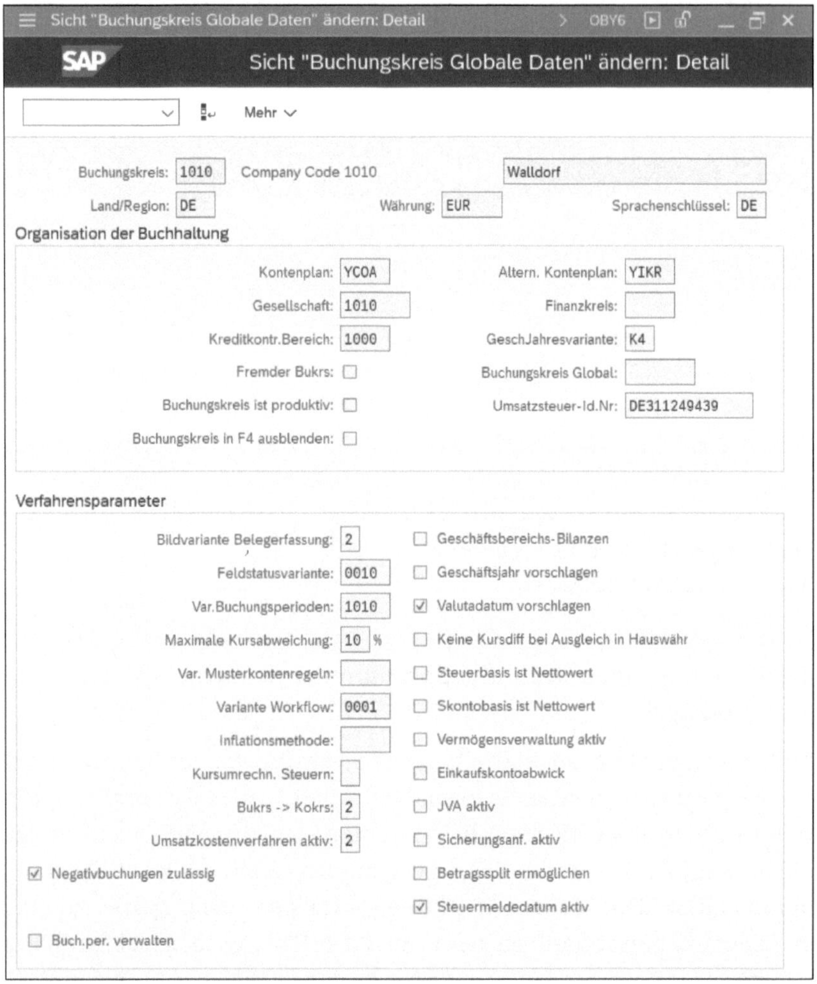

Abbildung 6.35 View »EDOEUCOMPV«

Abbildung 6.36 eDocument EU-ID für Unternehmen pflegen (View »EDOEUCOMPV«)

Diese Maßnahme stellt sicher, dass der Empfang eingehender E-Rechnungen über Peppol nicht an fehlender oder fehlerhafter Unternehmensidentifikation scheitert. Alternativ zur USt-IdNr. kann auch die Leitweg-ID (**DE: LWID**) verwendet werden, was in der Praxis jedoch seltener der Fall ist.

6.4.5 Aktivieren des Business Configuration Sets zum Aktivieren der Rechnungsantwort

Im Rahmen der elektronischen Rechnungsverarbeitung in Deutschland stellt die SAP-Funktion **Rechnungsantwort** (Invoice Response) eine wichtige Erweiterung des Inbound-Szenarios dar. Sie ermöglicht es, dem Absender einer E-Rechnung automatisiert Rückmeldungen über Annahme, Ablehnung oder Klärungsbedarf der empfangenen Rechnung zu übermitteln – ein Schritt, der vor allem im Kontext strukturierter Prozesse wie Peppol an Bedeutung gewinnt. Damit diese Funktion im SAP-System genutzt werden kann, sind vorbereitende Systemaktivitäten erforderlich, insbesondere das Aktivieren von Business Configuration Sets (BC-Sets).

Die Aktivierung erfolgt über die Transaktion **SCPR20**, in der zwei spezifische BC-Sets eingespielt werden müssen: **EDOC_BLR_EU** sowie **EDOC_BLR_DE**. Beide Sets beinhalten vordefinierte Customizing-Einstellungen, die die systemseitige Verarbeitung und Rückmeldung im Rahmen des Rechnungsantwortprozesses ermöglichen. Nach dem Aufruf der Transaktion wird das jeweilige BC-Set eingegeben und die Aktivierung anschließend bestätigt. Voraussetzung für diesen Schritt ist, dass zuvor die relevanten SAP-Hinweise (3328617 – *Electronic Invoice for Peppol Countries/Regions – Invoice Response and Corrections* und 3360733 – *Electronic Invoice for Germany – Peppol Network Exchange: Corrections*) vollständig eingespielt wurden. Diese SAP-Hinweise stellen die technischen Grundlagen für die Funktionalität bereit.

Die Aktivierung dieser BC-Sets bildet die Grundlage dafür, dass eingehende Rechnungen im Rahmen des Electronic Document Processing Framework nicht nur verarbeitet, sondern auch mit einem entsprechenden Rückmeldemechanismus ergänzt werden können. Besonders bei der Integration mit dem Peppol-Netzwerk, das strukturelle Rückmeldungen nach Empfang vorsieht, ist diese Funktion für eine konforme Abwicklung notwendig.

In Abbildung 6.37 ist die Einstiegsmaske der Transaktion **SCPR20** zu sehen mit dem ausgewählten BC-Sets **EDOC_BLR_DE**. Die Aktivierung selbst ist in Abbildung 6.38 zu sehen.

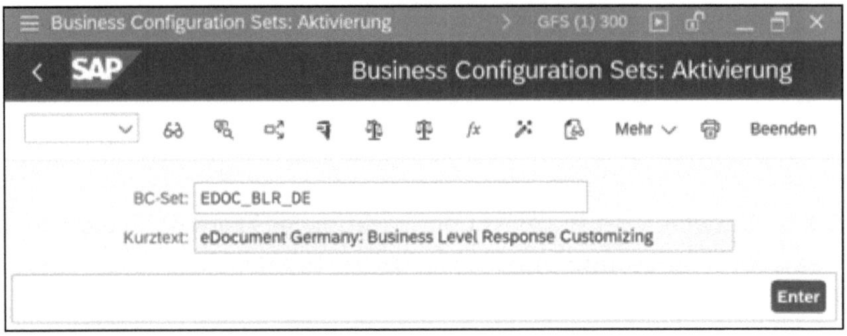

Abbildung 6.37 Transaktion SCPR20: Aktivierung des BC-Sets »EDOC_BLR_DE« zum Aktivieren der Rechnungsantwort

Abbildung 6.38 zeigt das erfolgreich ausgeführte Aktivierungsprotokoll, das die Verarbeitung aller enthaltenen Objekte bestätigt. Die grün markierten Einträge signalisieren, dass die Aktivierung der relevanten Objekte wie Prozessschritte und Statussteuerungen fehlerfrei abgeschlossen wurde. Damit ist das System bereit, strukturierte Eingangsrechnungen zu verarbeiten.

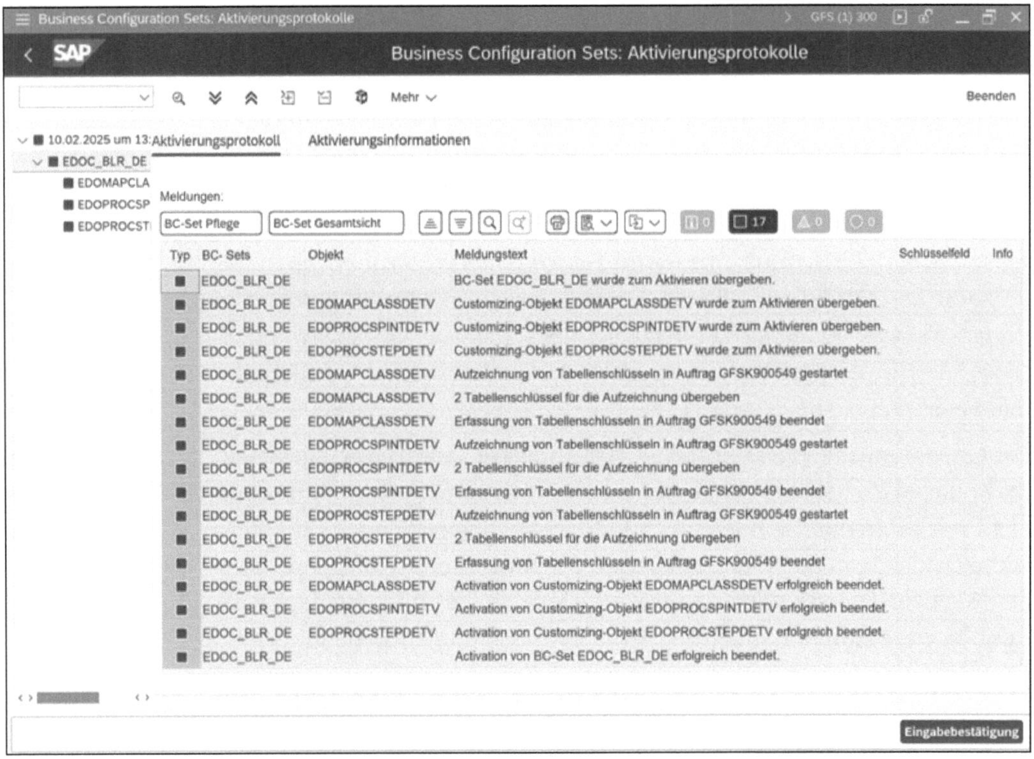

Abbildung 6.38 Aktivierungsprotokoll des BC-Sets »EDOC_BLR_DE«

6.4.6 eDocument-Status zu Prozessstatus zuordnen

Im Rahmen der Implementierung des SAP Application Interface Frameworks für den elektronischen Rechnungsempfang in Deutschland spielt die präzise Zuordnung von eDocument-Status zu Prozessstatus eine entscheidende Rolle für die Transparenz und Effizienz der Verarbeitungsprozesse. Diese Customizing-Aktivität steuert die systemseitige Interpretation des Bearbeitungsstandes eingehender Rechnungen und bildet damit eine zentrale Grundlage für das Monitoring, die Benutzerführung und die automatisierte Folgeprozesssteuerung.

Die Konfiguration erfolgt über die Transaktion **SM30**, mit Pflege der View **EDOMETASTATUSV**. Hierbei wird festgelegt, welche Systemreaktion, etwa **Aktion erforderlich**, **In Bearbeitung** oder **Abgeschlossen**, mit welchem technischen Status eines eDocuments verbunden ist. Besonders im Szenario für den Rechnungseingangsprozess für Deutschland ist dies relevant, da hier verschiedenste Verarbeitungssituationen abgebildet werden müssen, etwa die Initialanlage eines eDocuments, die Aktivierung der Eingangsautomatisierung, das Senden einer Rechnungsantwort oder auch die Annahme bzw. Ablehnung einer Rechnung durch das System.

Darüber hinaus unterscheidet SAP bei der Statusdefinition zwischen einfachen eDocument-Prozessen und solchen mit aktivierter Automatisierung oder Rechnungsantwort-Funktion. Die Statuszuordnung ist daher flexibel ausgestaltbar und muss auf die Prozessarchitektur des Unternehmens abgestimmt werden. Beispielsweise kann der Status **INCOM_ACC** sowohl als **In Bearbeitung** oder als **Abgeschlossen** interpretiert werden – je nachdem, ob die Rechnungsantwort-Funktion im Unternehmen verwendet wird.

Die Definition dieser Statuslogik ist nicht nur aus technischer Sicht essenziell, sondern auch aus prozessualer Perspektive, da sie im eDocument Cockpit unmittelbar die visuelle Rückmeldung an den Endanwender beeinflusst. Sie bildet außerdem die Grundlage für die Integration in Workflows und Eskalationsprozesse. Die Pflege dieser Einstellungen muss daher mit Blick auf die geplanten Verarbeitungsvarianten, die bestehende Systemlandschaft sowie regulatorische Anforderungen erfolgen, insbesondere vor dem Hintergrund zunehmender Automatisierung im Bereich des elektronischen Rechnungsempfangs.

Abbildung 6.39 zeigt die Zuordnung verschiedener eDocument-Status zu den jeweiligen Verarbeitungsstatus im Kontext des E-Invoicing-Prozesses für eingehende Rechnungen im eDocument-Prozess **EUINVIN**. Diese Konfiguration legt fest, wie das System technische Statusmeldungen interpretiert und visuell im SAP DRC Cockpit darstellt, beispielsweise ob ein Dokument **In Bearbeitung**, **Abgeschlossen** oder mit **Aktion erforderlich** markiert wird. Dadurch wird sichergestellt, dass der Bearbeitungsstand eingehender strukturierter Rechnungen jederzeit nachvollziehbar ist und gezielte Maßnahmen durch Fachanwender ausgelöst werden können. Die richtige Pflege dieser Statuszuordnung ist essenziell für die Prozesssteuerung und das Monitoring im Rahmen der digitalen Rechnungsverarbeitung.

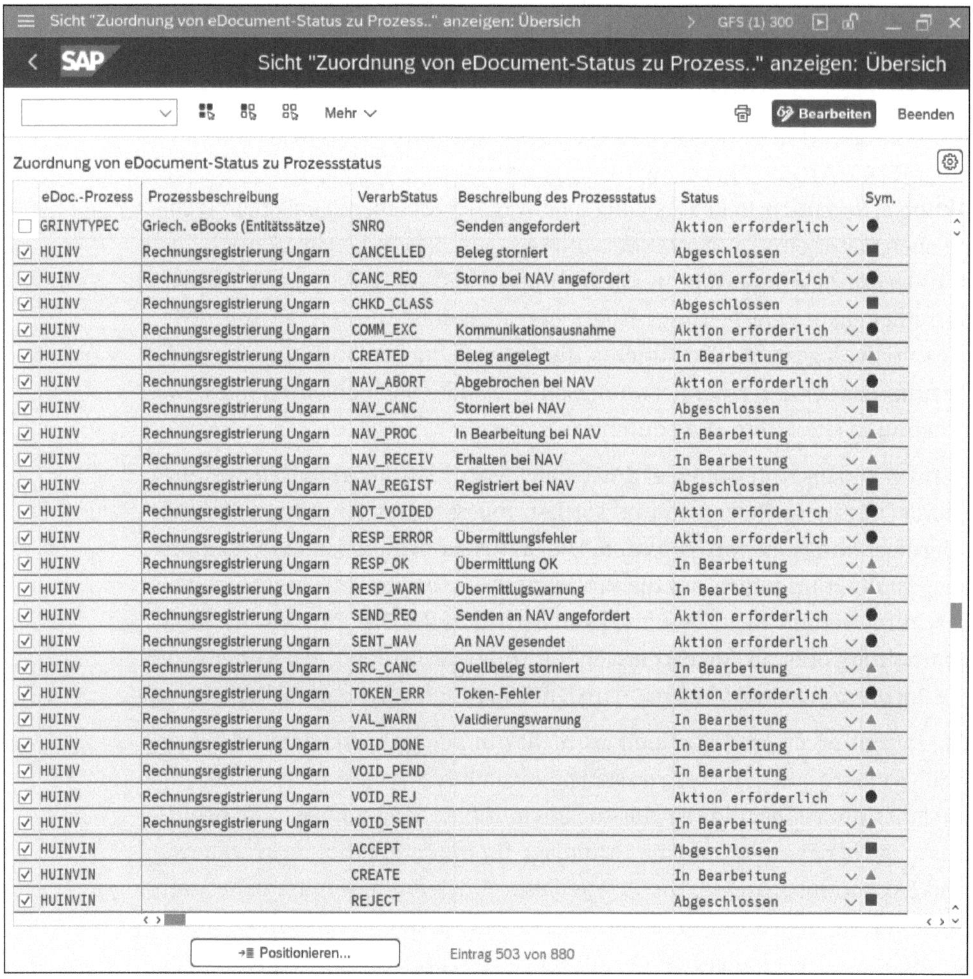

eDoc.-Prozess	Prozessbeschreibung	VerarbStatus	Beschreibung des Prozessstatus	Status	Sym.
GRINVTYPEC	Griech. eBooks (Entitätssätze)	SNRQ	Senden angefordert	Aktion erforderlich	●
HUINV	Rechnungsregistrierung Ungarn	CANCELLED	Beleg storniert	Abgeschlossen	■
HUINV	Rechnungsregistrierung Ungarn	CANC_REQ	Storno bei NAV angefordert	Aktion erforderlich	●
HUINV	Rechnungsregistrierung Ungarn	CHKD_CLASS		Abgeschlossen	■
HUINV	Rechnungsregistrierung Ungarn	COMM_EXC	Kommunikationsausnahme	Aktion erforderlich	●
HUINV	Rechnungsregistrierung Ungarn	CREATED	Beleg angelegt	In Bearbeitung	▲
HUINV	Rechnungsregistrierung Ungarn	NAV_ABORT	Abgebrochen bei NAV	Aktion erforderlich	●
HUINV	Rechnungsregistrierung Ungarn	NAV_CANC	Storniert bei NAV	Abgeschlossen	■
HUINV	Rechnungsregistrierung Ungarn	NAV_PROC	In Bearbeitung bei NAV	In Bearbeitung	▲
HUINV	Rechnungsregistrierung Ungarn	NAV_RECEIV	Erhalten bei NAV	In Bearbeitung	▲
HUINV	Rechnungsregistrierung Ungarn	NAV_REGIST	Registriert bei NAV	Abgeschlossen	■
HUINV	Rechnungsregistrierung Ungarn	NOT_VOIDED		Aktion erforderlich	●
HUINV	Rechnungsregistrierung Ungarn	RESP_ERROR	Übermittlungsfehler	Aktion erforderlich	●
HUINV	Rechnungsregistrierung Ungarn	RESP_OK	Übermittlung OK	In Bearbeitung	▲
HUINV	Rechnungsregistrierung Ungarn	RESP_WARN	Übermittlugswarnung	In Bearbeitung	▲
HUINV	Rechnungsregistrierung Ungarn	SEND_REQ	Senden an NAV angefordert	Aktion erforderlich	●
HUINV	Rechnungsregistrierung Ungarn	SENT_NAV	An NAV gesendet	Aktion erforderlich	●
HUINV	Rechnungsregistrierung Ungarn	SRC_CANC	Quellbeleg storniert	In Bearbeitung	▲
HUINV	Rechnungsregistrierung Ungarn	TOKEN_ERR	Token-Fehler	Aktion erforderlich	●
HUINV	Rechnungsregistrierung Ungarn	VAL_WARN	Validierungswarnung	In Bearbeitung	▲
HUINV	Rechnungsregistrierung Ungarn	VOID_DONE		In Bearbeitung	▲
HUINV	Rechnungsregistrierung Ungarn	VOID_PEND		In Bearbeitung	▲
HUINV	Rechnungsregistrierung Ungarn	VOID_REJ		Aktion erforderlich	●
HUINV	Rechnungsregistrierung Ungarn	VOID_SENT		In Bearbeitung	▲
HUINVIN		ACCEPT		Abgeschlossen	■
HUINVIN		CREATE		In Bearbeitung	▲
HUINVIN		REJECT		Abgeschlossen	■

Positionieren... Eintrag 503 von 880

Abbildung 6.39 eDocument-Status zu Prozessstatus zuordnen (View: »EDOMETASTATUSV«)

6.4.7 Geschäftspartner-Identifikationsarten zu Beteiligten-ID-Typen zuordnen

Im deutschen Kontext der elektronischen Rechnungsverarbeitung über das Peppol-Netzwerk ist die eindeutige Identifikation des Geschäftspartners über die Umsatzsteuer-Identifikationsnummer (USt-IdNr.) ein zentraler Bestandteil. Damit SAP DRC diese Information aus den Geschäftspartner-Stammdaten korrekt erkennen und in das Peppol-konforme Datenformat überführen kann, muss die entsprechende Partner-ID-Art dem Beteiligten-ID-Typ **DE:VAT** zugewiesen werden.

Die Zuordnung erfolgt über die Pflege der View **EDOEUBPIDTYPEV** mittels der Transaktion **SM30**. Dabei wird beispielsweise die Partner-ID-Art **BUP002** (für Umsatzsteuer-ID) mit dem Beteiligten-ID-Typ DE:VAT verknüpft. Diese Beziehung ist notwendig, damit das System weiß, dass es im Rahmen des E-Invoicing-Prozesses die in der Geschäftspartnerrolle hinterlegte USt-IdNr. für den Datenexport ins Peppol-Format heranziehen muss.

Diese Customizing-Einstellung ist insbesondere für den Rechnungsaustausch im B2B-Umfeld relevant, da sie sicherstellt, dass die Geschäftspartneridentifikation konform zu den regulatorischen Anforderungen und technischen Spezifikationen von Peppol erfolgt.

Abbildung 6.40 zeigt die Zuordnung der Geschäftspartner-Identifikationsart zur Beteiligten-ID für die elektronische Rechnungsverarbeitung in Deutschland. Im dargestellten Beispiel wurde der Beteiligten-ID-Typ **DE:VAT** mit der Partner-ID-Art **BUP002** verknüpft. Diese Konfiguration legt fest, dass das SAP-System im Rahmen der eDocument-Verarbeitung die im Geschäftspartner-Stammsatz gepflegte Umsatzsteuer-Identifikationsnummer als Identifikationsmerkmal für den Rechnungsempfänger verwendet. Die Einstellung ist insbesondere für den strukturierten Empfang elektronischer Rechnungen über das Peppol-Netzwerk relevant und trägt zur eindeutigen Adressierung sowie zur korrekten Integration der externen Daten in das interne SAP-DRC-Verarbeitungsszenario bei.

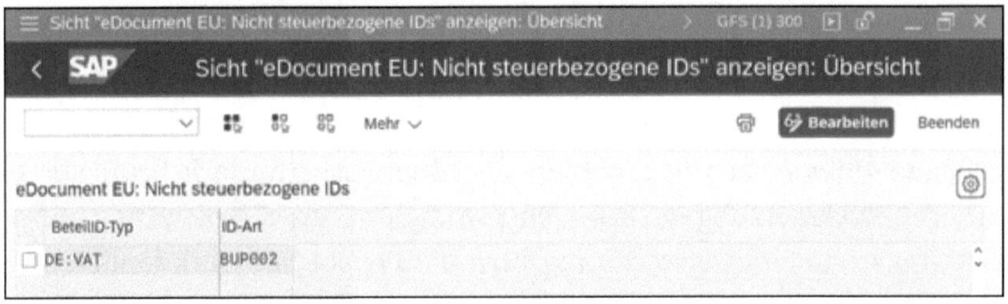

Abbildung 6.40 Geschäftspartner-Identifikationsarten zu Beteiligten-ID-Typen zuordnen (View »EDOEUBPIDTYPEV«)

Alternativ zur USt-IdNr. kann als Beteiligten-ID-Typ auch die *Leitweg-ID* (**DE:LWID**) verwendet werden, was in der Praxis jedoch seltener der Fall ist.

6.4.8 Schnittstellenversion für Rechnungsantwortübermittlung zuordnen

Im Rahmen der Aktivierung der Rechnungsantwortfunktionalität für eingehende elektronische Rechnungen ist die Pflege der entsprechenden Schnittstellen und ihrer Versionen ein zentraler technischer Schritt innerhalb des SAP Application Interface Frameworks. Diese Konfiguration wird über die Transaktion **EDOI** vorgenommen und betrifft die Definition jener eDocument-Schnittstellen, die den Austausch strukturierter Rückmeldungen über das Peppol-Netzwerk ermöglichen.

Für das Szenario der Rechnungsantwort sind zwei spezifische Schnittstellen zu pflegen:

- **UBL_APPL_RESP_REQUEST** für ausgehende Anforderungsnachrichten
- **UBL_APPL_RESP_RESPONSE** für eingehende Antwortnachrichten

Beide Schnittstellen werden jeweils mit der Version 1 als **Originalversion** aktiviert. Diese Konfiguration legt den Grundstein für die Integration des SAP Application Interface Frameworks, das als technologische Basis für die Verarbeitung dieser Nachrichten dient.

Die gepflegten Schnittstellenversionen stellen sicher, dass SAP DRC korrekt zwischen verschiedenen Prozesszuständen unterscheiden und entsprechende Aktionen auslösen kann. Insbesondere im Kontext des deutschen E-Invoicing-Modells, das perspektivisch verstärkt auch auf die strukturierte Rückmeldung bei Eingangsrechnungen setzt, wird diese Konfiguration zunehmend relevanter.

Abbildung 6.41 zeigt die Konfiguration zweier eDocument-Schnittstellen für die Übermittlung von Rechnungsantworten im SAP Application Interface Framework.

Hinterlegt sind die Schnittstellen-IDs **UBL_APPL_RESP_REQUEST** für ausgehende Anforderungsnachrichten sowie **UBL_APPL_RESP_RESPONSE** für eingehende Antwortnachrichten. Diese Zuordnung ist erforderlich, um strukturierte Rückmeldungen, etwa eine Annahme oder Ablehnung einer elektronischen Eingangsrechnung, über das Peppol-Netzwerk senden und empfangen zu können. Die Einrichtung dieser Schnittstellen bildet damit die technische Grundlage für die Verarbeitung von Rechnungsantworten im Rahmen automatisierter Inbound-Prozesse.

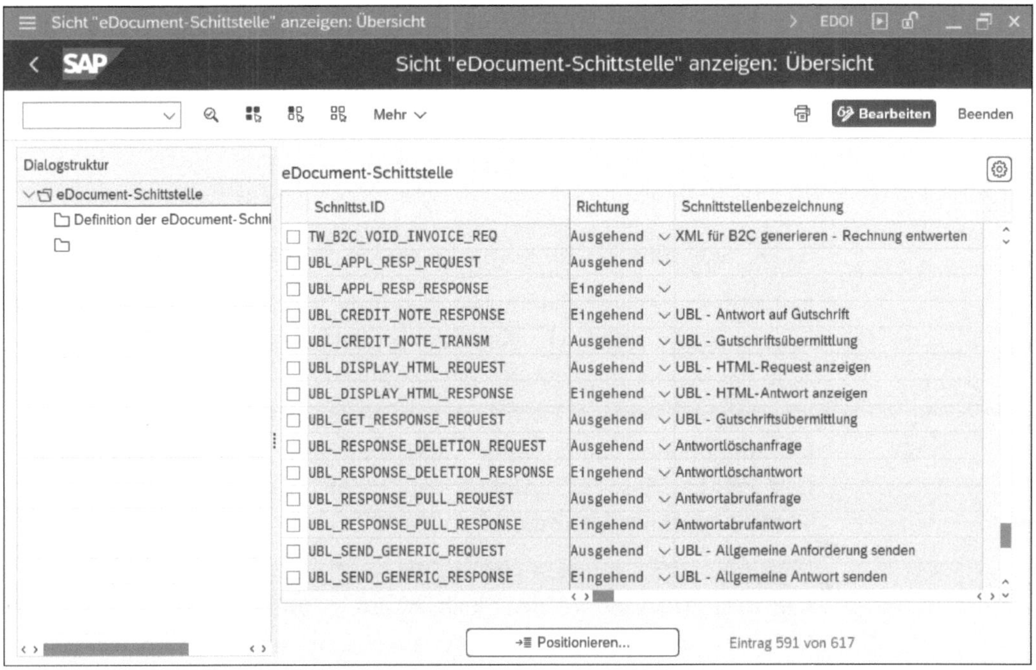

Abbildung 6.41 Transaktion EDOI: eDocument-Schnittstelle pflegen

In Abbildung 6.42 sehen Sie die Versionierung der eDocument-Schnittstelle **UBL_APPL_RESP_RESPONSE** innerhalb der Definition der Schnittstellen-versionen.

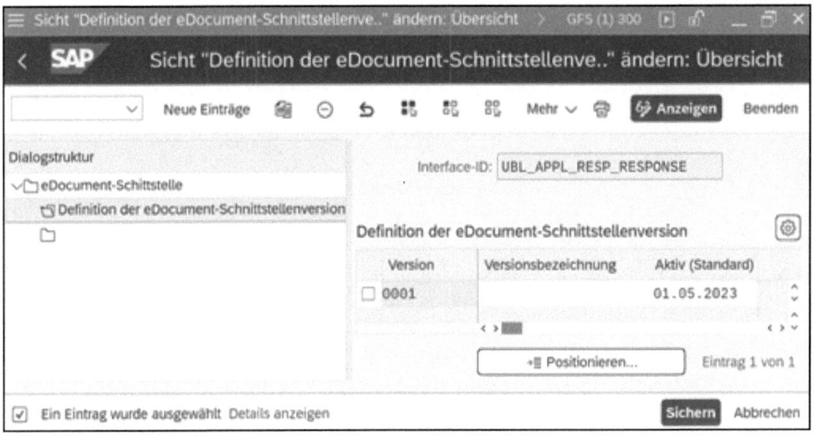

Abbildung 6.42 Darstellung der gepflegten Version, hier 0001 für »Original-version« (eDokumentschnittstelle »UBL_APPL_RESP_RESPONSE«)

Angelegt ist die Version **0001** mit dem **Aktivierungsdatum 01.05.2023** als Standardversion. Diese Einstellung legt fest, welche Version der technischen Schnittstelle für den Empfang strukturierter Rechnungsantworten im Rahmen des SAP-DRC-Prozesses verwendet wird. Die korrekte Zuordnung und Aktivierung der Version stellt sicher, dass eingehende Rückmeldungen im UBL-Format technisch verarbeitet und den eDocuments im System korrekt zugewiesen werden können.

6.4.9 SOA-Services für Kommunikation definieren

Im Rahmen der elektronischen Rechnungsverarbeitung mit SAP DRC, Cloud Edition ist die technische Anbindung über sogenannte *SOA-Services* ein zentraler Bestandteil der Kommunikationsarchitektur. Für die Übertragung und den Empfang von Nachrichten wie beispielsweise Rechnungsantworten müssen die entsprechenden Services systemseitig eindeutig konfiguriert werden. Diese Zuordnung erfolgt im Customizing über die View **EDOSOASERV** mithilfe der Transaktion **SM30**.

Abbildung 6.43 zeigt exemplarisch die Konfiguration des SOA-Service **EU_APP_RESP_TRANSM** für den Buchungskreis **1010**, dem der logische Port **EDO_UBL_APPLICATION_RESPONSE** zugewiesen wurde.

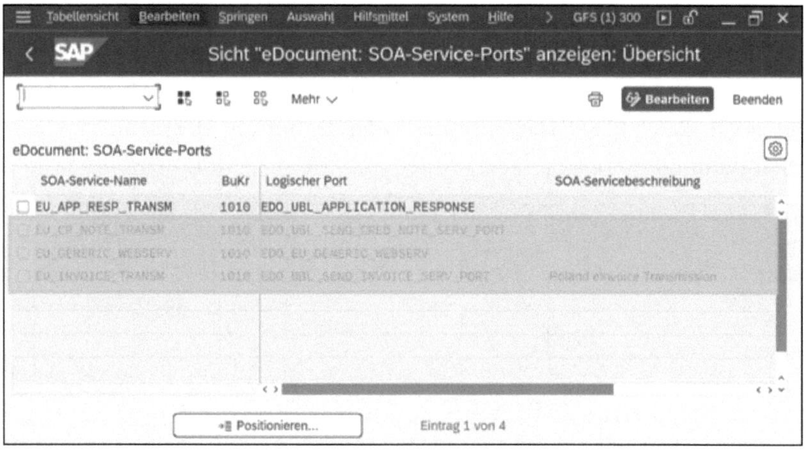

Abbildung 6.43 Pflege der SOA-Service-Ports (View »EDOSOASERV«)

Diese Konfiguration ist notwendig, damit das System eingehende Antworten vom Geschäftspartner technisch korrekt empfangen und weiterverarbeiten kann. Die **SOA-Servicebeschreibung** kann den Anwendungsfall weiter verdeutlichen: Hier handelt es sich um die Übertragung von UBL-Anwendungsantworten im Kontext des Peppol-Netzwerks.

Durch die Verknüpfung des SOA-Service-Namens mit dem entsprechenden logischen Port wird sichergestellt, dass der Nachrichtentransfer über die korrekte technische Route im SAP-System erfolgt. Die Konfiguration ist ein zentraler Bestandteil der Integration in den SAP-DRC-Prozess für elektronische Eingangsrechnungen.

6.4.10 SOA-Services eDocument-Schnittstellen zuordnen

Im Rahmen der technischen Integration für den Empfang und die Verarbeitung elektronischer Eingangsrechnungen ist die Zuordnung von SOA-Services zu den entsprechenden eDocument-Schnittstellen ein wichtiger Schritt. Diese Konfiguration stellt sicher, dass eingehende und ausgehende Nachrichten der Rechnungsantwort korrekt über die definierte Service-Infrastruktur verarbeitet werden können, insbesondere beim Einsatz von SAP DRC, Cloud Edition.

In der Konfiguration in Abbildung 6.44 wurden die Schnittstellen **UBL_APPL_RESP_REQUEST** (ausgehend) und **UBL_APPL_RESP_RESPONSE** (eingehend) dem Service **EU_APP_RESP_TRANSM** zugewiesen. Die Zuordnung erfolgt im Customizing über die View **EDOINTV** (mittels Transaktion **SM30**). Voraussetzung ist, dass die relevanten Schnittstellen im System vorhanden und die SOA-Services bereits gepflegt sind.

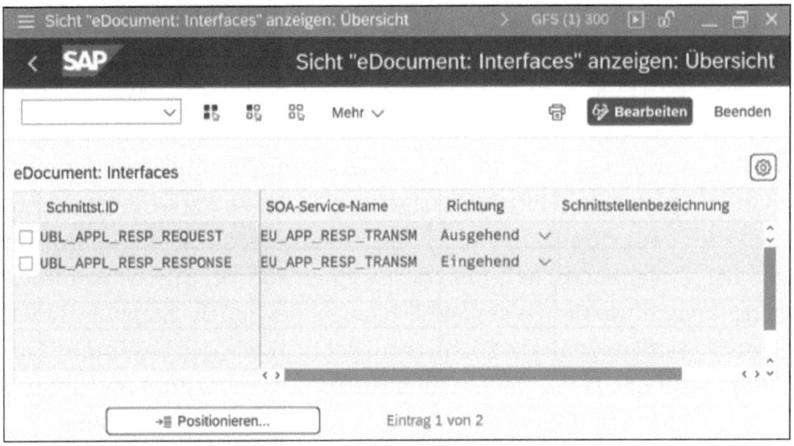

Abbildung 6.44 Pflege der SOA-Services-eDocument-Schnittstellen (View »EDOINTV«)

Durch diese Einstellung wird die technische Verbindung zwischen den SAP-Application-Interface-Framework-Schnittstellen und dem Kommunikationsdienst für die Rechnungsantworten hergestellt. Ein essenzieller Bestandteil für die gesetzeskonforme Rückmeldung an den Rechnungssender im Kontext des deutschen E-Invoicings im Rechnungseingangsprozess.

6.5 Zusammenfassung

Die elektronische Rechnungsstellung mit SAP DRC bildet einen zentralen Baustein für die gesetzeskonforme Abwicklung von E-Invoicing-Geschäftsprozessen im SAP-Umfeld. Das Kapitel verdeutlicht, dass eine Implementierung von SAP DRC E-Invoicing weit über technische Anbindung hinausgeht und sowohl strategische als auch organisatorische Entscheidungen voraussetzt.

Der Einstieg erfolgt mit einer Einordnung der elektronischen Rechnung im globalen wie auch nationalen Kontext. Unterschiedliche regulatorische Anforderungen, etwa durch Peppol, XRechnung oder landesspezifische Meldepflichten, machen eine Analyse vor der eigentlichen Implementierung notwendig. Die methodische Grundlage für die Implementierung stützt sich dabei auf Best Practices aus SAP-Projekten mit Fokus auf die Explore-Phase der SAP-Activate-Methode.

In der Initialkonfiguration steht die technische Grundlage für eine erste Einrichtung der Komponente SAP DRC E-Invoicing im Fokus: Die Implementierung des Electronic Document Processing Frameworks, die Nutzung des SAP Application Interface Frameworks und die Integration von Business Transaction Events ermöglichen die technische Verarbeitung elektronischer Belege. Die Einrichtung der Kommunikation mit externen Systemen sowie die Steuerung über Berechtigungen und Apps sichern den durchgängigen Betrieb.

Besondere Aufmerksamkeit erhalten länderspezifische Implementierungsszenarien: Anhand der Beispiele Ungarn und Deutschland wird aufgezeigt, wie spezifische Customizing-Einstellungen und gesetzliche Anforderungen in die SAP-Systemlandschaft integriert werden können. Hierbei kommen neben Standardfunktionen des SAP DRC auch individuelle Mapping-Tabellen und BC-Sets zum Einsatz. Ebenso wird deutlich, wie sich bestimmte Einstellungen auf das SAP-Core-System auswirken können, etwa im Hinblick auf die Quellbelegsteuerung oder die ID-Vergabe für Geschäftspartner.

Abschließend lässt sich festhalten, dass die erfolgreiche Einführung von SAP DRC für E-Invoicing eine enge Zusammenarbeit von Fachbereich, IT und externen Beratern erfordert. Die Kombination aus strukturiertem Projektvorgehen, detailliertem Customizing und kontinuierlicher Wartung der länderspezifischen SAP-Hinweise ist essenziell, um die regulatorische Konformität sicherzustellen und betriebliche Effizienz zu gewährleisten.

Kapitel 7
E-Invoicing einsetzen

Sie erhalten einen praxisnahen Einblick in die elektronische Rechnungsverarbeitung mit SAP DRC. Im Zentrum steht die strukturierte Umsetzung sowohl debitorischer Ausgangsrechnungen als auch kreditorischer Eingangsrechnungen.

In diesem Kapitel befassen wir uns mit der konkreten fachlichen und funktionalen Umsetzung der elektronischen Rechnungsverarbeitung im SAP-System. Wir zeigen, wie SAP DRC Unternehmen dabei unterstützt, sowohl ausgehende Debitorenrechnungen als auch eingehende Kreditorenrechnungen strukturiert, gesetzeskonform und systemgestützt zu verarbeiten. Dabei beleuchten wir nicht nur die regulatorischen Rahmenbedingungen, sondern auch die End-to-End-Prozesse im SAP Core. Diese Grundlagen dienen als Ausgangspunkt für ein tieferes Verständnis der technischen Architektur und der praktischen Einsatzmöglichkeiten von SAP DRC im Kontext des elektronischen Rechnungsaustauschs.

In Abschnitt 7.1 besprechen wir die Rahmenbedingungen, die für die elektronische Rechnungsstellung notwendig sind. Anschließend wenden wir uns in Abschnitt 7.2 dem Versand von E-Rechnungen zu, beginnend mit der Erzeugung eines eDocuments aus dem Quellbeleg über die technische Aufbereitung, Signatur und Authentifizierung bis hin zur Übermittlung an externe Plattformen, zur Rückmeldung der Bestätigung und zur Archivierung. In Abschnitt 7.3 folgt der Empfang von E-Rechnungen, der die Zustellung und Integration eingehender Rechnungen beschreibt sowie deren Validierung, Signaturprüfung und Protokollierung und die Transformation ins eDocument-Format ebenso wie die anschließende Buchung und Aufbewahrung und schließlich das Monitoring und Reporting. In Abschnitt 7.4 stehen die SAP-Fiori-Apps für SAP DRC E-Invoicing im Mittelpunkt. Hier werden insbesondere das eDocument Cockpit sowie die App **Elektronische Belege verwalten** vorgestellt, die für Transparenz, Kontrolle und operative Steuerung der elektronischen Rechnungsverarbeitung sorgen.

7.1 Rahmenbedingungen der elektronischen Rechnungsstellung

Die elektronische Rechnungsstellung (E-Rechnung) ist ein zentraler Bestandteil der fortschreitenden Digitalisierung im öffentlichen und privaten Sektor. Sie bietet nicht nur Effizienzgewinne für Unternehmen und Verwaltungen, sondern bildet auch die Grundlage für moderne steuerliche Kontrollmechanismen. Innerhalb Europas wurde die rechtliche und technische Standardisierung durch die CEN-Norm EN 16931 maßgeblich vorangetrieben. In Deutschland konkretisiert das Wachstumschancengesetz diese Entwicklungen mit weitreichenden Vorgaben für Unternehmen.

EU-Standardisierung mit EN 16931

Die *CEN-Norm EN 16931* definiert das semantische Datenmodell für elektronische Rechnungen innerhalb der EU. Sie legt fest, welche Inhalte eine konforme E-Rechnung enthalten muss, etwa Angaben zu Rechnungssteller, Leistungsempfänger, Lieferdatum, Steuersätzen und Zahlungsbedingungen. Ziel ist die Interoperabilität strukturierter Rechnungen über nationale Grenzen hinweg. Deutschland setzt diese Norm in Form der sogenannten *XRechnung* um, die insbesondere im öffentlichen Sektor bereits verpflichtend ist.

Über die bloße Digitalisierung von Rechnungen hinaus rückt in vielen Ländern die steuerliche Überwachung von Transaktionen in Echtzeit in den Fokus. Hier kommt das E-Reporting ins Spiel: Unternehmen übermitteln dabei strukturierte Rechnungsdaten zusätzlich oder parallel an die Finanzbehörde. Ziel ist es, Mehrwertsteuerbetrug zu verhindern, Transparenz zu erhöhen und den Prüfaufwand für die Verwaltung zu reduzieren. Innerhalb Europas kristallisieren sich dabei zwei konzeptionelle Modelle heraus: das V-Modell und das Y-Modell.

V-Modell: Zentrale Übermittlung

Das *V-Modell* (auch bekannt als *direktes Modell* oder *Verbindungsmodell*), basiert auf einer zentralen staatlichen Plattform, über die der gesamte Rechnungsaustausch läuft (siehe Abbildung 7.1). Die elektronische Rechnung wird dabei nicht direkt an den Kunden gesendet, sondern zunächst an eine staatlich betriebene Plattform übermittelt.

Die staatliche Plattform empfängt die elektronischen Rechnungsdaten vom Lieferanten und prüft die Inhalte, etwa auf formale Korrektheit und steuerliche Angaben, und leitet die E-Rechnung anschließend an den Empfänger (Kunde) weiter. Der Staat ist somit aktiv in den Rechnungsaustausch eingebunden und erhält automatisch alle relevanten Transaktionsdaten nahezu in Echtzeit. Ein solches System, wie es beispielsweise in Italien mit dem *Sistema di Interscambio* (*SdI*) bereits flächendeckend umgesetzt ist, ermöglicht eine effektive Betrugsprävention, erfordert jedoch auch eine leistungsfähige und sichere technische Infrastruktur aufseiten der öffentlichen Verwaltung und der Unternehmen.

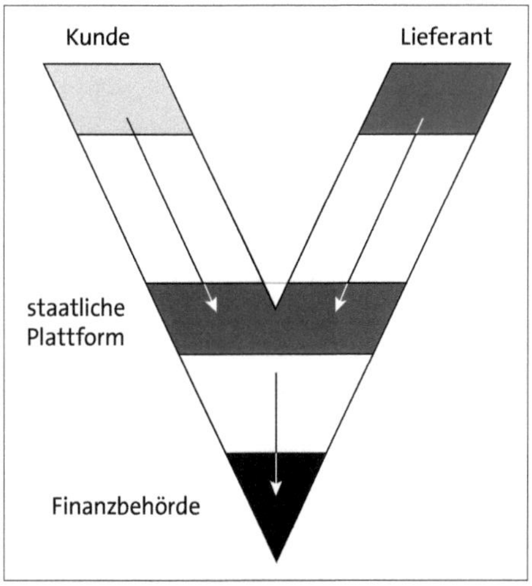

Abbildung 7.1 V-Modell für den elektronischen Rechnungsaustausch

Y-Modell: Dezentrale Übermittlung

Demgegenüber erlaubt das *Y-Modell* (auch *interoperables Modell* oder *Peppol-Modell* genannt) einen direkteren Weg über eine dezentrale Architektur: Die elektronische Rechnung wird wie bisher unmittelbar zwischen den Geschäftspartnern über Access Points ausgetauscht (siehe Abbildung 7.2). Zusätzlich wird jedoch eine strukturierte Kopie oder ein Datensatz mit den wesentlichen Rechnungsinformationen an die Finanzbehörde übermittelt.

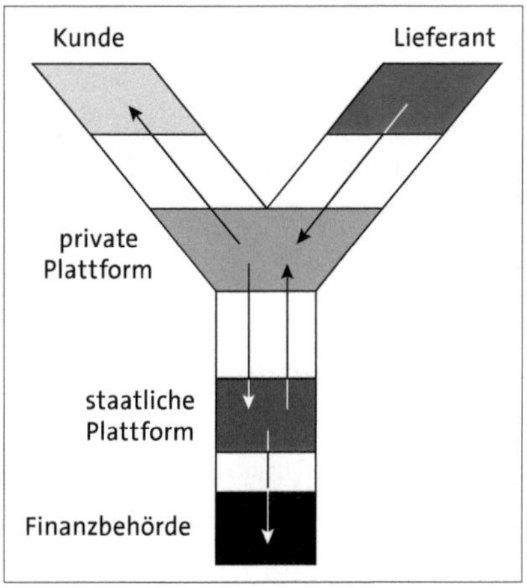

Abbildung 7.2 Y-Modell für den elektronischen Rechnungsaustausch

In diesem Modell ist der Staat nicht aktiv in den Rechnungsfluss involviert, erhält aber dennoch Zugriff auf die für die Umsatzsteueraufsicht relevanten

Daten. Dieses Modell ist deutlich flexibler und leichter in bestehende Unternehmensprozesse integrierbar. Es bietet sich daher insbesondere für Länder an, die ein flächendeckendes System mit geringeren Eingriffen in den operativen Geschäftsbetrieb realisieren möchten. Frankreich und Belgien haben sich für ein solches Modell entschieden, ebenso wie Deutschland, das im Zuge des Wachstumschancengesetzes eine ähnliche Systemarchitektur vorbereitet.

CTC: Echtzeitkontrolle durch die Finanzbehörde

Eng verknüpft mit der Wahl des E-Reporting-Modells ist die Frage nach dem Zeitpunkt und dem Grad staatlicher Kontrolle – hier wird zwischen Continuous Transaction Controls (CTC) und Post-Audit Transaction Controls (PTC) unterschieden. Bei *CTC-Modellen* findet eine kontinuierliche, meist in Echtzeit erfolgende Datenübermittlung an die Steuerbehörde statt. Eine Rechnung darf häufig erst dann an den Kunden versendet werden, wenn sie zuvor durch eine staatliche Instanz geprüft oder freigegeben wurde. Diese Modelle ermöglichen eine lückenlose Kontrolle und einen hohen Grad an Steuertransparenz. Sie gehen jedoch mit erheblichen technischen und prozessualen Anforderungen einher und setzen eine stabile digitale Infrastruktur voraus. CTC-Systeme sind häufig mit dem V-Modell verknüpft, da die zentrale Plattform eine Vorabprüfung der Rechnung in Echtzeit ermöglichen kann.

PTC: Nachgelagerte Prüfung durch Steuerbehörden

PTC-Systeme hingegen orientieren sich stärker an den bestehenden Geschäftsprozessen und lassen die Prüfung durch die Steuerbehörden erst im Nachhinein zu. Die Rechnungen werden frei zwischen den Geschäftspartnern ausgetauscht, und die Finanzverwaltung greift erst später auf die Daten zu – beispielsweise im Rahmen von Umsatzsteuer-Voranmeldungen, Betriebsprüfungen oder Steuererklärungen. Diese Form der nachgelagerten Kontrolle war über viele Jahre hinweg in Deutschland der Standard und ist auch heute noch in vielen europäischen Ländern verbreitet. Allerdings bieten PTC-Modelle naturgemäß eine geringere Prävention gegenüber Steuerbetrug und ein niedrigeres Maß an Echtzeittransparenz.

Deutschland setzt auf stufenweise Einführung

In Deutschland wurde die gesetzliche Grundlage für den flächendeckenden Einsatz der E-Rechnung im *B2B-Bereich* mit dem Wachstumschancengesetz geschaffen, das im März 2024 verabschiedet wurde. Es enthält verbindliche Regelungen zur Einführung der elektronischen Rechnungspflicht und markiert einen bedeutenden Wendepunkt im digitalen Steuer- und Rechnungswesen. Die Umsetzung erfolgt gestaffelt und begann am 1. Januar 2025 mit der Pflicht für alle Unternehmen, elektronische Rechnungen empfangen zu können. Seit diesem Zeitpunkt müssen alle rechnungsstellenden Unternehmen in der Lage sein, strukturierte elektronische Rechnungen gemäß EN 16931 anzunehmen und zu verarbeiten. Der Rechnungsempfänger hat fortan das Recht, die Annahme von Papierrechnungen oder nicht strukturierten PDF-Rechnungen abzulehnen.

Pflicht zur E-Rechnung in Deutschland ab 2027

Zum 1. Januar 2026 wird die E-Rechnungspflicht für Unternehmen mit einem Jahresumsatz von mehr als 800.000 Euro im Vorjahr verpflichtend. Diese Unternehmen sind dann gesetzlich verpflichtet, ihre Rechnungen im B2B-Bereich ausschließlich in elektronischer Form auszustellen. Unternehmen unterhalb dieser Umsatzgrenze dürfen im Jahr 2026 noch wahlweise zwischen elektronischer und herkömmlicher Rechnung wählen, um eine schrittweise Umstellung zu ermöglichen.

Die vollständige Verpflichtung zur elektronischen Rechnungsstellung tritt schließlich am 1. Januar 2027 in Kraft. Ab diesem Zeitpunkt gilt die Pflicht zur Ausstellung strukturierter elektronischer Rechnungen für alle Unternehmen im B2B-Bereich – unabhängig von Größe oder Umsatz. Diese Rechnungen müssen dem europäischen Standard *EN 16931* entsprechen, wodurch auch die Interoperabilität auf europäischer Ebene sichergestellt wird.

Hybrides Modell

Das Wachstumschancengesetz bildet damit nicht nur die rechtliche Grundlage für die verpflichtende elektronische Rechnungsstellung, sondern bereitet zugleich den Weg für ein künftiges nationales E-Reporting-System vor. Auch wenn derzeit noch kein konkreter Starttermin für ein verpflichtendes Meldesystem genannt wurde, deutet die Systemarchitektur auf ein *Y-Modell* mit *CTC-Elementen* hin. Deutschland würde sich damit im internationalen Vergleich in Richtung eines hybriden Ansatzes bewegen, der den freien Rechnungsaustausch beibehält, gleichzeitig aber eine strukturierte, zeitnahe Übermittlung steuerlich relevanter Daten an die Finanzverwaltung vorsieht.

Die elektronische Rechnung wird somit zum Kerninstrument der digitalen Steuertransparenz – ein Instrument, das in den kommenden Jahren weiter an Bedeutung gewinnen wird.

7.2 Versand von E-Rechnungen

Ausgangsrechnungen mit SAP DRC

Die elektronische Übermittlung von Ausgangsrechnungen mit SAP DRC bildet die Grundlage für eine rechtssichere, standardisierte und automatisierte Rechnungsstellung im internationalen Kontext. Der Prozess beginnt mit der Erstellung eines Quellbelegs im SAP-System – typischerweise im SD- oder FI-Modul – und mündet in der strukturierten Ausleitung eines gesetzeskonformen elektronischen Rechnungsformats.

SAP DRC übernimmt hierbei die zentrale Steuerung: vom Mapping und der Validierung über die Transformation in ein empfängerabhängiges Format (z. B. Peppol BIS, FatturaPA, ZUGFeRD) bis hin zur qualifizierten Signatur, sicheren Übertragung und gesetzeskonformen Archivierung. Der Versandprozess wird durchgängig protokolliert und ist vollständig in das SAP-eigene eDocument Framework eingebettet.

Die folgenden Abschnitte beschreiben die zentralen Verfahrensschritte im Detail:

- Die Erzeugung eines eDocuments aus einem SD- oder FI-Quellbeleg erläutern wir in Abschnitt 7.2.1.
- Die technische Aufbereitung, Transformation und Formatierung des Dokuments behandeln wir in Abschnitt 7.2.2.
- Anforderungen an digitale Signaturen und Authentifizierungsmechanismen stellen wir in Abschnitt 7.2.3 dar.
- Den Versandprozess über Plattformen und Netzwerke wie Peppol oder landesspezifische Gateways erklären wir in Abschnitt 7.2.4.
- Die Verarbeitung und Dokumentation von Rückmeldungen durch Empfängerplattformen erläutern wir in Abschnitt 7.2.5.
- Die revisionssichere Archivierung des Originals sowie der Prozessdokumentation ist Gegenstand von Abschnitt 7.2.6.

Diese strukturierte Ausrichtung auf End-to-End-Automatisierung stellt sicher, dass Ausgangsrechnungen nicht nur effizient, sondern auch formal korrekt, rechtssicher und international anschlussfähig übermittelt werden. Unternehmen können so die Compliance-Vorgaben der jeweiligen Zielländer erfüllen und gleichzeitig ihre internen Abwicklungsprozesse standardisieren.

7.2.1 Vom Quellbeleg zum eDocument

Erstellung des Quellbelegs

Die Erstellung einer Rechnung bildet den fundamentalen Ausgangspunkt für den elektronischen Fakturierungsprozess innerhalb von SAP DRC. Sie erfolgt im SAP-System entweder auf Basis einer Faktura (Transaktion: **VF01**) im Vertriebsmodul (SAP SD) oder einer Debitorenrechnung (Transaktion: **FB70**) im Finanzbuchhaltungsmodul (SAP FI) und stellt den sogenannten *Quellbeleg* dar. Dieser enthält alle geschäftsrelevanten Daten, die anschließend in ein elektronisches Format überführt und versendet werden (siehe Abbildung 7.3).

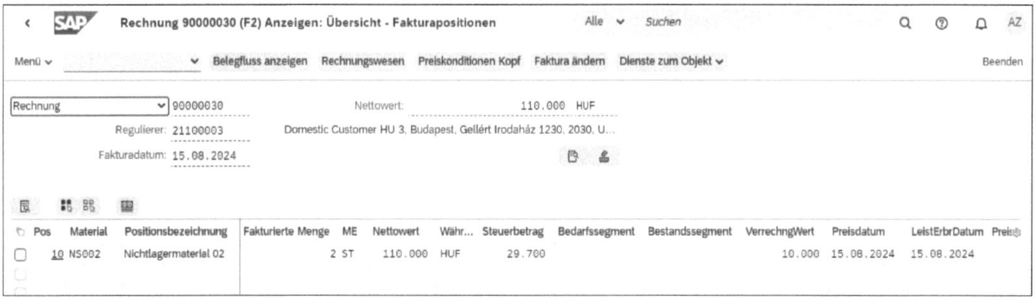

Abbildung 7.3 Beispielhafter Quellbeleg (Faktura im Vertriebsmodul (SAP SD)

Bedeutung der Datenqualität

Ein zentraler Faktor für eine reibungslose Verarbeitung ist die Datenqualität, sowohl im Bereich der Stammdaten des zentralen Geschäftspartners (z. B. vollständige Kundenadressen, USt-IdNr., Peppol-IDs, Zahlungsbedingungen) als auch bei den transaktionalen Daten (z. B. korrekte Beträge, Steuerkennzeichen, Referenznummern). Unvollständige oder fehlerhafte Angaben führen häufig zu Validierungsfehlern beim späteren Versandprozess – insbesondere bei formalen Prüfungen durch Empfängerplattformen oder des Peppol Access Points.

Generierung des eDocuments

Nach der SD-/FI-Belegerstellung wird aus dem Quellbeleg ein eDocument generiert, das im eDocument Cockpit überwacht werden kann (siehe Abbildung 7.4). Dieses strukturierte Objekt bildet die technische Grundlage für den weiteren Prozessverlauf. Über das eDocument Cockpit erfolgt auch das Monitoring der jeweiligen E-Rechnung inklusive Statusverfolgung (z. B. **Senden angefordert**, **Gesendet**, **Fehler**) und Fehlermanagement (z. B. bei XML-Fehlern oder Formatverstößen). So lassen sich Probleme frühzeitig erkennen und gezielt korrigieren.

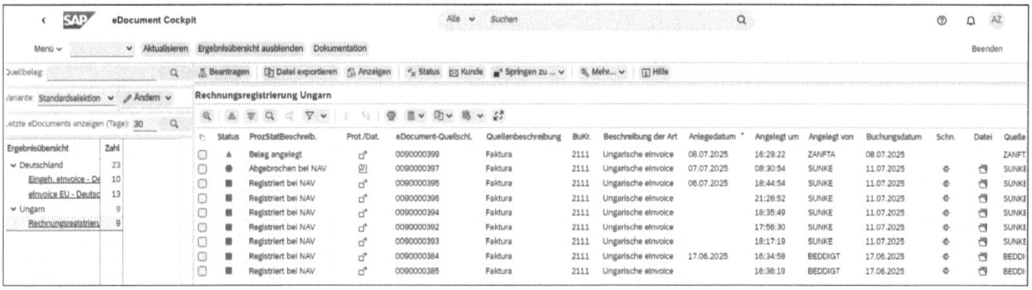

Abbildung 7.4 eDocument Cockpit für die zentrale Überwachung von elektronischen Rechnungen

Externes Werte-Mapping

Von zentraler Bedeutung für den Ausgang elektronischer Rechnungen ist das externe Werte-Mapping, also die technische Transformation der SAPinternen Datenstruktur in das geforderte E-Rechnungs-Zielformat des jeweiligen Landes (z. B. XRechnung, FatturaPA, UBL). Dieses Mapping ist Teil des Customizings (externes Werte-Mapping) und wird in Abschnitt 6.3.2, »Spezifisches Customizing: Externes Werte-Mapping«, beleuchtet. Alle relevanten Felder einer E-Rechnung müssen korrekt zugewiesen werden, um eine verlustfreie und gesetzeskonforme Konvertierung sicherzustellen.

Bedeutung von Mapping und Datenqualität

Die Qualität des Mappings sowie die Verlässlichkeit der Daten aus dem Ursprungsbeleg entscheiden somit maßgeblich darüber, ob die E-Rechnung erfolgreich verarbeitet, übermittelt und vom Empfänger akzeptiert wird. Der gesamte Ablauf von der Rechnungserstellung bis zur Übertragung ist daher nicht nur ein fachlicher Prozess, sondern auch technisch und regulatorisch eng gesteuert.

7.2.2 Technische Aufbereitung des eDocuments

Die technische Aufbereitung eines eDocuments umfasst zwei wesentliche Phasen: die Transformation und die Formation. Diese Unterscheidung beschreibt zwei klar voneinander abgegrenzte, systemtechnisch relevante Verarbeitungsschritte innerhalb der SAP-DRC-Architektur.

Transformation: Von SAP-Quellbeleg zum strukturierten Zieldatensatz

Die *Transformation* stellt den ersten technischen Schritt dar. Sie überführt Daten aus einem SAP-Quellbeleg, beispielsweise einer SD-Faktura (Fakturabelegtyp RV), in ein semantisch strukturiertes Format. Diese Daten beinhalten u. a. Kopf- und Positionsdaten, Beträge, Steuerkennzeichen, Kundennummern sowie Zusatzangaben.

Diese Informationsstruktur wird in SAP typischerweise mithilfe von BRFplus-Entscheidungstabellen (*Business Rule Framework plus)*, kundenspezifischen Erweiterungen (z. B. BAdIs) und Vorbelegungsregeln aufbereitet. Die Ausgabedaten werden dabei auf ein standardisiertes, länderspezifisches Zwischenformat im XML-Format überführt. Dieses Zwischenformat dient als Grundlage für die anschließende Formation.

Formation: Technische Erzeugung des Zieldokuments nach XSD-Vorgabe

Die *Formation* bildet den zweiten Schritt der Aufbereitung. Sie beschreibt die konkrete Gestaltung der XML-Datei gemäß der technischen Spezifikation, insbesondere auf Basis der jeweiligen XSD-Schemata der nationalen Behörden oder Plattformen. Diese Formation sorgt dafür, dass Feldnamen, Datentypen, Codewerte, Pflichtfelder und logische Strukturen exakt den Anforderungen der Empfängerplattform entsprechen.

Am Beispiel der ungarischen Rechnungsmeldung an die NAV zeigt sich dieser Prozess besonders deutlich. SAP DRC stellt in diesem Fall die XML-Struktur des Dokuments im Rahmen eines sogenannten *ManageInvoiceRequest* zusammen.

In Abbildung 7.5 sehen Sie eine generierte XML-Datei aus SAP DRC, wie sie im Rahmen der ungarischen Rechnungsmeldung (Online Számla) erzeugt wird. Auf dieser Basis erläutern wir im Folgenden die Struktur des Dokuments.

Aufbau der XML-Struktur

```
-<n0:ManageInvoiceRequest>
  <Operation>CREATE</Operation>
  <SoftwareID>SAPSE-EDOCUMENT-HU</SoftwareID>
  <SoftwareName>SAP</SoftwareName>
  <SoftwareOperation>LOCAL_SOFTWARE</SoftwareOperation>
  <SoftwareMainVersion>SAP-ERP</SoftwareMainVersion>
  <SoftwareDevName>SAP SE</SoftwareDevName>
  <SoftwareDevContact>info@sap.com</SoftwareDevContact>
  <SoftwareDevCountryCode/>
  <SoftwareDevTaxNumber/>
  -<n2:InvoiceData>
    <n2:invoiceNumber>0090000395</n2:invoiceNumber>
    <n2:invoiceIssueDate>2025-07-06</n2:invoiceIssueDate>
    <n2:completenessIndicator>false</n2:completenessIndicator>
    -<n2:invoiceMain>
      -<n2:invoice>
        -<n2:invoiceHead>
          -<n2:supplierInfo>
            -<n2:supplierTaxNumber>
              <n1:taxpayerId>12305412</n1:taxpayerId>
            </n2:supplierTaxNumber>
            <n2:communityVatNumber>HU12305412</n2:communityVatNumber>
            <n2:supplierName>E-Invoice & Report kft.</n2:supplierName>
            -<n2:supplierAddress>
              -<n1:simpleAddress>
                <n1:countryCode>HU</n1:countryCode>
                <n1:postalCode>1035</n1:postalCode>
                <n1:city>Budapest</n1:city>
                <n1:additionalAddressDetail>Vorosvari ut 5</n1:additionalAddressDetail>
              </n1:simpleAddress>
            </n2:supplierAddress>
          </n2:supplierInfo>
          -<n2:customerInfo>
            <n2:customerVatStatus>OTHER</n2:customerVatStatus>
            <n2:customerName>Domestic Customer HU 3</n2:customerName>
            -<n2:customerAddress>
              -<n1:simpleAddress>
                <n1:countryCode>HU</n1:countryCode>
                <n1:postalCode>2030</n1:postalCode>
                <n1:city>Budapest</n1:city>
                <n1:additionalAddressDetail>Gellért Irodaház 1230</n1:additionalAddressDetail>
              </n1:simpleAddress>
            </n2:customerAddress>
```


Abbildung 7.5 Beispielhafte XML-Struktur nach Transformation und Formation des Quellbelegs

Die Struktur des XML-Dokuments umfasst die folgenden Abschnitte:

a) **Root-Element (Wurzelelement als umschließendes Element der XML) und Steuerinformationen: <n0:ManageInvoiceRequest>**

Die Datei beginnt mit dem Root-Element `<n0:ManageInvoiceRequest>`, das spezifisch für die SAP-Implementierung der ungarischen Lösung ist. Innerhalb dieses Elements befinden sich sowohl technische Steuerparameter als auch die inhaltlich relevanten Rechnungsdaten.

Ein zentrales Steuerfeld ist das Element:

```
<Operation>CREATE</Operation>
```

Es gibt an, welche Aktion mit dem eDocument ausgelöst werden soll. Im Beispiel steht `CREATE` für die Neumeldung einer Rechnung an die NAV. Alternativ wären Werte wie `MODIFY` (Änderung), `ANNUL` (Stornierung) oder `REPLACE` (Ersatzmeldung) möglich. Die Bedeutung der Operation liegt vor allem in der Auswahl des richtigen Verarbeitungspfads innerhalb des SAP-DRC-Frameworks und in der semantischen Interpretation der Nachricht durch die Zielplattform.

b) **Rechnungsdaten: <InvoiceData>**

Die fachlich relevanten Rechnungsinhalte sind unter dem Element `<n2:InvoiceData>` zusammengefasst. Sie gliedern sich in Kopf-, Positions- und Summeninformationen.

c) **Lieferantendaten: <supplierInfo>**

Im Abschnitt `<invoiceHead>` befinden sich die Angaben zum meldenden Unternehmen (siehe Listing 7.1).

```
<n2:supplierInfo>
  <n1:taxpayerId>12305412</n1:taxpayerId>
 <n2:communityVatNumber>HU12305412</n2:communityVatNumber>
  <n2:supplierName>E-Invoice&Reportkft.</n2:supplierName>
  <n2:supplierAddress>...</n2:supplierAddress>
</n2:supplierInfo>
```

Listing 7.1 Angaben zum meldenden Unternehmen

Diese Daten müssen mit den in Ungarn registrierten Unternehmensangaben übereinstimmen. Die `taxpayerId` ist eine zentrale Pflichtangabe und wird vom NAV-System zur Identifikation des Rechnungsausstellers verwendet. Die `communityVatNumber` enthält die vollständige EU-Umsatzsteuer-ID, die im Fall Ungarns mit »HU« beginnt. Die korrekte Pflege dieser Daten im SAP-Stammsatz (Debitor/Kreditor) ist Voraussetzung für eine erfolgreiche Formation und Validierung des Dokuments.

d) **Kundendaten: <customerInfo>**

Analog zum Lieferanten enthält der Abschnitt `<customerInfo>` alle Informationen zum Rechnungsempfänger (siehe Listing 7.2).

```
<n2:customerInfo>
  <n2:customerVatStatus>OTHER</n2:customerVatStatus>
  <n2:customerName>Domestic Customer HU 3</n2:customerName>
```

```
  <n2:customerAddress>...</n2:customerAddress>
</n2:customerInfo>
```

Listing 7.2 Informationen zum Rechnungsempfänger

Das Element `<customerVatStatus>` spielt eine zentrale Rolle bei der umsatzsteuerlichen Beurteilung der Transaktion. Es klassifiziert den Empfänger wie folgt:

- `DOMESTIC`: ungarischer Steuerpflichtiger
- `OTHER`: ausländischer Geschäftspartner oder nicht steuerpflichtig
- `PRIVATE_PERSON`: Privatperson ohne USt-IdNr.

Eine fehlerhafte Zuordnung kann dazu führen, dass das Dokument durch die NAV abgelehnt oder steuerlich falsch beurteilt wird (siehe zur Steuerung der Klassifikationen Abschnitt 6.3.3, »Auswirkungen auf den SAP Core«).

e) **Positionsdaten: <invoiceLines>**

Jede Position der Rechnung wird einzeln angegeben (siehe Listing 7.3).

```
<n2:line>
  <n2:lineNumber>1</n2:lineNumber>
  <n2:lineDescription>Nichtlagermaterial 02</n2:lineDescription>
  <n2:quantity>2.0</n2:quantity>
  <n2:unitPrice>55000.0</n2:unitPrice>
  <n2:lineVatRate>
    <n2:vatPercentage>0.27</n2:vatPercentage>
  </n2:lineVatRate>
  <n2:lineVatData>
    <n2:lineVatAmount>29700.0</n2:lineVatAmount>
  </n2:lineVatData>
</n2:line>
```

Listing 7.3 Positionsdaten der Rechnung

Die Angaben zur Mengeneinheit, zum Einzelpreis und zur Steuerberechnung müssen mit dem zugrunde liegenden SAP-Beleg (z. B. SD-Rechnung) übereinstimmen. Die Berechnung der Steuerbeträge erfolgt im SAP-DRC-Prozess auf Basis der im Mapping bereitgestellten Werte und muss valide gegenüber der NAV-Prüfungslogik sein.

f) **Summenabschnitt: <invoiceSummary>**

Die Datei endet mit einer Zusammenfassung der Beträge (siehe Listing 7.4).

```
<n2:invoiceSummary>
  <n2:invoiceNetAmount>110000.0</n2:invoiceNetAmount>
```

```
  <n2:invoiceVatAmount>29700.0</n2:invoiceVatAmount>
  <n2:invoiceGrossAmount>139700.0</n2:invoiceGrossAmount>
</n2:invoiceSummary>
```

Listing 7.4 Zusammenfassung der Beträge

Diese Werte müssen mit den Einzelpositionen exakt übereinstimmen. Der NAV-Webservice prüft intern auf Konsistenz zwischen Netto, Steuerbetrag und Bruttobetrag. Abweichungen, z. B. durch Rundungsdifferenzen, können zur Ablehnung führen. SAP bietet daher im Customizing Mechanismen zur Rundungssteuerung und Abstimmung.

Die technische Struktur eines eDocuments für Ungarn zeigt exemplarisch, wie Transformation und Formation in SAP DRC ineinandergreifen. Aus einem SAP-Beleg entstehen durch regelbasierte Aufbereitung (Transformation) und schemaorientierte Formatierung (Formation) strukturierte XML-Dateien, die den gesetzlichen Vorgaben der jeweiligen Empfängerplattform entsprechen.

7.2.3 Signatur und Authentifizierung

Anforderungen

Signatur- und Authentifizierungsmechanismen sichern drei zentrale Anforderungen:

- Integrität: Der Rechnungsinhalt darf während der Übertragung nicht verändert worden sein.
- Herkunftsnachweis: Die Rechnung muss eindeutig dem Absender zugeordnet werden können.
- Rechtliche Verbindlichkeit: In vielen Ländern sind elektronische Signaturen gesetzlich vorgeschrieben, in anderen gelten sie als empfohlene Maßnahme zur Nachweisführung gegenüber Steuerbehörden.

Die konkreten Anforderungen unterscheiden sich je nach Zielland und sind Teil der regulatorischen Rahmenbedingungen, die im Rahmen einer länderspezifischen SAP-DRC-Implementierung zwingend zu berücksichtigen sind.

Organisatorische Auswirkungen und Verantwortlichkeiten

Aus Sicht der Projektleitung und der Fachbereiche bedeutet dies, dass bereits frühzeitig im Projektverlauf verbindlich geklärt werden muss,

- ob und in welchen Zielländern die Signatur verpflichtend ist,
- welche Signaturverfahren anerkannt werden (z. B. qualifizierte elektronische Signatur)
- und ob das eigene Unternehmen bereits über eine geeignete PKI-Infrastruktur oder einen vertrauenswürdigen Signaturdienstleister verfügt.

Ebenso wichtig ist die eindeutige Identifikation des eigenen Systems gegenüber der jeweiligen Empfangsplattform. Hierzu gehören beispielsweise nationale Identifikatoren wie die Umsatzsteuer-Identifikationsnummer oder die *Peppol-Teilnehmer-ID*. Auch diese Informationen müssen zentral gepflegt, validiert und bei regulatorischen Änderungen regelmäßig überprüft werden. Zur Optimierung der Peppol-Teilnehmer-ID verweisen wir auf Abschnitt 10.4, »Verwaltung registrierter Peppol-Teilnehmer optimieren«.

Die Verantwortung für die Bereitstellung dieser Informationen liegt in der Regel bei der Steuerabteilung in enger Abstimmung mit der IT. Eine fehlende oder fehlerhafte Authentifizierung kann zur Ablehnung eingereichter Rechnungen führen und birgt damit erhebliche Compliance-Risiken.

Prozessintegration: Was im SAP-System geschieht

Aus fachlicher Sicht läuft der Prozess der Signaturerzeugung vollständig automatisiert im Hintergrund ab. Sobald im SAP-System ein Quellbeleg vorliegt und über das SAP-DRC-Framework in ein strukturiertes Zielformat wie etwa *XRechnung* oder *FatturaPA* transformiert wurde, wird im Anschluss die digitale Signatur ergänzt.

Der Zeitpunkt der Signaturerzeugung ist entscheidend, da sichergestellt sein muss, dass der signierte Inhalt nicht mehr verändert wird. Die Signatur selbst kann entweder direkt im SAP-System erzeugt oder über einen externen Dienst angebunden werden. Welche Variante gewählt wird, hängt von regulatorischen Anforderungen, dem eingesetzten Systemrelease und dem gewählten Betriebsmodell ab.

Ebenso erfolgt die Authentifizierung gegenüber externen Plattformen automatisiert. Dabei werden die hinterlegten Identifikatoren verwendet, um eine sichere und eindeutige Verbindung zum Empfänger herzustellen. Fachanwenderinnen und -anwender müssen sich um diese Details nicht kümmern, tragen aber die Verantwortung für die fachliche Korrektheit der übermittelten Inhalte und Stammdaten.

Ein systematischer und standardisierter Umgang mit den sicherheitsrelevanten Komponenten ist nicht nur Voraussetzung für eine erfolgreiche E-Rechnungsstrategie, sondern schützt Unternehmen auch vor operativen Risiken und rechtlichen Unsicherheiten.

7.2.4 Übermittlung ausgehender Rechnungen

Übermittlung der E-Rechnung

Im Rahmen des Versands von E-Rechnungen mit SAP DRC stellt die Übermittlung der Rechnung den entscheidenden Schritt dar, bei dem das fertig transformierte, validierte und ggf. signierte XML-Dokument an den jeweiligen Empfänger gesendet wird. Technisch gesehen bedeutet das die Übergabe des elektronischen Dokuments an eine externe Kommunikationsinfrastruktur, die je nach Zielland, Geschäftspartner oder rechtlichem Rahmen unterschiedlich ausgestaltet sein kann.

Übertragung über Access Points

Die Übermittlung erfolgt typischerweise über einen *Access Point*, etwa im Rahmen des *Peppol-Netzwerks*, oder an eine nationale Plattform (z. B. *Sistema di Interscambio* in Italien oder *KSeF* in Polen). Die Anbindung an diese Infrastruktur wird durch die SAP Integration Suite realisiert, die als Middleware zwischen dem SAP-Backend (SAP ERP oder SAP S/4HANA) und dem Zielsystem fungiert. Dort werden über sogenannte *iFlows* (Integration Flows) sämtliche erforderlichen Verarbeitungsschritte abgebildet, inklusive der Kommunikation über gesicherte Protokolle wie *HTTPS* oder *Simple Object Access Protocol* (*SOAP*). Diese *iFlows* sind vordefinierte, konfigurierbare Integrationsprozesse, die das Routing, die Authentifizierung, das Mapping und den sicheren Transport der E-Rechnung steuern.

Authentifizierung und Statusverfolgung

Im Übermittlungsschritt wird das eDocument aus dem SAP-System an den definierten Kommunikationskanal weitergereicht. Dabei kommen zusätzlich Mechanismen zur Authentifizierung und Autorisierung zum Einsatz, wie etwa Zertifikatsprüfung, *Access Tokens* oder die Verwendung registrierter *Peppol-IDs*. In der Regel erfolgt im Anschluss eine Rückmeldung des Zielsystems, z. B. eine technische Empfangsbestätigung oder eine Fehlerantwort, die im eDocument Cockpit oder in der App **Elektronische Belege verwalten** angezeigt und mit dem Status des Dokuments verknüpft wird (siehe hierzu auch die Übermittlungsszenarien des V- und Y-Modells aus Abschnitt 7.1, »Rahmenbedingungen der elektronischen Rechnungsstellung«).

Damit ist die Rechnung formal übermittelt und aus SAP-Sicht vollständig verarbeitet. Die technische Transparenz und die automatisierte Statusverfolgung ermöglichen ein effektives Monitoring und bilden die Grundlage für Compliance, Nachvollziehbarkeit und Archivierungsverpflichtungen. Die Übermittlung im SAP-DRC-Prozess ist somit nicht nur ein technischer Versandvorgang, sondern Teil eines kontrollierten, gesetzeskonformen und revisionssicheren End-to-End-Prozesses.

7.2.5 Bestätigung und Protokollierung

Im Kontext des Versands von E-Rechnungen SAP DRC spielt die Phase der Bestätigung und Protokollierung eine zentrale Rolle für die Nachvollziehbarkeit, Transparenz und rechtssichere Dokumentation des gesamten Übermittlungsprozesses.

Technische Rückmeldungen und Protokolle

Nach dem Versand der elektronischen Rechnung z. B. über das Peppol-Netzwerk, eine nationale Plattform oder einen Drittanbieter erfolgt im Regelfall eine technische Rückmeldung vom Empfängersystem. Diese kann unterschiedliche Formen annehmen, etwa eine Empfangsbestätigung, eine Verarbeitungsbestätigung oder einen spezifischen Fehlercode bei Validierungsproblemen. Diese Rückmeldungen werden in SAP automatisch verarbeitet und in das zugehörige eDocument übernommen.

Die Protokollierung dieser Statusinformationen erfolgt über definierte technische Komponenten im eDocument Framework – dazu gehören:

- der Statusverlauf im eDocument Cockpit, der jede Veränderung am Dokumentstatus erfasst
- das *Anwenderprotokoll*, das SAP-interne Prüf- und Verarbeitungsschritte dokumentiert (z. B. Transformation, Validierung, Signatur)
- das *Schnittstellenprotokoll*, das die Kommunikation mit externen Plattformen, Access Points oder Middleware-Lösungen wie der SAP Integration Suite transparent darstellt

Bedeutung der Protokollierung

Diese Protokolle liefern dem Fachbereich und der IT wichtige Informationen zur Fehleranalyse, zur Kontrolle gesetzlicher Anforderungen und zur Durchführung von Audits oder Nachweisen gegenüber Finanzbehörden. Darüber hinaus bilden sie die Grundlage für den automatisierten oder manuellen Folgeprozess, etwa bei abgelehnten Rechnungen (Korrektur, Storno) oder erfolgreich verarbeiteten Dokumenten (Buchung, Archivierung).

In Summe stellt die Bestätigung und Protokollierung sicher, dass jeder Schritt des E-Rechnungsversands nachvollziehbar und systemgestützt dokumentiert ist – eine wesentliche Voraussetzung für rechtliche Konformität und Prozesskontrolle innerhalb von SAP DRC.

7.2.6 Archivierung und Aufbewahrung

Im Rahmen des Versands von E-Rechnungen mit SAP DRC ist die Archivierung und Aufbewahrung der elektronischen Belege ein essenzieller Bestandteil des Gesamtprozesses. Sie stellt sicher, dass alle versendeten Rechnungen sowie die zugehörigen Metadaten und Protokolle rechtskonform, nachvollziehbar und langfristig verfügbar gespeichert werden, entsprechend nationalen und internationalen Anforderungen.

Archivierung des eDocuments

Nach dem erfolgreichen Versand und der Statusrückmeldung wird das erzeugte eDocument einschließlich der Original-Rechnungsdatei im XML-Format zusammen mit den zugehörigen Verarbeitungs-, Versand- und Fehlerprotokollen systemseitig an ein Archivsystem übergeben. Dies geschieht entweder über die SAP-eigene Archivschnittstelle *SAP ArchiveLink* oder über ein angebundenes externes DMS. Die Speicherung erfolgt dabei revisionssicher, also manipulationsgeschützt und unveränderbar, häufig mit Zeitstempel und Protokollierung der Archivaktion.

Wichtig ist, dass die gesetzlichen Aufbewahrungsfristen eingehalten werden, in Deutschland nach den Grundsätzen zur ordnungsmäßigen Führung und Aufbewahrung von Büchern (*GoBD*) für steuerlich relevante Unterlagen mit einer Frist von zehn Jahren. Zusätzlich greifen je nach Land weitere Vorgaben, etwa aus der EU-Richtlinie 2010/45/EU, der Datenschutz-Grundverordnung (DSGVO) oder spezifischen Branchenregelungen (z. B. B2G-Richtlinien).

Umfang der Archivierung

Die Archivierung umfasst dabei nicht nur das eigentliche Rechnungsdokument im XML-Format, sondern auch die vollständige Statushistorie des zugehörigen eDocuments, wodurch sämtliche Verarbeitungs- und Versandschritte systemseitig nachvollziehbar bleiben. Sofern eine digitale Signatur im Rahmen des Prozesses verwendet wurde, wird auch das zugehörige Signaturzertifikat archiviert, um die rechtliche Nachvollziehbarkeit und Authentizität der Rechnung langfristig sicherzustellen. Ergänzend dazu werden sämtliche technische Protokolle gespeichert – darunter etwa Schnittstellenkommunikation mit externen Plattformen, Empfangsbestätigungen des Empfängersystems sowie eventuelle Ablehnungscodes oder Fehlermeldungen. Diese umfassende Archivierung gewährleistet eine revisionssichere, gesetzeskonforme und auditfähige Aufbewahrung aller relevanten E-Rechnungsdaten im Rahmen von SAP DRC.

Damit erfüllt SAP DRC alle Anforderungen an eine vollständige und revisionssichere Belegablage, die sowohl für steuerliche Prüfungen als auch für interne Recherchezwecke verlässlich zugänglich ist. Über entsprechende Archivierungsreports oder Viewer können archivierte Dokumente jederzeit nachvollzogen und bei Bedarf exportiert oder ausgedruckt werden, ohne dabei die Integrität der Originaldatei zu gefährden.

7.3 Empfang von E-Rechnungen

Eingangsrechnungen mit SAP DRC

Der Empfang elektronischer Rechnungen über SAP DRC bildet den Einstiegspunkt in die automatisierte Verarbeitung kreditorischer Eingangsbelege in SAP S/4HANA. Die Übermittlung dieser Rechnungen erfolgt in strukturierter Form über gesetzlich definierte Netzwerke und Plattformen wie Peppol, SDI oder KSeF.

SAP DRC übernimmt die technische Annahme, Validierung und Überführung der Rechnungsdaten in ein intern verarbeitbares Format. Auf Basis dieser eDocuments erfolgt die weitere systemgestützte Verarbeitung innerhalb von SAP – inklusive Protokollierung, Abgleich mit Bestell- und Stammdaten, Buchung sowie revisionssicherer Archivierung.

Dieser Abschnitt beschreibt die zentralen Teilprozesse im Detail:

- Die Anbindung gesetzlich definierter Netzwerke sowie die initiale Zustellung eingehender Rechnungen erläutern wir in Abschnitt 7.3.1.
- Die Validierung der Rechnungsdaten, Signaturprüfung und Protokollierung behandeln wir in Abschnitt 7.3.2.
- Die Transformation der strukturierten Rechnungsdaten in das SAP-eigene eDocument-Format erfolgt gemäß Abschnitt 7.3.3.
- Die Übergabe an die Buchhaltungsprozesse sowie die Archivierung der Belege sind Gegenstand von Abschnitt 7.3.4.
- Die Statusüberwachung und Auswertungsmöglichkeiten im Rahmen des Monitorings erläutern wir in Abschnitt 7.3.5.

Diese strukturierte Abwicklung erlaubt es Unternehmen, medienbruchfrei, gesetzeskonform und nachvollziehbar auf eingehende Rechnungen zu reagieren und sie direkt in die operativen Prozesse von MM und FI zu überführen.

7.3.1 Zustellung und Integration eingehender Rechnungen

Der Eingang einer E-Rechnung bildet den ersten Schritt in einem systemgesteuerten Verarbeitungsprozess innerhalb von SAP DRC E-Invoicing. Dabei handelt es sich nicht bloß um das Empfangen einer strukturierten Datei, sondern um den Startpunkt eines vollständig orchestrierten Ablaufs, der technische, rechtliche und fachliche Prüfungen integriert und die Grundlage für eine automatisierte Rechnungsverarbeitung schafft.

Im ersten Schritt wird die E-Rechnung typischerweise in einem strukturierten Format wie XML, UBL, CII oder landesspezifischen Varianten (bspw. *FatturaPA*) vom Sender übermittelt. Der Übertragungsweg richtet sich nach lokalen gesetzlichen Anforderungen.

iFlows steuern E-Rechnungsrouting

Die technische Zustellung an das SAP-System wird durch iFlows (Integration Flows) in der SAP Integration Suite realisiert. Für Peppol-basierte Szenarien ist der Zugang zu einem Peppol Access Point erforderlich, über den die Rechnung des Senders empfangen und gemäß der Peppol-Spezifikation an den Empfänger weitergeleitet wird. Die SAP Integration Suite fungiert als

Middleware zwischen dem Access Point (z. B. Peppol) und der SAP-DRC-Komponente, die die eingehende Rechnung als eDocument verarbeitet.

Sobald die Rechnung das SAP-System erreicht, werden unmittelbar im Rahmen des Inbounds-E-Invoicing-Szenarios mehrere Prüfmechanismen aktiviert. Dazu zählen zunächst technische Sicherheitsprüfungen, wie etwa die Validierung digitaler Signaturen, sofern diese vom Absender mitgeliefert werden. Diese Prüfungen stellen sicher, dass die Daten authentisch, unverändert und vertrauenswürdig sind.

Nach erfolgreicher Sicherheits- und Strukturanalyse wird die Rechnung in ein internes eDocument überführt. Dieses bildet das zentrale Verarbeitungsobjekt im SAP-System und enthält alle wesentlichen Daten aus der Originaldatei wie Kopf- und Positionsinformationen, Beträge, Steuerschlüssel, Bestellreferenzen und Statuskennzeichen.

Abweichungen lösen manuellen Workflow aus

Kommt es während der Verarbeitung zu Abweichungen, z. B. weil die Bestellnummer fehlt, Beträge nicht übereinstimmen oder steuerliche Kennzeichen nicht eindeutig sind, wird der Prozess nicht automatisch abgeschlossen. Stattdessen greift ein definierter Workflow, der das eDocument zur manuellen Bearbeitung weiterleitet, je nach Systemkonfiguration an den Einkauf, die Buchhaltung oder ein Freigabeteam. Dort kann die Rechnung korrigiert, ergänzt oder zurückgewiesen werden. Diese Workflows können auf Basis von SAP Business Workflow oder – in SAP S/4HANA – über flexible Workflows realisiert werden.

Wird die E-Rechnung vollständig und korrekt verarbeitet, erfolgt eine Statusaktualisierung innerhalb des eDocument Cockpits. Der Verarbeitungsstatus ändert sich beispielsweise von **Empfangen** über **Validiert** hin zu **Gebucht**. Diese Statuswechsel sind auch relevant für gesetzlich geforderte Rückmeldungen an externe Plattformen, z. B. eine Bestätigung des Empfangs oder eine Ablehnung mit Begründung.

Insgesamt ist der Eingang der E-Rechnung im Rahmen von SAP DRC weit mehr als ein technischer Datentransfer. Er ist der Eintrittspunkt in einen dokumentierten, prüfsicheren und steuerlich relevanten Prozess, der externe Plattformen, SAP-Systemlogik und interne Abläufe intelligent miteinander verbindet – von der strukturierten Zustellung über Protokollierung und Validierung bis hin zur nahtlosen Integration in den operativen Rechnungsprozess.

7.3.2 Validierung, Signatur und Protokolle

Beim Inbound E-Invoicing bilden die Validierung und Prüfung einen zentralen Verarbeitungsschritt innerhalb von SAP DRC. Nachdem eine E-Rechnung über eine angebundene Plattform in das SAP-System eingegangen und durch die SAP Integration Suite erfolgreich übermittelt wurde, erfolgt eine vielstufige Prüfung der übermittelten Rechnungsdaten im eDocument Framework.

Technische XML-Prüfung

Der Validierungsprozess beginnt mit einer technischen Prüfung des XML-Dokuments. Hierbei wird sichergestellt, dass die E-Rechnung syntaktisch korrekt und vollständig ist. Dabei werden unter anderem die Einhaltung von Schemaspezifikationen (z. B. ZUGFeRD oder FatturaPA), das Vorhandensein verpflichtender Felder und die richtige Zeichencodierung überprüft. Dokumente, die diese erste Hürde nicht bestehen, werden mit einem entsprechenden Fehlerstatus versehen und im Schnittstellenprotokoll dokumentiert.

Im Anschluss folgt die inhaltliche Prüfung, die auf die fachliche Integrität der Rechnungsdaten abzielt. Dazu zählt beispielsweise die Überprüfung,

- ob Bestellnummern oder Bestellreferenzen vorhanden und gültig sind,
- ob Steuerschlüssel und Beträge zueinanderpassen,
- ob das Rechnungsempfänger-Unternehmen korrekt adressiert ist
- und ob der Lieferant im System als Stammdatensatz gepflegt ist.

In bestimmten Fällen erfolgt auch eine Prüfung von digitalen Signaturen, insbesondere wenn es gesetzlich vorgeschrieben ist oder von der empfangenden Organisation verlangt wird. Die Signaturprüfung kann sowohl Authentizität als auch Integrität der E-Rechnung bestätigen und wird systemseitig als Sicherheitsprüfung vor der weiteren Verarbeitung protokolliert.

Alle Ergebnisse dieser Prüfungen werden in zwei ergänzenden Protokollen gespeichert:

Anwendungsprotokoll zeigt Buchungslogik

- Das *Anwendungsprotokoll* dokumentiert die fachliche Verarbeitung im SAP-System, z. B. ob die Rechnung erfolgreich einem Einkaufsbeleg zugeordnet oder automatisch gebucht werden konnte. Es zeigt auch etwaige Warnungen oder fehlerhafte Inhalte, die eine manuelle Prüfung erforderlich machen.

Schnittstellenprotokoll zeigt Kommunikationsdetails

- Das *Schnittstellenprotokoll* enthält hingegen technische Details zur Kommunikation mit externen Plattformen, etwa zu Transportstatus, Fehlercodes beim Abruf oder Rückmeldungen von Peppol bzw. SDI oder KSeF.

Beide Protokolle sind über das eDocument Cockpit einsehbar und bilden die Basis für eine transparente Fehleranalyse.

7.3.3 Transformation ins eDocument-Format

Transformation eingehender Rechnungen

Beim Inbound E-Invoicing mit SAP DRC besteht eine zentrale Aufgabe darin, die aus externen Quellen empfangene elektronische Rechnung typischerweise im strukturierten XML-Format wie UBL, CII oder FatturaPA in ein von SAP verarbeitbares Datenmodell zu überführen. Diese Transformation erfolgt durch vordefinierte oder kundenspezifisch erweiterte Mapping-Logiken, die im Rahmen der SAP Integration Suite bereitgestellt werden. Hierbei werden die relevanten Inhalte der Eingangsrechnung, etwa Kopf- und Positionsdaten, Beträge, Steuerkennzeichen, Kreditoreninformationen und Referenzen, zu Bestellungen aus der Originaldatei extrahiert und in das Format des internen eDocuments überführt. Das eDocument fungiert dabei als SAP-eigene Repräsentation der E-Rechnung und wird über das eDocument Framework weiterverarbeitet. Die Transformation stellt sicher, dass die externen Rechnungsdaten vollständig, regelkonform und kontextbezogen in das SAP-System überführt werden können, wo sie anschließend validiert, protokolliert und gegebenenfalls automatisch weiterverarbeitet (z. B. gebucht) werden.

7.3.4 Buchung und Archivierung

Die letzten Schritte im Lebenszyklus einer eingehenden elektronischen Rechnung betreffen die Buchung in der Finanzbuchhaltung sowie deren revisionssichere Archivierung. In SAP DRC kommt dieser Phasen eine zentrale Rolle zu, da sie sowohl den rechtlichen Anforderungen an die Rechnungsverarbeitung als auch den unternehmensinternen Kontroll- und Dokumentationspflichten genügen müssen.

Buchung erfolgt je nach Quellprozess

Nach erfolgreichem Eingang, Validierung und Verarbeitung der elektronischen Rechnung wird im SAP-System auf Basis des eDocuments eine entsprechende Buchung initiiert. Dabei unterscheidet SAP DRC, abhängig vom Quellprozess, zwischen bestellbezogenen Rechnungen (z. B. aus dem Einkauf, verarbeitet über die Transaktion **MIRO**) und nicht-bestellbezogenen Rechnungen, die direkt in der Finanzbuchhaltung über die Transaktionen **FB60** (Kreditorenrechnung) oder **FB65** (Gutschrift) verbucht werden. Die Inhalte des eDocuments, wie Kreditor, Nettobetrag, Steuerinformationen, Zahlungsbedingungen und ggf. Bestellreferenz, werden automatisiert übernommen. Die technische Verarbeitung erfolgt typischerweise über ein SAP Business Add-In (BAdI) oder eine kundenindividuelle Schnittstelle zur Verbuchung im SAP ERP.

Automatisierte Verbuchung

Wird eine Übereinstimmung zwischen Rechnung und Bestell-/Wareneingangsdaten festgestellt, kann eine automatisierte Dunkelbuchung erfolgen.

Dunkelbuchung bezeichnet die vollständig automatisierte Verbuchung von Vorgängen im Hintergrund. Sie ermöglicht den höchsten Automatisierungsgrad bis zu 100 % ohne manuelles Eingreifen. Beim Einsatz von Dunkelbuchungen werden fehlerfreie Belege automatisch, ohne Sichtprüfung oder Nachbearbeitung, direkt gebucht. Stimmen die Rechnungsdaten nicht mit den Bestell- oder Wareneingangsdaten überein, wird das eDocument im eDocument Cockpit mit einem Prüf- oder Fehlerstatus angezeigt. Anschließend erfolgt die Übergabe in einen nachgelagerten Workflow, beispielsweise zur Klärung von Abweichungen bei Preis, Menge oder Steuerschlüssel

Archivierung und DMS-Integration

Die Archivierung der Rechnung erfolgt entweder unmittelbar nach der Buchung oder parallel im Rahmen der Belegverarbeitung. Dabei wird nicht nur die Rechnung im strukturierten Format (ZUGFeRD oder FatturaPA) abgelegt, sondern auch das eDocument selbst inklusive Statusinformationen, technischer Prüfprotokolle und Antwortnachrichten (z. B. Empfangsbestätigung, Validierungsfehler). SAP DRC erlaubt dabei die Integration in externe Archivsysteme über *SAP ArchiveLink* oder ein GoBD-konformes DMS.

Die Speicherung erfolgt typischerweise im Original-XML-Format, je nach gesetzlicher Pflicht und Kundenanforderung. Optional kann auch ein zusammengeführter Hybridbeleg (PDF mit eingebettetem XML) archiviert werden. Die Langzeitverfügbarkeit und Integrität der Daten ist damit gewährleistet – ein entscheidender Aspekt etwa bei steuerlichen Betriebsprüfungen oder internen Audits.

Im Rechnungseingangsszenario ist besondere Aufmerksamkeit auf nationale Anforderungen zu legen, z. B. die Aufbewahrungspflicht inklusive Originalnachricht und Verarbeitungsprotokoll bei italienischen FatturaPA-Rechnungen oder revisionssichere Speicherung des KSeF-Tokens bei Polen.

7.3.5 Monitoring und Reporting

Die Statusüberwachung und Berichterstattung bilden zentrale Funktionselemente im E-Rechnungseingangsprozess. Sie ermöglichen eine transparente, kontrollierbare und revisionssichere Nachverfolgung sämtlicher Verarbeitungsschritte.

Statusüberwachung im eDocument Cockpit

Im Mittelpunkt der Statusüberwachung steht das eDocument Cockpit, in dem alle eingehenden E-Rechnungen in strukturierter Form angezeigt werden. Jeder Datensatz verfügt über ein zugeordnetes eDocument, dem ein definierter Verarbeitungsstatus zugewiesen ist. Dieser Status gibt an, in welchem Schritt des Inbound-Prozesses sich die Rechnung aktuell befindet, etwa **Dokument empfangen**, **Validierung erfolgreich**, **Fehlerhaft**, **In Buchung**,

Gebucht oder **Abgelehnt**. Die Statusinformationen werden fortlaufend aktualisiert, etwa durch Systemrückmeldungen aus Validierungsservices, Workflows oder externen Plattformen (z. B. Peppol Access Point oder nationale Gateways).

Protokollierung und Fehleranalyse

Ein wesentliches Element der Überwachung ist die Protokollführung: SAP DRC generiert zu jeder relevanten Aktion Anwenderprotokolle (z. B. Benutzeraktionen, Workflow-Entscheidungen) sowie Schnittstellenprotokolle (z. B. Kommunikationsstatus mit externen Systemen). Diese Protokolle erlauben es, technische oder inhaltliche Fehler nachvollziehbar zu analysieren und gezielt zu korrigieren. Für komplexe Validierungsfehler stehen zusätzlich strukturierte Fehlerlogs und Regelprüfprotokolle bereit.

Zur Unterstützung des operativen Monitorings bietet SAP DRC zusätzlich SAP-Fiori-Apps wie **Elektronische Belege verwalten** (App-ID **F4036**). Über Filterfunktionen (z. B. nach Datum, Status, Buchungskreis, Geschäftspartner) lassen sich gezielt Belege mit bestimmten Fehlerbildern oder offenen Verarbeitungsschritten identifizieren. Ampelsymbole, Drilldown-Funktionen und tabellarische Übersichten erleichtern dabei die Massenverarbeitung und Fehlerbereinigung.

Eine strukturierte Statusüberwachung stellt sicher, dass E-Rechnungen effizient, transparent und gesetzeskonform verarbeitet werden. Gleichzeitig ermöglicht die systemgestützte Berichterstattung eine gezielte Fehlervermeidung, eine Steigerung der Dunkelbuchungsquote sowie eine fundierte Compliance-Dokumentation gegenüber internen und externen Prüfungen.

7.4 SAP-Fiori-Apps für SAP DRC E-Invoicing

In Abschnitt 6.2.6, »Apps und Transaktionen«, haben wir Ihnen einen Überblick über die SAP-Fiori-Apps und Transaktionen im Zusammenhang mit der Implementierung von SAP DRC E-Invoicing gegeben. Im Folgenden betrachten wir die zentralen Apps vertiefend aus Sicht der Endanwenderinnen und -anwender. Ziel ist es, die jeweiligen Funktionen praxisnah darzustellen:

- **eDocument Cockpit**

  Diese Anwendung dient, wie bereits erwähnt, als zentrales Steuerungscockpit für die Verwaltung elektronischer Belege. Sie ist sowohl als SAP-Fiori-App als auch in der klassischen SAP GUI in der Transaktion **EDOC_COCKPIT** verfügbar. Dadurch lässt sie sich sowohl in SAP-ERP-Systemen mit SAP DRC als auch in SAP-S/4HANA-Umgebungen ohne SAP-Fiori-First-Strategie einsetzen. Die App dient der Verarbeitung von eDocuments, die automatisch auf Basis von Quellbelegen erstellt werden. Sie ermöglicht die Anzeige, Übermittlung und Nachverfolgung dieser Dokumente und bietet zentrale Funktionen zur Statusüberwachung und Fehleranalyse.

Der Funktionsumfang umfasst die folgenden Funktionen:

- Anzeige und Bearbeitung elektronischer Belege
- Erstellung und Übermittlung von eDocuments im erforderlichen Format an Behörden oder Geschäftspartner
- Statusüberwachung und Durchführung nachgelagerter Aktionen
- Umfassende Suchfunktionen zur gezielten Recherche
- Fehleranzeige direkt aus der Ergebnisliste heraus
- Navigation vom Quellbeleg zum zugehörigen eDocument

- **Elektronische Belege verwalten**

  Diese App ist ausschließlich im SAP-Fiori-Umfeld verfügbar und lässt sich nicht über das klassische SAP GUI aufrufen. Für Unternehmen, die noch nicht auf SAP S/4HANA umgestellt haben oder SAP Fiori nicht nutzen, ist diese App nicht nutzbar. Die App ermöglicht das Erstellen, Versenden und Anzeigen elektronischer Belege im Austausch mit Geschäftspartnern oder Steuerbehörden. Sie unterstützt sowohl ausgehende als auch eingehende Dokumente und bietet zentrale Funktionen zur Überwachung und Fehleranalyse.

  Der Funktionsumfang umfasst die folgenden Funktionen:

  - alle Funktionen des eDocument Cockpits
  - Erweiterte Anzeige relevanter Belegdetails, einschließlich Beleganlagen
  - Visualisierung des aktuellen Prozessstatus
  - Integrierte Analyseansicht zur Fehleridentifikation und -bewertung

Tabelle 7.1 fasst die zentralen Unterschiede zwischen den beiden Anwendungen zusammen.

Die Gegenüberstellung basiert auf der offiziellen SAP-Dokumentation aus dem SAP Help Portal zur Version SAP S/4HANA On-Premise 2023, abrufbar unter: *http://s-prs.de/v11005022*. Sie hilft bei der Einordnung, welche Anwendung in welchem Szenario bevorzugt zum Einsatz kommen sollte.

Kriterium	eDocument Cockpit	Elektronische Belege verwalten
Benutzeroberfläche	Basierend auf SAP-GUI-Technologie	Basierend auf SAPUI5-Technologie und SAP Fiori Design Guidelines
Zugriff	SAP S/4HANA und SAP ERP	Nur SAP S/4HANA
Verfügbarkeit	Verfügbar in allen Versionen von SAP S/4HANA	Verfügbar ab SAP S/4HANA 2021
Unterstütze Länder/ Regionen	Unterstützt folgende Länder/Regionen, die Peppol eingeführt haben, darunter: Australien, Belgien, Dänemark, Deutschland, Finnland, Frankreich, Irland, Japan, Luxemburg, Neuseeland, Niederlande, Norwegen, Österreich, Polen, Singapur, Schweden. Darüber hinaus werden folgende Länder unterstützt: Kolumbien, Ägypten, Griechenland, Indien, Israel, Italien, Malaysia, Saudi-Arabien, Spanien, Schweiz, Thailand	Unterstützt folgende Länder/Regionen, die Peppol eingeführt haben, darunter: Australien, Belgien, Dänemark, Deutschland, Finnland, Frankreich, Irland, Japan, Luxemburg, Neuseeland, Niederlande, Norwegen, Österreich, Polen, Singapur, Schweden. Darüber hinaus werden folgende Länder unterstützt: Brasilien, Chile, Kolumbien, Kroatien, Tschechische Republik, Ägypten, Frankreich (grundlegende Aktivierung), Griechenland, Ungarn, Indien, Israel, Italien, Kasachstan, Malaysia, Mexiko, Peru, Portugal, Rumänien, Saudi-Arabien, Slowenien, Südkorea, Spanien, Schweiz, Thailand, Türkei, Taiwan

Tabelle 7.1 Unterschiede zwischen der App »Elektronische Belege verwalten« und dem eDocument Cockpit

Kriterium	eDocument Cockpit	Elektronische Belege verwalten
Funktion: Dokumentendetails	Zeigt Dokumentdetails im SAP List Viewer an. Dokumenthistorie ist über eine gesonderte Option (**Springen • Historie**) im Menü möglich.	Eigene Seite mit vollständigen Informationen zum Dokument (z. B. Prozessstatus, Buchungskreis, Ersteller, Historie, Logs, Anhänge)
Funktion: Statusübersicht mit Dokumentenzählung	Stellt Filter im SAP List Viewer bereit, mit denen elektronische Dokumente mit einem bestimmten Prozessstatus gesucht werden können.	Startseite zeigt Zähler pro Status (in Bearbeitung, Fehler, abgeschlossen); Filterung nach Status möglich.
Funktion: Statusübersicht anhand eines Flussdiagramms	Nicht verfügbar	Flussdiagramm zeigt Statusverlauf und Anzahl der Dokumente je Status.
Funktion: Selektions- und Filtermöglichkeiten	Filtermöglichkeiten in der Ergebnistabelle	Selektion anhand spezifischer Filterkriterien mit erweiterten Filtermöglichkeiten in der Ergebnistabelle
Funktion: Manuelle Erstellung elektronischer Dokumente	Über die SAP-Fiori-App **Elektronische Belege manuell anlegen – Sonderfälle** oder über eDocument Cockpit	Direkt im eDocument Cockpit möglich oder über SAP-Fiori-App **Elektronische Belege manuell anlegen – Sonderfälle**
Customizing-Aktivitäten und BAdIs	Beide Anwendungen erfordern grundsätzlich dieselben Customizing-Aktivitäten. Wenn Sie das eDocument Cockpit bereits verwenden, können Sie die SAP-Fiori-App **Elektronische Belege verwalten** sofort nutzen. Es gibt jedoch Customizing-Aktivitäten und BAdIs, die speziell für die SAP-Fiori-App **Elektronische Belege verwalten** gelten. Diese sind optional oder nur in bestimmten Fällen erforderlich.	

Tabelle 7.1 Unterschiede zwischen der App »Elektronische Belege verwalten« und dem eDocument Cockpit (Forts.)

[»]

Auswahl der geeigneten Anwendung für die elektronische Belegverarbeitung mit SAP DRC

Auch wenn SAP langfristig die Nutzung von SAP Fiori als zentrales UI-Konzept verfolgt und die klassische SAP GUI zunehmend ablöst, ist bei der Auswahl der passenden Anwendung für die Verarbeitung elektronischer Belege Vorsicht geboten: In der Praxis unterstützt die SAP-Fiori-App **Elektronische Belege verwalten** derzeit noch nicht sämtliche länderspezifischen Anforderungen, die bereits im eDocument Cockpit abgebildet sind.

Gerade bei internationalen Rollouts oder bei der Abbildung komplexer regulatorischer Vorgaben einzelner Länder kann es daher erforderlich sein, weiterhin auf das eDocument Cockpit zurückzugreifen. Die GUI-basierte Anwendung ist funktional umfassender und in vielen Fällen bereits produktiv erprobt.

Dennoch ist aus strategischer Sicht die mittelfristige Umstellung auf die SAP-Fiori-App zu empfehlen, da SAP die Weiterentwicklung der Benutzeroberflächen klar auf SAP Fiori fokussiert. Für neue Implementierungen in SAP-S/4HANA-Projekten sollte daher frühzeitig geprüft werden, ob die App **Elektronische Belege verwalten** die landesspezifischen Anforderungen bereits abdeckt – insbesondere vor dem Hintergrund, dass die SAP GUI perspektivisch nicht mehr aktiv weiterentwickelt wird.

7.4.1 eDocument Cockpit

Die Startseite im eDocument Cockpit dient als zentrale Übersicht und Steuerungseinheit der eDocuments (siehe Abbildung 7.6). Sie ermöglicht es, eDocuments schnell zu filtern, zu analysieren und deren Status zu überwachen.

Funktionen im Menüband

Im Folgenden geben wir Ihnen eine Beschreibung der Funktionen, die in Abbildung 7.6 zu sehen sind. Auf dem Menüband im oberen Bereich gibt es die folgenden Funktionen:

- **Menü** (Dropdown)

  Bietet Zugriff auf weitere Funktionen oder Reports (abhängig von der Systemkonfiguration).
- **Aktualisieren**

  Lädt die Ansicht neu und aktualisiert die angezeigten Dokumente gemäß den Filterkriterien.
- **Ergebnisübersicht ausblenden**

  Blendet den unteren Bereich der Ergebnisübersicht aus, um mehr Platz für Filterdetails zu schaffen.

- **Dokumentation**

  Öffnet system- oder benutzerspezifische Dokumentationen zur eDocument-Verarbeitung.

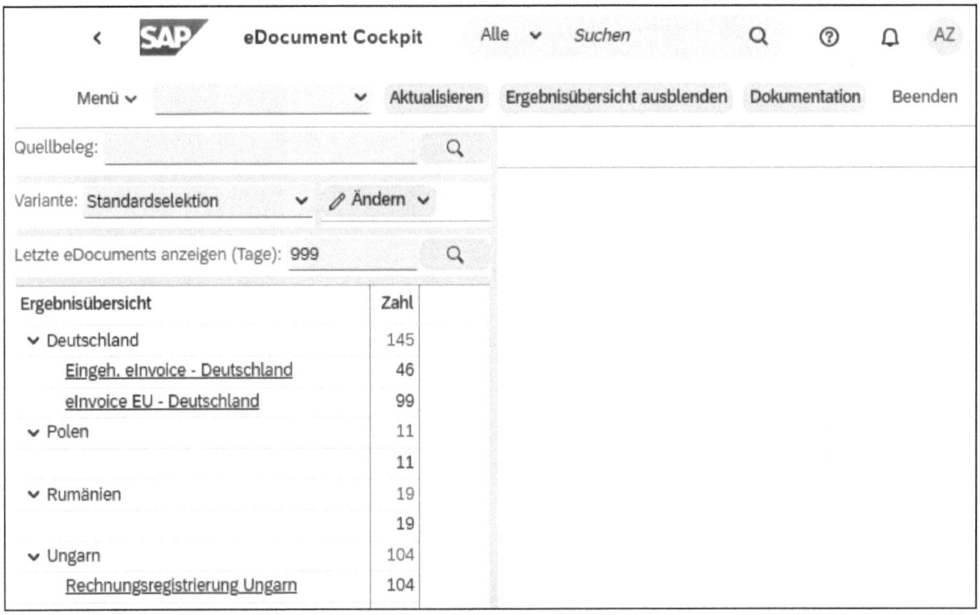

Abbildung 7.6 Startseite des eDocument Cockpit

Im Filterbereich links gibt es die folgenden Funktionen:

- **Quellbeleg**

  Ermöglicht die direkte Suche nach einem bestimmten Beleg (z. B. Rechnung, Bestellung) und ein schnelles Auffinden einzelner eDocuments.

- **Variante** (hier: Standardselektion)

  Wie im SAP GUI lassen sich Varianten erstellen, speichern und auswählen. Diese Varianten dienen den Endanwenderinnen und -anwendern, um vordefinierte Einstellungen wie bspw. Filterkriterien oder Anzeigeoptionen zu hinterlegen.

- **Ändern** (Dropdown)

  Dient der Erstellung und Bearbeitung von Selektionsvarianten. Erlaubt die Individualisierung von Filtereinstellungen.

- **Letzte eDocuments anzeigen (Tage)**

  Gibt an, wie viele Tage zurück die eDocuments angezeigt werden sollen. Im Beispiel sind es 999 Tage, wodurch die Ergebnisliste entsprechend eingeschränkt wird.

Ergebnisübersicht der eDocuments

Der Abschnitt darunter, **Ergebnisübersicht**, zeigt eine Zusammenfassung der gefundenen eDocuments, gegliedert nach Herkunftsland und ihrer Art (eingehende oder ausgehende E-Invoices). Durch Klicken auf die jeweilige Zeile können die zugrunde liegenden Einzelbelege eingesehen werden (siehe Abbildung 7.7).

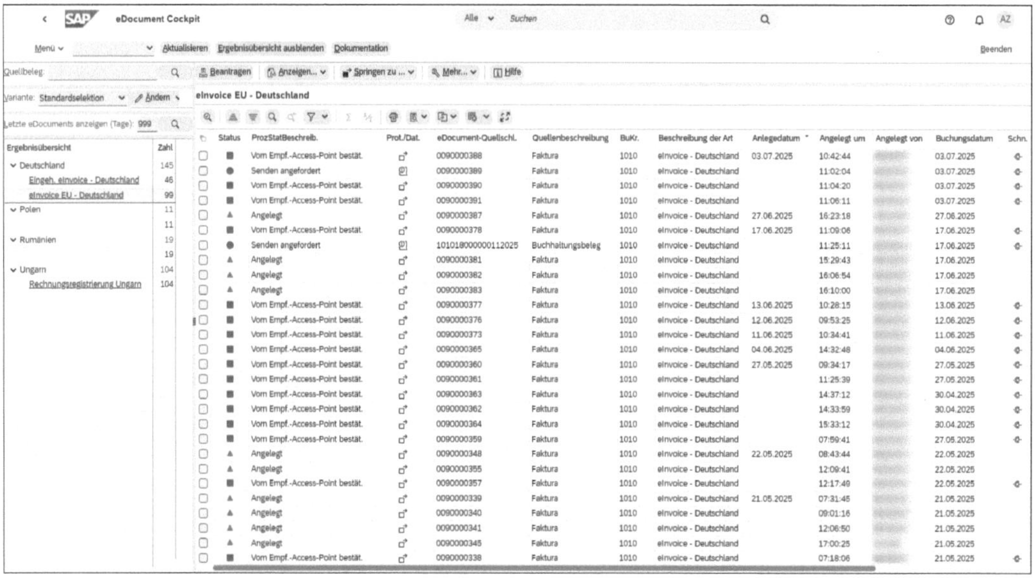

Abbildung 7.7 Einzelbelege im eDocument Cockpit

Die Statussymbole zeigen den aktuellen Verarbeitungszustand des jeweiligen eDocuments an (siehe Tabelle 7.2).

Symbol	Bedeutung	Beschreibung
■	Erfolgreich: z. B. durch Access Point bestätigt (hier: **Vom Empf.-Access-Point bestät.**)	Beleg ist erstellt, aber nicht weitergeleitet.
▲	**Angelegt**: noch nicht zur Verarbeitung übergeben	Empfänger hat das Dokument bestätigt.
●	**Senden angefordert**: fehlerhaftet oder noch nicht übertragen	Das Dokument enthält Fehler und/oder ist noch nicht übertragen.

Tabelle 7.2 Statussymbole und ihre Bedeutungen

Diese visuelle Codierung hilft bei der schnellen Identifikation der Fälle.

In der Spalte **Prot./Dat.** finden Sie die Symbole für Protokoll und Datum. Sie bieten einen direkten Zugang zu den Detailinformationen der Protokollierung des eDocuments (siehe Tabelle 7.3).

Symbol	Bedeutung	Beschreibung
	Absprung ins Protokoll, insbesondere bei eDocuments mit Status Erfolgreich oder **Angelegt**	Ermöglicht den Absprung zu den Meldungstexten sowie die Anzeige der zuletzt übermittelten XML-Datei des eDocuments.
	Absprung ins Fehlerprotokoll, insbesondere bei eDocuments mit Status **Senden angefordert**	Ermöglicht den Absprung zu den Meldungstexten fehlerhafter eDocuments.

Tabelle 7.3 Symbole für Protokoll und Datum mit ihren Bedeutungen

Die Spalte daneben, **eDocument-Quellschl.**, zeigt die Belegnummer (eine eindeutige ID) des zugrunde liegenden SAP-Belegs, der als Quellbeleg dient. Dies gilt für Belege aus dem FI- oder SD-Bereich.

Die Spalte **Quellenbeschreibung** zeigt, aus welchem SAP-Modul das eDocument stammt und um welche Art von Beleg es sich handelt. Damit kann man leicht erkennen, ob es sich z. B. um eine Verkaufsrechnung aus dem SD-Modul oder eine Buchhaltungsrechnung aus dem FI-Modul handelt. Diese Information hilft bei der Zuordnung und bei Rückfragen zur Belegverarbeitung. Dabei wird zwischen den folgenden Belegarten unterschieden:

- Belege aus SAP SD, dem Vertriebsmodul:
  - Faktura
  - Proforma-Faktura
  - Gutschrift (SD)
  - Vertragsrechnung
- Belege aus SAP FI, dem Finanzmodul:
  - Buchhaltungsbeleg
  - FI-Rechnung (Debitor/Kreditor)
  - Anzahlung
  - Gutschrift (FI)

Funktionsleiste

In der Funktionsleiste oberhalb der Belegliste finden Sie die Funktionen, die in Tabelle 7.4 aufgeführt sind.

Button	Funktion
Beantragen	Startet die Verarbeitung für markierte eDocuments (z. B. Übertragung).
Anzeigen...	Öffnet Detailinfos zum Dokument oder Statusverlauf.
Springen zu...	Direktabsprung in SAP-Transaktionen (z. B. **FB03** für FI-Belege).
Mehr...	Erweiterte Optionen zur Bearbeitung der eDocuments wie etwa stornieren, löschen, ablehnen oder erneut senden bzw. Status zurücksetzen.
Hilfe	Ruft die SAP-Hilfe auf (Performance Assistant).

Tabelle 7.4 Funktionen der Funktionsleiste

Anzeigen...

Die Optionen der Buttons **Anzeigen...**, **Springe zu...** und **Mehr...** sehen wir uns im Folgenden etwas genauer an.

Der Button **Anzeigen...** bietet die Möglichkeit, den Inhalt eines eDocuments in zwei verschiedenen Formaten einzusehen: XML oder HTML.

Abbildung 7.8 Anzeigen der XML-Vorschau im eDocument Cockpit

XML anzeigen/ XML-Vorschau

Über die Option **XML anzeigen/XML-Vorschau** wird das Dokument im technischen XML-Format geöffnet (siehe Abbildung 7.8).

Diese Ansicht zeigt die strukturierte Rohfassung, wie sie beispielsweise an Behörden oder Plattformen wie Peppol oder ELSTER übermittelt wird. Sie eignet sich besonders für IT-affine Anwender und Anwenderinnen, Entwicklerinnen und Entwickler oder Key-User, die die Datenstruktur, Pflichtfelder oder mögliche Fehler in der Übermittlung prüfen möchten.

HTML anzeigen/ HTML-Vorschau

Die zweite Option, **HTML anzeigen**, stellt das eDocument in einer lesbaren Ansicht dar (siehe Abbildung 7.9). Hierbei werden die Inhalte wie Rechnungsnummer, Beträge, Steuersätze oder Adressen in einem benutzerfreundlich formatierten Layout angezeigt – ähnlich einer Rechnung in PDF-Form. Diese Darstellung richtet sich vor allem an Fachabteilungen wie Buchhaltung oder Vertrieb, die eine schnelle, visuelle Prüfung vornehmen möchten, ohne sich mit technischen Datenformaten beschäftigen zu müssen.

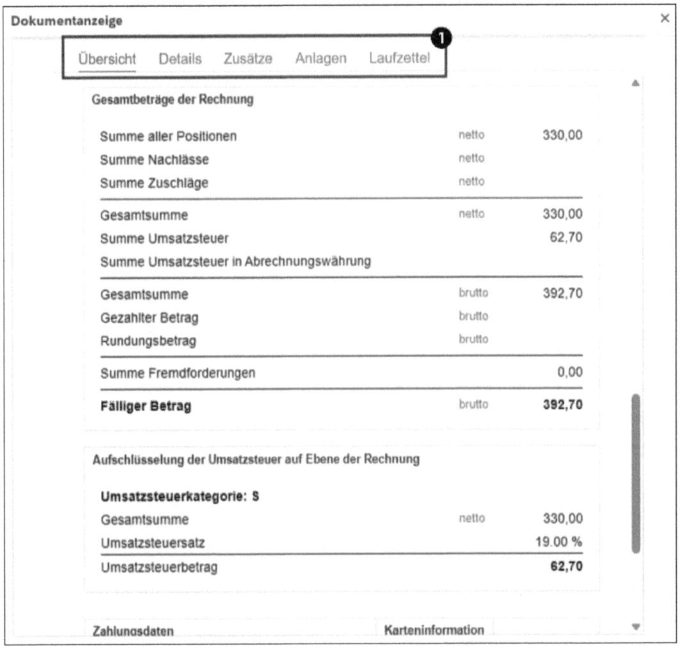

Abbildung 7.9 HTML-Vorschau im eDocument Cockpit

Sichten

Im Fenster **Dokumentanzeige** im eDocument Cockpit stehen mehrere Registerkarten (❶) zur Verfügung, die jeweils unterschiedliche Informationen zum eDocument liefern:

- **Übersicht**

  Diese Sicht zeigt die wichtigsten Stammdaten zum Käufer und Verkäufer, darunter Name, Adresse, Postleitzahl, Ort und Länderkennung. Sie dient der schnellen Kontrolle der Geschäftspartnerdaten und enthält einen Hinweis, dass die Richtigkeit der Daten nicht garantiert wird.

- **Details**

  In dieser Registerkarte finden sich alle rechnungsrelevanten Angaben wie Rechnungsnummer, Rechnungsdatum, Nettobetrag, Steuerbetrag und Bruttosumme. Auch Zahlungsbedingungen und Bestellreferenzen sind hier meist enthalten. Sie ist besonders wichtig für die fachliche Prüfung der Rechnungsinhalte.

- **Zusätze**

  Hier werden ergänzende Informationen angezeigt, die je nach Konfiguration vorhanden sein können. Dazu zählen interne Hinweise, zusätzliche Texte oder technische Felder, die in speziellen Fällen benötigt werden.

- **Anlagen**

  Falls dem eDocument Dokumente wie PDF-Rechnungen, Lieferscheine oder Vertragsdokumente beigefügt sind, werden diese hier aufgeführt. Die Dateien lassen sich direkt aus dem Cockpit heraus öffnen oder herunterladen.

- **Laufzettel**

  Diese Ansicht dokumentiert die Verarbeitungsschritte des eDocuments im System, etwa wann es erstellt, weitergeleitet oder bestätigt wurde. Auch eventuelle Fehler oder Rückmeldungen vom Empfänger werden hier gelistet, was sie zur wichtigsten Ansicht für die Fehleranalyse macht.

Jede dieser Sichten bietet gezielte Einblicke in verschiedene Aspekte eines eDocuments und unterstützt die transparente Bearbeitung innerhalb des Unternehmens.

Sowohl die XML- als auch die HTML-Ansicht dienen der Transparenz und Nachvollziehbarkeit innerhalb des elektronischen Rechnungsprozesses und helfen dabei, Fehler frühzeitig zu erkennen oder Rückfragen effizient zu klären.

Springen zu...

Der Button **Springen zu...** aus Abbildung 7.7 und Tabelle 7.4 bietet eine Auswahl hilfreicher Funktionen, mit denen Anwender und Anwenderinnen schnell zu Detailinformationen und verknüpften Daten springen können:

- **Quellbeleg**

  Über diesen Eintrag gelangt man direkt zum ursprünglichen SAP-Beleg, z. B. zur Faktura oder zum Buchhaltungsbeleg. Das ist besonders nützlich, um den Ursprung des eDocuments nachzuvollziehen oder dort Anpassungen vorzunehmen. Weitere Details zu Quellbelegen im eDocument Cockpit finden Sie unter dieser Liste.

- **Historie**

  Diese Option zeigt eine chronologische Übersicht aller Aktionen und Systemprozesse, die mit dem eDocument verbunden sind – inklusive Erstellzeitpunkt, Statuswechsel oder Benutzeraktivitäten. Sie unterstützt dabei, den Lebenszyklus des Dokuments transparent nachzuvollziehen.

- **Anwendungsprotokoll**

  Hier werden protokollierte Meldungen aus dem SAP-Anwendungsbereich angezeigt, etwa Hinweise oder Fehlermeldungen, die während der Verarbeitung des Dokuments entstanden sind. Diese Sicht ist hilfreich für die Ursachenanalyse im fachlichen Kontext.

- **Schnittstellenprotokoll**

  Diese Funktion zeigt technische Informationen zur Kommunikation mit externen Systemen oder Plattformen, z. B. ob und wie das Dokument erfolgreich an Peppol, ELSTER oder andere Empfänger übermittelt wurde. Sie dient vor allem der technischen Fehleranalyse.

- **Anw.-/SchnittProt. + letztDat.**

  Diese kombinierte Ansicht stellt sowohl das Anwendungs- als auch das Schnittstellenprotokoll sowie die letzten übertragenen Daten gebündelt dar. Sie ist besonders nützlich, um einen schnellen Gesamtüberblick bei komplexeren Fehlerfällen oder Rückfragen zu bekommen.

Mit diesen Sprungoptionen lassen sich sowohl fachliche als auch technische Details schnell und gezielt einsehen, was die Bearbeitung, Prüfung und Fehleranalyse im eDocument-Prozess erheblich erleichtert.

Quellbeleg als Ausgangsbasis

Ein Quellbeleg im eDocument Cockpit stellt die Ausgangsbasis für ein eDocument dar und kann aus verschiedenen SAP-Modulen stammen, etwa aus dem Vertrieb oder der Buchhaltung. Unabhängig vom Modulaufbau enthält ein solcher Beleg bestimmte Standardinformationen, die für die Erstellung, Verarbeitung und Prüfung eines eDocuments notwendig sind:

- Die Belegart und die Belegnummer identifizieren eindeutig den Ursprung des Dokuments im SAP-System und ermöglichen eine klare Zuordnung im Rahmen der eDocument-Verarbeitung.
- Der Regulierer ist der buchhalterisch zuständige Geschäftspartner (z. B. Debitor oder Kreditor), der für die Zahlung oder Abwicklung des Belegs verantwortlich ist. Er wird im eDocument als zentrale Referenz für steuerliche und buchhalterische Zwecke verwendet und muss korrekt gepflegt sein, um eine fehlerfreie Übermittlung und Verarbeitung sicherzustellen.

- Das Belegdatum bzw. Fakturadatum ist entscheidend für den steuerlichen Zeitpunkt und wird ebenfalls im Quellbeleg ausgewiesen. Es kann auch als Grundlage für Fristen, Meldungen oder Buchungsperioden dienen.
- In der Positionsübersicht werden die Einzelposten des Belegs dargestellt. Zu jeder Position gehören in der Regel eine Bezeichnung, eine Mengenangabe, eine Mengeneinheit (z. B. ST, KG, H) sowie ein Nettowert. Diese Daten bilden den Kern der abzurechnenden Leistung oder Lieferung.
- Zusätzlich wird der Steuerbetrag pro Position oder auf Gesamtbelegebene ausgewiesen. Diese Information ist unverzichtbar für die gesetzeskonforme Übermittlung und spätere Auswertung im Rahmen steuerlicher Meldeverfahren.

Abbildung 7.10 Buttons im Quellbeleg

Im oberen Bereich der Faktura-Anzeige in SAP (siehe Abbildung 7.10) stehen verschiedene Reiter bzw. Buttons zur Verfügung, mit denen Sie schnell auf weiterführende Informationen und Bearbeitungsfunktionen zugreifen können. Diese Buttons besprechen wir im Folgenden.

Belegfluss anzeigen

Belegfluss anzeigen ermöglicht eine grafische Übersicht aller zusammenhängenden Belege wie Auftrag, Lieferung und Rechnung. Diese Sicht hilft Ihnen dabei, den gesamten Prozessablauf nachzuvollziehen (siehe Abbildung 7.11).

Abbildung 7.11 eDocument Cockpit: Belegfluss anzeigen

Zusätzliche Informationen im Belegfluss

Im SAP-Belegfluss stehen Ihnen im oberen Bereich mehrere hilfreiche Buttons zur Verfügung, die den Zugriff auf zusätzliche Informationen und Funktionen bieten:

- **Detail**

  Nach einem Klick auf den gewünschten Beleg öffnet sich eine tiefere Ansicht zum aktuell ausgewählten Beleg. Dort lassen sich weiterführende Informationen einsehen, die im Belegfluss selbst nicht dargestellt werden.

- **Statusübersicht**

  Bietet einen schnellen Überblick über den aktuellen Bearbeitungsstatus aller verknüpften Belege. Diese Funktion unterstützt besonders bei der Prozesskontrolle und erleichtert es, offene oder fehlerhafte Vorgänge zu erkennen.

- **Beleg anzeigen**

  Erlaubt es, den vollständigen Originalbeleg (z. B. Auftrag, Lieferung, Faktura oder Buchungsbeleg) direkt zu öffnen. So kann der Anwender oder die Anwenderin den Beleg prüfen, ohne den Belegfluss verlassen zu müssen.

- **Servicebeleg**

  Zeigt zusätzliche, systemseitig erzeugte Begleitbelege an, die in Verbindung mit dem Hauptprozess stehen. Diese können technische oder systemgesteuerte Dokumente sein, die für bestimmte Funktionen notwendig sind.

- **Weitere Verknüpfungen**

  Ermöglicht den Zugriff auf zusätzlich verbundene Objekte, etwa Verträge, Bestellungen oder Reklamationen. Diese Funktion ist besonders relevant, wenn ein Prozess über mehrere Module hinweg abgebildet wurde.

Diese Buttons unterstützen die Navigation innerhalb komplexer Belegprozesse und helfen Anwenderinnen und Anwendern dabei, schnell zwischen zusammenhängenden Dokumenten zu wechseln und den Gesamtprozess transparent nachzuvollziehen.

Historie

Der Button **Historie**, den Sie über den Button **Springen zu...** im eDocument Cockpit erreichen, bietet eine transparente Übersicht über alle Verarbeitungsschritte, die ein elektronisches Dokument im System durchläuft (siehe Abbildung 7.12). Für jeden Eintrag wird ein spezifischer Verarbeitungsstatus (**VerarbStatus**) festgehalten, der den aktuellen oder vergangenen Zustand des Dokuments beschreibt – von der Erstellung bis zur erfolgreichen Übertragung oder auch bis zu einem Fehler.

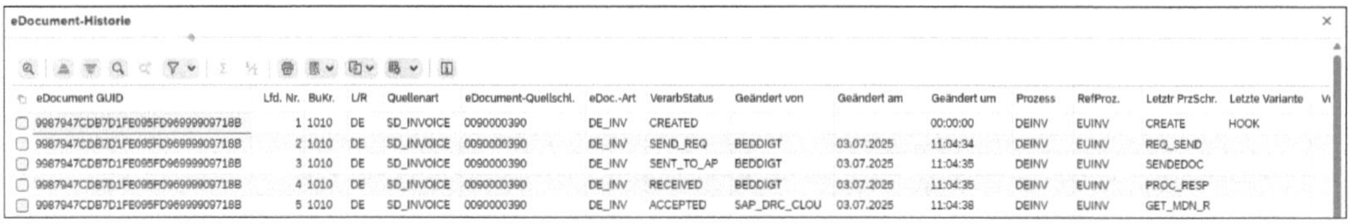
eDocument-Historie

eDocument GUID	Lfd. Nr.	BuKr.	L/R	Quellenart	eDocument-Quellschl.	eDoc.-Art	VerarbStatus	Geändert von	Geändert am	Geändert um	Prozess	RefProz.	Letztr PrzSchr.	Letzte Variante
9987947CDB7D1FE095FD96999909718B	1	1010	DE	SD_INVOICE	0090000390	DE_INV	CREATED			00:00:00	DEINV	EUINV	CREATE	HOOK
9987947CDB7D1FE095FD96999909718B	2	1010	DE	SD_INVOICE	0090000390	DE_INV	SEND_REQ	BEDDIGT	03.07.2025	11:04:34	DEINV	EUINV	REQ_SEND	
9987947CDB7D1FE095FD96999909718B	3	1010	DE	SD_INVOICE	0090000390	DE_INV	SENT_TO_AP	BEDDIGT	03.07.2025	11:04:35	DEINV	EUINV	SENDEDOC	
9987947CDB7D1FE095FD96999909718B	4	1010	DE	SD_INVOICE	0090000390	DE_INV	RECEIVED	BEDDIGT	03.07.2025	11:04:35	DEINV	EUINV	PROC_RESP	
9987947CDB7D1FE095FD96999909718B	5	1010	DE	SD_INVOICE	0090000390	DE_INV	ACCEPTED	SAP_DRC_CLOU	03.07.2025	11:04:38	DEINV	EUINV	GET_MDN_R	

Abbildung 7.12 eDocument Cockpit: Historie

Verarbeitungsstatus

Jeder einzelne Status ist Teil einer Verarbeitungskette, die mit dem Status **CREATED** beginnt. Das bedeutet, das eDocument wurde im System erzeugt. Danach folgen Schritte wie **SEND_REQ** (Sendeanforderung gestellt), **SENT_TO_AP** (Dokument wurde an den Access Point weitergeleitet) und **RECEIVED** (Empfang wurde bestätigt). Sollte es während der Übertragung zu Problemen kommen, wird dies durch den Status **ERROR** kenntlich gemacht. Ist der Übertragungsprozess dagegen erfolgreich abgeschlossen, erscheint der Status **ACCEPTED**, was auf eine vollständige und fehlerfreie Annahme durch das Empfängersystem hinweist.

Zusätzlich zu diesen Statusinformationen enthält die Historie weitere wichtige Felder wie die **eDocument GUID**, die eindeutige Identifikation jedes Eintrags, sowie Angaben zu Belegnummer, Buchungskreis (**BuKr.**), Land, **Quellenart** und **eDoc.-Art**, was die Herkunft und Klassifikation des Dokuments beschreibt.

Insgesamt liefert die eDocument-Historie eine lückenlose Nachvollziehbarkeit aller technischen und prozessualen Schritte, was für Fehleranalysen, gesetzliche Nachweispflichten und innerbetriebliche Qualitätssicherung unverzichtbar ist.

Anwendungsprotokoll

Der Button **Anwendungsprotokoll**, den Sie über den Button **Springen zu...** im eDocument Cockpit erreichen, stellt eine übersichtliche Informationsquelle für die fachliche Verarbeitung eines eDocuments dar. Es zeigt, welche Meldungen im Rahmen der Dokumentenverarbeitung erzeugt wurden, zum Beispiel beim Erstellen, Versenden oder Empfangen eines Dokuments (siehe Abbildung 7.13).

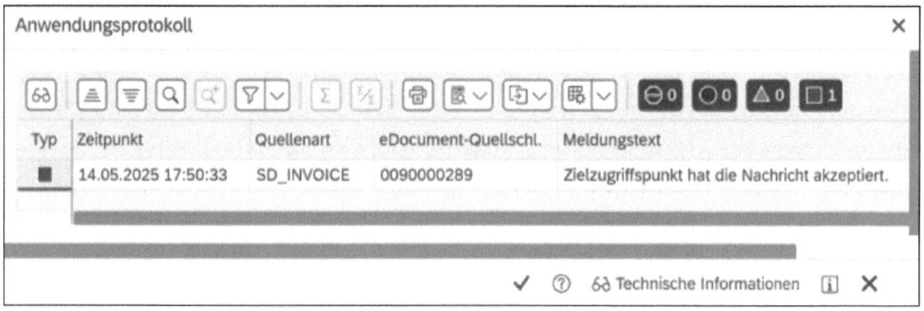

Abbildung 7.13 eDocument Cockpit: Anwendungsprotokoll

Jede Meldung wird mit einem Zeitstempel, der **Quellenart** (z. B. **SD_INVOICE**) und dem eDocument-Quellschlüssel angezeigt. Besonders hilfreich ist die farbliche Kennzeichnung des Status:

- Grün steht für eine erfolgreiche Verarbeitung.
- Orange steht für eine Warnung.
- Rot steht für einen Fehler.

Dadurch können Sie auf einen Blick erkennen, ob ein Dokument korrekt durchlaufen wurde oder ob Handlungsbedarf besteht.

In Fällen, in denen nur ein Eintrag mit grünem Symbol erscheint, bedeutet dies, dass das eDocument ohne Fehler verarbeitet und vom Empfänger akzeptiert wurde. Weitere Verarbeitungsschritte sind in diesem Fall nicht sichtbar, weil keine Fehler oder zusätzlichen Systemrückmeldungen angefallen sind.

Das Anwendungsprotokoll ist somit ein einfaches, aber wirkungsvolles Werkzeug, um den aktuellen Stand eines eDocuments zu prüfen, besonders hilfreich für Fachabteilungen wie Vertrieb oder Buchhaltung, die schnell wissen möchten, ob eine elektronische Rechnung korrekt zugestellt wurde. Für eine tiefere Analyse können ergänzend das Schnittstellenprotokoll oder die eDocument-Historie herangezogen werden.

Schnittstellenprotokoll

Über den Button **Schnittstellenprotokoll**, den Sie über den Button **Springen zu...** im eDocument Cockpit erreichen, gelangen Sie zu eben jenem Protokoll (auch **Schnittstellen-Connector-Protokoll**). Es dokumentiert die technische Verarbeitung eines eDocuments beim Datenaustausch mit externen Systemen – z. B. einem Access Point, einer staatlichen Plattform oder einem Serviceprovider (Abbildung 7.14). Es ergänzt das Anwendungsprotokoll um tiefergehende Informationen zur Systemkommunikation.

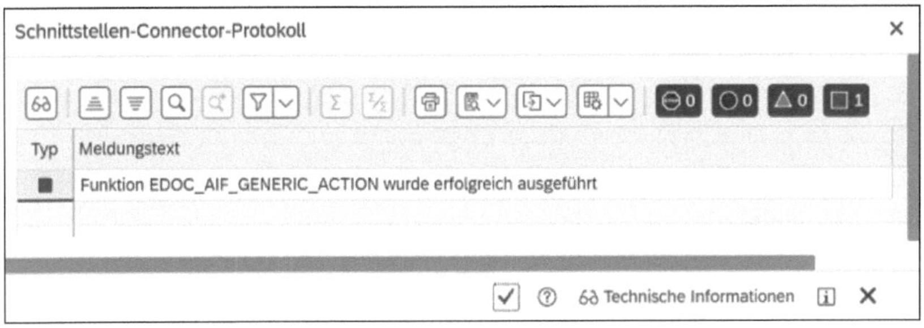

Abbildung 7.14 eDocument Cockpit: Schnittstellenprotokoll

In dieser Ansicht werden technisch relevante Rückmeldungen angezeigt, wie etwa der erfolgreiche Aufruf eines Funktionsbausteins oder ein Fehler beim Verbindungsaufbau. Jede Zeile enthält typischerweise einen Meldungstext, der das Ergebnis eines Verarbeitungsschritts beschreibt, z. B. »Funktion EDOC_AIF_GENERIC_ACTION wurde erfolgreich ausgeführt«. Farblich markierte Symbole (in Grün, Orange, Rot) helfen Ihnen dabei, Erfolg, Warnung oder Fehler schnell zu identifizieren.

Das Schnittstellenprotokoll richtet sich in erster Linie an technisch versierte Anwender und Anwenderinnen sowie an Supportmitarbeiterinnen und -mitarbeiter, ist aber auch für Key-User hilfreich, wenn es um die Ursachenanalyse bei Übertragungsproblemen geht. Es zeigt, ob ein Dokument die SAP-interne Verarbeitungsebene verlassen und korrekt an ein externes Zielsystem übermittelt wurde – oder ob dabei Unterbrechungen, Abweisungen oder Integrationsfehler aufgetreten sind.

Insgesamt ist das Schnittstellenprotokoll ein wichtiges Werkzeug zur Überwachung der Systemkommunikation im Rahmen der eDocument-Verarbeitung und stellt die technische Nachvollziehbarkeit sicher – insbesondere bei gesetzlichen Meldepflichten wie z. B. eRechnung oder Echtzeitsteuerberichterstattung (siehe Abbildung 7.15).

Abbildung 7.15 eDocument Cockpit: Anwendungs- und Schnittstellenprotokoll (letzte gesendete Datei)

Springen zu...

Über den Button **Anw.-/SchnittProt. + letztDat.**, den Sie über den Button **Springen zu...** im eDocument Cockpit erreichen, gelangen Sie zu einer kombinierten Ansicht, die eine gebündelte Übersicht über die wichtigsten technischen und fachlichen Rückmeldungen sowie die zuletzt verarbeiteten Daten eines eDocuments liefert. Sie kombiniert drei zentrale Informationsquellen in einem Bildschirm:

1. **Anwendungsprotokoll**

   Dieses Protokoll zeigt Rückmeldungen aus der fachlichen Verarbeitung des Dokuments, z. B. ob das Dokument vom Zielsystem akzeptiert oder eine Meldung erfolgreich übermittelt wurde. Farbsymbole (in Grün, Orange, Rot) zeigen dabei den Verarbeitungsstatus auf einen Blick.

2. **Schnittstellenprotokoll (Connector-Protokoll)**

   In diesem Abschnitt werden technische Systemmeldungen dokumentiert, z. B. ob Funktionen zur Übertragung erfolgreich ausgeführt wurden oder ob es Kommunikationsprobleme mit externen Systemen gab. Diese Informationen sind besonders für Support und Systemverantwortliche wichtig.

3. **Letzte gesendete Datei**

   Im unteren Bereich wird der zuletzt übermittelte Payload (z. B. im XML-Format) angezeigt. Das ist vor allem dann nützlich, wenn die tatsächlich übertragenen Inhalte geprüft oder archiviert werden müssen – zum Beispiel für Prüfzwecke, bei Reklamationen oder zur Bestätigung gegenüber dem Empfänger.

Durch diese kombinierte Ansicht erhalten Sie einen vollständigen Überblick über den aktuellen Status, die Verarbeitungshistorie und die übermittelten Inhalte, ohne zwischen mehreren Fenstern wechseln zu müssen. Die Funktion eignet sich damit besonders zur schnellen Diagnose im Fehlerfall oder zur Bestätigung einer erfolgreichen Übermittlung.

Mehr...

Der Button **Mehr...** im SAP eDocument Cockpit (siehe Abbildung 7.7 und Tabelle 7.4) bietet wichtige Funktionen zur nachträglichen Bearbeitung von eDocuments. Diese Optionen kommen insbesondere dann zum Einsatz, wenn ein Dokument bereits verarbeitet, aber z. B. fehlerhaft, doppelt oder aus geschäftlichen Gründen nicht weiterverwendet werden soll. Die verfügbaren Aktionen lauten:

- **eDocument stornieren**

  Diese Funktion erzeugt ein Storno-eDocument, das den ursprünglichen Datensatz offiziell aufhebt. Der Vorgang wird protokolliert und entspricht einer gesetzlich konformen Korrektur, etwa bei falsch ausgestellten Rechnungen. Das Original bleibt erhalten, wird jedoch als storniert gekennzeichnet.

- **eDocument löschen**

  Ein eDocument kann gelöscht werden, sofern es sich noch nicht in der Verarbeitung oder Übertragung befindet. Diese Option ist vor allem bei Testdaten oder irrtümlich erzeugten Belegen relevant. Gelöschte eDocuments verschwinden vollständig aus der Übersicht und können nicht wiederhergestellt werden.

- **eDocument ablehnen**

  Diese Aktion markiert ein Dokument als inhaltlich abgelehnt, ohne es zu übermitteln oder technisch zu löschen. Sie kommt häufig zum Einsatz, wenn ein Beleg zwar erstellt wurde, jedoch z. B. fachlich nicht korrekt ist und deshalb nicht weiterverarbeitet werden soll.

Diese Funktionen unterstützen Sie dabei, auch im Nachhinein Kontrolle über die Dokumentenverarbeitung zu behalten und auf typische Ausnahmefälle angemessen zu reagieren. Die Berechtigung zur Nutzung dieser Funktionen kann durch das System eingeschränkt sein, um ungewollte Datenverluste zu vermeiden.

7.4.2 Elektronische Belege Verwalten

Eine weitere wichtige Anwendung ist die SAP-Fiori-App **Elektronische Belege verwalten** (App-ID: F4036). Sie dient der zentralen Anzeige, Überwachung und Bearbeitung elektronischer Belege im Umfeld von SAP Fiori. Die Einstiegsmaske der Anwendung ist in der nachfolgenden Abbildung 7.16 dargestellt:

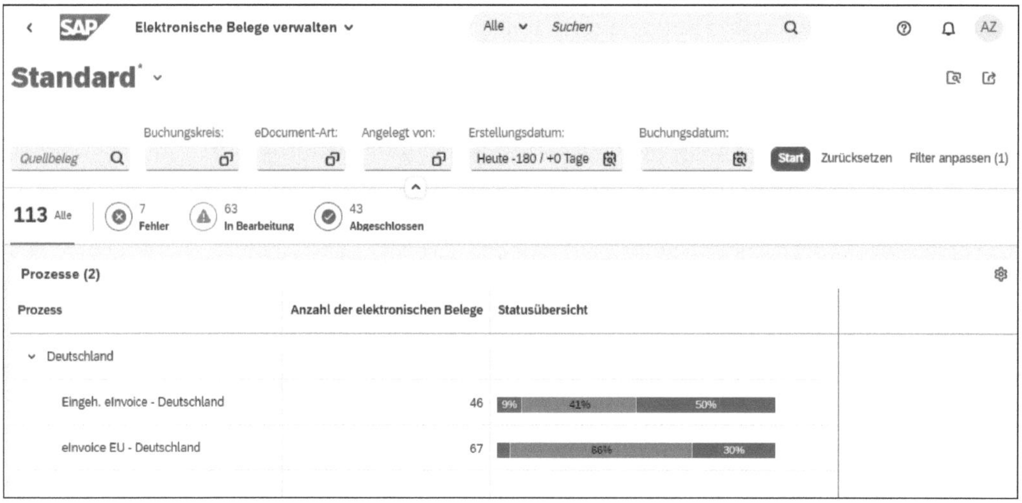

Abbildung 7.16 Startseite der App »Elektronische Belege verwalten«

Hauptfunktionen

Nach dem Aufruf der App erhalten Sie eine visuelle Statusübersicht, die sämtliche im System registrierten eDocuments nach ihrem aktuellen Bearbeitungsstatus zusammenfasst. Die Einteilung erfolgt in drei zentrale Kategorien in Prozent:

- Fehlerhaft (rot)
- In Bearbeitung (grau)
- Abgeschlossen (grün)

Eine Besonderheit stellt die Möglichkeit dar, diese Statusinformation nach Szenarien zu differenzieren, etwa für das Szenario **eInvoice EU – Deutschland**. Dies ist insbesondere in Organisationen mit mehreren gesetzlich relevanten Ausprägungen oder länderspezifischen E-Invoicing-Vorgaben von Vorteil. Diese Statusinformation bildet die Grundlage für das tägliche Monitoring und erlaubt ein schnelles Erkennen potenzieller Störungen oder Verzögerungen in der Verarbeitungskette.

Filterfunktionen

Zur gezielten Eingrenzung und Analyse können die elektronischen Belege nachfolgenden Kriterien gefiltert werden (siehe Abbildung 7.16):

- **Quellbeleg**

  Dieses Feld dient der gezielten Suche nach dem Ursprung eines elektronischen Dokuments, beispielsweise einer Bestellnummer oder Rechnungsreferenz. Durch Eingabe einer spezifischen Belegnummer können Sie unmittelbar zu einem zugehörigen eDocument navigieren und dessen Status sowie Verarbeitungshistorie einsehen. Dies unterstützt die Nachvollziehbarkeit und Fehleranalyse im Rahmen der digitalen Rechnungsverarbeitung.
- **Buchungskreis**

  Diese Auswahlmaske ermöglicht es Ihnen, gezielt einen oder mehrere Buchungskreise auszuwählen, um die Datenanzeige auf bestimmte organisatorische Einheiten einzugrenzen. Ein Buchungskreis repräsentiert im SAP-System eine rechtlich selbstständige Einheit mit eigener Bilanz und ist damit eine wesentliche Struktur im Finanzwesen.
- **eDocument-Art**

  Diese Eingabehilfe ermöglicht es, gezielt eine oder mehrere eDocument-Arten auszuwählen, um Vorgänge wie Filterung, Analyse oder Bearbeitung auf bestimmte Dokumenttypen einzuschränken. Die eDocument-Art beschreibt dabei den jeweiligen Prozess oder Nachrichtentyp, z. B. eine eingehende Rechnung, eine Gutschrift oder eine Meldung im internationalen Kontext.
- **Angelegt von**

  Mit diesem Filterkriterium können Sie Belege eingrenzen, die von einem bestimmten Anwender, einer Anwenderin oder einem System-User im SAP-System angelegt wurden. Die Auswahl erfolgt über eine Bedingungsauswahl (z. B. **enthält**, **ist gleich**, **beginnt mit**), gefolgt von einem frei definierbaren Text- oder Benutzerkürzel.

- **Erstellungsdatum/Buchungsdatum**

  Diese Filterkriterien ermöglichen eine zeitliche Eingrenzung der angezeigten eDocuments basierend auf ihrem Erfassungszeitpunkt im System. Mithilfe flexibler Auswahloptionen – etwa **Von/Bis**, **Heute -X/+Y Tage** oder periodischer Filter wie **letzte Monate** – lassen sich relevante Zeiträume gezielt definieren. So wird eine effiziente Steuerung der Auswertung und Bearbeitung unterstützt.

Diese Filter ermöglichen nicht nur ein zielgerichtetes Arbeiten, sondern unterstützen auch bei der Ursachenanalyse und beim Monitoring regulatorischer KPIs.

Ergebnisübersicht

Wird aus der Übersicht der App **Elektronische Belege verwalten** ein konkretes Szenario ausgewählt, etwa **Eingeh. eInvoice – Deutschland**, erfolgt der Absprung in eine detaillierte Ergebnisübersicht in tabellarischer Form. Diese Ansicht (siehe beispielhaft Abbildung 7.17) dient als zentrale Arbeitsoberfläche zur Überwachung und Bearbeitung elektronischer Dokumente innerhalb der SAP-Fiori-Umgebung.

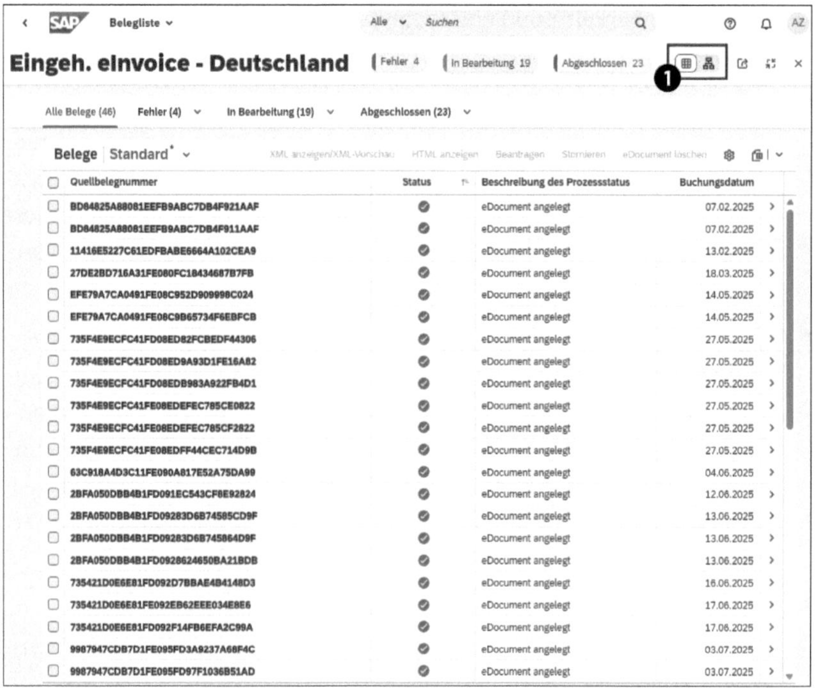

Abbildung 7.17 Elektronische Belege verwalten: Eingehende eDocuments – Deutschland

Neben der Tabellenansicht steht dem Anwender durch einen Klick auf ❶ zusätzlich eine Darstellung in Diagrammform zur Verfügung.

Im oberen Bereich der Anwendung befindet sich die sogenannte *Statusleiste*. Sie bietet eine aggregierte Kategorisierung der angezeigten Belege nach ihrem aktuellen Bearbeitungsstatus. Die Statusübersicht ist interaktiv gestaltet: Ein Klick auf eine der Statuskategorien führt zur dynamischen Filterung der darunterliegenden Belegdaten in der Tabelle. Am Beispiel in Abbildung 7.18 wurden gezielt eDocuments mit dem Status **Fehler** selektiert.

Abbildung 7.18 Elektronische Belege verwalten: Eingehende eDocuments – Deutschland (Übersicht der Status)

Statusleiste

Die Statusleiste unterscheidet dabei drei zentrale Bearbeitungszustände:

- **Abgeschlossen**: eDocuments, die erfolgreich verarbeitet, validiert und gegebenenfalls weitergeleitet oder verbucht wurden.
- **In Bearbeitung**: Dokumente, die sich aktuell in einem Übergangs- oder Prüfstatus befinden, etwa in Validierung, Mapping oder Integration.
- **Fehler**: Belege mit technischen oder inhaltlichen Beanstandungen, beispielsweise aufgrund unvollständiger Daten, fehlerhafter Formate oder Rückweisungen durch externe Empfangssysteme wie Peppol.

Ergebnisübersicht in Tabellenform

Die Ergebnisübersicht in Tabellenform stellt die relevanten Metadaten zu den Belegen dar. Zu den standardmäßig eingeblendeten Spalten zählen:

- **Quellbelegnummer**: zur eindeutigen Identifikation des Ursprungsvorgangs
- **Status**: dargestellt über farbcodierte Symbole zur sofortigen visuellen Erkennung
- **Beschreibung des Prozessstatus**: zur Klartextinterpretation des aktuellen Systemstatus
- **Buchungsdatum**: als zeitliche Einordnung der Belegverarbeitung

Diese strukturierte Darstellung unterstützt sowohl Fachabteilungen als auch Systemverantwortliche bei der gezielten Analyse und Nachverfolgung einzelner Verarbeitungsvorgänge. Durch die Farbcodierung wird eine schnelle Orientierung ermöglicht. Ergänzt wird die Ansicht durch interaktive Funktionen wie Sortierung, Filterung oder Datenexport, die eine flexible Nutzung im Rahmen interner Kontrollsysteme (IKS) und Compliance-Vorgaben unterstützen.

In der Praxis stellt diese Ansicht ein wesentliches Element im Monitoring elektronischer Rechnungen dar. Sie unterstützt insbesondere bei der proaktiven Bearbeitung technischer Fehler, der gezielten Nachverfolgung von Belegen mit Prüfstatus sowie der revisionssicheren Archivierung verarbeiteter Dokumente. Damit leistet sie einen wesentlichen Beitrag zur Betriebssicherheit und zur Erfüllung gesetzlicher Anforderungen, etwa im Rahmen der elektronischen Rechnungsstellung in Deutschland.

Funktionsleiste innerhalb der Ergebnisübersicht

Im Anschluss an die Auswahl eines konkreten Szenarios innerhalb etwa **Eingeh. eInvoice – Deutschland**, steht Ihnen eine umfassende Ergebnisübersicht in Tabellenform zur Verfügung (siehe Abbildung 7.18). Diese Ansicht stellt nicht nur die wichtigsten Beleginformationen dar, sondern bietet zusätzlich über die Funktionsleiste eine Reihe von Bearbeitungs- und Analysefunktionen, die für die operative Verarbeitung und Fehlerbehebung unerlässlich sind.

Die Funktionsleiste befindet sich oberhalb der Belegliste und wird nach Auswahl eines oder mehrerer Belege aktiv. Sie enthält die folgenden zentralen Aktionen, die zur weiterführenden Verarbeitung elektronischer Belege genutzt werden können (siehe Abbildung 7.19):

- **XML anzeigen/XML-Vorschau**
  Anzeige der original übermittelten XML-Datei zur technischen Analyse und Validierung
- **HTML anzeigen**
  Darstellung der Rechnung im lesbaren HTML-Format zur inhaltlichen Prüfung durch Fachanwenderinnen und -anwender
- **Beantragen**
  Start eines vordefinierten Workflows oder eines Übertragungsprozesses (z. B. an eine externe Plattform)
- **Stornieren**
  Rücknahme eines Belegs, der sich im System befindet, jedoch noch nicht verbucht wurde
- **eDocument löschen**
  Vollständige Entfernung eines Dokuments aus dem System (ausschließlich bei entsprechender Berechtigung)

- **Einstellungen ❶**
  Anpassung der Tabellenspalten, Ein- und Ausblenden relevanter Felder für eine individualisierte Ansicht
- **In Tabellenkalkulation exportieren ❷**
  Export der angezeigten Daten nach Microsoft Excel zur weiteren Analyse oder Archivierung

Abbildung 7.19 Elektronische Belege verwalten: Eingehende eDocuments – Deutschland (Funktionsleiste)

Diese Funktionen ermöglichen eine gezielte Bearbeitung sowohl auf technischer als auch auf fachlicher Ebene und unterstützen insbesondere in Situationen, in denen manuell eingegriffen oder eine Nachbearbeitung erforderlich ist.

Absprung Belegdetails und Prozess-Timeline

Am rechten Rand jeder Tabellenzeile in der Ergebnisübersicht (siehe Abbildung 7.17) befindet sich das Pfeil-Symbol ([>]) zur Direktnavigation in die Belegdetails. Darüber lässt sich schnell in die Einzelansicht des jeweiligen eDocuments wechseln, in der weiterführende Informationen zur Prüfung und Bearbeitung zur Verfügung stehen.

In der Detailansicht (siehe Abbildung 7.20) wird die Verarbeitungshistorie des ausgewählten eDocuments in Form einer Timeline angezeigt.

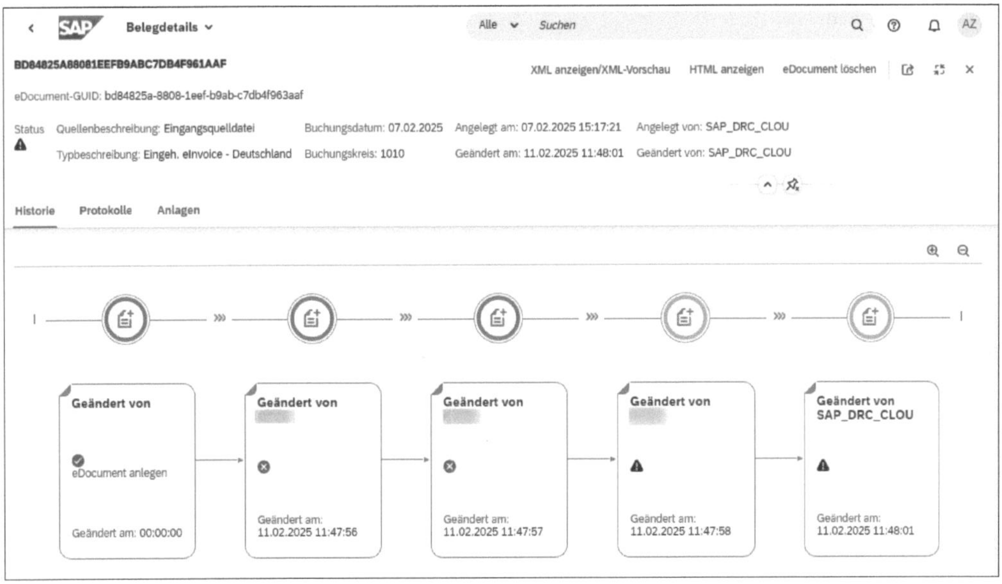

Abbildung 7.20 Elektronische Belege verwalten: Belegdetails

Die Timeline beginnt mit der automatischen Erstellung des Dokuments und zeigt sämtliche nachfolgenden Verarbeitungsschritte an. Dazu zählen etwa Validierungen, Systemübergaben oder externe Übertragungen. Fehlerhafte Schritte werden visuell hervorgehoben und jeweils mit Zeitstempel und Bearbeiter versehen. Diese visuelle Prozesshistorie ist besonders hilfreich bei der Ursachenanalyse, da sie technische Störungen transparent nachvollziehbar macht.

Anlagen

In der Registerkarte **Anlagen** (siehe Abbildung 7.21) finden sich sämtliche zur Verarbeitung gehörenden Dokumente, etwa die originale XML-Datei, ergänzende Anhänge oder Prüfprotokolle. Diese Dateien lassen sich direkt innerhalb der Anwendung einsehen oder auf eine lokale Umgebung exportieren. Der Zugriff auf diese Daten unterstützt insbesondere bei der Kommunikation mit externen Partnern oder im Rahmen interner Prüfprozesse.

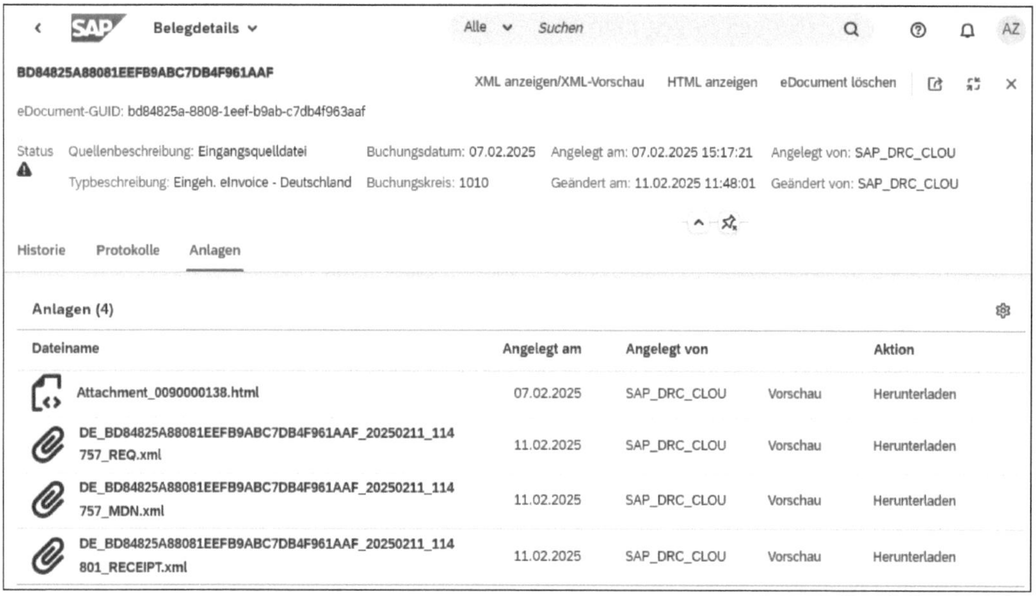

Abbildung 7.21 Elektronische Belege verwalten: Anlagen

Ergebnisübersicht in Diagrammansicht

Ein zentrales Element der App ist die grafische Prozessvisualisierung (siehe Abbildung 7.22). Sie gelangen zu dieser zusätzlichen Darstellung, indem Sie in der Tabellenansicht auf den Button klicken, um zur Diagrammansicht zu wechseln.

Diese stellt den vollständigen Lebenszyklus eingehender elektronischer Rechnungen visuell dar und schafft Transparenz über den Status jedes einzelnen Verarbeitungsschritts.

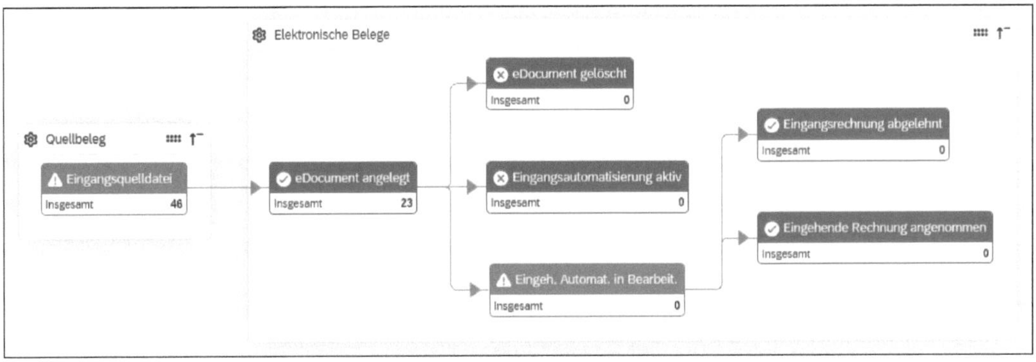

Abbildung 7.22 Elektronische Belege verwalten: Prozess visualisieren für eingehende elektronische Rechnungen

Prozessknoten

Zu den zentralen Prozessknoten zählen unter anderem:

- **Eingangsquelldatei**: Anzeige aller empfangenen strukturierten Rechnungen, z. B. über Peppol
- **eDocument angelegt**: Bestätigung, dass ein Systembeleg erfolgreich erzeugt wurde
- **Eingangsautomatisierung aktiv/in Bearbeitung**: Status für automatisierte Prüf- oder Buchungsprozesse (z. B. MM-Zuordnung)
- **eDocument gelöscht**: Dokumente, die aus technischen oder fachlichen Gründe aus dem Prozess genommen wurden
- **Eingangsrechnung abgelehnt/angenommen**: Abschlussstatus, der über die weitere Verarbeitung (z. B. Verbuchung oder Ablehnung) entscheidet

Jeder Knotenpunkt ist interaktiv gestaltet und erlaubt eine direkte Navigation zu den zugehörigen Belegen. Diese visuelle Darstellung erleichtert nicht nur das operative Monitoring, sondern bietet auch wesentliche Unterstützung bei der Fehleranalyse und dem Nachvollziehen regulatorischer Vorgaben.

Die grafische Prozessübersicht schafft damit eine intuitive und transparente Sicht auf die Abläufe im Rahmen der Verarbeitung eingehender Rechnungen mit SAP DRC und ist aus Sicht der Fachbereiche ein unverzichtbares Werkzeug für Kontrolle, Qualitätssicherung und Compliance.

7.5 Zusammenfassung

In diesem Kapitel wurde aufgezeigt, wie rechtliche Vorgaben, technische Standards und systemseitige Funktionalitäten ineinandergreifen, um die

E-Rechnung mittels SAP DRC E-Invoicing umfassend umzusetzen. Vor dem Hintergrund regulatorischer Entwicklungen wie der EU-Initiative VAT in the Digital Age und der stufenweisen Einführung der E-Rechnungspflicht in Deutschland durch das Wachstumschancengesetz wurde erklärt, wie SAP DRC Unternehmen dabei unterstützt, diese Herausforderungen in eine strategische Chance zu verwandeln.

Im operativen Prozess übernimmt SAP DRC eine zentrale Steuerungsfunktion für den Versand elektronischer Debitorenrechnungen. Von der Belegentstehung im SD- oder FI-Modul über die Transformation und Formatierung bis hin zu Signatur, Übermittlung und revisionssicherer Archivierung wird ein durchgängiger End-to-End-Prozess abgebildet, der sowohl fachliche Anforderungen als auch technische Standards berücksichtigt. Die Möglichkeit zur Integration von Signaturdiensten, die Nutzung internationaler Formate wie etwa Peppol BIS 3.0 sowie die Einbindung der SAP Integration Suite ermöglichen eine standardisierte und zugleich länderspezifisch differenzierte Abwicklung.

Gleichzeitig eröffnet SAP DRC auch auf der Eingangsseite einen vollständig orchestrierten Verarbeitungsweg für elektronische Kreditorenrechnungen. Durch die automatisierte Zustellung, Validierung, Transformation und Verbuchung von Rechnungsdaten entsteht ein effizienter, compliance-konformer Workflow eingebettet in SAP. Besondere Bedeutung kommt dabei der Überwachung, Fehlerbehandlung und revisionssicheren Archivierung zu, die über zentrale Werkzeuge wie das eDocument Cockpit oder die SAP-Fiori-App **Elektronische Belege verwalten** gesteuert werden.

Diese SAP-Fiori-Anwendungen bilden das Rückgrat für Transparenz und Kontrolle im Rechnungsprozess. Sie erlauben es Fachabteilungen und IT, jederzeit den Status, die Vollständigkeit und die korrekte Verarbeitung elektronischer Belege nachzuvollziehen – ein entscheidender Faktor für operative Effizienz und steuerliche Sicherheit.

Insgesamt zeigt sich, dass die Einführung von SAP DRC E-Invoicing nicht als rein technisches Projekt verstanden werden darf, sondern als strategisches Transformationsvorhaben mit klaren organisatorischen, rechtlichen und prozessualen Implikationen. Nur durch enge Zusammenarbeit zwischen Steuerabteilung, IT, Einkauf und Buchhaltung sowie durch sorgfältige Berücksichtigung der länderspezifischen Vorgaben lässt sich das Potenzial der elektronischen Rechnung im SAP-Umfeld voll ausschöpfen. SAP DRC stellt dafür ein leistungsfähiges, international einsetzbares und gesetzeskonformes Framework zur Verfügung, das Unternehmen befähigt, ihre Rechnungsprozesse zukunftssicher und effizient zu gestalten.

Kapitel 8

Gesetzliches Meldewesen implementieren

In diesem Kapitel erfahren Sie, wie gesetzliche Steuerberichte mit SAP DRC effizient eingerichtet werden. Im Fokus stehen die Daten aus dem SAP Core, grundlegende Vorbereitungshandlungen und die konkrete Einrichtung des Systems.

Mit dem gesetzlichen Meldewesen in SAP DRC steht Ihnen eine Lösung zur Verfügung, die es erlaubt, gesetzliche Meldungen direkt aus dem SAP-System zu erstellen, zu verwalten und elektronisch an Behörden zu übermitteln. Dieses Kapitel zeigt, wie das gesetzliche Meldewesen in SAP DRC fachlich und technisch implementiert wird. Es erläutert die erforderlichen Konfigurationen, stellt die Rolle der meldenden Einheiten und Berichtskategorien vor und beschreibt praxisnah die Schritte zur Einrichtung eines rechtskonformen Reportings.

Zunächst besprechen wir in Abschnitt 8.1 die Grundlagen, indem Stammdaten wie Geschäftspartner, Materialien, Steuerkennzeichen und Konditionen sorgfältig gepflegt werden, da sie die Basis für eine korrekte Steuerfindung und Berichterstattung bilden. Anschließend erfolgt in Abschnitt 8.2 die technische Vorbereitung durch die Aktivierung von Business Configuration Sets, die Einrichtung unterstützender Komponenten sowie die mögliche Integration von weiteren SAP-Services wie SAP DRC, Cloud Edition und die Implementierung der relevanten Fiori-Apps.

Darauf aufbauend wird in Abschnitt 8.3 das externe Meldewesen eingerichtet: Sie legen meldende Einheiten an, ordnen ihnen Organisationseinheiten und Berichtskategorien zu, definieren Periodizitäten und pflegen spezifische Parameter. Dadurch wird sichergestellt, dass Meldungen vollständig, fristgerecht und rechtskonform erstellt werden. Ergänzend können Eigenschaften von Berichtsaktivitäten angepasst und zusätzliche Parameter für Berichte oder Einheiten hinterlegt werden.

Ein weiterer Schwerpunkt liegt auf der Nutzung von SAP Central Finance bei heterogenen Systemlandschaften, um Daten aus verschiedenen Systemen zentral zusammenzuführen und gruppenweite, konsistente Meldungen zu ermöglichen (siehe Abschnitt 8.4).

8.1 Die Basis schaffen: Stammdaten pflegen

Steuerliche Anforderungen in SAP S/4HANA betreffen nicht nur klassische Felder der Buchhaltung und steuerlichen Deklaration, sondern ebenso die Pflege, Strukturierung und Verwendung zentraler Stammdaten im System.

In einer zunehmend digitalisierten Welt, in der steuerliche Meldungen vermehrt automatisiert und in Echtzeit erfolgen, rücken die Qualität und die Struktur dieser Daten immer mehr in den Mittelpunkt. Dieser Abschnitt beleuchtet die wichtigsten dieser Datenobjekte aus steuerlicher Sicht, analysiert deren zentrale Bedeutung im Kontext der Steuerfindung und gibt konkrete Empfehlungen zur optimalen Pflege dieser Stammdaten.

Ziel ist es, steuerlich korrekte Prozesse und ein gesetzeskonformes Reporting sicherzustellen, das sowohl nationalen als auch internationalen Anforderungen gerecht wird.

Stammdaten

Stammdaten (auf Englisch: Master Data) stellen die stabile Informationsbasis nahezu aller operativen und strategischen Geschäftsprozesse in SAP dar. Im Kontext des gesetzlichen Meldewesens von SAP DRC sind sie von essenzieller Bedeutung, da sie indirekt in die Steuerdeklaration von Geschäftsvorfällen als Ergebnis der Steuerfindung einfließen. Fehlerhafte oder inkonsistente Stammdaten führen häufig zu gravierenden Problemen. Daraus ergeben sich dann etwa fehlerhafte Steuerbeträge und somit falsche oder unvollständige steuerliche Meldungen. Gleichzeitig resultieren daraus unnötige manuelle Korrekturen oder im schlimmsten Fall Verstöße gegen steuerliche Berichtspflichten mit damit einhergehenden Bußgeldern oder Betriebsprüfungsrisiken.

Die Herausforderung bei der laufenden Pflege der Stammdaten liegt oft in der Komplexität des Steuerrechts, der Vielzahl unterschiedlicher Geschäftsvorfälle und der Integration steuerlicher Perspektiven in zentrale ERP-Prozesse. Umso wichtiger ist eine frühzeitige und konsequente Einbindung der Steuerfunktion in die Datenmodellierung, Prozessgestaltung und Stammdatenpflege.

SAP Master Data Governance ist ein zentrales Werkzeug zur Sicherstellung der Datenqualität in modernen Unternehmen. Stammdaten bilden die Grundlage nahezu aller Geschäftsprozesse. Fehlerhafte, unvollständige oder redundante Daten führen zu Ineffizienzen, Compliance-Risiken und hohen Folgekosten. SAP Master Data Governance bietet hier eine robuste

Plattform zur zentralen und kontrollierten Verwaltung dieser kritischen Informationen. Die Lösung integriert sich nahtlos in SAP S/4HANA und ermöglicht sowohl On-Premise als auch in der Cloud eine standardisierte Steuerung der Stammdatenprozesse.

Single Source of Truth

Im Zentrum von SAP Master Data Governance steht das Ziel, eine sogenannte *Single Source of Truth* für Stammdaten zu schaffen. Dies gelingt durch die Kombination aus zentraler Datenpflege, regelbasierter Validierung, Genehmigungsworkflows und automatisierter Replikation in angeschlossene Systeme. Die Lösung bietet vordefinierte Datenmodelle für zentrale Stammdatenobjekte wie Geschäftspartner (Kunde, Lieferant und weitere), Materialstämme, Finanzobjekte (etwa Sachkonten oder Kostenstellen) sowie Standorte. Diese Modelle lassen sich flexibel an kundenindividuelle Anforderungen anpassen oder durch eigene Domänen erweitern.

SAP Business Workflow

Ein besonderes Merkmal von SAP Master Data Governance ist die Governance-orientierte Prozessgestaltung. Mithilfe des SAP Business Workflow lassen sich mehrstufige Genehmigungs- und Prüfprozesse definieren, die über das Business Rule Framework plus (BRF+) individuell mit Validierungsregeln versehen werden können. Dabei ist die Einhaltung des Vier-Augen-Prinzips ebenso möglich wie die Integration von Datenservices zur automatischen Anreicherung. Ergänzt wird dies durch intelligente Funktionen zur Dublettenerkennung und Datenkonsolidierung, die auf Technologien wie *SAP Data Services* oder Machine Learning (in der Cloud) basieren. So können redundante Datensätze identifiziert, bereinigt und zu einem konsistenten *Golden Master Record* zusammengeführt werden.

Ein weiteres Kernstück ist das sogenannte *Data Replication Framework* (DRF), das die Verteilung von Stammdaten an angeschlossene Zielsysteme steuert. Dies kann sowohl SAP- als auch Non-SAP-Systeme umfassen, wobei verschiedene Replikationsmethoden wie ALE, IDoc, Webservices oder RFC zur Verfügung stehen. Die Datenverteilung erfolgt dabei entweder in Echtzeit oder periodisch in definierten Zyklen.

Systemübergreifende Qualitätssicherung

SAP Master Data Governance ermöglicht somit die Sicherstellung konsistenter und qualitativ hochwertiger Stammdaten über Systemgrenzen hinweg, senkt operative Aufwände durch geringere Korrektur- und Abstimmungsarbeiten und verbessert die Transparenz und Nachvollziehbarkeit im Datenlebenszyklus. Darüber hinaus stärkt es die Compliance-Fähigkeit und unterstützt Unternehmen dabei, regulatorischen Anforderungen gerecht zu werden. Gerade im globalen Kontext mit mehreren ERP-Systemen, Niederlassungen und Tochtergesellschaften schafft SAP Master Data Governance eine Plattform für konsistente und kontrollierte Datenflüsse.

Eine besonders relevante Verbindung ergibt sich zwischen SAP Master Data Governance und SAP DRC. Die Korrektheit und Vollständigkeit der verschiedenen gesetzlich vorgeschriebenen Berichte hängen maßgeblich von der Qualität der zugrunde liegenden Stammdaten ab. Dazu zählen etwa die Geschäftspartnerdaten (z. B. Steuernummern oder Steuerklassifikationen), Materialsteuerklassifikationen oder Steuerkennzeichen. SAP Master Data Governance stellt sicher, dass diese Daten in validierter, konsolidierter und gesetzeskonformer Form zur Verfügung stehen.

Somit fungiert SAP Master Data Governance als zuverlässiger Datenlieferant für SAP DRC und trägt entscheidend dazu bei, Compliance-Risiken bei steuerlichen Meldungen zu minimieren und manuelle Nacharbeiten zu vermeiden. In integrierten SAP-S/4HANA-Landschaften entfaltet sich dadurch ein durchgängiger und revisionssicherer Prozess von der Datenerfassung über die Transaktion bis hin zur regulatorischen Meldung.

In den folgenden Abschnitten betrachten wir einige für SAP DRC relevante Daten näher.

8.1.1 Geschäftspartner

Die Einführung des zentralen Geschäftspartnerkonzepts in SAP S/4HANA bringt tiefgreifende Veränderungen mit sich. Während in älteren SAP-Systemen Debitoren und Kreditoren getrennt gepflegt wurden, werden diese Rollen nun über einen einheitlichen Geschäftspartnerstamm verwaltet. Diese Vereinheitlichung schafft erhebliche Potenziale zur Verbesserung der Datenqualität und zur Reduktion redundanter Datenpflege. Aus steuerlicher Sicht ist jedoch ein besonders hohes Maß an Sorgfalt gefordert.

Umsatzsteuer-Identifikationsnummern

So müssen beispielsweise die Umsatzsteuer-Identifikationsnummern (USt-IdNr.) der Geschäftspartner erfasst und regelmäßig validiert werden (siehe Abbildung 8.1).

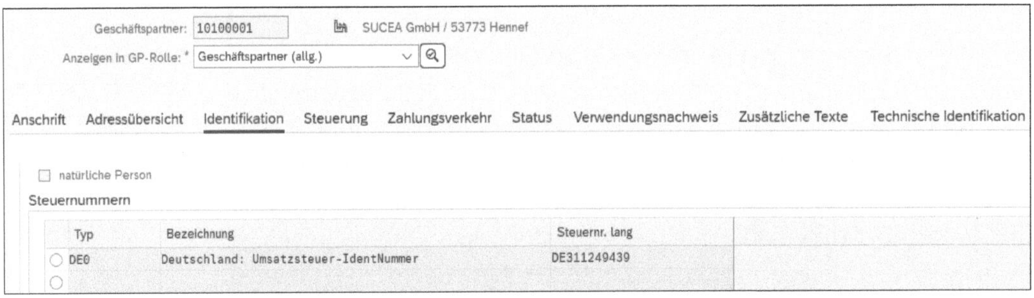

Abbildung 8.1 Pflege USt-IdNr. am Geschäftspartner in SAP

Partnerrollen

Partnerrollen, wie z. B. Warenempfänger, Rechnungsempfänger oder Regulierer, haben direkten Einfluss auf die Steuerfindung, insbesondere bei innergemeinschaftlichen Lieferungen oder Leistungen (siehe Abbildung 8.2).

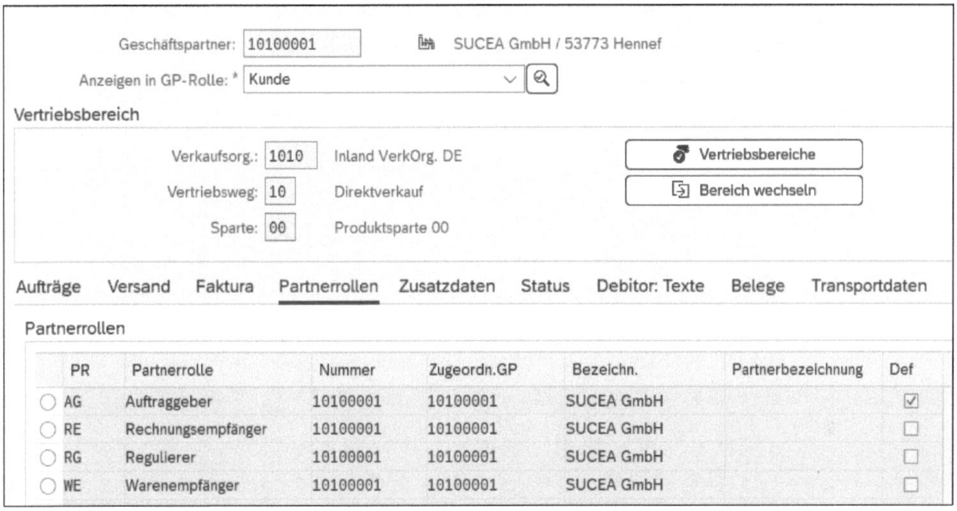

Abbildung 8.2 Pflege der Partnerrollen am Geschäftspartner

Steuerklassifikation Geschäftspartner

Eines der wichtigsten Datenfelder ist die Steuerklassifikation des Geschäftspartners

in der Rolle **Kunde** (Feld **TAXKD**). Die Pflege des Feldes ist wichtig, da ein Großteil der für die Steuerfindung relevanten Konditionssätze auf diesen Daten aufbaut (siehe Abbildung 8.3).

Abbildung 8.3 Steuerklassifikation des Geschäftspartners

Die zur Klassifikation zur Verfügung stehenden Werte können im Customizing des Systems definiert werden (Transaktion **OVK3**, siehe Abbildung 8.4). Die von SAP standardmäßig vorgegebenen Werte sollten im Hinblick auf das eigene Unternehmen angepasst werden. Ein Beispiel wäre etwa die Anlage eines neuen Wertes für Organschaften.

Steuertyp	Bezeichnung	StKlassif.	Bezeichnung
TTX1	Ausgangssteuer	0	Steuerbefreit
TTX1	Ausgangssteuer	1	Steuerpflichtig
TTX1	Ausgangssteuer	2	EU-Endverbraucher
TTX1	Ausgangssteuer	3	Sondersteuerpflicht.
TTX1	Ausgangssteuer	5	Inland int. (BE/NL)
TTX1	Ausgangssteuer	6	ES Ausgleichssteuer
TTX1	Ausgangssteuer	8	SG: Debitorenbuchh.
TTX1	Ausgangssteuer	9	VSEUVerk.Keine UStID
TTX1	Ausgangssteuer	A	IE: 2/3 höherer Satz
TTX1	Ausgangssteuer	B	IE: 2/3 niedr. Satz
TTX1	Ausgangssteuer	C	MY: Außer USt A
TTX1	Ausgangssteuer	D	Kanarische Inseln
TTX1	Ausgangssteuer	E	Steuerpfl. - E-Rech.
TTX1	Ausgangssteuer	F	Zollfreie Zone
TTX1	Ausgangssteuer	G	Behörden

Abbildung 8.4 Zur Verfügung stehende Werte zur steuerlichen Klassifikation des Geschäftspartners

8.1.2 Materialsteuerklassifikation

Im Bereich der Materialien besteht ebenfalls die Möglichkeit, diese für steuerliche Zwecke zu klassifizieren. Dabei wird grundsätzlich zwischen einer Klassifikation für SD- und für MM-Zwecke unterschieden.

SD-Klassifikation

Grundsätzlich erfolgt die steuerliche Klassifizierung über den Materialstamm (Transaktionen **MM01**, **MM02**, **MM03**). Für Vertriebszwecke erfolgt die Klassifizierung – wie auch beim Geschäftspartner – für eine bestimmte Verkaufsorganisation. Die Pflege selbst erfolgt im Materialstamm in der View **Vertrieb: VerkOrg 1** im Bereich **Steuerdaten** (siehe Abbildung 8.5).

Die zur Auswahl stehenden Werte werden im Customizing (Transaktion **OVK4**, siehe Abbildung 8.6) gepflegt. Auch hierbei sollten Sie beachten, welche Klassifikationen für Ihr Unternehmen tatsächlich relevant sind, und auch nur diese zur Auswahl zulassen. Der SAP-Standard bietet hier eine Vielzahl von vordefinierten Klassifikationen an, die im Rahmen eines SAP-S/4HANA-Einführungsprojekts grundsätzlich hinterfragt und angepasst werden sollten.

Die SD-Steuerklassifikation kann grundsätzlich für verschiedene Abgangsländer gepflegt werden (siehe Abbildung 8.5).

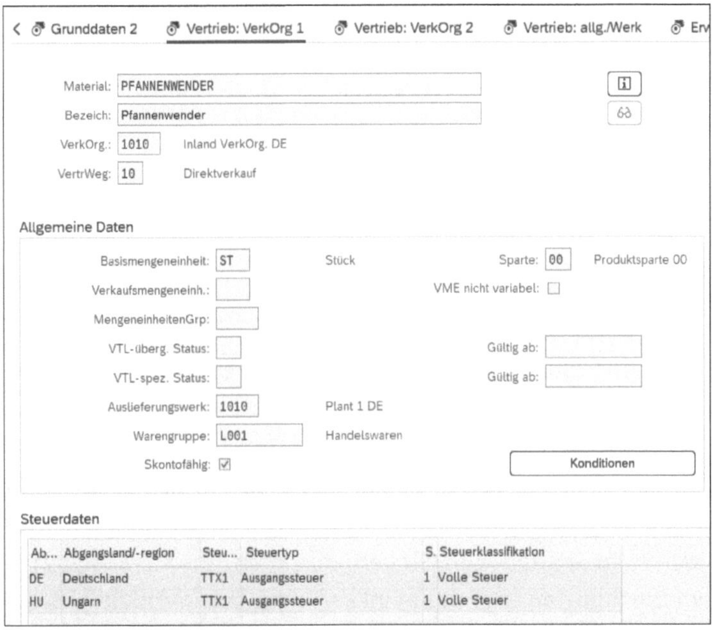

Abbildung 8.5 Pflege der SD-Steuerklassifikation

Steuertyp	Bezeichnung	StKlassif.	Bezeichnung
TTX1	Ausgangssteuer	0	Befreit, in UStMeld.
TTX1	Ausgangssteuer	1	Volle Steuer
TTX1	Ausgangssteuer	2	Ermäßigte Steuer
TTX1	Ausgangssteuer	3	Reduzierte Steuer
TTX1	Ausgangssteuer	4	NichtSteuBarKUStMel.
TTX1	Ausgangssteuer	5	BefrServ. in UStMel.
TTX1	Ausgangssteuer	6	Volle Steuer (Serv.)
TTX1	Ausgangssteuer	7	Ermäß. Steu. (Serv.)
TTX1	Ausgangssteuer	8	Reduz.St. (Services)
TTX1	Ausgangssteuer	9	NSteuBarKUStMeldSrv
TTX1	Ausgangssteuer	A	VolleSteuVermDienst.
TTX1	Ausgangssteuer	B	0%Steu., in UStMeld.
TTX1	Ausgangssteuer	C	ES Ausgleichssteuer
TTX1	Ausgangssteuer	D	TW 2% St., Sonderst.
TTX1	Ausgangssteuer	H	Hardware-Umsatz
TTX1	Ausgangssteuer	I	HU Anlage/k. Fahrz.
TTX1	Ausgangssteuer	J	HU Fahrzeug
TTX1	Ausgangssteuer	K	HU RevCh./k. StAgrP.
TTX1	Ausgangssteuer	L	HU RevCh./Stahlprod.
TTX1	Ausgangssteuer	M	HU RevCh/Agrprod.

Abbildung 8.6 Vordefinierte Steuerklassifikationen in Transaktion »OVK4«

Die zur Auswahl stehenden Länder können im Materialstamm nicht selbst eingegeben werden, sondern basieren auf den Customizing-Einstellungen für die Beziehung zwischen Verkaufsorganisation und Werk (Transaktion **OVX6**, siehe Abbildung 8.7).

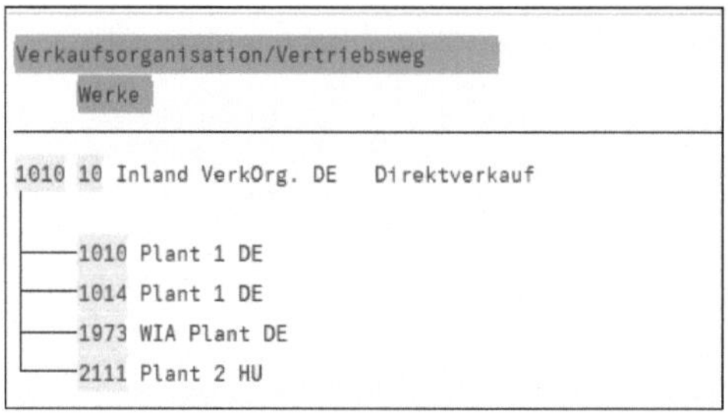

Abbildung 8.7 Customizing von »VK-Org/Werk«

Wie bereits erwähnt, kann auch für die Eingangsseite eine steuerliche Klassifizierung des Materials vorgenommen werden.

MM-Klassifikation

Der sogenannte *Steuerindikator Material* (Feld **TAXIM**) dient der automatischen Ermittlung des Steuerkennzeichens im Einkauf, insbesondere im Rahmen der Preisfindung über Konditionen. Das Steuerkennzeichen wird anhand einer Kombination von Steuerindikatoren aus dem Materialstamm, dem Customizing oder dem Einkaufsbeleg bestimmt. Bei der Beschaffung von Dienstleistungen ermöglicht der Steuerindikator die Anwendung unterschiedlicher Steuersätze je nach Art der Dienstleistung.

Die Pflege des MM-Steuerindikators erfolgt ebenfalls im Materialstamm im Reiter **Einkauf** (siehe Abbildung 8.8).

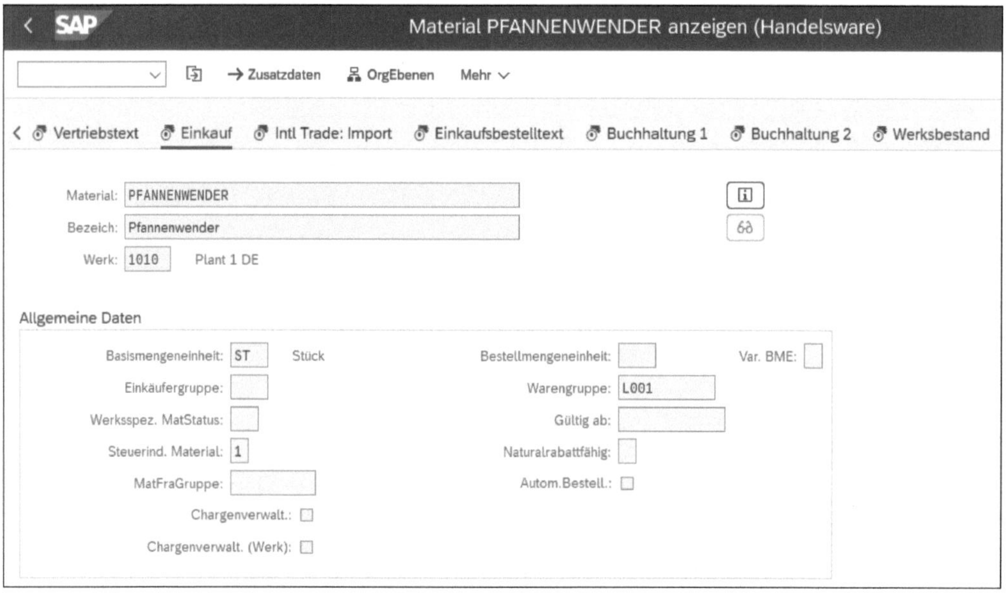

Abbildung 8.8 Steuerindikator MM

Die zur Auswahl stehenden Werte werden über die Customizing-Transaktion **OMKK** gepflegt. Abweichend von SD werden die Werte dort jedoch grundsätzlich in Abhängigkeit zum Bestimmungsland bzw. zur Bestimmungsregion gepflegt (siehe Abbildung 8.9).

BestL/R	Material	Bezeichnung
DE	0	Material 0%
DE	1	Material 100%
DE	2	Material 50% befreit

Abbildung 8.9 Customizing des Steuerindikators in Transaktion OMKK

Auch hier ist es grundsätzlich empfehlenswert, die SAP-Standardwerte an die unternehmensindividuellen Anforderungen anzupassen. Gleichzeitig empfiehlt es sich, die Ausprägungen der SD-Seite anzupassen, beiden Werten also die gleiche Bedeutung zuzumessen. Beim Vergleich von Abbildung 8.6 und Abbildung 8.9 wird deutlich, dass es ansonsten zu Verwirrungen bei der inhaltlichen Bedeutung der Steuerklassifikationen kommen kann.

8.1.3 Steuerkennzeichen

Steuerkennzeichen (auch *Tax Codes*) bilden das Ergebnis der Steuerfindung und gleichzeitig die Grundlage für ein funktionierendes steuerliches Meldewesen.

Sie definieren die konkreten steuerlichen Parameter einer Transaktion in SAP. Dazu gehören der Steuersatz, die Steuerart (z. B. Ausgangs- oder Vorsteuer), das relevante Steuerkonto sowie die Deklarationspflicht im Rahmen von Meldungen wie der Umsatzsteuer-Voranmeldung oder der Zusammenfassenden Meldung. Die Pflege dieser Kennzeichen erfolgt zentral über die Transaktion **FTXP**. Jedem Kennzeichen ist ein Land zugeordnet, und über das sogenannte *Steuerschema* (*Kalkulationsschema*) wird gesteuert, wie die Steuerbeträge ermittelt und auf Konten gebucht werden (siehe Abbildung 8.10).

Für jedes steuerlich relevante Land empfiehlt SAP die Einrichtung eines spezifischen Steuerschemas. Nur so können die notwendige Granularität und die Flexibilität in der Steuerfindung erreicht werden. Ein häufig auftretender Fehler ist die nicht konsistente Verbindung zwischen Steuerkennzeichen und den steuerlichen Einstellungen im B-Segment der Sachkonten. Hier ist darauf zu achten, dass Steuerkategorien, Steuerarten und Steuerkennzeichen systematisch aufeinander abgestimmt werden.

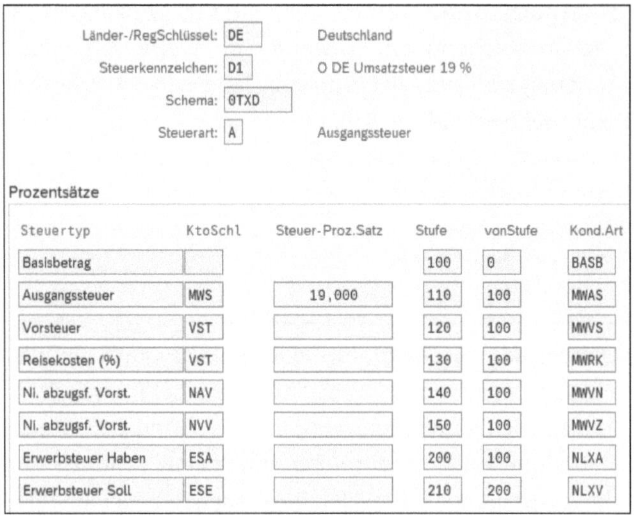

Länder-/RegSchlüssel: DE Deutschland
Steuerkennzeichen: D1 O DE Umsatzsteuer 19 %
Schema: 0TXD
Steuerart: A Ausgangssteuer

Prozentsätze

Steuertyp	KtoSchl	Steuer-Proz.Satz	Stufe	vonStufe	Kond.Art
Basisbetrag			100	0	BASB
Ausgangssteuer	MWS	19,000	110	100	MWAS
Vorsteuer	VST		120	100	MWVS
Reisekosten (%)	VST		130	100	MWRK
Ni. abzugsf. Vorst.	NAV		140	100	MWVN
Ni. abzugsf. Vorst.	NVV		150	100	MWVZ
Erwerbsteuer Haben	ESA		200	100	NLXA
Erwerbsteuer Soll	ESE		210	200	NLXV

Abbildung 8.10 Steuerkennzeichen in Transaktion »FTXP«

8.1.4 Konditionssätze

Die Steuerfindung als Teil der Preisfindung in SAP basiert auf der sogenannten *Konditionstechnik*. Dabei werden Steuerkonditionen über die Kombination verschiedener Parameter gesteuert. Dazu gehören beispielsweise das Abgangs- und Empfangsland, die Klassifikation des Geschäftspartners oder die Steuerklassifikation des Materials.

Die Pflege dieser Konditionen erfolgt über die Transaktionen **VK11**, **VK12**, **VK13** (für SD) bzw. **MEK1**, **MEK2**, **MEK3** (für MM). Diese Einträge legen fest, welches Steuerkennzeichen das System automatisch im jeweiligen Geschäftsvorfall auswählt (siehe Abbildung 8.11).

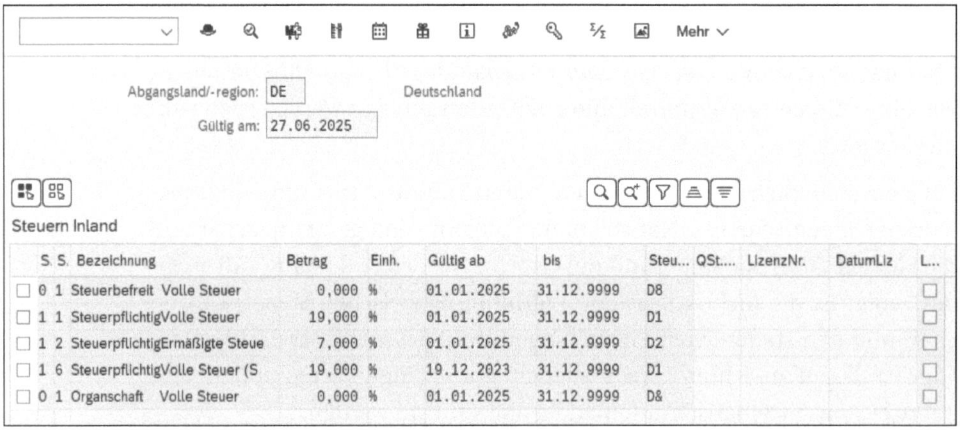

Mehr

Abgangsland/-region: DE Deutschland
Gültig am: 27.06.2025

Steuern Inland

	S.	S.	Bezeichnung	Betrag	Einh.	Gültig ab	bis	Steu...	QSt....	LizenzNr.	DatumLiz	L...
☐	0	1	Steuerbefreit Volle Steuer	0,000	%	01.01.2025	31.12.9999	D8				☐
☐	1	1	SteuerpflichtigVolle Steuer	19,000	%	01.01.2025	31.12.9999	D1				☐
☐	1	2	SteuerpflichtigErmäßigte Steue	7,000	%	01.01.2025	31.12.9999	D2				☐
☐	1	6	SteuerpflichtigVolle Steuer (S	19,000	%	19.12.2023	31.12.9999	D1				☐
☐	0	1	Organschaft Volle Steuer	0,000	%	01.01.2025	31.12.9999	D&				☐

Abbildung 8.11 Beispielhafte Konditionssätze

Eine lückenhafte Pflege oder unzureichende Dokumentation der Steuerkonditionen kann erhebliche Probleme verursachen. Häufig wird ein falscher Steuersatz verwendet, weil das System aufgrund fehlender oder widersprüchlicher Konditionen kein oder ein falsches Steuerkennzeichen zieht. In der Folge entstehen Abweichungen in den steuerlichen Meldungen, die manuell korrigiert werden müssen. Folglich entsteht ein mitunter erheblicher und vermeidbarer Aufwand für die Steuerabteilung oder das Accounting.

8.1.5 Steuermeldedatum

Das *Steuermeldedatum* bestimmt, in welcher Periode eine steuerpflichtige Transaktion gemeldet wird. In SAP S/4HANA wird dieses Datum im Feld **BKPF-VATDATE** geführt. Standardmäßig wird das Buchungsdatum als Steuermeldedatum gesetzt. In verschiedenen Fällen kann jedoch eine Umstellung auf das Belegdatum oder ein benutzerdefiniertes Datum erforderlich werden. Die Aktivierung des Steuermeldedatums erfolgt in den globalen Buchungskreiseinstellungen (siehe Abbildung 8.12).

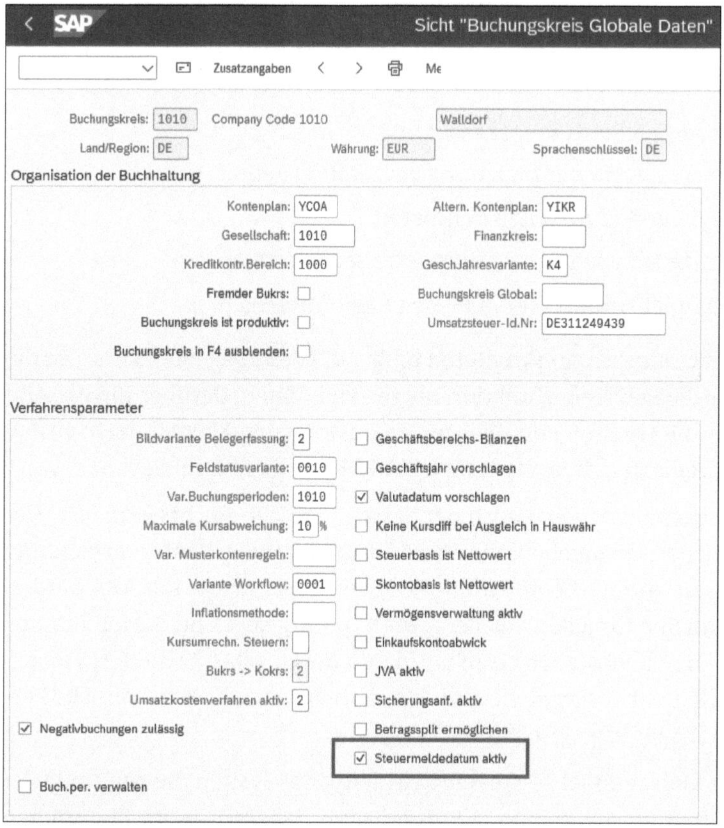

Abbildung 8.12 Steuermeldedatum aktivieren

Das Steuermeldedatum ist insbesondere im Kontext des externen Meldewesens in SAP DRC relevant. Denn in SAP DRC können Transaktionen in den betroffenen Berichten ausschließlich über das Steuermeldedatum ein- oder ausgeschlossen werden. Das Steuermeldedatum sollte daher grundsätzlich für alle Buchungskreise aktiviert werden.

8.1.6 Erweiterte Quellensteuerfunktion

Sofern SAP DRC für die Erstellung der §-50a-EStG-Quellensteuermeldung eingesetzt werden soll, müssen dafür zusätzliche Voraussetzungen im SAP-Core-System erfüllt sein. Die Generierung einer §-50a-Meldung im gesetzlichen Meldewesen von SAP DRC setzt voraus, dass quellensteuerpflichtige Geschäftsvorfälle mithilfe der erweiterten Quellensteuerfunktion erfasst wurden.

Damit die erweiterte Quellensteuerfunktion in SAP S/4HANA verwendet werden kann, muss sie im SAP-Customizing zunächst aktiviert und anschließend gemäß den spezifischen Anforderungen des Unternehmens konfiguriert werden. Für die Einrichtung der Funktion sind insbesondere folgende Customizing-Aktivitäten erforderlich (IMG-Pfad: **Finanzwesen • Grundeinstellungen Finanzwesen • Quellensteuer • Erweiterte Quellensteuer**).

1. Erweiterte Quellensteuer aktivieren
2. Quellensteuertypen für Buchung bei Zahlung definieren
3. Quellensteuerkennzeichen definieren
4. Quellensteuertypen den Buchungskreisen zuordnen
5. Konten für abzuführende Quellensteuer hinterlegen

Diese fünf Customizing-Aktivitäten bilden die grundlegende Basis, um die erweiterte Quellensteuerfunktion nutzen zu können. Darüber hinaus sind zusätzlich die nachfolgend erläuterten Customizing-Einstellungen insbesondere für die Berichtserstellung in SAP DRC von großer Relevanz.

Quellensteuerklassen

SAP DRC verwendet Quellensteuerklassen, um die Rechtsform des Geschäftspartners anzugeben, die in der §-50a-EStG-Quellensteuermeldung ausgewiesen wird (siehe Abbildung 8.13). Die Quellensteuerklassen werden im Customizing für jeden Quellensteuertyp festgelegt und dürfen nur aus den folgenden Buchstaben bestehen, damit die korrekte Rechtsform im generierten Bericht ausgegeben wird: **J** (Juristische Person), **N** (Natürliche Person), **T** (Transparente Gesellschaft).

Quellensteuerschlüssel

Quellensteuerschlüssel sind essenziell, damit das System die zugrunde liegende Vergütungsart richtig zuordnen kann. Sie müssen im System wie folgt definiert sein, wie in Abbildung 8.14 zu sehen.

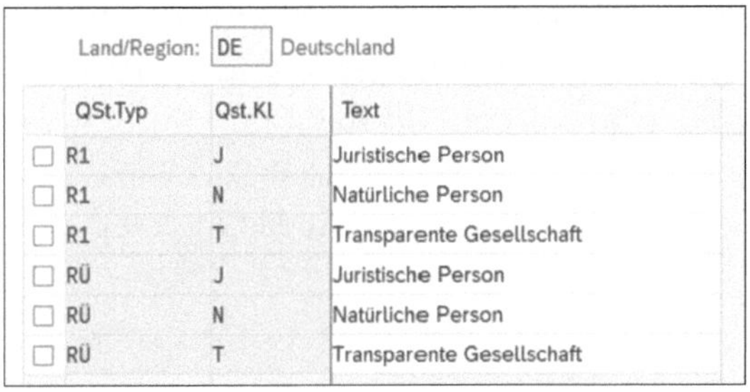

Land/Region: DE Deutschland

QSt.Typ	Qst.Kl	Text
R1	J	Juristische Person
R1	N	Natürliche Person
R1	T	Transparente Gesellschaft
RÜ	J	Juristische Person
RÜ	N	Natürliche Person
RÜ	T	Transparente Gesellschaft

Abbildung 8.13 Customizing der Quellensteuerklassen für SAP DRC

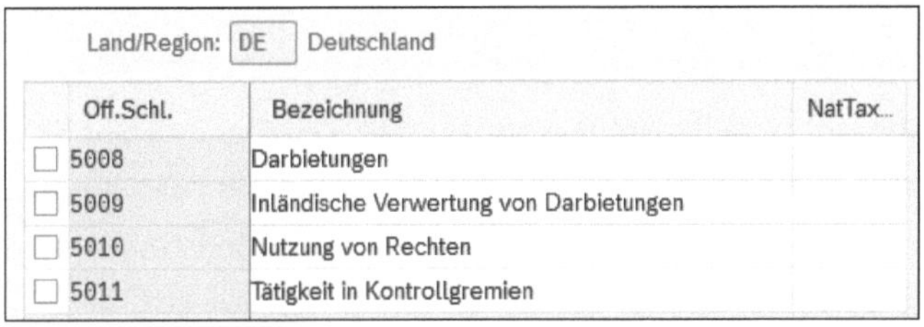

Land/Region: DE Deutschland

Off.Schl.	Bezeichnung	NatTax...
5008	Darbietungen	
5009	Inländische Verwertung von Darbietungen	
5010	Nutzung von Rechten	
5011	Tätigkeit in Kontrollgremien	

Abbildung 8.14 Customizing der Quellensteuerschlüssel für SAP DRC

Nur anhand dieser Nummern erkennt SAP DRC die zugrunde liegende Art der Einnahme bzw. Vergütung und kann diese beim Erstellen des Berichts in die Pflichtangabe umwandeln, die vom BZSt akzeptiert und vorausgesetzt wird (**Darbietungen**, **InlaendischeVerwertungVonDarbietungen**, **NutzungVonRechten**, **TaetigkeitInKontrollgremien**).

Damit die Quellensteuerschlüssel zur Anwendung kommen, sind sie in den entsprechenden Quellensteuerkennzeichen im Feld **Off. QSt. Schl.:** zu hinterlegen (siehe Abbildung 8.15):

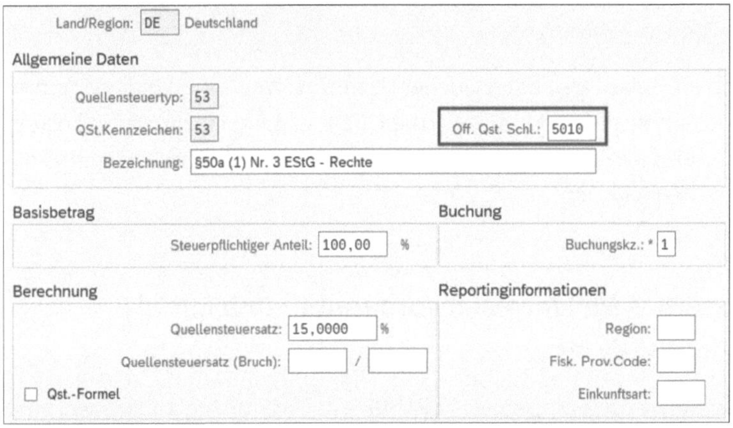

Abbildung 8.15 Quellensteuerschlüssel im Quellensteuerkennzeichen hinterlegen

Quellensteuerstammdaten

Neben den bisher genannten Aktivitäten im SAP-Customizing ist auch die Pflege der relevanten Quellensteuerinformationen in den Kreditorenstammdaten eine weitere Voraussetzung im SAP Core, die sowohl zur Nutzung der erweiterten Quellensteuerfunktion als auch für die Erstellung des §-50a-EStG-Quellensteuerberichtes getroffen werden muss (siehe Abbildung 8.16).

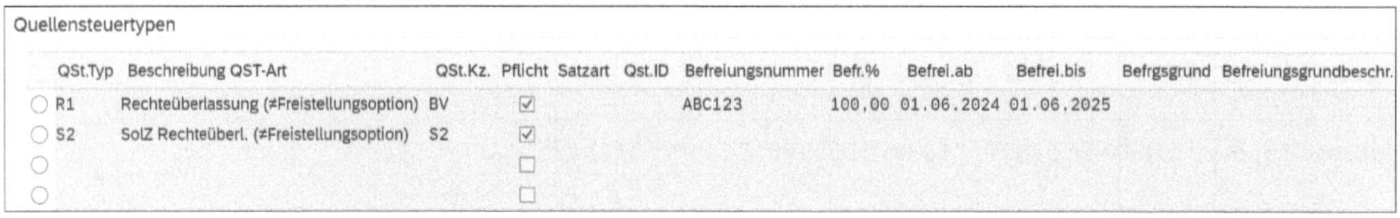

Abbildung 8.16 Quellensteuerinformationen in den Kreditorenstammdaten

- Quellensteuertyp und Quellensteuerkennzeichen (**QSt.Typ** und **QSt.Kz.**): zur Definition des Quellensteuersachverhaltes und dessen Berechnung
- **Pflicht**: legt fest, ob bei diesem Geschäftspartner ein Quellensteuerabzug erfolgen soll oder nicht
- **Satzart**: Quellensteuerklasse zur Bestimmung der Rechtsform
- Quellensteuer-ID (**Qst.ID**): optional – wird in einigen Ländern durch die Finanzverwaltung vergeben, kann jedoch auch zur Pflege der Steuernummer genutzt werden
- **Befreiungsnummer**: Nummer der zugrunde liegenden Freistellungsbescheinigung
- Freibetragssatz (**Befr. %**): Prozentsatz der Freistellung
- Befreit ab (**Befrei.ab**): Startdatum der Freistellungsbescheinigung
- Befreit bis (**Befrei.bis**): Enddatum der Freistellungsbescheinigung
- Befreiungsgrund (**Befrgsgrund**): optionale Angabe zur Beschreibung der vorliegenden Befreiung

Nur wenn die entsprechenden Quellensteuerinformationen in den Stammdaten korrekt hinterlegt sind, kann die Quellensteuer systemseitig korrekt berechnet und im SAP-DRC-Berichtswesen auf Stamm- und Bewegungsdaten zugegriffen werden.

8.2 Externes Meldewesen vorbereiten und initial konfigurieren

Um das externe Meldewesen als Teil von SAP DRC nutzen zu können, sind verschiedene Schritte erforderlich, die in diesem Abschnitt erläutert werden. Wir beschreiben dabei, wie das externe Meldewesen in SAP DRC vorbereitet und konfiguriert wird. Zunächst werden in Abschnitt 8.2.1 Business Configuration Sets aktiviert, um vordefinierte Einstellungen für länderspezifische Meldungen ins System zu übernehmen. Anschließend erfolgt in Abschnitt 8.2.2 die Einrichtung unterstützender Komponenten wie der bgRFC-Kommunikation für Hintergrundprozesse und der Ausgabeverwaltung, mit der etwa Quellensteuerformulare erzeugt werden können. Ein zentraler Schritt ist die Integration der SAP DRC, Cloud Edition in Abschnitt 8.2.3, die die elektronische Übermittlung von Berichten an Behörden ermöglicht.

Ergänzend werden in Abschnitt 8.2.4 die relevanten Fiori-Apps implementiert. Dies umfasst die Apps **Gesetzliche Berichte ausführen** zur Erstellung und Einreichung sowie **Gesetzliche Berichte definieren** zur Konfiguration. Anschließend werden in Abschnitt 8.2.5 Standard-Berichtsaktivitäten eingerichtet, um den Meldeprozess zu vervollständigen, etwa durch Prüfungen mit SAP Tax Compliance, das Verwalten von Steuerpositionen oder das Buchen von Zahllasten. So entsteht eine vollständige technische und organisatorische Grundlage für ein rechtskonformes Reporting.

8.2.1 Business Configuration Sets aktivieren

Wenn sich ein Unternehmen für die Einführung eines neuen SAP-Systems oder einer neuen Komponente wie SAP DRC entscheidet, muss die Software an die unternehmensspezifischen Anforderungen angepasst werden.

Customizing

Die Anpassung des Systems an die betrieblichen Abläufe wird als *Customizing* bezeichnet. Dabei handelt es sich um den Konfigurationsprozess, bei dem die notwendigen Einstellungen im System vorgenommen werden. Im SAP-System erfolgt das Customizing strukturiert über den Implementierungsleitfaden IMG (Implementation Guide), der als zentrales Werkzeug zur Steuerung und Durchführung aller relevanten Einstellungen dient.

BC-Sets

Customizing-Einstellungen lassen sich inhaltlich und prozessorientiert in sogenannten *Business Configuration Sets* (BC-Sets) bündeln. Diese Sets ermöglichen eine strukturierte Dokumentation und Auswertung der vorgenommenen Einstellungen und tragen damit wesentlich zu einer höheren Transparenz im Customizing-Prozess bei. Zudem bieten BC-Sets eine effiziente Möglichkeit für konzernweite Rollouts: Die Zentrale kann vorkonfigurierte Einstellungen zusammenstellen und diese in standardisierter Form an ihre Tochtergesellschaften übermitteln.

SAP stellt BC-Sets für bestimmte Lösungen, wie etwa SAP DRC, standardmäßig zur Verfügung. Durch das Aktivieren von BC-Sets werden die im BC-Set gespeicherten Werte in die Tabellen des Aktivierungssystems geschrieben.

Hierbei werden die veränderten oder neu geschriebenen Datensätze in einen Change Request geschrieben, der die Daten in das entsprechende Produktivsystem transportieren kann. Wird ein BC-Set aktiviert, werden sämtliche darin enthaltenen Daten in die ursprünglichen Customizing-Tabellen übernommen. Bereits vorhandene Einträge in diesen Tabellen werden dabei überschrieben.

Für SAP DRC können diese BC-Sets in dieser Reihenfolge über die Transaktion **SCPR200** aktiviert werden, sofern die in den BC-Sets enthaltenen Inhalte nicht bereits über den SAP Signavio Process Navigator eingespielt wurden:

1. **BCS_FIN_LOC_SRF_FISCAL_YEAR**
2. **HBCS_FIN_LOC_SRF**

Das BC-Set **HBCS_FIN_LOC_SRF** aktiviert die Beispielkonfigurationseinstellungen für alle Länder. Sie können die Beispielkonfigurationseinstellungen nur für ein bestimmtes Land oder eine bestimmte Region zur Verfügung stellen, indem Sie das jeweilige BC-Set mit dem technischen Namen »HBCS_FIN_LOC_SRF_XX« aktivieren, wobei XX der ISO-Code ist. Beispiel: **HBCS_FIN_LOC_SRF_DE** ist das BC-Set für Deutschland.

8.2.2 Unterstützende Komponenten konfigurieren

Das externe Meldewesen enthält unterschiedliche unterstützende Komponenten, die konfiguriert werden müssen, sofern verschiedene Services verwendet werden sollen. Dazu gehören unter anderem die folgenden Komponenten:

1. **bgRFC**

   Das *bgRFC* (Background Remote Function Call) ermöglicht es Anwendungen, Daten aufzuzeichnen, die von einer aufgerufenen Anwendung zu einem späteren Zeitpunkt empfangen werden. Beim Empfang der Daten muss sichergestellt sein, dass diese entweder genau einmal in beliebiger Reihenfolge (transaktional) oder genau einmal in der Reihenfolge ihrer Entstehung (warteschlangenbasiert) an den Empfänger übertragen wurden.

   Für SAP DRC muss die bgRFC-Kommunikation konfiguriert werden, um sicherzustellen, dass die App **Gesetzliche Berichte ausführen** verwendet werden kann, um die Berichte korrekt zu generieren.

2. **Ausgabeverwaltung**

   Richten Sie die Ausgabeverwaltung so ein, dass Korrespondenzformulare für Ihre Geschäftspartner erzeugt werden können. In bestimmten Szenarien, in denen Formulare für die Kommunikation mit Geschäftspartnern benötigt werden, ist die Konfiguration der Ausgabeverwaltung erforderlich. Zwar ist sie nicht zwingend vorgeschrieben, wird jedoch nachdrücklich von SAP empfohlen. Damit Sie die Ausgabeverwaltung zur Erstellung von PDF-Dokumenten im Rahmen des externen Meldewesens nutzen können, muss insbesondere die Ausgabeart definiert werden.

Die Ausgabeart beschreibt die Art der Nachricht oder des Dokuments, das im System ausgegeben werden soll – beispielsweise eine Rechnung, eine Lieferung oder ein Prüfbeleg. Eine neue Ausgabeart sollte nur dann angelegt werden, wenn die benötigte Nachricht oder Ausgabe im Kontext des externen Meldewesens noch nicht vorhanden ist.

Ein typisches Beispiel ist die Ausgabeart **ACCT_WHT**, die speziell für die Abbildung der Quellensteuer konfiguriert wird. Innerhalb des Frameworks für das externe Meldewesen kann diese Ausgabeart ausschließlich für Quellensteuerformulare verwendet werden.

Neue Ausgabearten lassen sich im Customizing unter **Anwendungsübergreifende Komponenten • Ausgabesteuerung • Ausgabearten definieren** anlegen. Die konkreten Einstellungen für einen neuen Eintrag finden Sie in Abbildung 8.17.

Anwendungsobjekttyp	Ausgabeart	Callback-Klassenname	Beschreibung
SRF_REPRUN	ACCT_WHT	CL_SRF_OUTPUT_CONTROL_CALLBACK	Quellensteuerformular

Abbildung 8.17 Ausgabeart Quellensteuer

8.2.3 SAP-Services für die elektronische Einreichung von Berichten integrieren

Im Rahmen des externen Meldewesens von SAP DRC können die entsprechenden Berichte teilweise auch elektronisch an die Behörden übermittelt werden. Hierfür sind weitere SAP-Services erforderlich, um die elektronische Einreichung vorzunehmen. Dazu gehören insbesondere der *SAP Document and Reporting Compliance Service* sowie *SAP Document and Reporting Compliance, Cloud Edition.*

SAP DRC, Cloud Edition

Da SAP DRC, Cloud Edition mittlerweile den Service SAP Document and Reporting Compliance ersetzt hat, gehen wir im Folgenden nur noch auf die Cloud Edition ein.

In verschiedenen Ländern und Regionen besteht die Möglichkeit, gesetzliche Meldungen elektronisch über sogenannte *Webservices* an die zuständigen Behörden zu übermitteln. Damit dieser End-to-End-Prozess funktioniert, ist es erforderlich, Ihr System mit dem Übertragungsservice zu integrieren, der die elektronische Meldung tatsächlich an die Behörde sendet. Die technische Kommunikation mit den staatlichen Portalen erfolgt dabei über die SAP DRC, Cloud Edition, die als zentrales Bindeglied zur offiziellen Behördeninfrastruktur dient.

Zur Einrichtung von SAP DRC, Cloud Edition sind die folgenden Schritte erforderlich:

1. **Erforderliche SAP-Hinweise implementieren**

   Überprüfen Sie, ob für Ihre gesetzliche Meldung ein Übersichts-Hinweis zur Einreichung in der Übersicht **Unterstützte Compliance-Aufgaben nach Land/Region** (siehe *http://s-prs.de/v11005023*) vorhanden ist. Suchen Sie dazu gezielt nach der jeweiligen gesetzlichen Meldung. Falls ein SAP-Hinweis verfügbar ist, finden Sie diesen in der Spalte **Technische Informationen** (siehe Abbildung 8.18).

Land/Region	Aufgabe	Aufgabenbeschreibung	Unterstützte Übermittlungsart	Technische Informationen	Vorgänger
Deutschland	In Spalte suchen	In Spalte suchen	In Spalte suchen	In Spalte suchen	In Spalte suchen
Deutschland	Umsatzsteuervoranmeldung Nationale gesetzliche Bezeichnung: Umsatzsteuer-Voranmeldung	Ich möchte die Umsatzsteuervoranmeldung generieren und einreichen, um den Verkauf von Waren und Dienstleistungen sowie die entsprechende Ausgangssteuer und abzugsfähige Vorsteuer zu melden.	Web-Service Siehe Gesetzliche Berichte mit SAP Document and Reporting Compliance, Cloud Edition einreichen.	• Anwendungskatalog: SAP_FIN_BC_GL_TX_DCL_DE • Benutzerrolle: SAP_BR_GL_ACCOUNTANT_DE • Komponente: FI-LOC-VAT-DE • Implementierungsübersicht SAP-Hinweis: 3430889 • ABAP-Report mit äquivalenter Funktion: FOT_B2A_ADMIN	Nicht anwendbar

Abbildung 8.18 Technische Informationen zur USt-VA DE

2. **Initialeinrichtung in der Cloud Edition durchführen** (siehe Abschnitt 8.1.3, »Steuerkennzeichen«)
3. **SAP DRC, Cloud Edition mit Ihrem Geschäftssystem integrieren** (siehe Abschnitt 8.1.3)
4. **Relevanten Prozess aktivieren**

   Um ein bestimmtes Geschäftsszenario in SAP DRC, Cloud Edition nutzen zu können, müssen Sie zunächst den entsprechenden Prozess aktivieren. SAP bietet hierzu einen Konfigurationsleitfaden an, dem Sie die einzelnen Schritte entnehmen können (siehe *http://s-prs.de/v11005024*).
5. **Prozessspezifische Einstellungen und Authentifizierungsmethode konfigurieren**

   Nehmen Sie die für Ihre Meldung erforderlichen prozessspezifischen Einstellungen sowie die passende Authentifizierungsmethode vor.

   Um die Kommunikation mit einem externen Kommunikationspartner zu ermöglichen, legen Sie eine prozessspezifische Authentifizierungskonfiguration an. Falls erforderlich, können Sie zusätzlich weitere Eigenschaften definieren. Welche konkreten Einstellungen für den von Ihnen zu integrierenden Prozess erforderlich sind, variiert zwischen den unterschiedlichen Berichten je nach Land (siehe beispielhaft Abbildung 8.19).

Prozess ↑	Kommunikationsart	Einstellung	Hinweise zu Kommunikationseinstellungen	Identifikationsnummer
Elster ⊗	In Spalte suchen	In Spalte suchen	In Spalte suchen	In Spalte suchen
Steuererklärung Elster (Deutschland)	Steuererklärung ELSTER (DE)	Geben Sie das Keystore-Zertifikat ein, das Sie vom Portal der Finanzbehörden erhalten.	Keine	ELSTER-Steuernummer

Abbildung 8.19 Beispiel für prozessspezifische Einstellungen

6. **Gesetzliche Meldung konfigurieren**

   Die Einrichtung der verschiedenen gesetzlichen Berichte und Meldungen wird in Kapitel 9, »Gesetzliches Meldewesen einsetzen«, beschrieben.

8.2.4 Apps implementieren

Für das externe Meldewesen von SAP DRC sind insbesondere die folgenden SAP-Fiori-Apps relevant:

1. **Gesetzliche Berichte ausführen** (App-ID: F1515)
2. **Gesetzliche Berichte definieren** (App-ID: F2131)

Gesetzliche Berichte ausführen

Damit die App **Gesetzliche Berichte ausführen** in SAP DRC genutzt werden kann, müssen einige technische Voraussetzungen erfüllt sein. Zunächst sind die in Abschnitt 8.2.1 genannten BC-Sets zu aktivieren, um die Grundfunktionen der App zu laden. Dabei gibt es sowohl allgemeine als auch länderspezifische Einstellungen, z. B. für Deutschland.

Sofern aus der App heraus auch PDF-Dateien erzeugt werden sollen, muss auch der Adobe Document Service (ADS) eingerichtet sein, beispielsweise für Ausdrucke oder zur elektronischen Archivierung. Weitere technische Vorbereitungen betreffen die Kommunikation im Hintergrund (bgRFC), den Dateianlagenservice sowie die Ausgabeverwaltung, mit der Steuerdokumente an die zuständigen Behörden übermittelt werden können (siehe Abschnitt 8.2.2, »Unterstützende Komponenten konfigurieren«, und Abschnitt 8.2.3, »SAP-Services für die elektronische Einreichung von Berichten integrieren«).

Wenn eine elektronische Einreichung vorgesehen ist (z. B. über ELSTER in Deutschland), wird zusätzlich eine Anbindung an den SAP Localization Hub benötigt. Da die App auch Upload-Funktionen bietet, empfiehlt SAP aus Sicherheitsgründen den Einsatz eines Virenscanners in der Systemlandschaft.

OData-Services

Ein zentraler technischer Baustein bei der Bereitstellung von SAP-Fiori-Apps wie dieser sind sogenannte *OData-Services*. Dabei handelt es sich um standardisierte Schnittstellen, über die SAP-Apps mit dem System kommunizieren. Man kann sich diese Services wie Datenleitungen vorstellen, über die Informationen zwischen dem Benutzer (Frontend) und dem SAP-System (Backend) ausgetauscht werden. Wenn ein Nutzer z. B. in der App eine Umsatzsteuer-Voranmeldung anzeigen oder ausführen möchte, werden die dafür benötigten Daten über OData-Services vom Backend geholt und in der Oberfläche dargestellt. Ohne diese Schnittstellen funktioniert die App nicht. Aus diesem Grund müssen sie bei der Implementierung aktiv freigeschaltet werden.

Front- und Backend-Server

Technisch unterscheidet SAP zwischen dem Frontend-Server (für Benutzeroberfläche und Zugriff) und dem Backend-Server (für Logik und Datenverarbeitung). Auf dem Frontend müssen bestimmte OData-Services aktiviert, UI-Komponenten eingebunden und Benutzerrollen zugewiesen werden. Im Backend wiederum werden Zugriffsrechte gepflegt, damit Benutzer z. B. Meldeberichte starten, anzeigen oder einreichen dürfen. Diese Berechtigungen lassen sich gezielt nach Ländern, Berichtskategorien und Organisationsstrukturen steuern. Die App, gefiltert nach Kriterien für eine Umsatzsteuer-Voranmeldung 2025 in Deutschland, sehen Sie in Abbildung 8.20.

Abbildung 8.20 App Gesetzliche Berichte ausführen

Insgesamt ermöglicht die App nach einmaliger technischer Einrichtung eine automatisierte Erstellung gesetzlicher Meldungen direkt aus dem System heraus.

Gesetzliche Berichte definieren

Für die Nutzung der Funktionen der App **Gesetzliche Berichte definieren** empfiehlt SAP, die nötigen technischen Einstellungen möglichst frühzeitig vorzunehmen, auch wenn diese zunächst nicht direkt genutzt werden. So ist sichergestellt, dass spätere Erweiterungen ohne aufwendige Nacharbeiten aktiviert werden können.

Die Implementierung umfasst auch hier technische Aufgaben auf dem Frontend- und dem Backend-Server. Zunächst muss auf dem Frontend-Server der OData-Service **SRF_REPORT_DEFINITION** aktiviert werden. Darüber hinaus ist die passende Benutzeroberfläche (SAP-UI5-Applikation) zu aktivieren. In diesem Fall handelt es sich um die Komponente **SRF_REP_DEF_S1**, die die App im Browser als moderne SAP-Fiori-Oberfläche zur Verfügung stellt (siehe Abbildung 8.21).

Abbildung 8.21 App »Gesetzliche Berichte definieren«

Damit Benutzer später tatsächlich auf die App zugreifen können, muss sie ins SAP Fiori Launchpad eingebunden werden. Die Zuordnung erfolgt über entsprechende Kataloge und Benutzerrollen aus dem Launchpad Designer.

Berechtigungen

Für den Zugriff benötigen Benutzer außerdem die richtigen Berechtigungen, und zwar sowohl im Frontend als auch im Backend. Die zentrale Berechtigung betrifft den OData-Service **SRF_REPORT_DEFINITION**, der mit einer Benutzerrolle wie z. B. **SAP_BR_ADMINISTRATOR** verbunden wird. Diese Zuordnung wird im SAP-System über die Rollenpflege vorgenommen. Im Backend geschieht dies über die Transaktion **PFCG**, wo eine Rolle mit den nötigen Berechtigungsobjekten angelegt wird. Optional kann man in der Transaktion **SU22** auf Standardvorgaben zugreifen, die SAP für die Rolle bereitstellt.

8.2.5 Standard-Berichtsaktivitäten aktivieren

Das externe Meldewesen unterstützt verschiedene Standard-Berichtsaktivitäten in den jeweiligen Berichten. Bei *Berichtsaktivitäten* handelt es sich um einzelne Arbeitsschritte, die im Rahmen des Meldeprozesses durchzuführen sind, um den gesamten Ablauf vollständig und korrekt abzuschließen (siehe Abschnitt 9.6, »Gesetzliche Berichte definieren«).

Um den gesamten Ablauf vollständig abzubilden, sind mehrere Aktivitäten im Zusammenhang mit dem Reporting erforderlich. Neben der Erstellung und Verarbeitung von Berichten bietet das externe Meldewesen auch Unterstützung für begleitende Aufgaben, die nicht direkt die Berichtsgenerierung betreffen.

[»]

Standard-Berichtsaktivitäten einrichten und konfigurieren

Eine detaillierte Beschreibung der Einrichtung und Konfiguration von ausgewählten Standard-Berichtsaktivitäten erfolgt in Abschnitt 9.6, »Gesetzliche Berichte definieren«.

Integration von SAP Tax Compliance und SAP Risk and Assurance Management

Die On-Premise-Lösung *SAP Tax Compliance* kann schon in die Berichtsaktivitäten von SAP DRC integriert werden. Voraussetzung dafür war bzw. ist jedoch die erweiterte Version von SAP DRC. Diese Integration ermöglicht es, steuerliche Belege bereits vor der Einreichung an die Behörden auf Konformität zu prüfen. Die Grundlage hierfür sind sogenannte *Integrationsszenarien*, die im System hinterlegt werden. Anhand dieser Szenarien werden alle steuerlich relevanten Belege auf definierte Kriterien hin untersucht und als Treffer gekennzeichnet, wenn Auffälligkeiten bestehen.

In der App **Gesetzliche Berichte ausführen** erscheint dann für jede Meldung eine zusätzliche Berichtsaktivität namens **Steuer-Compliance**, die anzeigt, wie viele dieser Prüfungen bereits erledigt wurden. Ergänzend können über die App **Meine Compliance-Prüfungsergebnisse** die Details zu jedem Treffer eingesehen werden.

Damit diese Integration funktioniert, muss das Add-on **SAP Tax Compliance** installiert sein. Außerdem müssen bestimmte Konfigurationen im System vorgenommen werden. Dies umfasst die Definition des o. g. Integrationsszenarios (siehe Abbildung 8.22), die Pflege der BRFplus-Entscheidungstabelle (siehe Abbildung 8.23) sowie die Aufnahme der Berichtsaktivität **Steuer Compliance** in die entsprechende Berichtskategorie (siehe hierzu Abschnitt 9.6.2, »Berichtskategorie anlegen«).

Integrationsszenario	Arbeitslistentyp	Feldzuordnung Externer Feldname	Feldzuordnung Feldname
IS_DE_VAT	DRC_VAT	CompanyCode	BUKRS
		TaxJurisdiction	TXJCD

Abbildung 8.22 Integrationsszenario konfigurieren

Land/Region	Meldekategorie-ID	Meldende Einheit	Integrationsszenario
=DE (Deutschland)	=DE_VAT_DCL	1010	IS_DE_VAT

Abbildung 8.23 BRFplus-Entscheidungstabelle pflegen

Im Gegensatz zu SAP Tax Compliance ist *SAP Risk and Assurance Management* eine moderne native Cloud-Lösung, die – anders als SAP Tax Compliance – die erforderlichen Prüfdaten nicht repliziert, sondern über OData-Services abruft. Auch hier ist die erweiterte Lizenz von SAP DRC erforderlich. Die Integration von SAP Risk and Assurance Management steht ab SAP S/4HANA 2023, Support Package Stack 03 zur Verfügung.

Im Rahmen dieser Integration können steuerliche Berichte mit Compliance-Prüfungen verknüpft werden. Erkennt das System dabei Unstimmigkeiten, zum Beispiel fehlende Pflichtfelder oder widersprüchliche Daten, werden diese als sogenannte *Issues* (Problemfälle) erkannt und lassen sich über die App **Process Issues** einsehen. Die App **Gesetzliche Berichte ausführen** zeigt dann entsprechende KPIs (z. B. Anzahl der offenen oder gelösten Problemfälle) direkt in der Berichtsansicht an. Damit diese Funktion genutzt werden kann, muss eine technische Einrichtung erfolgen: Auf der SAP BTP wird ein spezieller Service-Zugang (Service Key) für die Integration eingerichtet.

In SAP Risk and Assurance Management selbst muss definiert werden, welche Datenquelle für welches Datenfeld verantwortlich ist (z. B. das Steuermeldedatum). Es wird ein Integrationsszenario eingerichtet, das eindeutig mit einem steuerlichen Bericht verknüpft ist (z. B. **Umsatzsteuervoranmeldung DE**). Dabei müssen Name und technischer Code exakt mit dem Eintrag im Customizing des Meldewesens übereinstimmen. Jedes Szenario enthält Angaben zu Kategorien (also welche Art von Problemen relevant ist), Datenquellen sowie Dimensionen, wie z. B. Buchungskreis.

Die erkannten Probleme werden dann berichtsspezifisch in der SAP Risk and Assurance Management App **Process Issues** angezeigt. Navigiert ein Benutzer aus einem Bericht direkt in diese App, sieht er genau die dazugehörigen offenen Prüfungen und deren Bearbeitungsstatus. Damit lassen sich Auffälligkeiten oder Anomalien in den Daten frühzeitig identifizieren und gezielt beheben, bevor ein Bericht tatsächlich an die Behörden übermittelt wird.

Ein häufiger Fehler bei der Einrichtung ist, dass der Name des Integrationsszenarios nicht konsistent zwischen den Modulen gepflegt wird. Dies kann dazu führen, dass beim Öffnen keine Issues angezeigt werden. Auch ein falsch zugeordnetes Datenfeld kann dazu führen, dass Probleme außerhalb des eigentlichen Berichtszeitraums angezeigt werden oder fehlen.

Insgesamt verbessert die Integration von SAP Risk and Assurance Management die Transparenz und Nachvollziehbarkeit im steuerlichen Reporting deutlich, da sie die Fehlererkennung systemgestützt mit dem Risikomanagement verbindet. Sie bietet damit einen zusätzlichen Schutzschild gegen fehlerhafte oder nicht konforme Meldungen. Für die Nutzung ist allerdings in der Regel eine separate Lizenz für SAP Risk and Assurance Management erforderlich.

Steuerpositionen für Rechnungslegung verwalten

Mit der Berichtsaktivität **Steuerpositionen für Rechnungslegung verwalten** (**Manage Tax Items**) können Berichtsverantwortliche einzelne Steuerpositionen gezielt einer bestimmten Berichtsperiode zuordnen oder von dieser ausschließen. Die Zuordnung erfolgt über das sogenannte *Steuermeldedatum*, das bei Bedarf angepasst werden kann. Auf diese Weise lassen sich Belege flexibel zwischen Perioden verschieben, solange sie noch nicht an die Finanzbehörden übermittelt wurden.

Die Aktivität zeigt alle relevanten Steuerpositionen eines Buchungskreises an, unabhängig davon, ob sie bereits einem konkreten Bericht zugeordnet wurden. Voraussetzung für die Nutzung ist, dass das Steuermeldedatum auf Buchungskreisebene aktiv ist und der Benutzer über die entsprechende Berechtigung verfügt. Zusätzlich wird die Rolle **SAP_BR_GL_ACCOUNTANT** benötigt.

Mit dieser Funktion lassen sich z. B. fehlerhafte oder zu früh eingebuchte Steuerpositionen einfach korrigieren, indem man sie aus der aktuellen Periode ausschließt und für eine spätere Periode vormerkt. Ebenso können zurückgehaltene Positionen, wie etwa bei Sachverhalten in Klärung, bewusst nicht gemeldet werden. Diese bleiben im System gespeichert und können später wieder aufgenommen werden.

In der Belegkopfsicht stehen Informationen zum gesamten Beleg (siehe Abbildung 8.24).

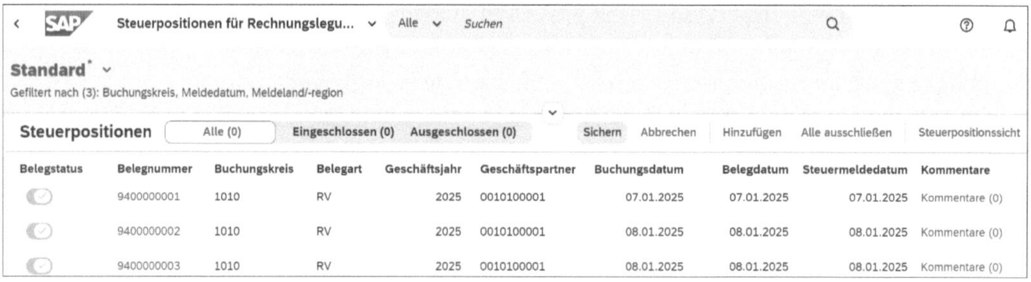

Abbildung 8.24 Belegkopfsicht

In der Steuerpositionssicht werden alle einzelnen Steuerzeilen angezeigt (siehe Abbildung 8.25).

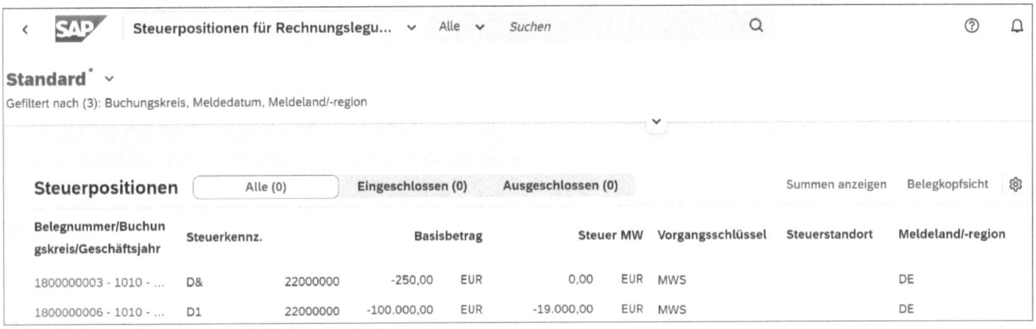

Abbildung 8.25 Steuerpositionssicht

Die Steuerpositionen können nicht nur eingeschlossen oder ausgeschlossen, sondern auch zurückgehalten werden, wenn sie vorerst gar keiner Periode zugeordnet werden sollen. Das ist besonders hilfreich bei unklaren oder länderspezifisch unterschiedlich zu behandelnden Sachverhalten. Bereits übermittelte oder angenommene Positionen lassen sich allerdings nicht mehr ändern.

Darüber hinaus bietet die App eine Funktion zur Summenanzeige, mit der die Basisbeträge und Steuerbeträge aller Positionen angezeigt werden können. Dies unterstützt bei der Prüfung der vollständigen Datengrundlage für eine Meldung.

Insgesamt bietet diese Funktion steuerlich Verantwortlichen eine hohe Flexibilität und Kontrolle bei der Periodenzuordnung von Steuerdaten, insbesondere in Fällen mit mehreren Gesellschaften, länderspezifischen Vorgaben oder Korrekturanforderungen vor der eigentlichen Einreichung.

Zahllast buchen

Mit der Berichtsaktivität **Zahllast buchen** können Unternehmen die im Rahmen der Umsatzsteuermeldung ermittelten Steuerbeträge direkt in SAP buchen. Dabei werden die Salden der Vorsteuer- und Umsatzsteuerkonten automatisch auf ein Zahllastkonto umgebucht. Dies geschieht unter Berücksichtigung der Buchungskreiswährung und kann bei Bedarf sowohl auf Ebene des Buchungskreises als auch auf der Ebene des Geschäftsorts erfolgen. Ein Steuerkennzeichen muss nicht eingegeben werden, wodurch auch manuelle Korrekturen einfacher möglich sind.

Diese Aktivität wird in der Regel nach erfolgreicher Einreichung der Umsatzsteuer-Voranmeldung an die Finanzbehörden genutzt. Sobald die Meldung akzeptiert wurde, kann die Zahllast direkt über die App gebucht werden, ohne dass Beträge manuell eingegeben werden müssen. Nach erfolgreicher Buchung wird die Aktivität für den entsprechenden Zeitraum automatisch als **abgeschlossen** markiert.

Sachkontenpflege

Damit diese Funktion genutzt werden kann, müssen vorab einige Voraussetzungen erfüllt sein. Dazu gehört insbesondere die Pflege der Sachkonten für Steuerverbindlichkeiten. Wenn mehrere Buchungskreise im Unternehmen aktiv sind, muss ein führender Buchungskreis definiert werden, über den die Buchungen zentral verarbeitet werden. Das System bucht dann standardmäßig buchungskreisübergreifend, kann jedoch bei Bedarf entsprechend konfiguriert werden.

Weitere Einstellungen, wie etwa zur Belegart oder zur Behandlung gestundeter Steuerbeträge, können über die App **Gesetzliche Berichte definieren** vorgenommen werden. Wichtig ist außerdem, dass ausschließlich nicht bereits gemeldete Belege aus der vorherigen Periode berücksichtigt werden. Wird die Funktion erneut für denselben Zeitraum ausgeführt, erstellt das System eine Deltabuchung, also nur eine Buchung für neu hinzugekommene Belege.

Belege mit einem Nullsteuersatz oder nicht abzugsfähige Steueranteile werden bei dieser Aktivität grundsätzlich nicht berücksichtigt. Zudem gibt es eine Filtermöglichkeit, um Meldungen auch für zusätzliche Länder oder Regionen zu verarbeiten.

Beispielsweise für Fälle, bei denen Zahlungen nicht im Buchungskreisland, sondern in einem anderen Steuerland erfolgen.

Für den Zugriff auf die Funktion benötigen Benutzer neben länderspezifischen Rollen auch die Standardrolle **SAP_BR_GL_ACCOUNTANT**.

Quellensteuerpositionen verwalten

Mit der Berichtsaktivität **Quellensteuerpositionen verwalten** lassen sich einzelne Steuerpositionen der Quellensteuer gezielt einer anderen Berichtsperiode zuordnen. Die Zuordnung erfolgt über das sogenannte *Meldedatum* der Quellensteuer, das vom System als Stichtag zur Berichtszuordnung verwendet wird.

Diese Funktion ist optional und wird vor allem dann genutzt, wenn dies in einem bestimmten Meldeland oder einer Melderegion gefordert ist. Auch diese Aktivität richtet sich an Unternehmen, die die erweiterte Version des externen Meldewesens im Einsatz haben. Belege können dabei über Filterkriterien ausgewählt und gezielt ein-, aus- oder zurückgehalten werden. Die Datengrundlage basiert entweder auf den Einstellungen der jeweiligen Meldeaufgabe oder auf manuell gesetzten Filterwerten in der App.

Voraussetzung für die Nutzung ist, dass das Meldedatum der Quellensteuer im Customizing aktiviert ist und der Benutzer über die erforderlichen Berechtigungen verfügt. Falls das Meldedatum bei älteren Belegen fehlt, kann es mit einem speziellen Migrationsreport nachgetragen werden.

Je nach Fall können folgende Aktionen durchgeführt werden.

- Einbeziehen in eine Berichtsperiode: Durch Anpassung des Meldedatums lassen sich Steuerpositionen in den gewünschten Zeitraum verschieben.
- Ausschließen aus einer Berichtsperiode: Auch das gezielte Entfernen von Belegen aus einem Zeitraum ist möglich, etwa wenn diese bereits gemeldet wurden oder nicht mehr relevant sind.
- Zurückhalten von Positionen: Falls noch Unsicherheit besteht, kann eine Position »geparkt« werden. Sie bleibt dann im System gespeichert, ohne einem bestimmten Zeitraum zugeordnet zu sein, und kann später einem künftigen Bericht hinzugefügt werden.

Die Berichtsaktivität stellt dafür übersichtliche Ansichten bereit. Zudem lässt sich der Gesamtbetrag der erfassten Steuerbeträge und Bemessungsgrundlagen anzeigen. Diese Summenübersicht ist in bestimmten Ländern (z. B. Belgien) deaktiviert, um Rechenfehler durch gemischte Belegarten zu vermeiden.

Diese Funktion verbessert die steuerliche Korrektheit und Transparenz von Quellensteuerberichten, indem sie eine flexible und kontrollierte Bearbeitung der zu meldenden Positionen ermöglicht.

8.3 Externes Meldewesen einrichten

In diesem Abschnitt widmen wir uns der Einrichtung des externen Meldewesens in SAP DRC. Zunächst werden in Abschnitt 8.3.1 meldende Einheiten angelegt, die als organisatorisches Fundament für die Berichterstattung dienen und Gesellschaften, Betriebsstätten oder Organschaften repräsentieren. Anschließend erfolgt in Abschnitt 8.3.2 die Zuordnung von Organisationseinheiten wie z. B. Buchungskreisen, wobei auch komplexe Strukturen wie umsatzsteuerliche Organschaften abgebildet werden können. In Abschnitt 8.3.3 werden den meldenden Einheiten die relevanten Berichtskategorien zugewiesen, also die konkreten gesetzlichen Meldungen, die sie abzugeben haben. Anschließend wird in Abschnitt 8.3.4 die Periodizität dieser Kategorien festgelegt. Zusätzlich können berichtskategoriespezifische

Parameter sowie spezifische Parameter für meldende Einheiten gepflegt werden, um fehlende oder länderspezifische Angaben abzudecken (siehe Abschnitt 8.3.5 und Abschnitt 8.3.6).

In Abschnitt 8.3.7 wird die Gültigkeit der Organisationseinheiten zeitabhängig definiert, damit Berichte konsistent zu den jeweiligen Strukturen erstellt werden. Schließlich werden in Abschnitt 8.3.8 spezifische Parameter für meldende Einheiten definiert. Damit liefert dieser Abschnitt einen vollständigen Leitfaden zur organisatorischen und technischen Abbildung der Meldepflichten in SAP DRC.

8.3.1 Meldende Einheiten anlegen

Die *Meldende Einheit* (engl.: Reporting Entity) ist das zentrale organisatorische Element in SAP DRC, über das die Erstellung und Abgabe der gesetzlichen Berichte gesteuert wird. Sie repräsentiert die Gesellschaft, Betriebsstätte oder Organschaft, die zur Abgabe der entsprechenden Berichte verpflichtet ist. Somit bilden meldende Einheiten nicht nur ein technisches Fundament, sondern tragen auch zur Optimierung der Meldeprozesse bei, indem sie Verantwortlichkeiten und Reporting-Pflichten eindeutig abbilden. Durch die Definition von meldenden Einheiten wird sichergestellt, dass relevante Daten aus Buchungskreisen oder Unternehmensbereichen aus dem SAP Core korrekt verarbeitet und für die Berichterstattung aufbereitet werden. In diesem Abschnitt erläutern wir, wie meldende Einheiten in SAP DRC definiert werden.

Folgen Sie dafür diesem IMG-Pfad des SAP DRC Customizings: **Anwendungsübergreifende Komponenten • Allgemeine Anwendungsfunktionen • Document- & Reporting-Compliance • Länder-/regionsspezifische Einstellungen • Deutschland • Externes Meldewesen • Umsatzsteuervoranmeldung • Allgemeine Einstellungen • Einrichten Ihres externen Meldewesens.**

Alternativ kann die Aktivität auch über die Transaktion **SM34** und das Zugreifen auf den View Cluster **SRFVC_RPG_ENT** aufgerufen werden (siehe Abbildung 8.26).

Wenn der länderspezifische Business Content im zugrunde liegenden SAP-System bereits aktiviert wurde, enthält das System, wie in Abbildung 8.26 zu sehen, schon einige beispielhafte meldende Einheiten für jedes unterstützte Land.

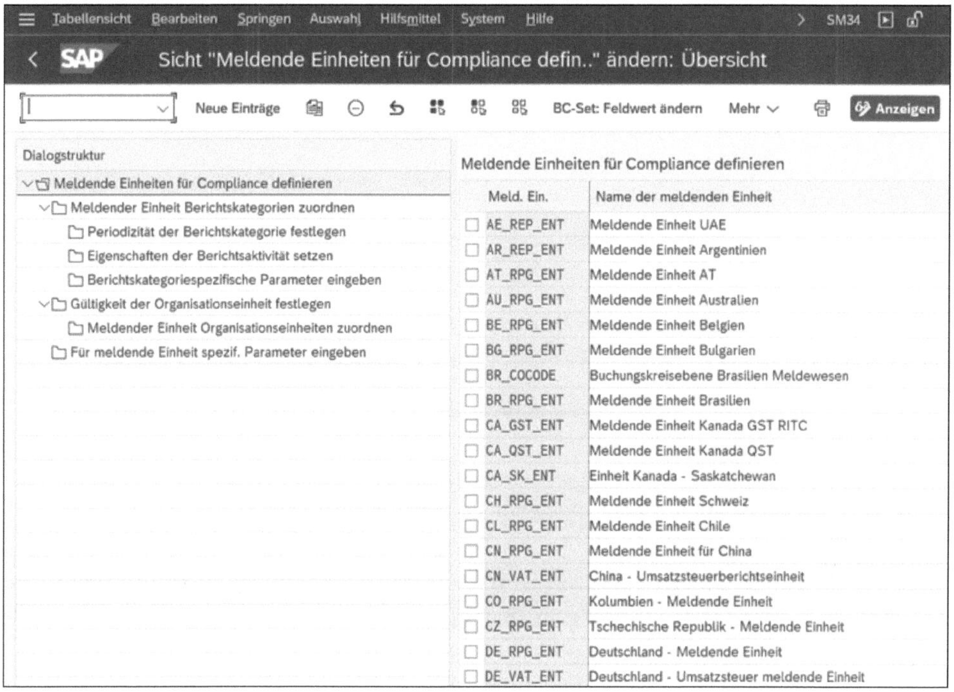

Abbildung 8.26 Einrichten Ihres externen Meldewesens

Vorkonfigurierte Einstellungen

Diese meldenden Einheiten dienen als Vorlage und enthalten bereits vorkonfigurierte Einstellungen gemäß dem SAP-Standard. Sie sollen exemplarisch aufzeigen, wie die relevanten Konfigurationen vorgenommen werden können. Einzelne Einstellungen lassen sich ggf. übernehmen. Insbesondere die vordefinierten Bezeichnungen sind jedoch sehr generisch und spiegeln in der Regel nicht die individuelle Unternehmensstruktur wider. Es ist daher empfehlenswert, sich zwar an diesen Vorlagen zu orientieren, aber die benötigten meldenden Einheiten gemäß den eigenen Unternehmensanforderungen von Grund auf neu zu definieren.

Um eine neue meldende Einheit anzulegen, klicken Sie auf die Schaltfläche **Neue Einträge**. Die Kurzbezeichnung darf maximal zehn alphanumerische Zeichen umfassen. Es bietet sich an, diese analog zum zugrunde liegenden Buchungskreis der Gesellschaft zu wählen, um bereits bekannte Bezeichnungen zu verwenden. Der **Name der meldenden Einheit** kann frei gewählt werden, sodass hier etwa der vollständige Name der zur Berichtsabgabe verpflichteten Gesellschaft eingetragen werden kann. Für diesen und alle folgenden Schritte gilt: Alle Eingaben müssen über die Schaltfläche **Sichern** in der unteren Leiste gespeichert werden (siehe Abbildung 8.27).

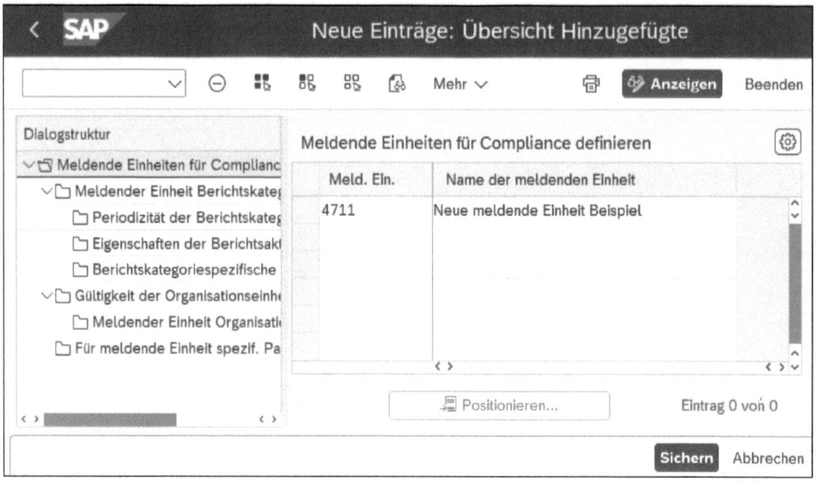

Abbildung 8.27 Neue meldende Einheit anlegen

Wählen Sie als Nächstes die neu erstellte meldende Einheit aus, indem Sie das Häkchen in der ersten Spalte setzen. Anschließend navigieren Sie in der Dialogstruktur auf der linken Seite zur Aktivität **Gültigkeit der Organisationseinheit festlegen** (siehe Abbildung 8.28).

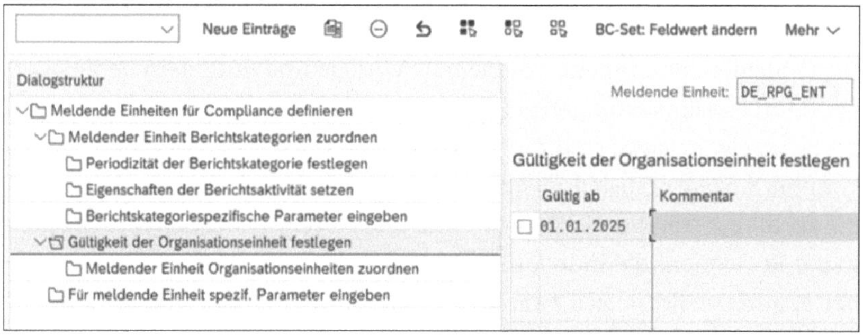

Abbildung 8.28 Gültigkeit der Organisationseinheit festlegen

Erstellen Sie hier einen neuen Eintrag mit dem Datum, ab dem die meldende Einheit und der dazugehörige Buchungskreis gültig sind und Berichte über SAP DRC erstellen und übermitteln sollen.

8.3.2 Meldender Einheit eine Organisationseinheit zuordnen

Die Zuordnung von *Organisationseinheiten* zu einer meldenden Einheit stellt den zweiten Schritt bei der Einrichtung des externen Meldewesens dar. Dabei definieren Sie, welche Organisationseinheiten zu einer bestimmten meldenden Einheit gehören. Es ist möglich, eine oder mehrere Organisationseinheiten zuzuweisen. Es muss jedoch immer eine davon als führende Organisationseinheit gekennzeichnet werden. Zu den verfügbaren Organisationseinheiten zählen unter anderem Geschäftsort, Buchungskreis, Profitcenter, Quellensteuersektion, Segment und Steuerstandort.

Das System greift bei der Erstellung von Berichtsbelegen, die für die Übermittlung an die Behörde bestimmt sind, auf Informationen der führenden Organisationseinheit zurück, um bestimmte Felder automatisch zu befüllen. Beispielsweise kann der meldenden Einheit die Organisationseinheit **Buchungskreis** zugeordnet werden. Wählen Sie dazu das zuvor erstellte Gültigkeitsdatum aus und navigieren Sie zur nächsten Aktivität **Meldender Einheit Organisationseinheiten zuordnen**. Erstellen Sie einen neuen Eintrag und wählen Sie in der ersten Spalte die Organisationseinheit **COMPANYCODE** aus (siehe Abbildung 8.29). Als Wert muss in der benachbarten Spalte der relevante Buchungskreis hinterlegt werden, der der meldenden Einheit zugrunde liegen soll. Aktivieren Sie nun die Checkbox **TrägerBuKr**.

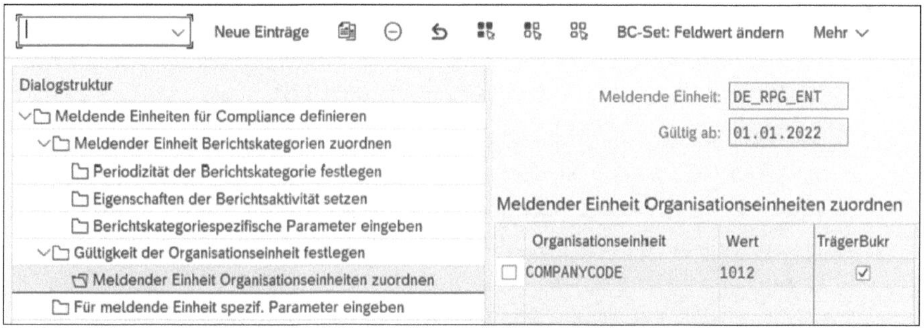

Abbildung 8.29 Meldender Einheit Organisationseinheiten zuordnen

Es ist mindestens ein Trägerbuchungskreis auszuwählen. Wird der meldenden Einheit nur ein Buchungskreis zugeordnet, muss dieser der Trägerbuchungskreis sein.

Umsatzsteuerliche Organschaft

Die umsatzsteuerliche Organschaft ist ein besonderes Gestaltungsinstrument im Umsatzsteuerrecht, das insbesondere im Konzernumfeld eine zentrale Rolle spielt. Sie erlaubt es, mehrere rechtlich selbstständige Unternehmen zu einer einheitlichen steuerlichen Behandlung zusammenzufassen. Ziel ist es, innerhalb einer Unternehmensgruppe eine Vereinfachung der umsatzsteuerlichen Abwicklung zu erreichen und die administrative Belastung zu verringern.

In SAP DRC kann die umsatzsteuerliche Organschaft ebenfalls abgebildet werden. Hier werden der meldenden Einheit mehrere Buchungskreise oder andere Organisationseinheiten zugeordnet. Dabei stellt der Buchungskreis des Organträgers den Trägerbuchungskreis dar. Die Organgesellschaften werden dann unter diesem Trägerbuchungskreis bei der gleichen meldenden Einheit erfasst (siehe Abbildung 8.30). Zudem kann es erforderlich sein, eine Organisationseinheit doppelt als meldende Einheit anzulegen.

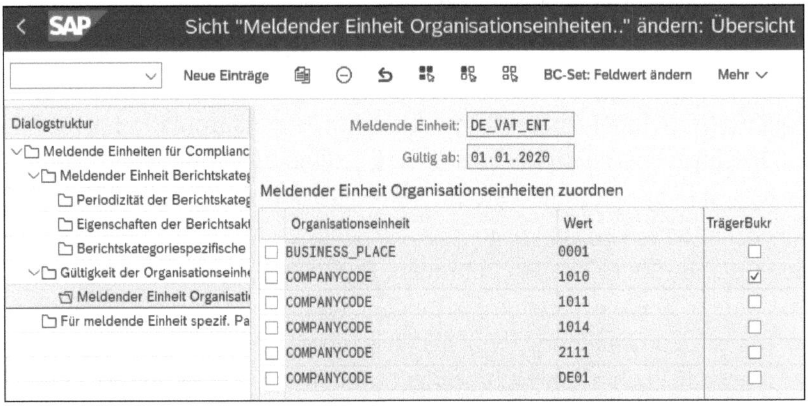

Abbildung 8.30 Meldende Einheit mit mehreren Organisationseinheiten

Beispiel für eine umsatzsteuerliche Organschaft

Der Buchungskreis 1010 ist Organträger einer umsatzsteuerlichen Organschaft in DE. Deshalb ist Buchungskreis 1010 der meldenden Einheit **DE_VAT_ENT** als führender Buchungskreis zugeordnet. Zur Organschaft gehören auch die Buchungskreise 1011, 1014, 2111 und DE01. Diese sind ebenfalls als Organisationseinheiten der meldenden Einheit **DE_VAT_ENT** zugeordnet.

Der Buchungskreis 1010 hat neben der Umsatzsteuer-Voranmeldung aber beispielsweise noch eine Zusammenfassende Meldung (ZM) in Deutschland abzugeben. Aus diesem Grund muss für den Buchungskreis 1010 noch eine zweite meldende Einheit angelegt werden, der ausschließlich 1010 als Buchungskreis zugeordnet ist (ohne die Buchungskreise 1011, 1014, 2111 und DE01).

Grundsätzlich sollte jeder Buchungskreis als meldende Einheit angelegt werden. Zur eindeutigen Identifizierung im System empfehlen wir grundsätzlich, als Bezeichnung der meldenden Einheit den Buchungskreis zu verwenden (z. B. »1010«). Dies erweist sich in der Praxis oftmals als vorteilhaft, weil der Buchungskreis das führende und bekannteste Identifizierungselement der jeweils betroffenen Gesellschaft oder Betriebsstätte ist.

Für jeden Buchungskreis sollte darüber hinaus grundsätzlich nur eine meldende Einheit angelegt werden. Das heißt, dieser meldenden Einheit werden dann sämtliche Berichte aus allen für sie relevanten Ländern zugeordnet, für die eine Meldeverpflichtung besteht (siehe Abbildung 8.31).

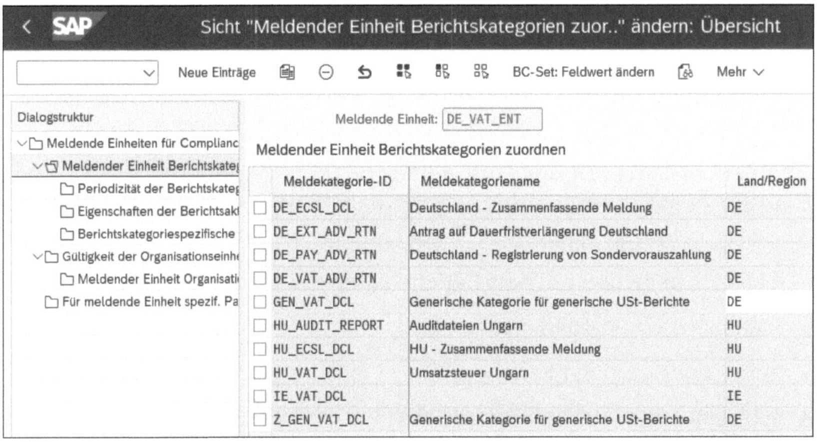

Meldekategorie-ID	Meldekategoriename	Land/Region
DE_ECSL_DCL	Deutschland - Zusammenfassende Meldung	DE
DE_EXT_ADV_RTN	Antrag auf Dauerfristverlängerung Deutschland	DE
DE_PAY_ADV_RTN	Deutschland - Registrierung von Sondervorauszahlung	DE
DE_VAT_ADV_RTN		DE
GEN_VAT_DCL	Generische Kategorie für generische USt-Berichte	DE
HU_AUDIT_REPORT	Auditdateien Ungarn	HU
HU_ECSL_DCL	HU - Zusammenfassende Meldung	HU
HU_VAT_DCL	Umsatzsteuer Ungarn	HU
IE_VAT_DCL		IE
Z_GEN_VAT_DCL	Generische Kategorie für generische USt-Berichte	DE

Abbildung 8.31 Zuordnung verschiedener Landesberichte zu einer meldenden Einheit

Spezifische Parameter für meldende Einheit eingeben

Für die Abgabe von Steuermeldungen werden vonseiten der Finanzverwaltung verschiedene Werte zur eindeutigen Identifikation meldender Gesellschaften benötigt. Diese spezifischen Parameter für eine deutsche meldende Einheit sehen Sie in Abbildung 8.32.

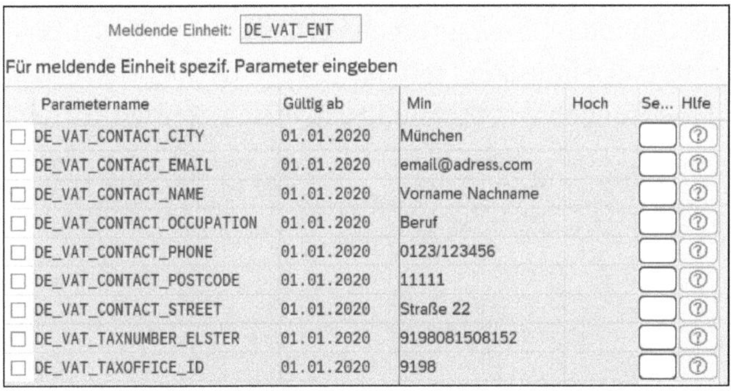

Parametername	Gültig ab	Min	Hoch	Se...	Hlfe
DE_VAT_CONTACT_CITY	01.01.2020	München			
DE_VAT_CONTACT_EMAIL	01.01.2020	email@adress.com			
DE_VAT_CONTACT_NAME	01.01.2020	Vorname Nachname			
DE_VAT_CONTACT_OCCUPATION	01.01.2020	Beruf			
DE_VAT_CONTACT_PHONE	01.01.2020	0123/123456			
DE_VAT_CONTACT_POSTCODE	01.01.2020	11111			
DE_VAT_CONTACT_STREET	01.01.2020	Straße 22			
DE_VAT_TAXNUMBER_ELSTER	01.01.2020	9198081508152			
DE_VAT_TAXOFFICE_ID	01.01.2020	9198			

Abbildung 8.32 Spezifische Parameter für die meldende Einheit

Die Definition von meldenden Einheiten stellt eine grundlegende Vorbereitung zur Nutzung von SAP DRC dar, unabhängig davon, welche Berichte die zugrunde liegende Gesellschaft in den unterschiedlichen Ländern abgeben muss. Im folgenden Abschnitt erläutern wir, wie einer meldenden Einheit die entsprechenden Berichte zugeordnet werden.

8.3.3 Meldender Einheit Meldekategorien zuordnen

Nach der Definition der meldenden Einheiten ist die Zuordnung der *Melde-* bzw. *Berichtskategorien* die nächste zentrale Aktivität des SAP DRC Customizings. Die Bezeichnungen Melde- und Berichtskategorie haben dieselbe Bedeutung. Ersichtlich wird dies auch, wenn die Systemsprache Englisch eingestellt ist. Dort wird einheitlich die Bezeichnung *Reporting Category* verwendet. Für dieses Buch verwenden wir den Begriff *Berichtskategorie*.

Eine Berichtskategorie steht für eine gesetzliche Meldung, die ein Unternehmen im Rahmen seiner steuerlichen oder regulatorischen Vorschriften abgeben muss, und bildet diese sowohl inhaltlich als auch technisch im System ab. Das bedeutet, über die Berichtskategorie wird gesteuert,

- welche Art von Bericht erzeugt wird,
- für welches Land der Bericht gilt,
- in welcher Struktur und Häufigkeit (Periodizität) die Daten bereitgestellt werden müssen und
- wie die technische Verarbeitung und Übermittlung erfolgt.

Damit bildet die Berichtskategorie die Schnittstelle zwischen den gesetzlichen Anforderungen und der technischen Umsetzung im System und gewährleistet, dass die Berichte über SAP DRC korrekt generiert, verarbeitet und eingereicht werden können.

Abbildung 8.33 zeigt die Aktivität im SAP DRC Customizing, in der einer bestimmten meldenden Einheit die entsprechend erforderlichen Berichtskategorien zugeordnet werden und damit festgelegt wird, welche gesetzlichen Meldungen über diese Einheit verarbeitet und eingereicht werden können.

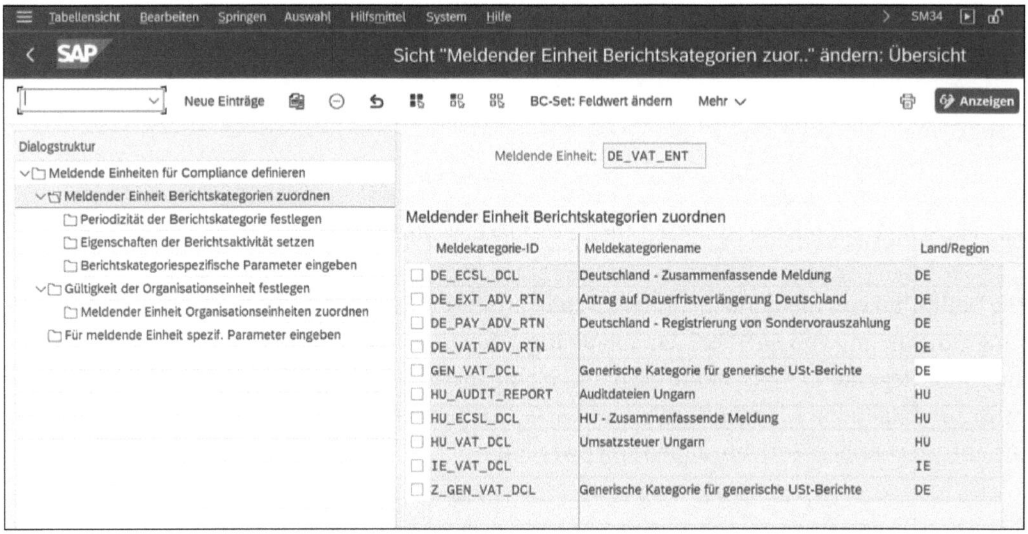

Abbildung 8.33 Meldender Einheit Berichtkategorien zuordnen

Wählen Sie dazu die gewünschte meldende Einheit in der vorherigen Aktivität aus Abschnitt 8.3.1, »Meldende Einheiten anlegen«, aus und navigieren Sie über die Dialogstruktur zu der in der Abbildung gezeigten Einstellung. Fügen Sie anschließend über **Neue Einträge** eine Berichtskategorie hinzu, indem Sie ihre technische Kennung in der Spalte **Meldekategorie-ID** eintragen (z. B. **DE_ECSL_DCL**). Wenn Sie bereits die erforderlichen SAP-Hinweise und den länderspezifischen Business Content eingespielt haben, finden Sie die verfügbaren Berichtskategorien in den beispielhaften meldenden Einheiten für jedes unterstützte Land.

Welche Berichtskategorien Sie letztendlich zuordnen, hängt jedoch von den Berichtspflichten der jeweiligen meldenden Einheit ab. Ist die zugrunde liegende Gesellschaft zusätzlich in anderen Ländern umsatzsteuerlich registriert, ergeben sich hieraus weitere Berichtsanforderungen, die von der meldenden Einheit erfüllt werden müssen. Dies ist besonders bei international agierenden Unternehmen häufig der Fall. Ziel ist es also, einer meldenden Einheit sämtliche Berichtskategorien zuzuordnen, die zur Erfüllung ihrer Meldepflichten in den unterschiedlichen Ländern erforderlich sind.

Dies wird in Abbildung 8.33 veranschaulicht, da hier der deutschen meldenden Einheit **DE_VAT_ENT** sowohl Berichte für Deutschland als auch für weitere Länder wie z. B. Ungarn und Irland zugeordnet sind.

8.3.4 Periodizität der Meldekategorie festlegen

Im vierten Schritt wird die Periodizität einer Berichtskategorie festgelegt. Für jede Berichtskategorie können Sie die Periodizität entsprechend den gesetzlichen Vorgaben der zuständigen Behörde festlegen (Abbildung 8.34).

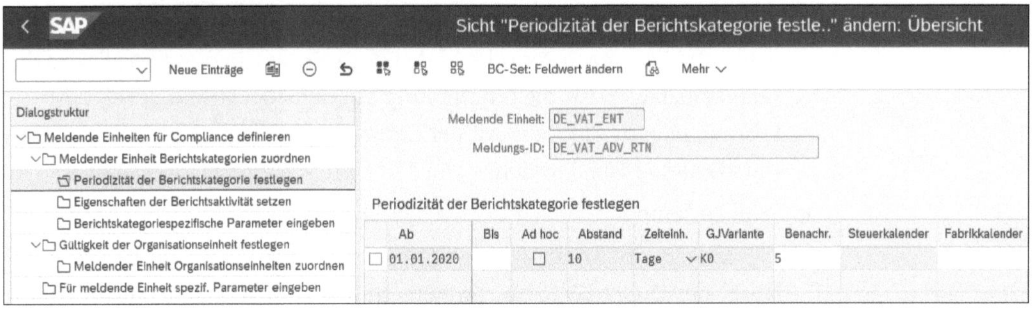

Abbildung 8.34 Periodizität der Berichtskategorie festlegen

Nehmen Sie die folgenden Einstellungen gemäß Tabelle 8.1 vor.

Feld	Beschreibung
Ab (Aktiv-ab-Datum für Berichtskategorie)	Gibt das Datum an, ab dem das System mit der Generierung von Meldeaufgaben für die jeweilige Berichtskategorie beginnt. Dieses Startdatum definiert somit den frühesten Zeitpunkt, zu dem relevante Berichtsdaten verarbeitet werden.
Bis (Aktiv-bis-Datum für Berichtskategorie)	Gibt das Datum an, bis zu dem das System Meldeaufgaben für die betreffende Berichtskategorie generieren soll. Nach diesem Zeitpunkt werden keine neuen Aufgaben für diese Kategorie mehr erstellt.

Tabelle 8.1 Einstellungen für die Periodizität

Grundsätzlich bestehen drei verschiedene Möglichkeiten, die Periodizität der Berichtskategorie festzulegen: über Offset und Geschäftsjahresvariante, über die Verwendung des Steuerkalenders oder über das Ad-hoc-Reporting. Alle drei Optionen besprechen wir im Folgenden.

Offset und Geschäftsjahresvariante

Um die Periodizität über Offset und Geschäftsjahresvariante festzulegen, nehmen Sie die folgenden Einstellungen vor:

- Feld **Offset** (Perioden-Offset für Fälligkeitsdatum der Einreichung)

  Dieser Wert gibt an, wie viele Tage nach dem Ende einer Berichtsperiode das System das Fälligkeitsdatum für die Einreichung des Berichts bei der Behörde berechnet. Der eingegebene Wert kann positiv, negativ oder null sein – je nachdem, ob die Frist nach, vor oder genau am Periodenende liegt. Erstellen Sie beispielsweise einen Monatsbericht, bei dem die Berichtsperiode jeweils am Monatsende abschließt (z. B. am 31. Januar), tragen Sie in dieser Spalte den Wert »10« ein, um festzulegen, dass der Bericht zehn Tage nach Periodenende fällig sein soll. In diesem Fall wird das Fälligkeitsdatum für die Einreichung auf den 10. Februar gesetzt. Am 11. Februar zeigt das System auf der Benutzeroberfläche an, dass das Fälligkeitsdatum »1 Tag überfällig« ist.

- Feld: **Zeiteinheit**

  Dieses Feld gibt an, in welcher Zeiteinheit (Tage, Wochen, Monate oder Jahre) der Offset-Wert für die Berechnung des Fälligkeitsdatums interpretiert werden soll. Diese Einheit bestimmt, wie der eingegebene Versatz vom Periodenende zeitlich angewendet wird.

- Feld **GJ-Variante** (Geschäftsjahresvariante für Berichtskategorie)

  Die Geschäftsjahresvariante legt fest, in welche Berichtsperioden ein Jahr unterteilt wird, für die Sie Ihre gesetzlichen Meldungen bei den Finanzbehörden einreichen müssen. Eine Berichtsperiode ist dabei eine gültige Zeitspanne, in der ein Bericht erstellt und übermittelt werden kann. Die Geschäftsjahresvariante kann flexibel gemäß den länderspezifischen gesetzlichen Vorgaben definiert werden. So können Sie beispielsweise für vierteljährliche Meldungen die Variante QT verwenden – vorausgesetzt, dies entspricht den regulatorischen Anforderungen.

Beachten Sie, dass die Geschäftsjahresvariante ausschließlich der Definition von Berichtsperioden dient und nicht an den Buchungskreis oder das Geschäftsjahr gebunden ist. Wenn die Einstellungen Ihres Buchungskreises bzw. Geschäftsjahres den Anforderungen für die Meldung entsprechen, können Sie diese auch für monatliche Berichtsprozesse wiederverwenden.

- Feld **Benachrichtigen** (Benachrichtigungsperiode (in Tagen))

  Dieser Wert gibt an, wie viele Tage vor dem Fälligkeitsdatum eines Berichts das System beginnen soll, Benutzer über die bevorstehende Einreichungsfrist zu informieren. Das System ermittelt zunächst das Fälligkeitsdatum anhand des im Feld **Offset** eingetragenen Werts. Anschließend wird vom Fälligkeitsdatum die hier definierte Anzahl an Tagen abgezogen. Das so berechnete Datum markiert den Beginn der Benachrichtigungsperiode. Ab diesem Zeitpunkt weist das System auf der Benutzeroberfläche den Status »Fällig innerhalb von n Tagen« aus und macht Benutzer aktiv auf die bevorstehende Frist aufmerksam.

  Erstellen Sie beispielsweise einen Monatsbericht, dessen Berichtsperiode am 30. April endet, legen Sie das Fälligkeitsdatum mit einem Offset von zehn Tagen auf den 10. Mai fest. In der Spalte **Benachrichtigen** tragen Sie den Wert 5 ein. Dies bedeutet, Benutzer sollen fünf Tage vor dem Fälligkeitsdatum informiert werden.

  In diesem Fall ergibt sich das folgende Szenario:

  - Fälligkeitsdatum: 10. Mai
  - Beginn der Benachrichtigungsperiode: 5. Mai

  Das bedeutet: Vor dem 5. Mai zeigt das System auf der Benutzeroberfläche den Status **Später fällig** an. Ab dem 5. Mai erscheint der Hinweis **Fällig innerhalb von 5 Tagen**, um Benutzer rechtzeitig an die anstehende Einreichung zu erinnern.

- Feld **Fabrikkalender**

  Ein Fabrikkalender definiert, welche Tage als Geschäftstage gelten und welche Tage arbeitsfrei sind – etwa Wochenenden oder gesetzliche Feiertage. Für Ihre Prozesse sollten Sie einen Kalender auswählen, der den betrieblichen und regionalen Gegebenheiten Ihres Unternehmens entspricht, um eine korrekte Terminberechnung und Fristensteuerung sicherzustellen.

- Feld **Anpassung des Fälligkeitsdatums**

  Mit diesem Feld können Sie das Fälligkeitsdatum einer Berichtsperiode automatisch anpassen, falls das ursprünglich berechnete Datum nicht auf einen Geschäftstag fällt.

  Abhängig von den gesetzlichen Vorgaben Ihres Landes haben Sie die Möglichkeit, das Fälligkeitsdatum anhand eines Fabrikkalenders zu verschieben. Dazu wählen Sie den passenden Kalender aus und legen fest, wie das System mit nicht geschäftstagkonformen Fälligkeiten umgehen soll. In diesem Fall wird das System häufig so konfiguriert, dass es automatisch den nächstfolgenden verfügbaren Geschäftstag als neues Fälligkeitsdatum festsetzt.

  Nehmen wir beispielsweise an, dass das berechnete Fälligkeitsdatum auf den 1. Mai fällt, der in vielen Ländern ein gesetzlicher Feiertag ist und laut Fabrikkalender kein Geschäftstag ist. Das System prüft anhand des zugewiesenen Kalenders den nächstmöglichen Geschäftstag – in diesem Fall den 2. Mai – und setzt diesen als neues Fälligkeitsdatum für die Berichtsperiode fest.

Steuerkalender

Der Steuerkalender ist die zweite Option, um die Periodizität der Berichtskategorie festzulegen. Er bietet die Möglichkeit, abweichende Fälligkeitsdaten für einzelne Berichtsperioden zu hinterlegen, insbesondere dann, wenn sich diese nicht durch die Kombination aus Offset und Geschäftsjahresvariante abbilden lassen.

Zur Umsetzung dieser flexiblen Fälligkeitslogik können Sie den Steuerkalender über das Business Add-In (BAdI) **ES_SRF_TAX_CALENDAR** implementieren. Beachten Sie jedoch, dass bei Verwendung dieses BAdIs keine automatische Anpassung des Fälligkeitsdatums erfolgt. Dies kann zum Beispiel bei Überschneidungen mit Wochenenden oder Feiertagen der Fall sein. In diesem Fall ist die Periodizität des Berichts vollständig durch die Logik des Steuerkalenders zu steuern.

Ad-hoc-Reporting

Als dritte Option können Sie die Periodizität der Berichtskategorie auch über das Ad-hoc-Reporting festlegen. Dafür können Sie einen Bericht als ad hoc bzw. nicht periodisch kennzeichnen, indem Sie das Kästchen **Ad hoc** aktivieren. Solche Berichte sind nicht an eine feste Periodizität gebunden und werden typischerweise von Behörden in unregelmäßigen Abständen angefordert.

Für Ad-hoc-Berichte erfolgt keine automatische Generierung von Meldeaufgaben in der App **Gesetzliche Berichte ausführen**. Sie haben jedoch die

Möglichkeit, eigene Meldeaufgaben manuell in dieser App anzulegen, um die Berichterstattung im Bedarfsfall gezielt zu steuern.

8.3.5 Eigenschaften der Berichtsaktivität setzen

Im fünften Schritt legen Sie die Eigenschaften für eine Berichtsaktivität fest. Solche Aktivitäten können sowohl vor der Abgabe eines Berichts als auch im Nachgang erforderlich sein. Vorbereitende Schritte könnten beispielsweise das Versenden von Rechnungen, das Prüfen von Daten mittels Konsistenzberichten oder das Sammeln relevanter Beleginformationen umfassen. Nach der Abgabe sind unter Umständen Folgeaktivitäten notwendig, z. B. das Buchen von Zahllastbelegen im Rahmen von Umsatzsteuermeldungen. Durch die Definition dieser Berichtsaktivitäten stellen Sie sicher, dass der gesamte Meldeprozess strukturiert, vollständig und regelkonform abläuft.

Die Pflege von Eigenschaften für Berichtsaktivitäten ist nicht zwingend erforderlich. Sofern keine spezifischen Werte angegeben werden, übernimmt das System automatisch die unter der zugehörigen Berichtskategorie hinterlegten Einstellungen – wie Gültigkeitszeitraum, Offset-Wert sowie Benachrichtigungszeitpunkt – auch für die jeweilige Aktivität.

Eine individuelle Pflege der Eigenschaften ist jedoch insbesondere in folgenden Fällen erforderlich:

- Wenn sich das Offset-Datum der Berichtsaktivität vom Offset-Datum der übergeordneten Berichtskategorie unterscheidet.
- Wenn Sie eine bestimmte Berichtsaktivität gezielt deaktivieren möchten, beispielsweise weil sie für einen bestimmten Zeitraum oder ein bestimmtes Land nicht relevant ist.

Durch die gezielte Konfiguration auf Aktivitätsebene lassen sich abweichende Prozessanforderungen flexibel abbilden.

In Abschnitt 9.6.2, »Berichtskategorie anlegen«, gehen wir im Detail auf verschiedene Berichtsaktivitäten ein.

8.3.6 Berichtskategoriespezifische Parameter eingeben

Die Eingabe berichtskategoriespezifischer Parameter stellt den sechsten Schritt bei der Einrichtung Ihrer gesetzlichen Berichte dar.

In einigen Fällen kann das System die für die Erstellung eines Berichts erforderlichen Informationen nicht automatisch aus den vorhandenen Daten im SAP-System ableiten. In solchen Situationen müssen Sie die fehlenden

Informationen manuell über Parameter hinterlegen, damit das System einen vollständigen und korrekten Ausgabebeleg erzeugen kann.

Die Auswahl der benötigten Parameter erfolgt über die Wertehilfe (F4-Hilfe). Diese zeigt ausschließlich jene Parameter an, die für die jeweilige Meldekategorie zulässig sind. In der App **Gesetzliche Berichte definieren** fügen Sie diese Parameter einer Berichtsdefinition hinzu, die anschließend der entsprechenden Berichtskategorie zugewiesen wird. Auf diese Weise stellen Sie sicher, dass alle erforderlichen Berichtsinhalte vollständig und regelkonform ermittelt werden können.

8.3.7 Gültigkeit der Organisationseinheit festlegen

Die Gültigkeit einer Organisationseinheit festzulegen, ist der siebte Schritt beim Einrichten Ihrer gesetzlichen Berichte.

Wie in Abschnitt 8.3.2, »Meldender Einheit eine Organisationseinheit zuordnen«, dargestellt, muss für jede meldende Einheit definiert werden, welche Organisationseinheiten (z. B. Buchungskreise, Steuerstandorte, Segmente) zu der rechtlichen Einheit gehören, die zur Abgabe des Berichts verpflichtet ist. Diese Zuordnung legt fest, welche Daten gemeinsam an die Behörde gemeldet werden.

Da sich organisatorische Strukturen im Zeitverlauf ändern können, ist diese Zuordnung zeitabhängig. Sie geben ein Gültigkeitsdatum ein, anhand dessen das System erkennt, in welchem Zeitraum die jeweilige Zuordnung wirksam ist (siehe Abbildung 8.35). Dieses Datum wird vom System außerdem für bestimmte Konsistenzprüfungen herangezogen, um sicherzustellen, dass die gemeldeten Daten zur aktuellen organisatorischen Struktur passen.

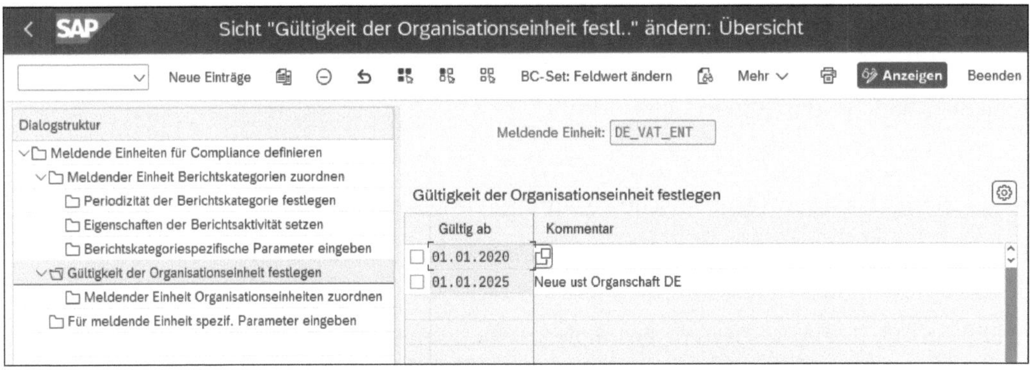

Abbildung 8.35 Gültigkeit der Organisationseinheit festlegen

Gültigkeitsdatum einer Organisationseinheit

Wenn das Gültigkeitsdatum einer Organisationseinheit nach dem Beginndatum eines Meldezeitraums liegt oder nicht den gesamten Meldezeitraum abdeckt, kann das System keine konsistente Filterung von Belegen über mehrere Organisationseinheiten hinweg vornehmen.

Das bedeutet: In solchen Fällen ist es nicht möglich, Belege auf Basis unterschiedlicher Gültigkeitszeiträume über mehrere Organisationseinheiten zu erfassen oder auszuwerten. Um eine korrekte und durchgängige Verarbeitung sicherzustellen, muss die Gültigkeit der zugeordneten Organisationseinheiten den gesamten relevanten Meldezeitraum abdecken.

8.3.8 Spezifische Parameter für meldende Einheiten eingeben

Die Eingabe von für die meldende Einheit spezifischen Parametern ist der achte und letzte Schritt der Einrichtung Ihrer gesetzlichen Berichte.

Wenn es bestimmte Informationen gibt, die sich auf eine meldende Einheit beziehen und für mehrere Meldekategorien gleichermaßen gelten, diese jedoch nicht im SAP-System verfügbar sind, können Sie diese fehlenden Werte manuell hinterlegen. Das stellt sicher, dass alle relevanten Angaben vollständig in die Berichtsverarbeitung einfließen.

Im gesetzlichen Meldewesen stellen diese sogenannten *Konfigurationsparameter*, die einer meldenden Einheit zugeordnet sind, eine zentrale Datenquelle dar. Sie bieten die notwendige Flexibilität, um Informationen zu erfassen, die über längere Zeiträume konstant bleiben und nicht aus anderen Systemquellen bezogen werden können.

Diese Parameter können Sie in der App **Gesetzliche Berichte definieren** über die Registerkarte **Konfigurationsparameter** anlegen (siehe Abbildung 8.36).

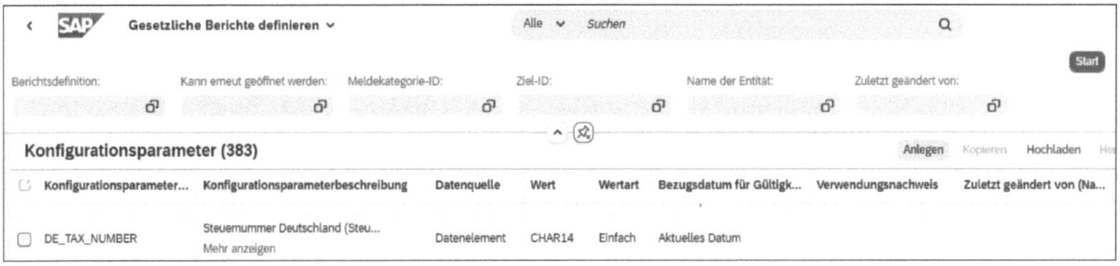

Abbildung 8.36 Konfigurationsparameter anlegen

Dabei lassen sich wichtige Eigenschaften wie die **Datenquelle**, ein **Bezugsdatum für Gültigkeit**, eine **Konfigurationsparameterbeschreibung** sowie die gewünschte **Wertart** (z. B. Einfach oder Mehrfach) festlegen. Auf diese Weise können Sie sicherstellen, dass alle relevanten und dauerhaft gültigen Angaben systematisch in die Berichtserstellung einfließen.

8.4 SAP DRC unter Verwendung von SAP Central Finance

Die zunehmende Internationalisierung von Unternehmen und die daraus resultierende Systemvielfalt stellen das steuerliche Berichtswesen vor erhebliche Herausforderungen. Unterschiedliche ERP-Systeme, uneinheitliche Steuerlogiken und heterogene Stammdaten erschweren eine konsolidierte und effiziente Steuerberichterstattung. *SAP Central Finance* begegnet diesen Anforderungen mit einem zentralisierten Ansatz zur Datenreplikation und Harmonisierung.

Für den Steuerbereich ergeben sich somit verschiedene Chancen und Herausforderungen im Zusammenhang mit SAP Central Finance:

- **Gruppeneinheitliches Reporting**

  Einer der wesentlichen Vorteile von SAP Central Finance liegt in der Möglichkeit, ein gruppenweites, einheitliches Reporting zu etablieren. Steuerliche Berichte wie Umsatzsteuer-Voranmeldungen, Intrastat-Meldungen oder SAF-T können zentral auf Basis konsolidierter Daten erstellt werden. Die Anbindung an SAP DRC ermöglicht zusätzlich die gesetzeskonforme Übermittlung an nationale Steuerbehörden unter Berücksichtigung länderspezifischer Vorgaben. Dabei sind allerdings potenzielle Ländereinschränkungen bei der Nutzung von SAP DRC zu beachten (z. B. Cloud-Vorgaben oder regulatorische Rahmenbedingungen).

- **Zentrale Plattform**

  SAP Central Finance dient als zentrale Datenplattform, die Finanztransaktionen aus verschiedenen Quellsystemen in Echtzeit zusammenführt. Die zentrale Sicht auf steuerrelevante Buchungen erlaubt nicht nur eine transparente Dokumentation, sondern auch die Einsicht in Positionsdetails und Ursprungsbelege. Dies kann ein entscheidender Faktor im Rahmen von Betriebsprüfungen sein. Darüber hinaus erleichtert die zentrale Architektur die Integration weiterer Systeme und ermöglicht eine standardisierte Einführung neuer Reporting-Anforderungen.

- **Vereinfachte Meldeprozesse**

  Mit der Einführung von SAP Central Finance lassen sich Meldeprozesse erheblich vereinfachen. Durch die einheitliche Datenbasis entfallen aufwendige manuelle Konsolidierungsschritte. Dies führt nicht nur zu Effizienzsteigerungen, sondern ermöglicht auch die kosteneffiziente Einbindung von Shared Service Centern (SSCs), die länderübergreifend steuerliche Meldungen erstellen und verwalten können. So lässt sich ein standardisiertes Operating Model für das steuerliche Berichtswesen aufbauen.

- **Einheitliche steuerliche Klassifikation relevanter Entitäten**

  Ein zentrales Element der Steuerharmonisierung ist die Vereinheitlichung steuerlicher Klassifikationen über Systemgrenzen hinweg. Dazu zählen unter anderem

  - Steuerkennzeichen und -codes,
  - Klassifikationen von Geschäftspartnern (z. B. Kunden- oder Lieferantenrolle, USt.-Status),
  - Klassifikationen von Materialien (z. B. steuerpflichtige Artikel, Reverse-Charge-relevante Produkte).

  Die einheitliche steuerliche Sicht auf diese Objekte bildet die Grundlage für ein konsistentes Reporting in SAP DRC und trägt zur Vermeidung von Fehlmeldungen bei.

- **Konsistenzprüfung**

  SAP Central Finance bietet die Möglichkeit, systemübergreifende Konsistenzprüfungen durchzuführen. Dabei werden steuerrelevante Konfigurationen wie Steuerkennzeichen, Steuerarten oder Quellensteuerdefinitionen zwischen Quell- und Zielsystemen abgeglichen. Zusätzlich ermöglicht SAP Central Finance die Prüfung und Validierung von Steuerneuberechnungen, insbesondere dann, wenn sich Konfigurationen zwischen Quellsystem und SAP Central Finance unterscheiden oder Mapping-Tabellen verwendet werden müssen.

- **Datenqualität**

  Die Harmonisierung steuerlich relevanter Stammdaten, z. B. Geschäftspartnerdaten, Materialstämme oder Kontenfindung, ist eine grundlegende Voraussetzung für eine funktionierende SAP-Central-Finance-Architektur. SAP Central Finance stellt sicher, dass diese Stammdaten in strukturierter Form repliziert werden, wobei Mapping-Tabellen und Integrationsregeln zur Anwendung kommen. Die Replikation erfolgt in Echtzeit, was eine stets aktuelle Datenbasis garantiert und Rückfragen aus Steuerprüfungen zuverlässig beantwortbar macht.

Wie oben dargestellt ist die Kombination von SAP Central Finance und SAP DRC eine Lösung, um diese Komplexität zu bewältigen und ein konsistentes, gesetzeskonformes Reporting sicherzustellen.

Zentrale Plattform

SAP DRC dient als zentrale Plattform für die automatisierte Erstellung, Validierung und Übermittlung gesetzlich vorgeschriebener Steuerberichte und elektronischer Rechnungen. Die Erstellung und Einreichung dieser Berichte basiert grundsätzlich auf den Daten eines SAP-S/4HANA-Systems. In Szenarien, in denen alle relevanten Buchungskreise innerhalb eines einzigen SAP-S/4HANA-Systems betrieben werden, kann SAP DRC direkt eingesetzt werden. Komplexer wird es jedoch, wenn Buchungskreise bzw. Gesellschaften, die gemeinsam eine steuerpflichtige Einheit bilden, in mehreren Systemen geführt werden – etwa verteilt auf SAP ECC, SAP S/4HANA On-Premise oder Cloud-Systeme. In diesen Fällen kann SAP DRC allein keine konsolidierte Sicht liefern, die für die korrekte steuerliche Meldung erforderlich ist.

Hier kommt SAP Central Finance ins Spiel. Mit SAP Central Finance lassen sich Buchungen aus verschiedenen Quellsystemen zentral in ein SAP-S/4HANA-System replizieren. Der Ablauf stellt sich dabei wie folgt dar (siehe Abbildung 8.37):

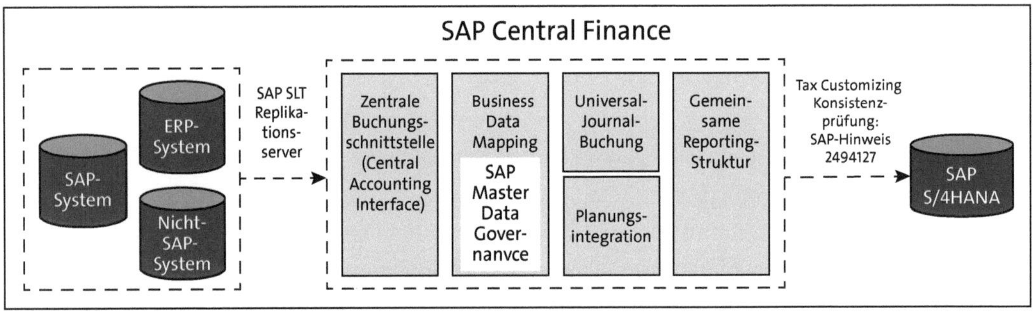

Abbildung 8.37 SAP-Central-Finance-Architektur

Zunächst werden alle relevanten Buchungen in ein zentrales SAP-S/4HANA-System repliziert, harmonisiert und dort als einheitliche Datenbasis bereitgestellt. Dies geschieht nahezu in Echtzeit über den SAP Landscape Transformation Replikationsserver, der Änderungen aus den Quellsystemen (SAP und Nicht-SAP) in das zentrale System überträgt.

Innerhalb von SAP Central Finance sorgen verschiedene Komponenten für eine Harmonisierung und Vereinheitlichung:

- Die *Zentrale Buchungsschnittstelle* (Central Accounting Interface) übernimmt die technische Verbuchung.
- Über das *Business Data Mapping* werden unterschiedliche Kontenpläne, Steuerkennzeichen und Buchungslogiken zusammengeführt, unterstützt durch *SAP Master Data Governance*.

- Alle Buchungen fließen in das *Universal Journal*, sodass ein konsistenter Datenbestand für Reporting und steuerliche Auswertungen entsteht.
- Ergänzend sichern die *Planungsintegration* und die *gemeinsame Reporting-Struktur* eine einheitliche Sicht auf Planungs- und Berichtsdaten.

Ein besonderer Aspekt für den Einsatz im Steuerumfeld ist die Konsistenzprüfung des Steuer-Customizings. Über den SAP-Hinweis 2494127 wird sichergestellt, dass Einstellungen zu Steuerkennzeichen und Kontierungen zwischen Quell- und Zentralsystem konsistent sind. Dies ist entscheidend, damit die in SAP DRC generierten Meldungen korrekt und vollständig sind.

Ein typisches Beispiel in diesem Zusammenhang ist die konsolidierte Umsatzsteuer-Voranmeldung, bei der etwa ein deutscher Buchungskreis in SAP ECC und ein weiterer in SAP S/4HANA gemeinsam melden müssen. Ohne SAP Central Finance wäre dafür entweder eine komplexe Datenintegration außerhalb von SAP notwendig oder eine ineffiziente manuelle Konsolidierung. Mit SAP Central Finance hingegen lassen sich diese Buchungen zentral spiegeln, aufbereiten und direkt über SAP DRC melden. Die Replikation erfolgt nahezu in Echtzeit, sodass auch zeitkritische Meldungen zuverlässig unterstützt werden.

Unternehmen sollten SAP Central Finance in jedem Fall dann in Betracht ziehen, wenn steuerliche Berichte aus Buchungskreisen bestehen, die in mehreren Systemen geführt werden, oder wenn sie eine einheitliche Reporting-Plattform über ihre gesamte Systemlandschaft hinweg etablieren möchten. Nur mit einer zentralen Sicht auf die Finanzdaten lassen sich die in SAP DRC verfügbaren Berichtsszenarien rechtssicher und automatisiert nutzen. Damit wird ein konsistentes, revisionssicheres und international konformes Berichtswesen ermöglicht, das auch den Anforderungen digitalisierter Steuerverwaltungen weltweit gerecht wird.

8.5 Zusammenfassung

Dieses Kapitel beleuchtete die technischen und fachlichen Voraussetzungen zur erfolgreichen Implementierung des gesetzlichen Meldewesens mit SAP DRC. Dabei stand die zentrale Erkenntnis im Vordergrund, dass die Qualität steuerlich relevanter Stammdaten unmittelbar Einfluss auf die Korrektheit gesetzlicher Meldungen hat.

Im ersten Abschnitt wurde deutlich, wie wichtig strukturierte Stammdaten für die Steuerfindung und die darauf aufbauende Berichterstattung sind.

Fehlerhafte Klassifikationen von Geschäftspartnern oder Materialien sowie fehlende Steuerkennzeichen führen häufig zu falschen Steuerbeträgen und letztlich zu fehlerhaften oder unvollständigen Meldungen. SAP Master Data Governance wurde als Instrument vorgestellt, um eine valide »Single Source of Truth« zu schaffen.

Auch die erweiterte Quellensteuerfunktion wurde betrachtet. Sie erfordert eine Vielzahl an zusätzlichen Customizing-Aktivitäten ohne die sich Berichte wie die elektronische §-50a-Meldung nicht automatisiert generieren lassen.

Wir haben außerdem die Initialkonfiguration des gesetzlichen Meldewesens besprochen. Sie bildet die technische Grundlage für den erfolgreichen Einsatz von SAP DRC. Im Zentrum steht die Aktivierung geeigneter Business Configuration Sets (BC-Sets), mit denen SAP vordefinierte Beispielkonfigurationen zur Verfügung stellt. Neben funktionalen Einstellungen sind auch technische Voraussetzungen zu erfüllen. Dazu zählt insbesondere die Einrichtung der bgRFC-Kommunikation zur Hintergrundverarbeitung von Berichten sowie optional die Ausgabesteuerung, etwa für Quellensteuerformulare. Ein weiterer zentraler Bestandteil ist die Integration in die SAP DRC, Cloud Edition, die den Transport und die Übermittlung gesetzlicher Berichte an Behördenportale übernimmt.

In Abschnitt 8.3 wurde erläutert, wie Unternehmen das externe Meldewesen grundlegend einrichten. Im Mittelpunkt steht die meldende Einheit, die als zentrale organisatorische Instanz dient, um gesetzliche Berichte korrekt zu erstellen und behördenkonform einzureichen. Sie repräsentiert eine Gesellschaft, Betriebsstätte oder Organschaft, die zur Abgabe gesetzlicher Meldungen verpflichtet ist.

Abschließend wurde SAP Central Finance vorgestellt. Es bietet eine zentrale Lösung zur Harmonisierung steuerlich relevanter Daten in komplexen Systemlandschaften. Wir haben die Vorteile einer Kombination von SAP Central Finance und SAP DRC hervorgehoben.

Kapitel 9
Gesetzliches Meldewesen einsetzen

Dieses Kapitel widmet sich dem Einsatz von SAP Document and Reporting Compliance im Bereich des gesetzlichen Meldewesens (Statutory Reporting).

Sie lernen in diesem Kapitel, wie das gesetzliche Meldewesen mit SAP DRC im operativen Alltag funktioniert, also wie Unternehmen Meldungen in SAP erstellen, prüfen, übermitteln und nachhalten können. Es knüpft an Kapitel 8 an, das die technische Implementierung und Einrichtung des Berichtswesens (Stammdaten, Berichtskategorien, Konfiguration, Anbindung) beschrieben hat, und führt diese Grundlagen in die praktische Nutzung über.

Den Auftakt macht Abschnitt 9.1, »Anforderungen an das gesetzliche Reporting in verschiedenen Ländern«, mit einem Überblick über die international stark variierenden Anforderungen, die von periodischen Umsatzsteuervoranmeldungen über Echtzeitmeldungen bis hin zu SAF-T reichen.

Abschnitt 9.2 stellt die Vorteile des gesetzlichen Meldewesens heraus: konsistente Daten aus dem Universal Journal (der Single Source of Truth), End-to-End-Automatisierung, Transparenz und Revisionssicherheit sowie die globale Skalierbarkeit durch laufend aktualisierte Länderversionen.

In Abschnitt 9.3, »Unterstützte Länder und gesetzliche Anforderungen«, folgen die von SAP DRC unterstützten Länder und Berichte, einschließlich Einreichungsarten (Webservice, elektronisches Format, manuelle Abgabe) und technischer Hinweise.

Der Kern dieses Kapitels ist Abschnitt 9.4, »Einrichtung und Ausführung von Berichten in SAP DRC«: Wir besprechen hier die Einrichtung und Ausführung konkreter Berichte im Tagesgeschäft – vom Anstoßen der USt-Voranmeldung über die Zuordnung von Steuergruppen und -feldern bis zur Statusüberwachung und zu Korrekturläufen. Illustriert wird dies an der Umsatzsteuervoranmeldung, der Zusammenfassenden Meldung sowie der Quellensteuermeldung nach § 50a EStG für Deutschland. Zusätzlich erfolgt auch die Darstellung der SAF-T-Meldung in Rumänien.

Abschnitt 9.5, »Berichtsdatenanalyse«, geht auf die Analysemöglichkeiten mit SAP DRC im Kontext des gesetzlichen Meldewesens ein und zeigt, wie eine Analyse der Berichtsdaten im Alltag helfen kann, fehlerhafte Belege und Inkonsistenzen im Rahmen der Berichtserstellung zu identifizieren.

In Abschnitt 9.6, »Gesetzliche Berichte definieren« widmen wir uns der Erstellung eigener Berichte und machen deutlich, welche Schritte für die Umsetzung erforderlich sind. Dabei wird beispielhaft eine Berichtsdefinition angelegt und ausgeprägt.

9.1 Anforderungen an das gesetzliche Reporting in verschiedenen Ländern

Einführung

Weltweit bestehen vielfältige gesetzliche Anforderungen an das steuerliche Reporting. Diese variieren je nach nationalem Steuersystem, dem Grad der Digitalisierung, der jeweiligen Verwaltungsstruktur sowie den Zielsetzungen des jeweiligen Berichtswesens. Insbesondere im Bereich der indirekten Steuern sind eine Vielzahl von Berichtspflichten etabliert, die sowohl in der Europäischen Union (EU) als auch in Drittstaaten maßgeblich für die Steuerkonformität von Unternehmen sind.

Berichtsübersicht

Die etablierten Formen des steuerlichen Reportings sind dabei insbesondere die folgenden Berichte:

- **Periodische Umsatzsteuer-Voranmeldung (USt-VA)**

  Regelmäßig abzugebende Meldungen, die steuerpflichtige Umsätze und Vorsteuerbeträge enthalten.

- **Echtzeitmeldungen**

  In einigen Ländern, wie z. B. Italien (Sistema di Interscambio, SdI) oder Spanien (Suministro Inmediato de Información, SII), sind Transaktionen nahezu in Echtzeit an die Finanzbehörde zu übermitteln.

- **Zusammenfassende Meldung (ZM)**

  Bei grenzüberschreitenden EU-Leistungen.

- **Intrastat-Meldungen**

  Statistische Meldungen zum innergemeinschaftlichen Warenverkehr.

- **Standard Audit File – Tax (SAF-T)**

  Strukturierte, digitale Berichte über Buchhaltungsdaten, die z. B. in Polen gesetzlich vorgeschrieben sind.

- **One-Stop-Shop (OSS) und Import-One-Stop-Shop (IOSS)**

  Vereinfachungsverfahren zur zentralisierten Abwicklung von Umsatzsteuerverpflichtungen bei bestimmten grenzüberschreitenden Leistungen innerhalb und außerhalb der EU.

- **Sales Tax Returns**

  In den Vereinigten Staaten von Amerika ist z. B. keine landesweite Umsatzsteuer etabliert. Stattdessen wird die sogenannte Sales Tax auf Ebene der Bundesstaaten und teilweise auf lokaler Ebene erhoben und gemeldet.

Meldewesen in der EU

Innerhalb der Europäischen Union (EU) ist das gesetzliche Reporting hinsichtlich der Umsatzsteuer weitestgehend harmonisiert. Für die USt-VA und die ZM ergeben sich die Anforderungen aus Art. 250 ff. der Mehrwertsteuer-Systemrichtlinie (MwStSystRL). Diese bilden allerdings lediglich einen Rahmen für das gesetzliche Reporting der einzelnen Mitgliedstaaten, weshalb es im Detail auch zu wesentlichen Unterschieden kommen kann. Zusätzlich können die Mitgliedstaaten eingeschränkt über den Meldezeitraum bestimmen und frei über die Form der Übermittlung entscheiden (z. B. elektronisch über ein Portal der Finanzbehörde, im XML- oder CSV-Format). Eine Umsatzsteuer-Jahreserklärung, wie sie in Deutschland Pflicht ist, muss nicht von den Mitgliedstaaten verlangt werden. Auch kann es in einigen Mitgliedstaaten bei Nichtansässigkeit des Steuerpflichtigen erforderlich sein, dass die Berichte durch einen steuerlichen Vertreter übermittelt werden müssen.

Darüber hinaus haben einige Mitgliedstaaten weitere steuerliche Reportings wie Echtzeitmeldungen oder SAF-T etabliert, die eine zusätzliche Komplexität mit sich bringen und weitere Anforderungen an Prozesse und IT-Systeme stellen. Diese gehen zum Teil einher mit den lokalen E-Rechnungspflichten (siehe dazu Kapitel 7, »E-Invoicing einsetzen«).

Meldewesen außerhalb der EU

Außerhalb der EU sind die Anforderungen an das steuerliche Reporting oft noch heterogener. In den USA wird, wie bereits erwähnt, keine nationale Umsatzsteuer erhoben. Stattdessen existiert ein komplexes Geflecht aus Sales-Tax-Vorgaben auf Ebene der Bundesstaaten, der Countys und teilweise sogar der Städte. Die Meldeverpflichtungen, Berichtsformate, Schwellenwerte und Abgabezyklen unterscheiden sich deutlich voneinander.

Anforderungen an das Meldewesen

Die Anforderungen an das gesetzliche Meldewesen lassen sich grundsätzlich so zusammenfassen, wie in Tabelle 9.1 zu sehen.

Anforderung	Beschreibung
Abgabepflichtige	Wer ist abgabepflichtig und welche Ausnahmen bestehen gegebenenfalls?
Abgabezeitraum	Monatlich, zweimonatlich, quartalsweise oder jährlich.

Tabelle 9.1 Anforderungen an das gesetzliche Meldewesen

Anforderung	Beschreibung
Abgabefristen	Zum Teil sind auch Verlängerungen möglich, wie z. B. auf Antrag die Dauerfristverlängerung.
Inhalt des Berichts	Dieser kann selbst innerhalb der EU stark voneinander abweichen. Beispielsweise erfasst die ZM in Deutschland lediglich EU-grenzüberschreitende Ausgangsumsätze. In anderen EU-Mitgliedstaaten sind hingegen zusätzlich die EU-grenzüberschreitenden Eingangsumsätze zu erfassen.
Übermittlungsform	Elektronisch über ein Online-Portal der Steuerbehörde, entweder manuell oder durch das Hochladen von strukturierten Dateien (z. B. CSV oder XML), direkte automatisierte Übertragung an die Steuerbehörde über eine API-Schnittstelle oder über einen steuerlichen Vertreter.
Übermittlungsberechtigter	Grundsätzlich der Steuerpflichtige selbst, zum Teil auch ausschließlich durch steuerliche Vertreter, insbesondere bei Nichtansässigkeit.
Technische Anforderungen	Verwendung digitaler Zertifikate, Signaturen oder Authentifizierungsverfahren.

Tabelle 9.1 Anforderungen an das gesetzliche Meldewesen (Forts.)

Das gesetzliche Reporting unterliegt einem stetigen Wandel – insbesondere durch zusätzliche neue Anforderungen sowie durch das Voranschreiten der Digitalisierung. Daher kommt es regelmäßig zu Anpassungen der Berichte, zum Teil auch unterjährig, die umgehend zu berücksichtigen sind.

Das europäische Reporting wird durch das »VAT in the Digital Age«-Paket (ViDA) ab Juli 2030 grundlegend verändert. Die ZM wird dann durch ein transaktionales, zeitnahes, digitales Reporting fast aller Rechnungs(pflicht)angaben ersetzt.

9.2 Vorteile des gesetzlichen Meldewesens in SAP S/4HANA

Die Implementierung des gesetzlichen Meldewesens in SAP S/4HANA mittels SAP DRC stellt einen bedeutenden Fortschritt für Unternehmen dar, die ihre steuerlichen Verpflichtungen strukturiert, effizient und global einheitlich erfüllen möchten. Im Zuge zunehmender regulatorischer Komplexität und digitaler Transformation bietet SAP DRC zahlreiche Vorteile, die sowohl technischer, prozessualer als auch strategischer Natur sind.

Integration in die ERP-Landschaft und zentrale Datenquelle

SAP S/4HANA verfolgt mit dem Universal Journal (*ACDOCA*) das Prinzip einer einheitlichen Datenbasis (Single Source of Truth). Diese Architektur bildet die Grundlage für die Erfüllung gesetzlicher Berichtspflichten, da steuerlich relevante Daten zentral und konsistent vorliegen. SAP DRC greift unmittelbar auf diese Buchungs- und Bewegungsdaten zu. Damit wird nicht nur eine höhere Datenqualität gewährleistet, sondern auch die Notwendigkeit redundanter Datenspeicher oder externer Reporting-Tools eliminiert.

SAP DRC ermöglicht die End-to-End-Automatisierung des Meldewesens: von der Erstellung gesetzlich vorgeschriebener Berichte über die Validierung und Freigabeprozesse bis zur elektronischen Einreichung bei den zuständigen Behörden oder Geschäftspartnern. Dieser Prozess schließt zudem die Datenkonsistenzprüfung mit ein – beispielsweise für einen Abgleich zwischen internen Buchungsdaten und bei Behörden registrierten Informationen.

Revisionssicherheit und Auditfähigkeit

Ein integraler Bestandteil von SAP DRC ist die Transparenz über den gesamten Reporting-Prozess hinweg. Jede übermittelte Datei kann lückenlos nachvollzogen werden. Die zentrale SAP-Fiori-Applikation **Document- und Reporting Compliance-Compliance verwalten** (App ID: F5218) erlaubt dabei eine Echtzeitüberwachung aller Aktivitäten, inklusive Korrekturmöglichkeiten bei fehlgeschlagenen Übermittlungen.

Globale Skalierbarkeit und regulatorische Aktualität

Ein entscheidender Vorteil liegt in der globalen Ausrichtung von SAP DRC: Die Lösung deckt regulatorische Anforderungen für über 500 Berichte in mehr als 55 Ländern ab (Stand Oktober 2025). Diese Länderversionen werden durch SAP sowohl inhaltlich als auch technisch laufend aktualisiert. Kunden profitieren von einem automatisierten Update-Mechanismus, der neue gesetzliche Anforderungen in die Plattform integriert, ohne dass umfangreiche manuelle Anpassungen notwendig sind. Dies stellt sicher, dass gesetzliche Vorgaben auch künftig eingehalten werden.

Zukunftssicherheit und Innovationsfähigkeit

Die Architektur von SAP DRC ist konsequent auf künftige Anforderungen ausgelegt. Durch die Unterstützung von Continuous Transaction Controls (CTC), Echtzeitmeldungen und der nahtlosen Einbindung von Plattformen wie PEPPOL oder landesspezifischen Behördenportalen bietet die Lösung eine nachhaltige Perspektive für Unternehmen, die langfristig digital compliant agieren wollen.

Das gesetzliche Meldewesen in SAP S/4HANA mit SAP DRC bietet eine leistungsstarke Plattform zur effizienten, sicheren und skalierbaren Erfüllung gesetzlicher Anforderungen. Die Vorteile reichen von technologischen Aspekten wie konsistenter Datenbasis und Systemintegration über Prozessverbesserungen bis hin zur internationalen Compliance-Fähigkeit. Damit wird SAP DRC zu einem strategischen Hebel für Unternehmen, die ihre Steuer- und Reporting-Prozesse zukunftsfähig und global konsistent gestalten wollen.

9.3 Unterstützte Länder und gesetzliche Anforderungen

Wie bereits in Abschnitt 3.1.2 dargestellt, bietet SAP eine Übersicht an, die über die von SAP DRC angebotenen Compliance-Aufgaben für jedes unterstützte Land bzw. jede Region informiert. Sie finden die Übersicht unter *http://s-prs.de/v11005027*.

Diese Dokumentation sollten Sie als Leitfaden für die Einrichtung eines konkreten Berichts verstehen. Die Ausführungen sind teilweise für gleiche Berichte (z. B. Umsatzsteuervoranmeldungen) überschneidend, jedoch vielfach auch landesspezifisch.

Im folgenden Abschnitt gehen wir auf ausgewählte Berichte näher ein und verdeutlichen die Vorgehensweise anhand von Beispielen.

9.4 Einrichtung und Ausführung von Berichten in SAP DRC

In diesem Abschnitt führen wir Sie praxisnah durch die Einrichtung und Ausführung gesetzlicher Berichte in SAP DRC. Dabei gehen wir auf die notwendigen Customizing-Schritte sowie die prozessuale Durchführung ausgewählter Berichte ein.

Anhand der Umsatzsteuervoranmeldung für Deutschland zeigen wir in Abschnitt 9.4.1, wie Sie Berichte über die SAP-Fiori-App **Gesetzliche Berichte ausführen** (App ID: F1515) anstoßen und Steuerfelder zutreffend zuordnen (u. a. Steuergruppen- und Feldgruppenzuordnung) und die relevanten Berichtsaktivitäten vornehmen.

Im Anschluss erläutern wir in Abschnitt 9.4.2 die Zusammenfassende Meldung für Deutschland. Dort zeigen wie Ihnen die relevanten Customizing-Einstellung und berichtsspezifischen Parameter, um die Meldung übermitteln zu können. Mit der Quellensteuermeldung § 50a EStG erhalten Sie in Abschnitt 9.4.3 ein durchgängiges Beispiel zur Konfiguration (Berichtskategorie, Periodizität, Aktivitätsschlüssel, Standardsätze) und zur Erzeugung der Steuerbescheinigungen für Vergütungsgläubiger.

Den Abschluss bildet Abschnitt 9.4.4 mit SAF-T am Beispiel Rumänien: Sie lernen die Unterschiede für ansässige und nicht ansässige Unternehmen, die berichtskategoriespezifischen Parameter, ergänzendes FI-Customizing (Mappings/Klassifikationen) sowie den SAF-T Stocks Report kennen. Wir zeigen, wie Sie Daten analysieren, Status pflegen (z. B. **eingereicht**, **akzeptiert**, **abgelehnt**), Korrekturläufe durchführen und so eine revisionssichere, fristgerechte Meldung mit SAP DRC sicherstellen.

9.4.1 Beispiel für eine Umsatzsteuervoranmeldung in Deutschland

Umsatzsteuer-Voranmeldung

Die *Umsatzsteuer-Voranmeldung* (UStVA) ist ein zentrales Besteuerungsverfahren im deutschen Umsatzsteuerrecht und betrifft alle Unternehmer, die umsatzsteuerpflichtige Leistungen in Deutschland erbringen. Sie ist gesetzlich in § 18 des Umsatzsteuergesetzes (UStG) geregelt und verpflichtet Unternehmen dazu, in regelmäßigen Abständen, monatlich oder vierteljährlich (abhängig von der Umsatzhöhe im Vorjahr), die Steuer für den Voranmeldungszeitraum (Vorauszahlung) selbst zu berechnen und an das Finanzamt zu übermitteln. Hierbei wird die geschuldete Umsatzsteuer aus Ausgangsrechnungen der vereinnahmten Vorsteuer aus Eingangsrechnungen gegenübergestellt. Durch die regelmäßige unterjährige Übermittlung ist zum einen die laufende Liquiditätszufuhr für den Fiskus gewährleistet und zum anderen wird die Steuerlast für die Unternehmen gleichmäßig verteilt. Für Unternehmen ergibt sich gleichzeitig die Möglichkeit, ihre eigene Liquiditätslage durch den Vorsteuerabzug zu optimieren.

Abgabe

Die Abgabe der Umsatzsteuer-Voranmeldung hat elektronisch nach amtlich vorgeschriebenem Datensatz zu erfolgen (z. B. über das ELSTER-Portal oder durch eine ELSTER-Schnittstelle) und muss jeweils bis zum zehnten Tag des Folgemonats bzw. des Folgemonats nach Quartalsende eingereicht werden. Unternehmen, die eine sogenannte *Dauerfristverlängerung* beantragen, wird ein zusätzlicher Aufschub der Übermittlungsfrist von einem Monat gewährt. Dieser zeitliche Aufschub kann insbesondere bei umfangreichen oder komplexen Buchhaltungsprozessen hilfreich sein. Wird diese Frist nicht eingehalten oder werden fehlerhafte Angaben gemacht, drohen Verspätungszuschläge, Schätzungen, Zinsen oder auch Bußgelder. In besonders schweren Fällen kann eine fehlerhafte UStVA als Steuerhinterziehung gewertet werden, was strafrechtliche Konsequenzen nach sich zieht. Daher ist es für Unternehmen essenziell, ihre Voranmeldungen korrekt und termingerecht abzugeben.

In SAP DRC implementieren

Mit dem Bericht **Deutschland – Umsatzsteuervoranmeldung** steht Unternehmen eine Lösung zur Verfügung, um die Umsatzsteuer-Voranmeldung gemäß den Anforderungen der deutschen Finanzverwaltung zu erstellen und direkt elektronisch an das zuständige Finanzamt zu übermitteln. Dieser Bericht wird über die App **Gesetzliche Berichte ausführen** (App ID: F1515) im SAP-System generiert.

Konkret wird für diesen Prozess die Berichtskategorie **DE_VAT_ADV_RTN** verwendet, mit der sich die Umsatzsteuer-Voranmeldung monatlich oder vierteljährlich im XML-Format erstellen lässt. Die strukturierte Aufbereitung im XML-Standard entspricht den Anforderungen der ELSTER-Schnittstelle und gewährleistet eine reibungslose digitale Übermittlung.

Die von SAP bereitgestellte Übersicht der unterstützten Compliance-Aufgaben nach Land/Region für die UStVA sehen Sie in Abbildung 9.1.

Land/Region	Aufgabe	Aufgabenbeschreibung	Unterstützte Übermittlungsart	Technische Informationen	Vorgänger
Deutschland	Umsatzsteuer	In Spalte suchen	In Spalte suchen	In Spalte suchen	In Spalte suchen
Deutschland	Umsatzsteuervoranmeldung Nationale gesetzliche Bezeichnung: Umsatzsteuer-Voranmeldung	Ich möchte die Umsatzsteuervoranmeldung generieren und einreichen, um den Verkauf von Waren und Dienstleistungen sowie die entsprechende Ausgangssteuer und abzugsfähige Vorsteuer zu melden.	Web-Service Siehe Gesetzliche Berichte mit SAP Document and Reporting Compliance, Cloud Edition einreichen.	• Anwendungskatalog: SAP_FIN_BC_GL_TX_DCL_DE • Benutzerrolle: SAP_BR_GL_ACCOUNTANT_DE • Komponente: FI-LOC-VAT-DE • Implementierungsübersicht SAP-Hinweis: 3430889 • ABAP-Report mit äquivalenter Funktion: FOT_B2A_ADMIN	Nicht anwendbar

Abbildung 9.1 Übersicht UStVA DE in SAP DRC

Um den Bericht für die UStVA Deutschland ausführen zu können, müssen Sie diesen zunächst einrichten. Dafür sind vor allem zunächst die in Abschnitt 8.3, »Externes Meldewesen einrichten«, dargestellten Schritte auszuführen. Diese umfassen insbesondere die Anlage der meldenden Einheiten sowie die Zuordnung der relevanten Berichtskategorien zu diesen Einheiten. Ohne diese Vorarbeiten, ist eine Ausführung des Berichts nicht möglich.

Anschließend muss die elektronische Kommunikation mit den Behörden eingerichtet werden (siehe hierzu Abschnitt 8.2.3).

Der wichtigste Teil bei der Implementierung eines spezifischen Berichts wie hier der UStVA in Deutschland ist die Zuordnung der Steuerfelder. Dabei sollten Sie folgendes Vorgehen wählen:

Um den Bericht **DE_VAT_RTN** in SAP DRC systemseitig korrekt zu steuern, ist die Zuordnung einer Steuergruppenversion erforderlich. Navigieren Sie hierzu im Customizing über diesen Pfad:

Anwendungsübergreifende Komponenten • Allgemeine Anwendungsfunktionen • Document and Reporting Compliance • Länderspezifische Einstel-

lungen • Deutschland • Externes Meldewesen • Umsatzsteuervoranmeldung • Steuergruppenversion zeitabhängig zuordnen.

Steuergruppenversion zuordnen

Alternativ können Sie diese Einstellung direkt über die Pflege der View **V_T007Z** in der Transaktion **SM30** aufrufen.

Im Rahmen dieser Aktivität definieren Sie eine Steuergruppenversion einschließlich eines Startdatums (**Ab-Datum**). Dieses Datum bestimmt, ab wann das System die zugehörige periodische Umsatzsteuer-Voranmeldung erzeugen kann (siehe Abbildung 9.2).

Zeitabh. Steuergruppenversion zuordnen

	Land...	Bezeich. Land/Reg.	Ab-Datum	Version
☐	DE	Deutschland	01.01.2020	EDC3

Abbildung 9.2 Steuergruppenversion zuordnen

Steuerbasissalden gruppieren

Im nächsten Schritt erfolgt die Zuordnung der relevanten Umsatzsteuerkennzeichen zu den Feldgruppen für Steuerbasisbeträge, wie sie in der periodischen Umsatzsteuermeldung verwendet werden. Rufen Sie hierzu im Customizing diesen Pfad auf:

Anwendungsübergreifende Komponenten • Allgemeine Anwendungsfunktionen • Document and Reporting Compliance • Länderspezifische Einstellungen • Deutschland • Externes Meldewesen • Umsatzsteuervoranmeldung • Steuerbasissalden gruppieren.

Auch dieser Schritt lässt sich alternativ direkt über die View **V_T007K** in der Transaktion **SM30** vornehmen.

Dabei ist es notwendig, alle relevanten Kombinationen aus Steuerkennzeichen und Buchungsschlüsseln (Trs) internen Gruppennummern (GrpNr) zuzuordnen. Diese Gruppennummern dienen der systemseitigen Verdichtung der Steuerbasisbeträge und bilden somit die Grundlage für die korrekte Erstellung der periodischen Umsatzsteuer-Voranmeldung (siehe beispielhaft in Abbildung 9.3).

Land/Region: DE

StGrp. Version: EDC3

Land/Region: Deutschland

	St	Bedeutung	Vor	Saldo	GrpNr	ArithmOper
☐	D1	O DE Umsatzsteuer 19 %	MWS		81	
☐	D2	O DE Umsatzsteuer 7 %	MWS		86	

Abbildung 9.3 Steuerbasis-Salden gruppieren

Steuersalden gruppieren

Im nächsten Schritt folgt eine Zuordnung zu den Steuerbeträgen. Für die korrekte Abbildung der Steuerbeträge in der periodischen Umsatzsteuermeldung ist es notwendig, die entsprechenden Umsatzsteuerkennzeichen den zugehörigen Feldgruppen für Steuerbeträge zuzuordnen. Diese Zuordnung erfolgt im SAP-Customizing über den Pfad:

Anwendungsübergreifende Komponenten • Allgemeine Anwendungsfunktionen • Document and Reporting Compliance • Länderspezifische Einstellungen • Deutschland • Externes Meldewesen • Umsatzsteuervoranmeldung • Steuersalden gruppieren.

Alternativ kann diese Konfiguration auch direkt über die Pflege der View **V_T007L** in der Transaktion **SM30** vorgenommen werden.

Im Rahmen dieser Aktivität müssen Sie die Kombinationen aus Steuerkennzeichen und Buchungsschlüsseln (**Vor**) systemseitig sogenannten *Gruppennummern für Steuerbeträge* (**GrpNr**) zuordnen. Diese Gruppennummern dienen der strukturierten Zusammenfassung der Steuerbeträge, sodass das System die Umsatzsteuervoranmeldung korrekt befüllen und die steuerlichen Anforderungen der deutschen Finanzverwaltung zuverlässig erfüllen kann (siehe Abbildung 9.4).

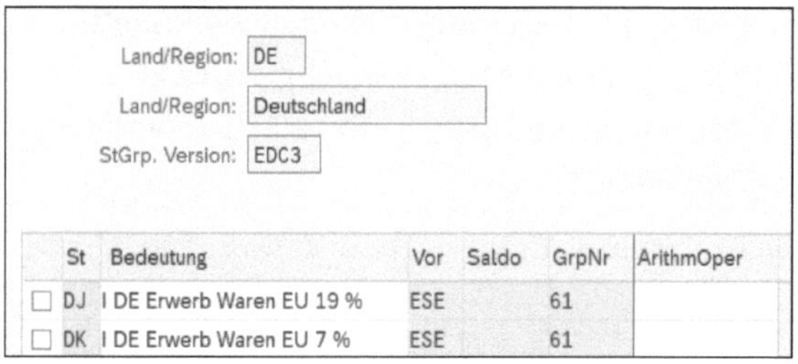

Abbildung 9.4 Steuersalden gruppieren

Der eigentliche Berichtsprozess erfolgt über die SAP-Fiori-App **Gesetzliche Berichte ausführen** (App ID: F1515). In der App kann – je nach Berechtigung – nach unterschiedlichen Kriterien gefiltert werden. In diesem Beispielsfall wollen wir die Umsatzsteuer-Voranmeldung für den Monat Juni 2025 für die meldende Einheit 1010 erstellen. Wenn die entsprechenden Filter gesetzt sind, stellt sich der Vorgang in der App wie in Abbildung 9.5 gezeigt dar.

Durch ein Klicken auf den Bericht gelangen Sie zu der Übersicht dieser Berichtskategorie. Dort sind insbesondere die erforderlichen Berichtsaktivitäten ersichtlich (siehe Abbildung 9.6).

Die erste Aktivität ist der Vorgang Steuerpositionen verwalten (**Manage Tax Items**).

Abbildung 9.5 Umsatzsteuervoranmeldung Juni 2025

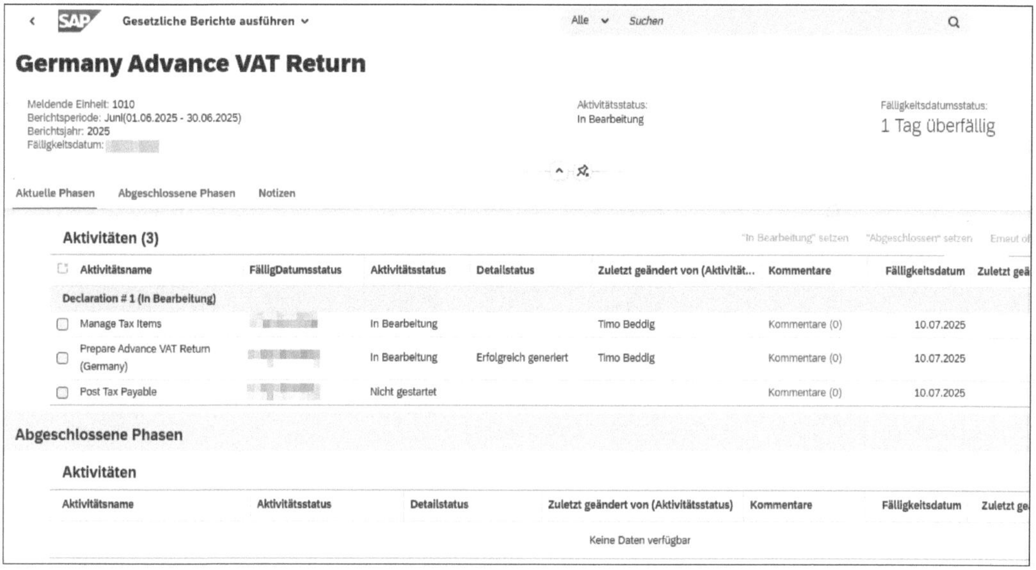

Abbildung 9.6 UStVA DE – Berichtsaktivitäten

Übersetzung der Berichtsaktivitäten

Auch hier ist SAP bei der Übersetzung der Berichtsaktivitäten nicht stringent. Während der Aktivitätsname mit **Manage Tax Items** angezeigt wird (siehe Abbildung 9.6), ist die deutsche Bezeichnung der Aktivität **Steuerpositionen für Rechnungslegung verwalten** (siehe Abbildung 9.7).

Durch ein Klicken auf die Aktivität gelangen Sie zu der Übersicht der für den Bericht relevanten Buchungen. Diese Aktivität listet sämtliche Steuerpositionen des ausgewählten Buchungskreises innerhalb eines definierten Zeitraums auf. Dies erfolgt unabhängig davon, ob die Steuerpositionen bereits einem Bericht zugeordnet wurden oder nicht.

In der Aktivität gibt es verschiedene Anzeigemöglichkeiten. Eine davon ist die Buchungskopfsicht (siehe Abbildung 9.7).

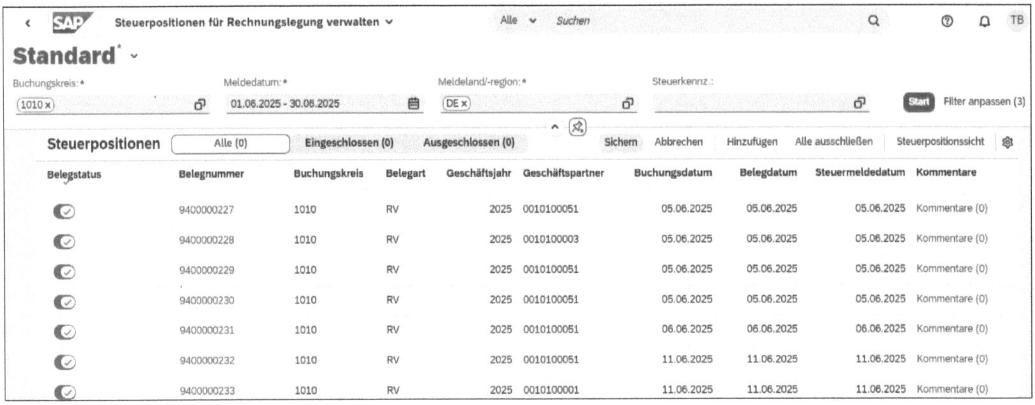

Abbildung 9.7 UStVA DE – Steuerpositionen verwalten (Buchungskopfsicht)

Daneben besteht auch die Möglichkeit, die Daten auf Steuerpositionssicht anzeigen zu lassen (Abbildung 9.8).

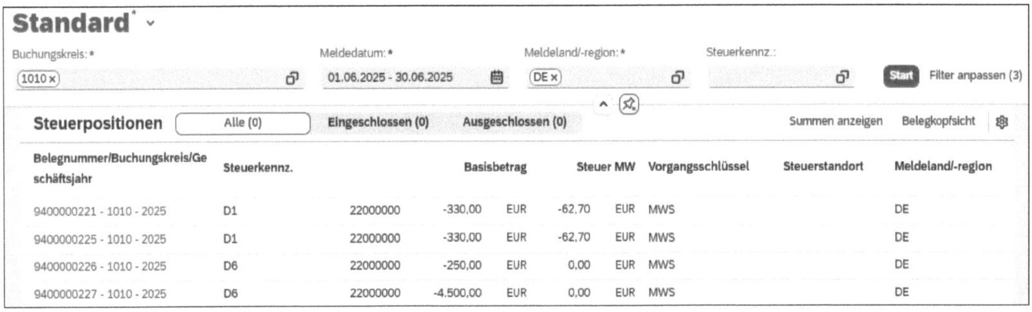

Abbildung 9.8 UStVA DE – Steuerpositionen verwalten (Steuerpositionssicht)

Über das Feld **Belegstatus** lassen sich die einzelnen Berichtspositionen in andere Perioden verschieben. Für das Einschließen, Ausschließen und Zurückhalten von Berichtspositionen siehe Abschnitt 9.6.2, »Berichtskategorie anlegen«.

Die Daten der Berichtsaktivität **Steuerpositionen verwalten** lassen sich an dieser Stelle nicht nach Excel oder in andere Reporting-Lösungen exportieren. Dies kann die Arbeit mit dieser Aktivität bei großen Datenmengen mitunter sehr umständlich machen. Aus diesem Grund sollten Sie sich grundsätzlich die Frage stellen, ob die Berichtsaktivität für den betroffenen Bericht sinnvoll und zielführend ist. Bei einer vergleichsweise kleinen meldenden Einheit mit wenigen Berichtsdaten kann dies beispielsweise der Fall sein.

Sobald die Positionen, die gemeldet werden sollen, festgelegt bzw. bestätigt wurden, kann die Berichtsaktivität auf Abgeschlossen gesetzt werden ❶. Der Fälligkeitsstatus ändert sich dadurch auf **Abgeschlossen** ❷ (siehe Abbildung 9.9).

Abbildung 9.9 UStVA DE – Steuerpositionen verwalten abgeschlossen

Anschließend kann der eigentliche Berichtslauf über die Aktivität **Prepare Advance VAT Return (Germany)** gestartet werden.

Wenn die Berichtsaktivität ausgewählt wurde, gelangen Sie zu einer Übersicht, in der ersichtlich ist, ob bereits Berichtsläufe für die betroffene Berichtsperiode durchgeführt wurden. Hier können Sie auch einen neuen Berichtslauf starten (siehe Abbildung 9.10).

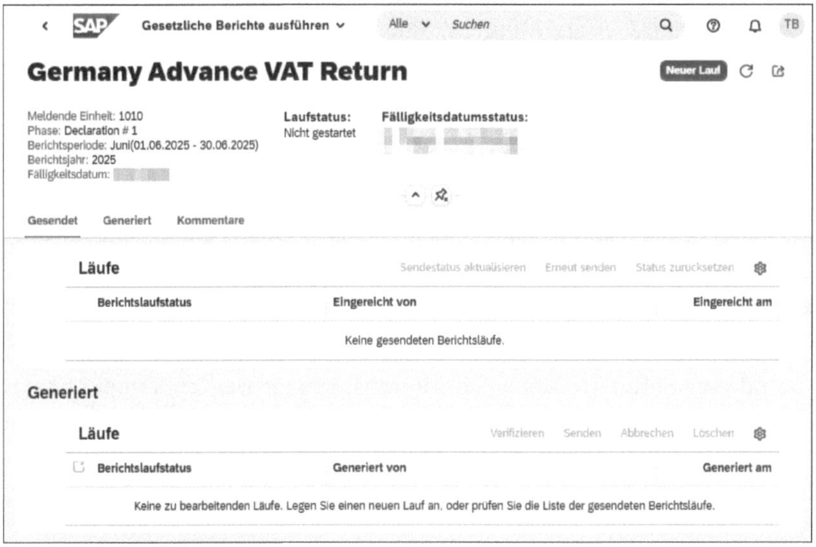

Abbildung 9.10 Berichtslauf starten

Berichtslauf starten

Wenn Sie auf **Neuer Lauf** klicken, erscheint das folgende Pop-up-Fenster wie in Abbildung 9.11.

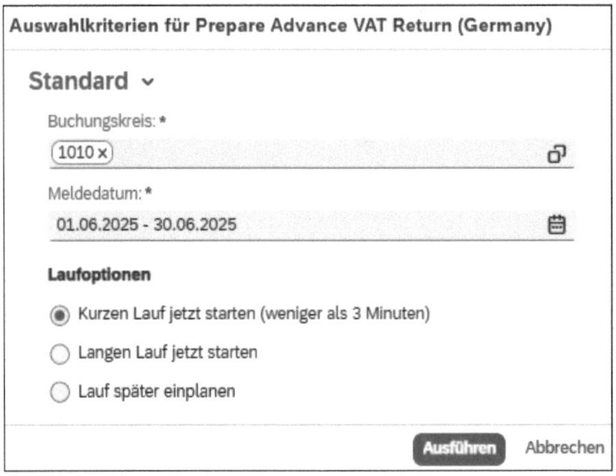

Abbildung 9.11 Auswahlkriterien für einen Berichtslauf

Optionen für Berichtslauf

Sie haben die Möglichkeit, die Generierung entweder sofort zu starten oder gezielt für einen späteren Zeitpunkt zu terminieren. Auch bereits gestartete Berichtsläufe lassen sich bei Bedarf abbrechen. Folgende Optionen stehen für die Einplanung zur Verfügung:

- **Kurzen Lauf jetzt starten**

  Diese Option eignet sich für einfache Berichtsläufe, bei denen die Generierungsdauer voraussichtlich unterhalb des konfigurierten Timeout-Intervalls liegt (z. B. drei Minuten). Falls der Prozess unerwartet länger dauert, kann es zu einer Timeout-Meldung kommen.

- **Langen Lauf jetzt starten**

  Diese Option ist für umfangreichere oder rechenintensive Berichtsgenerierungen vorgesehen, die länger als das Timeout-Intervall in Anspruch nehmen könnten. Sie sollten diese Variante wählen, wenn eine längere Laufzeit zu erwarten ist.

- **Lauf später einplanen**

  Mit dieser Funktion können Berichtsläufe für ein bestimmtes Datum und eine definierte Uhrzeit im Voraus geplant werden. Dabei können auch verschiedene Zeitzonen berücksichtigt werden. Bei der Einplanung wird automatisch ein technischer Job erstellt, der die Ausführung des Berichts übernimmt.

Sobald der Berichtslauf gestartet wurde, ist dieser im Bereich **Generiert** zu sehen (siehe Abbildung 9.12).

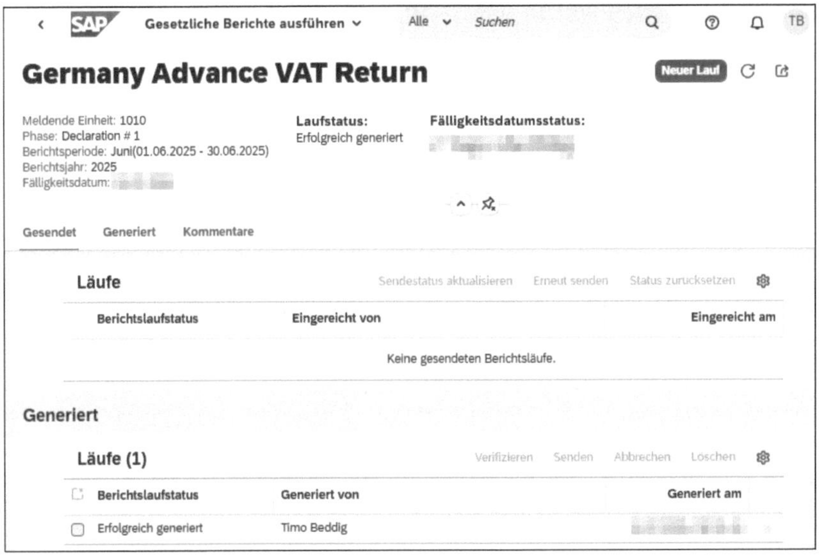

Abbildung 9.12 Berichtslauf generiert

Durch einen Klick auf den Lauf gelangen Sie zu den erstellten Berichtsbelegen (siehe Abbildung 9.13).

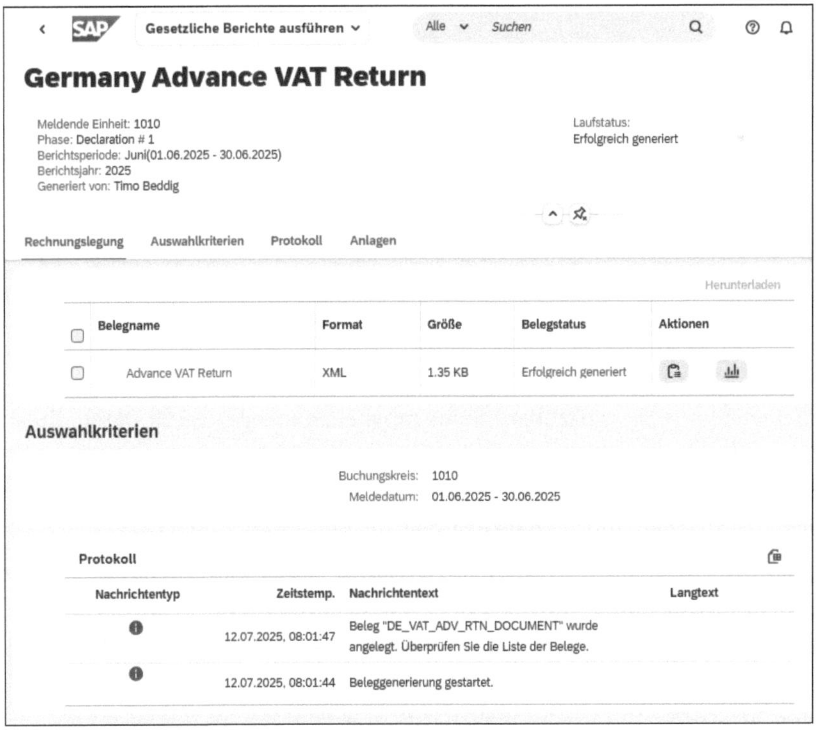

Abbildung 9.13 Berichtslauf Belege

Vorschau des Berichts Klicken Sie auf den Bericht selbst, öffnet sich eine Vorschau, in der die Berichtsdaten angezeigt werden. Mit der Vorschaufunktion können die Inhalte gesetzlicher Berichte vor der finalen Übermittlung angezeigt und geprüft werden. Diese Funktion unterstützt verschiedene Ausgabeformate wie XML, TXT oder JSON und bietet eine benutzerfreundliche, konsistente Darstellung der Berichtsdaten (siehe Abbildung 9.14).

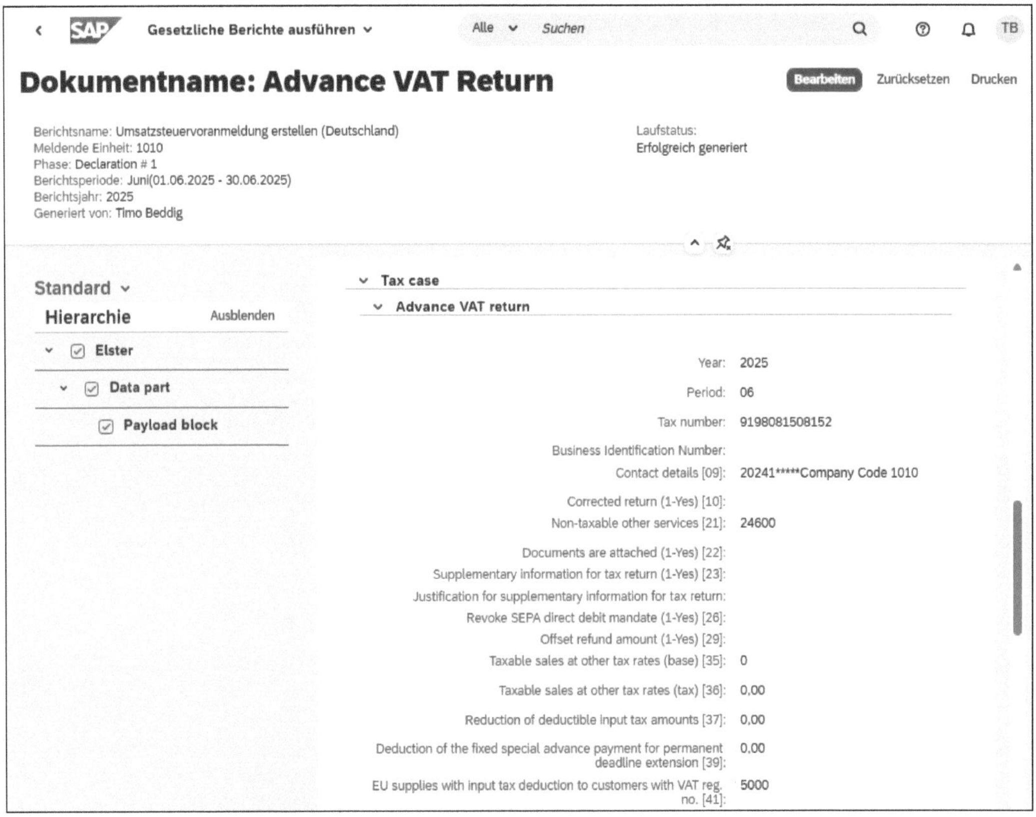

Abbildung 9.14 Vorschau des Berichts

Je nach Status ist es darüber hinaus möglich, die angezeigten Daten direkt in der Vorschau zu bearbeiten. Voraussetzung hierfür ist, dass der Belegstatus nicht auf **In Bearbeitung (Neugenerierung)** steht. In diesem Fall ist lediglich die Anzeige, jedoch keine Bearbeitung der Daten möglich.

Die Vorschau selbst ist dann nicht verfügbar, wenn der Laufstatus **Generierung fehlgeschlagen** lautet oder der Visualisierungsmodus des Dokuments deaktiviert wurde. In diesen Fällen müssen entweder technische Fehler im Berichtslauf behoben oder die Visualisierungseinstellungen angepasst werden, bevor eine Vorschau möglich ist.

Die Vorschauansicht ist zweigeteilt aufgebaut. Im linken Bereich wird die Struktur des Berichts in Form einer hierarchischen Baumansicht dargestellt, in der die einzelnen Abschnitte aufgeklappt und gezielt angesteuert werden können. Diese sogenannte *Hierarchie* erleichtert die Navigation durch komplexe Berichtsinhalte. Im rechten Bereich werden die zugehörigen Daten entweder in einem Formular- oder Tabellenlayout dargestellt. Besonders bei der Vorschau von PDF-basierten Ausgaben stehen zusätzliche Visualisierungsfunktionen zur Verfügung, um die Daten strukturiert und lesbar aufzubereiten.

Insgesamt ermöglicht die Vorschauoption eine kontrollierte und effiziente Qualitätssicherung der Berichte, bevor diese über die definierten Meldekanäle an externe Behörden übermittelt werden.

Manuelle Korrekturen

Hier besteht auch die Möglichkeit, nach der Generierung eines Berichts manuelle Anpassungen an den Belegdaten vorzunehmen. Diese Funktion ist besonders in Situationen hilfreich, in denen kurz vor der fristgerechten Übermittlung letzte Korrekturen erforderlich sind, die jedoch nicht mehr rechtzeitig über die zugrunde liegenden SAP-S/4HANA-Belege oder Stammdaten erfolgen können.

[«]

Manuelle Korrekturen

Bei manuellen Korrekturen ist zu beachten, dass sich diese ausschließlich auf das Ausgabeformat des Berichts auswirken. Die ursprünglichen Buchungen, Transaktionen oder Stammdaten in SAP S/4HANA bleiben davon unberührt.

Die manuelle Anpassung erfolgt direkt in der Vorschauansicht der App. Sie erlaubt das gezielte Ändern, Hinzufügen oder Löschen von Datenfeldern innerhalb eines Berichts. In dem Beispiel in Abbildung 9.15 tragen wir den Wert von EUR 10.000 manuell in die Box 45 der Umsatzsteuer-Voranmeldung ein.

Für Felder mit vordefinierten Werten, etwa Domänenfestwerte oder Aufzählungen, stehen Auswahlhilfen über Dropdown-Listen zur Verfügung. Wird eine Auswahlmenge von über 200 Werten überschritten, öffnet sich ein separates Dialogfenster zur komfortableren Auswahl. Ist ein Feld mit einer Suchhilfe ([F4]-Hilfe) oder einer CDS View verknüpft, können passende Werte ebenfalls über entsprechende Hilfsfunktionen eingefügt werden.

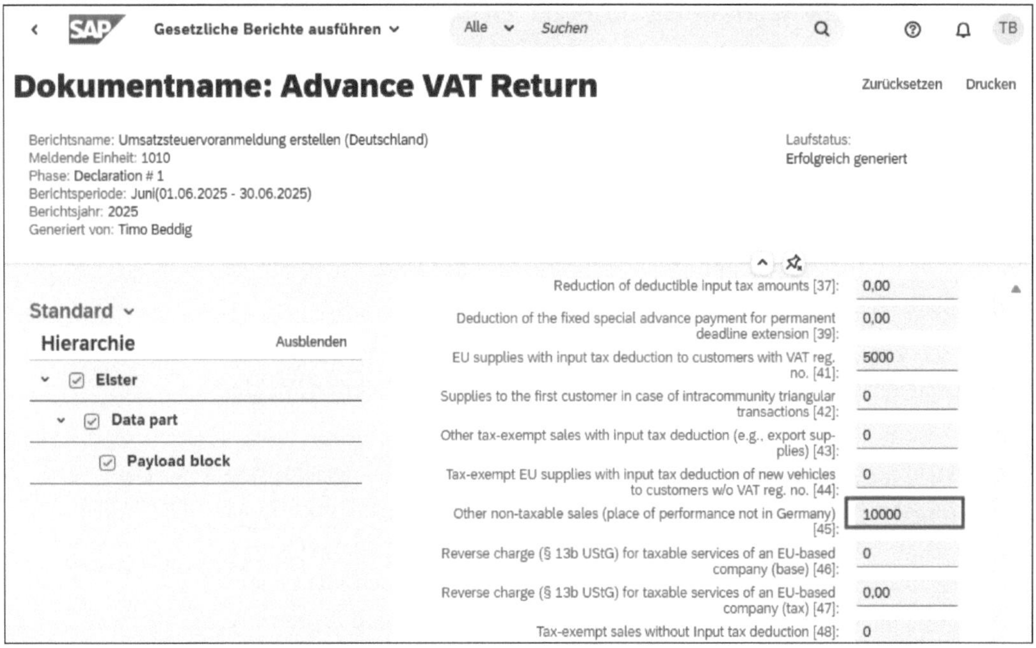

Abbildung 9.15 Manuelle Anpassung im Bericht

Die Vorschau lässt sich nur bearbeiten, wenn der Status des Belegs nicht auf **In Bearbeitung (Neugenerierung)** steht. In diesem Fall ist lediglich eine Anzeige, nicht aber eine Änderung der Daten möglich. Die Anwendung erlaubt es zudem, mehrere Belege gleichzeitig zu bearbeiten oder neu zu generieren, auch wenn sich einzelne davon noch im Bearbeitungsstatus befinden.

Änderungsprotokoll

Um die Nachvollziehbarkeit sämtlicher manueller Eingriffe zu gewährleisten, werden alle Änderungen in einem detaillierten Änderungsprotokoll dokumentiert. Dort ist ersichtlich, welcher Benutzer welche Felder mit welchem Inhalt wann geändert hat. Die geänderten Felder sind in der Vorschauansicht farblich hervorgehoben, und beim Überfahren mit dem Mauszeiger lassen sich weitere Details zum Änderungsverlauf anzeigen. Über die Funktion **Zurücksetzen** kann jederzeit die ursprüngliche Version des Berichts wiederhergestellt werden (siehe Abbildung 9.15). Zudem ist es möglich, das Änderungsprotokoll im Excel-Format zu exportieren, etwa für Prüfzwecke oder eine lokale Analyse. Dieses kann in der Übersicht zu den erstellten Berichtsbelegen aufgerufen werden (siehe Abbildung 9.16).

Das Änderungsprotokoll dokumentiert die vorgenommene manuelle Korrektur an dem Datenfeld für die Box 45 (siehe Abbildung 9.17).

Abbildung 9.16 Änderungsprotokoll anzeigen

Abbildung 9.17 Inhalte des Änderungsprotokolls

In der Spalte **Hierarchie** wird das betroffene Element benannt (hier: **Other non-taxable sales (place of performance not in Germany) [45]**). Der ursprünglich eingetragene Wert betrug 0, dieser wurde manuell auf 10.000 geändert. Auch hier ist erkennbar, von wem und wann die Änderung vorgenommen wurde.

Keine automatische Neuberechnung

Bei Feldern, die berechnete Werte enthalten, ist zu beachten, dass systemseitig keine automatische Neuberechnung erfolgt. Wird beispielsweise der Wert eines Summenfeldes beeinflusst, müssen alle abhängigen Felder manuell aktualisiert werden, um Konsistenz im Bericht sicherzustellen.

Neben der Bearbeitung einzelner Felder können auch komplette Tabellenzeilen hinzugefügt oder gelöscht werden. Neue Zeilen lassen sich entweder am Ende der Tabelle oder an einer gewünschten Position einfügen, indem die entsprechende laufende Nummer angegeben wird. Das System kennzeichnet neu hinzugefügte Zeilen als **Neu** und speichert auch diese im Änderungsprotokoll. Schreibgeschützte Felder sind nur in neuen Zeilen editierbar – in bereits generierten Datensätzen bleiben sie gesperrt. Falls beim Hinzufügen einer neuen Zeile Daten in bislang ausgeblendete Spalten eingegeben werden, werden diese Spalten für alle Datensätze sichtbar. Umgekehrt werden sie wieder ausgeblendet, sobald alle zugehörigen manuellen Zeilen gelöscht werden. Pflichtfelder erhalten beim Speichern automatisch Systemvorgaben als Standardwerte.

Sofern die betreffende Tabelle einem optionalen, übergeordneten Knoten zugeordnet ist und keine Daten enthält, wird sie in der Hierarchiestruktur zunächst nicht angezeigt. Bei verpflichtenden Tabellen hingegen werden sowohl die Tabelle als auch der Knoten dargestellt, sodass jederzeit Datensätze ergänzt werden können. Über die Kopierfunktion lassen sich bestehende Zeilen duplizieren und gezielt anpassen. Sowohl vom System generierte als auch manuell hinzugefügte Zeilen können gelöscht und über die Funktion **Löschen zurücknehmen** wiederhergestellt werden. In beiden Fällen werden die Aktionen dokumentiert, wobei gelöschte Zeilen visuell als ausgegraut und mit dem Vermerk **Gelöscht** gekennzeichnet erscheinen.

[»]

Hinzufügen oder Entfernen von Zeilen

Beachten Sie, dass das Hinzufügen oder Entfernen von Zeilen in Tabellen, die im ursprünglichen Berichtslauf keine Daten enthielten, potenziell zu Inkonsistenzen führen kann. Daher sollte diese Möglichkeit mit Bedacht genutzt werden. Alle vorgenommenen Änderungen, unabhängig davon, ob sie auf Feldebene oder innerhalb von Tabellenzeilen vorgenommen werden, werden gespeichert, sobald die Benutzer die Optionen **Sichern** oder **Sichern und weiter** auswählen.

Berichtsdaten analysieren

Auf Ebene der erstellten Berichtsbelege (siehe Abbildung 9.16) kann auch eine Analyse der Berichtsdaten vorgenommen werden. Hier können Sie die Berichtsdaten auf Belegebene analysieren und auswerten. Diese Funktionalität ergänzt die Audit-Fähigkeiten der Lösung erheblich, indem sie eine tiefergehende Prüfung der im Bericht enthaltenen Informationen ermöglicht.

Die Analyse erfolgt über die Funktion **Daten analysieren**. In dieser Ansicht lassen sich z. B. alle Journalbuchungen anzeigen, die im Rahmen eines konkreten Berichtslaufs erfasst wurden. Eine direkte Navigation zur ursprünglichen Journalbuchung ist ebenfalls möglich: Über das Kontextmenü der Belegnummer kann die Option **Journalbuchungen anzeigen** oder **Buchungsbelege verwalten** gewählt werden. Auf die Einzelheit der Berichtsdatenanalyse gehen wir im gleichnamigen Abschnitt 9.5 näher ein.

Genehmigungs-Workflows

Im Rahmen des externen Meldewesens bietet SAP DRC eine Workflow-Funktion, mit der gesetzliche Berichte innerhalb der Organisation strukturiert geprüft und freigegeben werden können, bevor sie an die zuständigen Finanzbehörden übermittelt werden. Dieser Genehmigungsprozess unterstützt Organisationen dabei, die Qualität und Korrektheit der Berichte sicherzustellen und interne Validierungspflichten effizient umzusetzen.

Der Einsatz von Workflows ermöglicht eine optimierte, teilweise automatisierte Zusammenarbeit verschiedener Fachbereiche bei der inhaltlichen Kontrolle gesetzlicher Berichte. Dadurch lassen sich typische Fehlerquellen frühzeitig identifizieren und beheben. Dies verbessert nicht nur die Prozesssicherheit, sondern auch die Nachvollziehbarkeit der Freigabeschritte.

Bei der Workflow-Funktion im externen Meldewesen handelt es sich um eine optionale Erweiterung, die auf vordefinierten Vorlagen basiert. Bevor ein Workflow in einem konkreten Berichtslauf zur Anwendung kommen kann, muss er zunächst aktiviert werden. Dabei sind die Kriterien Land, berichtende Einheit, Berichtstyp sowie die Phase des Meldeprozesses zu berücksichtigen.

Zentrale Funktionen des Workflows

Die Workflow-Funktion bietet zahlreiche Möglichkeiten zur Gestaltung und Steuerung von Freigabeprozessen:

- Flexible Aktivierung oder Deaktivierung der Workflows je nach Bedarf
- Definition mehrstufiger Genehmigungsprozesse mit bedingungsabhängiger Verantwortlichkeit
- Dynamische Zuweisung unterschiedlicher Genehmigender basierend auf Berichtsart, Organisationseinheit oder Berichtsdaten
- Transparente Anzeige des Freigabeprozesses direkt in der App **Gesetzliche Berichte ausführen** (App ID: F1515)
- Terminsteuerung für Genehmigungsschritte, z. B. abhängig vom gesetzten Fälligkeitsdatum eines Berichts

Die technische Umsetzung erfolgt über spezifische Rollen (**PFCG**-Rollen) Berechtigungskataloge sowie Apps wie **Teams und Zuständigkeiten verwalten**, **Workflows verwalten** und **Meine Inbox**. Diese ermöglichen die Konfiguration von Workflows, die Pflege von Genehmigungsstrukturen sowie die Bearbeitung laufender Freigabeprozesse.

[+]

Weiterführende Informationen zur Konfiguration von Workflows

Die Konfiguration von Workflows, inklusive der technischen Details zu Berechtigungen, Katalogzuweisungen und PFCG-Rollen im Backend, ist ein eigenes, komplexes Thema. Im Rahmen dieses Buches gehen wir nicht vertiefend auf die Einrichtung und technische Implementierung der Workflow-Funktion ein. Weitere Informationen hierzu finden Sie in der offiziellen SAP-Dokumentation oder im SAP Help Portal unter dem Stichwort »Workflow für Genehmigung für das externe Meldewesen«.

Bericht senden

Im nächsten Schritt kann der Bericht, soweit für das jeweilige Land/Region und den betroffenen Bericht möglich, elektronisch an die Behörden versendet werden (siehe Abbildung 9.18).

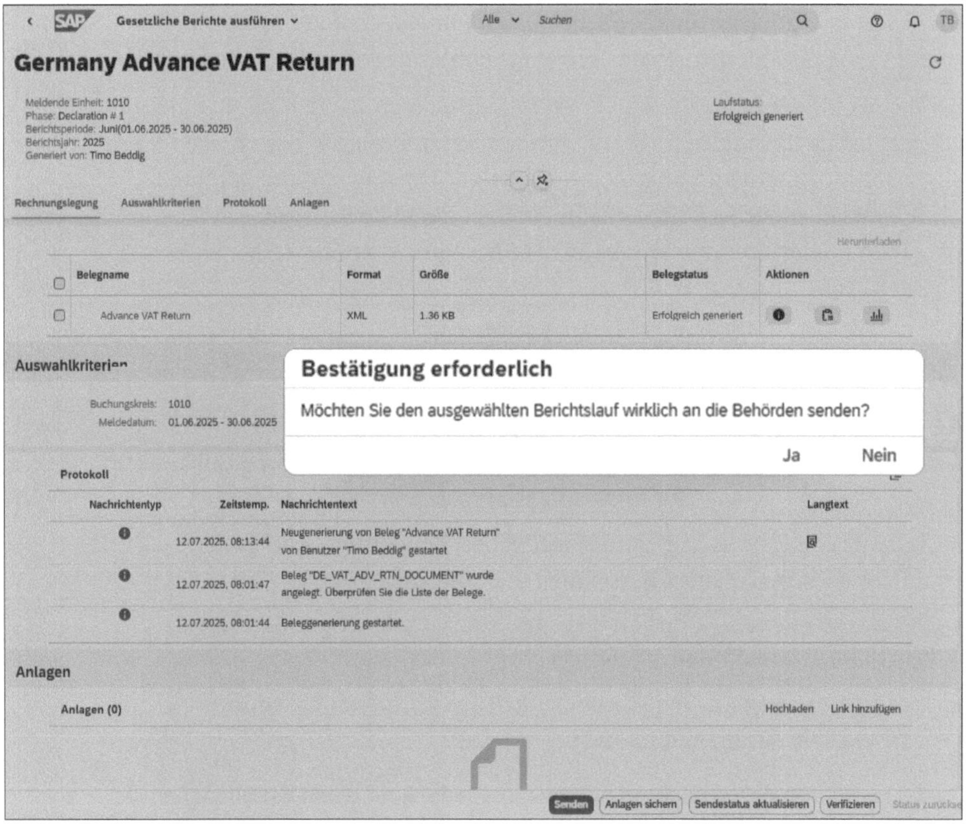

Abbildung 9.18 Bericht senden

Im Rahmen dieses Prozesses wird der Meldestatus automatisch aktualisiert, um den aktuellen Stand der Einreichung und der behördlichen Rückmeldung transparent abzubilden.

Dabei sind insbesondere die folgenden Statusmeldungen relevant

- **Bei der Behörde eingereicht** (siehe Abbildung 9.19)

  Der Bericht wurde erfolgreich übermittelt. Das System wartet auf eine Rückmeldung der Behörde.

- **Inhalt von der Behörde angenommen**

  Die Übermittlung wurde von der Behörde geprüft und der Inhalt akzeptiert. Damit ist der Meldeprozess abgeschlossen.

- **Inhalt von der Behörde abgelehnt**

  Die Behörde hat die Übermittlung zurückgewiesen. Eine erneute Prüfung und Korrektur sind erforderlich.

- **Einreichung bei der Behörde fehlgeschlagen**

  Die Übertragung konnte technisch nicht abgeschlossen werden. Der Bericht wurde nicht übermittelt.

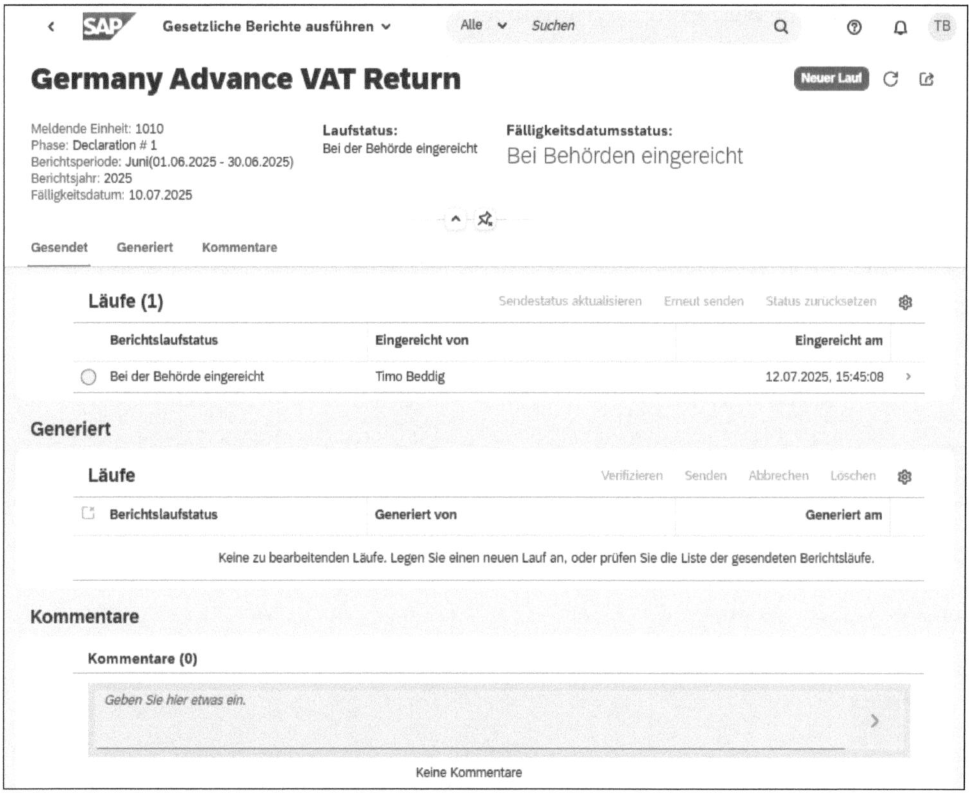

Abbildung 9.19 Bericht bei der Behörde eingereicht

Der Status der Berichtsaktivität hat sich ebenfalls aktualisiert (siehe Abbildung 9.20).

Abbildung 9.20 Bericht abgeschlossen

Zahllast buchen

Sobald der Berichtslauf für eine Meldeperiode abgeschlossen ist, kann die Zahllastbuchung durchgeführt werden. Dabei wird in SAP automatisch ermittelt, ob die Umsatzsteuer auf Ausgangsrechnungen die Vorsteuer auf Eingangsrechnungen übersteigt. Ist dies der Fall, wird die resultierende Zahllast als Verbindlichkeit gegenüber dem Finanzamt gebucht und bildet die Grundlage für die spätere Zahlung. Für unsere Umsatzsteuer-Voranmeldung stellt sich die Zahllastbuchung wie in Abbildung 9.21 dar.

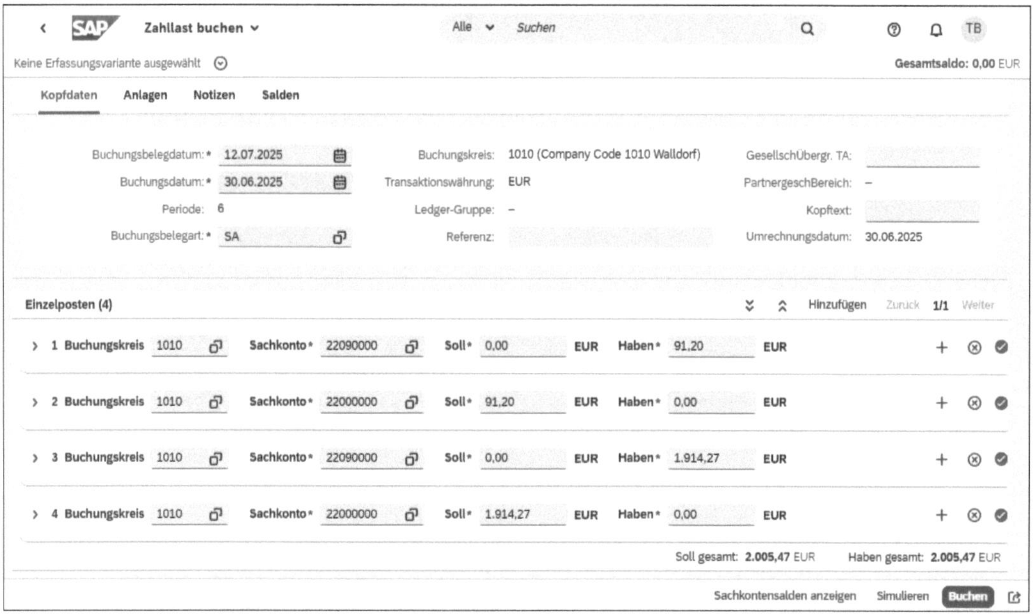

Abbildung 9.21 Zahllast buchen

Über **Buchen** kann der Buchungsbeleg erstellt und die Zahllast gebucht werden. Mit der Verbuchung der Zahllast ist der Berichtsprozess abgeschlossen.

Die Berichtsaktivitäten sind damit alle abgeschlossen und werden anschließend im Bereich der abgeschlossenen Phasen dargestellt, da nunmehr die Erklärungsphase (**Declaration**) abgeschlossen wurde (siehe Abbildung 9.22).

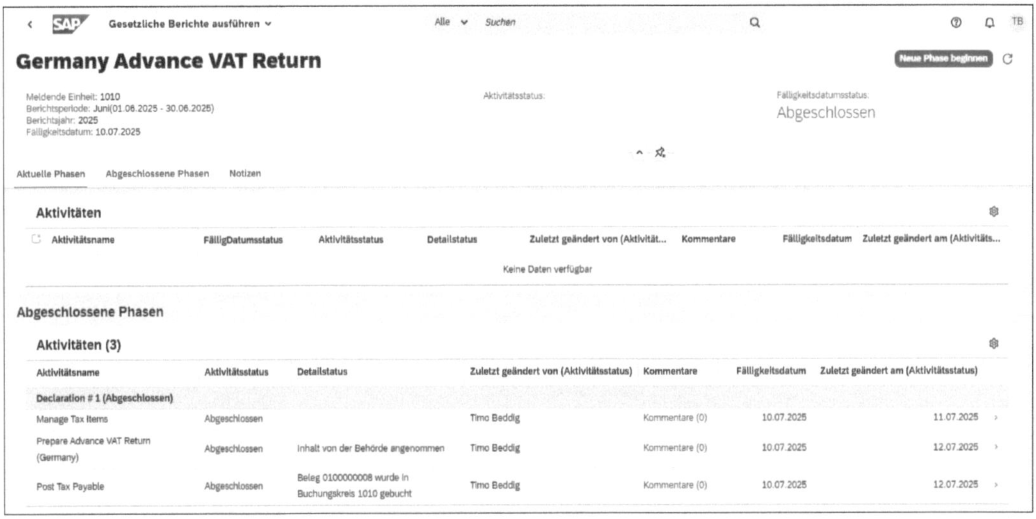

Abbildung 9.22 Erklärungsphase abgeschlossen

9.4.2 Beispiel für eine Zusammenfassende Meldung

Zusammenfassende Meldung

Unternehmen in Deutschland, die der Umsatzsteuer unterliegen und Waren oder Dienstleistungen an ebenfalls umsatzsteuerpflichtige Kunden in anderen EU-Mitgliedstaaten liefern, sind verpflichtet, diese grenzüberschreitenden Umsätze in einer *Zusammenfassenden Meldung* (ZM, EC Sales List) beim Bundeszentralamt für Steuern (BZSt) zu melden. Diese Meldung dient als Grundlage für den Informationsaustausch zwischen den Steuerbehörden innerhalb der Europäischen Union.

Im Folgenden wird die ZM für Deutschland beispielhaft erläutert. Die deutsche ZM enthält folgende Angaben:

- Ländercode des Empfängerstaates
- Umsatzsteuer-Identifikationsnummer des Kunden
- Wert der gelieferten Waren bzw. erbrachten Dienstleistungen
- Indikator, ob es sich um eine Warenlieferung, eine Dienstleistung oder ein Dreiecksgeschäft handelt

Der Bericht zur ZM für Deutschland ermöglicht es, diese entweder manuell oder elektronisch über das ELSTER-Portal einzureichen. Dafür steht entweder eine CSV-Datei (für die manuelle Übermittlung) oder eine XML-Datei (für die elektronische Übermittlung) zur Verfügung.

Grundlage für die Erstellung der Meldung sind die Einstellungen in den Steuerkennzeichen. Hierbei ist insbesondere die EU-Kennzeichnung im Feld **EGRKZ** relevant. Hier kann durch Eingabe des entsprechenden Wertes für jedes Steuerkennzeichen hinterlegt werden, ob dieses relevant für die ZM ist oder nicht (siehe Abbildung 9.23).

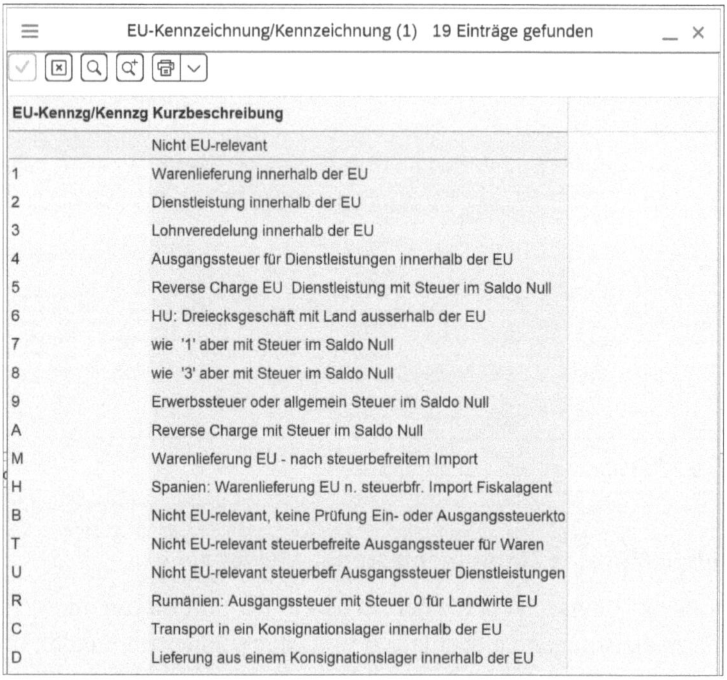

EU-Kennzg/Kennzg	Kurzbeschreibung
	Nicht EU-relevant
1	Warenlieferung innerhalb der EU
2	Dienstleistung innerhalb der EU
3	Lohnveredelung innerhalb der EU
4	Ausgangssteuer für Dienstleistungen innerhalb der EU
5	Reverse Charge EU Dienstleistung mit Steuer im Saldo Null
6	HU: Dreiecksgeschäft mit Land ausserhalb der EU
7	wie '1' aber mit Steuer im Saldo Null
8	wie '3' aber mit Steuer im Saldo Null
9	Erwerbssteuer oder allgemein Steuer im Saldo Null
A	Reverse Charge mit Steuer im Saldo Null
M	Warenlieferung EU - nach steuerbefreitem Import
H	Spanien: Warenlieferung EU n. steuerbfr. Import Fiskalagent
B	Nicht EU-relevant, keine Prüfung Ein- oder Ausgangssteuerkto
T	Nicht EU-relevant steuerbefreite Ausgangssteuer für Waren
U	Nicht EU-relevant steuerbefr Ausgangssteuer Dienstleistungen
R	Rumänien: Ausgangssteuer mit Steuer 0 für Landwirte EU
C	Transport in ein Konsignationslager innerhalb der EU
D	Lieferung aus einem Konsignationslager innerhalb der EU

Abbildung 9.23 Werteauswahl für das Feld »EGRKZ«

Bei der Erstellung der ZM für Deutschland berücksichtigt der Bericht alle Belege, die ein Steuerkennzeichen mit dem EU-Kennzeichen 1 (innergemeinschaftliche Warenlieferung), 3 (Veredelung innerhalb der EU) oder 4 (Dienstleistungen innerhalb der EU) aufweisen.

[»]

Konsignationslager

Unternehmen, die Konsignationslager in anderen EU-Ländern betreiben, müssen zusätzlich die Bewegungen dieser Lagerbestände in einer ergänzenden Liste angeben. Diese Liste kann in Deutschland sowohl in Papierform als auch online eingereicht werden.

Sofern zutreffend, kann eine tabellarische Übersicht der Konsignationsbewegungen erzeugt werden. Diese kann zum Ausfüllen des entsprechenden Formulars verwendet werden. Der Bericht erstellt diese Liste jedoch nur, wenn Kundenbelege mit dem EU-Kennzeichen C (Transport zum Konsignationslager innerhalb der EU) und einem Geschäftspartner mit gültiger EU-USt-IdNr. vorhanden sind. Beachten Sie, dass nur Daten für Ereignis 1 (Versand) und Ereignis 2 (Rückgabe) generiert werden. Für Ereignis 3 (Übergang auf den vorgesehenen Erwerber) erfolgt keine Datenausgabe.

Die Datenbasis für diesen Bericht bilden Buchungsbelege aus der Finanzbuchhaltung. Wenn die Vertragskontokorrentbuchhaltung genutzt werden soll, werden zusätzlich auch dort erfasste Daten berücksichtigt.

Sowohl die elektronische Übermittlung mit SAP DRC als auch die manuelle Einreichung werden unterstützt. In der Übersicht *Unterstützte Compliance-Aufgaben nach Land/Region* ist vorab zu prüfen, ob ein entsprechender SAP-Hinweis zur Implementierung der Einreichung vorhanden ist, der vorab umgesetzt werden muss.

Einrichtung

Zur Erstellung der ZM in der App **Gesetzliche Berichte ausführen**(App ID: F1515) (Run Statutory Reports) müssen die Meldeeinstellungen für Deutschland im Customizing hinterlegt werden. Diese Konfiguration ermöglicht die manuelle oder elektronische Übermittlung der ZM über SAP DRC (wie in Abschnitt 9.4.1, »Beispiel für eine Umsatzsteuervoranmeldung in Deutschland«, beschrieben).

Customizing

Die Konfiguration dient dazu, die organisatorischen und technischen Voraussetzungen für die Erstellung und ggf. elektronische Abgabe der ZM zu schaffen. Dazu gehören:

- Zuordnung organisatorischer Einheiten zur meldenden Einheit
- Definition von Gültigkeiten, Fristen und Benachrichtigungen
- Festlegung von Berichtsparametern
- Aktivierung der elektronischen Kommunikation mit den Steuerbehörden (optional)

Customizing-Pfad

Folgen Sie dafür diesem Customizing-Pfad:

Anwendungsübergreifende Komponenten • Allgemeine Anwendungsfunktionen • Document and Reporting Compliance • Länderspezifische Einstellungen • Deutschland • Gesetzliches Meldewesen • Zusammenfassende Meldung Deutschland • Allgemeine Einstellungen • Einrichtung des gesetzlichen Meldewesens.

Alternativ zum Customizing-Pfad kann die Aktivität über den View Cluster **SRFVC_RPG_ENT** in der Transaktion **SM34** aufgerufen werden.

Zunächst wird die meldende Einheit **DE_VAT_ENT** ausgewählt und mit der Berichtskategorie **DE_ECSL_DCL** verknüpft (siehe Abbildung 9.24).

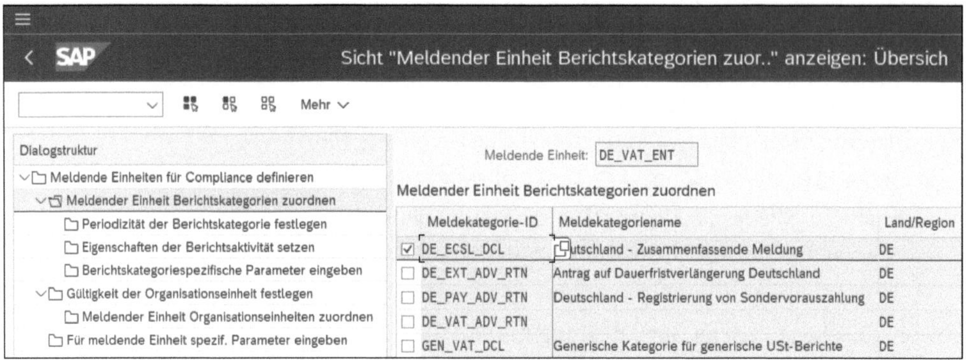

Abbildung 9.24 Meldende Einheit »DE_VAT_ENT« mit Berichtskategorie »DE_ECSL_DCL« verknüpfen

Im Anschluss sind die Periodizitätswerte zu definieren (siehe dazu beispielhaft Tabelle 9.2).

Feld	Beispielwert
Ab	01.01.2020
Bis	(offen lassen)
Ad hoc	Nein
Abstand	25
Zeiteinh.	(leer)
GJVariante	K0
Benachr.	15

Tabelle 9.2 Beispielhafte Periodizitätswerte

In Abbildung 9.25 sehen Sie diese Eingabe im System.

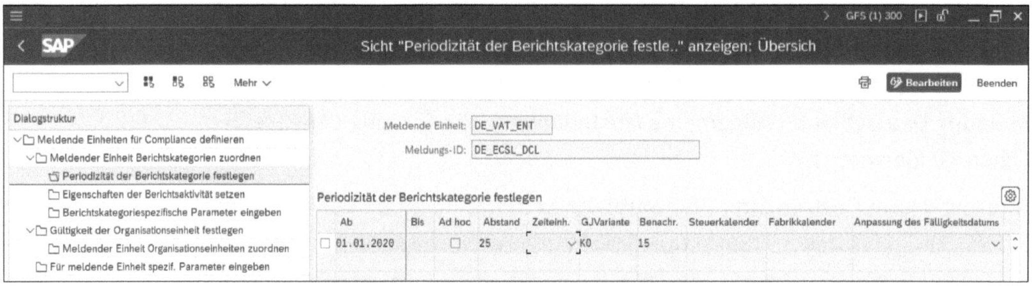

Abbildung 9.25 Periodizität für die ZM festlegen

Für die Einrichtung der elektronischen Übermittlung ist die Pflege zusätzlicher Eigenschaften der Berichtstätigkeiten notwendig (siehe dazu beispielhaft Tabelle 9.3).

Feld	Beispielwert
Aktivitätsschlüssel	DE_ECSL_DCL_V1.1_S (Meldung) DE_ECSL_DCL_V1.1_C (Korrektur)
Gültigkeitsbeginn	01.12.2019
Verwendung ab	01.01.2020
Verwendung bis	31.12.2020
Offset (Tage)	(leer)
Benachrichtigung	(leer)
Abgabemodus	Automatische produktive und Testübermittlung
Serviceart	RFC

Tabelle 9.3 Zusätzliche Eigenschaften der Berichtstätigkeiten

Die Umsetzung im System ist in Abbildung 9.26 dargestellt.

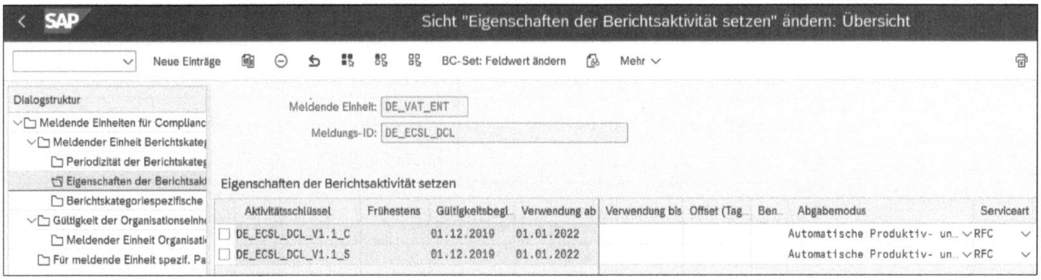

Abbildung 9.26 Eigenschaften der Berichtsaktivität für die ZM setzen

Hinweis zur elektronischen Übermittlung

Falls auf die Einrichtung der elektronischen Übermittlung verzichtet wird, generiert der Bericht **Zusammenfassende Meldung Deutschland** eine CSV-Datei, die für den manuellen Upload bei der Finanzverwaltung verwendet werden kann.

Elektronische oder manuelle Übermittlung

Soll ausschließlich die elektronische Übermittlung aktiviert werden, ist es erforderlich, die zuvor angelegten Einträge mit dem Übertragungsmodus **Nur manuelle Übermittlung** zu begrenzen. Dies geschieht durch das Eintragen eines Enddatums im Feld **Verwendung bis** (Use Until). Damit wird sichergestellt, dass für künftige Meldezeiträume ausschließlich die automatische elektronische Übermittlung verwendet wird.

Optional können auf Ebene der meldenden Einheit spezifische Parameterwerte hinterlegt werden. Diese Angaben sind insbesondere dann erforderlich, wenn die SAP DRC, Cloud Edition genutzt wird. Sie umfassen Kontaktdaten sowie steuerliche Identifikationsmerkmale (siehe Tabelle 9.4).

Parametername	Bedeutung
DE_VAT_CONTACT_CITY	Ort der Kontaktperson
DE_VAT_CONTACT_EMAIL	E-Mail-Adresse der Kontaktperson
DE_VAT_CONTACT_NAME	Name der Kontaktperson bzw. des Datenlieferanten
DE_VAT_CONTACT_OCCUPATION	Funktion/Berufsbezeichnung der Kontaktperson
DE_VAT_CONTACT_PHONE	Telefonnummer der Kontaktperson
DE_VAT_CONTACT_POSTCODE	Postleitzahl der Kontaktadresse
DE_VAT_CONTACT_STREET	Straße und Hausnummer der Kontaktadresse
DE_VAT_TAXNUMBER_ELSTER	13-stellige ELSTER-Steuernummer
DE_VAT_TAXOFFICE_ID	vierstellige Nummer des zuständigen Finanzamts

Tabelle 9.4 Spezifische Parameterwerte für meldende Einheiten

Die Umsetzung im System sehen Sie in Abbildung 9.27.

Diese Informationen werden bei der elektronischen Übermittlung von Meldungen an die deutschen Steuerbehörden mitgesendet und dienen der eindeutigen Identifikation des meldenden Unternehmens sowie einer möglichen Kontaktaufnahme durch die Behörde.

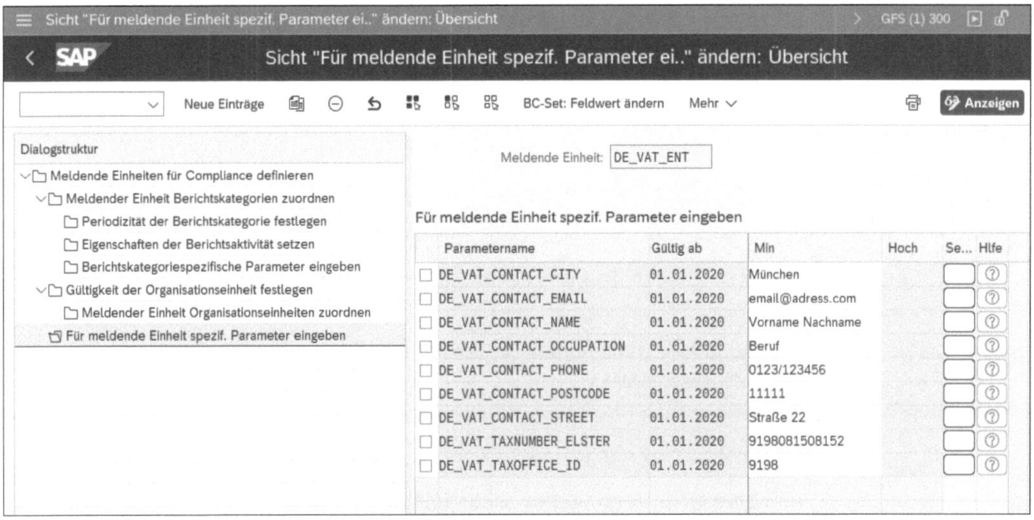

Abbildung 9.27 Spezifischer Parameter für meldende Einheit »DE_VAT_ENT« definieren

Weitere Einstellungen für die ZM

Für die deutsche ZM sind zusätzliche Einstellungen erforderlich, um eine regelkonforme Generierung des Berichts sowie dessen Nutzung in der SAP-Fiori-App **Gesetzliche Berichte ausführen** (Run Statutory Reports) zu ermöglichen.

Die Konfiguration erfolgt durch den Key-User und dient dazu, die für die Berichtserstellung erforderlichen Daten zu pflegen und sämtliche Berichtsfunktionen systemseitig freizuschalten.

Elektronische Kommunikation mit den Behörden einrichten

Die elektronische Kommunikation ist notwendig, wenn die Meldung über SAP DRC, Cloud Edition übermittelt werden soll. Die Konfiguration umfasst u. a. das Anlegen des Kommunikationsprofils und die Angabe der gültigen 13-stelligen ELSTER-Steuernummer.

Pflegen Sie die Einstellungen für die Berichtsaktivität Steuerpositionen verwalten (**Manage Tax Items**). Diese Aktivität dient der systemseitigen Steuerung der Meldeprozesse und legt fest, welche Daten für die Erstellung der ZM berücksichtigt werden sollen. Dazu gehören u. a. Periodizität, Gültigkeitszeiträume und technische Aktivitätsschlüssel.

Vertragskontokorrentbuchhaltung

Spezifizieren Sie die Daten aus der Vertragskontokorrentbuchhaltung (FI-CA). Soll die ZM auf Basis von FI-CA-Daten erstellt werden (Vertragskontenbuchhaltung), sind zusätzliche Einstellungen im FI-CA-Customizing notwendig (siehe Abbildung 9.28).

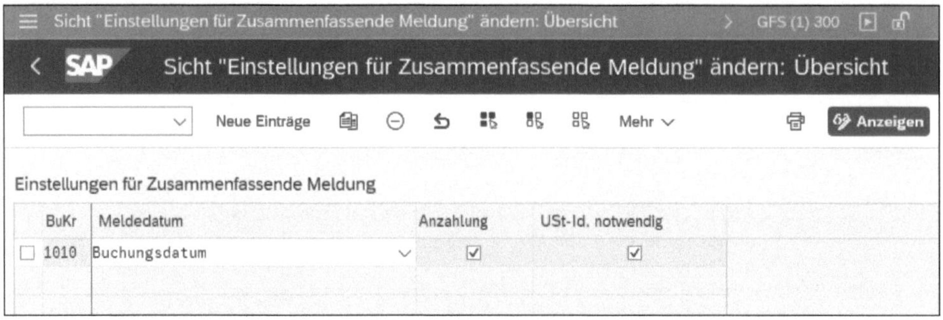

Abbildung 9.28 Beispielhafte Einstellungen der Vertragskontokorrentbuchhaltung für ZM

Folgen Sie dafür diesem Customizing Pfad:

Finanzwesen • Vertragskontokorrentbuchhaltung • Grundfunktionen • Zusammenfassende Meldung • Festlegungen zur Zusammenfassenden Meldung treffen.

Alternativ kann diese Aktivität auch direkt über die Pflege der View **V_TFK001ZM** in der Transaktion **SM30** aufgerufen werden.

Diese Konfigurationen stellen sicher, dass sowohl klassische FI-Belege als auch Daten aus der Vertragskontenbuchhaltung korrekt in die ZM einfließen und bei Bedarf elektronisch übermittelt werden können.

Bericht erstellen

Nach Abschluss der grundlegenden und zusätzlichen Konfiguration kann die ZM über die App **Gesetzliche Berichte ausführen** (App ID: F1515) erstellt werden. Dabei richtet sich das Ausgabeformat des Berichts nach dem gewählten Übermittlungsszenario: Bei manueller Einreichung wird eine CSV-Datei generiert, bei elektronischer Übermittlung eine XML-Datei.

Die Berichtserstellung erfolgt durch Auswahl der Berichtskategorie **DE_ECSL_DCL** innerhalb der App. Nach Angabe weiterer Selektionskriterien wie Berichtsjahr und Berichtsstatus wird die betreffende Meldeaufgabe ausgewählt (siehe Abbildung 9.29).

In der daraufhin eingeblendeten Aktivitätenübersicht können optional einzelne Steuerpositionen für den Meldezeitraum ein- oder ausgeschlossen werden (**Manage Tax Items**; siehe Abbildung 9.30). Wird diese Funktion genutzt, erfolgt die Bearbeitung in einer separaten Anwendung, wie nachfolgend dargestellt. Nach Abschluss ist die Aktivität als erledigt zu markieren.

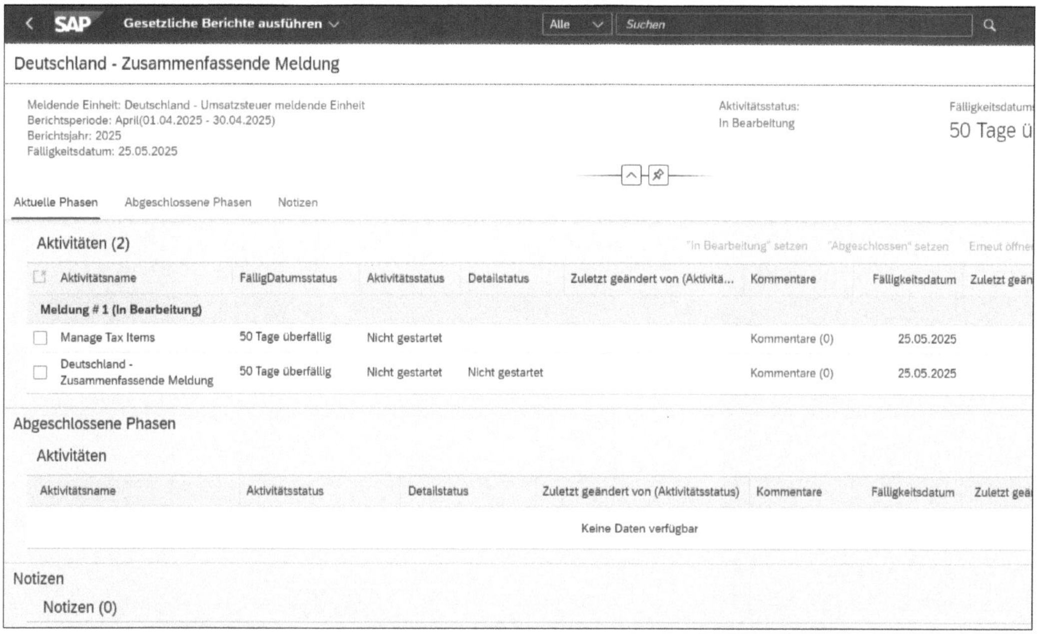

Abbildung 9.29 ZM in der App »Gesetzliche Berichte ausführen«

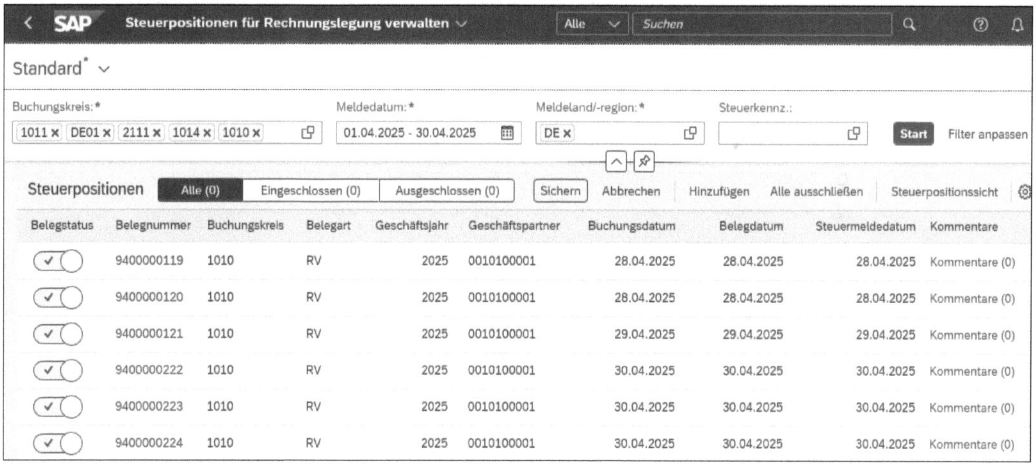

Abbildung 9.30 Manage Tax Items im Rahmen der ZM

Die Berichtsaktivität zur Erstellung des Berichtslaufs der Zusammenfassenden Meldung trägt den Titel **Deutschland – Zusammenfassende Meldung**. Nach dem Start eines neuen Laufs sind die erforderlichen Selektionsparameter und eine Laufoption anzugeben (siehe Abbildung 9.31).

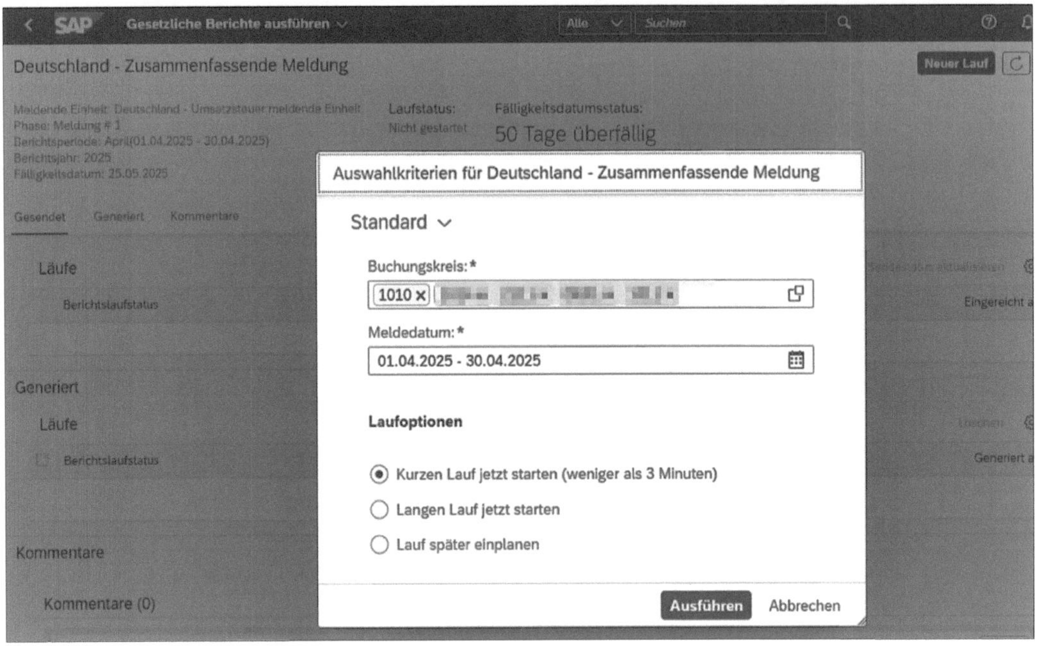

Abbildung 9.31 Start des ZM-Berichtslaufs

Der Berichtslauf erzeugt anschließend das entsprechende Ausgabedokument. Falls keine relevanten Positionen gefunden werden, erhält der Lauf in der Deklarationsphase automatisch den Status **Einreichung nicht erforderlich** (siehe Abbildung 9.32).

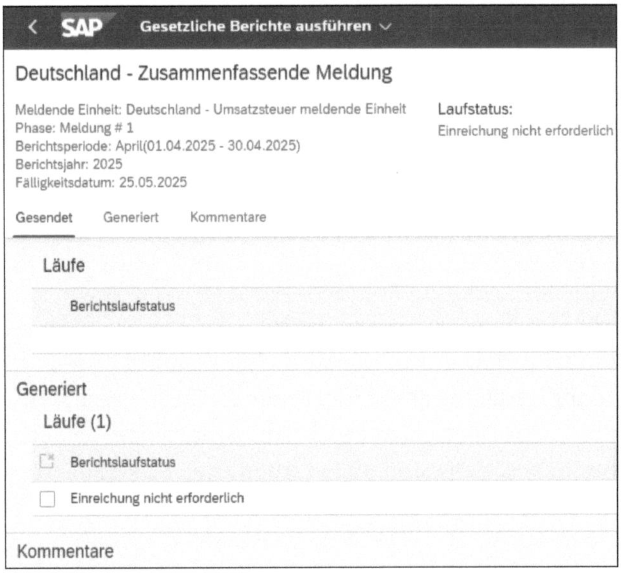

Abbildung 9.32 ZM-Deklarationsstatus »Einreichung nicht erforderlich«

Das generierte Berichtsdokument wird im unteren Bereich der App aufgeführt und kann dort eingesehen, analysiert oder gegebenenfalls manuell bearbeitet werden (siehe Abbildung 9.33).

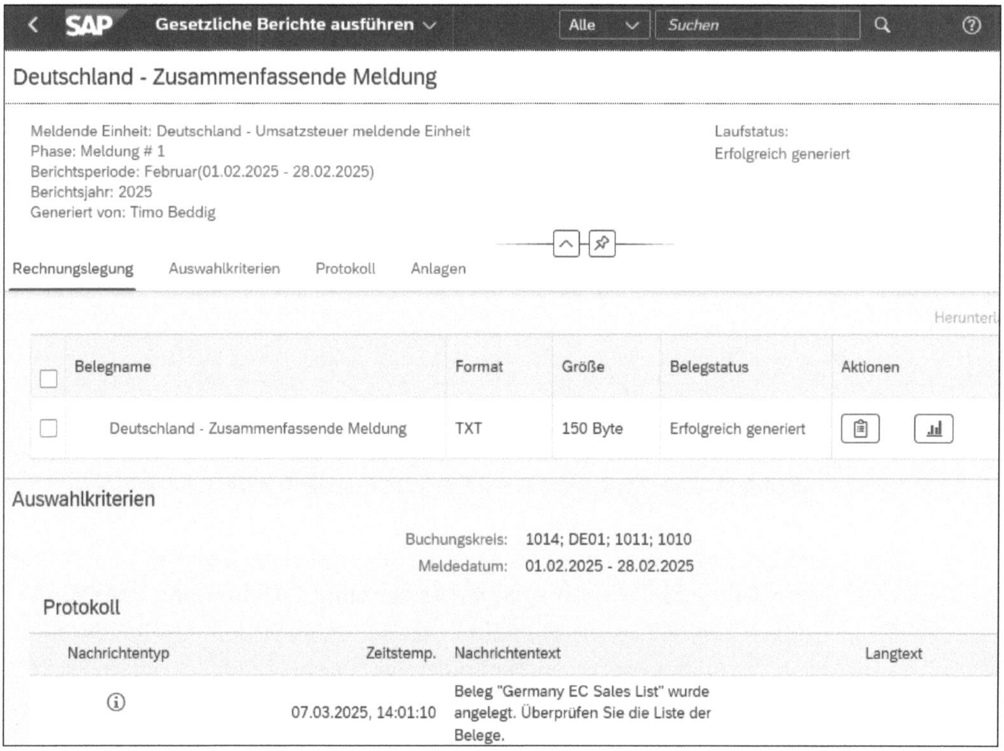

Abbildung 9.33 ZM-Berichtsgenerierung im TXT-Format

Der Download erfolgt über die Markierung des entsprechenden Eintrags. Die Einreichung der Meldung unterscheidet sich je nach Übertragungsart (siehe Tabelle 9.5).

Übertragungsart	Einrichtung der Meldung
Elektronische Übermittlung	Validierung über **Prüfen**, Übertragung über **Einreichen**, Statusaktualisierung erfolgt automatisch
Manuelle Abgabe	Dateidownload, Upload über ELSTER-Portal, manuelle Statuspflege über **Status aktualisieren**

Tabelle 9.5 Einrichtung der Meldung nach Übertragungsart

Die konkreten Berichtswerte können hier ebenfalls angezeigt werden (siehe Abbildung 9.34).

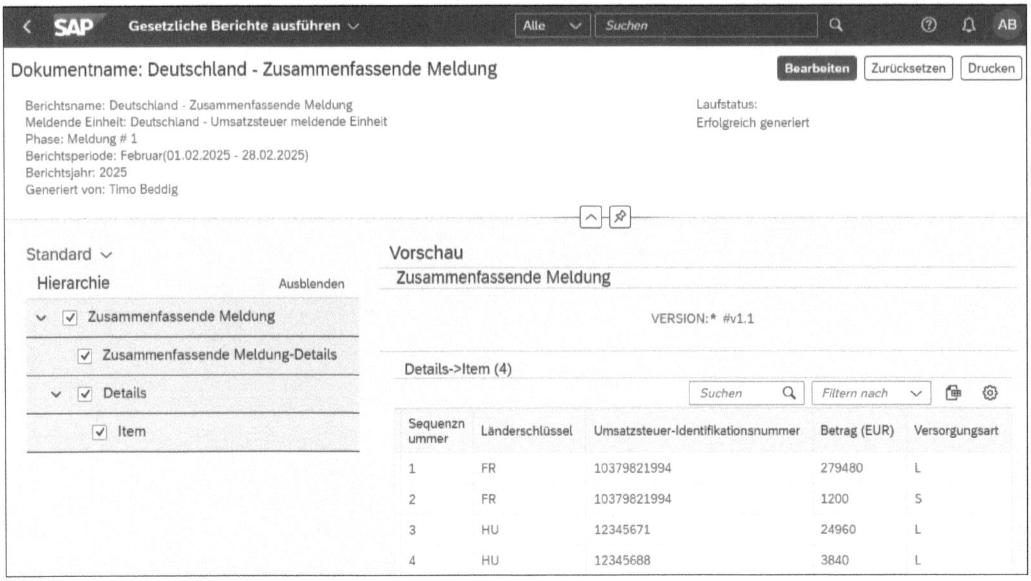

Abbildung 9.34 ZM-Berichtsvorschau in »Gesetzliche Berichte ausführen«

Bereits abgeschlossene Berichtsläufe lassen sich bei Bedarf erneut öffnen und bearbeiten. Hierfür stellt die Anwendung die Funktion **Status zurücksetzen** zur Verfügung. Wird ein Lauf über diese Option in seinen vorherigen Zustand versetzt, können einzelne Berichtsdaten korrigiert, ergänzt oder, sofern sich steuerliche Grundlagen geändert haben, vollständig neu erzeugt werden. Dies ist insbesondere dann hilfreich, wenn nachträglich Unstimmigkeiten festgestellt werden, etwa durch interne Validierungen, Rückmeldungen der Steuerbehörde oder systemseitige Nachbuchungen. Ein zurückgesetzter Berichtslauf durchläuft anschließend erneut den gesamten Verarbeitungsprozess, einschließlich der Überprüfung, Freigabe und gegebenenfalls erneuten elektronischen oder manuellen Übermittlung an die Finanzverwaltung.

Ergänzend zur ZM kann, wie im vorangehenden Abschnitt bereits kurz erwähnt, in bestimmten Konstellationen auch eine Konsignationslagerliste erstellt werden.

Konsignationslager

Diese Aktivität steht nur zur Verfügung, wenn im System Steuerkennzeichen mit der EU-Kennzeichnung C (Transport in ein Konsignationslager innerhalb der EU) hinterlegt sind, das für innergemeinschaftliche Warenverlagerungen in Konsignationsläger vorgesehen ist.

Die Konsignationslagerliste dient der gesonderten Erfassung solcher grenzüberschreitenden Lieferungen, bei denen keine unmittelbare Rechnungsstellung erfolgt. Sie ist damit ein zusätzliches Element zur Dokumentation von Geschäftsvorfällen im Rahmen der EU-weiten Steuertransparenz. Die Liste wird ebenfalls über die App **Gesetzliche Berichte ausführen** (App ID: F1515) angestoßen, indem die zusätzliche Berichtsaktivität **Prepare Consignment List (Germany)** ausgewählt und ein neuer Lauf mit den relevanten Parametern gestartet wird. Als Ausgabeformat wird eine strukturierte Tabellenansicht bereitgestellt, die eine Vorschau der betroffenen Belege erlaubt. Zwar ist kein Dateidownload vorgesehen, doch die angezeigten Daten lassen sich zur weiteren Verarbeitung oder zur Befüllung externer Formulare nutzen. Nach Sichtung und Prüfung ist auch diese Aktivität durch Setzen des Übermittlungsstatus auf **Inhalt von Behörde akzeptiert** als abgeschlossen zu kennzeichnen.

Sind alle Berichtsaktivitäten innerhalb der Meldeaufgabe erfolgreich durchlaufen – dazu gehören die Erstellung und Verarbeitung der ZM sowie gegebenenfalls ergänzender Aktivitäten wie die Konsignationslagerliste –, setzt das System den Status der gesamten Meldeaufgabe automatisch auf **Abgeschlossen.** Damit wird dokumentiert, dass für den betreffenden Zeitraum alle gesetzlichen Anforderungen systemseitig erfüllt wurden. Die jeweils erzeugte Berichtsdatei (CSV oder XML) verbleibt im System nachvollziehbar archiviert. SAP DRC bietet auf diese Weise eine durchgängige, revisionssichere Verarbeitungslösung, die sowohl für manuelle als auch für vollautomatisierte Meldeprozesse ausgelegt ist.

9.4.3 Beispiel für eine Quellensteuermeldung in Deutschland

Quellensteuermeldung

Die *Quellensteuermeldung* dient der steuerlichen Erfassung und Meldung der Steuer, die auf bestimmte Vergütungen entfällt, die von inländischen Unternehmen oder Personen an im Ausland ansässige Leistungserbringer gezahlt werden. Bei diesen quellensteuerpflichtigen Vergütungen handelt es sich gemäß § 50a EStG um Einkünfte beschränkt steuerpflichtiger natürlicher oder juristischer Personen aus den folgenden Bereichen:

- künstlerische, sportliche, artistische, unterhaltende oder ähnliche Darbietungen (§ 50a Abs. 1 Nr. 1 EStG) und deren Verwertung (§ 50a Abs. 1 Nr. 2 EStG)
- Überlassung von (Nutzungs-)Rechten wie beispielsweise Lizenzen (§ 50a Abs. 1 Nr. 3 EStG)
- Aufsichtsratsvergütungen (§ 50a Abs. 1 Nr. 4 EStG)

Diese Einkünfte sind im Inland mit einem Steuersatz von 15 % bzw. 3 % im Fall von Aufsichtsratsvergütungen, jeweils zuzüglich Solidaritätszuschlag, zu versteuern. Der Vergütungsschuldner ist verpflichtet, den entsprechenden Steuerabzug vorzunehmen und die einbehaltene Steuer an das Bundeszentralamt für Steuern (BZSt) abzuführen. Nach § 50a EStG ist die Quellensteuermeldung elektronisch über das BZSt-Online-Portal zu übermitteln, und zwar jeweils bis zum zehnten Tag nach Ablauf eines Kalenderquartals.

Implementieren

Die Einrichtung bzw. Konfiguration der Quellensteuermeldung erfolgt im SAP-Customizing unter dem folgenden IMG-Pfad:

Anwendungsübergreifende Komponenten • Allgemeine Anwendungsfunktionen • Document- & Reporting-Compliance • Länder-/regionsspezifische Einstellungen • Deutschland • Externes Meldewesen • Quellensteuermeldung (50a) • Allgemeine Einstellungen • Einrichten Ihres externen Meldewesens.

Quellensteuerbericht zuordnen

Nachdem in Abschnitt 8.3.1, »Meldende Einheiten anlegen«, eine meldende Einheit definiert und angelegt wurde, muss diese als Nächstes der Berichtskategorie des zu meldenden Quellensteuerberichtes zugeordnet werden. Führen Sie dazu die Aktivität **Meldender Einheit Berichtskategorien zuordnen** wie in Abschnitt 8.3.3, »Meldender Einheit Meldekategorien zuordnen«, beschrieben aus, und erzeugen Sie einen neuen Eintrag mit der Meldekategorie-ID **DE_WHT_50A** für das Land **DE**.

Periodizität der Berichtskategorien festlegen

Die Periodizität einer Berichtskategorie bestimmt insbesondere, in welchen zeitlichen Abständen der jeweilige Bericht eingereicht werden muss. Für die Quellensteuermeldung sind in dieser Aktivität die folgenden Parameter einzutragen (siehe beispielhaft Tabelle 9.6):

Feld	Wert
Ab	01.01.2022
Bis	31.12.9999
Ad hoc	Nein
Abstand	10
Zeiteinh.	Tage
GJVariante	QT
Benachr.	15

Tabelle 9.6 Beispielhafte Periodizitätsparameter für die Quellensteuermeldung

In Abbildung 9.35 sehen Sie die eingegebenen Parameter im System.

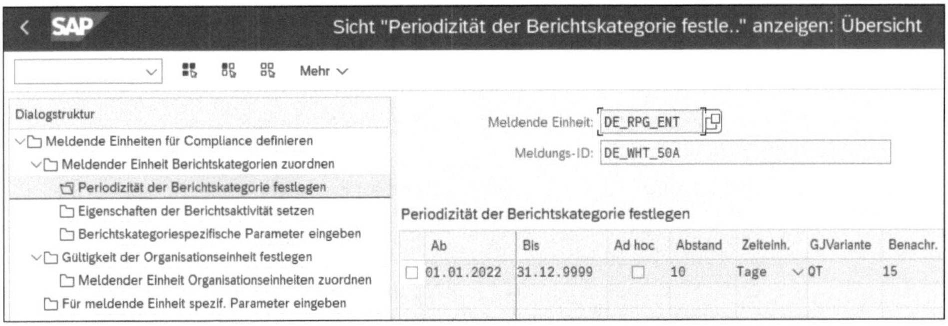

Abbildung 9.35 Parameter zur Periodizität des Quellensteuerberichtes

9

Eigenschaften der Berichtsaktivität setzen

In SAP DRC verfügt jeder Bericht über spezifische Berichtsaktivitäten, deren funktionale Eigenschaften konfiguriert werden müssen. Stellen Sie sicher, dass für die Quellensteuermeldung die folgenden Einträge vorhanden sind (siehe Tabelle 9.7). Die Aktivitätsschlüssel können auch über die SAP-Wertehilfe ausgewählt werden.

Feld	Wert
Aktivitätsschlüssel	DE_WHT_50A_V1_S
Gültigkeitsbeginn	01.10.2023
Verwendung ab	01.01.2022
Verwendung bis	31.12.9999
Offset (Tage)	0
Benachr.	0
Abgabemodus	Nur manuelle Abgabe möglich

Tabelle 9.7 Funktionale Eigenschaften der Berichtsaktivitäten für die Quellsteuermeldung

In Abbildung 9.36 sehen Sie die Werte im System.

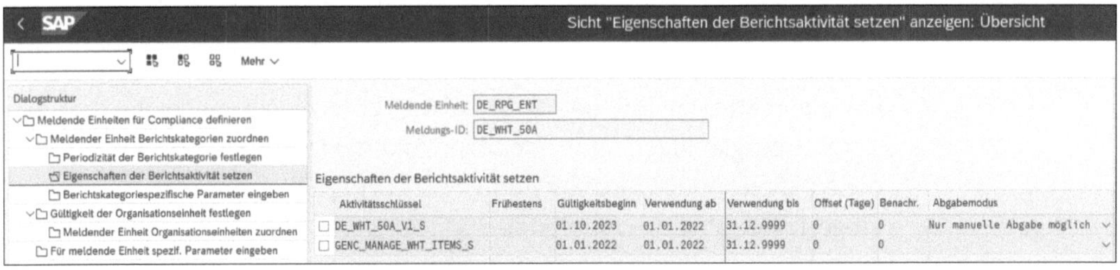

Abbildung 9.36 Eigenschaften der Berichtsaktivität

Berichtskategoriespezifische Parameter eingeben

Speziell für die Quellensteuermeldung müssen im letzten Schritt der Berichtskonfiguration die standardmäßigen Quellensteuersätze gemäß § 50a Abs. 1 EStG inkl. der offiziellen Quellensteuerschlüssel gepflegt werden. Die dazu notwendigen Parameter sehen Sie in Tabelle 9.8.

Parametername	Wert im Feld »Ndr«
DE_WHT_50A_5008_STD_RATE	15.00
DE_WHT_50A_5009_STD_RATE	15.00
DE_WHT_50A_5010_STD_RATE	15.00
DE_WHT_50A_5011_STD_RATE	15.00

Tabelle 9.8 Spezifische Parameter für die Quellensteuermeldung

In Abbildung 9.37 sehen Sie die Parameter im System. Gemäß SAP-BC-Set sind alle Parameter jeweils ab **01.01.2022** gültig. Sie können jedoch auch das Datum, ab dem die meldende Einheit gültig ist, eintragen.

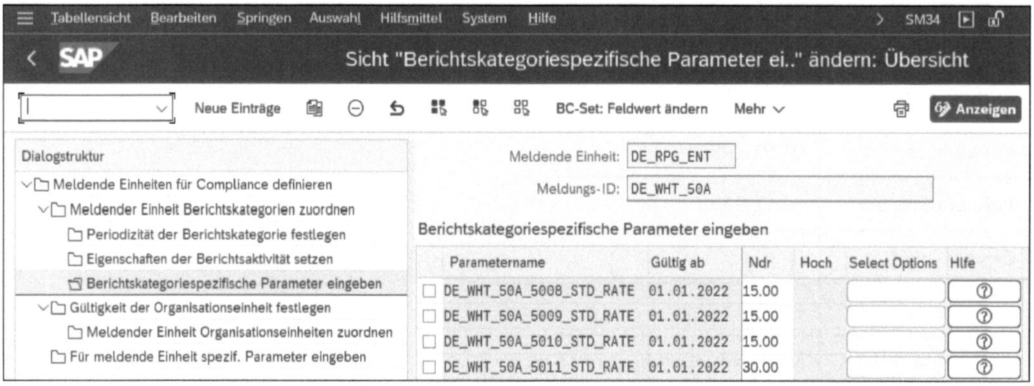

Abbildung 9.37 Spezifische Parameter des Quellensteuerberichtes

Formularvorlage für Quellensteuerbescheinigung konfigurieren

Wurde im Rahmen des §-50a-EStG-Quellensteuer vom Vergütungsschuldner einbehalten, ist dieser gemäß § 50a Abs. 5 Satz 7 EStG verpflichtet, dem Vergütungsgläubiger eine Steuerbescheinigung über den vorgenommenen Steuerabzug auszustellen. Dieses Dokument dient als Nachweis für die in Deutschland einbehaltene Quellensteuer. SAP DRC bietet die Möglichkeit, diese Steuerbescheinigung automatisiert zu erzeugen und direkt an den Vergütungsgläubiger zu übersenden. Voraussetzung dafür ist jedoch, dass die entsprechende Formularvorlage im Customizing von SAP DRC korrekt eingerichtet ist (siehe Abbildung 9.38).

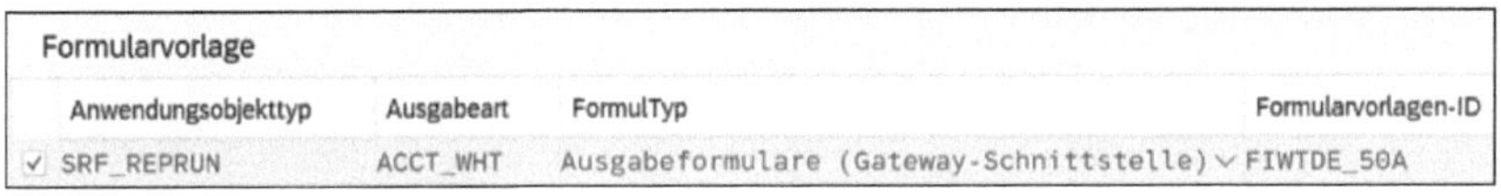

Formularvorlage

Anwendungsobjekttyp	Ausgabeart	FormulTyp	Formularvorlagen-ID
SRF_REPRUN	ACCT_WHT	Ausgabeformulare (Gateway-Schnittstelle)	FIWTDE_50A

Abbildung 9.38 Formularvorlage für Quellensteuerbescheinigung

Die Einrichtung erfolgt unter diesem IMG-Pfad: **Anwendungsübergreifende Komponenten • Allgemeine Anwendungsfunktionen • Document- & Reporting-Compliance • Länder-/regionsspezifische Einstellungen • Deutschland • Externes Meldewesen • Quellensteuermeldung (50a) • Formularvorlagen zuordnen.**

Falls der Eintrag in Abbildung 9.38 nicht bereits durch ein SAP-BC-Set in der Tabelle vorhanden ist, legen Sie einen neuen Eintrag mit den Werten aus Tabelle 9.9 an.

Feld	Wert
Anwendungsobjekttyp	SRF_REPRUN
Ausgabeart	ACCT_WHT
FormulTyp	Ausgabeformulare (Gateway-Schnittstelle)
Formularvorlagen-ID	FIWTDE_50A

Tabelle 9.9 Werte zum Einrichten der Formularvorlage für die Quellensteuerbescheinigung

Bericht ausführen

Nachdem die meldende Einheit sowie der Bericht im SAP-DRC-Customizing eingerichtet wurden, kann dieser mithilfe der SAP-Fiori-App **Gesetzliche Berichte ausführen** (App ID: F1515) verwendet werden.

Selektieren Sie in der SAP-Fiori-App die gewünschte meldende Einheit sowie den Berichtsnamen der Quellensteuermeldung (50a) **DE_WHT_50A** und wählen Sie das Berichtsjahr aus (siehe Abbildung 9.39).

Wählen Sie anschließend eine Berichtsperiode aus, sodass die Berichtsaktivitäten im nächsten Schritt angezeigt werden (siehe Abbildung 9.40).

Quellensteuerpositionen verwalten

In dieser ersten Berichtsaktivität steht die Validierung und Vorbereitung der Quellensteuerdaten im Fokus (**Manage Withholding Tax Items**). Bevor der eigentliche Bericht erzeugt wird, können Sie hier alle relevanten Positionen, beispielsweise auf Korrektheit und Vollständigkeit, prüfen (siehe Abbildung 9.41).

Abbildung 9.39 Gesetzliche Berichte ausführen »DE_WHT_50A«.

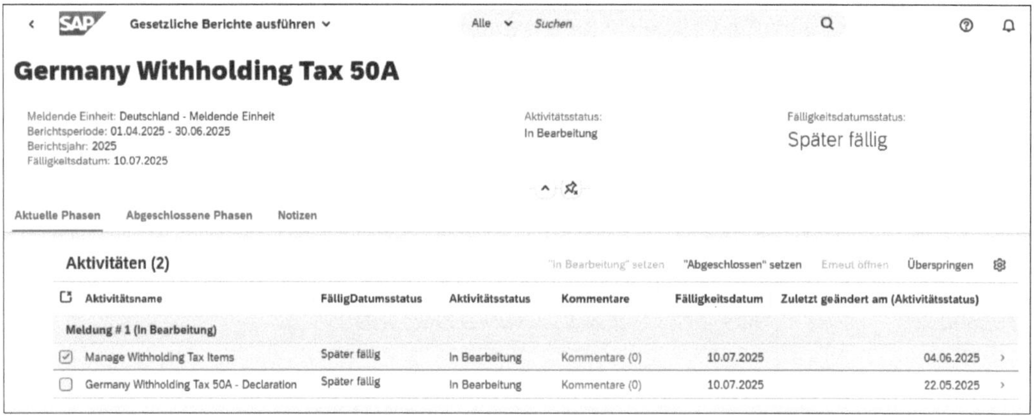

Abbildung 9.40 Berichtsaktivitäten Quellensteuermeldung 50A

Abbildung 9.41 Quellensteuerpositionen verwalten – Belegkopfsicht

Die Aktivität bietet eine strukturierte Auflistung aller quellensteuerrelevanten Buchungen, wie etwa Kreditorenzahlungen. Außerdem ist ein direkter Absprung in die zugehörigen Einzelbelege möglich, um diese im Detail zu prüfen.

Insbesondere die relevanten Quellensteuerinformationen wie **Quellensteuertyp**, **Quellensteuerkennzeichen**, **Quellensteuerbasis** sowie der berechnete **Quellensteuerbetrag** werden durch Auswahl der **Quellensteuerpositionssicht** übersichtlich dargestellt (siehe Abbildung 9.42). Auf Basis dieser Informationen kann der Anwender entscheiden, einzelne Belege manuell in die Meldung einzubeziehen oder von ihr auszuschließen. In der Belegkopfsicht erfolgt dies über das Aktivieren oder Deaktivieren des grünen Hakens zu Beginn jeder Zeile (siehe Abbildung 9.41). Auf diese Weise kann manuell sichergestellt werden, dass ausschließlich korrekte und relevante Daten in die weitere Berichterstattung einfließen.

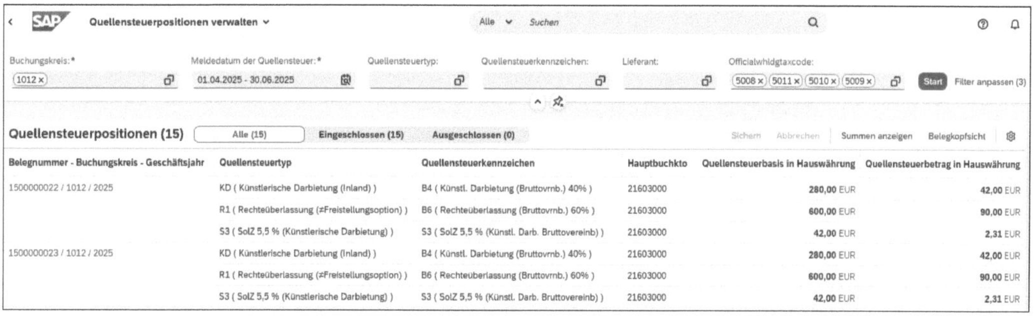

Abbildung 9.42 Quellensteuerpositionen verwalten – Quellensteuerpositionssicht

Sofern alle Daten korrekt sind, gehen Sie zurück zu den Berichtsaktivitäten (siehe Abbildung 9.40), wählen die Aktivität **Manage Withholding Tax Items** aus und klicken auf **Abgeschlossen setzen**.

Quellensteuermeldung (50A) generieren

Nach Abschluss der ersten Berichtsaktivität können Sie die eigentliche Quellensteuermeldung generieren. Klicken Sie dazu auf die zweite Berichtsaktivität **Germany Withholding Tax 50A – Declaration** (siehe Abbildung 9.43).

Wählen Sie anschließend **Neuer Lauf** oben rechts aus und bestätigen Sie die Auswahlkriterien mit **Ausführen**. Daraufhin wird im Bereich **Generiert** ein neuer Eintrag mit dem Berichtslaufstatus **in Bearbeitung** erzeugt. Mit dem kreisförmigen Pfeil in der rechten oberen Ecke können Sie die Ansicht aktualisieren. Sobald der Berichtslauf **Erfolgreich generiert** wurde, können Sie ihn auswählen, wodurch sich die Ansicht in Abbildung 9.44 öffnet.

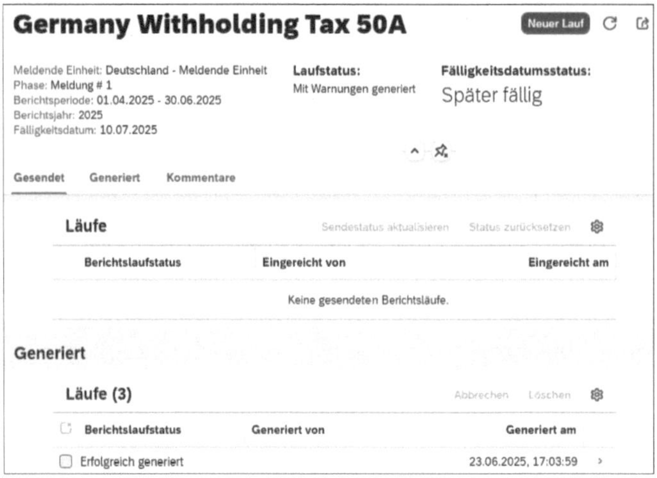

Abbildung 9.43 Neuen Berichtslauf ausführen

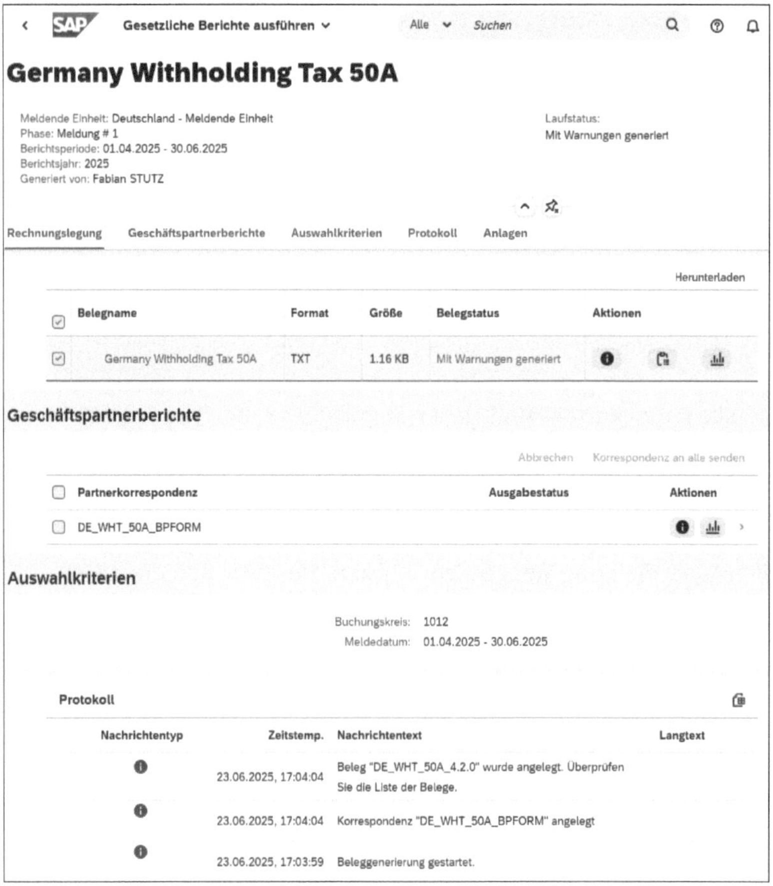

Abbildung 9.44 Quellensteuermeldung 50A generiert

In dieser Ansicht können Sie zum einen die erzeugte Quellensteuermeldung öffnen, indem Sie auf den Belegnamen **Germany Withholding Tax 50A** klicken. Zum anderen lässt sich an dieser Stelle die Quellensteuerbescheinigung generieren, um sie den Kreditoren zur Verfügung zu stellen, die einem Quellensteuerabzug unterlagen. Die Quellensteuerbescheinigung behandeln wir im Detail im weiteren Verlauf dieses Abschnitts.

Wenn Sie nun den erzeugten Bericht öffnen, gelangen Sie in der nächsten Ansicht zu einer Vorschau der §-50a-Meldung, die in ihrer Struktur bereits den vorgegebenen Spalten des BZSt entspricht (siehe Abbildung 9.45).

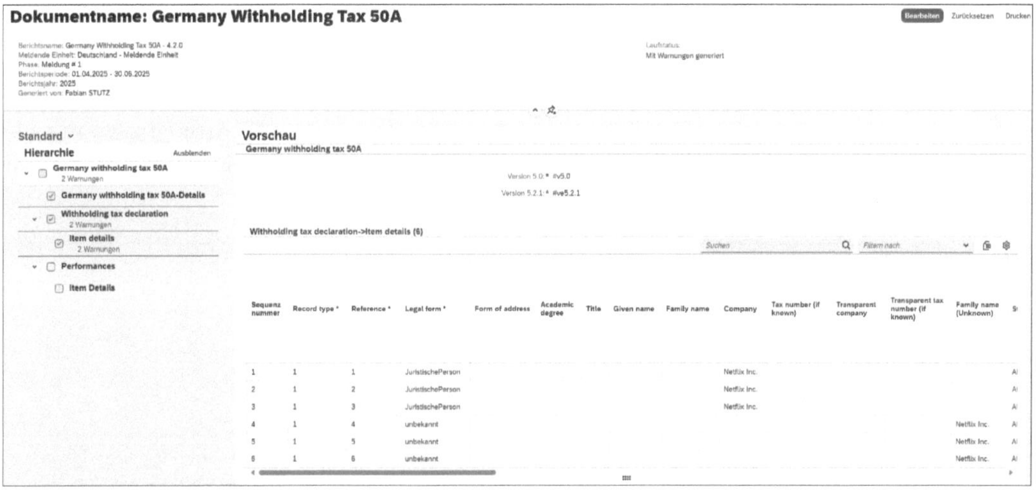

Abbildung 9.45 §-50a-Quellensteuermeldung – Vorschau

Die relevanten Informationen, die vom BZSt für die §-50a-Meldung gefordert werden, finden Sie unter dem Link: *http://s-prs.de/v11005025*. Zudem steht Ihnen hier eine Excel-Vorlage zum Download zur Verfügung, in der die zu übermittelnden Angaben in separaten Spalten zum Befüllen dargestellt sind. Da die §-50a-Quellensteuermeldung eine Vielzahl von Spalten beinhaltet, müssen Sie in der Vorschau nach rechts scrollen, um alle weiteren Spalten einsehen zu können (siehe Abbildung 9.46).

Die zentrale Funktion an dieser Stelle ist das Bearbeiten der Berichtsdaten. Über einen Klick auf **Bearbeiten** in der rechten oberen Ecke wechseln Sie in den Bearbeitungsmodus und können bestehende Einträge ändern oder neue hinzufügen. Auf diese Weise lassen sich die relevanten Angaben im Rahmen der Berichtserstellung manuell anpassen, bevor der überarbeitete Bericht neu generiert wird.

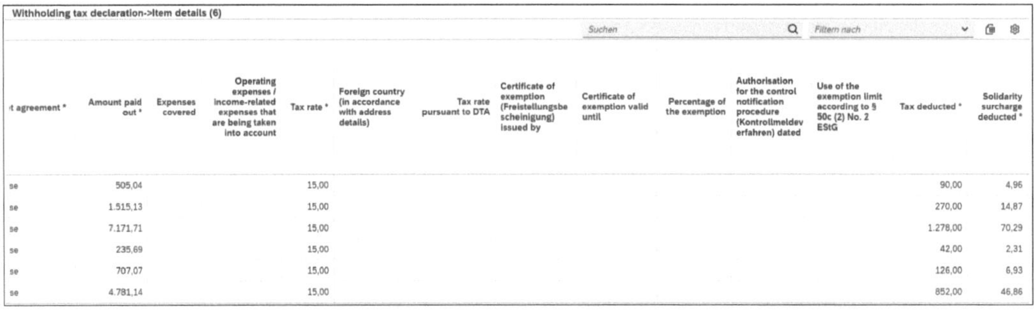

Withholding tax declaration->Item details (6)

Suchen | Filtern nach

...t agreement *	Amount paid out *	Expenses covered	Operating expenses / income-related expenses that are being taken into account	Tax rate *	Foreign country (in accordance with address details)	Tax rate pursuant to DTA	Certificate of exemption (Freistellungsbescheinigung) issued by	Certificate of exemption valid until	Percentage of the exemption	Authorisation for the control notification procedure (Kontrollmeldeverfahren) dated	Use of the exemption limit according to § 50c (2) No. 2 EStG	Tax deducted *	Solidarity surcharge deducted *
se	505,04			15,00								90,00	4,96
se	1.515,13			15,00								270,00	14,87
se	7.171,71			15,00								1.278,00	70,29
se	235,69			15,00								42,00	2,31
se	707,07			15,00								126,00	6,93
se	4.781,14			15,00								852,00	46,86

Abbildung 9.46 §-50a-Quellensteuermeldung – weitere Spalten

Das nachträgliche Ergänzen einzelner Informationen kann durchaus erforderlich sein, da SAP DRC lediglich die Pflichtangaben für das BZSt abbildet, nicht jedoch optionale Angaben aus der §-50a-Quellensteuermeldung wie etwa den Prozentsatz der Aufteilung in einen steuerpflichtigen und einen nicht steuerpflichtigen Anteil (siehe Abbildung 9.47).

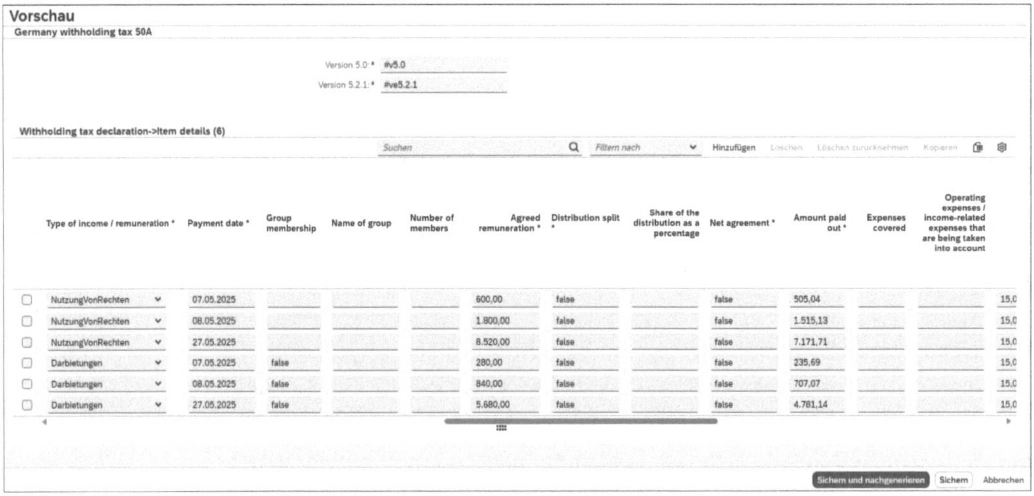

Vorschau

Germany withholding tax 50A

Version 5.0:* #v5.0

Version 5.2.1:* #ve5.2.1

Withholding tax declaration->Item details (6)

Suchen | Filtern nach | Hinzufügen | Löschen | Löschen zurücknehmen | Kopieren

Type of income / remuneration *	Payment date *	Group membership	Name of group	Number of members	Agreed remuneration *	Distribution split *	Share of the distribution as a percentage	Net agreement *	Amount paid out *	Expenses covered	Operating expenses / income-related expenses that are being taken into account	
NutzungVonRechten	07.05.2025				600,00	false		false	505,04			15,0
NutzungVonRechten	08.05.2025				1.800,00	false		false	1.515,13			15,0
NutzungVonRechten	27.05.2025				8.520,00	false		false	7.171,71			15,0
Darbietungen	07.05.2025	false			280,00	false		false	235,69			15,0
Darbietungen	08.05.2025	false			840,00	false		false	707,07			15,0
Darbietungen	27.05.2025	false			5.680,00	false		false	4.781,14			15,0

Sichern und nachgenerieren | Sichern | Abbrechen

Abbildung 9.47 §-50a-Quellensteuermeldung manuell bearbeiten/anpassen

Sobald alle Anpassungen und Ergänzungen vorgenommen wurden und die Quellensteuermeldung aus steuerfachlicher Sicht freigegeben ist, kann der Bericht im CSV-Format heruntergeladen werden. Sie können den Bericht direkt in der Vorschauansicht über den Button (**In Tabellenkalkulation exportieren**), der sich links neben dem kleinen Zahnradsymbol befindet, herunterladen. Alternativ können Sie auch einen Schritt zurück zur Ansicht aus Abbildung 9.44 gehen, die Zeile mit dem Belegnamen markieren und dann auf **Herunterladen** klicken. Die von SAP DRC exportierte Excel-Datei enthält die gleichen Spalten wie die Excel-Vorlage vom BZSt.

Das Bearbeiten und Exportieren der §-50a-Quellensteuermeldung im Zielformat des BZSt stellt einen wesentlichen Vorteil gegenüber dem generischen Quellensteuerbericht aus der SAP GUI dar. Aus SAP DRC heraus kann die exportierte Berichtsdatei mit minimalem Anpassungsaufwand unmittelbar an das BZSt übermittelt werden.

Quellensteuerbescheinigung erzeugen

Wie im Verlauf dieses Kapitels bereits erwähnt, kann zusätzlich zur §-50a-Quellensteuermeldung in SAP DRC auch die Steuerbescheinigung für den Vergütungsgläubiger automatisch erstellt und versendet werden. Das hierfür erforderliche Formular wurde im Implementierungsteil dieses Abschnitts eingerichtet und ist im Bereich **Geschäftspartnerberichte** unter dem Namen **DE_WHT_50A_BPFORM** verfügbar (siehe Abbildung 9.48).

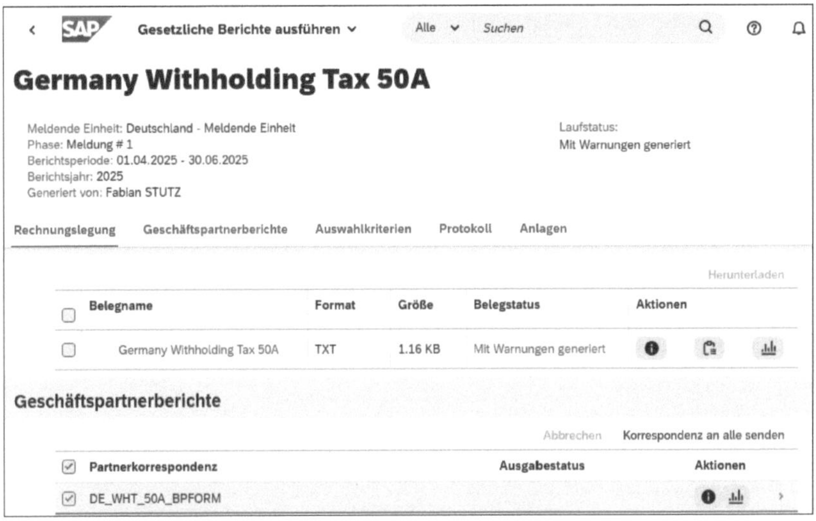

Abbildung 9.48 Quellensteuerbescheinigung auswählen

Durch einen Klick auf den Namen des Formulars öffnet sich eine Übersicht der Kreditoren bzw. Empfänger, die in der §-50a-Quellensteuermeldung enthalten sind und daher eine Bescheinigung über den Steuerabzug gemäß § 50a Abs. 1 EStG für den vorgenommenen Einbehalt erhalten sollen (siehe Abbildung 9.49).

Abbildung 9.49 Quellensteuerbescheinigung anzeigen

Sie können sich die einzelnen Steuerbescheinigungen über das PDF-Symbol (![]) in der Spalte **Anzeige** zur Prüfung anzeigen lassen und anschließend mit dem Button **Ausgabe senden** direkt an den Vergütungsgläubiger versenden, sofern alle dafür nötigen Informationen im SAP-System vorliegen (siehe Abbildung 9.50). Die auf diese Weise versendete PDF-Datei entspricht inhaltlich und formal exakt der vom BZSt bereitgestellten Vorlage, die unter folgendem Link abrufbar ist: *http://s-prs.de/v11005026*.

Steuerbescheinigung / Tax Certificate

des Schuldners der Vergütung für den Gläubiger nach § 50a Abs. 5 Satz 7 EStG.
of the debtor of the remuneration to the creditor in accordance with § 50a paragraph 5 sentence 7 EStG.

Es wurde angemeldet und abgeführt: (zutreffendes bitte ankreuzen / eintragen)
It has been declared and paid: (please mark with a cross and complete as appropriate)

☑ **Steuerabzug nach § 50a Abs. 1 EStG**
Bundeszentralamt für Steuern (BZSt), An der Küppe 1, 53225 Bonn, Deutschland
Anmeldezeitraum: 4. Quartal 2024

☐ **Steuerabzug nach § 50a Abs. 7 EStG**
Finanzamt **(Adresse)**
Anmeldezeitraum: . Quartal 20 - oder - . Monat 20

[tax withheld according to which act / paid to which tax authority in Germany / for which declaration period by quarter or month]

Steuernummer des Schuldners: A1 6 8 7 9 8 4 5 5 2 5 — Hinweis: Bitte die 10 Ziffern nach "A1" ergänzen.
taxpayer identification number of the debtor

Schuldner der Vergütung **Name, Anschrift, Staat** (kein Postfach) debtor of the remuneration name, address, state (no post office box)			
Gläubiger der Vergütung **Name, Anschrift, Staat** (kein Postfach) creditor of the remuneration name, address, state (no post office box)			
Art der Tätigkeit / Zahlungsgrund type of activity / reason for payment			
Eintrag / Zeile in Anmeldung number of the entry / line in declaration	Nr. No.	Nr. No.	Nr. No.
Datum der Zahlung date of payment	TT.MM.JJJJ dd.mm.yyyy	TT.MM.JJJJ dd.mm.yyyy	TT.MM.JJJJ dd.mm.yyyy
Leistungszeitraum performance period			
Höhe der Bruttovergütung (inklusive Steuerabzugsbetrag) amount of gross remuneration (including amount of tax withheld)	Euro, Cent euro, cent	Euro, Cent euro, cent	Euro, Cent euro, cent
einbehaltene und abgeführte Steuer nach § 50a Absatz 2 oder 3 EStG tax withheld and paid	Euro, Cent euro, cent	Euro, Cent euro, cent	Euro, Cent euro, cent
einbehaltener und abgeführter Solidaritätszuschlag solidarity surcharge withheld and paid	Euro, Cent euro, cent	Euro, Cent euro, cent	Euro, Cent euro, cent

Ich versichere, dass ich die Angaben in dieser Bescheinigung wahrheitsgemäß nach bestem Wissen und Gewissen gemacht und für die o. g. Vergütungen keine weitere Steuerbescheinigung erteilt habe.

I affirm that the information I have provided in this certificate is accurate to the best of my knowledge and belief and that I have not issued any other tax certificate for the remunerations as stated above.

Ort / place — **Datum /** date — **Unterschrift, Firmenstempel /** signature, company stamp

010165 – amtliches Muster nach § 50a Absatz 5 Satz 7 EStG **Stand: 10/2024**

Abbildung 9.50 Quellensteuerbescheinigung PDF-Ansicht

Zusammenfassend lässt sich festhalten, dass SAP DRC sowohl die Erstellung, Anpassung und den Export der §-50a-Quellensteuermeldung im Zielformat als auch die Ausstellung der Steuerbescheinigungen als PDF-Dokumente für die Vergütungsgläubiger unterstützt.

9.4.4 Beispiel für ein Standard Audit File Tax (SAF-T) in Rumänien

Standard Audit File for Tax

In Deutschland ist das *Standard Audit File for Tax (SAF-T)* derzeit nicht verpflichtend eingeführt. Das Bundesministerium der Finanzen (BMF) befindet sich jedoch in einer Pilotphase, in der das Potenzial einer landesweiten Implementierung von SAF-T evaluiert wird. Eine Studie der Universität Mannheim unterstützt diese Bemühungen und legt nahe, dass SAF-T die komplexe Steuerberichterstattung in Deutschland erheblich vereinfachen könnte.

In Rumänien ist SAF-T seit Januar 2022 verpflichtend. Die nationale Umsetzung erfolgt unter dem Begriff *Declarația informativă D406* und richtet sich sowohl an rumänische Unternehmen als auch an ausländische Gesellschaften mit rumänischer Umsatzsteuerregistrierung. Die Meldung muss monatlich oder vierteljährlich abgegeben werden und umfasst mehrere Module (z. B. Master File, Lagerbewegungen, Anlagenverzeichnis), je nach Geschäftstätigkeit und Steuerpflicht.

Agenția Națională de Administrare Fiscală

Die Anforderungen der rumänischen Steuerbehörde Agenția Națională de Administrare Fiscală (ANAF) an Struktur, Fristen und Inhalte sind detailliert geregelt und können auf der offiziellen Website der ANAF zur Unterstützung bei der Einrichtung von SAF-T heruntergeladen werden.

Die technische Umsetzung erfolgt im SAF-T-XML-Format, wobei XSD-Schemata und spezifische Validierungsregeln zur Anwendung kommen. Unternehmen stehen damit vor der Herausforderung, große Datenmengen regelmäßig, korrekt und im vorgegebenen Format zu übermitteln.

Voraussetzungen

Um die SAF-T-Meldung für Rumänien über SAP DRC verarbeiten zu können, müssen bestimmte technische und organisatorische Voraussetzungen erfüllt sein. Zunächst ist sicherzustellen, dass die entsprechende Länderversion für Rumänien im SAP-System installiert ist (siehe hierzu Abschnitt 8.2.1, »Business Configuration Sets aktivieren«). Diese Länderversion enthält die spezifische Berichtskategorie, das zugrunde liegende XML-Format sowie die von SAP ausgelieferten XSD-Strukturen und Validierungsroutinen.

Jeder meldenden Einheit ist eine entsprechende Organisationseinheit im System zuzuordnen (siehe Abschnitt 8.3.2, »Meldender Einheit eine Organisationseinheit zuordnen«). In der App **Gesetzliche Berichte ausführen** (siehe Abschnitt 8.2.4, »Apps implementieren«) kann die SAF-T-Meldung im Anschluss für die entsprechende meldende rumänische Einheit erzeugt werden.

Die Datei zur SAF-T-Meldung enthält umfassende Informationen über die Buchhaltungs- und Rechnungslegungsprozesse des Unternehmens und dient der Einhaltung der gesetzlichen Meldepflichten gemäß den rumänischen SAF-T-Vorgaben.

Bevor mit der Einrichtung des SAF-T-Berichts in SAP DRC begonnen werden kann, ist zunächst zu klären, in welcher Form das Unternehmen in Rumänien steuerlich registriert ist.

Ansässigkeit

Die ANAF unterscheidet zwischen ansässigen Unternehmen (resident) mit Sitz oder Betriebsstätte in Rumänien und nicht ansässigen Unternehmen (non-resident), die lediglich über eine umsatzsteuerliche Registrierung verfügen.

Einrichtung

Die Konfiguration der SAF-T-Meldung erfolgt im SAP-Customizing. Folgen Sie dafür diesem Customizing-Pfad:

Anwendungsübergreifende Komponenten • Allgemeine Anwendungsfunktionen • Document and Reporting Compliance • Länderspezifische Einstellungen • Rumänien • Externes Meldewesen • Statutory Reporting • Setting Up Your Statutory Reporting.

Wie eingangs erläutert, muss für die technische Einrichtung von SAF-T zunächst die Frage der Ansässigkeit geklärt werden.

SAP stellt für beide Szenarien unterschiedliche Berichtskategorien bereit:

- Für ansässige Steuerpflichtige ist die Standardberichtskategorie **RO_SAFT_TAX_RESIDENT** zu verwenden.
- Für nicht ansässige Steuerpflichtige ist stattdessen die speziell angepasste Berichtskategorie **RO_SAFT_TAX_NON_RESIDENT** vorgesehen.

Die Wahl bzw. Zuordnung der richtigen Berichtskategorie muss vor der Einrichtung abgestimmt werden, da sich Formatstruktur, Umfang und Validierungsregeln zwischen den beiden Varianten unterscheiden.

Im Folgenden gehen wir zunächst auf die Einrichtung der deutlich komplexeren Variante für ansässige Unternehmen ein.

Im ersten Schritt wird im Customizing die meldende Einheit **RO_RPG_ENT** mit der Berichtskategorie **RO_SAFT_TAX_RESIDENT** verknüpft (siehe Abbildung 9.51).

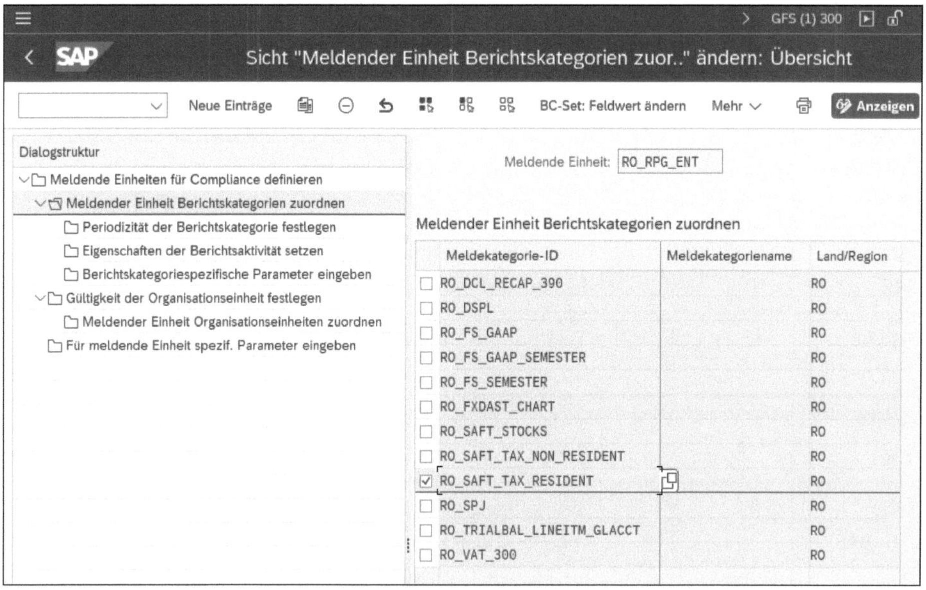

Abbildung 9.51 Verknüpfung der RO-Meldenden-Einheit und SAF-T-Berichtskategorie

Nach der Zuweisung wird die Periodizität der Meldung festgelegt (siehe Abbildung 9.52). Für ansässige Unternehmen in Rumänien ist die Meldung in der Regel monatlich vorzunehmen. Der Offset beträgt 30 Tage, die Frist zur Benachrichtigung (Notification Period) 15 Tage.

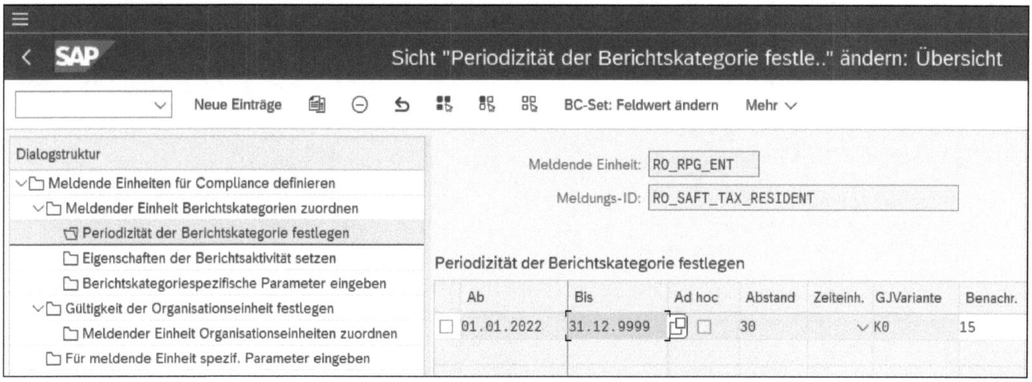

Abbildung 9.52 Festlegung der Periodizität für SAF-T

Anschließend werden für die Berichtskategorie spezifische Parameter gepflegt. Diese steuern insbesondere die technische Struktur der XML-Datei und die Identifikation der Kontaktperson (siehe Tabelle 9.10).

In Abbildung 9.53 sehen Sie die Werte im System.

Parametername	Beispielwert	Beschreibung	Pflichtfeld
RO_SAFT_CONTACT_FIRST_NAME	John	Vorname der Kontaktperson	Ja
RO_SAFT_CONTACT_LAST_NAME	Smith	Nachname der Kontaktperson	Ja
RO_SAFT_MAX_DOCS_IN_FILE	10000000	Maximale Anzahl von Dokumenten pro Datei; bei Überschreitung erfolgt Dateisplittung	Ja
RO_SAFT_PHONE_NUMBER	+40 21 1234567	Telefonnummer der Kontaktperson	Ja
RO_SAFT_REPORTING_LEDGER	0L	Ledger, aus dem die Daten extrahiert werden sollen	Ja
RO_SAFT_TAX_ACCOUNTING_BASIS	IFRS	Grundlage der steuerlichen Rechnungslegung (z. B. IFRS oder local GAAP)	Ja
RO_SAFT_USE_ALT_ACCOUNTS	(leer)	Option zur Nutzung alternativer Konten (falls aktiviert)	Ja
RO_SAFT_MF_PRODUCT_WO_MOVEMENT	M	Produktberichterstattung ohne Bewegungsdaten in der Masterdatei (optional)	Nein

Tabelle 9.10 Spezifische Parameter und ihre beispielhaften Werte für SAF-T

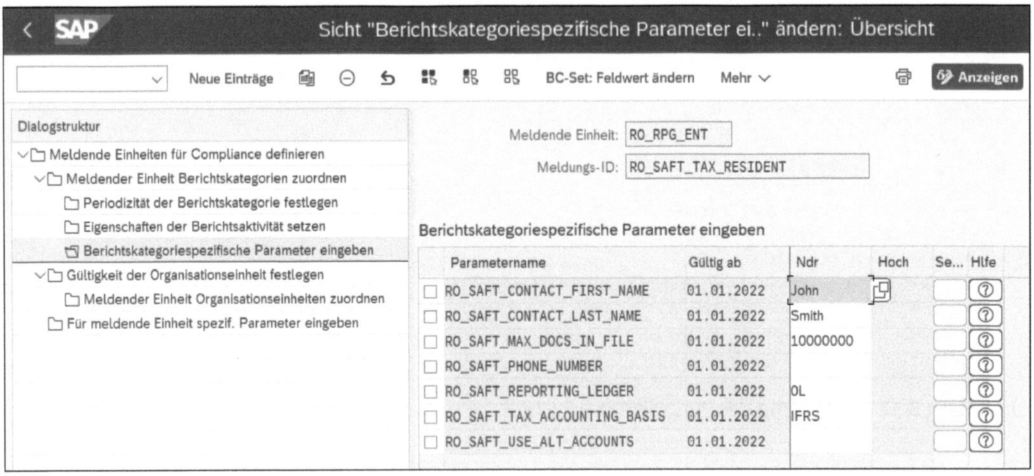

Abbildung 9.53 Berichtskategoriespezifische Parameter für SAF-T

Darüber hinaus ist zu dokumentieren, ab wann die meldende Einheit für die Berichterstellung gültig ist.

Im Customizing wird dann der betroffene Buchungskreis (z. B. 1010) als führende Organisationseinheit der meldenden Einheit zugewiesen.

Abschließend werden Parameter gepflegt, die sich auf die meldende Einheit selbst beziehen. Diese sehen Sie beispielhaft in Abbildung 9.54.

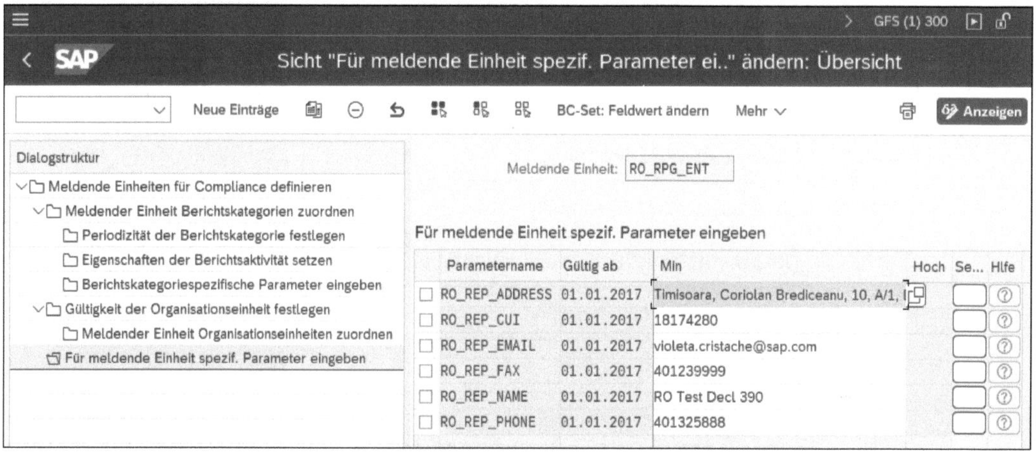

Abbildung 9.54 Parameterpflege der meldenden Einheit für Rumänien

Wichtig sind hierbei insbesondere die Parameter in Tabelle 9.11.

Parametername	Beispielwert	Beschreibung
RO_REP_CUI	18174280	Rumänische USt-Identifikationsnummer (CUI)
RO_REP_NAME	Company SRL	Bezeichnung der rumänischen Gesellschaft

Tabelle 9.11 Parameter für die meldende Einheit und ihre beispielhaften Werte

Erweiterte Einstellungen im FI-Customizing gemäß ANAF-Vorgaben

Zusätzlich zur Konfiguration im SAP-DRC-Customizing ist das SAF-T-Berichtswesen auch im Bereich **Hauptbuchhaltung (FI-GL)** vorzubereiten. SAP stellt dazu eine Reihe SAF-T-spezifischer Transaktionen zur Verfügung, mit denen Datenquellen, Mapping-Strukturen und Klassifikationen gepflegt werden. Tabelle 9.12 zeigt die einzelnen FI-Customizing-Aktivitäten und ihre Transaktionen.

Funktion	Transaktion
G/L-Konten klassifizieren	**/CEECV/RO_SAFT_ACCMA**
Dokumentarten für das Reporting definieren	**/CEECV/RO_SAFT_DOCMF**

Tabelle 9.12 SAF-T-spezifische Transaktionen

Funktion	Transaktion
Zahlungsdokumentarten für das Reporting definieren	/CEECV/RO_SAFT_DOCPY
Steuerkennzeichen definieren	/CEECV/RO_SAFT_TAXCO
Steuerarten definieren	/CEECV/RO_SAFT_TAXTY
Steuerkennzeichen mappen	/CEECV/RO_SAFT_TAXMA
Klassisches WHT-Mapping	/CEECV/RO_SAFT_WHTCM
Erweitertes WHT-Mapping	/CEECV/RO_SAFT_WHTMA
Dokumentstatus für Ausschluss definieren	/CEECV/RO_SAFT_EXBST
Materialarten klassifizieren	/CEECV/RO_SAFT_GOODS
Rechnungstypen mappen	/CEECV/RO_SAFT_INVTP
Bewegungsarten definieren	/CEECV/RO_SAFT_MOVTY
Bewegungsarten mappen	/CEECV/RO_SAFT_MVTPM
Zahlungsarten mappen	/CEECV/RO_SAFT_PYMCH
Mengeneinheiten definieren	/CEECV/RO_SAFT_UOM
Mengeneinheiten mappen	/CEECV/RO_SAFT_UOMMA
Gültige Analysetypen definieren	/CEECV/RO_SAFT_VALAN
Spezial-G/L-Kennzeichen (mit Buchungskreisbezug) mappen	/CEECV/RO_SAFT_SPGLI

Tabelle 9.12 SAF-T-spezifische Transaktionen (Forts.)

Die einzelnen Customizing-Schritte können auch über den folgenden IMG-Pfad aufgerufen werden:

Finanzwesen • Hauptbuchhaltung • Periodische Arbeiten • Melden • Meldewesen Rumänien • Standard Audit File for Tax Purposes (SAF-T)

Zu den FI-Customizing-Aktivitäten zählen insbesondere die Definition steuerlicher Objekte wie Steuerkennzeichen und Steuertypen sowie deren Zuordnung im System. Diese Aktivitäten orientieren sich an den strikten Vorgaben der ANAF, die die logische Struktur, Inhalte und die zulässigen Werte für das SAF-T-Meldeformat verbindlich vorgibt.

Ein zentrales Element bildet die Definition der Steuerkennzeichen in der Transaktion **/CEECV/RO_SAFT_TAXCO** (siehe Abbildung 9.55). Hier werden die von der ANAF vorgegebenen Steuerkennzeichen inklusive Beschreibung gepflegt, die später mit den unternehmensspezifischen Steuerkennzeichen gemappt werden müssen.

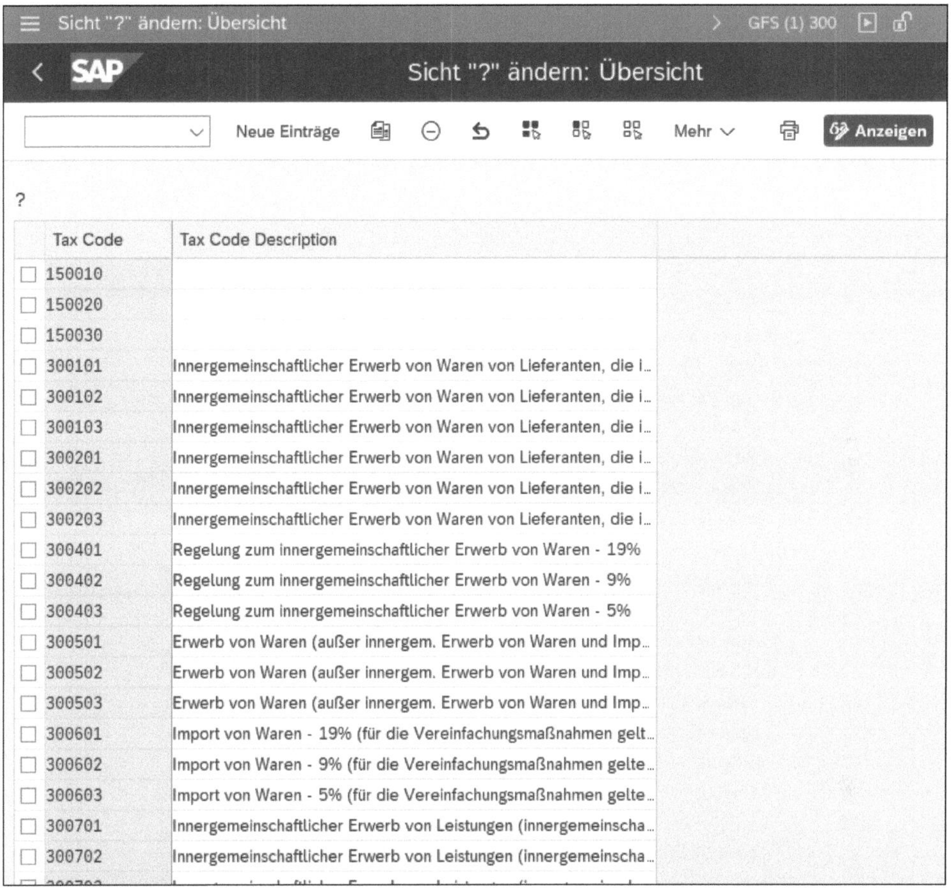

Abbildung 9.55 Transaktion /CEECV/RO_SAFT_TAXCO – Pflege der ANAF-Steuerkennzeichen

Die Klassifizierung erfolgt gemäß der ANAF-Dokumentation, die unter anderem eine klare Unterscheidung zwischen steuerpflichtigen, steuerfreien und innergemeinschaftlichen Vorgängen vorsieht.

Ergänzend dazu sind im Schritt **Steuertypen definieren** (Transaktion **/CEECV/RO_SAFT_TAXTY**) die unterschiedlichen steuerlichen Kategorien zu hinterlegen, die später im SAF-T-Bericht zur Kennzeichnung der einzelnen steuerlichen Sachverhalte verwendet werden (siehe Abbildung 9.56). Diese Typisierung bildet die Grundlage für die Aggregation der steuerrelevanten Transaktionen in der XML-Struktur und wird ebenfalls von der rumänischen Finanzbehörde vorgegeben.

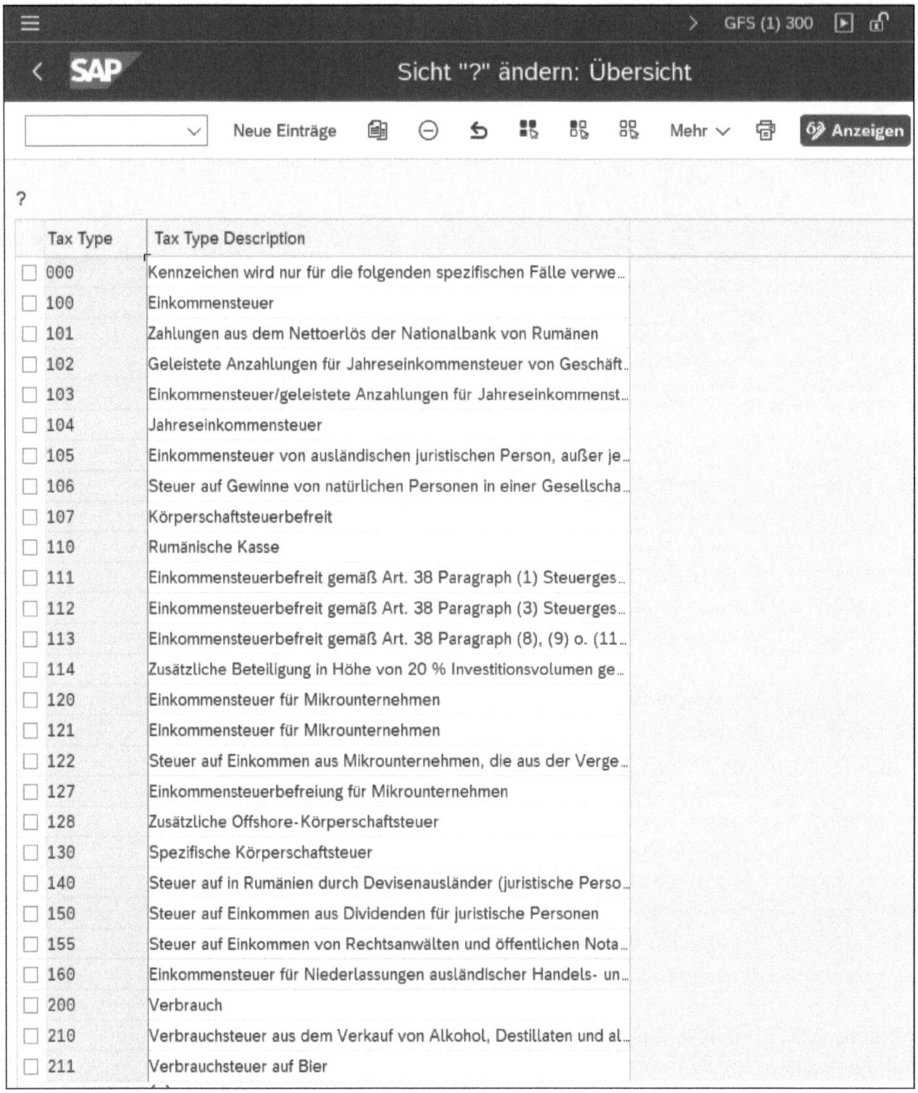

Abbildung 9.56 Transaktion /CEECV/RO_SAFT_TAXTY – Pflege der ANAF-Steuertypen

Im nächsten Schritt erfolgt dann das Mapping der ANAF-Steuerkennzeichen und -Steuertypen auf die im System verwendeten Steuerkennzeichen (siehe Abbildung 9.57). Diese Aktivität erfolgt über die Transaktion **/CEECV/RO_SAFT_TAXMA**. Hierbei wird sichergestellt, dass die im SAP-System verwendeten Steuerkennzeichen korrekt in die von der ANAF geforderten Codierungen überführt werden. Diese Zuordnung ist essenziell für eine formal und inhaltlich korrekte SAF-T-Datei und muss regelmäßig mit den aktualisierten Vorgaben der ANAF abgeglichen werden.

Sicht "?" ändern: Übersicht

Sicht "?" ändern: Übersicht

Aufr. <-> Verb. Neue Einträge Abgrenzen Mehr

?

Schema	St	VOR	Gültig bis	Gültig ab	Tax Type	Tax Type Description	Tax Code	Tax Code Description
0TXRO	00	MWS	31.12.9999	01.01.2022	300	Umsatzsteuer (USt)	310317	Regelung der Ausgangssteuer von 19%
0TXRO	01	ESE	31.12.9999	01.01.2022	300	Umsatzsteuer (USt)	300103	Innergemeinschaftlicher Erwerb von Waren von Lieferant…
0TXRO	02	ESE	31.12.9999	01.01.2022	300	Umsatzsteuer (USt)	300901	Steuerpflichtiger Erwerb von Waren, für die Vereinfachun…
0TXRO	03	ESE	31.12.9999	01.01.2022	300	Umsatzsteuer (USt)	300902	Steuerpflichtiger Erwerb von Waren, für die Vereinfachun…
0TXRO	04	ESE	31.12.9999	01.01.2022	300	Umsatzsteuer (USt)	300903	Steuerpflichtiger Erwerb von Waren, für die Vereinfachun…
0TXRO	07	MWS	31.12.9999	01.01.2022	300	Umsatzsteuer (USt)	310319	Regelung der Ausgangssteuer von 5%
0TXRO	0A	MWS	31.12.9999	01.01.2022	300	Umsatzsteuer (USt)	310318	Regelung der Ausgangssteuer von 9%
0TXRO	11	MWS	31.12.9999	01.01.2022	300	Umsatzsteuer (USt)	310309	Lieferungen und Leistungen, die mit einem Steuersatz vo…
0TXRO	12	MWS	31.12.9999	01.01.2022	300	Umsatzsteuer (USt)	310311	Lieferungen und Leistungen, die mit einem Steuersatz vo…
0TXRO	13	MWS	31.12.9999	01.01.2022	300	Umsatzsteuer (USt)	310310	Lieferungen und Leistungen, die mit einem Steuersatz vo…
0TXRO	2A	VST	31.12.9999	01.01.2022	300	Umsatzsteuer (USt)	301301	Erwerb von einem Lieferanten, unter Anwendung von Cas…
0TXRO	2B	VST	31.12.9999	01.01.2022	300	Umsatzsteuer (USt)	301302	Erwerb von einem Lieferanten, unter Anwendung von Cas…
0TXRO	2C	VST	31.12.9999	01.01.2022	300	Umsatzsteuer (USt)	301303	Erwerb von einem Lieferanten, unter Anwendung von Cas…
0TXRO	31	ESE	31.12.9999	01.01.2022	300	Umsatzsteuer (USt)	300502	Erwerb von Waren (außer innergem. Erwerb von Waren …
0TXRO	32	ESE	31.12.9999	01.01.2022	300	Umsatzsteuer (USt)	300503	Erwerb von Waren (außer innergem. Erwerb von Waren …
0TXRO	3A	VST	31.12.9999	01.01.2022	300	Umsatzsteuer (USt)	301101	Steuerpflichtiger Erwerb von Waren und Leistungen, mit …
0TXRO	3B	VST	31.12.9999	01.01.2022	300	Umsatzsteuer (USt)	301103	Steuerpflichtiger Erwerb von Waren und Leistungen, mit …
0TXRO	3C	VST	31.12.9999	01.01.2022	300	Umsatzsteuer (USt)	301102	Steuerpflichtiger Erwerb von Waren und Leistungen, mit …
0TXRO	3D	VST	31.12.9999	01.01.2022	300	Umsatzsteuer (USt)	301101	Steuerpflichtiger Erwerb von Waren und Leistungen, mit …
0TXRO	3E	VST	31.12.9999	01.01.2022	300	Umsatzsteuer (USt)	350501	Erwerb von Waren (außer innergem. Erwerb von Waren …
0TXRO	3F	VST	31.12.9999	01.01.2022	300	Umsatzsteuer (USt)	309102	Regelung der Vorsteuer 9%
0TXRO	3G	VST	31.12.9999	01.01.2022	300	Umsatzsteuer (USt)	309103	Regelung der Vorsteuer 5%
0TXRO	3P	VST	31.12.9999	01.01.2022	300	Umsatzsteuer (USt)	301101	Steuerpflichtiger Erwerb von Waren und Leistungen, mit …
0TXRO	3Q	VST	31.12.9999	01.01.2022	300	Umsatzsteuer (USt)	308302	Erwerb von umsatzsteuerbefreiten oder nicht steuerpflich…
0TXRO	3V	VST	31.12.9999	01.01.2022	300	Umsatzsteuer (USt)	301101	Steuerpflichtiger Erwerb von Waren und Leistungen, mit …
0TXRO	3W	VST	31.12.9999	01.01.2022	300	Umsatzsteuer (USt)	301102	Steuerpflichtiger Erwerb von Waren und Leistungen, mit …
0TXRO	3X	VST	31.12.9999	01.01.2022	300	Umsatzsteuer (USt)	301103	Steuerpflichtiger Erwerb von Waren und Leistungen, mit …

Abbildung 9.57 Transaktion »/CEECV/RO_SAFT_TAXMA« – Mapping von Steuerkennzeichen und Steuertypen

Die Einhaltung dieser Anforderungen ist nicht nur aus technischer Sicht notwendig, sondern auch Voraussetzung für die Anerkennung der eingereichten Meldungen durch die rumänische Finanzverwaltung. Eine fehlerhafte oder unvollständige Konfiguration führt regelmäßig zu Ablehnungen durch das System der ANAF oder zur Anforderung von Korrekturmeldungen.

Tabelle 9.13 zeigt exemplarisch, wie eine praxisgerechte Abbildung der Umsatzsteuerlogik im SAF-T-Kontext aussehen kann. Die exakte Kodierung und Steuerart hängen von der jeweiligen ANAF-Version ab (Standardschema v1.0) und sollten regelmäßig mit den amtlichen XSD-Vorgaben und SAP-Hinweisen abgeglichen werden.

SAP-Steuer-kennzeichen	Beschreibung (intern)	SAF-T Steuer-art (Typ)	SAF-T Code (nach ANAF)	Bemerkung
V1	Inlandslieferung, 19 % USt	VAT	01	Standardfall für steuerpflichtige Inlandslieferungen
E1	Innergemeinschaftlicher Erwerb	Acquisition	09	Für EU-Warenkäufe mit Reverse Charge
M0	Export steuerfrei	Exempt	05	Für Ausfuhren außerhalb der EU (steuerfreie Umsätze)
D2	Dienstleistungen, 19 % USt	VAT	01	Für inländisch erbrachte Dienstleistungen
U3	Leistungen mit Reverse Charge	Reverse Charge	20	Für Empfängerleistungen im B2B-Bereich (nach § 331 Cod.Fisc.)
K7	Nicht steuerbarer Umsatz	Not subject to VAT	99	Für sonstige Vorgänge ohne steuerliche Relevanz

Tabelle 9.13 Verknüpfung von Steuerkennzeichen mit SAF-T-Codes für RO

Steuerliche Klassifikation von Geschäftspartnern

Für die Erstellung einer korrekten SAF-T-Meldung – unabhängig davon, ob es sich um ansässige oder nicht ansässige Unternehmen handelt – ist die steuerliche Kategorisierung der Geschäftspartner in SAP verpflichtend. Diese definiert, wie Kunden- und Lieferantenstammdaten im Master File sowie in den Transaktionsdaten (General Ledger Entries, Source Documents) dargestellt werden.

Die Pflege erfolgt in der App **Geschäftspartner pflegen** (Transaktion **BP**) unter der BP-Rolle **Business Partner (Gen.)** auf der Registerkarte **Identifikation** innerhalb der Steuernummerntabelle (siehe Abbildung 9.58).

Es werden zwei Steuerkategorien verwendet (siehe Tabelle 9.14).

Kategorie	Anwendung
RO8	Lieferanten (Vendors)
RO9	Kunden (Customers)

Tabelle 9.14 Kategorisierung der Geschäftspartner

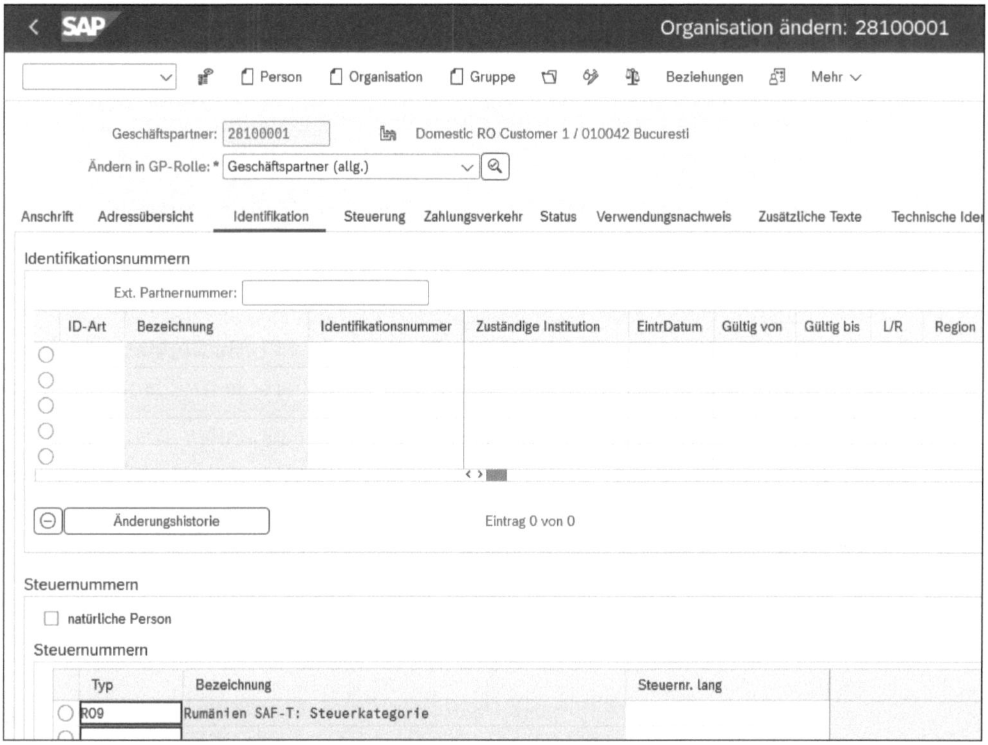

Abbildung 9.58 Geschäftspartner für SAF-T RO pflegen

In der Spalte **Tax Number Long** kann je nach Geschäftsbeziehung eine von drei Ausprägungen hinterlegt werden (siehe Tabelle 9.15).

Wert	Wirkung in SAF-T
Kundennummer/ Lieferantennummer	Geschäftspartner wird vollständig im Master File und in Transaktionsdaten geführt
EXCLUDE	Geschäftspartner wird im Master File ausgeschlossen, Transaktionen erfolgen unter VAT-ID der Entität
0	Geschäftspartner ist ein Einmaldebitor/-kreditor, Daten werden aus Tabelle BSEC übernommen

Tabelle 9.15 Ausprägung der Geschäftsbeziehung

Diese Kategorisierung ist für jede kombinierte Berichtseinheit und Berichtskategorie erforderlich, d. h. sowohl für **RO_SAFT_TAX_RESIDENT** als auch für **RO_SAFT_TAX_NON_RESIDENT**. Sie trägt zur Konsistenz, Nachvollziehbarkeit und Anonymisierungspflicht bei und entspricht den Anforderungen der rumänischen Steuerbehörde ANAF.

Die gesamten Aktivitäten ermöglichen eine vollständige Abbildung aller relevanten Datenbereiche (FI, MM, SD, AA) innerhalb der SAF-T-Struktur. Sobald diese Konfigurationen abgeschlossen wurden, steht der SAF-T-Bericht **RO_SAFT_TAX_RESIDENT** für die monatliche Erstellung in der SAP-Fiori-App **Gesetzliche Berichte ausführen** bereit.

SAF-T Stocks

Neben der periodischen Hauptmeldung zu Finanzdaten sieht die rumänische Steuerbehörde ANAF vor, dass ansässige Unternehmen auf Anforderung hin eine SAF-T-Bestandsmeldung (SAF-T Stocks Report) übermitteln müssen. Die rechtliche Grundlage hierfür ergibt sich aus der D40, die nicht nur Finanz- und Buchungsdaten, sondern auch Informationen zu Lagerbeständen, Lagerbewegungen und Artikelklassifizierungen verlangt.

Die Übermittlungspflicht betrifft ausschließlich in Rumänien steuerlich ansässige Unternehmen und kann monatlich oder vierteljährlich ausgelöst werden. Im Gegensatz zur regulären Hauptmeldung wird die Bestandsmeldung jedoch nicht automatisch, sondern nur auf behördliche Anforderung hin übermittelt.

Technische Voraussetzungen

Zur Erstellung des SAF-T Stocks Reports müssen bestimmte Voraussetzungen erfüllt sein:

1. Die Customizing-Einstellungen für SAF-T Stocks wurden vollständig durchgeführt.
2. Die betroffenen Geschäftspartner sind in der Transaktion **BP** (Business Partner) auf der Registerkarte **Business Partner Classification** (RO) klassifiziert. In der BP-Rolle **Lieferant (Finanzbuchhaltung)**, Segment **Buchungskreis**, wird im Reiter **Vendor: Ctry-Spec. Enh.** ein Gültigkeitszeitraum gepflegt, z. B. vom 01.01.2022 bis 30.04.2099.
3. Der verwendete Report basiert auf der aktuellen Berichtskategorie **Romania SAF-T Stocks Report v2**, da die Vorgängerversion von SAP als obsolet eingestuft wurde (siehe SAP-Hinweise 3408530 und 3419373).

Das technische Customizing der SAF-T-Bestandsmeldung für Rumänien erfolgt weitgehend analog zur Konfiguration der Hauptmeldung, umfasst jedoch eine eigene Berichtskategorie und spezifische Parameter. SAP unterstützt dies über die Berichtskategorie **RO_SAFT_STOCKS**, die im Customizing aktiv konfiguriert werden muss (siehe Abbildung 9.59).

Im ersten Schritt wird die meldende Einheit **RO_RPG_ENT** mit der Berichtskategorie **RO_SAFT_STOCKS** verbunden. Die Zuweisung erfolgt, wie auch bei der Hauptmeldung, über die Aktivität **Einrichten Ihres externen Meldewesens**. Als Periodizität ist grundsätzlich eine monatliche oder vierteljährliche Anlage möglich, wobei SAP den Modus **Ad hoc** = Ja vorsieht, da die Meldung im Regelfall nur auf Anfrage erfolgt.

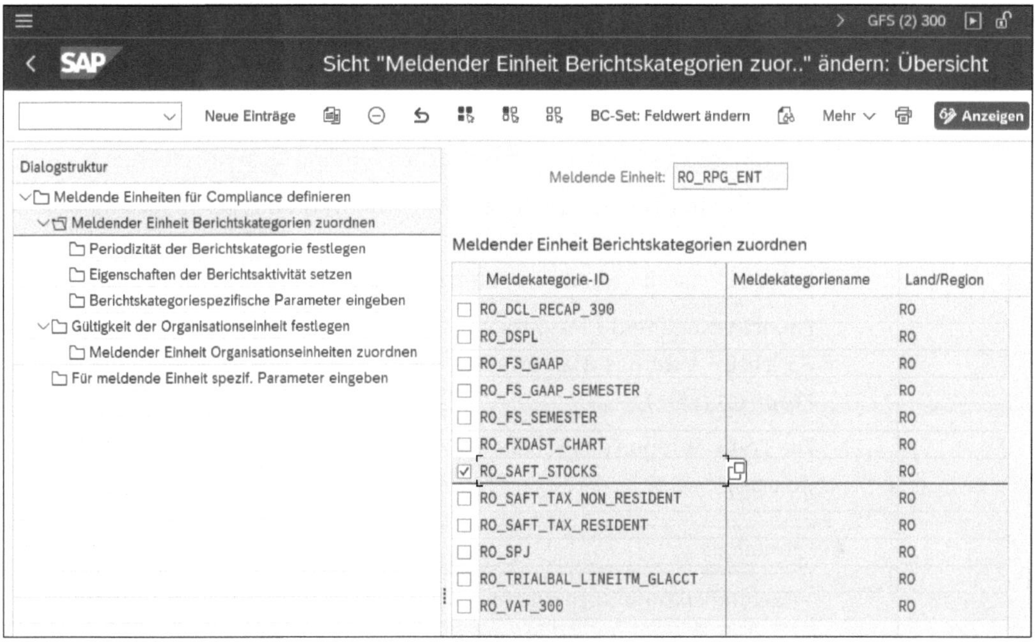

Abbildung 9.59 Separate Berichtskategorie für SAF-T Stocks

Zur Steuerung der Berichtserstellung sind verschiedene Parameter auf Berichtskategorie-Ebene zu pflegen, die in Abbildung 9.60 dargestellt sind. Diese bestimmen insbesondere das Verhalten bei Bewegungsarten, die Materialklassifikation sowie die Kontaktinformationen des Datenbereitstellers.

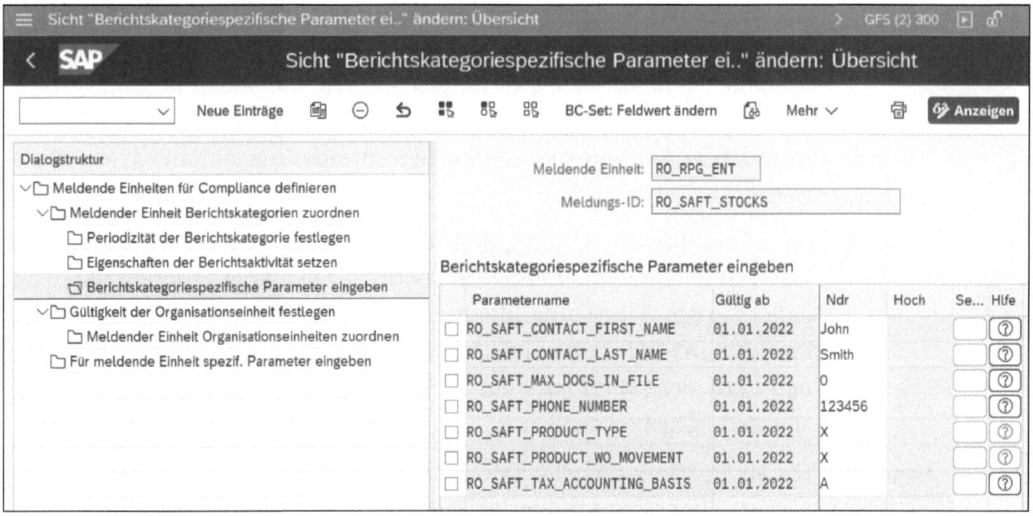

Abbildung 9.60 Berichtsspezifische Parameter für SAF-T Stocks Report

Je nach Ausprägung beeinflussen die beiden Parameter **RO_SAFT_PRODUCT_WO_MOVEMENT** und **RO_SAFT_PRODUCT_TYPE**, ob nur »bewegte« oder auch »bewegungslose« Lagerartikel in die Meldung aufgenommen werden. Im Anschluss erfolgt ebenfalls die Zuordnung zu einem oder mehreren Buchungskreisen, wobei einer als führend zu kennzeichnen ist.

Zur vollständigen Abbildung der SAF-T-relevanten Lagerdaten sind weitere Zuweisungen im Bereich der erweiterten SAF-T-Konfiguration erforderlich. Folgen Sie dafür diesem Customizing-Pfad:

Finanzwesen (neu) • Hauptbuchhaltung (neu) • Periodische Verarbeitung • Berichte • Externes Meldewesen: Rumänien • Standard Audit File for Tax Purposes (SAF-T).

Die Transaktionen aus Tabelle 9.16 sind für SAF-T Stocks von besonderer Bedeutung.

Funktion	Transaktion
Eigentümerkennzeichen zuordnen	**/CEECV/RO_SAFT_OWNID**
Lagermerkmale und -werte zuordnen	**/CEECV/RO_SAFT_STKCH**
Bewegungsarten mappen	**/CEECV/RO_SAFT_MVTPM**
ANAF-Bewegungsarten Konten zuordnen	**/CEECV/RO_SAFT_MVTGL**

Tabelle 9.16 Transaktionen für SAF-T Stocks

Diese Aktivitäten sind notwendig, um sicherzustellen, dass z. B. Lagerbewegungen, Materialstammdaten, Einheiten und Bewertungsinformationen vollständig und korrekt in das XML-Format für die D406-Anforderung übernommen werden. Die Zuordnungen spiegeln die tatsächlichen Lagerprozesse wider und bilden das Bindeglied zwischen den SAP-Standardobjekten (Materialstamm, Bewegungsarten, Bewertungsarten etc.) und dem strukturierten SAF-T-Format.

Nach Abschluss dieser Konfigurationsschritte kann der SAF-T Stocks Report jederzeit über die App **Gesetzliche Berichte ausführen** generiert und bearbeitet werden. Beim Öffnen des Berichts erscheint nun die Berichtsaktivität **Romania SAF-T Stocks Report v2**. Bei der Generierung des Berichtslaufs können zusätzliche Filteroptionen wie Buchungskreis oder spezifische Artikelklassen angegeben werden.

Manuelle Übermittlung

Die im Anschluss erstellte XML-Datei kann angezeigt oder heruntergeladen werden. Nach Überprüfung der Daten kann die Datei anschließend manuell an die Steuerbehörde übermittelt werden. Sobald eine Rückmeldung erfolgt, wird der Status manuell im System gepflegt.

Bericht zum Anlagevermögen

Im Rahmen der rumänischen SAF-T-Vorgaben wird neben dem Hauptbericht und dem Bestandsbericht (Stocks) auch eine strukturierte Offenlegung von Informationen zum Anlagevermögen gefordert. Die ANAF verlangt mit dem SAF-T-Teilbericht zu Fixed Assets eine strukturierte Übersicht über alle im Berichtszeitraum aktivierten, abgeschriebenen, bewegten oder abgeschlossenen Anlagen eines steuerlich in Rumänien ansässigen Unternehmens. Die weiteren Details des Berichts werden an dieser Stelle nicht weiter dargestellt.

SAF-T Rumänien für nicht ansässige Unternehmen

Neben der Berichterstattungspflicht für in Rumänien steuerlich ansässige Unternehmen besteht auch für nicht ansässige Unternehmen, die lediglich über eine umsatzsteuerliche Registrierung in Rumänien verfügen, eine Verpflichtung zur Abgabe von SAF-T-Meldungen im Rahmen der Declarația informativă D406. Diese Unternehmen besitzen keine feste Betriebsstätte, sind jedoch durch steuerpflichtige Tätigkeiten im Land meldepflichtig.

SAP stellt für diesen Anwendungsfall die gesonderte Berichtskategorie **RO_SAFT_TAX_NON_RESIDENT** bereit, über die die Meldung strukturell angepasst im SAF-T-Format erzeugt wird. Die Meldung deckt ebenso wie bei residenten Unternehmen Buchhaltungs- und Abrechnungsdaten ab und ist monatlich oder vierteljährlich zu übermitteln.

Geringerer Customizing-Aufwand

Im Vergleich zu inländischen Gesellschaften ist der Customizing-Aufwand für nicht ansässige Unternehmen deutlich geringer. Das liegt insbesondere daran, dass viele der inländischen Anforderungen, wie etwa an Lager-, Anlagen- oder Bewegungsdaten, auf nicht ansässige Unternehmen nicht zutreffen oder in der Praxis nicht relevant sind. So entfällt etwa die Konfiguration zusätzlicher SAF-T-Teilberichte wie Stocks oder Fixed Assets vollständig.

Die Konfiguration im DRC-Customizing konzentriert sich auf die folgenden Kernelemente:

- Meldende Einheit: **RO_RPG_ENT**
- Berichtskategorie: **RO_SAFT_TAX_NON_RESIDENT**
- Pflege eines Standardsatzes an Parametern, etwa:
  - Name und Telefonnummer der Kontaktperson
  - Reporting Ledger (0L)
  - Rechnungslegungsbasis (IFRS oder lokale Standards)
- Zuweisung eines einzigen Buchungskreises zur meldenden Einheit

Auch die Zahl der zu pflegenden Mapping-Tabellen ist deutlich reduziert: Bewegungsarten, Materialarten oder Bewertungsobjekte sind in der Regel nicht betroffen. In der Praxis werden nur Kernbereiche der Finanzbuchhaltung abgebildet (FI-Transaktionen, Steuerkennzeichen, Geschäftspartnerdaten).

Einzige obligatorische Strukturmaßnahme bleibt die Klassifikation von Kunden und Lieferanten nach Steuerkategorie, wie sie auch für ansässige Unternehmen gilt. Dabei ist bei Non-Residents insbesondere auf den korrekten Umgang mit One-Time-Partnern (Wert 0) sowie auf anonymisierte IDs (Wert EXCLUDE) zu achten, da häufig keine vollständige Partnerpflege wie im lokalen Geschäft erfolgt.

Die Ausführung des SAF-T-Berichts für Non-Residents erfolgt identisch zu anderen Berichten in SAP DRC:

- Auswahl der Berichtskategorie **RO_SAFT_TAX_NON_RESIDENT**
- Definition des Zeitraums
- Start eines neuen Laufs
- Validierung und Vorschau der generierten XML-Datei
- Manuelle Einreichung oder Übergabe über SAP Integration Suite
- Statuspflege: Inhalt von Behörde akzeptiert, Inhalt von Behörde abgelehnt, Status zurücksetzen

Auch für nicht ansässige Unternehmen können Korrekturläufe erzeugt und neue Phasen eröffnet werden.

Durch die gezielte Reduktion auf Kernprozesse und eine stark vereinfachte Systemintegration bietet SAP mit dem SAF-T-Bericht für nicht ansässige Unternehmen eine weitgehend schlanke, aber gesetzeskonforme Lösung zur Meldung umsatzsteuerlich relevanter Daten in Rumänien. Unternehmen mit einfacher Geschäftsstruktur profitieren so von minimalem Konfigurationsaufwand bei gleichzeitig automatisierter Erstellung und Abgabe.

Monitoring

Die technische Erstellung der SAF-T-Meldungen ist nur ein Teil des Gesamtprozesses. Ebenso relevant sind die Überwachung der Berichtsverläufe, die Statuspflege sowie die Archivierung der generierten XML-Dateien. Diese Aufgaben erfolgen zentral über die SAP-Fiori-App **Gesetzliche Berichte ausführen**, die in SAP DRC alle gesetzlichen Meldungen pro Berichtskategorie, Zeitraum und meldender Einheit übersichtlich darstellt.

In der App lassen sich unter anderem der Übermittlungsstatus aktualisieren, Rückmeldungen der rumänischen Steuerbehörde dokumentieren (z. B. Inhalt akzeptiert, abgelehnt), Korrekturläufe verwalten und Archivdaten abrufen.

9.5 Berichtsdatenanalyse

Daten analysieren

Die Datenanalyse ist ein wesentlicher Bestandteil der gesetzlichen Berichterstattung in SAP DRC. Mit der Funktion **Daten analysieren** innerhalb der App **Gesetzliche Berichte ausführen** (App-ID: F1515) steht Anwenderinnen und Anwendern ein leistungsfähiges Werkzeug zur Verfügung, um die Meldedaten transparent und nachvollziehbar zu überprüfen. Sie ermöglicht es, Berichte nicht nur in aggregierter Form darzustellen, sondern die zugrunde liegenden Belege interaktiv zu untersuchen und so detaillierte Einblicke zu gewinnen. Gerade im Kontext von Prüfungen oder internen Kontrollen bietet die Analysefunktion einen erheblichen Mehrwert: Sie schafft Transparenz, erhöht die Nachvollziehbarkeit und unterstützt Anwenderinnen und Anwender bei der Interpretation der Ergebnisse. Dies dient nicht nur der Transparenz, sondern erhöht auch die Prüfbarkeit und Nachvollziehbarkeit der Berichte erheblich. Neben aggregierten Kennzahlen können Sie auch Einzelbelege öffnen.

Berichtsspezifische Analyse

Die Analysefunktion kann direkt im Kontext eines spezifischen Berichtslaufs über das Symbol des Balkendiagramms () aufgerufen werden, selbst dann, wenn die Generierung des eigentlichen Berichts fehlgeschlagen ist (siehe Abbildung 9.61). Voraussetzung dafür ist lediglich, dass der jeweilige Lauf über auswertbare Daten verfügt. So eröffnet sich ein alternativer Zugang zur inhaltlichen Prüfung und Interpretation, selbst in Fällen technischer oder formatbedingter Abbrüche der Berichtserstellung.

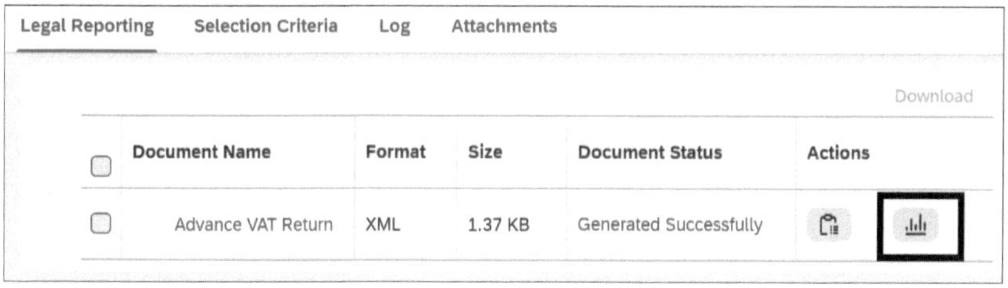

Abbildung 9.61 Analysebereich

Navigationsbereich

Im Navigationsbereich (siehe Abbildung 9.62), dargestellt in der linken Bildschirmhälfte, können Benutzer relevante Parameter entweder als Zeilen- oder Spaltenmerkmale definieren. Per Drag-and-Drop oder über das Symbolmenü () (siehe Abbildung 9.62) lassen sich Felder wie Steuerkennzeichen, Belegnummer oder Belegart platzieren. Die Reihenfolge der Felder auf Zeilenebene legt die hierarchische Struktur im DataGrid fest.

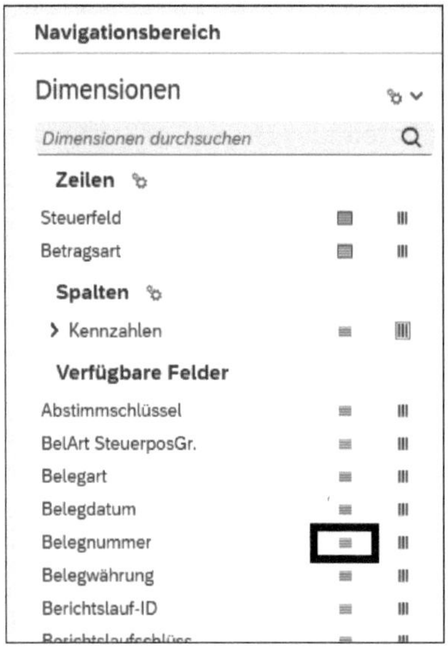

Abbildung 9.62 Interaktives Navigationsmenü mit Drag-and-Drop

Layout

Das Layout unterteilt sich in zwei Bereiche: Lesezeichen und Variantensteuerung.

Im oberen Bereich können Filterkriterien als Varianten gespeichert und benutzerübergreifend genutzt werden. Über das Dropdown-Menü neben **Standard** lässt sich eine neue Variante anlegen (siehe Abbildung 9.63). So entsteht ein effizienter Zugriff auf wiederkehrende Berichtskonfigurationen.

Abbildung 9.63 Variantensteuerung

Lesezeichen im DataGrid

Die konkreten Darstellungen und Layouts innerhalb des Analysebereichs werden hingegen nicht über Varianten, sondern separat über sogenannte *Lesezeichen* gespeichert (siehe Abbildung 9.64).

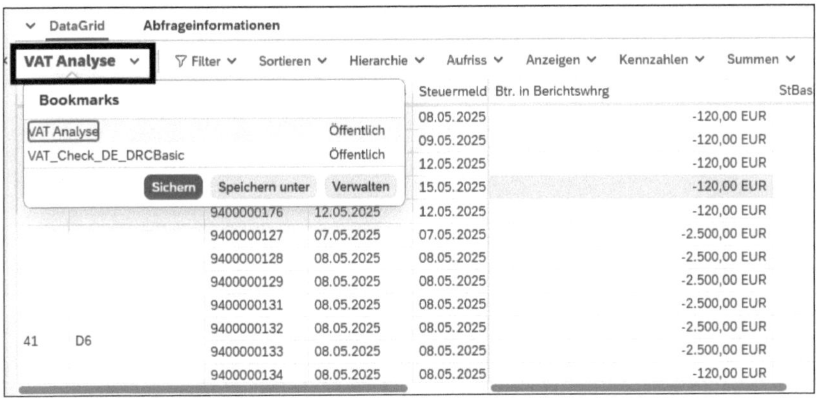

Abbildung 9.64 Lesezeichen-Funktion zur Layoutspeicherung

Flexibles Analysefeld mit Diagrammoption

Im rechten unteren Bereich des Bildschirms befindet sich das eigentliche Analysefeld. Hier können die Daten entweder in tabellarischer Form (DataGrid) oder als Diagramm angezeigt werden. Besonders bei Letzterem empfiehlt sich die Begrenzung auf wenige Parameter, um die Lesbarkeit zu wahren.

Das DataGrid basiert auf einer CDS-gestützten analytischen Abfrage. Typische Kennzahlen wie steuerpflichtige Beträge, Steuerbeträge oder Rechnungsbeträge werden dabei automatisch aggregiert. Die Art der Aggregation – etwa Summe, Mittelwert oder Anzahl – ist konfigurierbar. Zudem lassen sich dynamische Berechnungen direkt im Bericht definieren, wie etwa Steuerquoten oder spezifische Kennzahlenfilter.

Weiterhin erlaubt das System:

- Kennzahlenbezogene Regeln, etwa farbliche Hinterlegung ab einem Schwellenwert von 50.000 € Steuerbetrag
- Definition numerischer Operatoren: =, ≠, >, <, zwischen

Absprungsfunktion

Ein besonderes Merkmal stellt die Funktion **Navigieren zu** dar, die über Rechtsklick auf eine Kennzahl aufgerufen wird (siehe Abbildung 9.65). Je nach Benutzerrolle stehen kontextabhängig verschiedene Absprungziele in andere SAP-Fiori-Apps zur Verfügung, beispielsweise die folgenden:

- Bei Journalbuchungen kann der Nutzer direkt in die App **Journalbuchungen verwalten** (App ID: F0717) oder **Journal Entry Analyzer** (App ID: F0956) abspringen.
- Bei Vertragskontokorrentbelegen steht u. a. die App **Beleg anzeigen** (Transaktion **FB03**) zur Verfügung.

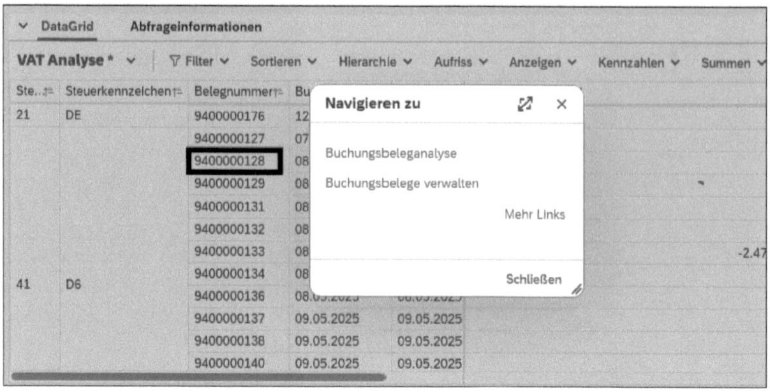

Abbildung 9.65 Absprungsfunktion

Exportfunktion

Zur Weiterverarbeitung der Analyseergebnisse oder für dokumentarische Zwecke bietet die Funktion **Daten analysieren** zusätzlich die Möglichkeit, die angezeigte Tabelle zu exportieren. Der Export kann wahlweise im Excel- oder PDF-Format erfolgen. Damit lassen sich Analyseergebnisse unkompliziert in lokale Systeme überführen, weiterverarbeiten oder archivieren.

Gerade im Rahmen von Prüfungen, internen Kontrollen oder zur revisionssicheren Ablage bietet der PDF-Export eine verlässliche und unveränderbare Dokumentationsform. Der Excel-Export hingegen eignet sich besonders für weiterführende Ad-hoc-Analysen, individuelle Berechnungen oder die Integration in andere Berichtskontexte. Mit wenigen Klicks steht so eine leistungsfähige Brücke zwischen dem SAP-System und externen Analyseumgebungen zur Verfügung.

Abfrage-Browser

Des Weiteren lassen sich die Berichtsdaten auch über die SAP-Fiori-App **Abfrage-Browser** (App-ID: F1068) analysieren. Mit der App können Sie schnell und unkompliziert nach analytischen Abfragen suchen, diese durchsuchen und bei Bedarf markieren. Die App zeigt sämtliche autorisierte analytische Standardabfragen sowie benutzerspezifische Kundenabfragen an, auf die Sie Zugriff haben. Um die App zu öffnen, wählen Sie im Abfrage-Browser-Katalog den Eintrag **Abfrage-Browser** aus. Standardmäßig werden die verfügbaren Content-Views alphabetisch nach View-Namen sortiert dargestellt.

Hier sind auch die Views von verschiedenen SAP-DRC-Berichten aufgeführt (siehe beispielhaft Abbildung 9.66).

Durch einen Klick auf die View öffnet sich eine Übersicht der darin enthaltenen Datenelemente. Hier können Sie auch die View für die Analyse öffnen, über den Button **Für Analyse öffnen** (siehe Abbildung 9.67).

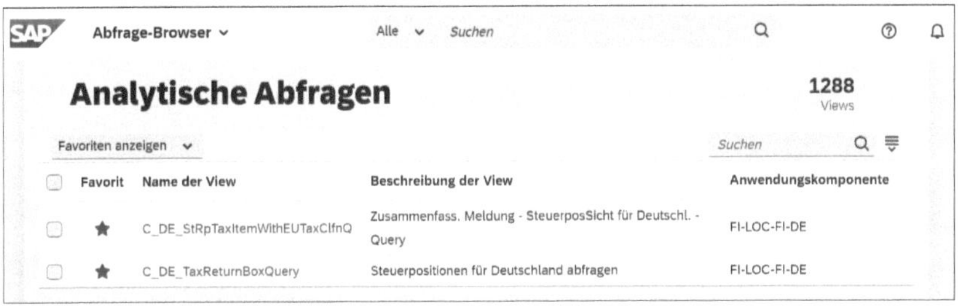

Abbildung 9.66 Abfrage-Browser

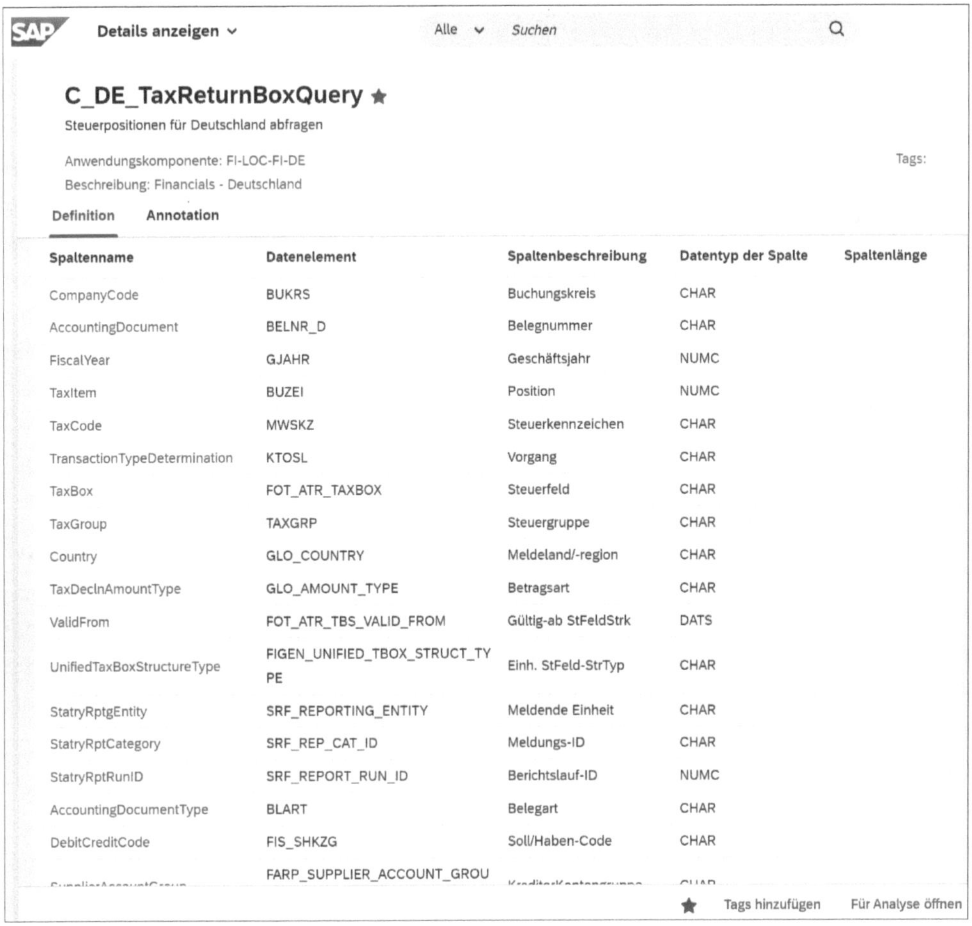

Abbildung 9.67 Übersicht der Datenelemente der View

Mit einem Klick auf den Button öffnet sich eine Übersicht, die Sie bereits aus der berichtsbezogenen Datenanalyse zu Beginn dieses Abschnitts und aus dem Beispiel für die Umsatzsteuer-Voranmeldung in Deutschland aus Abschnitt 9.4.1 kennen (siehe Abbildung 9.68).

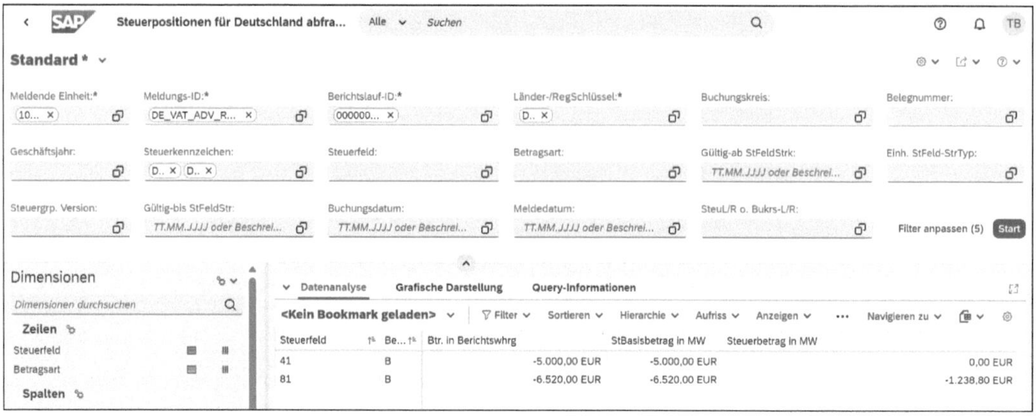

Abbildung 9.68 Beispiel-Berichtsanalyse über Abfrage-Browser

Hier sind relevante Parameter für die Anzeige der Daten eines bestimmten Berichtslaufs anzugeben, insbesondere die **Berichtslauf-ID**. Diese ist hier standardmäßig – anders als bei der Datenanalyse ausgehend von dem jeweiligen Bericht – nicht voreingestellt. Die Berichtslauf-ID ist daher aus dem jeweiligen Berichtslauf, der analysiert werden soll, zu kopieren und hier einzutragen. In Abbildung 9.68 ist das, basierend auf unserem Beispiel für die Umsatzsteuer-Voranmeldung Juni 2025 aus Abschnitt 9.4.1, »Beispiel für eine Umsatzsteuervoranmeldung in Deutschland«, »00000025«.

Auch hier können Sie beliebig Spalten und Zeilen ergänzen sowie eigene Varianten anlegen.

Fazit Die Datenanalyse-Funktionen in SAP DRC sind mehr als ein Analysewerkzeug. Sie sind ein integraler Bestandteil der Prüf- und Transparenzmechanik im gesetzlichen Reporting. Mit interaktiven Filter- und Navigationsmöglichkeiten, einer tiefen Integration analytischer CDS Views sowie flexiblen Absprungfunktionen stellen sie eine Brücke zwischen aggregierter Berichtsdarstellung und detaillierter Belegprüfung dar.

9.6 Gesetzliche Berichte definieren

Ein zentrales Einsatzszenario der App **Gesetzliche Berichte definieren** (App-ID: F2131) besteht in der Erstellung neuer gesetzlicher Berichte sowie in der Erweiterung bestehender Berichte. Denn nicht alle länderspezifischen Meldepflichten sind bereits in SAP DRC enthalten. Gerade in Ländern mit neuen oder sich häufig ändernden Vorschriften kann es notwendig sein, eigene Berichte zu definieren oder bestehende SAP-Berichte gezielt anzupassen.

Die Erstellung neuer sowie die Erweiterung bereits bestehender Berichte setzen tiefgreifende Kenntnisse der SAP-Datenstrukturen voraus. Ebenso werden ABAP-Kenntnisse vorausgesetzt, um die Berichte erstellen bzw. erweitern zu können.

Dieses Fachbuch richtet sich insbesondere an SAP-Anwenderinnen und -Anwender, die nicht täglich mit ABAP-Programmierung, der Erstellung und Anpassung von CDS Views oder der Anpassung von Business Add-Ins (BAdIs) befasst sind. Aus diesem Grund werden in diesem Abschnitt verschiedene Grundlagen der Berichte in SAP DRC erläutert, um hier ein tieferes Verständnis zu vermitteln. Gleichzeitig werden auch relevante Tabellen und Daten aus dem SAP Core aufgezeigt, die die Anwenderinnen und Anwender bei Gesprächen mit der IT unterstützen können.

9.6.1 Eine neue Berichtsdefinition anlegen

Die Anlage einer neuen Berichtsdefinition erfordert ein tiefes Verständnis der Datenstrukturen von SAP. Hier sollten SAP-Anwenderinnen und -Anwender zunächst die fachlichen Anforderungen an die zu erstellenden Berichte definieren. Das technische Level dieser Anforderungsdokumentation hängt dabei insbesondere vom technischen SAP-Verständnis der jeweiligen Anwenderinnen und Anwender im Einzelfall ab.

Neuanlage und Erweiterung

Bei den Berichtsdefinitionen bestehen zwei Möglichkeiten für die Anlage:

1. **Neuanlage der Berichtsdefinition**

   Hierbei wird ein Bericht von Grund auf neu erstellt. Dies kann sinnvoll sein, wenn der Bericht bis dato nicht in SAP DRC vorhanden ist und somit die dahinterstehenden Datenstrukturen neu zu definieren und zu modellieren sind.

2. **Erweiterung einer bereits bestehenden Berichtsdefinition**

   Dies empfiehlt sich beispielsweise, wenn eine bereits vorhandene Berichtsdefinition (z. B. für die Umsatzsteuervoranmeldung) um eine weitere Berichtsaktivität ergänzt werden soll. Als Beispiel eignet sich hier zum Beispiel die Integration von steuerlichen Compliance-Prüfungen über SAP Tax Compliance oder SAP Risk and Assurance Management.

   Gleiches gilt, wenn einzelne Felder einer bereits bestehenden Berichtskategorie hinzugefügt werden sollen – beispielsweise die Fahrzeugidentifikationsnummer im Automotive-Bereich. In solchen Fällen kann eine Erweiterung bestehender Berichtsdefinitionen notwendig und sinnvoll sein.

Erweitern oder kopieren

Wenn eine neue Berichtsdefinition auf Basis einer bereits bestehenden Definition erstellt werden soll, stehen zwei Optionen zur Verfügung:

1. **Erweiterung einer Berichtsdefinition**

   Bei der Erweiterung übernimmt die neue Berichtsdefinition sämtliche Eigenschaften der ursprünglichen Definition. Diese kann um zusätzliche Inhalte ergänzt werden, um sie an die unternehmensindividuellen Anforderungen anzupassen.

   Verknüpfung mit der ursprünglichen Definition

   Ein wesentlicher Vorteil: Die neue Definition bleibt mit der ursprünglichen Version verknüpft und übernimmt automatisch alle zukünftigen Änderungen, die an der Ausgangsdefinition vorgenommen werden.

2. **Kopieren einer Berichtsdefinition**

   Sofern eine vorhandene Berichtsdefinition kopiert wird, wird eine eigenständige Berichtsdefinition erstellt, die zunächst alle Merkmale der bestehenden Version übernimmt.

   Keine Verknüpfung mit der ursprünglichen Definition

   Diese kann anschließend nach Bedarf angepasst werden: Es können Inhalte hinzugefügt, verändert oder gelöscht werden. Im Gegensatz zur Erweiterung bleibt die neue Definition jedoch unabhängig. Spätere Änderungen an der ursprünglichen Berichtsdefinition wirken sich nicht auf die kopierte Version aus.

Im Folgenden legen wir für die Berichtskategorie **Z_DE_VATRET_CUSTOM** eine neue Berichtsdefinition an, die auf der Berichtsdefinition für die Umsatzsteuer-Voranmeldung für Deutschland basiert. Für diese Erweiterung einer bereits bestehenden Berichtsdefinition empfiehlt sich aus unserer Sicht jedoch das folgende Vorgehen, das auch im Einklang mit den technischen Anforderungen für das Anlegen einer neuen Berichtsdefinition steht.

Um den Anlageprozess zu starten, klicken Sie auf der Registerkarte **Berichtsdefinition** auf **Anlegen** (siehe Abbildung 9.69).

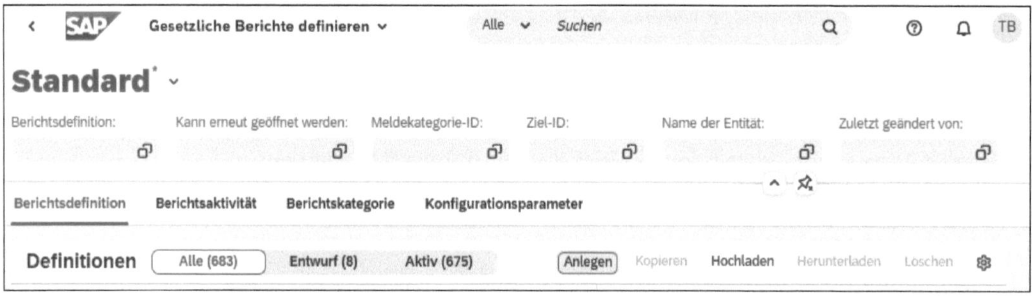

Abbildung 9.69 Neue Berichtsdefinition anlegen

Anschließend öffnet sich das Fenster **Berichtsdefinition erweitern**, in dem verschiedene Einstellungen zu tätigen sind (siehe Abbildung 9.70).

Abbildung 9.70 Berichtsdefinition erweitern

Erweitert und klassisch

Zunächst ist auszuwählen, ob die Berichtsdefinition im erweiterten oder klassischen Modus vorgenommen werden soll. Im klassischen Modus können Sie Berichtsdefinitionen auf Grundlage bestehender ABAP-Reports aus dem SAP-System erstellen. Dabei lassen sich die Ausgabeformate wie XML, TXT, XBRL (in eingeschränktem Umfang), PDF oder ALV festlegen.

Entscheiden Sie sich hingegen für den erweiterten Modus, stehen Ihnen erweiterte Funktionen zur Verfügung. Dazu zählen Datenbereitstellung, Ereignisverarbeitung, integrierte Analysen, ein Audit-Trail und weitere Optionen. An dieser Stelle gehen wir nicht tiefer auf die Details oder Unterschiede der beiden Modi ein, um den Umfang dieses Buches nicht zu sprengen. Diese Schritte werden in der Praxis regelmäßig von der eigenen IT oder externen Beratern vorgenommen.

Im nächsten Schritt ist eine Referenzberichtsdefinition auszuwählen. Hier können Sie auf bereits bestehende Berichtsdefinitionen zugreifen (siehe Abbildung 9.71).

In unserem Beispiel beziehen wir uns auf die bereits vorhandene Berichtsdefinition für die Umsatzsteuer-Voranmeldung in Deutschland (**DE_VAT_ADV_RTN_V202501**). Anschließend ist ein Name zu vergeben, der mit Y oder Z beginnt (z. B. **Z_DE_VATRET_CUSTOM_DEF**). Dann gelangen Sie durch Klicken auf **Weiter** zur Übersicht der angelegten (erweiterten) Berichtsdefinition (siehe Abbildung 9.72).

Nach dem Anlegen der neuen Berichtsdefinition übernimmt diese automatisch alle Eigenschaften der ausgewählten Referenzdefinition. Dazu gehören etwa Parameter, Abfragen, Belegdefinitionen, Korrespondenzdefinitionen sowie Ereignisse.

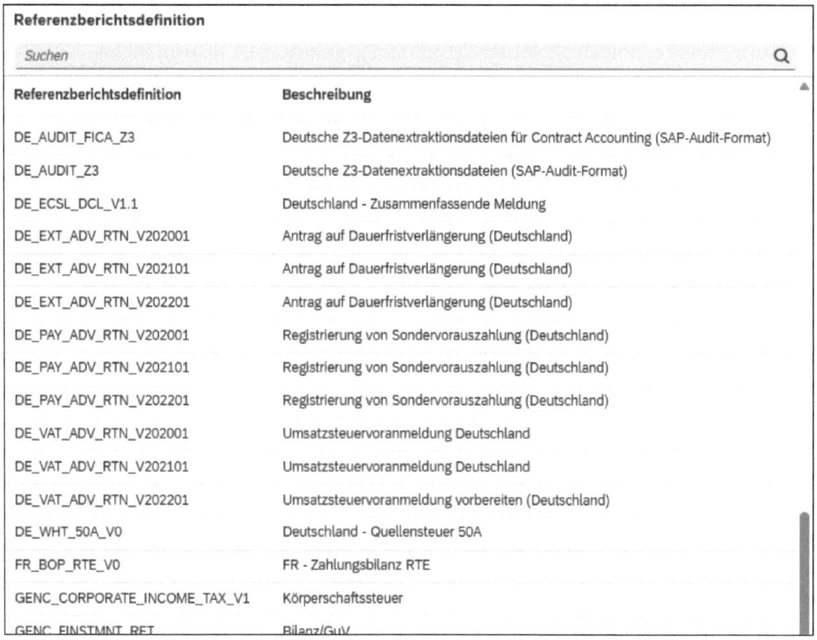

Abbildung 9.71 Referenzberichtsdefinitionen

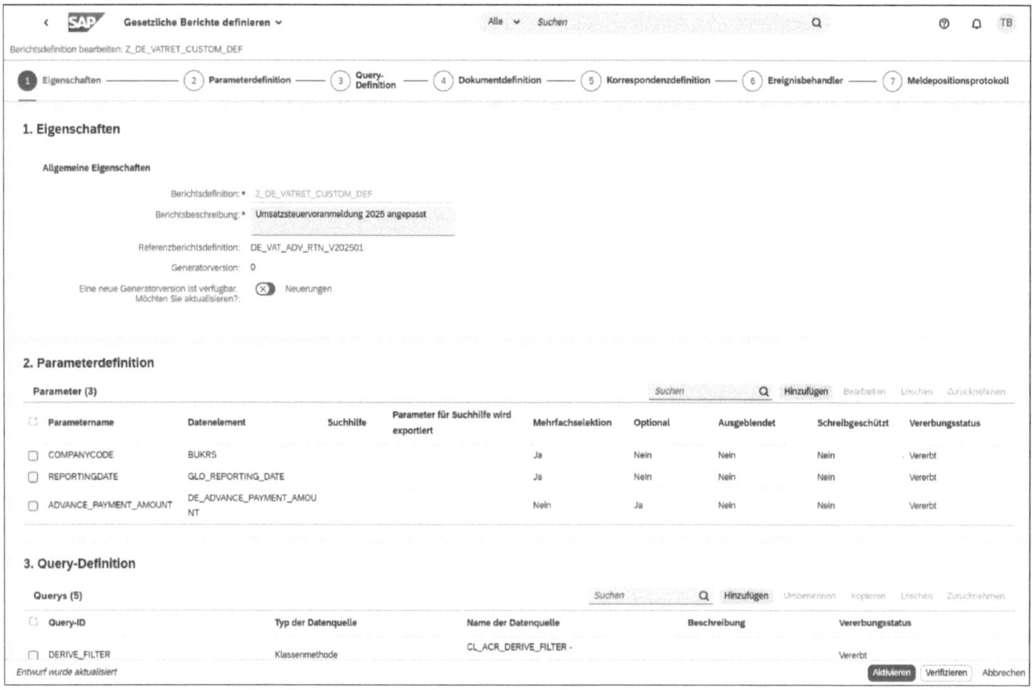

Abbildung 9.72 Berichtsdefinition: Übersicht

Die **Berichtsbeschreibung** der neuen Berichtsdefinition sollte für den angedachten Zweck angepasst werden. In unserem Fall auf **Umsatzsteuervoranmeldung 2025 angepasst** (siehe Abbildung 9.72).

Vererbung

Standardmäßig werden die Werte aus der Referenzdefinition übernommen und mit dem Vererbungsstatus **Vererbt** gekennzeichnet. Diese geerbten Werte können bei Bedarf individuell angepasst oder beibehalten werden. Zusätzlich besteht die Möglichkeit, neue Werte zu ergänzen. Änderungen an einzelnen Elementen lassen sich jederzeit rückgängig machen. Über die Schaltfläche **Zurücknehmen** können die ursprünglichen, vererbten Werte wiederhergestellt werden.

[«]

Vererbungsstatus

Ein vererbtes Attribut in einer Berichtsdefinition kann einen von vier möglichen Vererbungsstatus haben:

- **Vererbt**
  Das Attribut wurde direkt und unverändert aus der Referenzberichtsdefinition übernommen. Alle zukünftigen Änderungen an diesem Attribut in der Referenzdefinition werden automatisch in der aktuellen Berichtsdefinition übernommen.
- **Neu definiert**
  Das ursprünglich geerbte Attribut wurde in der neuen Berichtsdefinition angepasst. Dadurch wird die automatische Vererbung deaktiviert. Änderungen an der Referenzdefinition wirken sich nicht mehr aus. Der Status kann jedoch jederzeit wieder auf **Vererbt** zurückgesetzt werden, um erneut die Werte aus der Referenzdefinition zu übernehmen.
- **Nicht vererbbar**
  Dieses Attribut wird nicht an weitere Berichtsdefinitionen vererbt, die auf der aktuellen Definition basieren. Auch hier ist ein Wechsel zurück zum Status **Vererbt** möglich, falls doch wieder auf die ursprünglichen Werte zugegriffen werden soll.
- **Neu**
  Das Attribut wurde erstmals in der neuen Berichtsdefinition erstellt und gehört nicht zur ursprünglichen Referenzdefinition.

Parameterdefinition

Sie haben die Möglichkeit, die Parameter festzulegen, die im Selektionsbildschirm der App **Gesetzliche Berichte ausführen** (App-ID: F1515) beim Start eines Berichtslaufs angezeigt werden. Zudem können Sie definieren, welche

Eigenschaften die einzelnen Parameter besitzen sollen. Dazu gehört beispielsweise, ob sie optional, ausgeblendet, schreibgeschützt oder anderweitig eingeschränkt sind. In unserem Beispiel sind die folgenden Parameter definiert (Abbildung 9.73):

- COMPANYCODE
- REPORTINGDATE
- ADVANCE_PAYMENT_AMOUNT

Abbildung 9.73 Parameter definieren

Bei einem Blick auf die relevante Berichtsdefinition in der App **Gesetzliche Berichte ausführen** wird ersichtlich, dass die definierten Parameter als Auswahlfelder verfügbar sind (siehe Abbildung 9.74).

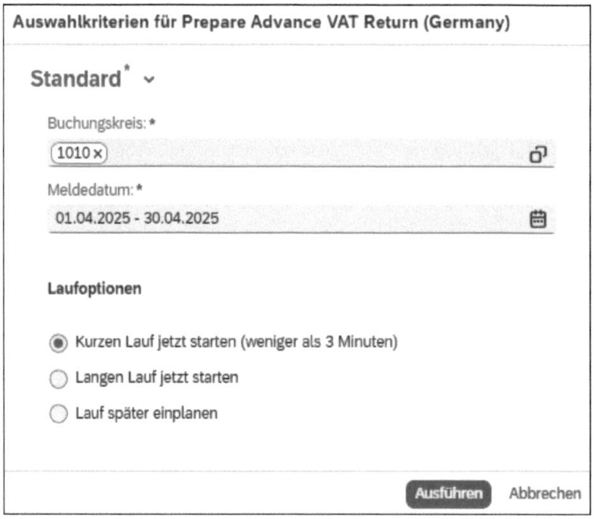

Abbildung 9.74 Parameter als Auswahlfelder

Die Parameter in den SAP-DRC-Berichten sind mit den Abgrenzungen in den alten ABAP-Reports von SAP, zum Beispiel dem **RFUMSV00**, vergleichbar (siehe Abbildung 9.75).

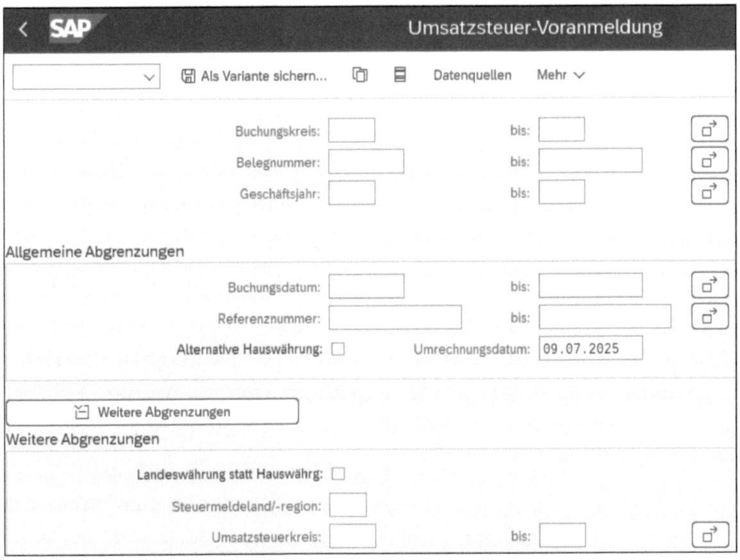

Abbildung 9.75 Abgrenzungen im Report RFUMSV00

Im SAP-DRC-Bericht haben Sie die Möglichkeit, eigene Queries anzulegen oder die Queries der Referenzberichtsdefinition zu übernehmen. *Queries* ziehen Daten für gesetzliche Berichte aus unterschiedlichen Datenquellen. Sie dienen dazu, die entsprechenden Daten bei der Berichtserstellung bereitzustellen (siehe Abbildung 9.76).

Query-Definition

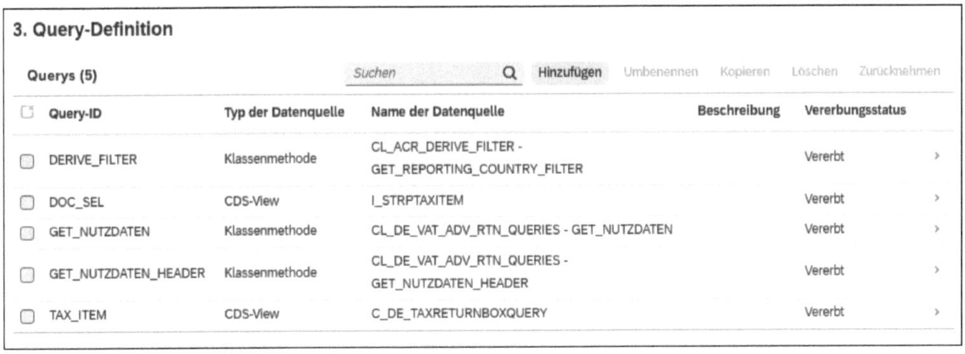

Query-ID	Typ der Datenquelle	Name der Datenquelle	Beschreibung	Vererbungsstatus
DERIVE_FILTER	Klassenmethode	CL_ACR_DERIVE_FILTER - GET_REPORTING_COUNTRY_FILTER		Vererbt
DOC_SEL	CDS-View	I_STRPTAXITEM		Vererbt
GET_NUTZDATEN	Klassenmethode	CL_DE_VAT_ADV_RTN_QUERIES - GET_NUTZDATEN		Vererbt
GET_NUTZDATEN_HEADER	Klassenmethode	CL_DE_VAT_ADV_RTN_QUERIES - GET_NUTZDATEN_HEADER		Vererbt
TAX_ITEM	CDS-View	C_DE_TAXRETURNBOXQUERY		Vererbt

Abbildung 9.76 Query definieren

Dabei gibt es verschiedene Quellenarten für Queries. Dies können beispielsweise CDS Views, Klassenmethoden, Datenbanktabellen, HANA Calculation Views oder auch BRFplus-Funktionen sein. Welche Quelle sinnvoll ist, hängt vom jeweiligen Anwendungsfall ab:

- *Nicht-analytische CDS Views* sind in der Regel als Standardquelle geeignet. Dabei handelt es sich um einfache Datenmodelle in SAP, die speziell dafür erstellt wurden, Daten ohne Aggregationen (z. B. Summen oder Gruppierungen) bereitzustellen. Sie sind schnell, flexibel und eignen sich gut als Standarddatenquelle für gesetzliche Berichte.

- *Analytische CDS Views* bieten sich bei kleineren, aggregierten Datenmengen an. Diese Variante ist für analytische Zwecke gedacht, also z. B. für Auswertungen mit Summen, Gruppen oder Kennzahlen. Sie werden verwendet, wenn die Daten aggregiert benötigt werden, wie etwa zur Auswertung von Umsatz- oder Steuerbeträgen. Ideal bei kleinen bis mittleren Datenmengen (bis ca. 100.000 Zeilen).
- *Klassenmethoden* sind dann hilfreich, wenn zusätzliche Logiken benötigt werden, die nicht über CDS Views abgebildet werden können. Hierbei handelt es sich um eine Programmlogik in ABAP, die genutzt wird, um bestimmte Berechnungen oder Datenmanipulationen durchzuführen, die mit CDS Views allein nicht möglich sind. Sie eignen sich daher für Fälle, bei denen einfache Datenquellen nicht ausreichen.
- *BRFplus-Regeln* sollten nur in Ausnahmefällen verwendet werden, da sie in der Regel mit Nachteilen wie höherem Entwicklungsaufwand, Performance-Problemen oder Einschränkungen bei der Analyse verbunden sind. Das Business Rule Framework plus (BRFplus) ist ein SAP-Werkzeug zur Modellierung von Geschäftsregeln. In diesem Kontext kann es als Datenquelle verwendet werden, ist jedoch aufwendig in der Pflege, technisch anspruchsvoll und kann zu Performance-Problemen führen. Es sollte daher dann eingesetzt werden, wenn die BRFplus-Regeln bereits im laufenden Betrieb verwendet werden, zum Beispiel um Preise zu definieren.
- *HANA Views* sollten nur genutzt werden, wenn es sich bei Ihren Datenquellen um HANA Calculation Views handelt. Diese Datenmodelle basieren auf SAP HANA und bieten eine sehr leistungsfähige Möglichkeit, Daten direkt auf Datenbankebene zu modellieren. Sie eignen sich nur, wenn die benötigten Daten ausschließlich dort liegen. Allerdings unterstützen sie weder Berechtigungsprüfungen noch integrierte Analysen, was ihren Einsatz im Berichtswesen einschränkt.

Grundsätzlich geht es an dieser Stelle darum, zu definieren, welche Daten Sie für den konkreten Bericht benötigen. Hier kann etwa auf Excel-Basis gestartet und definiert werden, welche SAP-Datenfelder in den Bericht einfließen sollen. Im steuerlichen Kontext ist beispielsweise die Tabelle **BSET** (Belegsegment Steuerdaten) die Grundlage für eine Vielzahl der erforderlichen Berichtsdaten (siehe Abbildung 9.77).

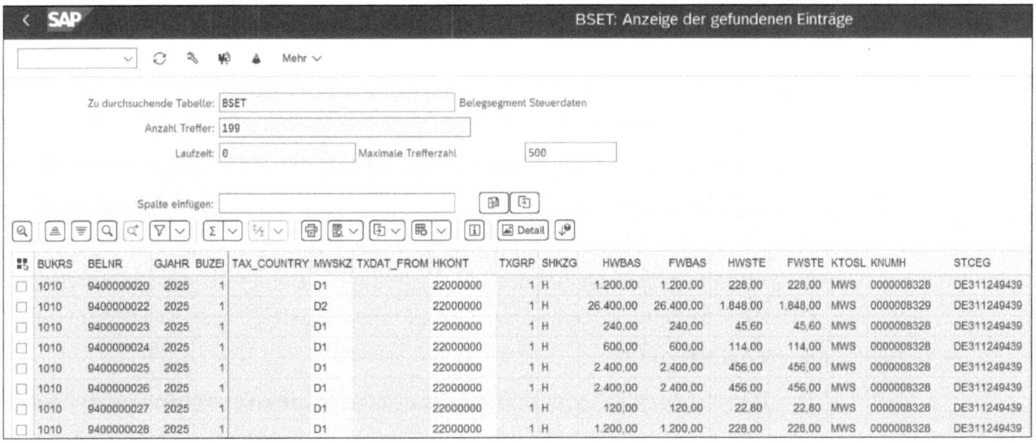

Abbildung 9.77 SAP-Tabelle »BSET«

Eine CDS View greift nun auf diese Daten zu und liefert sie für den konkreten Bericht. Wenn Sie sich exemplarisch den CDS View **C_DE_TAXRETURNBOXQUERY** aus Abbildung 9.76 anschauen, wird deutlich, welche technische Komplexität hinter den Queries steckt.

Falls Sie beispielsweise identifizieren wollen, aus welcher SAP-Tabelle das Feld für das Steuerkennzeichen **MWSKZ** geholt wird, sind folgende Schritte erforderlich:

ABAP Workbench

Sie öffnen den Query über die Transaktion **SE80** (ABAP Workbench; siehe Abbildung 9.78).

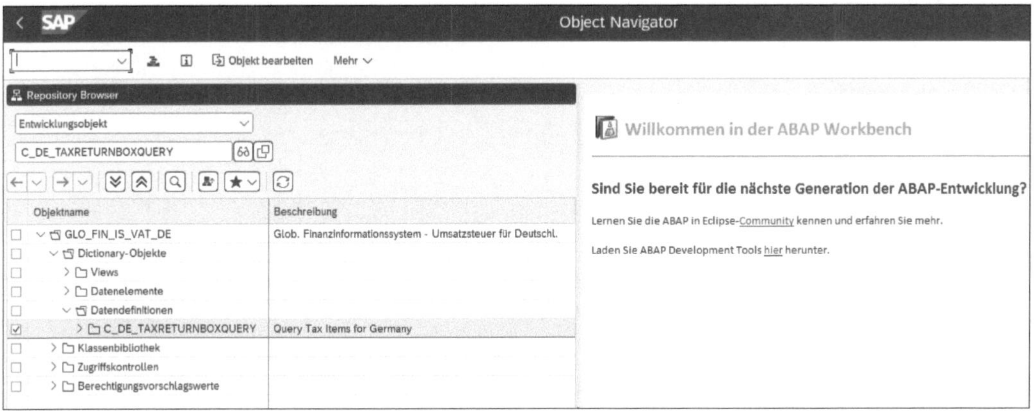

Abbildung 9.78 ABAP Workbench

Die *ABAP Workbench* ist die Entwicklungsumgebung in SAP, mit der Programme und Erweiterungen erstellt werden können. Sie besteht aus mehreren Werkzeugen, die direkt im SAP-System integriert sind. Mit der ABAP

Workbench lassen sich zum Beispiel Programme schreiben, Datenbanktabellen anlegen oder eigene Funktionen definieren. Dabei arbeitet man mit der SAP-eigenen Programmiersprache ABAP. Die Workbench ist besonders wichtig, wenn Standardfunktionen von SAP erweitert oder eigene Anwendungen entwickelt werden sollen. Dies kann zum Beispiel notwendig sein, um spezielle Anforderungen bei der Erstellung gesetzlicher Berichte mit SAP DRC umzusetzen.

In Abbildung 9.78 ist ersichtlich, dass der Query **C_DE_TAXRETURNBOXQUERY** eine Datendefinition innerhalb des Entwicklungsobjekts **GLO_FIN_IS_VAT** darstellt.

Bei der Anzeige des Quelltexts sehen Sie, dass die relevanten Daten für die Query wiederum aus einer weiteren Quelle **I_StRpTaxReturnBoxCube** stammen (siehe Abbildung 9.79).

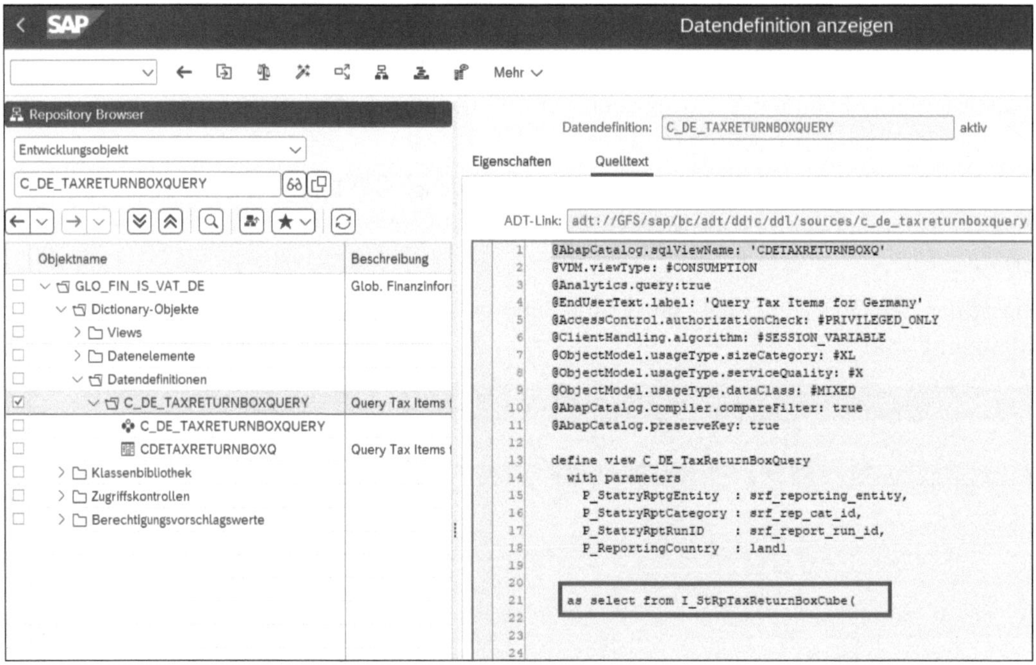

Abbildung 9.79 Query-Quelltext

Eclipse Die weitere Identifizierung der eigentlichen Datenquelle (SAP-Tabelle) lässt sich im Folgenden am besten über Eclipse verfolgen. *Eclipse* ist ein Programm, mit dem Entwickler und Entwicklerinnen Software schreiben können. Es ist eine sogenannte *Entwicklungsumgebung* und hilft dabei, Programme zu erstellen, zu testen und zu verwalten. Insbesondere SAP-Entwickler und -Entwicklerinnen nutzen Eclipse. Damit können ABAP-Programme nicht nur in der klassischen SAP-Oberfläche (SAP GUI, wie in Abbildung 9.79), sondern auch in einer modernen, übersichtlichen Umgebung entwickelt werden. In Eclipse sieht der Query (View) aus wie in Abbildung 9.80.

Abbildung 9.80 Eclipse

Die weiteren Schritte sind weitere Drilldowns in die Datenstrukturen. *Drilldowns* in Eclipse sind eine Funktion, mit der Sie in die Details von Programmen oder Daten springen können. Wenn Sie z. B. in einem ABAP-Programm einen Funktionsbaustein, eine Methode oder eine Datenstruktur sehen, können Sie mit einem Klick direkt dorthin »springen«, um sich den genauen Inhalt anzuschauen.

Statt also lange zu suchen, können Sie über einen Drilldown gezielt in die nächste Ebene gehen. In diesem Fall gehen Sie

- von View **I_STRPTAXRETURNBOXCUBE**
- zu View **P_STRPCALTAXRETURNBOX**
- zu View **P_STRPTAXRETURNCUBE**
- zu View **P_STRPTAXRETURNITEM**
- zu Klasse **CL_TAX_RETURN_ITEMS**
- zu View **I_STRPTAXITEM**
- zu View **P_STRPTAXITEM**
- zu View **P_STRPTAXITEMDEBITCREDIT**
- zu Klasse **CL_STRPTAXITEM_DEBCRDCODE**
- zu View **I_TAXITEM**
- zu View **P_BSET.**

In dieser View wird dann ersichtlich, dass der Wert für das Feld **MWSKZ** für die Verwendung im Bericht für die Umsatzsteuervoranmeldung aus der Tabelle **BSET** stammt und als TaxCode definiert wird (siehe Abbildung 9.81).

```
define view P_Bset
  as select from bset

{
  key bukrs as CompanyCode,
  key belnr as AccountingDocument,
  key gjahr as FiscalYear,
  key cast(buzei as taxitem preserving type) as TaxItem,

      mwskz as TaxCode,
      hkont as GLAccount,
      txgrp as TaxItemGroup,
```

Abbildung 9.81 View »P-BSET« in Eclipse

Zusätzliche Felder

Sofern zusätzliche Felder für den Bericht zur Auswahl stehen sollen, bestehen grundsätzlich zwei Möglichkeiten:

- **Anpassen der bestehenden View (z. B. P_BSET)**

  Dies ist jedoch nicht zu empfehlen, da es sich dabei um eine Modifikation des SAP-Standards handelt.

- **Erstellen einer neuen View**

  Der technisch saubere Weg ist die Erstellung einer neuen View, die auf der bestehenden View aufbaut. Diese neue View, nennen wir sie **Z-View**, kann einfach »über« die bestehende View gebaut werden und auf diese verweisen. Dieses Verschachteln ist mit CDS Views möglich und hat den Vorteil, dass keine Modifikation am SAP-Standard vorgenommen wird.

An diesem vergleichsweise einfachen Beispiel erkennen Sie die Komplexität der Datenstrukturen hinter den Queries. Zum besseren Verständnis verzichten wir in diesem Buch auf eine noch detailliertere Beschreibung zur Erstellung und Konfiguration eigener Queries.

Die technische Umsetzung erfordert tiefgehende Kenntnisse zu Datenquellen, Parametrisierung, Filterlogik und Analyseoptionen. Falls Sie sich näher mit diesem Thema befassen möchten, empfehlen wir die offizielle SAP-Dokumentation oder Rücksprache mit dem Entwicklungsteam bzw. Ihrer IT-Abteilung.

Dokumentdefinition

Die Dokumentdefinition (siehe Abbildung 9.82) gibt an, wie das Resultat letztlich aussehen soll. Die unterschiedlichen Queries werden hier auf den statischen Bericht (z. B. die Umsatzsteuer-Voranmeldung) gemappt. Sie haben die Möglichkeit, Belegdefinitionen für rechtlich vorgeschriebene Dokumente anzulegen, die im Rahmen des gesetzlichen Meldewesens erzeugt werden sollen. Dabei können Sie entweder ein bestehendes Schema zuweisen oder ein neues Schema speziell für diesen Beleg erstellen. Die Belegdefinition kann über ein Schema, eine Query oder ein Referenzdokument hinzugefügt werden.

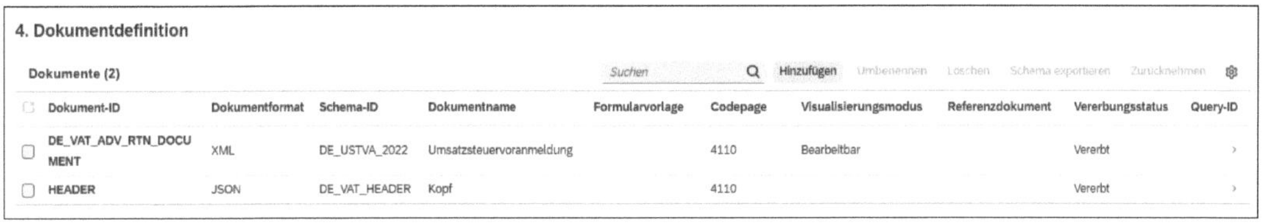

Abbildung 9.82 Dokumentdefinition

Mithilfe eines Schemas wird die Struktur des Ausgabedokuments abgebildet. Die Formatvorschriften für die verschiedenen Ausgabeformate werden von den Behörden bereitgestellt oder auf deren Website veröffentlicht. In den meisten Fällen stellen die Behörden eine XSD-/JSON-Datei für die Dokumentformate XML und XBRL bereit.

Sie können die XSD-/JSON-Datei beim Anlegen der Schemadefinition hochladen. Eine XSD-/JSON-Datei wird jedoch nicht für die Dokumentformate TXT, ALV und PDF bereitgestellt. In diesem Fall können Sie CDS Views/CDS-Entitäten anlegen und zur Schemagenerierung verwenden.

Die beispielhafte Struktur der Dokumentdefinition **DE_VAT_ADV_RTN_DOCUMENT** ist in Abbildung 9.83 ersichtlich. Dort sehen Sie, dass etwa die einzelnen Boxen der Umsatzsteuer-Voranmeldung als Attribute hinterlegt sind.

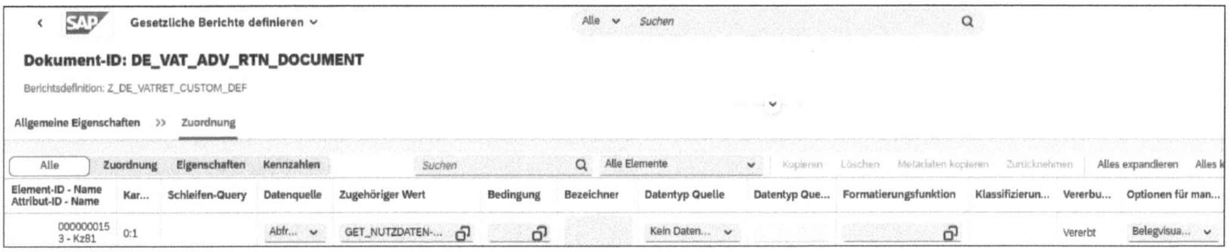

Abbildung 9.83 Dokumentdefinition: Zuordnung

Ereignisse

Um den Anforderungen des externen Meldewesens gerecht zu werden, kann es notwendig sein, berichtsspezifische Prüfungen in den Ablauf der Berichtserstellung zu integrieren, wie etwa die Validierung von Selektionsparametern oder Prüfungen vor der Dateigenerierung (siehe beispielhaft Abbildung 9.84).

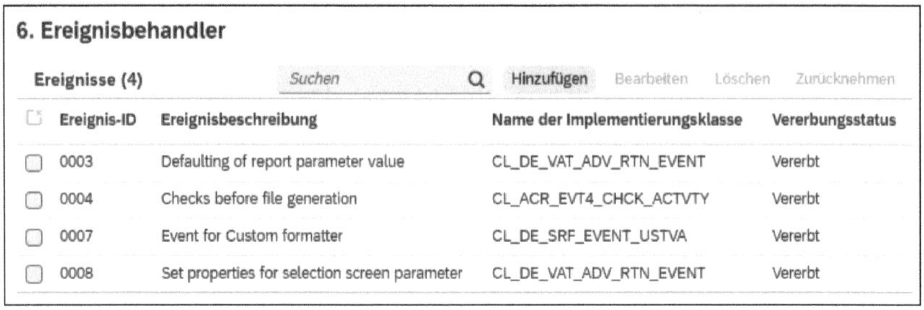

Abbildung 9.84 Ereignisse

Dazu können Sie vordefinierte Ereignisse abonnieren, um das Verhalten der Berichtsdefinition gezielt anzupassen. Die Ereignisse in Tabelle 9.17 stehen dafür zur Verfügung.

Ereignis-ID	Ereignisbeschreibung	Funktion
0001	Validierung von Selektionsparametern	Prüft Eingaben im Selektionsbild vor Start eines Laufs (z. B. keine Mehrfachzuordnung von Buchungskreisen)
0002	Prüfungen während der Generierung	Führt Prüfungen im Lauf durch und zeigt relevante Meldungen im Protokoll
0003	Vorgabe von Standardwerten	Setzt Standardwerte für Selektionsparameter beim Laden der Berichtsdefinition
0004	Prüfungen vor Dateigenerierung	Ermöglicht Prüfungen vor der Dokumentenerstellung
0005	Vorbereitende Prüfungen vor Generierung	Führt Prüfungen vor Beginn der Generierung durch.
0006	Prüfungen nach Dateigenerierung	Steuert Anzeige- und Downloadrechte generierter Dokumente auf Basis von Berechtigungen
0007	Benutzerdefinierte Formatierung	Ermöglicht spezielle Formatierungen bei Dokumenten
0008	Eigenschaften von Berichtsparametern ändern	Dynamisches Anpassen von Selektionsparametern je nach Kontext
0009	Prüfungen vor Benutzeraktionen	Validierungen vor Aktionen wie Einreichen, Verifizieren oder Download

Tabelle 9.17 Ereignisse

Ereignis-ID	Ereignisbeschreibung	Funktion
0010	Reaktion auf Kommunikationsantwort	Verarbeitung und Validierung eingehender Behördenantworten
0011	Anpassung des Belegprotokolls	Ergänzt das Laufprotokoll um Validierungen oder Prüfdetails
0012	Query-Filter für Analyse verändern	Modifikation von Parametern oder Filtern für analytische Queries
0013	Entscheidung vor Elementgenerierung	Steuert, ob bestimmte Berichtselemente ausgegeben werden sollen
0014	Hinweistext vor Einreichung anzeigen	Zeigt benutzerdefinierte Texte
0015	Anpassung des Berichtslaufprotokolls	Fügt Meldungen auf Positionsebene ein oder führt weitere Prüfungen mit FACADE durch

Tabelle 9.17 Ereignisse (Forts.)

Meldepositionsprotokoll

Das System verfolgt alle Belege, die im Rahmen einer bestimmten Meldeaufgabe berücksichtigt werden. Diese Nachverfolgung ermöglicht es, die betreffenden Belege bei Bedarf zu analysieren oder zu überprüfen. Gleichzeitig stellt sie sicher, dass die Datenbasis für die Berichtsgenerierung und die Analyse konsistent ist (siehe beispielhaft Abbildung 9.85).

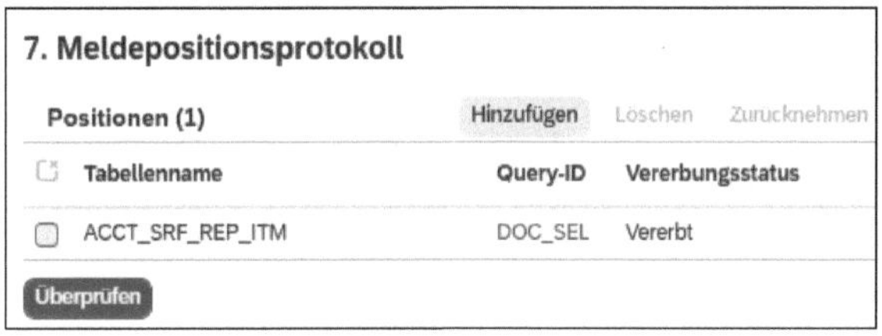

Abbildung 9.85 Meldepositionsprotokoll

Sie haben die Möglichkeit, den Namen der Tabelle anzugeben, in der die für das Meldewesen relevanten Belege gespeichert werden sollen. Zudem können Sie eine Query definieren, über die diese Belege für eine bestimmte Meldeaufgabe abgerufen werden können.

Damit sind alle Bereiche definiert, sodass die eigene Definition überprüft ❶ und anschließend aktiviert ❷ werden kann (siehe Abbildung 9.86).

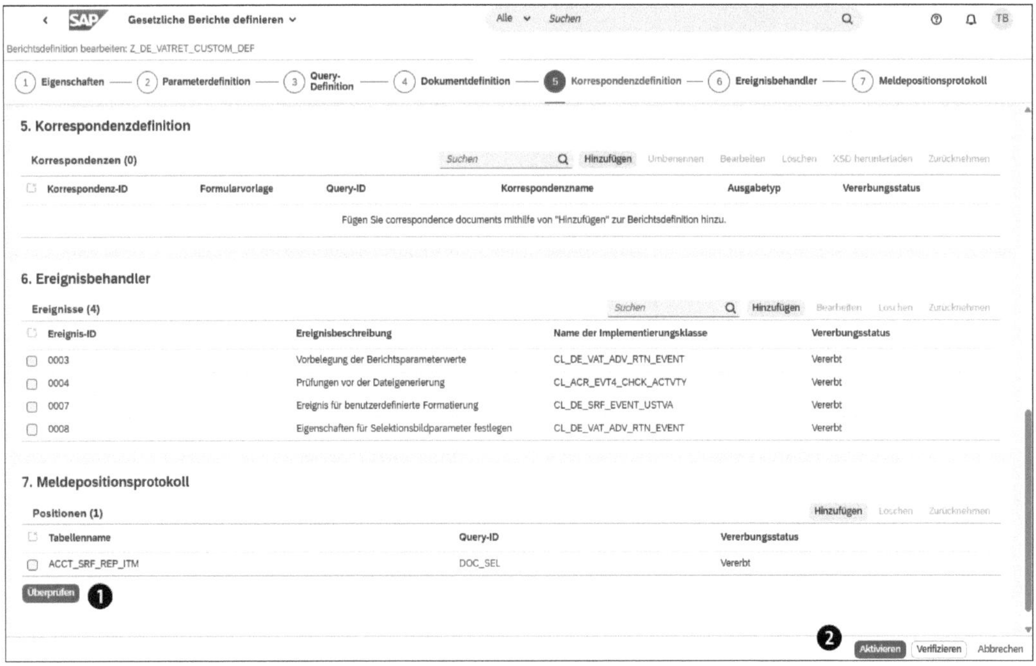

Abbildung 9.86 Berichtsdefinition überprüfen und aktivieren

9.6.2 Berichtskategorie anlegen

Nachdem eine eigene Berichtsdefinition angelegt wurde, kann diese in eine Berichtskategorie eingebunden werden (siehe Abbildung 9.87).

Abbildung 9.87 Berichtskategorie anlegen

Für die Berichtskategorie ist eine ID zu vergeben, die mit »Y« oder Z« beginnt (hier **Z_DE_VATRET_CUSTOM**). Des Weiteren ist ein Kategoriename zu vergeben (in diesem Beispiel **Umsatzsteuervoranmeldung DE Custom**).

Wenn die Berichtskategorie angelegt wurde, sind das Land sowie eine Klassifizierung für die neue Berichtskategorie anzugeben. In unserem Beispielsfall sind dies **DE** für Deutschland und **VAT**, weil es sich um einen Umsatzsteuerbericht handelt (siehe Abbildung 9.88).

Abbildung 9.88 Land und Klassifizierung

Phasen anlegen

Im nächsten Schritt ist der Bereich der Phasen auszufüllen. Hier ist anzugeben, welche Möglichkeiten für den Bericht vorhanden sein sollen: Soll es nur eine Phase für die Einreichung der Meldung oder auch eine für die Einreichung einer Korrekturmeldung geben (siehe Abbildung 9.89)?

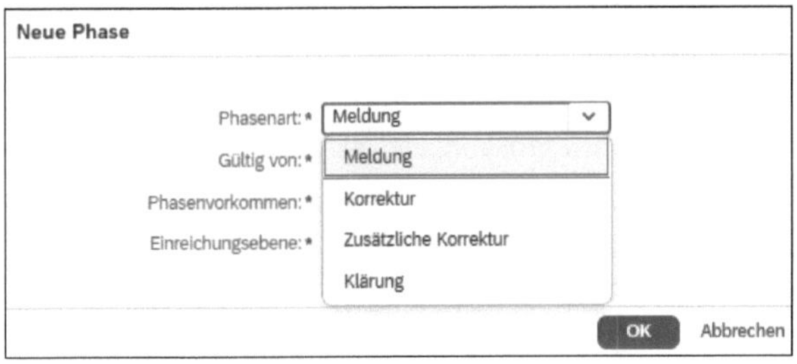

Abbildung 9.89 Phasenart bestimmen

Sofern es neben der Meldephase auch noch eine Korrekturphase geben soll, ist bei dieser die entsprechende Einreichungsfrist in Jahren, Monaten oder Tagen anzugeben (siehe Abbildung 9.90).

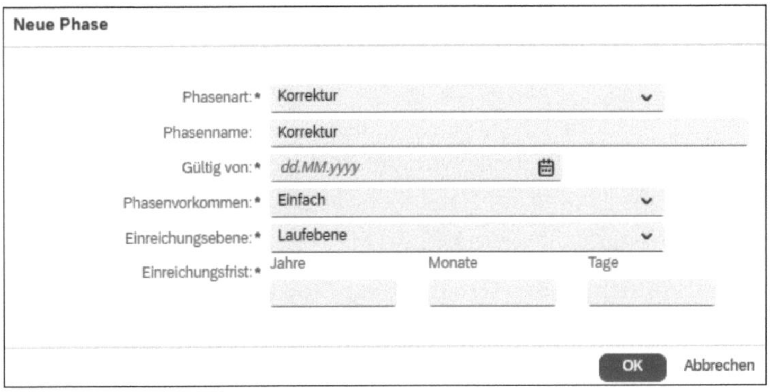

Abbildung 9.90 Phasenart Korrektur

[zB]

Einreichungsfrist

Wenn die Einreichungsfrist auf vier Jahre gesetzt ist, bedeutet das, dass Sie Korrekturläufe oder zusätzliche Korrekturläufe nach der ersten Einreichung und bis zu vier Jahre nach dem Fälligkeitsdatum starten können.

Zudem werden ein **Gültig-Von**-Datum, ein **Phasenvorkommen** sowie die **Einreichungsebene** festgelegt (siehe Abbildung 9.91).

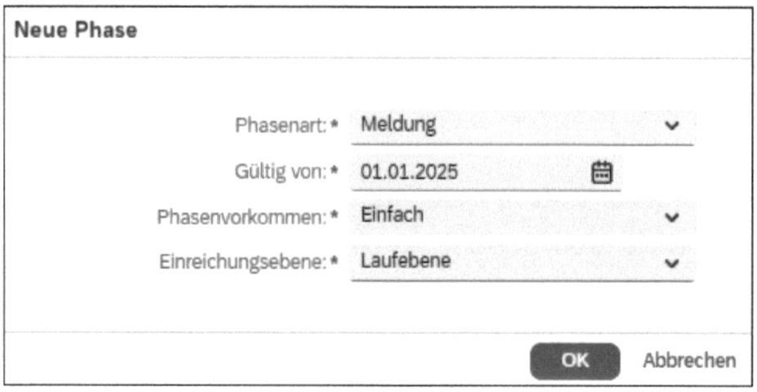

Abbildung 9.91 Neue Phase konfigurieren

Wenn Sie das Phasenvorkommen auf **Einfach** setzen, können Sie den Erklärungsbericht nur einmal einreichen. Eine erneute Einreichung ist nicht möglich, nachdem der Bericht angenommen wurde.

Wenn Sie das Phasenvorkommen auf **Mehrfach** setzen, können Sie den Bericht beliebig oft einreichen, nachdem er angenommen wurde, jedoch nur bis zum Fälligkeitsdatum.

Als Einreichungsebene wählen Sie entweder **Laufebene** (Run Level) oder **Dateiebene** (File Level).

Die Steuerbehörden können die von Ihnen eingereichten Berichte entweder als Gesamtlauf oder als einzelne Dateien verarbeiten. Abhängig von den Anforderungen der jeweiligen Behörde ermöglicht Ihnen die gesetzliche Berichterstattung bei der Erstellung neuer Berichte die zwei Einreichungsmodi: Laufebene und Dateiebene.

Bei der Einreichung auf Laufebene wird der Bericht als Ganzes übermittelt, während bei der Einreichung auf Dateiebene alle Dateien außer den fehlerhaft generierten eingereicht werden können.

In beiden Modi können Sie den Generierungs- und Einreichungsstatus entweder für den gesamten Lauf oder für jede einzelne Datei nachvollziehen. Der Dokumentenstatus wird auf Grundlage der Rückmeldung der Steuerbehörde angezeigt, d. h. entweder auf Lauf- oder auf Dateiebene.

Statusrücksetzung

Eine Statusrücksetzung eines Laufs ist nur bei Einreichungen auf Laufebene möglich.

Organisationseinheit auswählen

Im nächsten Schritt ist die Organisationseinheit auszuwählen, der die Berichtskategorie zugeordnet werden soll (siehe hierzu auch Abschnitt 8.3.2).

Zur Auswahl stehen neben dem Buchungskreis beispielsweise auch das **Profitcenter** oder der **Geschäftsort** (siehe Abbildung 9.92).

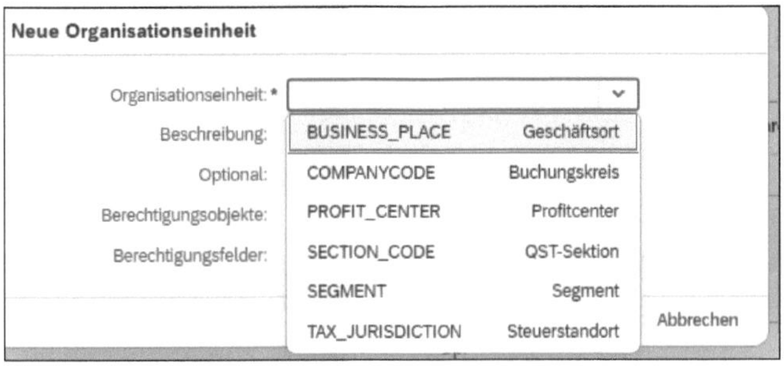

Abbildung 9.92 Neue Organisationseinheit wählen

Organisationseinheit Profitcenter

SAP empfiehlt, für das Einreichen von Bilanz- und Saldenberichten die Organisationseinheit **Profitcenter** zu verwenden.

Sie können Organisationseinheiten auch optional kennzeichnen (siehe Abbildung 9.93), d. h., der entsprechende Haken ist auf grün gesetzt. Hintergrund ist, dass die Steuerbehörden in einigen Ländern erlauben, denselben gesetzlichen Bericht auf unterschiedlichen Berichtsebenen einzureichen. Dies kann erreicht werden, indem Sie optionale Organisationseinheiten in der Berichtskategorie konfigurieren.

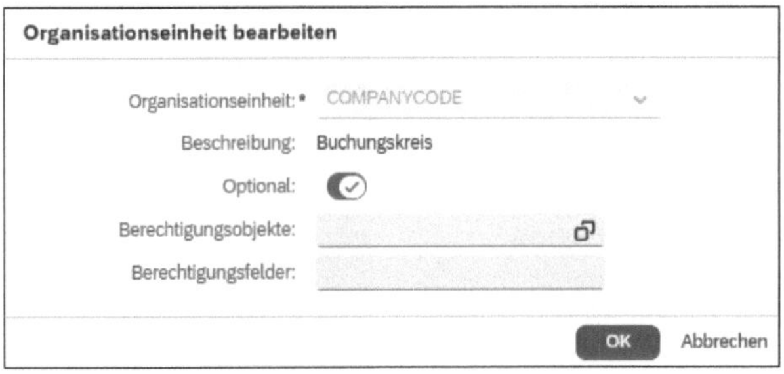

Abbildung 9.93 Organisationseinheit optional

[zB]

Beispiel für optionale Organisationseinheit

Auf den Philippinen reichen Sie Ihre Umsatzsteuererklärungen auf staatlicher Ebene ein (dezentrale Berichterstattung). Falls erforderlich, können Sie Ihre Prozesse jedoch auch zentralisieren und die Umsatzsteuererklärungen auf Landes- oder Regionsebene einreichen.

Um dieses Szenario in der gesetzlichen Berichterstattung umzusetzen, werden sowohl der Buchungskreis als auch die Betriebsstätte als Organisationseinheiten der Berichtskategorie zugewiesen. Die Betriebsstätte wird dabei als optionale Organisationseinheit festgelegt.

Dadurch können Sie Berichte sowohl auf Buchungskreis- als auch auf Betriebsstättenebene erstellen (dezentrale Berichterstattung). Gleichzeitig kann der Bericht auch nur auf Buchungskreisebene erstellt werden (zentrale Berichterstattung).

Sie können den zugewiesenen Organisationseinheiten Berechtigungsobjekte und -felder zuweisen. Wenn einem Benutzer für keine der zugeordneten Organisationseinheiten eine Berechtigung vorliegt, wird die meldende Einheit in der Suchhilfe der App **Gesetzliche Berichte ausführen** nicht angezeigt.

[zB]

Fehlende Berechtigung für Buchungskreise

Die Buchungskreise 1010 und 1011 sind der meldenden Einheit **DE_ME_VAT** zugewiesen. Wenn der Benutzer für keinen der beiden Buchungskreise autorisiert ist, steht **DE_ME_VAT** in der App **Gesetzliche Berichte ausführen** (App-ID: F1515) nicht zur Auswahl.

Berichtsaktivitäten

Berichtsaktivitäten sind Schritte, die durchgeführt werden müssen, um den End-to-End-Prozess der gesetzlichen Berichterstattung abzuschließen.

Beispielsweise kann es erforderlich sein, vor der Berichtseinreichung vorbereitende Maßnahmen durchzuführen, wie das Versenden von Rechnungen, das Ausführen von Konsistenzprüfungen, oder auch nachgelagerte Tätigkeiten nach der Einreichung, etwa das Buchen von Steuerverbindlichkeiten bei der Umsatzsteuerrückmeldung.

Einer Berichtskategorie lassen sich die folgenden Arten von Berichtsaktivitäten zuordnen (siehe Abbildung 9.94):

- **Berichtsdefinition (Report Generation)**

  Generiert den gesetzlichen Bericht. Sie können eine Aktivität nur dann überspringen, wenn mehrere Berichtserstellungstätigkeiten einer Phase zugewiesen sind (Phasenvorkommen **Mehrfach**) und mindestens eine davon bereits abgeschlossen wurde.

- **SAP-Fiori-Anwendung (Supporting)**
  Umfasst Tätigkeiten vor oder nach der Berichtserstellung. Bei unterstützenden Tätigkeiten können Sie den Status der einzelnen Aktivitäten manuell auf **In Bearbeitung** oder **Abgeschlossen** setzen. Zudem besteht die Möglichkeit, die Ausführung einer Aktivität zu überspringen. Für jede Aktivität können Sie außerdem individuelle Kommentare hinterlegen, um beispielsweise zusätzliche Informationen oder Hinweise zur Durchführung zu dokumentieren.
- **Hybrid**
  Kombiniert Vorbereitungs- und Berichtserstellungstätigkeiten und bietet dadurch Flexibilität und Effizienz bei Szenarien, die beide Schritte erfordern.

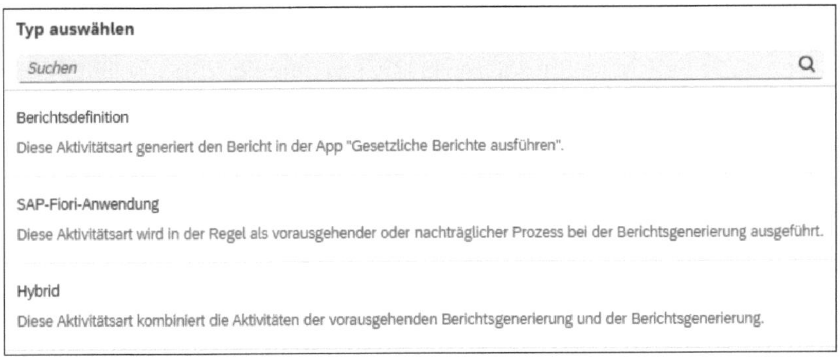

Abbildung 9.94 Aktivitätstypen zuordnen

Übersetzungen der Aktivitätstypen

Während die englischen Übersetzungen der Aktivitätstypen von SAP stringent im System umgesetzt wurden, enthält die deutsche Übersetzung einige Unschärfen. Denn während bei der Typenauswahl (siehe Abbildung 9.94) die Begriffe **Berichtsdefinition**, **SAP-Fiori-Anwendung** und **Hybrid** verwendet werden, enthält das zugehörige Auswahlfeld die Begriffe **Berichtsgenerierung**, **Unterstützend** und **Hybrid**. Die Begriffe haben jedoch jeweils dieselbe Bedeutung. Im Englischen sind die Begriffe – wie erwähnt – einheitlich als **Report-Generation**, **Supporting** und **Hybrid** hinterlegt.

Sofern als Art der Berichtsaktivität **Berichtsdefinition** ausgewählt wird, verlangt das System eine **Berichtsdefinitions-ID** (siehe Abbildung 9.95).

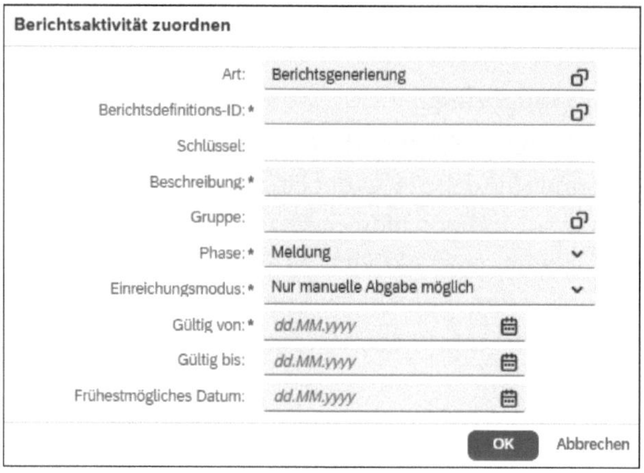

Abbildung 9.95 Berichtsaktivität zuordnen – Berichtsgenerierung

Hier kann aus bereits vorhandenen oder bereits erstellten Berichtsdefinitionen ausgewählt werden (siehe hierzu Abschnitt 9.6.1).

SAP-Fiori-Anwendungen/ABAP-Programme

Neben einer Berichtsdefinition lassen sich weitere Berichtsaktivitäten der Berichtskategorie zuordnen. Besonders hilfreich können in diesem Zusammenhang die in Abbildung 9.96 genannten Anwendungen und Programme sein. An dieser Stelle kann aus verschiedenen SAP-Fiori-Anwendungen/ABAP-Programmen ausgewählt werden.

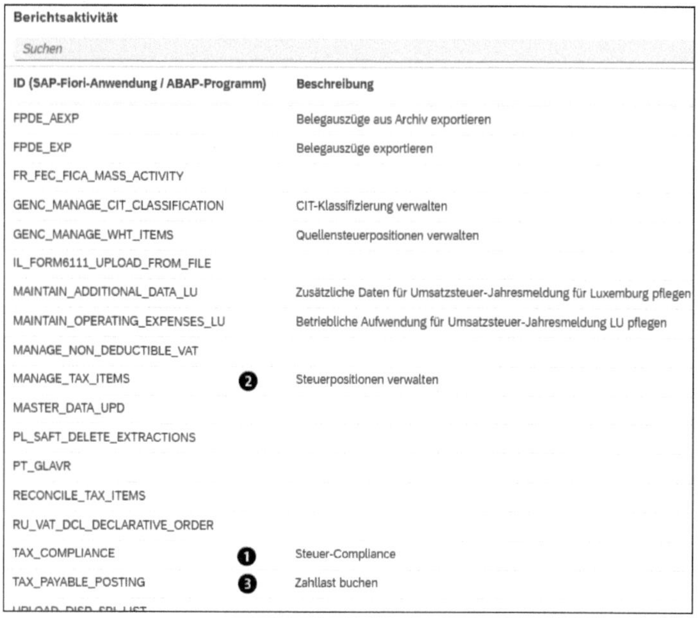

Abbildung 9.96 Berichtsaktivität in SAP-Fiori-Anwendungen und ABAP-Programmen

Im Folgenden möchten wir einige ausgewählte Berichtsaktivitäten näher erläutern (siehe ❶, ❷ und ❸ in Abbildung 9.96).

SAP Tax Compliance

Das externe Meldewesen ist in *SAP Tax Compliance* integriert, um die Überprüfung der steuerlichen Datenqualität im gesamten Meldeprozess zu ermöglichen ❶. Diese Integration erfolgt über speziell definierte Integrationsszenarien, die in SAP Tax Compliance hinterlegt sind. Auf Basis dieser Szenarien werden Ihre Daten systematisch geprüft, und der Erledigungsgrad der Prüftreffer wird in der App **Gesetzliche Berichte ausführen** (App-ID: F1515) im Rahmen der Aktivität **Steuer-Compliance** dargestellt.

Die Aktivität **Steuer-Compliance** ist eine Vormeldungsaktivität, mit der Sie prüfen können, ob die Belege die Compliance-Anforderungen erfüllen. Die Ergebnisse der Prüfungen werden dabei als KPIs angezeigt, bevor die Belege an die Behörden übermittelt werden. Zusätzlich bietet die Aktivität eine direkte Navigation zur App **Meine Compliance-Prüfungsergebnisse** (App-ID: F2344), in der Sie detaillierte Treffer und Prüfergebnisse einsehen können.

[!]

Aktivität »Steuer-Compliance« nutzen

Die Aktivität **Steuer-Compliance** wird nicht automatisch bei Standard- oder neuen Berichten angezeigt. Um sie zu nutzen, müssen Sie die Aktivitäts-ID **TAX_COMPLIANCE** manuell zur gewünschten Berichtskategorie hinzufügen. Dies kann entweder durch Erweiterung einer bestehenden Kategorie oder bei der Anlage einer neuen Berichtskategorie erfolgen. Die Verwendung dieser Aktivität kann je nach individuellem Anwendungsfall flexibel erfolgen.

Steuerpositionen für Rechnungslegung verwalten

In bestimmten Berichtsprozessen kann es erforderlich sein, Steuerpositionen nachträglich einem anderen Berichtszeitraum zuzuordnen. Dies kann etwa der Fall sein, wenn ein Beleg in der falschen Periode erfasst wurde oder erst später berücksichtigt werden soll. Für diese Fälle stellt SAP DRC die Berichtsaktivität **Steuerpositionen verwalten** zur Verfügung. Diese Funktion ist Teil der erweiterten Version von SAP DRC und bietet insbesondere für länder- oder regionenspezifische Anforderungen eine wertvolle Ergänzung.

Über die Aktivität lassen sich Steuerpositionen flexibel verschieben, indem das Steuermeldedatum angepasst wird. Falls dieses nicht vorhanden ist, wird stattdessen das Buchungs- oder das Belegdatum in Abhängigkeit des Landes/der Region, für das Sie eine Meldeaufgabe ausführen, herangezogen. Das System ermittelt die relevanten Belege entweder anhand der Parameter, die in der jeweiligen Meldeaufgabe des externen Meldewesens hinterlegt sind, oder auf Grundlage der Filterwerte (z. B. Buchungskreis, Meldedatum oder

Steuerkennzeichen), die Sie direkt im Aktivitätsbild **Steuerpositionen für Rechnungslegung verwalten** festlegen können (siehe Abbildung 9.97).

Abbildung 9.97 Steuerpositionen verwalten

Damit eine Steuerposition für die Verschiebung zur Verfügung steht, muss das Steuermeldedatum auf Buchungskreisebene aktiviert sein. Dies kann im Customizing unter **Globale Parameter zum Buchungskreis** eingestellt werden. Zudem sind geeignete Berechtigungen notwendig, um das Meldedatum eines Belegs anzeigen oder bearbeiten zu dürfen.

Die Aktivität zeigt alle Steuerpositionen für den gewählten Buchungskreis innerhalb eines bestimmten Datumsbereichs an. Dies erfolgt unabhängig davon, ob sie bereits einem bestimmten Bericht zugeordnet sind oder nicht. Dabei stehen drei grundlegende Aktionen zur Verfügung: Einbeziehen, Ausschließen und Zurückhalten von Steuerpositionen.

Einbeziehen

Beim *Einbeziehen* kann das Steuermeldedatum einer oder mehrerer Positionen so angepasst werden, dass es in den aktuellen Berichtszeitraum fällt. Dazu wählen Sie zunächst eine oder mehrere Positionen aus, legen das gewünschte Datum fest und sichern die Änderungen. Dies können Sie durch einen Klick auf **Hinzufügen** vornehmen (siehe Abbildung 9.98).

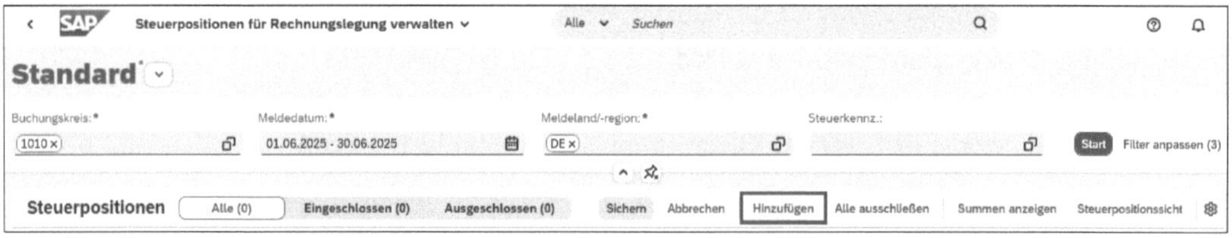

Abbildung 9.98 Steuerpositionen verwalten – Einbeziehen

Für das Beispiel wollen wir den Beleg 9400000221, der aktuell der Periode 05/2025 zugeordnet ist, in die Periode 06/2025 einbeziehen. Dazu wählen wir den Beleg aus ❶ und klicken auf **Weiter** ❷ (siehe Abbildung 9.99).

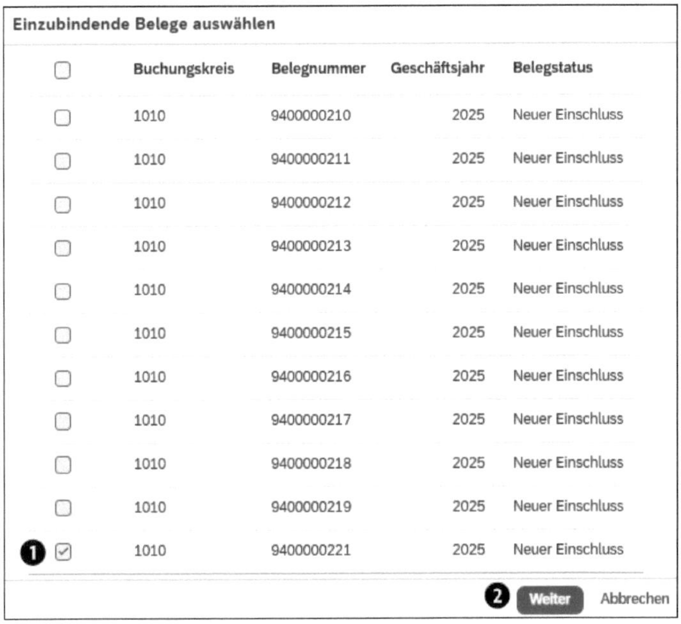

Abbildung 9.99 Steuerpositionen verwalten – Einbeziehen: Belege auswählen

Anschließend vergeben wir ein neues Steuermeldedatum und hinterlegen einen Kommentar (siehe Abbildung 9.100). Der betroffene Beleg ist aufgrund des angepassten Steuermeldedatums nun in den Berichtsdaten für den Meldezeitraum Juni 2025 enthalten (siehe Abbildung 9.101).

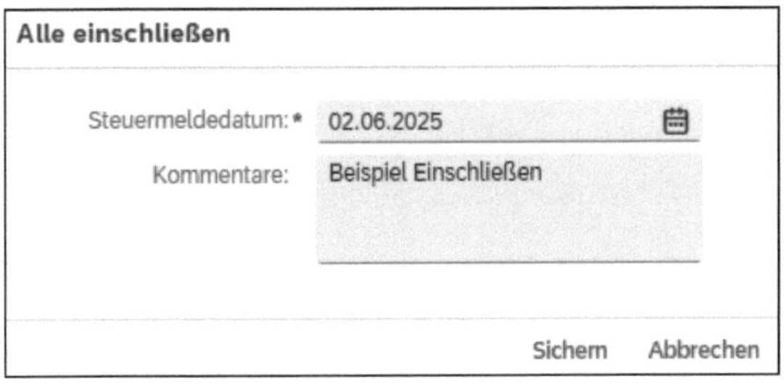

Abbildung 9.100 Steuerpositionen verwalten – Einbeziehen: Neues Steuermeldedatum festlegen

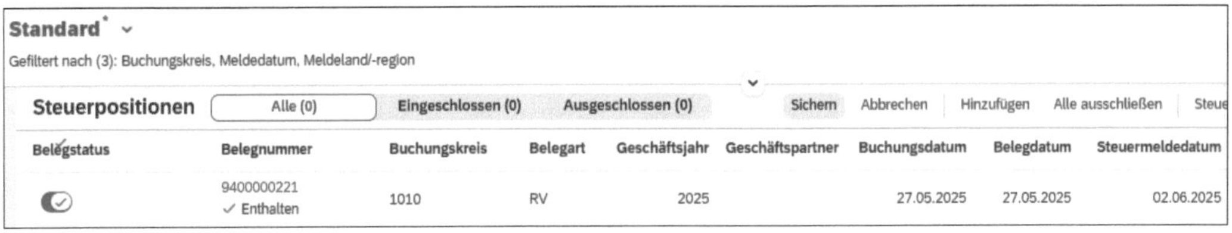

Abbildung 9.101 Steuerpositionen verwalten – Angepasstes Steuermeldedatum

Der eingegebene Kommentar lässt sich hier ebenfalls anzeigen. Die Aktivität bietet dabei verschiedene Filtermöglichkeiten – z. B. nach Status **neu**, **enthält**, **bereits gemeldet** oder **alle**. Dabei ist wichtig, dass bereits gemeldete Positionen, also solche, die an die Behörde übermittelt und von ihr akzeptiert wurden, nicht erneut aufgenommen werden können, es sei denn, das System wurde entsprechend konfiguriert.

Ausschließen

Beim *Ausschließen* wird das Steuermeldedatum so angepasst, dass es außerhalb des aktuellen Berichtszeitraums liegt. Auch hier erfolgen die Auswahl der gewünschten Position, die Datumsanpassung sowie ein erläuternder Kommentar (siehe Abbildung 9.102). Die ausgeschlossenen Belege sind anschließend im gleichnamigen Reiter einsehbar. Möchten Sie mehrere Positionen gleichzeitig ausschließen, können Sie dies ebenfalls zentral über die Funktion **Alle ausschließen**.

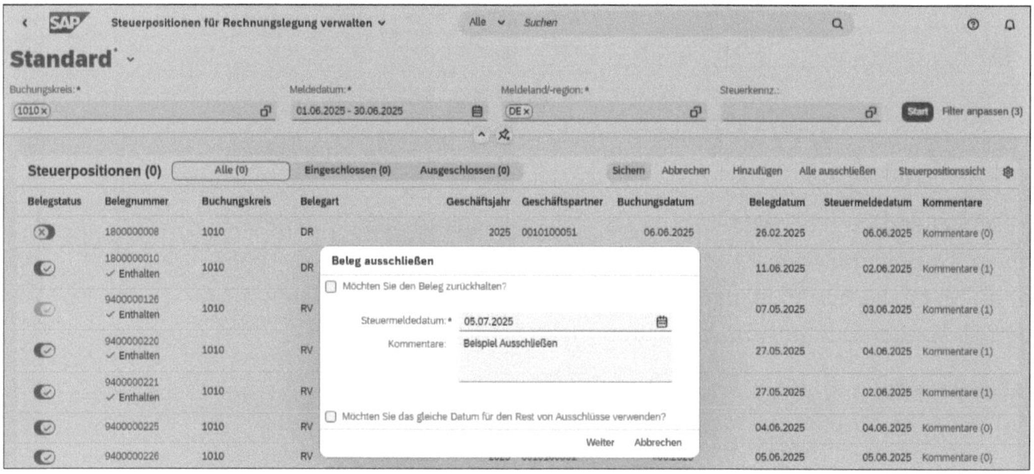

Abbildung 9.102 Steuerpositionen verwalten – Ausschließen

Zusätzlich besteht die Möglichkeit, Steuerpositionen *zurückzuhalten*. Das bedeutet, dass sie bewusst in keinem Berichtszeitraum berücksichtigt werden, bis sie zu einem späteren Zeitpunkt explizit aufgenommen werden. Beim Zurückhalten wird kein konkretes Meldedatum festgelegt, sodass sich diese Positionen flexibel in eine zukünftige Periode einfügen lassen (siehe Abbildung 9.103).

Zurückgehaltene Positionen lassen sich ebenfalls über die Aktivität wieder einfügen, indem Sie das Meldedatum erneut definieren und die Änderung sichern.

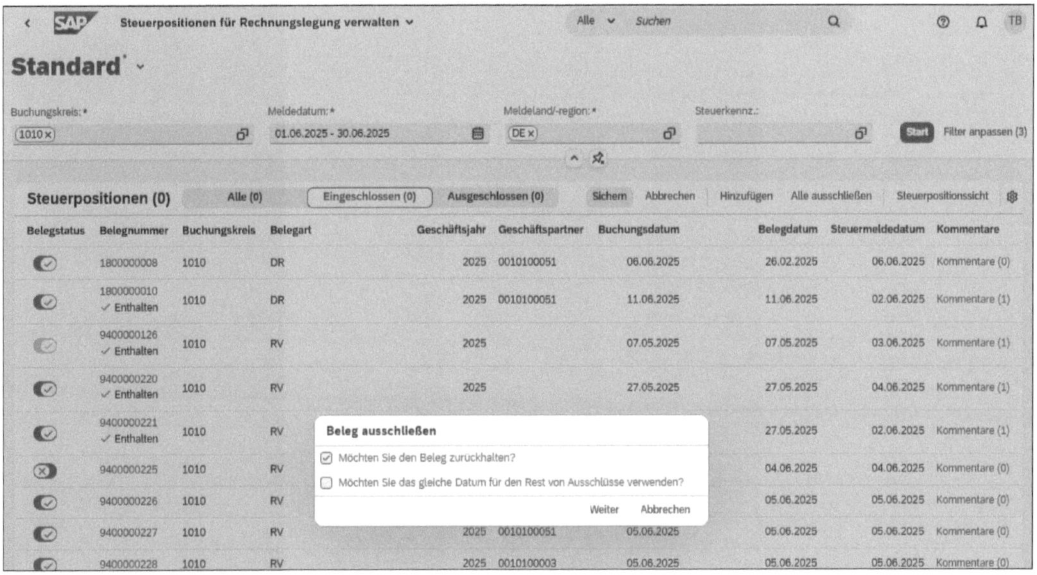

Abbildung 9.103 Steuerpositionen verwalten – Zurückhalten

Zahllast buchen

Wenn der Berichtslauf für eine bestimmte Meldeperiode durchgeführt wurde, kann die Zahllastbuchung erfolgen. Bei einer *Zahllastbuchung* wird die Umsatzsteuerverbindlichkeit gegenüber dem Finanzamt ermittelt. Am Ende jedes Voranmeldezeitraums wird in SAP ermittelt, ob die vereinnahmte Umsatzsteuer aus Ausgangsrechnungen höher ist als die gezahlte Vorsteuer aus Eingangsrechnungen. Ergibt sich daraus eine positive Differenz (Zahllast), erfolgt eine Buchung, die diese Verbindlichkeit im System dokumentiert und die Grundlage für die Zahlung ans Finanzamt bildet.

Ein Vorsteuerüberhang (negative Differenz) würde hingegen zu einer Erstattung führen oder mit zukünftigen Zahllasten verrechnet werden (siehe Abbildung 9.104).

In Abbildung 9.105 wird deutlich, dass das Vorsteuerkonto (12600000) sowie das Umsatzsteuerkonto (22000000) im Haben bzw. Soll gegen das Umsatzsteuer-Zahllastkonto (22090000) gebucht werden. Der Buchungsbeleg wird dann entsprechend erstellt. Die Buchung kann vor dem eigentlichen Buchen auch simuliert werden.

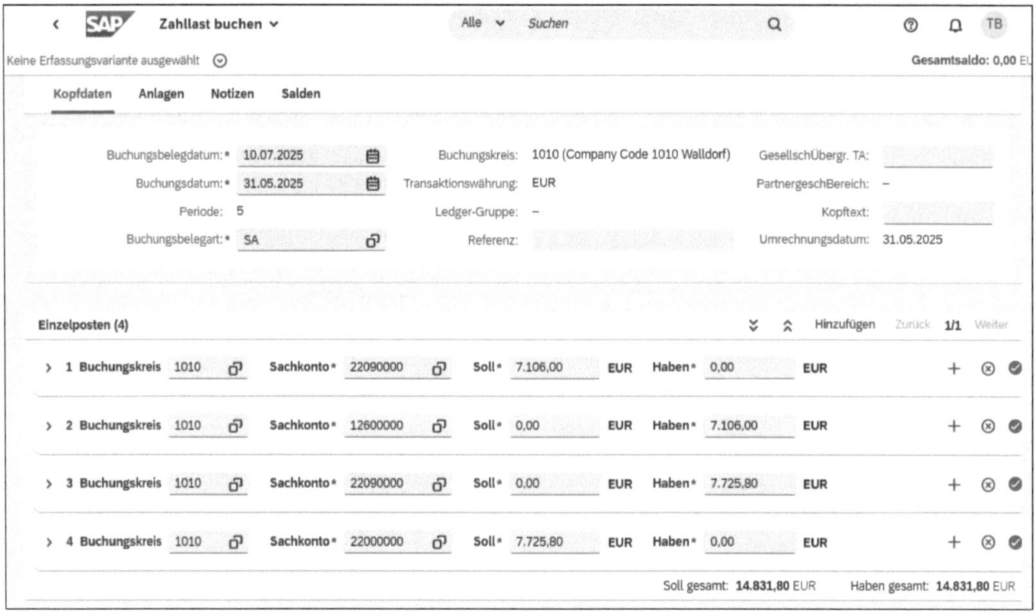

Abbildung 9.104 Zahllast buchen

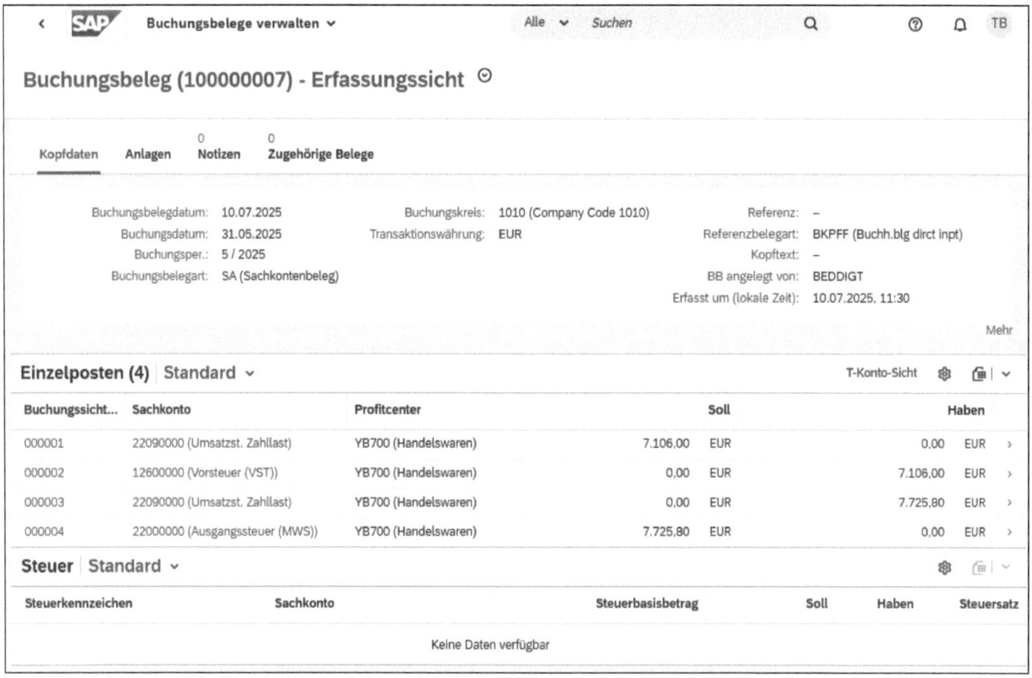

Abbildung 9.105 Zahllastbuchung – Buchungsbeleg

[«]

Hinweis zur Zahllast bei der umsatzsteuerlichen Organschaft

Sofern die Zahllastbuchung für eine meldende Einheit erfolgt, der mehrere Organisationseinheiten (z. B. Buchungskreise) zugeordnet sind, werden die auf die Organgesellschaften entfallenden Zahllastbeträge auf ein entsprechendes Verrechnungskonto gebucht (siehe Abbildung 9.107). Voraussetzung ist, dass die entsprechenden Customizing-Einstellungen in der Transaktion **OBYA** erfolgt sind (siehe beispielhaft in Abbildung 9.106).

Abbildung 9.106 Customizing in OBYA

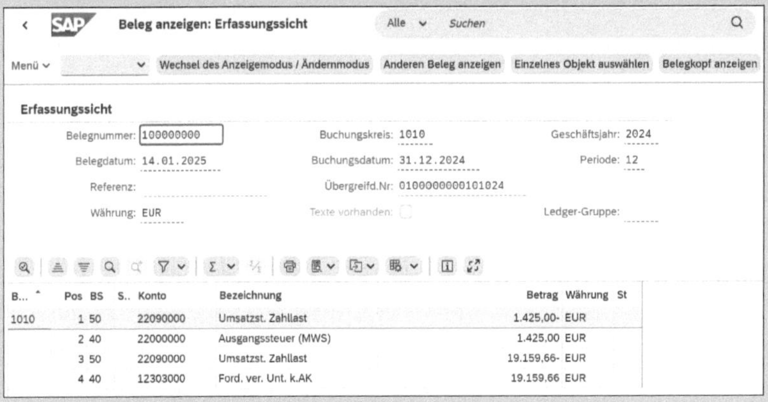

Abbildung 9.107 Zahllastbuchung Organschaft

Nachdem der Buchungsbeleg erstellt wurde, ist die Berichtsaktivität **Zahllast buchen** abgeschlossen. Sofern dies die letzte Berichtsaktivität innerhalb der Berichtskategorie bzw. Meldeaufgabe war, ist auch die Phase **Meldung** abgeschlossen. Die durchgeführten Berichtsaktivitäten werden dann alle im Bereich der abgeschlossenen Phasen dargestellt (siehe Abbildung 9.108).

Abbildung 9.108 Abgeschlossene Phasen

Im nächsten Abschnitt befassen wir uns mit der Zuordnung der Berichtsaktivitäten zu der Berichtskategorie.

9.6.3 Berichtsaktivität zur Berichtskategorie zuordnen

Wir haben nunmehr eine neue Berichtsdefinition für die Umsatzsteuer-Voranmeldung angelegt (siehe Abschnitt 9.6.1, »Eine neue Berichtsdefinition anlegen«). Im Rahmen dessen haben wir die Bestandteile einer solchen Berichtsdefinition kennengelernt. Dazu zählen insbesondere Queries, die dafür sorgen, dass die relevanten Berichtsdaten aus den SAP-Tabellen in den jeweiligen SAP-DRC-Bericht einfließen.

Anschließend haben wir eine neue Berichtskategorie angelegt und die verschiedenen Bestandteile erläutert (siehe Abschnitt 9.6.2, »Berichtskategorie anlegen«). Neben den verschiedenen Berichtsphasen wie **Meldung** oder **Korrektur** haben wir der Berichtskategorie auch eine Organisationseinheit (Buchungskreis) zugeordnet. Außerdem haben wir weitere Standardberichtsaktivitäten wie SAP Tax Compliance, **Steuerpositionen verwalten** und **Zahllast buchen** kennengelernt.

Jetzt geht es darum, die verschiedenen Berichtsaktivitäten unserer Berichtskategorie zuzuordnen. Dafür klicken wir in unserer Berichtskategorie im Bereich der Berichtsaktivitäten auf **Zuordnen** (siehe Abbildung 9.109).

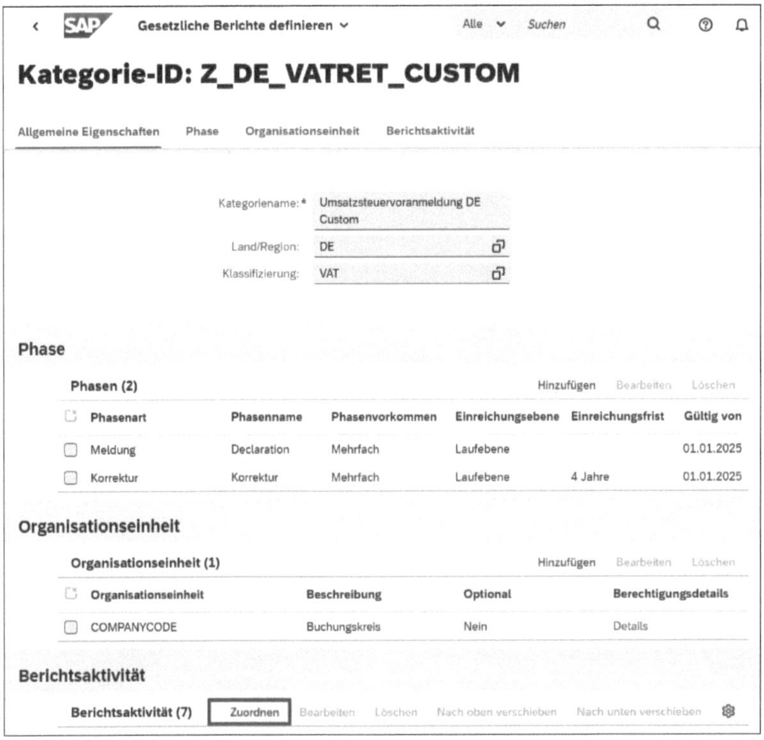

Abbildung 9.109 Berichtsaktivität Zuordnen

Zunächst ordnen wir die von uns angelegte Berichtsaktivität **Z_DE_VATRET_CUSTOM_DEF** zu, und zwar für die Phasen **Meldung** (Declaration) und **Korrektur** (siehe Abbildung 9.110).

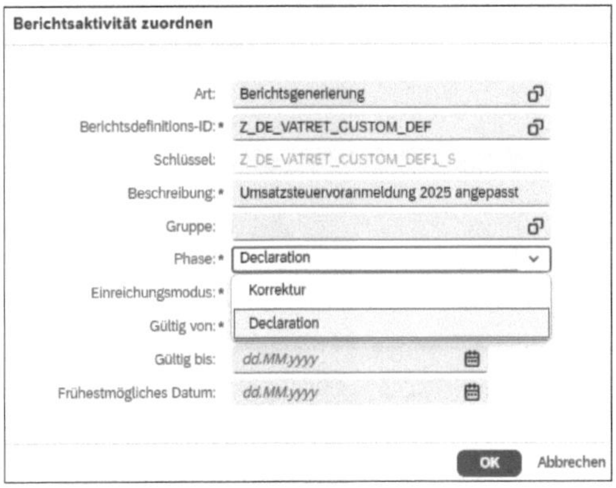

Abbildung 9.110 Bericht zu Berichtsaktivität zuordnen

Die gleiche Zuordnung machen wir für die unterstützenden Berichtsaktivitäten **Steuer-Compliance**, **Steuerpositionen verwalten** und **Zahllast buchen** (siehe beispielhaft Abbildung 9.111 sowie Abschnitt 9.6.2, »Berichtskategorie anlegen«).

Abbildung 9.111 Unterstützende Berichtsaktivität zuordnen

Die angepasste Berichtskategorie sowie die zugeordneten Berichtsaktivitäten sehen Sie in Abbildung 9.112, Abbildung 9.113 und Abbildung 9.114.

Abbildung 9.112 Angelegte Berichtskategorie und zugeordnete Berichtsaktivitäten 1 von 3

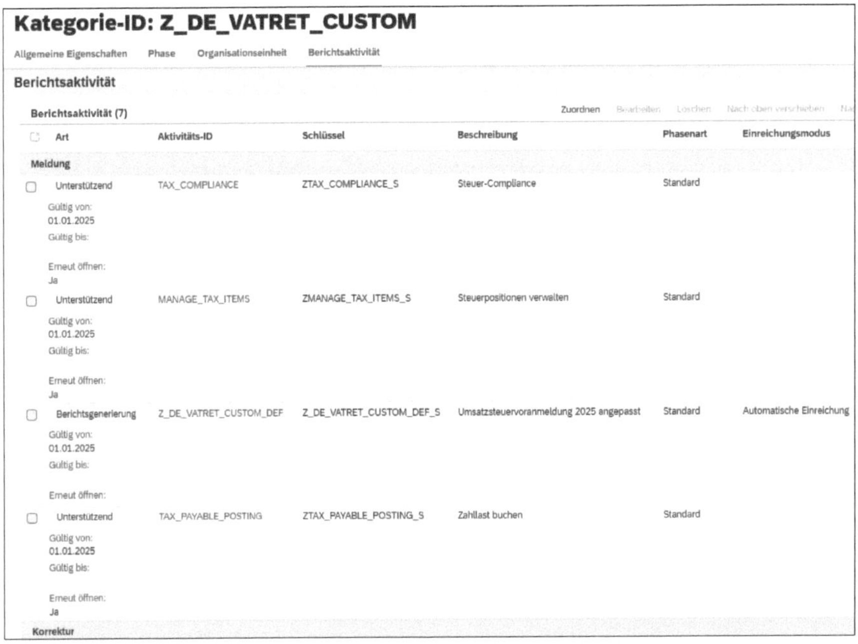

Abbildung 9.113 Angelegte Berichtskategorie und zugeordnete Berichtsaktivitäten 2 von 3

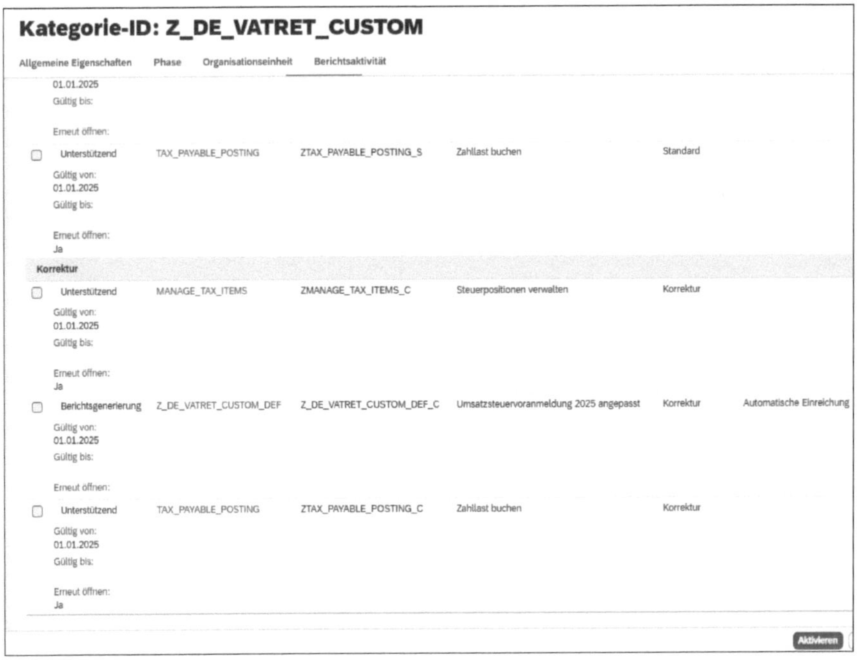

Abbildung 9.114 Angelegte Berichtskategorie und zugeordnete Berichtsaktivitäten 3 von 3

Abschließend ist die Berichtskategorie zu aktivieren, sodass sie für das laufende Reporting verwendet werden kann.

Customizing im SAP GUI

Zusätzlich ist noch die Einbindung der Kategorie im Customizing der SAP GUI erforderlich. Hier kann über die Transaktion **SM34** auf den entsprechenden View Cluster **SRFVC_RPG_ENT** zugegriffen werden.

Die Berichtskategorie müssen Sie dort der entsprechenden meldenden Einheit zuordnen. In unserem Fall ist dies die Meldende Einheit 1010, der der Buchungskreis 1010 als Organisationseinheit zugeordnet ist (siehe Abbildung 9.115).

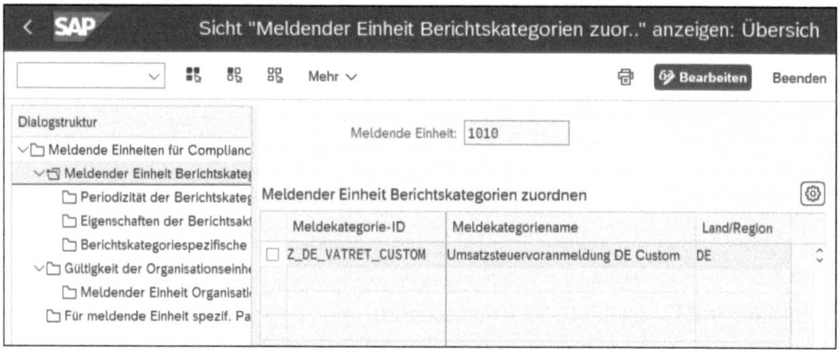

Abbildung 9.115 Meldender Einheit Berichtskategorie zuordnen

Anschließend ist die Periodizität der Berichtskategorie festzulegen (siehe Abbildung 9.116 sowie Abschnitt 8.3.4).

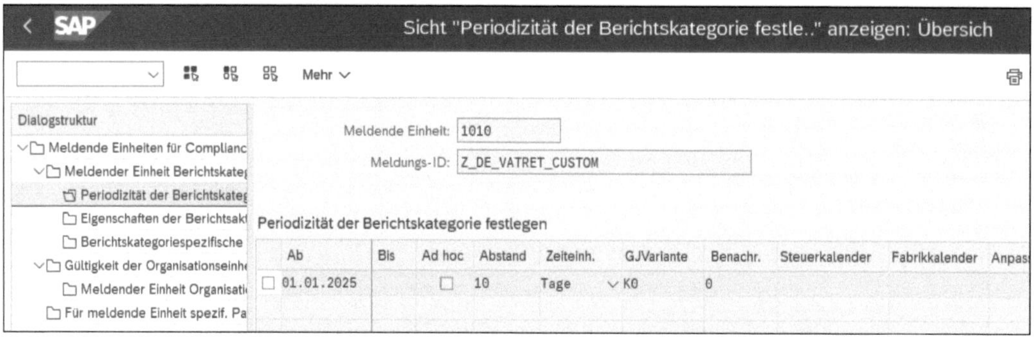

Abbildung 9.116 Periodizität der Berichtskategorie festlegen

Im nächsten Schritt sind die verschiedenen Berichtsaktivitäten, die an dieser Stelle im System als **Aktivitätsschlüssel** bezeichnet werden, zu der Berichtskategorie hinzuzufügen (siehe Abbildung 9.117).

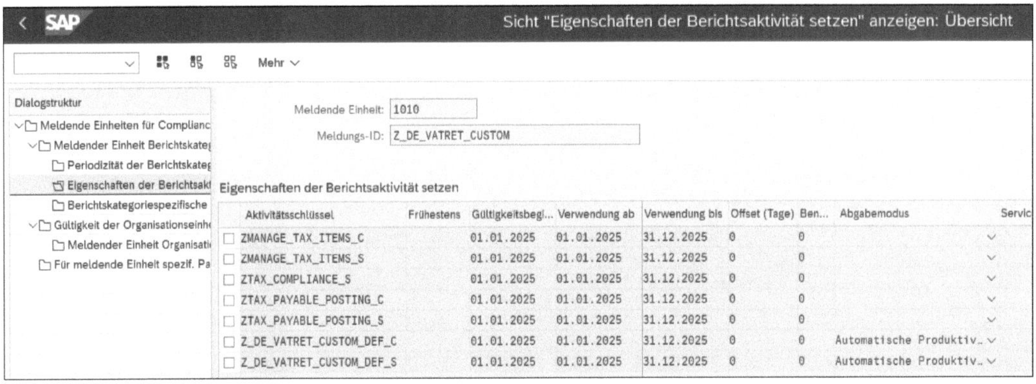

Abbildung 9.117 Aktivitätsschlüssel zu Berichtskategorie hinzufügen

Abschließend können noch berichtskategoriespezifische Parameter zu der Berichtsaktivität hinterlegt werden, wie etwa Kontaktinformationen oder die ELSTER-Steuernummer (siehe Abbildung 9.118).

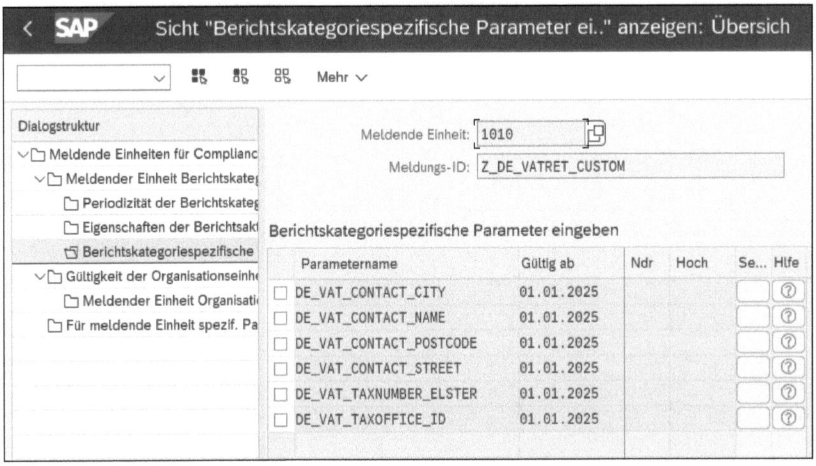

Abbildung 9.118 Berichtskategoriespezifische Parameter

Damit ist die Einrichtung der eigenen Berichtskategorie sowie der eigenen Berichtsdefinition abgeschlossen. Bei einem Aufruf der SAP-Fiori-Anwendung **Gesetzliche Berichte ausführen** ist der erstellte Bericht nun sichtbar (siehe Abbildung 9.119).

Auch die in Abschnitt 9.6.2, »Berichtskategorie anlegen«, beschriebenen Berichtsaktivitäten sind nun ausführbar (siehe Abbildung 9.120).

Der selbst erstellte Bericht lässt sich nunmehr verwenden und die einzelnen Berichtsaktivitäten ausführen.

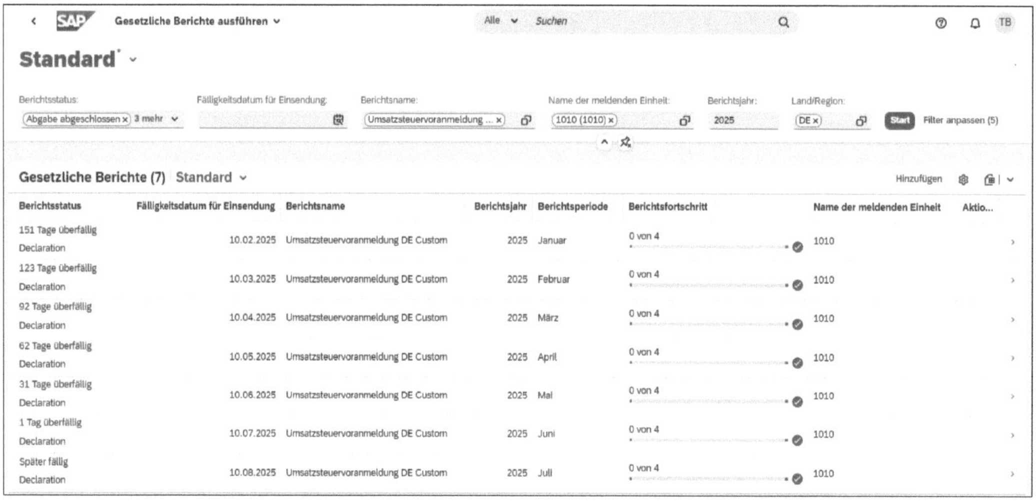

Abbildung 9.119 Berichtskategorie in der App »Gesetzliche Berichte ausführen«

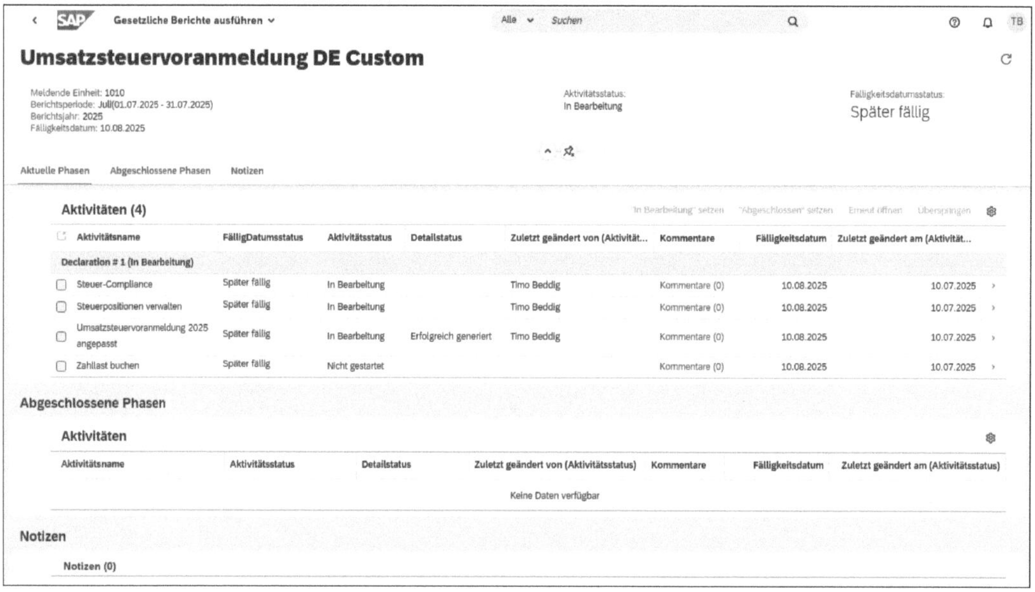

Abbildung 9.120 Berichtsaktivitäten in der App »Gesetzliche Berichte ausführen«

9.7 Zusammenfassung

Dieses Kapitel arbeitet den Einsatz von SAP DRC im Bereich des gesetzlichen Meldewesens systematisch auf und erläutert ihn praxisorientiert. Ausgangspunkt ist die Feststellung, dass Unternehmen weltweit mit einer Vielzahl unterschiedlicher steuerlicher Meldeanforderungen konfrontiert sind. Unterschiedliche Meldezyklen, Abgabeformate, Übermittlungskanäle und inhaltliche Anforderungen machen das gesetzliche Reporting zu einem komplexen und unternehmenskritischen Prozess. SAP DRC begegnet diesen Herausforderungen mit einem integrierten, flexiblen und global skalierbaren Lösungsansatz, der sich tief in die SAP-S/4HANA-Systemarchitektur einbettet.

Ein zentraler Fokus des Kapitels liegt auf der Vorstellung der technischen und organisatorischen Anforderungen für das gesetzliche Reporting. Dabei werden länderspezifische Berichtstypen wie Umsatzsteuer-Voranmeldungen, Zusammenfassende Meldungen, SAF-T sowie Quellensteuermeldungen in ihrer rechtlichen und prozessualen Relevanz eingeordnet. Anschließend wird gezeigt, wie SAP DRC diese Anforderungen unterstützt, insbesondere durch standardisierte Berichtskategorien, validierte Datenprozesse und automatisierte Einreichung an die Finanzbehörden.

Detailliert wird die Einrichtung und Durchführung der Umsatzsteuer-Voranmeldung in Deutschland beschrieben. Neben der systemseitigen Zuordnung von Steuerkennzeichen zu Feldgruppen und Gruppennummern werden auch die relevanten Customizing-Aktivitäten, die Nutzung der SAP-Fiori-App **Gesetzliche Berichte ausführen** (App-ID: F1515), die Durchführung eines Berichtslaufs, manuelle Korrekturen in der Berichtsvorschau und die abschließende Buchung der Zahllast behandelt. Besondere Beachtung finden die revisionssichere Nachvollziehbarkeit durch Änderungsprotokolle sowie die Möglichkeit, Belege gezielt ein- oder auszuschließen oder zurückzuhalten.

Darüber hinaus wird die Implementierung der §-50a-Quellensteuermeldung als weiterer Berichtsfall dargestellt. Auch die SAF-T-Meldung am Beispiel Rumäniens wird als modernes Format des strukturierten Steuerdatenexports im Kontext digitaler Transformation erläutert.

Ein wesentlicher Abschnitt widmet sich schließlich der Definition eigener gesetzlicher Berichte. Hier zeigen wir auf, wie Unternehmen bestehende Berichtsdefinitionen erweitern oder neue Berichte anlegen können, um unternehmens- oder landesspezifische Anforderungen abzudecken. Es werden die zentralen technischen Bausteine wie Parameterdefinition, Query-Design, Dokumentdefinition, Ereignisse und Meldepositionsprotokoll systematisch erklärt. Ebenso werden verschiedene Quellenarten für Queries etwa CDS Views, Klassenmethoden oder BRFplus hinsichtlich ihrer Eignung und Grenzen bewertet. Auch das Thema Vererbung in erweiterten Berichtsdefinitionen wird behandelt, um den langfristigen Pflegeaufwand zu minimieren.

Abgerundet wird das Kapitel durch die Erläuterung der Berichtskategorie, deren Aufbau und Struktur, inklusive Organisationseinheiten, Phasen, unterstützenden Aktivitäten (etwa SAP Tax Compliance oder Zahllastbuchung) und Workflow-Integration. Die Verknüpfung von SAP-Fiori-Anwendungen, klassischen ABAP-Reports und modernen Analysefunktionen wie **Daten analysieren** erlaubt eine durchgängige End-to-End-Berichtserstellung mit hoher Transparenz und Flexibilität.

Zusammenfassend lässt sich festhalten, dass SAP DRC eine zentrale Plattform für das gesetzliche Meldewesen in SAP S/4HANA darstellt. Sie vereint Compliance, Automatisierung, Transparenz und globale Standardisierung auf einer gemeinsamen technischen Grundlage. Unternehmen erhalten damit ein wirkungsvolles Werkzeug, um aktuelle und künftige Berichtspflichten effizient, rechtskonform und nachhaltig zu erfüllen, insbesondere in einem Umfeld, das durch regulatorischen Wandel, Digitalisierung und internationale Harmonisierung zunehmend an Dynamik gewinnt.

Kapitel 10
Den operativen Betrieb optimieren

SAP DRC entfaltet sein volles Potenzial erst im reibungslosen operativen Betrieb. Dieses Kapitel zeigt, wie Sie SAP DRC technisch und organisatorisch optimieren – durch Automatisierung, Erweiterung, Datenpflege, Integration von Peppol und Eingangsrechnungen sowie den gezielten Einsatz von SAP Central Finance.

Der produktive Betrieb von SAP DRC stellt Unternehmen vor vielfältige Anforderungen: technisch, organisatorisch und prozessual. Während SAP DRC als zentrale Lösung für ein gesetzeskonformes Reporting und die Verarbeitung und Übermittlung elektronischer Dokumente dient, erfordert ein stabiler, performanter und revisionssicherer Betrieb gezielte Maßnahmen zur Systemkonfiguration, Prozessautomatisierung und Datenqualität.

Dieses Kapitel widmet sich umfassend der operativen Optimierung von SAP DRC. Es zeigt in Abschnitt 10.1 praxisorientiert auf, wie die Systemstabilität durch Partitionierung wachsender Berichtstabellen und eine durchdachte Archivierungsstrategie langfristig gesichert werden kann. Darüber hinaus werden Möglichkeiten zur Automatisierung zentraler Prozessschritte vorgestellt: von der geplanten Hintergrundverarbeitung elektronischer Dokumente (siehe Abschnitt 10.2) bis hin zur Integration von Erweiterungen mit Hilfe von BAdIs oder eigener Funktionsmodule (siehe Abschnitt 10.3).

Ein besonderer Schwerpunkt liegt auf der Pflege und Verwaltung von Peppol-Teilnehmern, da fehlerhafte oder veraltete Empfängerinformationen direkte Auswirkungen auf die Zustellbarkeit elektronischer Rechnungen haben können. Durch den gezielten Einsatz von Funktionen in SAP DRC sowie die Anbindung an Stammdatenpflegeprozesse, etwa mittels SAP Master Data Governance, lässt sich die Qualität dieser relevanten Daten operativ absichern. Dies besprechen wir in Abschnitt 10.4.

Weitere Optimierungspotenziale ergeben sich durch die Integration von Eingangsautomatisierungslösungen, die über die reine Entgegennahme elektronischer Rechnungen hinausgehen. Sie ermöglichen eine durchgängige Verarbeitung bis zur Dunkelbuchung und reduzieren manuelle Eingriffe auf ein Minimum (siehe Abschnitt 10.5). Abschließend betrachten wir in Abschnitt 10.6 die Integration von SAP Risk and Assurance Management in SAP DRC, die zu einer höheren Daten- und Berichtsqualität führt.

Ziel dieses Kapitels ist es, konkrete Hebel zur Effizienzsteigerung, Stabilität und Fehlervermeidung im operativen Einsatz von SAP DRC aufzuzeigen. Im Fokus stehen dabei praxiserprobte Maßnahmen und Empfehlungen, mit denen Unternehmen ihre SAP-DRC-Lösung nicht nur gesetzeskonform, sondern auch wirtschaftlich und zukunftssicher betreiben können.

10.1 Partitionierung und Archivierung für beleghafte Berichte

In diesem Abschnitt beschreiben wir eine zusätzliche, technisch notwendige Konfiguration, die Sie bei der Implementierung von SAP DRC beachten sollten. Die Einrichtung der Tabellenpartitionierung sowie die Archivierung von Berichtsdaten sind wichtige Maßnahmen, da fehlende oder unzureichende Konfigurationen in der Produktivumgebung zu Problemen führen können. Auf Test- und Entwicklungssystemen treten diese Probleme in der Regel nicht auf, da dort weniger Daten generiert werden. Dennoch sollten beide Aspekte bereits bei der Implementierung berücksichtigt werden, um spätere Engpässe oder Fehler in der Produktion zu vermeiden.

10.1.1 Partitionierung

Für belegbasierte Berichte werden im SAP-DRC-Bereich große Datenmengen in Tabellen geschrieben. Mit der Zeit können diese Tabellen so stark wachsen, dass es zu Fehlern in den Anwendungen kommen kann. SAP empfiehlt, Tabellen ab einer erwarteten Größenordnung von etwa 1,5 Milliarden Zeilen zu partitionieren. Besonders die Tabelle **SRF_REP_RUN_DATA** wächst mit SAP DRC sehr stark und kann diese Größenordnung durchaus erreichen.

Je nach verwendetem Systemstand sollten Sie zunächst den *TKA-Hinweis* (im Englischen als *TCI-Note* bezeichnet) *3354120 – Externes Meldewesen – Konsolidierte Korrekturen und Verbesserungen* implementieren. Dieser Hinweis ist für die SAP-S4/HANA-Core-Versionen 105 und 106 relevant. Bei neueren Systemen ist dieser Schritt nicht mehr notwendig. Nach der Umsetzung des Hinweises – oder bei neueren Systemständen direkt – kann die Partitionierung der betreffenden Tabellen durchgeführt werden.

[«]

Unterschiede bei einem TKA-Hinweis

Bei einem TKA-Hinweis werden die Code-Änderungen mithilfe eines Transportauftrags ins System eingespielt. Für die Implementierung sind daher zusätzliche Schritte erforderlich. Weitere Informationen zum Vorgehen bei TKA-Hinweisen finden Sie auf der Webseite des jeweiligen Hinweises unter *https://me.sap.com*.

Der Transport muss zunächst von der Webseite heruntergeladen werden. Im Hinweis-Assistenten laden Sie den Transport dann über die Schaltfläche **TKA hochladen** ins System. Anschließend kann der Hinweis wie gewohnt eingebaut werden.

Um die Partitionierung zu aktivieren, führen Sie in der Transaktion **SE38** das Programm **SRF_ACTIVATE_TABLE_PARTITION** aus. Nach erfolgreicher Ausführung erhalten Sie die Meldung **Table partition enabled.** Damit ist die Partitionierung für die entsprechende Tabelle aktiviert und konfiguriert.

Sie können diese Einstellung überprüfen, indem Sie die Tabelle im Diagnose-Dialog der Transaktion **DBACOCKPIT** öffnen (siehe Abbildung 10.1).

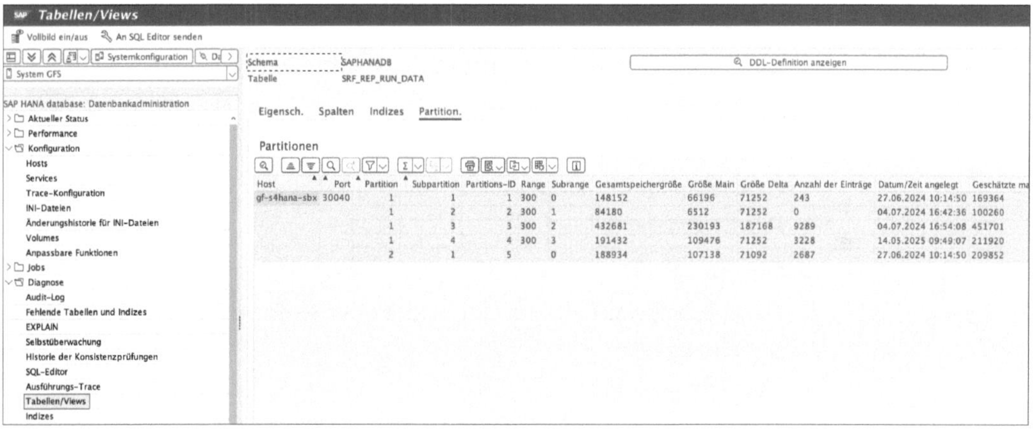

Abbildung 10.1 Partitionen der Tabelle »SRF_REP_RUN_DATA«

[«]

Kein Transport der Partitionierungseinstellungen

Diese Konfiguration ist auf allen Systemen der Systemlandschaft (Entwicklung, Test, Produktion etc.) manuell auszuführen, da sie nicht transportiert wird.

10.1.2 Archivierung

Archive Development Kit

Die Berichtsinformationen in den Tabellen des Berichtswesens können archiviert werden. SAP verwendet hierfür ein Datenarchivierungskonzept, das auf dem Archive Development Kit (ADK) basiert.

Um diese Funktion nutzen zu können, benötigen Sie eine Lizenz für das SAP Information Lifecycle Management (SAP ILM). Diese Lizenz kann über das Switch Framework aktiviert werden.

[!]

Nicht umkehrbare Geschäftsfunktion ILM

Die Aktivierung dieser Geschäftsfunktion ist nicht umkehrbar. Nach der Aktivierung kann sie nicht mehr deaktiviert werden.

Datenbanktabellen des beleghaften Berichtswesens

Für die Archivierung von Meldeaufgaben im Meldewesen stellt SAP das Archivierungsobjekt **SRF_TASK** bereit. Mit diesem Objekt können die Daten aus den folgenden Tabellen archiviert werden:

- SRF_REPORTING:

  Diese Tabelle enthält Berichte, die im Berichtswesen generiert werden.

- SRF_RPG_PHASE:

  Diese Tabelle enthält Daten zu den verschiedenen Phasen eines Meldeprozesses.

- SRF_RPG_ACT:

  Diese Tabelle enthält Aktivitäten, die im Rahmen von Berichten durchgeführt werden.

- SRF_REP_RUN:

  Diese Tabelle enthält Metadaten und Statusinformationen zu einzelnen Berichtsläufen.

- SRF_ACT_CMMNT:

  Diese Tabelle enthält Kommentare und Anmerkungen zu einzelnen Berichtsaktivitäten.

- SRF_REP_RUN_CRSP:

  Diese Tabelle enthält Referenzen auf in Berichtsläufen erzeugte Korrespondenzdokumente.

- SRF_REP_RUN_DOC:

  Diese Tabelle enthält Verweise auf generierte Dokumente in Berichtsläufen.

- **SRF_REP_RUN_LOG:**
  Diese Tabelle protokolliert den Ablauf und Status von Berichtsläufen.
- **SRF_REP_RUN_PAR:**
  Diese Tabelle enthält die Parameter, die für die Ausführung eines Berichtslaufs verwendet werden.
- **SRF_REP_RUN_QRY:**
  Diese Tabelle enthält Datenwerte, die bei der Ausführung von Queries verwendet werden.
- **SRF_REP_RUN_DATA:**
  Diese Tabelle enthält die eigentlichen Belegdaten, die im Berichtswesen verarbeitet werden.
- **SRF_REP_RUN_DLOG:**
  Diese Tabelle protokolliert Änderungen an den Berichtsdaten und deren Kommentare.
- **SRF_RPRTNG_CMMNT:**
  Diese Tabelle enthält allgemeine Kommentare zur Erstellung von Berichten.

Damit Objekte aus den genannten Tabellen archiviert werden können, müssen folgende Bedingungen erfüllt sein:

- Der Gesamtstatus der Meldeaufgabe muss auf **Completed** stehen.
- Die im System hinterlegte Verweildauer muss abgelaufen sein.

Erst wenn beide Kriterien erfüllt sind, können die entsprechenden Daten archiviert werden.

10.2 Automatisierung für elektronische Dokumente einrichten

In der Standardkonfiguration von SAP DRC sind viele Aktivitäten im Zusammenhang mit der Verarbeitung elektronischer Dokumente zunächst manuell auszuführen. So werden beispielsweise Ausgangsrechnungen zwar als elektronische Dokumente erfasst, aber nicht automatisch generiert oder an die entsprechend konfigurierte Empfangsstelle übermittelt.

Die notwendigen Arbeitsschritte müssen in den Benutzeroberflächen wie der SAP-GUI-Transaktion **eDocument Cockpit** oder der SAP-Fiori-App **Manage Electronic Documents** manuell ausgelöst werden, indem das jeweilige

Dokument ausgewählt und der nächste Prozessschritt gestartet wird. Für produktiv genutzte Umgebungen ist diese manuelle Abarbeitung jedoch nicht praktikabel.

Prozessschritte automatisieren

Um dieses Problem zu lösen, bietet SAP DRC die Möglichkeit, die einzelnen Prozessschritte zu automatisieren. Die Umsetzung erfolgt durch spezielle Job-Konfigurationen, wie sie in SAP-Systemen üblich sind. Die Integration in das zentrale Job-Management des SAP-Systems bringt mehrere Vorteile:

- standardisierte Konfiguration
- zentrale Steuerung der Jobs
- umfassendes Monitoring aller auszuführenden Aktivitäten

Dabei kommen bewährte Prozesse zum Einsatz, die in den meisten Organisationen bereits etabliert sind und sich in der Praxis als zuverlässig erwiesen haben.

EDOC_ BACKGROUND

Um die Automatisierung zu konfigurieren, rufen Sie die Transaktion **EDOC_BACKGROUND** im SAP GUI auf.

Im aufgerufenen Formular können Sie verschiedene Parameter für die Jobeinplanung auswählen:

- Auswahl des eDocument-Prozesses, für den die Automatisierung eingeplant werden soll
- Auswahl der auszuführenden eDocument-Aktion
- Spezifische Selektionskriterien, etwa für den Buchungskreis und den Status der Dokumente

Im Beispiel aus Abbildung 10.2 wurde der ungarische Rechnungsprozess **HUINV** ausgewählt. Für Dokumente des Buchungskreises **2111** im Status **CREATED** (Übermittlung OK) soll die Aktion **SUBMIT** (Beleg angelegt) automatisiert ausgeführt werden. Sobald ein neuer Beleg im eDocument Cockpit angelegt wird, erfolgt die Übermittlung an die ungarische Finanzbehörde NAV unmittelbar und vollautomatisch. Sie haben die Möglichkeit, Selektionsvarianten aus dem eDocument Cockpit wiederzuverwenden, um die Auswahlkriterien für den Job zu definieren. Wählen Sie dazu über die Wertehilfe im Feld **Selektionsvariante** die gewünschte Variante aus.

Nachdem Sie alle Felder entsprechend Ihren Anforderungen ausgefüllt haben, können Sie die Aktion direkt ausführen. Als Ergebnis wird Ihnen angezeigt, welche elektronischen Dokumente verarbeitet wurden. Alternativ können Sie die Auswahl auch im Hintergrund ausführen lassen oder als periodischen Job einplanen. Wählen Sie dazu im Menü **Programm • Im Hintergrund ausführen** aus.

Abbildung 10.2 Hintergrundverarbeitung für elektronische Dokumente einplanen

Im sich öffnenden Dialogfenster geben Sie ein geeignetes Ausgabegerät an und legen einen Startzeitpunkt sowie eine regelmäßige Wiederholung fest. Beispielsweise führt die in Abbildung 10.3 dargestellte Konfiguration den Job ab dem 18.06.2025 um 11:00 Uhr jeweils stündlich aus.

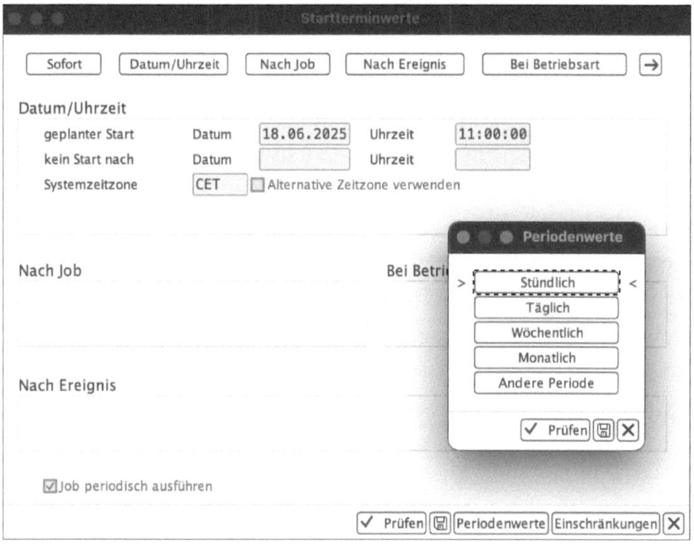

Abbildung 10.3 Periodische Einplanung von Hintergrundprozessen

[»]

Vollständige Automatisierung

Die beschriebenen Konfigurationen sind für jeden elektronischen Dokumentprozess individuell vorzunehmen. Je nach Anzahl der zu automatisierenden Prozesse kann dies eine Vielzahl an Jobs erfordern. Leider stellt SAP für diesen Bereich kein zusätzliches Tool bereit, das die Einrichtung vereinfachen würde. Dadurch ist der Konfigurationsaufwand zwar höher, jedoch bietet das System eine große Flexibilität. So können Sie die Automatisierung gezielt und individuell auf Ihre Anforderungen anpassen.

Job-Monitoring

Um die Ausführung der eingeplanten Jobs zu überprüfen, können Sie die Transaktion **SM37** nutzen. Rufen Sie diese Transaktion auf, und selektieren Sie Ihren geplanten Job. Am einfachsten gelingt dies über die Benennung des auszuführenden Programmes **EDOC_BACKGROUND**. In Abbildung 10.4 sehen Sie exemplarisch das Ergebnis eines Job-Laufs, bei dem elektronische Dokumente verarbeitet wurden.

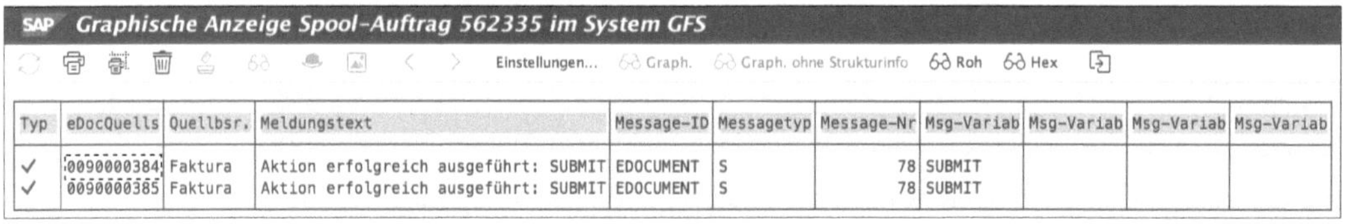

Typ	eDocQuells	Quellbsr.	Meldungstext	Message-ID	Messagetyp	Message-Nr	Msg-Variab	Msg-Variab	Msg-Variab	Msg-Variab
✓	0090000384	Faktura	Aktion erfolgreich ausgeführt: SUBMIT	EDOCUMENT	S	78	SUBMIT			
✓	0090000385	Faktura	Aktion erfolgreich ausgeführt: SUBMIT	EDOCUMENT	S	78	SUBMIT			

Abbildung 10.4 Ergebnis eines Job-Laufs

10.3 Elektronische Dokumente erweitern

In diesem Abschnitt werden Möglichkeiten dargestellt, um den Funktionsumfang von SAP DRC zu erweitern.

Zunächst gehen wir in Abschnitt 10.3.1, »Übersicht wichtiger BAdIs für elektronische Dokumente«, auf die Nutzung von Business Add-Ins (BAdIs) ein und geben Ihnen eine Übersicht über die wichtigsten BAdIs für elektronische Dokumente. Anschließend beschreiben wir zwei Beispiele für mögliche Erweiterungen. Diese Erweiterungen zeigen exemplarisch, wie Anpassungen der elektronischen Dokumente an sich (siehe Abschnitt 10.3.2, »Beispiel 1: Elektronisches Dokument anpassen«) umgesetzt werden können und wie Sie den durch die SAP ausgelieferten Funktionsumfang der sogenannten *Aktionen* nutzen und erweitern können (siehe Abschnitt 10.3.3, »Beispiel 2: Automatische E-Mail-Benachrichtigungen für Fehlerfälle«). Der

Quellcode dieser Beispiele ist in einem Github-Repository abgelegt (unter der URL: *http://s-prs.de/v11005029*) und kann dort heruntergeladen werden. Sie können den Quellcode gern kopieren, in Ihrem SAP-System einbinden und für Ihre Zwecke anpassen.

abapGit-Repository

Der Quellcode in diesem Repository wurde mittels *abapGit* aus einem Entwicklungssystem in das Github-Repository geladen. Aus diesem Grund sind nicht nur die ABAP-Klassen und -Module enthalten, sondern auch zusätzliche Dateien. Es besteht die Möglichkeit, den Quellcode direkt mittels abapGit in Ihrem SAP-System einzubinden. Eine Anleitung, wie dies durchgeführt werden kann, finden Sie in der Datei **README.md** (unter der URL: *http://s-prs.de/v11005028*) des Repositories oder auf der abapGit-Webseite unter *https://docs.abapgit.org*. Alternativ können Sie die relevanten Code-Beispiele auch aus dem Repository kopieren und in Ihrem SAP-Entwicklungssystem einbinden.

10.3.1 Übersicht wichtiger BAdIs für elektronische Dokumente

Damit Sie den Funktionsumfang des SAP-Systems auf Ihre Bedürfnisse anpassen können, stellt SAP BAdIs zur Verfügung. Mit einem BAdI haben Sie die Möglichkeit, die Standardfunktionalität der SAP-Software anzupassen, ohne Modifikationen einzusetzen.

[!]

Vermeiden Sie Modifikationen

Eine Anpassung (*Modifikation*) des von SAP bereitgestellten Codes ist grundsätzlich möglich, wird jedoch in der Regel nicht empfohlen, da solche Änderungen bei zukünftigen Updates überschrieben werden können. Es ist daher ratsam, nach alternativen Lösungen zu suchen und Modifikationen möglichst zu vermeiden.

Um solche Modifikationen zu vermeiden, stellt SAP an definierten Stellen BAdIs zur Verfügung, die auch bei Updates weiterverwendet werden können.

In der Tabelle 10.1 erhalten Sie einen Überblick der für SAP DRC wichtigsten BAdIs für elektronische Dokumente.

BAdI	Komponente	Beschreibung
EDOC_PARTNER_CONNECTOR	Erweiterungsspot **ES_DOCUMENT**	Implementierung einer kundenindividuellen Funktion für die Funktion **An Kunden Senden** im eDocument Cockpit
EDOC_INTERFACE_CONNECTOR	Erweiterungsspot **ES_DOCUMENT**	Implementierung einer kundenindividuellen Lösung zum Versenden der elektronischen Dokumente
EDOC_ADAPTOR	Erweiterungsspot **ES_DOCUMENT**	Anpassung der elektronischen Dokumente im SAP-System
EDOC_CUSTOM_FIELDS	Erweiterungsspot **ES_DOCUMENT**	Weitere Felder in das eDocument Cockpit einbinden
EDOC_INCOM_CONNECTOR	Erweiterungsspot **ES_EDOC_INCOMING**	Eingehende elektronische Dokumente automatisiert verarbeiten

Tabelle 10.1 SAP BAdIs für elektronische Dokumente

Jedes BAdI stellt für die Anpassungen eine oder mehrere Methoden zur Verfügung. Eine Methode entspricht einem funktionalen Block, der zur Laufzeit aufgerufen wird. Diese Methoden können Sie entsprechend Ihrer Anforderungen mit eigenem Code implementieren. Abbildung 10.5 zeigt exemplarisch die Methoden des BAdI **EDOC_ADOPTER**.

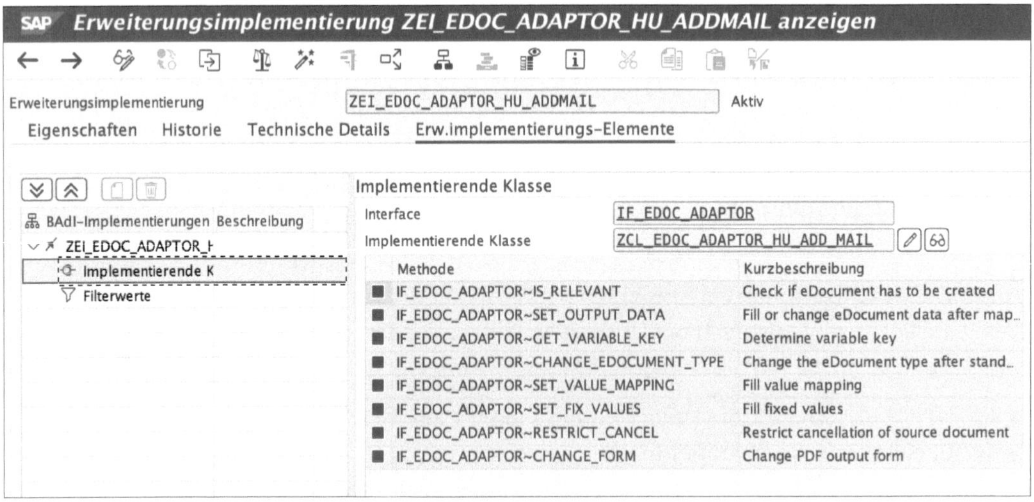

Abbildung 10.5 BAdI-Methoden

Bei der Umsetzung von BAdIs für elektronische Dokumente sollten Sie darauf achten, dass diese mithilfe von Filtern gezielt auf bestimmte Prozesse eingeschränkt werden. Auf diese Weise lässt sich sicherstellen, dass für jedes Land und jeden Prozess eine individuelle Verarbeitung der Dokumente erfolgt (siehe Abbildung 10.7).

10.3.2 Beispiel 1: Elektronisches Dokument anpassen

In diesem Abschnitt sehen Sie eine Implementierung, bei der ein elektronisches Dokument speziell für den ungarischen Rechnungsprozess angepasst wird. In dem Beispiel wird das elektronische Dokument nach seiner Erstellung so erweitert, dass im Rechnungskopf eine E-Mail-Adresse ergänzt wird. Das Beispiel dient ausschließlich dazu, die technischen Möglichkeiten aufzuzeigen, und soll Ihnen als Orientierungshilfe dienen, wie Sie elektronische Dokumente individuell anpassen können.

[!]

Potenzielle Risiken beachten

Die Methode **SET_OUTPUT_DATA** des BAdI **EDOC_ADAPTOR** greift erst in einer späten Phase des Prozesses zur Erstellung elektronischer Dokumente in den Prozess ein. Zu diesem Zeitpunkt wurde das elektronische Dokument bereits erzeugt und kann durch die Erweiterung nachträglich um zusätzliche Informationen ergänzt werden. Dabei gibt es die Möglichkeit, bestehende Werte zu überschreiben. Dies birgt das Risiko, dass der gesamte Berechnungsprozess des elektronischen Dokuments umgangen werden könnte. Fehlerhafte Implementierungen können daher zu fehlerhaften Rechnungen führen. Je nach Art der vorgenommenen Erweiterung sollten Sie sich stets der damit verbundenen Risiken bewusst sein.

Umsetzung einer BAdI-Implementierung

Zu Beginn einer kundenindividuellen Erweiterung mittels BAdI starten Sie die Transaktion **SE19** und wählen den benötigten Erweiterungspunkt im Bereich **Implementierung anlegen • Neues BAdI • Erweiterungsspot**. Für dieses Beispiel wird der Erweiterungsspot **ES_DOCUMENT** ausgewählt. Klicken Sie anschließend auf die Schaltfläche **Impl. Anlegen** (siehe Abbildung 10.6).

Anschließend müssen Sie weitere Informationen zu Ihrer geplanten Implementierung angeben.

- Name der Erweiterungsimplementierung: **ZEI_EDOC_ADAPTOR_HU_ADD_MAIL**
- Name der BAdI-Implementierung: **ZEI_EDOC_ADAPTOR_HU_ADD_MAIL**
- Implementierende Klasse: **ZCL_EDOC_ADAPTOR_HU_ADD_MAIL**
- BAdI-Definition: **EDOC_ADAPTOR**

Abbildung 10.6 Transaktion SE19: Implementierung anlegen

Nachdem Sie alle Daten in die Oberflächen eingetragen haben, können Sie die zu diesem Zeitpunkt noch leere Erweiterung bereits aktivieren.

Filter für BAdI-Implementierung setzen

Als nächster Schritt sollte der Filter konfiguriert werden, der den Aufruf der Implementierung steuert. Für unser Beispiel wird der Filter **Country** auf **HU** gesetzt, da wir hier nur elektronische Dokumente anpassen möchten, die den ungarischen Rechnungsprozess (ausgehend) betreffen. Abbildung 10.7 zeigt den konfigurierten Filter für die Erweiterung.

Abbildung 10.7 BAdI-Implementierungsfilter

Zusätzlich müssen Sie ein Entwicklungspaket und einen Transportauftrag vergeben.

Anschließend können Sie die eigentliche Implementierung in der neu angelegten Klasse vornehmen. Dazu implementieren Sie die Methode **SET_OUTPUT_DATA**. Die übrigen Methoden der automatisch generierten Klasse können Sie ohne Anpassungen aktivieren.

Der Code aus dem Listing 10.1 zeigt die Beispielimplementierung, die zunächst prüft, ob es sich um eine Rechnungsanfrage handelt. Nur in diesem Fall wird der darauffolgende Code ausgeführt.

```
METHOD if_edoc_adaptor~set_output_data.
    DATA output TYPE edo_hu_i30_manage_invoice_requ.
    DATA ls_add_data TYPE edo_hu_i30_additional_data_typ.
    DATA lt_add_data TYPE edo_hu_i30_additional_data_tab.
    " check if current activity is Invoice request
    IF iv_interface_id <> 'HU_INV_MANAGE_REQUEST'.
      RETURN.
    ENDIF.
    " Load output data
    output = cs_output_data.
    " set the additional mail field
    ls_add_data-data_name             = 'Z00001_EMAIL'.
    ls_add_data-data_description      = 'Zusätzliche E-Mailadresse'.
    ls_add_data-data_value            = 'name@domain.de'.
    APPEND ls_add_data TO lt_add_data.
    output-invoice_data-invoice_main-choice-invoice-invoice_head-in-
voice_detail-additional_invoice_data = lt_add_data.
    cs_output_data = output.
  ENDMETHOD.
```

Listing 10.1 BAdI-Implementierung SET_OUTPUT_DATA

In diesem Beispiel werden zusätzliche Informationen im Rechnungskopf eingebettet. Für diesen Zweck ist in der XML-Struktur das Element »zusätzliche Rechnungsinformationen« vorgesehen.

In der XSD-Struktur, die Sie aus dem NAV-Portal (unter der URL: *http://s-prs.de/v11005030*) herunterladen können, ist angegeben, wie diese Struktur aufgebaut sein muss. Listing 10.2 zeigt die relevante Stelle für die erweiterten Informationen.

```
<xs:complexType name="AdditionalDataType">
  <xs:annotation>
   <xs:documentation xml:lang="hu">További adat leírására szolgáló
típus</xs:documentation>
   <xs:documentation xml:lang="en">Type for additional data descrip-
tion</xs:documentation>
  </xs:annotation>
  <xs:sequence>
   <xs:element name="dataName" type="DataNameType">
```

```
    <xs:annotation>
     <xs:documentation xml:lang="hu">Az adatmező egyedi azonosítója</
xs:documentation>
     <xs:documentation xml:lang="en">Unique identification of the da-
ta field</xs:documentation>
    </xs:annotation>
   </xs:element>
   <xs:element name="dataDescription" type="common:SimpleText255Not-
BlankType">
    <xs:annotation>
     <xs:documentation xml:lang="hu">Az adatmező tartalmának szö-
veges leírása</xs:documentation>
     <xs:documentation xml:lang="en">Description of content of the
data field</xs:documentation>
    </xs:annotation>
   </xs:element>
   <xs:element name="dataValue" type="common:SimpleText512NotBlankTy-
pe">
    <xs:annotation>
     <xs:documentation xml:lang="hu">Az adat értéke</xs:documentati-
on>
     <xs:documentation xml:lang="en">Value of the data</xs:documenta-
tion>
    </xs:annotation>
   </xs:element>
  </xs:sequence>
 </xs:complexType>
```

Listing 10.2 XSD – AdditionalDataType

Zu beachten ist das Feld `dataName`, da für dieses ein spezielles Format verwendet werden muss. Dieses Format ist an anderer Stelle in der XSD-Datei angegeben. Das Listing 10.3 zeigt diese Stelle im Dokument.

```
<xs:simpleType name="DataNameType">
  <xs:annotation>
   <xs:documentation xml:lang="hu">Az adatmező egyedi azonosító típu-
sa</xs:documentation>
   <xs:documentation xml:lang="en">Unique identification type of the
data field</xs:documentation>
  </xs:annotation>
  <xs:restriction base="common:AtomicStringType255">
   <xs:minLength value="1"/>
   <xs:maxLength value="255"/>
```

```
    <xs:pattern value="[A-Z][0-9]{5}[_][_A-Z0-9]{1,249}"/>
  </xs:restriction>
</xs:simpleType>
```

Listing 10.3 XSD – Definition für DataNameType

Pattern-Definition beachten

Basierend auf dieser Definition wird das zusätzliche Feld entsprechend des Patterns `[A-Z][0-9]{5}[_][_A-Z0-9]{1,249}` mit `Z00001_EMAIL` benannt. Sollten Sie bei der Umsetzung an dieser Stelle einen Fehler machen, wird die elektronische Rechnung nicht akzeptiert. Abbildung 10.11 im folgenden Abschnitt zeigt eine Fehlermail für dieses Szenario.

Erklärung des vorgegebenen Patterns

Das Pattern gibt vor, dass das Feld wie folgt benannt sein muss:

- einen Großbuchstaben zwischen A und Z
- fünf Ziffern zwischen null und neun
- einen Unterstrich
- einen bis 249 Großbuchstaben, Ziffern oder Unterstriche

Nachdem die Implementierung des BAdI aktiviert wurde, werden für die ungarischen ausgehenden Rechnungen die zusätzlichen Informationen in der elektronischen Rechnung aufgenommen.

Abbildung 10.8 zeigt das im SAP-System generierte XML-Dokument mit den erweiterten Informationen aus dem BAdI.

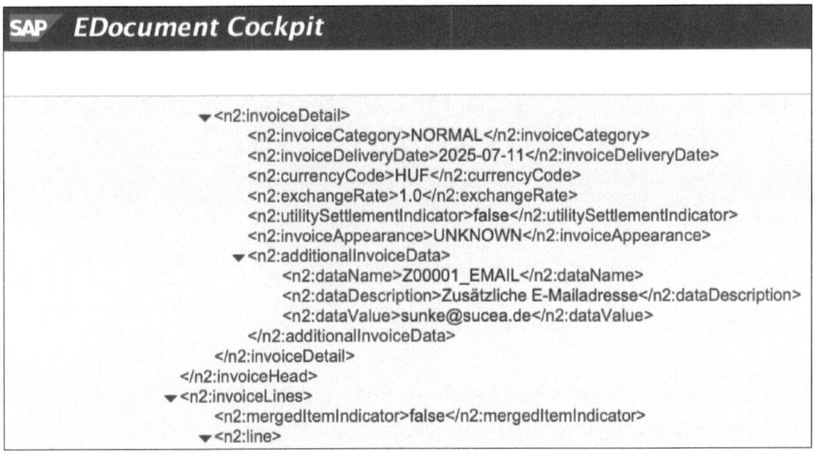

Abbildung 10.8 Zusätzliche Felder in der XML-Datei

[»]

Länderspezifische Regelungen beachten

Die Formatvorgaben können sich je nach Land und Anwendungsfall unterscheiden. Für jede Implementierung, die Sie durchführen, sollten Sie vorab die Bedingungen prüfen. Nicht immer sind Strukturerweiterungen, wie in diesem Beispiel, möglich.

10.3.3 Beispiel 2: Automatische E-Mail-Benachrichtigungen für Fehlerfälle

Die automatische Benachrichtigung per E-Mail wird nicht – wie im Beispiel in Abschnitt 10.3.2 – über ein BAdI realisiert. Stattdessen stellt SAP hierfür eine einfachere Erweiterungsmöglichkeit bereit.

Für diese Lösung existiert die spezielle Customizing-Tabelle **Aktionen über Funktionsbaust. für eDocument-Prozess erweit.**, mit deren Hilfe zu definierten Prozessevents ein bestimmtes ABAP-Funktionsmodul (**Aktionen**) aufgerufen wird. Das entsprechende Funktionsmodul muss im System entwickelt und aktiviert sein, damit die gewünschte Funktionalität zur Verfügung steht.

Die Customizing-Tabelle können Sie über die Transaktion **SM30** und die Customizing View **EDOACTPROCBFCUSV** aufrufen. Dort können Sie je Prozess (**HUINV** – ungarischer Rechnungsprozess – ausgehend) die zu prüfende Aktion des elektronischen Dokumentes (**SUBMIT** oder **UPDATESTATUS**) angeben. Sollte der Prozessstatus **RESP_ERROR** oder **VAL_WARN** eintreten, wird der Funktionsbaustein **ZEDOC_HU_ERROR_NOTIFICATION** ausgeführt (siehe Abbildung 10.9).

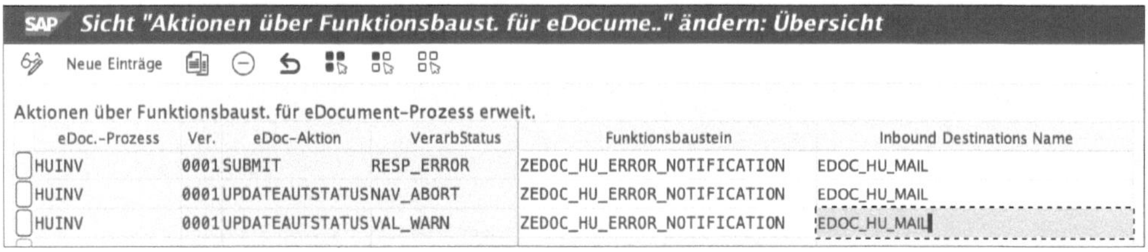

Abbildung 10.9 Funktionsmodul konfigurieren

Technisch wird diese Funktionalität über einen RFC-Hintergrundaufruf (Background RFC bzw. BGRFC) umgesetzt. Damit die Kommunikation funktioniert, müssen Sie in der Transaktion **SBGRFCCONF** eine neue Inbound Destination **EDOC_HU_MAIL** anlegen. Diese Konfiguration sehen Sie in Abbildung 10.10.

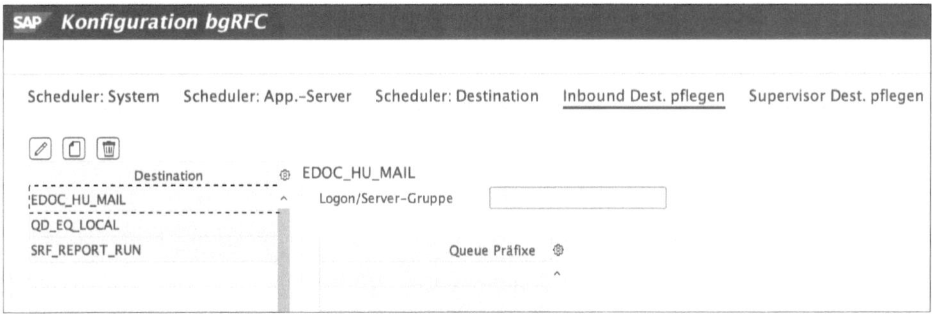

Abbildung 10.10 Inbound Destination für BGRFC

Zur Laufzeit können Sie über den BGRFC-Monitor (Transaktion **SBGRFC-MON**) die Ausführung monitoren.

Das Listing 10.4 zeigt ein exemplarisches Funktionsmodul, das im Falle eines Fehlers ausgeführt wird. Dieses Modul liest zunächst die Fehlerinformationen aus dem Anwendungs-Log aus und stellt alle Einträge zu der elektronischen Dokumenten-ID in einem Nachrichtentext zusammen. Abschließend wird eine E-Mail mit den gesammelten Informationen über den Standard-Mailversand des SAP-Systems versendet. Damit die Fehler ausgelesen werden können, werden zwei Objekte (**IMPORTING**-Parameter) beim Aufruf an das Funktionsmodul übergeben:

- **IV_EDOC_GUID**: Die ID des für diese Aktion relevanten elektronischen Dokuments (Typ: **EDOC_GUID**)
- **IS_PROCESS_ATTR**: Informationen zu dem ausgeführten EODC-Prozess (Typ: **EDOC_ATTR_MANAGED_BY_PROCMGR**)

Durch die Nutzung dieser Parameter können alle benötigten Informationen für die zu versendende E-Mail generiert werden.

```
FUNCTION zedoc_hu_error_notification.
*"----------------------------------------------------------------
*"*"Local Interface:
*"  IMPORTING
*"     VALUE(IV_EDOC_GUID) TYPE  EDOC_GUID
*"     VALUE(IS_PROCESS_ATTR) TYPE  EDOC_ATTR_MANAGED_BY_PROCMGR
*"  EXCEPTIONS
*"      AUTHORIZATION_ERROR
*"      UNKNOWN_ERROR
*"----------------------------------------------------------------
  DATA:lt_main_text  TYPE soli_tab.
  DATA:ls_main_text  LIKE LINE OF lt_main_text.
```

```
  DATA lv_ext_number TYPE balhdr-extnumber .
  DATA lt_messages   TYPE STANDARD TABLE OF balm .
  DATA: lv_msg     TYPE string,
        lo_edo_db TYPE REF TO if_edocument_db,
        ls_edoc    TYPE edocument.
  DATA:lv_subject TYPE so_obj_des.
  DATA:lv_subject_long TYPE string.
  DATA:lv_sender TYPE adr6-smtp_addr.
  DATA lt_recipients_to TYPE bcsy_smtpa .
  DATA ls_recipients_to TYPE ad_smtpadr .

  CHECK iv_edoc_guid IS NOT INITIAL .

  CREATE OBJECT lo_edo_db TYPE cl_edocument_db.
  ls_edoc = lo_edo_db->select_edocument( iv_edoc_guid = iv_edoc_guid ).
  CLEAR lv_ext_number.
  lv_ext_number = iv_edoc_guid .

"get error messages
  CALL FUNCTION 'APPL_LOG_READ_DB'
    EXPORTING
      object          = 'EDOCUMENT'
      subobject       = '*'
      external_number = lv_ext_number
    TABLES
      messages        = lt_messages.

"set main text
  CLEAR ls_main_text.
  DATA(str1) = 'Document Source Key:'.
  ls_main_text-line = |{ str1 } { ls_edoc-source_key }|.
  APPEND ls_main_text TO lt_main_text.
  CLEAR ls_main_text.
  DATA(str2) = 'Document Process:'.
  ls_main_text-line = |{ str2 } { is_process_attr-PROCESS } { is_pro-
cess_attr-PROCESS_VERSION }|.
  APPEND ls_main_text TO lt_main_text.
  CLEAR ls_main_text.
   DATA(str3) = 'Document Process Status:'.
  ls_main_text-line = |{ str3 } { is_process_attr-proc_status }|.
  APPEND ls_main_text TO lt_main_text.
  CLEAR ls_main_text.
```

```
  ls_main_text-line = '' .
  APPEND ls_main_text TO lt_main_text.
  ls_main_text-line = 'Message:  ' .
  APPEND ls_main_text TO lt_main_text.
  DELETE ADJACENT DUPLICATES FROM lt_messages COMPARING ALL FIELDS .
  CLEAR lv_msg .
  LOOP AT lt_messages INTO DATA(ls_message).
    lv_msg = |{ ls_message-msgv1 }{ ls_message-msgv2 }{ ls_message-ms-
gv3 }{ ls_message-msgv4 }|.
    ls_main_text-line = lv_msg.
    APPEND ls_main_text TO lt_main_text.
    ls_main_text-line = '' .
    APPEND ls_main_text TO lt_main_text.
    CLEAR ls_message .
  ENDLOOP.
  IF lv_msg IS INITIAL.
    lv_msg = 'No message available.'.
  ENDIF.

  "send Email
  lv_subject = 'SAP DRC EDOC notification ('  && sy-sysid  && ')'.
  lv_sender     = 'gf-no-reply@mail.sucea.de'.
  ls_recipients_to = 'gf-s4hana-sbx@mail.sucea.de'.
  APPEND ls_recipients_to TO lt_recipients_to .
  TRY.
      CALL METHOD cl_edoc_util=>send_email
        EXPORTING
          iv_email_type       = 'RAW'
          iv_subject          = lv_subject
          it_content_text     = lt_main_text
*         it_content_hex      =
*         iv_content_length   =
*         iv_language         = SY-LANGU
*         iv_vsi_profile      =
          iv_sender           = lv_sender
          it_recipients_to    = lt_recipients_to
*         it_recipients_cc    =
*         iv_sensitivity      =
*         iv_importance       =
*         it_email_header     =
*         it_attachments      =
          iv_send_immediately = 'X'.
```

```
    CATCH cx_edocument.
  ENDTRY.
ENDFUNCTION.
```

Listing 10.4 Funktionsmodul für eine E-Mail-Benachrichtigung

Als Resultat wird die in Abbildung 10.11 gezeigte E-Mail versendet, wenn ein Fehler identifiziert wurde.

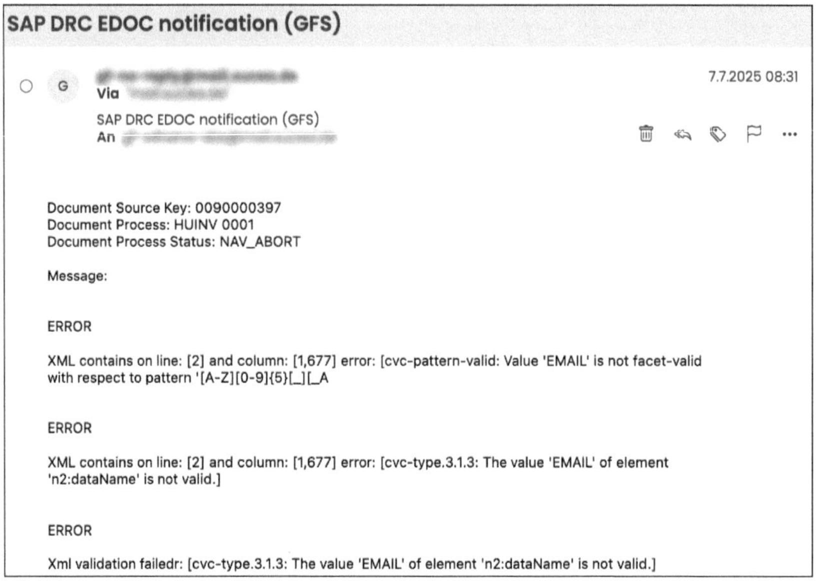

Abbildung 10.11 Benachrichtigungsmail bei Fehlern

In diesem Beispiel wurde der Name des zusätzlichen Feldes nicht entsprechend dem vorgegebenen Pattern definiert. Anstelle von **Z00001_EMAIL** wurde nur **EMAIL** verwendet. Details zum Format sind in Listing 10.3 aufgeführt.

10.4 Verwaltung registrierter Peppol-Teilnehmer optimieren

Mit der zunehmenden Bedeutung digitaler Geschäftsprozesse gewinnt das Peppol-Netzwerk für den strukturierten Austausch elektronischer Rechnungen und Bestellungen weiter an Bedeutung. Auf EU-Ebene ist die Ausrichtung klar: Elektronische Rechnungen sollen künftig der Normalfall im Geschäftsleben sein. Bereits mit der EU-Richtlinie 2014/55/EU wurde die elektronische Rechnung in der öffentlichen Auftragsvergabe EU-weit verpflichtend und der europäische Standard EN 16931 definiert. Viele Länder haben darauf aufbauend nationale Formate (z. B. XRechnung, Factur-X) entwickelt, die dem Standard entsprechen. Peppol fungiert dabei als grenzüberschreitendes Netzwerk, um diese Formate sicher auszutauschen.

Aktuell arbeitet die EU im Rahmen der Initiative VAT in the Digital Age (ViDA) an weiteren Regelungen, die elektronische Rechnungen im Mehrwertsteuerbereich fördern. Ein Vorschlag ist, die Zustimmung des Empfängers für E-Rechnungen abzuschaffen und elektronische Rechnungen als Standard im EU-Binnenmarkt anzuerkennen. Zudem sollen Meldesysteme für Umsatzsteuer (Continuous Transaction Controls) eingeführt werden, bei denen Rechnungsdaten nahezu in Echtzeit an die Finanzbehörden gehen. Diese Entwicklungen deuten auf einen Zeithorizont bis ca. 2028 hin, in dem EU-weit eine einheitlichere Handhabung der E-Rechnung erreicht werden soll.

Peppol als EU-weite Basis

Für Unternehmen bedeutet das: Peppol wird voraussichtlich weiter an Relevanz gewinnen, da es bereits heute einen paneuropäischen Standard darstellt. Einige EU-Staaten wie Italien, Polen oder Belgien haben bereits eigene E-Invoicing-Pflichten (Italien hat seit 2019 eine B2B-E-Rechnungspflicht über ein nationales System, Belgien plant Ähnliches für inländische Rechnungen). Wo nationale Lösungen variieren, fungiert Peppol als gemeinsamer Nenner – insbesondere für den grenzüberschreitenden Rechnungsaustausch. Unternehmen, die frühzeitig in Peppol-Integration investieren, sind besser gerüstet, um kommende EU-Vorgaben zu erfüllen, ohne für jedes Land separate Schnittstellen entwickeln zu müssen.

Peppol-Geschäftspartner in SAP DRC

SAP DRC bietet mit der Funktion **Liste der im Peppol-Netzwerk registrierten Kunden und Lieferanten anzeigen** eine essenzielle Grundlage für die korrekte Verarbeitung und Zustellung elektronischer Belege. Dieser Abschnitt zeigt Ihnen, wie Sie diese Funktion nutzen können, um die Pflege von Geschäftspartnerstammsätzen zu optimieren.

[«]

Aktuelle Peppol-Empfängeradressen: Technische Notwendigkeit und Compliance-Pflicht

In vielen Ländern – insbesondere innerhalb der EU – ist die elektronische Rechnungsstellung im Peppol-Format bereits gesetzlich verpflichtend. Eine fehlerhafte oder veraltete Adressierung im Netzwerk kann zur Ablehnung der Rechnung führen. Die Verfügbarkeit einer aktuellen Liste registrierter Empfänger ist daher nicht nur ein technisches, sondern vor allem ein Compliance-relevantes Thema.

10.4.1 Strategische Relevanz für IT, Compliance und Stammdaten

Die Einführung der Peppol-Integration in SAP S/4HANA ist nicht nur ein technisches Projekt, sondern hat vielfältige strategische Implikationen. In diesem Abschnitt beleuchten wir, warum dieses Thema für verschiedene Bereiche des Unternehmens – von der IT-Organisation über die Compliance- und Steuerabteilung bis hin zum Stammdatenmanagement und operativen Rechnungsprozess – von hoher Bedeutung ist.

Auswirkungen auf die IT-Infrastruktur

Für die IT-Abteilung stellt die Anbindung an das Peppol-Netzwerk eine Architekturerweiterung dar. Es muss sichergestellt werden, dass SAP S/4HANA elektronische Rechnungen im vorgeschriebenen Format erzeugen und entgegennehmen kann. Dafür sind oft zusätzliche Komponenten notwendig, beispielsweise eine Schnittstelle zu einem *Peppol Access Point* (einem Knoten, der das eigene ERP-System mit dem Peppol-Netz verbindet). SAP bietet hierfür mit SAP DRC eine Integrationslösung, die in das SAP-System eingebettet ist. Dennoch fallen Aufgaben wie Systemkonfiguration, Netzwerkverbindungen (z. B. über SAP Cloud Integration oder partnergestützte Access Points) und Sicherheit (Zertifikate, Signaturen) an. Die IT-Infrastruktur muss so ausgelegt sein, dass sie den durchgängigen, automatisierten Austausch von E-Rechnungen bewältigt. Strategisch bedeutet dies, dass IT-Abteilungen frühzeitig Know-how zu Peppol und den zugrunde liegenden Technologien (z. B. Web Services, XML/UBL-Formate) aufbauen und in ihre Integrationsarchitektur einplanen müssen.

Anforderungen aus Compliance-Sicht

Für die Steuerabteilung ist die Peppol-Integration ein zentrales Instrument, um steuerliche Pflichten und Nachweispflichten zu erfüllen. Elektronische Rechnungen müssen den Anforderungen der Finanzbehörden genügen (Unveränderbarkeit, Echtheit der Herkunft, Unversehrtheit des Inhalts). Durch die Nutzung eines Standards wie Peppol werden diese Anforderungen häufig schon technisch unterstützt (z. B. durch strukturierte Datenformate, die gesetzlich geforderte Felder wie Steuernummern, Umsatzsteuer-IDs, Rechnungsdatumsangaben etc. enthalten) und durch sichere Übertragung die Absender und Empfänger identifiziert. Compliance bedeutet aber auch, Fristen und Regelungen einzuhalten. In Deutschland etwa müssen Unternehmen sicherstellen, dass sie seit 2025 elektronische Rechnungen annehmen können. Ein Versäumnis könnte zu einem Verstoß gegen das Umsatzsteuergesetz führen. Eine SAP-integrierte Lösung wie DRC unterstützt dabei, landesspezifische Vorgaben einzuhalten, da SAP kontinuierlich Updates bereitstellt, um neuen gesetzlichen Anforderungen gerecht zu werden. Strategisch ist es daher für Compliance-Verantwortliche wichtig, bei solchen IT-Projekten eingebunden zu sein. Nur so lässt sich gewährleisten, dass die Prozesse im ERP den gesetzlichen Anforderungen entsprechen

(z. B. Archivierung der E-Rechnungen im richtigen Format, revisionssichere Protokollierung der Übermittlung) und Prüfungen durch Behörden problemlos bestanden werden können. Darüber hinaus schafft die elektronische Verarbeitung Transparenz: Jedes Dokument kann vom Eingang bis zur Verbuchung nachverfolgt werden, was die *internen Kontrollsysteme* (Tax CMS) stärkt.

Bedeutung für Stammdatenmanagement

Peppol-Integration und elektronisches Rechnungswesen stellen erhöhte Anforderungen an die Qualität der Stammdaten, insbesondere an die Stammdaten des *zentralen Geschäftspartners* (Business Partner). Damit eine Rechnung über das Peppol-Netzwerk den richtigen Empfänger erreicht, müssen Identifikatoren wie die Umsatzsteuer-Identifikationsnummer (USt-IdNr.) korrekt in den Stammdaten hinterlegt sein.

Beispielsweise identifiziert sich ein deutsches Unternehmen im Peppol-Netz in der Regel mit seiner USt-IdNr. (z. B. »DE123456789«), während in Belgien auch die Unternehmensnummer (z. B. die Nummer für Crossroads Bank for Enterprises (CBE-Nummer)) genutzt wird.

Sind solche IDs im SAP-Geschäftspartnerstamm falsch oder gar nicht gepflegt, schlägt der elektronische Austausch fehl, sodass die Rechnung nicht zugestellt werden kann oder vom Access Point abgewiesen wird.

Das Stammdatenmanagement muss daher Prozesse zur Pflege und Validierung dieser Daten etablieren. Dazu gehören regelmäßige Abgleiche der USt-IdNr. (z. B. via EU-VIES-Datenbank für Umsatzsteuer-ID-Prüfung) und die Erfassung länderspezifischer Identifikatoren, sobald ein neuer Geschäftspartner angelegt wird. In vielen Fällen bedarf es unternehmensinterner Richtlinien, die regeln, welche ID für welches Land primär verwendet wird (z. B. in Ländern mit mehreren möglichen IDs).

Auch die Duplikatsbereinigung im Debitoren- und Kreditorenstamm gewinnt an Bedeutung: Jeder Geschäftspartner sollte möglichst einmalig und eindeutig mit den richtigen Identifikationen vorhanden sein, um Verwechslungen und redundante Registrierungen im Peppol-Netzwerk zu vermeiden. Strategisch führt dies zu einer stärkeren Zusammenarbeit zwischen den Fachbereichen (Vertrieb, Einkauf, Finanzwesen) und der IT/Stammdatenverwaltung, um sicherzustellen, dass Datenqualität und rechtliche Anforderungen Hand in Hand gehen.

SAP Master Data Governance sichert Stammdatenqualität

SAP Master Data Governance kann in diesem Kontext ein zentrales Werkzeug sein, um die notwendige Datenqualität dauerhaft sicherzustellen. Mit seinen integrierten Funktionen für zentrale Pflegeprozesse, rollenbasierte Workflows und regelbasierte Validierungen bietet SAP Master Data Governance die Grundlage, um gesetzlich erforderliche Identifikatoren wie USt-IdNr. oder CBE-Nummern systematisch zu erfassen, zu prüfen und zu pflegen.

[»]

SAP Master Data Governance im Kontext der Peppol-Integration gezielt nutzen

In vielen SAP-Projekten bewährt sich der Einsatz von SAP Master Data Governance insbesondere im Zusammenhang mit der Peppol-Integration, da hier die korrekte und konsistente Pflege der Geschäftspartnerdaten entscheidend ist, um Rechnungen erfolgreich über das Netzwerk zu übertragen. SAP Master Data Governance unterstützt die gezielte Steuerung der relevanten Datenfelder und stellt durch Validierungsregeln sicher, dass z. B. eine USt-IdNr. im richtigen Format und vollständig gepflegt ist, bevor ein Geschäftspartner freigegeben wird. Zusätzlich lassen sich länderspezifische Anforderungen an den Geschäftspartnerstammsatz zentral abbilden. Empfehlenswert ist der Aufbau eines zentralen Freigabeprozesses mit klar definierten Zuständigkeiten sowie die Integration externer Prüfservices wie VIES zur automatisierten Validierung.

10.4.2 Technische Umsetzung

Nach der strategischen Einordnung liegt der Fokus nun auf der konkreten technischen Realisierung in SAP S/4HANA. SAP DRC bildet den zentralen Baustein, um die gesetzlichen E-Rechnungsanforderungen direkt im System umzusetzen. In diesem Abschnitt erläutern wir, welche Funktionen SAP DRC für die Peppol-Integration bietet und wie Geschäftspartner im System für den elektronischen Rechnungsaustausch aktiviert werden können.

Integration der Peppol-ID im Stammsatz des zentralen Geschäftspartners

Die im Peppol-Netzwerk registrierten Teilnehmerdaten in SAP DRC werden aus SAP S/4HANA nicht automatisch aus dem Geschäftspartnerstammsatz (Business Partner, BP) übernommen, können aber manuell oder halbautomatisiert gepflegt werden. In SAP S/4HANA erfolgt dies über die Pflege der Identifikationsnummern in der Rolle **Geschäftspartner (allg.)** im Reiter **Identifikation** im Abschnitt **Steuernummern** des zentralen Geschäftspartners (siehe beispielhaft Abbildung 10.12). Die Abbildung zeigt einen Geschäftspartner aus Belgien, der über die belgische Unternehmensnummer der **Crossroads Bank for Enterprises** (CBE) identifiziert wird.

Abbildung 10.12 Geschäftspartner aus Belgien mit hinterlegter Unternehmensnummer

Eine zentrale Funktion der Peppol-Integration mit SAP DRC ist die Möglichkeit, Geschäftspartner und deren Teilnehmer-IDs im Peppol-Netzwerk direkt aus dem SAP-System heraus zu verwalten (mit der Transaktion **SM30** und View **EDOEUBUPAV** bzw. Transaktion **S_EBJ_98001061**). SAP liefert hierfür eine Funktion, die eine Liste der Geschäftspartner für den elektronischen Datenaustausch anzeigt. Auf Basis der Geschäftspartnerstammdaten konsolidiert die Anwendung Informationen darüber, welche Geschäftspartner bereits für E-Rechnungen aktiviert sind oder bei welchen ein Eintrag im Peppol-Netzwerk gefunden wurde. In Abbildung 10.13 ist beispielhaft zu sehen, wie das System Geschäftspartner aufführt: Für jeden relevanten Partner Land/Region, **Geschäftspartner-ID**, **Art**, **Channel** (Kommunikationskanal), **Beteiligten-ID-Typ**, Bezeichnung und der Status über die Kommunikation via **Email** angezeigt. Der **Beteiligten-ID-Typ** besteht aus einem ISO-Code des jeweiligen Landes und der Identifikationsart des Geschäftspartners, getrennt durch einen Doppelpunkt.

Der in Abbildung 10.12 gezeigte Geschäftspartner aus Belgien ist hier mit dem Beteiligten-ID-Typ **BE:EN** als belgische Unternehmensnummer hinterlegt.

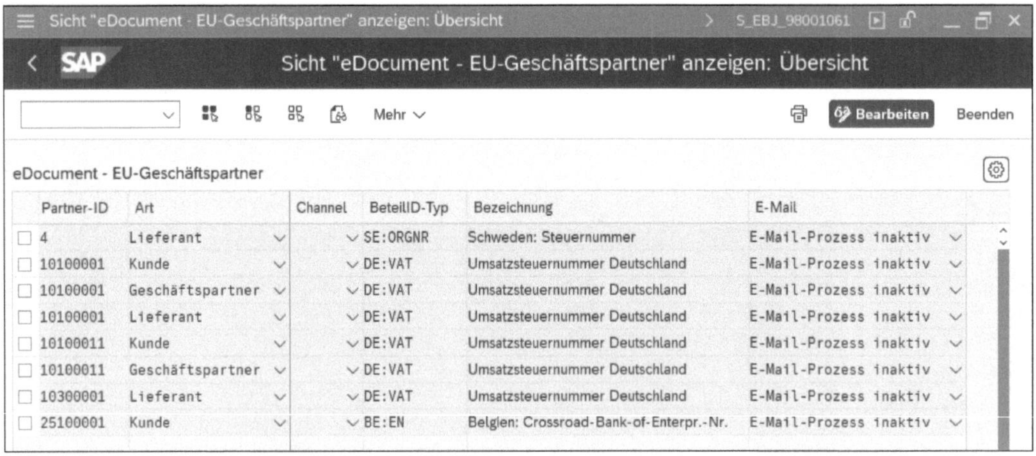

Abbildung 10.13 Zuordnung des Beteiligten-ID-Typs zum EU-Geschäftspartner im Peppol-Netzwerk

Aktivierung von Geschäftspartnern für den elektronischen Austausch

Die bloße Auflistung eines Teilnehmers in der Liste **Zuordnung Beteiligten-ID-Typ zu EU-Geschäftspartner im Peppol-Netzwerk** in Abbildung 10.12 reicht noch nicht aus, damit SAP DRC den Partner aktiv für E-Rechnungen nutzt. Mit der Transaktion **EDOC_EU_PART_LOOKUP** bietet SAP DRC die Möglichkeit, Geschäftspartner zu aktivieren (siehe Abbildung 10.17). Die Aktivierung ist im Grunde ein Datenpflege- und Freigabeschritt: Das System hinterlegt intern, dass dieser Partner ab sofort am elektronischen Austausch teilnehmen soll, und es merkt sich, welches Identifikationsmerkmal (**Beteiligten-ID-Typ**) dafür maßgeblich ist. Im Kontext von Peppol bedeutet dies, dass man in der Liste in Abbildung 10.13 einen Eintrag auswählt und beispielsweise über die Schaltfläche **Geschäftspartner aktivieren** (siehe ❶ in Abbildung 10.14) den Status umstellt. Ab diesem Moment behandelt das System den Partner als E-Invoice-Empfänger: Im Ausgangsrechnungsprozess wird erkannt, dass für diesen Debitor keine Papierrechnung oder E-Mail erstellt werden soll, sondern ein eDocument im entsprechenden Format Peppol BIS Billing 3.0 über das Peppol-Netzwerk.

Abbildung 10.14 Liste der Geschäftspartner für Peppol-Austausch

Technisch legt SAP DRC bei der Aktivierung einen Datensatz an, der die Business-Partner-Nummer, die gewählte Teilnehmer-ID und das Schema sowie weitere Metadaten speichert. Dieser Datensatz steuert fortan die Verarbeitung. Abbildung 10.14 zeigt einen Blick in die hinterlegte Tabelle/Ansicht nach erfolgter Aktivierung.

In der Abbildung ist erkennbar, dass z. B. für den Geschäftspartner **10100001** (ein Geschäftspartner aus Deutschland) das Schema **DE:VAT** hinterlegt wurde – seine deutsche Umsatzsteuer-ID ist also die referenzierte Teilnehmernummer. Für den Geschäftspartner **25100001** (ein Geschäftspartner aus Belgien) wurde hingegen **BE:EN** als Teilnehmer-ID-Typ gespeichert, was bedeutet, dass das System bei diesem Geschäftspartner die Belgische Unternehmensnummer – Crossroads Bank for Enterprises (CBE) – als primären Identifikator für Peppol nutzt. Die Aktivierung wird dabei in allen relevanten Rollen des Geschäftspartners wirksam, unabhängig von ihrer Geschäftspartnerrolle (Debitor/Kreditor), sodass unabhängig vom Prozess (Verkauf oder Beschaffung) klar ist: Dieser Geschäftspartner wird elektronisch über das Peppol-Netzwerk angebunden.

Nach der Aktivierung ändert sich in der Peppol-Teilnehmerliste der Status entsprechend. Der zuvor **Bereit zum Aktivieren von elektronische Dokumente** gemeldete Geschäftspartner erscheint dann mit dem Status **Geschäftspartner ist für den Empfang elektronischer Dokumente aktiviert**. Für die Anwender und Anwenderinnen im Fachbereich ist damit transparent, welche Kunden oder Lieferanten bereits per E-Invoicing über das Peppol-Netzwerk angebunden sind. Im Tagesgeschäft greift diese Einstellung automatisch: Stellt die Debitorenbuchhaltung eine Rechnung an einen aktivierten Kunden aus, erzeugt das System ein eDocument und stößt den Versand über Peppol an. Ebenso können eingehende Rechnungen von diesem Lieferanten automatisch im eDocument Cockpit auftauchen, da man weiß, dass sie elektronisch geliefert werden. Sollte versehentlich versucht werden, einem nicht aktivierten Partner eine E-Rechnung zu schicken, würde das System dies erkennen und beispielsweise einen Fehler im Cockpit anzeigen, ein weiterer Grund, die Aktivierungsdaten sorgfältig zu pflegen.

Zusammenfassend optimiert die Transaktion **EDOC_EU_PART_LOOKUP** mit ihrer Aktualisierung und Aktivierung von Peppol-Teilnehmern die Brücke zwischen Stammdaten und Prozessebene: Die Fachabteilung kann eigenständig sehen, wer technisch angebunden werden kann, und die IT muss nicht jeden Partner manuell ins Customizing eintragen. Vielmehr erfolgt die Pflege komfortabel über die Anwendungsfunktion, was die Agilität bei der Einführung neuer Partner deutlich erhöht und Fehler reduziert.

Integration in den Geschäftspartnerstammsatz

Die Grundlage jeder erfolgreichen Peppol-Integration ist die korrekte Erfassung der erforderlichen Identifikationsdaten im Geschäftspartnerstammsatz. SAP S/4HANA setzt mit seiner Neuerung auf den zentralen Geschäftspartner als führendes Stammdatenobjekt für Debitoren und Kreditoren. Deswegen erfahren Sie nun, welche Felder und Einstellungen im zentralen Geschäftspartner für Peppol relevant sind, wie das System mit mehreren hinterlegten Identifikatoren umgeht und auf welcher Logik die Auswahl und Speicherung der Peppol-ID basiert.

Lookup-Verhalten und Priorisierung bei mehreren IDs

Für jede juristische Person, mit der elektronischer Rechnungsaustausch erfolgen soll, müssen eindeutige Identifikatoren im System gepflegt sein. Im Kontext von Peppol sind das vor allem die Umsatzsteuer-Identifikationsnummern (für EU-Unternehmen) und ggf. andere nationale Unternehmens-IDs. In SAP werden solche Angaben im Geschäftspartner unter Steuerinformationen bzw. Identifikationsnummern erfasst (siehe Abbildung 10.12).

Sind für einen Geschäftspartner mehrere Identifikationsnummern hinterlegt, stellt sich die Frage, welche davon das System für den Peppol-Teilnehmerabgleich heranzieht. Anhand des Beispiels in Abbildung 10.15 wird das Verhalten von SAP DRC veranschaulicht.

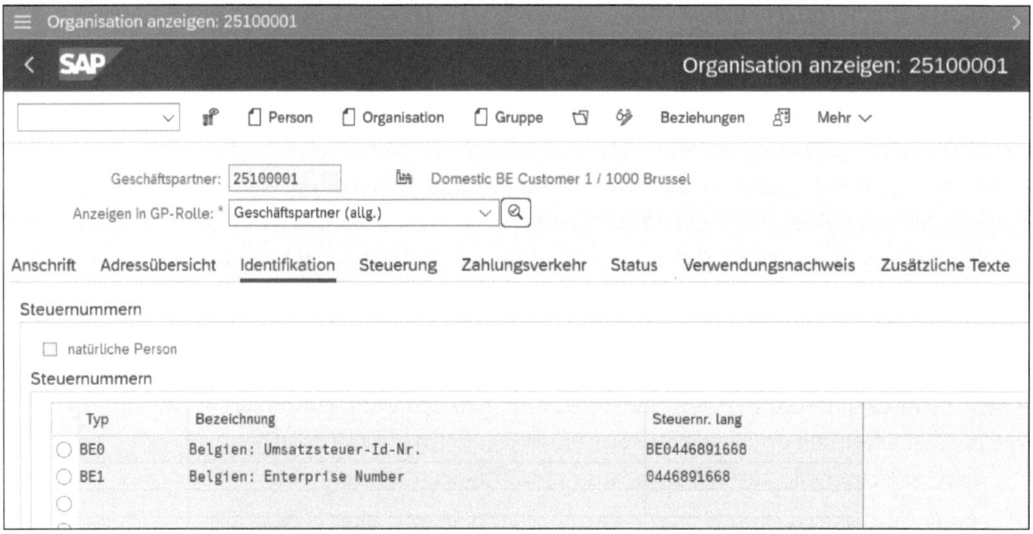

Abbildung 10.15 Geschäftspartner mit hinterlegter Umsatzsteuer-Identifikations- und Unternehmensnummer

PEPPOL-Identifikationen im Länderkontext

SAP DRC verfolgt hier einen regelbasierten Ansatz. Im Hintergrund ist für jedes Land definiert, welche Arten von IDs für die Peppol-Registrierung relevant sind. Oft entspricht dies den gängigen Identifikationsnummern: für Deutschland die USt-IdNr., für die meisten EU-Länder ebenso, aber es gibt

Ausnahmen wie Belgien, wo auch die Unternehmensnummer Crossroads Bank for Enterprises zählt, oder Schweden, wo die Organisationsnummer verwendet wird (die mit der VAT-Nummer identisch sein kann).

Beim Ausführen des Lookups mit der Transaktion **EDOC_EU_PART_LOOKUP** geht das System alle potenziellen Identifizierungsmerkmale durch. Im Falle des belgischen Geschäftspartners aus dem Beispiel aus Abbildung 10.15 würde es also sowohl mit der Umsatzsteuer-ID als auch mit der Unternehmensnummer eine Suche durchführen. Wie in Abbildung 10.16 zu sehen, wurden auch beide Varianten gefunden.

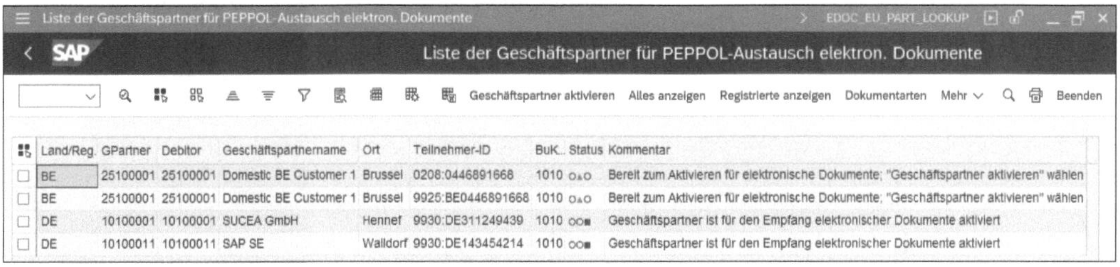

Abbildung 10.16 Liste der Geschäftspartner für Peppol-Austausch – Lookup-Verhalten und Priorisierung bei mehreren IDs

Führt man anschließend in der Transaktion **EDOC_EU_PART_LOOKUP** die Aktivierung der Geschäftspartner durch, lassen sich beide Einträge zum belgischen Geschäftspartner **25100001** aktivieren (siehe Abbildung 10.17).

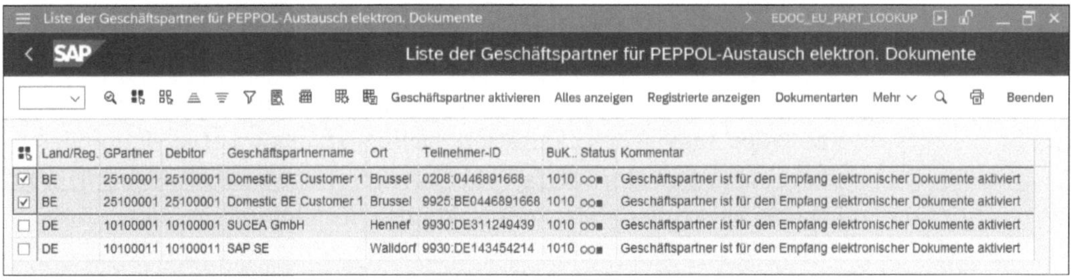

Abbildung 10.17 Liste der Geschäftspartner für Peppol-Austausch – Lookup-Verhalten und Priorisierung bei mehreren IDs: Ergebnis

Automatische Priorisierung von ID-Typen

Das System priorisiert automatisch auf Basis des Customizings **Geschäftspartner-Identifikationsarten zu Beteiligten-ID-Typen zuordnen**. Für jedes Land kann konfiguriert werden, welcher Identifikator als Partneridentifikationsart herangezogen werden soll. Dadurch erkennt das System, welche Identifikationsart welchem Beteiligten-ID-Typ zugeordnet ist.

Wird keine spezifische Einstellung vorgenommen, greifen die SAP Best Practices. Wie in Abbildung 10.18 am Beispiel Belgien dargestellt, bedeutet das: Die Umsatzsteuer-Identifikationsnummer wird als Peppol-ID verwendet, da sie universell zur Identifikation eines Unternehmens dient. In Deutschland ist dies zwingend die VAT-ID, da es keine alternative allgemeingültige Unternehmensnummer gibt.

Partner-ID	Art	Channel	BeteilID-Typ	Bezeichnung	E-Mail
4	Lieferant		SE:ORGNR	Schweden: Steuernummer	E-Mail-Prozess inaktiv
10100001	Kunde		DE:VAT	Umsatzsteuernummer Deutschland	E-Mail-Prozess inaktiv
10100001	Geschäftspartner		DE:VAT	Umsatzsteuernummer Deutschland	E-Mail-Prozess inaktiv
10100001	Lieferant		DE:VAT	Umsatzsteuernummer Deutschland	E-Mail-Prozess inaktiv
10100011	Kunde		DE:VAT	Umsatzsteuernummer Deutschland	E-Mail-Prozess inaktiv
10100011	Geschäftspartner		DE:VAT	Umsatzsteuernummer Deutschland	E-Mail-Prozess inaktiv
10300001	Lieferant		DE:VAT	Umsatzsteuernummer Deutschland	E-Mail-Prozess inaktiv
25100001	Kunde		BE:VAT	Belgien: Umsatzsteuernummer	E-Mail-Prozess inaktiv
25100001	Geschäftspartner		BE:VAT	Belgien: Umsatzsteuernummer	E-Mail-Prozess inaktiv

Abbildung 10.18 Zuordnung Beteiligten-ID-Typ zu EU-Geschäftspartner – Ergebnis Lookup-Verhalten bei mehreren IDs

Zusammengefasst entscheidet das System beim Lookup anhand der gepflegten Stammdaten und vordefinierten Regeln, welche potenziellen Identifier es gibt. Die Entscheidung, welchen Treffer man aktiviert, liegt beim Unternehmen und kann im Customizing eingerichtet werden. Als Leitlinie kann man sich an den landesspezifischen Standards orientieren (etwa: immer den Identifier nehmen, den der Geschäftspartner auch selbst in seiner E-Rechnungskommunikation bevorzugt angibt). Die Stammdatenpflege sollte daher im Zweifel beim Partner erfragen, unter welcher ID er im Peppol-Netz registriert ist, falls Unklarheit besteht.

10.5 Eingangsautomatisierungslösungen integrieren

Die systemgestützte Verarbeitung eingehender E-Rechnungen mit SAP DRC kann durch die Integration einer Eingangsautomatisierungslösung erheblich erweitert und optimiert werden. Während SAP DRC primär für die gesetzeskonforme Entgegennahme, Validierung und Protokollierung zuständig ist, adressieren Eingangsautomatisierungslösungen die nachgelagerten operativen Prozesse bis hin zur Dunkelbuchung. Ziel ist eine durchgängige Automatisierung des Rechnungseingangsprozesses – von der Übertragung über Peppol bis zur Buchung im ERP-System – ohne manuelle Eingriffe.

Eingangsautomatisierungslösung definieren

Eine Eingangsautomatisierungslösung innerhalb des SAP-S/4HANA-Kontexts ist eine Erweiterung oder ergänzende Anwendung, die eingehende Rechnungsdokumente automatisch klassifiziert, interpretiert, mit Bestelldaten abgleicht und auf Grundlage vordefinierter Regeln zur Buchung bringt. Im Zentrum stehen dabei keine technischen Komponenten, sondern prozessuale Funktionalitäten wie:

- automatisierte Rechnungserkennung und -klassifikation
- intelligenter Abgleich mit Einkaufs-, Wareneingangs- und Bestandsdaten
- workflowgestützte Ausnahmebehandlung und Klärungsprozesse
- digitale Freigaben gemäß unternehmensspezifischen Richtlinien
- Unterstützung von Dunkelbuchungsszenarien
- Statusbenachrichtigungen an Fachabteilungen

Solche Lösungen können sowohl SAP-eigene Funktionalitäten (z. B. SAP Incoming Invoice Automation) als auch Drittanbieterprodukte (z. B. ReadSoft, xSuite, tangro oder Basware) sein, die sich über standardisierte Schnittstellen mit dem SAP-System integrieren lassen.

Eingangsautomatisierungslösung im Prozesskontext

Wie in Abbildung 10.19 dargestellt, lässt sich eine Eingangsautomatisierungslösung nahtlos in die Architektur von SAP DRC eingliedern.

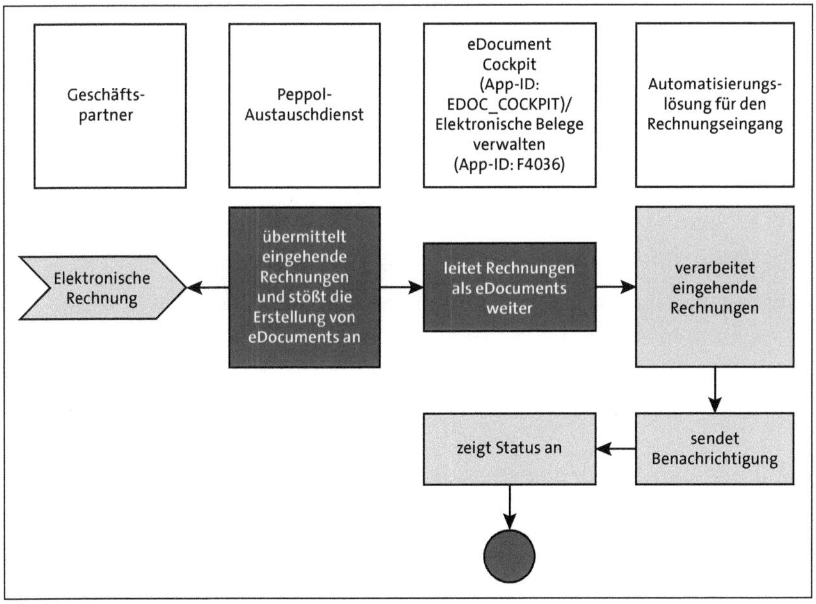

Abbildung 10.19 Integration mit einer Automatisierungslösung für den Rechnungseingang

Nachdem eine E-Rechnung über Peppol oder eine andere Plattform empfangen wurde und durch das eDocument-Framework als eDocument im SAP-System verarbeitet ist, wird sie an die Eingangsautomatisierungslösung übergeben.

Diese übernimmt nun den nächsten operativen Schritt: Sie prüft, ob eine Bestellung vorhanden ist, vergleicht die Rechnungspositionen mit dem Wareneingang und erkennt automatisch Übereinstimmungen oder Abweichungen. Ein durchgehender Workflow sorgt dafür, dass nur fehlerhafte oder unvollständige Rechnungen in die manuelle Nachbearbeitung überführt werden.

Besonders effizient ist diese Lösung bei sogenannten *Dunkelbuchungsszenarien*: Stimmt die E-Rechnung in allen wesentlichen Punkten mit Bestellung und Wareneingang überein, kann die Buchung ohne menschliches Zutun ausgeführt werden, ein erheblicher Effizienzgewinn für großvolumige Eingangsprozesse.

Ausführliche Informationen können auf den SAP-Hilfeseiten unter *http://s-prs.de/v11005031* eingesehen werden. Dort finden Sie auch technische Angaben, um die gewünschten Szenarien einzurichten.

Fachlicher Nutzen der Integration

Die Kombination aus SAP DRC und einer Eingangsautomatisierungslösung führt zu einer umfassenden Prozessoptimierung:

- Reduzierung manueller Bearbeitungsschritte durch regelbasierte Verarbeitung und Dunkelbuchung
- Erhöhung der Datenqualität, da strukturierte E-Rechnungen systematisch verarbeitet werden
- Beschleunigung der Durchlaufzeiten und damit Verbesserung von Skontofristen und Liquiditätssteuerung
- Steigerung der Transparenz durch zentrale Statusanzeigen (z. B. im eDocument Cockpit)
- Bessere Auditierbarkeit durch durchgängige Protokollierung aller Bearbeitungsschritte

Die Integration einer Eingangsautomatisierungslösung in SAP S/4HANA stellt eine strategische Weiterentwicklung des E-Invoicing-Prozesses dar. Sie ergänzt SAP DRC optimal und ermöglicht Unternehmen, nicht nur gesetzliche Anforderungen zu erfüllen, sondern auch Effizienzpotenziale in der Rechnungsverarbeitung konsequent zu heben. Entscheidend ist dabei eine saubere Prozessarchitektur, die sowohl die SAP-Standards als auch die Flexibilität für individuelle Workflows berücksichtigt.

[«]

Frühzeitige Berücksichtigung der Eingangsautomatisierung in SAP-DRC-Projekten

Besonders in Einführungsprojekten von SAP DRC sollte das Thema Eingangsautomatisierung von Beginn an integraler Bestandteil der Projektplanung sein. Die Entscheidung für eine Automatisierungslösung, sei es über SAP-eigene Funktionen oder durch Drittanbietersoftware, hat unmittelbare Auswirkungen auf die Prozessgestaltung, das Rollenkonzept, die Stammdatenanforderungen und die technische Integration in das SAP-Core-System. Wird dieser Aspekt zu spät adressiert, drohen Medienbrüche, parallele Workflows oder eine suboptimale Ausnutzung der Automatisierungspotenziale. Daher empfiehlt es sich, bereits in der Konzeptionsphase eines SAP-DRC-Projekts die relevanten Automatisierungsanforderungen aufzunehmen, gemeinsam mit den Fachbereichen zu bewerten und in das Zielprozessdesign zu integrieren.

10.6 Integration von SAP Risk and Assurance Management

In Abschnitt 8.2.5, »Standard-Berichtsaktivitäten aktivieren«, haben wir bereits kurz die Integration von SAP Tax Compliance und SAP Risk and Assurance Management als Berichtsaktivität in SAP DRC vorgestellt. An dieser Stelle möchten wir Ihnen SAP Risk and Assurance Management vorstellen. Dabei gehen wir auch auf die Vorteile der Integration, die in der Optimierung von SAP DRC liegen, näher ein.

Zusammenwirken

Zu einem optimierten Betrieb von SAP DRC gehören vor allem verzahnte Compliance-, Kontroll- und Reportingprozesse. Während SAP DRC die operative Erstellung, Verwaltung und Übermittlung gesetzlicher Berichte sicherstellt, bietet SAP Risk and Assurance Management eine übergeordnete Ebene zur Steuerung und Überwachung von Risiken, internen Kontrollen und regulatorischen Anforderungen.

Beide Lösungen verfolgen dasselbe Ziel: die Sicherstellung einer durchgängigen, transparenten und regelkonformen Berichterstattung. Dies erfolgt jedoch aus unterschiedlichen Blickwinkeln. Durch die Integration beider Lösungen miteinander entsteht eine ganzheitliche Plattform, die den laufenden Betrieb nicht nur absichert, sondern auch gezielt verbessert (siehe Abbildung 10.20).

SAP Risk and Assurance Management und SAP DRC basieren jeweils auf der steuerlichen Datenbasis des oder der zugrundeliegenden Systeme (z. B. SAP S/4HANA). SAP Risk and Assurance Management dient als zentrales Werkzeug für Governance-, Risk- und Compliance-Prozesse und ermöglicht es, die regulatorischen Anforderungen einer Organisation systematisch zu dokumentieren und mit den relevanten Organisations- und Prozessebenen zu verknüpfen. Die Grundlage dafür ist die enge Verzahnung mit SAP S/4HANA, aus dem die entsprechenden Daten über OData-Services abgerufen werden können. Innerhalb von SAP Risk and Assurance Management können Risiken sowohl qualitativ als auch quantitativ bewertet und den entsprechenden Prozessen zugeordnet werden. Ergänzend werden die erforderlichen Kontrollen entworfen, dokumentiert und in ihrer Wirksamkeit regelmäßig getestet.

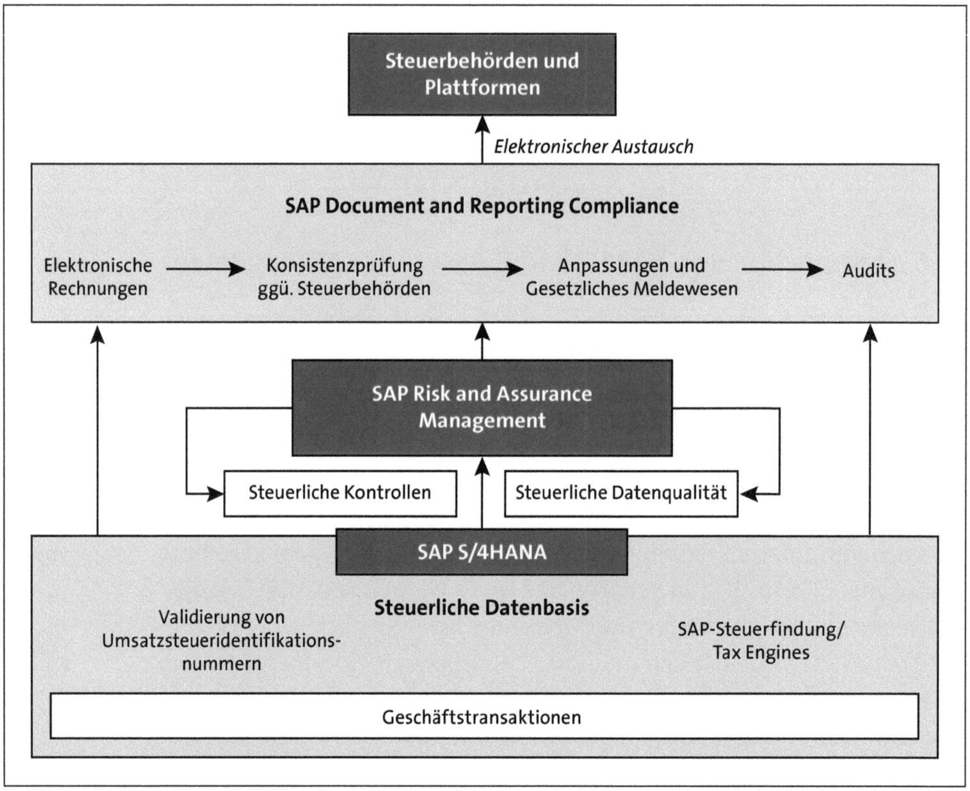

Abbildung 10.20 Zusammenwirken von SAP DRC und SAP Risk and Assurance Management

SAP Risk and Assurance Management erlaubt hierbei sowohl manuelle Tests als auch eine automatisierte Überwachung von Kontrollmechanismen. So entsteht ein dynamisches System, das die Einhaltung interner und externer Vorgaben nicht nur einmalig prüft, sondern kontinuierlich überwacht und optimiert. Ein integriertes *Issue-Management* sorgt dafür, dass auf Abweichungen oder Kontrollversagen unmittelbar reagiert werden kann.

SAP S/4HANA 2023 (Support Package Stack 03)

Die Integration von SAP Risk and Assurance Management in das gesetzliche Meldewesen von SAP DRC ist seit SAP S/4HANA 2023 (Support Package Stack 03) verfügbar. Durch diese Verbindung können aus SAP DRC stammende Berichtsdaten und Statusinformationen direkt in SAP Risk and Assurance Management genutzt werden. In Abbildung 10.21 sehen Sie, dass die Berichtsaktivität **Process compliance issues** in den Bericht **Test IRM** eingebunden ist.

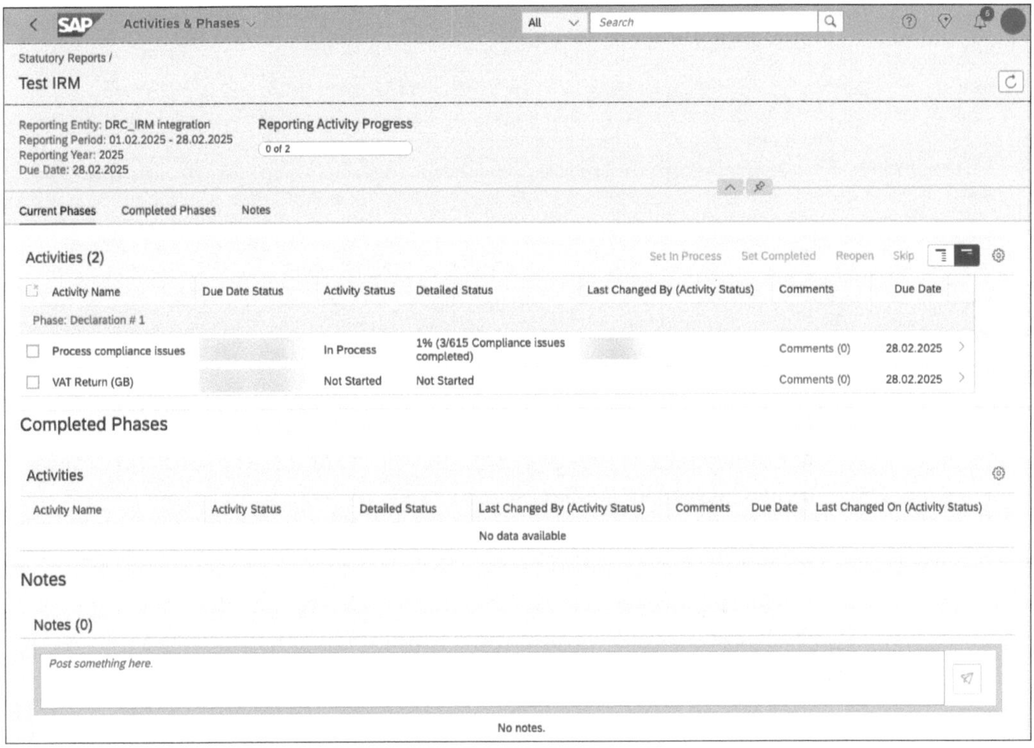

Abbildung 10.21 Integration von SAP Risk and Assurance Management als Berichtsaktivität in SAP DRC (Quelle: help.sap.com)

Tritt etwa ein Fehler im Rahmen einer gesetzlichen Meldung auf, wird dieser als sogenannte *Auffälligkeit* (**Issue**) in SAP Risk and Assurance Management überführt (siehe Abbildung 10.22).

Die Bearbeitung der Issues erfolgt in SAP Risk and Assurance Management in der App **Auffälligkeiten bearbeiten** (**Process Issues**) (App-ID: F5360). So entsteht ein geschlossener Informations- und Kontrollkreislauf. Probleme aus dem Reporting werden unmittelbar ins Risikomanagement eingespeist, analysiert und nachhaltig behoben. Zugleich können die in SAP Risk and Assurance Management definierten Kontrollen auf die entsprechenden SAP-

DRC-Meldungen referenzieren, was eine lückenlose Nachvollziehbarkeit zwischen Risiko, Kontrolle und Berichtspflicht sicherstellt.

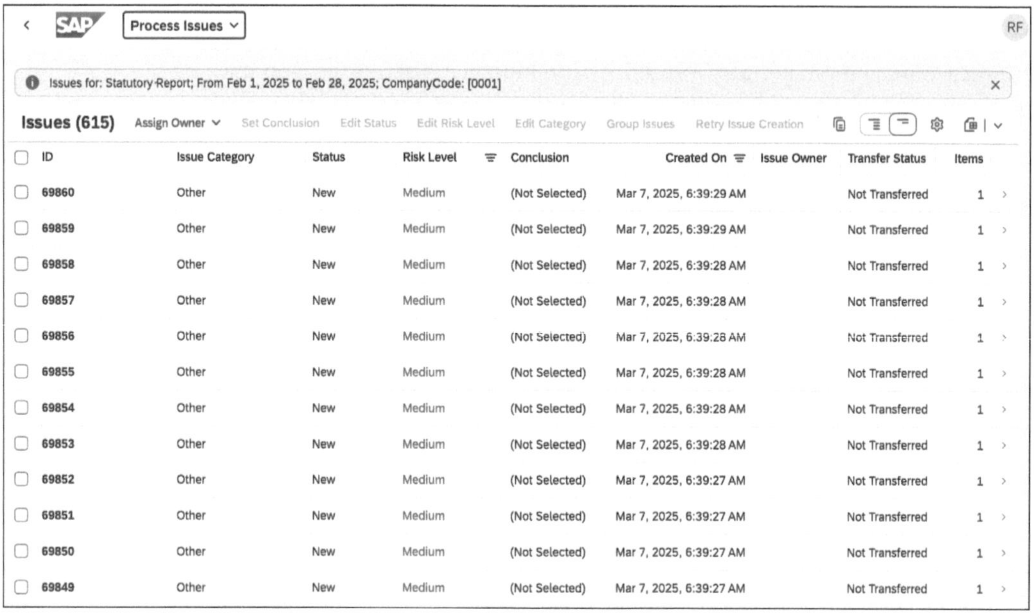

ID	Issue Category	Status	Risk Level	Conclusion	Created On	Issue Owner	Transfer Status	Items
69860	Other	New	Medium	(Not Selected)	Mar 7, 2025, 6:39:29 AM		Not Transferred	1
69859	Other	New	Medium	(Not Selected)	Mar 7, 2025, 6:39:29 AM		Not Transferred	1
69858	Other	New	Medium	(Not Selected)	Mar 7, 2025, 6:39:28 AM		Not Transferred	1
69857	Other	New	Medium	(Not Selected)	Mar 7, 2025, 6:39:28 AM		Not Transferred	1
69856	Other	New	Medium	(Not Selected)	Mar 7, 2025, 6:39:28 AM		Not Transferred	1
69855	Other	New	Medium	(Not Selected)	Mar 7, 2025, 6:39:28 AM		Not Transferred	1
69854	Other	New	Medium	(Not Selected)	Mar 7, 2025, 6:39:28 AM		Not Transferred	1
69853	Other	New	Medium	(Not Selected)	Mar 7, 2025, 6:39:28 AM		Not Transferred	1
69852	Other	New	Medium	(Not Selected)	Mar 7, 2025, 6:39:27 AM		Not Transferred	1
69851	Other	New	Medium	(Not Selected)	Mar 7, 2025, 6:39:27 AM		Not Transferred	1
69850	Other	New	Medium	(Not Selected)	Mar 7, 2025, 6:39:27 AM		Not Transferred	1
69849	Other	New	Medium	(Not Selected)	Mar 7, 2025, 6:39:27 AM		Not Transferred	1

Abbildung 10.22 Auffälligkeiten bearbeiten in SAP Risk and Assurance Management (Quelle: help.sap.com)

Effizienzsteigerung

Im praktischen Betrieb führt diese Integration zu einer deutlichen Effizienzsteigerung. Risiken, die zu fehlerhaften oder verspäteten Meldungen führen könnten, werden frühzeitig erkannt und können behoben werden. Automatisierte Kontrollmechanismen ersetzen viele manuelle Prüfungen und sorgen dafür, dass Abweichungen sofort sichtbar werden. Dadurch sinkt der Aufwand für Nacharbeiten erheblich, und zugleich steigt die Qualität der gemeldeten Daten. Die enge Systemintegration bringt zudem eine hohe Revisionssicherheit mit sich: Alle Prüfungen, Maßnahmen und Ergebnisse werden nachvollziehbar im System dokumentiert und können bei internen oder externen Audits direkt nachgewiesen werden. Für Unternehmen entsteht damit ein transparenter und revisionssicherer Prozess, der sowohl regulatorische Anforderungen als auch interne Kontrollstandards erfüllt.

SAP-Signavio-Integration

Ein zusätzlicher Vorteil ergibt sich aus der Einbettung in die SAP-Landschaft. Über die Anbindung an SAP Signavio lassen sich Prozesse und Prozessmodelle mit Risiken und Kontrollen in SAP Risk and Assurance Management verknüpfen, wodurch ein vollständiges digitales Abbild des Compliance-Systems entsteht. SAP Risk and Assurance Management fungiert damit als zentrales Compliance-Cockpit, das operative Berichtspflichten aus SAP DRC mit strategischen Steuerungs- und Überwachungsprozessen verbindet (siehe Abbildung 10.20).

Während SAP DRC sicherstellt, dass gesetzliche Meldungen fristgerecht und korrekt abgegeben werden, sorgt SAP Risk and Assurance Management dafür, dass die zugrunde liegenden Prozesse stabil, regelkonform und überprüfbar bleiben. Gleichzeitig kann durch regelmäßige Prüfungen, die vor der eigentlichen Berichtserstellung durchgeführt werden, die Datenqualität gesteigert werden.

Die Integration von SAP Risk and Assurance Management in SAP DRC führt also zu einer proaktiven und risikobasierten Steuerung des Compliance-Betriebs. Statt erst auf Fehler oder Verstöße zu reagieren, können Unternehmen Risiken im Vorfeld identifizieren und durch geeignete Kontrollen absichern. Dadurch wird der laufende Betrieb nicht nur stabiler und effizienter, sondern auch nachhaltiger. Für die Praxis bedeutet das eine erhebliche Reduktion des Compliance-Aufwands, eine verbesserte Transparenz und eine konsistente Absicherung der regulatorischen Berichterstattung. Unseres Erachtens ist dies ein entscheidender Schritt in Richtung eines durchgängig digitalisierten und optimierten Compliance-Managements innerhalb der SAP-Umgebung.

10.7 Zusammenfassung

Der produktive Einsatz von SAP DRC erfordert mehr als nur die korrekte Systemeinführung. Entscheidend ist die kontinuierliche Optimierung des operativen Betriebs. Dieses Kapitel zeigt praxisnah, an welchen Stellschrauben Organisationen ansetzen können, um SAP DRC langfristig performant, automatisiert und gesetzeskonform zu betreiben.

Den Auftakt bildet die Betrachtung technischer Grundlagen: Die Partitionierung wachsender Berichtstabellen und die strukturierte Archivierung historischer Daten sorgen für eine stabile Systemperformance, insbesondere bei belegbasierten Berichten mit hohem Transaktionsvolumen. Im nächsten Schritt steht die Automatisierung im Fokus: Über Jobsteuerung und Hintergrundverarbeitung lassen sich manuelle Arbeitsschritte bei der Bearbeitung elektronischer Dokumente vollständig eliminieren, was die Effizienz im Tagesgeschäft deutlich erhöht.

Darauf aufbauend wurden konkrete Erweiterungsmöglichkeiten durch BAdIs und Funktionsmodule, etwa zur Ergänzung länderspezifischer Datenstrukturen oder zur automatisierten Fehlerbenachrichtigung, aufgezeigt.

Diese Flexibilität eröffnet Unternehmen die Möglichkeit, SAP DRC passgenau an interne Anforderungen und externe Vorgaben anzupassen.

Ein zentrales Element ist die Anbindung an das Peppol-Netzwerk. Die systemseitige Verwaltung registrierter Teilnehmender und die Integration der Peppol-IDs in die Geschäftspartnerstammsätze sind entscheidend für die rechtssichere und fehlerfreie Zustellung elektronischer Rechnungen. SAP DRC bietet hierfür eigene Transaktionen, um den Pflegeaufwand zu minimieren und den Überblick über aktivierte Partner zu behalten. Die Stammdatenqualität wird dabei zum kritischen Erfolgsfaktor, insbesondere im Zusammenspiel mit SAP Master Data Governance.

Für den Rechnungseingang ergänzt die Integration von Eingangsautomatisierungslösungen die Funktionalität von SAP DRC erheblich. Sie ermöglicht Dunkelbuchungsszenarien, beschleunigt Durchlaufzeiten und senkt den manuellen Aufwand. Damit lassen sich nicht nur gesetzliche Anforderungen erfüllen, sondern auch messbare Effizienzgewinne im operativen Rechnungswesen erzielen.

Die volle Stärke von SAP DRC wird nicht zuletzt durch die Integration von SAP Risk and Assurance Management erreicht. Durch das Zusammenwirken der beiden Komponenten werden eine höhere Daten- und damit auch Berichtsqualität erreicht.

Zusammenfassend zeigt dieses Kapitel: Wer SAP DRC erfolgreich betreiben will, muss technische Stabilität, Prozessautomatisierung, Datenqualität und Systemintegration gemeinsam denken. Erst durch die gezielte Optimierung dieser Dimensionen entfaltet SAP DRC sein volles Potenzial als verlässliche Plattform für gesetzeskonforme, effiziente und zukunftssichere Dokumenten- und Berichtsprozesse.

Das Autorenteam

Timo Beddig (LL.M.) ist Partner bei der greenfield Steuerberatungsgesellschaft mbH in Bonn und berät seit über 12 Jahren Unternehmen bei der Umsetzung steuerrechtlicher Anforderungen in ERP-Systemen (z. B. SAP S/4HANA oder Infor M3). Nach dem Studium der Wirtschaftswissenschaften und des Steuerrechts an der Fachhochschule Bonn-Rhein-Sieg und der Universität zu Köln war er zunächst mehrere Jahre bei der KPMG in Köln tätig, bevor er in die Industrie wechselte. Nach einer Station bei der REWE Digital GmbH wechselte Timo Beddig in die Tax Technology Beratung von Ernst & Young, bevor er Mitte 2021 gemeinsam mit Stephanie Henseler das Projekt greenfield startete. Sein Tätigkeitsschwerpunkt liegt auf der Begleitung von SAP-S/4HANA-Transformationsprojekten und der Implementierung umsatzsteuerlicher Anforderungen in ERP-Systemen. In diesem Kontext verantwortet er gemeinsam mit Stephanie Henseler insbesondere den Bereich indirekte Steuern und betreut Mandanten aus verschiedenen Branchen, darunter Energieversorgung, Luftfahrt, Maschinenbau.

Stephanie Henseler (M.A., StB) ist Gründerin und Geschäftsführerin der greenfield Steuerberatungsgesellschaft mbH in Bonn und verfügt über mehr als 15 Jahre Erfahrung in der Beratung im Bereich Tax Technology und Tax Compliance. Nach ihrem Bachelor- und Masterstudium der Wirtschaftswissenschaften (inkl. Steuerrecht und Controlling) an der Hochschule Bonn-Rhein-Sieg begann Stephanie Henseler ihre steuerliche berufliche Laufbahn bei ITax Conept Steuerberatungsgesellschaft mbH und später bei der WTS im Fachbereich Digitalization & IT Solution. Dort verantwortete sie zuletzt den Fachbereich Digitalization & IT-Solutions. Mit dem Wechsel zu Ernst & Young im Jahr 2019 übernahm sie als Associate Partnerin die Mitverantwortung für den Fachbereich Tax Technology and Transformation in den Schwerpunkten SAP S/4HANA for Tax und Tax CMS. Bei greenfield trägt Stephanie Henseler die Verantwortung für die SAP-S/4HANA-Praxis insbesondere mit Bezug zu den indirekten Steuern und strategischen Ausrichtung der Steuer- und Finanzfunktion. Dies umfasst auch die steuerliche IT- und Prozessberatung allgemein, die Operationalisierung von Tax CMS, Implementierung von Tax

Tools und Strategieberatung. Sie ist außerdem Autorin des SAP-PRESS-Buchs »Steuern in SAP S/4HANA«.

Eik Sunke hat Wirtschaftsinformatik an der Berufsakademie in Heidenheim studiert. Seit 20 Jahren bringt er seine Erfahrung als Berater für übergreifende SAP-Architekturen in diversen internationalen Projekten ein. Als Geschäftsführer koordiniert er die Implementierungs- und Beratungsprojekte der SUCEA GmbH. Darin entwickelt er gemeinsam mit dem Management und weiteren Stakeholdern des Kunden strategische Architekturen. Die Umsetzungen der entwickelten Architekturen in Implementierungsprojekten begleitet er in der Rolle des Lösungsarchitekten und des technischen Projektleiters. In den vergangenen Jahren unterstützte er bereits mehrere Unternehmen bei der archi-tektonischen Planung und Einführung von cloudbasierter Software als Erweiterung der SAP-Systemlandschaft. Durch langjährige Partnerschaften mit Steuerberatungs-Unternehmen wurde »Steuern in SAP« ein wichtiges und strategisches Beratungsfeld von Herrn Sunke.

Alexander Zanft (M.A.) ist Partner bei der greenfield Steuerberatungsgesellschaft mbH in Bonn und verfügt über mehr als zehn Jahre Erfahrung in der Beratung im Bereich Tax Technology. Nach seinem Studium der Wirtschaftswissenschaften an der Technischen Hochschule Köln sowie des Steuerrechts an der Rheinischen Fachhochschule Köln begann er seine berufliche Laufbahn bei WTS im Fachbereich Digitalization & IT Solution. Dort war er im Team von Stephanie Henseler für die fachliche Konzeption und Entwicklung steuerlicher Applikationen im ERP-Umfeld verantwortlich. Mit dem gemeinsamen Wechsel zu Ernst & Young im Jahr 2019 übernahm Alexander Zanft die Mitverantwortung für den Fachbereich Tax Technology and Transformation. Er übernahm eine führende Rolle bei der Entwicklung und Umsetzung des Beratungsansatzes der SAP-S/4HANA-Strategie für Steuern, die die nahtlose Integration steuerlicher Funktionen in SAP-S/4HANA-Transformationsprojekte ermöglichte. Seitdem berät er Unternehmen umfassend bei der Implementierung steuerlicher Anforderungen in den Bereichen direkte Steuern, Quellensteuern und Tax Reporting, insbesondere im Kontext von SAP-S/4HANA-Transformationsprojekten. Bei greenfield trägt er die Verantwortung für den Bereich direkte Steuern und betreut Mandanten aus verschiedenen Branchen.

Index

R

S

T